Milet
New Learner's
Dictionary

Milet Publishing
Smallfields Cottage, Cox Green
Rudgwick, Horsham, West Sussex
RH12 3DE England
info@milet.com
www.milet.com
www.milet.co.uk

First edition published by Milet Publishing in 2016

Copyright © Milet Publishing, 2016

ISBN 978 1 78508 089 0

Printed and bound in Turkey by Ertem Matbaası

GENİŞ ZAMAN *PRESENT TENSE*	GEÇMİŞ ZAMAN *PAST TENSE*	GEÇMİŞ ZAMAN ORTACI *PAST PARTICIPLE*
arise *(arrising)*	arose	arisen
awake *(awaking)*	awoke	awakwed
be *(am,is,are;being)*	was, were	been
bear	bore	born(e)
beat	beat	beaten
become *(becoming)*	became	become
befall	Befall	befallen
beget *(gebetting)*	begot	begotten
begin *(beginning)*	began	begun
behold	beheld	beheld
bend	bent	bent
beseech	besought	besought
beset *(besetting)*	beset	beset
bet *(betting)*	bet / *betted*	bet / *betted*
bid *(make a bidding-bidding)*	bid	bid
bid *(command-bidding)*	bade	bade
bind	bound	bound
bite *(biting)*	bit	bitten
bleed	bled	bled
blow	blew	blown
break	broke	broken
breed	bred	bred
bring	brought	brought
built	built	built
burn	burn / *burned*	burnt / *burned*
burst	burst	burst
buy	bought	bought
can	could	been able
cast	cast	cast
catch	caught	caught
choose *(choosing)*	chose	chosen
cleave *(cleaving)*	cleft	cleft
cling	clung	clung
come *(coming)*	came	come
cost	cost	cost
creep	crept	crept
crow	crew / *crowed*	crowed
cut *(cutting)*	cut	cut
deal	dealt	dealt
dig *(digging)*	dug	dug

do *(he,she,it does)*	did	done
draw	drew	drawn
dream	dreamed / *dreamt*	dreamed / *dreamt*
drink	drank	drunk
drive *(driving)*	drove	driven
dwell	dwelt	dwelt
eat	ate	eaten
fall	fell	fallen
feed	fed	fed
feel	felt	felt
fight	fought	fought
find	found	found
flee	fled	fled
fling	flung	flung
fly *(flies)*	flew	flown
forbear	forbore	forborne
forbid *(forbidding)*	forbade	forbidden
forecast	forecast	forecast
forego	forewent	foregone
forsee	forsaw	foreseen
fortell	foretold	foretold
forget *(forgetting)*	forgot	forgotten
forgive *(forgiving)*	forgave	forgiven
forsake *(forsaking)*	forsook	forsaken
forswear	forswore	forsworn
freeze *(freezing)*	froze	frozen
get *(getting)*	got	got, gotten
give *(giving)*	gave	given
go *(goes)*	went	gone
grind	ground	ground
grow	grew	grown
hung	hung / *hanged*	hung / *hunged*
have *(has;having)*	had	had
hear	heard	heard
heave	heaved	heaved
heave *(denizcilikte)*	hove	hove
hide *(hiding)*	hid	hidden
hit *(hitting)*	hit	hit
hold	held	held
hurt	hurt	hurt
inlay	inlaid	inlaid
keep	kept	kept
kneel	knelt / *kneeled*	knelt / *kneeled*
know	knew	known

lay	laid	laid
lead	led	led
lean	leant / *leaned*	leant / *leaned*
leap	leapt / *leaped*	leapt / leaped
learn	learnt / *learned*	learnt / *learned*
leave *(leaving)*	left	left
lend	lent	lent
let *(letting)*	let	let
lie *(lying)*	lay	lain
light	lit / *lighted*	lit / *lighted*
lose *(losing)*	lost	lost
make *(making)*	made	made
may	might	
mean	meant	meant
meet	met	met
mistake *(mistaking)*	mistook	mistaken
mow	mowed	mown / *mowed*
must	(had to)	(had to)
ought	(ought to have)	
partake *(partaking)*	partook	parteken
pay	paid	paid
put *(putting)*	put	put
quit *(quitting)*	quit / *quitted*	quit / *quitted*
read	read	read
rend	rent	rent
rid *(ridding)*	rid	rid
ride *(riding)*	rode	ridden
ring	rang	rung
rise *(rising)*	rose	risen
run *(running)*	ran	run
saw	sawed	sawn
say	said	said
see	saw	seen
seek	sought	sought
sell	sold	sold
send	sent	sent
set *(setting)*	set	set
shake *(shaking)*	shook	shaken
shall	should	
shear	sheared	shorn / *sheared*
shed *(shedding)*	shed	shed
shine *(shining)*	shone	shone
shoot	shot	shot
show	showed	shown

shrink	shrank	shrunk
shut *(shutting)*	shut	shut
sing	sang	sung
sink	sank	sunk
sit *(sitting)*	sat	sat
slay	slew	slain
sleep	slept	slept
slide *(sliding)*	slid	slid
sling	skung	slung
slink	slunk	slunk
slit *(slitting)*	slit	slit
smell	smel / smelled	smelt / smelled
smite *(smitting)*	smote	smitten
sow	sowed	sown / sowed
speak	spoke	spoken
speed	sped / speeded	sped / speeded
spell	spelt / spelled	spelt / speeled
spend	spent	spent
spill	spilt / spilled	spilt / spilled
spin *(spinning)*	spun	spun
spit *(spitting)*	spat	spat
split *(splitting)*	split	split
spoil	spoiled / spoilt	spoiled / spoilt
spring	spreang	sprung
stand	stood	stood
steal	stole	stolen
stick	stuck	stuck
sting	stung	sting
stink	stank	stunk
strew	strewed	strewn / strewed
stride *(striding)*	strode	strode
strike *(striking)*	struck	struck / stricken
strive *(striving)*	strove	striven
swear	swore	sworn
sweep	swept	swept
swell	swelled	swollen / swelled
swim *(swimming)*	swam	swum
swing	swung	swung
take *(taking)*	took	taken
teach	taught	taught
tear	tore	torn
tell	told	told
think	thought	thought
throw	threw	thrown

thrust	thrust	thrust
tread	trod	trodden
wake *(waking)*	woke / *waked*	woken / *waked*
waylay	waylaid	waylaid
wear	wore	worn
weave *(weaving)*	wove / *weaved*	woven / *weaved*
wed *(wedding)*	wedded / *wed*	wedded / *wed*
weep	wept	wept
will	would	
win *(winning)*	won	won
wind	wound	wound
withdraw	withdrew	withdrawn
withhold	withheld	withheld
withstand	withstood	withstood
wring	wrung	wrung
write *(writting)*	wrote	written

A. *Arapça* Arabic
abb. *abbreviations* Turkish abbreviations for word.
A.B.D. *Amerika Birleşik Devletleri.* U.S.A. America
ahçı. *ahçılık* cooking
Al., Alm. *Almanca* German
alay ironic
anat. *anatomi* anatomy
antro. *antropoloji* anthropolgy
argo *slang* [the English usage in slang]
ark. *arkeoloji* archeology
ask. *askerlik* military
astr. *astronomi* astronomy
astrol. *astroloji* astrology
aşağ. *aşağılatıcı* derogatory
Avustralya Australia
bağlaç. bağ. *bağlaç* conjunction
bahç. *bahçıvanlık* gardening, agriculture
bak. *bakınız* refer to / bakt. *bakteriyoloji* bacteriology
bayt. *baytarlık* veterinary term.
baz. *bazen* sometimes
beysbol baseball
b.h. *büyük harf ile* with a capital letter
biyokim. *biyokimya* biochemistry
biyol. *biyoloji* biology, entomology, ornithology
bot. *botanik* botany
briç bridge
coğr. *coğrafya* geography
ç. dili *çocuk dili* child's language
colloq. colloquial TheTurkish expression is colloquial
çoğ. *çoğul* plural / den. *denizcilik* nautical term.
dilb. *dilbilim* linguistics
dişil feminine
dişçi. *dişçilik* dentistry / **dökümcülük** foundry
d.y. *demiryolu* railroad

ecza. *eczacılık* pharmaceutical term
edat preposition
edeb. *edebiyat* literature
ekol. *ekoloji* ecology
elekt. *elektrik* electricity
emir command
end. *endüstri* industry
eril masculine
eski obsolete, archaic / f. fiil verb
Fr. *Fransızca* French
Far. *Farsça* Persian
fels. *felsefe* philosophy
fig. *figurative* The Turkish is figurative
fiz. *fizik* physics
foto. *fotoğrafçılık* photography
futbol soccer
gazet. *gazetecilik* journalism
gen. *genellikle* usualy / geom. *geometri* geomtry
gram. *gramer* grammar
güz. san. *güzel sanatlar* art, painting, sculpture
hane. *hanedanlık* heraldry
hav. *havacılık* aviation, aerodynamics
h.dili *halk dili* colloquial
huk. *hukuk* law, legal term
i. *isim* noun
İbr. *İbranice* Hebrew
ikt. *iktisat* economics
ilah. *ilahiyat* theology, religion
informal *informal* in Turkish usage
İng. *İngilizce* İngiltere British, English, England
İrl. *İrlanda* Ireland
iskambil cards
İskoç *İskoçya'ya ait* Scottish
İsp. *İspanyolca* Spanish
istatistik statistics
İt. *İtalyanca* Italian
jeol. *jeoloji* geology

kaba vulgar
Kan. *Kanada* Canada
karş. *karşılaştırınız* compare
kasap. *kasap terimi* butchery
Kat. *Katolik Kilisesi* Catholic Church
k.dili. *konuşma dili* informal speech
k.h. *küçük harf ile* with a small letter
kıs. *kısaltma* abbreviations
kil. *kilise* ecclesiastical
kim. *kimya* chemistry
kompitur computor
kon.san. *konuşma sanatı* rhetoric
K.M. *Kitabı Mukaddes* Bible
kriket cricket
Lat. *Latince* Latin
leh. *lehçe* dialect
mad. *madencilik* metallurgy
mak. *makine* machinery, mechanical
mal. *maliye* finance
man. *mantık* logic
mat. *matematik* mathematic, arithmetic, trigonomtry
matb. *matbaacılık* printing
mec. *mecazi* figurative
meteor. *meteoroloji* meteorology
mim. *mimarlık* architecture
min. *mineraloji* minerology
mist. *mistiszm* mysricism
mit. *mitoloji* mythology
msl. *mesela* for example
müh. *mühendislik* engineering
müz. *müzik* music
nad. *nadiren* rare, rarely
oto. *otomobil ile ilgili terim* automoyive term
önek prefix
paleont. *paleontoloji* paleontology
pol. *politika* politics

Prot. *Protestan* Protestant
psik. *psikoloji* psychology
psikiy. *psikiyatri* psychiatri
radyo radio
Ru. *Rusça* Russian
s. *sıfat* adjective
Sanskrit Sanskrit
satranç chess
sık sık often
sig. *sigorta* insurance
sin. *sinema* cinema
slang The Turkish equivalent is a slang usage
sonek suffix
sosyol. *sosyoloji* sociology
spor sports
şaka jocular, humorous
şiir poetry, poem, prosody
T. *Türkçe* Turkish
tar. *tarih* history
tek. *tekil* singular
terz. *terzilik* dressmaking
tıb. tıbbi *terim* medical term, pathology, surgery
tic. *ticaret* commerce, mechandising
tic.mark. *ticaret markası* trade mark
tiyatro drama, theatre
topluluk ismi collective noun
uzay space
ünlem interjection, exclamation
v.b. *ve benzeri* etc.
vulgar *Türkçesi kaba* The expression in Turkish is vulgar.
Yu. Greek (ancient)
z. *zarf* adverb
zam. *zamir* pronoun
zıt opposite
zool *zooloji* zoology

English–Turkish
Dictionary

A a

A, a [ey] *i.* İngiliz alfabesinin ilk harfi.; *müz.* la notası, la perdesi.

ab.a.cus [äb'ıkıs] *i.* hesap cetveli, sayıboncuğu.

a.ban.don [ı'bändın] *f.* terk etmek, bırakmak.

a.base [lbeys'] *f.* küçük düşürmek, aşağılamak

a.bate [ıbeyt'] *f.* *(rüzgâr, fırtına, ağrı)* azalmak, hafiflemek.

ab.bey [äb'i] *i.* manastır; manastıra ait binalar, manastır kilisesi.

ab.bre.vi.ate [ı'bri'viyeyt] *f.* kısaltmak. *abbrevia'tion* kısaltma.

ab.di.cate [äb'dıkeyt] *f.* vazgeçmek, çekilmek.

ab.do.men [äb'dımın] *i.* karın.

ab.duct [äb'dákt'] *f.* *(birini)* zorla kaçırmak.

ab.er.ra.tion [äbırey'şın] *i.* doğru yoldan ayrılma, sapkınlık.

a.bet [ıbet'] *f.* *(suça)* katılmak.

ab.hor [äbhôr'] *f.* nefret etmek, tiksinmek. *abhorrence* nefret. *abhorrent* nefret verici.

a.bide [ıbayd'] *f.* katlanmak, çekmek, tahammül etmek. *abiding* sonsuz, ebedi.

a.bil.i.ty [ıbîl'ıti] *i.* yetenek, beceri.

ab.la.tive [äb'lıtîv] *i.* *dilb.* ismin -den hali, çıkma durumu.

a.blaze [ıbleyz'] *s.* tutuşmuş, yanan.

a.ble [ey'bıl] *s.* yetenekli, becerikli. *be able to* -ebilmek,-abilmek. *able-bodied* sağlıklı, sağlam.

ab.lu.tion [äblu'şın] *i.* aptes.

ab.nor.mal [äbnôr'mıl] *s.* anormal. *abnormality* anormallik.

a.board [ıbord'] *z.* gemide, gemiye; uçakta, uçağa; trende, trene.

a.bol.ish [ıbal'îş] *f.* yürürlükten kaldırmak, durdurmak.

A-bomb ['eybom] *i.* atom bombası.

a.bom.i.na.ble [ıbam'înıbıl] *s.* iğrenç, tiksindirici; *k. dili* berbat, rezil.

a.bort [ıbôrt'] *f.* çocuk düşürmek. *abortion* çocuk düşürme; düşük. *abortive* başarısız.

a.bout [ıbaut'] *edat.*hakkında; aşağı yukarı, yaklaşık; şurada burada, şuraya buraya; çevresin(d)e; yakın(*lar*)da. *be about to* -mek üzere olmak. *just about* az kalsın, neredeyse. *What/how about* -e ne dersin?, ya ?, -den ne haber?

a.bove [ıbáv'] *z.* yukarıda, yukarı; daha çok *edat* üstünde, üstünden; -den yüksek, -den üstün; -den çok. *s.* sözü edilen, yukarıdaki. *above all* her şeyden önce.

above mentioned yukarıda sözü geçen. ***over and above*** -den başka, -nin yanı sıra.

a.bra.sion [ıbrey'jın] *i.* aşınma, aşındırma.

a.bra.sive [ı'brey'siv] *s.* aşındırıcı, törpüleyici.

a.breast [ıbrest'] *z.* bir hizada, yan yana.

a.bridge [ıbrîc'] *f.* kısaltmak, özetlemek. ***abridgement*** kısaltma, özet.

a.broad [ıbrôd'] *z.* yurtdışında, yurtdışına. ***go abroad*** yurtdışına çıkmak.

a.brupt [ıbrápt] *s.* ani, beklenmedik; (davranış, söz) kaba.

ab.scess [äb'ses] *i.* çıban, apse, irin, şiş.

ab.scond [äbskand'] *f.* gizlice kaçıp gitmek, sıvışmak.

ab.sence [äb'sıns] *i.* yokluk, bulunmayış.

ab.sent [äbsınt'] *s.* yok, bulunmayan. ***absent-minded*** dalgın.

ab.sen.tee [äbsıntî'] *i.* (işe) gelmeyen kişi.

ab.so.lute [äb'sılut] *s.* tam, eksiksiz; kesin, mutlak, salt. ***absolutely*** tümüyle; kesinlikle.

ab.solve [ıbzalv'] *f.* bağışlamak, kurtarmak.

ab.sorb [äbzôrb'] *f.* emmek, içine çekmek, soğurmak. ***absorbent*** emici, soğurucu ***absorbing*** sürükleyici. ***absorption*** emme, içine çekme, soğurma.

ab.stain [äbsteyn] *f.* uzak durmak, kaçınmak.

ab.sti.nence [äb'stinıns] *i.* uzak durma, kaçınma.

ab.stract [äb'sträkt] *s., i., f.* soyut, kuramsal. *i.* özet, *f.* çıkarmak, ayırmak, çekmek.

ab.surd [äbzırd'] *s.* saçma, anlamsız.

a.bun.dance [ı'ban'dıns] *i.* bolluk. ***abundant*** bol, çok.

a.buse [ıbyus'] *f.* kötüye kullanmak.

a.bu.sive [ıbyu'sîv] *s.* küfürbaz, ağzı bozuk.

a.bys.mal [ıbîz'mıl] *s.* berbat, çok kötü.

a.byss [ıbîs'] *i.* cehennem, tamu; ahlaki ve zihni derinlik.

ac.a.dem.ic [äk'idem'ik] *s.* akademik.

a.cad.e.my [ıkäd'ımi] *i.* akademi.

ac.cel.er.ate [äksel'ıreyt] *f.* hızlandırmak; hızlanmak. ***acceleration*** hızlandırma; *fiz.* ivme. ***accelerator*** gaz pedalı.

ac.cent [äk'sent] *i.* vurgu; şive, ağız.

ac.cept [ıksept'] *f.* kabul etmek, almak; razı olmak. ***acceptable*** kabul edilebilir; uygun, makul. ***acceptance*** kabul, onama.

ac.cess [äk'ses] *i.* giriş, yol; *hek.* nöbet. ***accessible*** elde edilebilir, ulaşılabilir.

ac.ces.so.ry [äkses'ıri] *i.* aksesuar; eklenti; yardımcı, suçortağı.

ac.ci.dent [äk'sıdınt] *i.* kaza; rastlantı. ***by accident*** kazara, tesadüfen. ***accidental*** tesadüfi. ***accidentally*** tesadüfen, rasgele.

ac.claim [ıkleym'] *f.* alkışlamak; bağırarak ilan etmek; bağırmak.

ac.cli.ma.tize [ıklay'mıtayz] *f.* yeni bir iklime/ortama alışmak; alıştırmak.

ac.com.mo.date [ıkam'ıdeyt] *f.* barındırmak, yerleştirmek. ***accommodation*** kalacak yer, yatacak yer.

ac.com.pany [ıkampıni'] *f.* eşlik etmek. ***accompaniment*** eşlik.

ac.com.plice [ıkam'plîş] *i.* suç ortağı, yardakçı.

ac.com.plish [ıkam'plîş] *f.* başarmak, üstesinden gelmek. *accomplished* becerikli, hünerli. *accomplishment* yerine getirme, yapma; başarı.

ac.cor.ding [ıkôr'dîng] *ilg.* -e göre.

ac.cor.ding.ly [ıkôr'dîngli] *z.* bu nedenle.

ac.cor.di.on [ıkôr'diyın] *müz.* akordeon.

ac.count [ıkaunt'] *i.* hesap; rapor, açıklama. neden *of no account* çok önemsiz. *on account of* yüzünden. *on no account* hiçbir surette, asla. *accountant* muhasebeci, sayman.

ac.cu.mu.late [ıkyum'yıleyt] *f.* toplamak, biriktirmek; çoğalmak, yığılmak. *accumulation* birikim; birikinti, yığın.

ac.cu.rate [äk'yırît] *s.* kesin, doğru, yanlışsız, tam.

ac.cuse [ıkyuz'] *f.* (of) suçlamak. *the accused* sanık(lar). *accusation* suçlama.

ac.cus.tom [ıkás'tım] *f.* alıştırmak. *accustomed* her zamanki; alışkın. *be accustomed to* -e alışmak.

ace [eys] *i.* as, birli, bey; as, yıldız.

ache [eyk] *i.,f.* ağrı. *f.* ağrımak.

a.chieve [ıçiv'] *f.* başarmak; ulaşmak, elde etmek. *achievement* başarma, yapma; başarı.

ac.id [äs'îd] *s., i.* ekşi; dokunaklı, acı. *i.* asit, ekşi.

ac.knowl.edge [äknal'îc]] *f.* kabul etmek, onaylamak, tanımak; aldığını bildirmek. *acknowledgement* kabul, onaylama; aldığını bildirme.

a.corn [ey'kôrn] *i. bot.* meşe palamudu.

a.cous.tic [ıkus'tîk] *s.* akustik, işitsel. *acoustics* akustik, yankıbilim; akustik, yankılanım.

ac.quaint [ıkweynt'] *f.* bilgi vermek, bildirmek; göstermek, öğretmek. *be acquainted (with)* (*den*) haberi olmak, bilmek; (*ile*) tanışık olmak. *acquaintance* tanıdık, tanış, haber; bilgi.

ac.quire [ıkway'ır] *f.* edinmek, kazanmak.

ac.qui.si.tion [äkwızîş'ın] *i.* kazanma, edinme; kazanç, edinti.

ac.quit [ıkwit'] *f.* temize çıkarmak, aklamak. *acquittal* beraat, aklanma.

a.cre [ey'kır] *i.* İngiliz dönümü, (*0.404 hektar*).

ac.rid [äk'rîd] *s.* acı, keskin, sert.

ac.ro.bat [äk'rıbät] *i.* akrobat, cambaz. *acrobatic* akrobatik. *acrobatics* cambazlık, akrobasi.

ac.ro.nym [äk'rınîm] *i.* sözcüklerin baş harflerinden oluşan sözcük.

a.cross [ıkrôs'] *z. edat.* bir yanından öteki yanına; öbür yanında, karşısında; çaprazlama(sına).

act [äkt] *f., i.* hareket etmek, davranmak; (*rol*) oynamak; etki yapmak, etkilemek. *i.* hareket, iş; (*oyun*) perde; gösteri, numara. *acting* oyunculuk; vekil, yerine bakan.

ac.tion [äk'şın] *i.* hareket, iş, eylem; etkinlik, işleme, etki; dava. *out of action* bozuk, işlemez

ac.ti.vate [äkt'ıveyt] *f.* harekete geçirmek, etkili hale getirmek.

ac.tive [äk'tiv] *s.* çalışan, işleyen; faal, çalışkan; etkin, canlı; *dilb.* etken.

ac.tiv.ity [äktîv'îti] *i.* faaliyet, etkinlik.

ac.tor [äk'tır] *i.* erkek oyuncu, aktör.

ac.tress [äk'tris] *i.* kadın oyuncu.

ac.tu.al [äk'çuwıl] *s.* gerçek; şimdiki, bugünkü, güncel. *in actual fact* aslında, gerçekte. *actually gerçekten,* hakikaten; aslında.

a.cu.men [ıkyu'mın] *i.* çabuk kavrayış.

a.cute [ıkyut'] *s.* zeki; şiddetli, ağır; (*hastalık*) ağır, ivegen.

A. D. [ey 'di:] *Anno Domini kıs. z.* (*MS*), Milattan sonra.

a.dapt [ıdäpt'] *f.* uyarlamak, adapte etmek. *adaptable* kolayca uyum sağlayan. *adaptation* adaptasyon, uyarlama. *adapter, adaptor* adaptör.

add [äd] *f.* eklemek, katmak; toplamak.

ad.dict [ädîkt'] *i.* düşkün, tiryaki, meraklı; (*uyuşturucu*) bağımlı.

ad.dict [ıdîkt'] *f.* alıştırmak. *be addicted to* alışmak, bağımlı olmak.

ad.di.tion [ädîş'ın] *i.* ekleme, katma; *mat.* toplama; zam. *in addition (to)* bundan başka, ayrıca. *additional* katma, ek.

ad.dress [ıdres'] *i., f.* adres; söylev. *f.* hitap etmek, söz yöneltmek; adres yazmak.

ad.e.quate [äd'ıkwît] *s.* elverişli, yeterli.

ad.here [ädhîr'] *f.* yapışmak; bağlı kalmak. *adherence (to)* bağlılık, sadakat. *adherent* taraftar, üye.

ad.he.sive [ädhi'siv] *s.,i.* yapışkan. *i.* yapıştırıcı.

ad.ja.cent [ıcey'sınt] *s.* bitişik, komşu.

ad.jec.tive [äc'iktiv] *i. dilb.* sıfat, niteleç.

ad.journ [ıcırn'] *f.* ertelemek.

ad.just [ıcást] *f.* ayarlamak; uyum göstermek. *adjustment* ayarlama; uyum.

ad.min.is.ter [ädmîn'îstır] *f.* idare etmek, yönetmek; vermek, sağlamak; uygulamak. *administration* idare, yönetim; hükümet. *administrative* yönetimsel, idari. *administrator* idareci, yönetici.

ad.mi.ra.ble [äd'mırıbıl] *s.* çok güzel, beğenilen.

ad.mi.ral [äd'mırıl] *i.* amiral.

ad.mire [ädmay'ır] *f.* hayran olmak, bayılmak. *admirer* hayran.

ad.mis.sion [ädmîş'ın] *i.* giriş; giriş ücreti; kabul.

ad.mit [äd'mît] *f.* kabul etmek, itiraf etmek. *admittance* giriş; kabul.

ad.o.les.cence [ädıles'ıns] *i.* ergenlik. *adolescent* ergen.

a.dopt [ıdapt'] *f.* kabul etmek, benimsemek; evlat edinmek.

adore [ı'dor] *f.* taparcasına sevmek; *k. dili* bayılmak, bitmek *adorable* çok güzel *adoration* tapma

a.dorn [ıdôrn'] *f.* süslemek.

a.dult [ıdált'] *i. s.* yetişkin, ergin.

adultery [ıdál'tıri] *i.* eşini aldatma, zina.

ad.vance [ädväns'] *f., i.* ilerlemek; ilerletmek; yükselmek; yükseltmek. *i.* ilerleme; yükselme; avans, öndelik. *in advance* önceden. *advanced* ileri. *advancement* ilerleme.

ad.van.tage [ädvän'tîc] *i.* yarar, çıkar; üstünlük. *advantageous* avantajlı.

ad.vent [äd'vent] *i.* geliş; baş gösterme.

ad.ven.ture [ädven'çır] *i.* serüven; tehlike, riziko. *adventurer* mace-

racı serüven düşkünü.
ad.verb [äd'vırb] *i. dilb.* zarf, belirteç.
ad.ver.sar.y [äd'vırseri] *i.* düşman, hasım.
ad.ver.tise [äd'vırtayz] *f.* ilan etmek; ilan vermek.
ad.ver.tise.ment [äd'vırtayzmınt] *i.* reklam, ilan.
ad.vice [ädvays'] *i.* öğüt, tavsiye; bilgi.
ad.vise [ädvayz'] *f.* tavsiye etmek, öğüt vermek, haberdar etmek, uyarmak. *adviser* danışman. *advisable* makul, mantıklı.
ad.vo.cate [äd'vıkît] *i., f.* savunucu, yanlı; avukat. *f.* desteklemek, savunmak.
aer.i.al [er'iyıl] *i., s.* anten, telsiz anteni. *s.* havaya ait, havada yapılan.
aer.o.drome [er'ıdrom] *i.* havaalanı, hava limanı; hangar.
aer.o.plane [er'ıpleyn] *i.* uçak.
aer.o.sol [erı'sol] *i.* aerosol.
aes.thet.ic(al) [is'tetik(ıl)] *s.* estetik *aesthetics* estetik.
a.far [ıfar'] *z.* uzak, uzakta. *from afar* uzaktan.
af.fair [ıfer'] *i.* mesele, iş; cinsel ilişki.
af.fect [ıfekt'] *f.* etkilemek; gibi görünmek, taslamak. *affectation* yapmacık, gösteriş, özenti.
af.fec.tion [ıfek'şın] *i.* sevgi; düşkünlük, eğilim. *affectioned* sevecen.
af.fec.tive [ıfektiv'] *s.* dokunaklı; duygusal.
af.fil.i.ate [ıfîl'iyeyt] *f.* (*with/to*) birleştirmek, üye etmek; birleşmek, üye olmak.
af.fin.i.ty [ıfîn'ıti] *i.* hoşlanma, eğilim; benzerlik.
af.firm [ıfirm'] *f.* doğrulamak. *af-*

firmation doğrulama. *affirmative* (*yanıt*) olumlu.
af.fix [äf'îks] *i.* önek, sonek.
af.ford [ıfôrd'] *f.* (*parası, zamanı, olanağı*) olmak, gücü yetmek.
a.fraid [ıfreyd'] *s.* korkar, korkmuş. *be afraid of* -den korkmak. *I'm afraid* maalesef, üzgünüm ki.
af.ter [äftır'] *z. bağ. ilg.* -den sonra; peşinden, ardından; -e karşın; -e göre, uyan; -dığı için, yüzünden; tarzında, biçeminde. *after all* her şeye rağmen, yine de. *after you!* Önce siz buyurun!
af.ter.noon [äftırnun'] *i.* öğleden sonra. *in the afternoon* öğleden sonra. *this afternoon* bugün öğleden sonra.
af.ter.wards [äf'tırwırd,-z] *z.* sonradan, sonra.
a.gain [ıgen'] *z.* tekrar, yeniden, gene; bundan başka, ayrıca. *again and again* sık sık, ikide bir, habire. *now and again* arada sırada, kimi kez, bazen. *once/yet again* bir kez daha.
a.gainst [ıgenst'] *ilg.* -e karşı; -ye, -ya.
age [eyc] *i., f.* yaş; devir, dönem; *k. dili* çok uzun süre. *f.* yaşlanmak, kocalmak. *old age* yaşlılık. *the Middle Ages* Ortaçağ. *under age* reşit olmayan, küçük.
aged [ey'cîd] *s.* yaşında; yaşlı. *middle aged* orta yaşlı.
a.gen.cy [ey'cınsi] *i.* acenta, büro.
a.gen.da [ıcen'dı] *i.* gündem.
a.gent [ey'cınt] *i.* acenta, temsilci.
ag.gra.vate [äg'rıveyt] *f.* ağırlaştırmak; *k. dili* sinir etmek, kızdırmak.
ag.gre.gate [äg'rigît] *s.* toplam, toplu, bütün

A

English–Turkish

ag.gres.sion [ıgreş'ın] *i.* saldırı.

agg.res.sive [ıgres'iv] *i.* saldırgan.

ag.i.tate [äc'iteyt] *f.* çalkalamak, sallamak. *agitation* heyecan, acı, üzüntü; kışkırtma, tahrik. *agitator* tahrikçi; karıştırıcı.

a.go [ıgo] *z.* önce.

ag.o.ny [äg'ıni] *i.* şiddetli acı.

a.gree [ıgri'] *f.* aynı fikirde olmak, katılmak; kabul etmek, razı olmak; uyuşmak; anlaşmak. *agreeable* hoş, tatlı *agreed!* tamam! *agreement* anlaşma, uyuşma; ittifak.

ag.ri.cul.ture [äg'rıkálçır] *i.* tarım. *agricultural* tarımsal.

a.ground [ıgraund'] *z.* karaya oturmuş, batık.

a.head [ıhed'] *s. z.* önde, ileride; ileri, ileriye. *straight ahead* dosdoğru.

aid [eyd] *i., f.* yardım. *f.* yardım etmek. *first aid* ilkyardım.

aim [eym] *f., i.* nişan almak, yöneltmek; niyetinde olmak; amaçlamak. *i.* amaç; nişan, hedef *aimless* amaçsız, başıboş. *aimlessly* amaçsızca.

air [er] *i., f.* hava, nefes. *f.* havalandırmak. *airbase* hava üssü. *air-conditioning* havalandırma. *aircraft* uçak *airfield* havaalanı. *air-force* hava kuvvetleri. *airhostess* hostes. *airless* havasız, boğucu. *airline* havayolu. *airmail* uçak postası; havayolu taşımacılığı. *airplane* uçak. *airport* havalimanı. *air raid* askeri hava saldırısı. *airs* hava, gösteriş. *give oneself airs* havalara girmek. *put on airs* havalara girmek, hava atmak. *airways* hava yolları. *by air* uçakla. *in the open air* açık havada, açık-

ta. *on the air* radyoda, dinlenebilir.

aisle [ayl] *i.* (*sinema, uçak, vb.'de*) ara yol, geçit, koridor.

a.jar [ıcar'r] *s.* (kapı) yarı açık, aralık.

a.kin [ıkîn'] *s.* benzer.

a.larm [ılarm'] *i.* alarm, korku. *alarm clock* çalar saat.

a.las [ıläs'] *ünl.* vah! yazık! tüh!

al.bi.no [älbay'no] *i.* akşın, çapar.

al.co.hol [äl'kıhôl] *i.* alkol; alkollü içki. *alcoholic* alkollü; ayyaş. *alcoholism* alkolizm.

ale [eyl] *i.* (*açık renkli*) bir tür bira.

alert [ılırt'] *s., i.* tetik, uyanık. *i.* alarm.

al.ge.bra [äl'cıbrı] *i. mat.* cebir.

a.li.as [ey'liyıs] *i., z.* takma ad. *z.* diğer adıyla.

al.ien [ey'liyın] *i.* yabancı, yabancı uyruklu; başka ırktan olan.

a.lign [ılayn'] *f.* sıraya dizmek, aynı hizaya getirmek.

a.lign.ment [ılayn'mınt] *i.* sıraya dizme, düzenleme.

a.like [ılayk'] *s.* aynı, benzer.

al.i.men.ta.ry [älimen'tri] *s.* beslenmeyle ilgili, besleyici. *alimentary canal* sindirim borusu.

al.i.mo.ny [äl'ımoni] *i.* nafaka.

a.live [ılayv'] *s.* canlı, hareketli.

al.ka.li [äl'kılay] *i. kim.* alkali.

all [ôl] *s., i.* bütün, tüm; her.*i.* her şey. *adi.* hep, hepsi; herkes; her şey. *z.* bütün bütün, tümüyle. *above all* her şeyden önce, hepsinden çok. *after all* her şeye karşın, yine de. *at all* hiç, hiç de. *for all* -e karşın. *in all* topu topu, hepsi. *not at all* bir şey değil, estağfurullah. *all alone* yapayalnız, tek başına, yardımsız. *all night.* bütün gece süren, açık. *all of a sudden* birdenbire, ansızın. *all over* her tarafına, her tarafında; her tarafı(*nı*); her tarafta. *all right* peki, tamam; fena değil, idare eder; (*sağlığına*) bir şey olmamış, iyi.

al.le.giance [ıli'cıns] *i.* bağlılık, sadakat.

al.le.go.ry [äl'ıgori] *i.* kinaye.

al.ley [äl'i] *i.* dar yol, pasaj, ara yol.

al.li.ance [ılay'ıns] *i.* müttefik, bağlaşık.

al.lied [ılayd'] *s.* müttefik, bağlaşık.

al.li.ga.tor [äl'ıgeytır] *i. zool.* timsah.

al.lo.cate [äl'ıkeyd] *f.* paylaştırmak, dağıtmak. *allocation* tahsisat, ödenek.

al.low [ılau'] *f.* izin vermek, bırakmak; kabul etmek; ayırmak, tahsis etmek; olanak vermek. *allowable* izin verilebilir. *allowance* izin; gelir, aylık, haftalık; indirim.

al.loy [*i.* äl'oy, *f.* ıloy'] *i.* metal alaşımı.

al.lude [ılud'] *f.* dolaylı olarak anlatmak *allusion* dokundurma, ima, kinaye

al.ly [ılay'] *i., f.* müttefik ülke; dost, arkadaş. *f.* birleşmek; birleştirmek.

al.ma.nac [ôl'mınäk] *i.* almanak, yıllık.

al.migh.ty [ôl'mayt'i] *s.* her şeye kadir. *the Almighty* Allah.

al.mond [am'ınd] *i.* badem.

al.most [ôlmôst'] *z.* hemen hemen, neredeyse.

alms [amz] *i.* sadaka.

a.lone [ılon'] *s. z.* tek başına, yalnız. *let/leave alone* kendi haline bırakmak, ilişmemek.

a.long [ılông'] *z.* ileri, ileriye, yanına, yanında, birlikte. *edat.* boyunca; süresince. *all along* öteden beri. *along with* ile birlikte. *be along* gelmek, varmak. *get along (with)* geçinmek, anlaşmak; gitmek.

a.long.side [ılông'sayd] *z.* yan yana . *edat.* yanına, yanında.

a.loof [ıluf'] *z.* ayrı, uzakta.

a.loud [ılaud'] *z.* yüksek sesle.

al.ph.abet [äl'fıbet] *i.* alfabe, abece. *alphabetical* alfabetik, abecesel.

al.read.y [ôlred'i] *z.* daha şimdiden, çoktan, bile, zaten.

al.so [ôl'so] *z.* de, da, dahi; hem de, üstelik.

al.tar [ôl'tır] *i.* sunak, kurban taşı.

al.ter [ôl'tır] *f.* değişmek; değiştirmek. *alteration* değiştirme; değişiklik.

al.ter.nate [ôl'tırnît] *s.,f.* (*iki şey için*) değişimli, bir o, bir öteki. *f.* birbirini ardından gelmek, birbirini izlemek; sıra ile yapmak.*on alternate days* günaşırı. *alternate angles* ters açılar. *alternating current* dalgalı akım.

al.ter.na.tive [ôl'tırnatîv] *s., i.* yerine geçebilen, başka. *i.* ikisinden birisini seçme; seçenek.

al.though [ôldho'] *bağ.* her ne kadar, ise de, -e karşın.

al.ti.tude [äl'tıtud] *i.* (*denizden*) yükseklik; *coğ.* yükselti, rakım

al.to.geth.er [ôltıgedh'ır] *z.* tamamen, tümüyle, bütün bütün.

a.lu.mi.num [ılu'mınım] *i. kim.* alüminyum.

al.ways [ôl'wîz] *z.* her zaman, daima, hep.

a.m. [ey'em] *z.* saat 24.00-12.00 arası

am.a.teur [ām'ıçûr] *i.* amatör; deneyimsiz.

a.maze [ımeyz'] *f.* hayrette bırakmak. *be amazed* şaşırmak. *amazing* şaşırtıcı. *amazement* şaşkınlık.

am.bas.sa.dor [āmbäs'ıdır] *i.* büyükelçi.

am.ber [ām'bır] *i.* kehribar; kehribar rengi.

am.bi.gu.i.ty [āmbıgyu'wıti] *i.* anlam belirsizliği; çokanlamlı söz. *ambiguous* belirsiz, muğlak; çokanlamlı.

am.bi.tion [āmbîş'ın] *i.* hırs, tutku *ambitious* hırslı, tutkulu; çok istekli.

am.bu.lance [āmb'ylıns] *i.* cankurtaran.

am.bush [ām'bûş] *f., i.* pusuya düşürmek, tuzak kurmak. *i.* pusu, tuzak.

a.men [ey'men] *ünl.* Amin.

a.men.a.ble [ımi'nıbıl] *s.* uysal; uyumlu.

a.mend.ment [ımend'mınd] *i.* değişiklik, düzeltme.

a.mends [ımendz'] a: *make amends* tazmin etmek, telafi etmek.

a.mia.ble [ey'miyıbıl] *s.* sevimli, samimi.

am.i.ca.ble [ām'ikıbıl] *s.* dostça.

amid [ımîd'] *ilg.* ortasında, arasında.

am.mo.nia [ımon'yı] *i.* amonyak.

am.mu.ni.tion [āmyınî'şın] *i.* cephane, mühimmat.

am.ne.sia [āmni'jiyı] *i. hek.* bellek yitimi.

am.nes.ty [ām'nısti] *i.* genel af.

a.mong [ımáng'] *ilg.* ortasında, arasında.

a.mount [ımaunt'] *i.* miktar; tutar, yekûn. *amount to* olmak, etmek, varmak.

am.ple [ām'pıl] *s.* bol, yeterli; geniş, büyük.

am.pli.fy [ām'plıfay] *f.* ayrıntılarını anlatmak, genişletmek; yükseltmek, güçlendirmek. *amplification* büyütme, genişletme; geniş açıklama; yükseltme, güçlendirme. *amplifier tek.* amplifikatör, yükselteç.

am.pli.tude [ām'pılitud] *i.* bolluk, genişlik. *fiz.* genlik.

am.u.let [ām'yîlıt] *i.* muska, nazarlık.

a.muse [ımyuz'] *f.* eğlendirmek; güldürmek. *amusement* eğlence; gülünçlük. *amusing* eğlenceli, güldürücü.

an [än] *belirsiz art.* (*herhangi*) bir.

a.nal.o.gy [ınäl'ıci] *i.* benzerlik; örnekseme.

a.nal.y.sis [ınäl'ısîs] *i.* çözümleme, analiz etme, analiz, tahlil. *analyst* analiz yapan kimse, analist; *Al.* psikanalist, ruhçözümcü. *analytical* çözümsel, analitik.

an.ar.chy [än'ırkî] *i.* anarşi, kargaşa. *anarchic* anarşik. *anarchism* anarşizm, başsızlık, kargaşacılık.

a.nat.o.my [ınät'ımi] *i.* anatomi, yapıbilim. *anatomical* anatomik, yapısal.

an.ces.tor [än'sestır] *i.* ata, cet. *ancestral* atalara ilişkin, atadan kalma. *ancestry* soy; atalar.

an.chor [äng'kır] *i., f.* gemi demiri, çapa; güven veren şey, kimse, güven kaynağı. *f.* demir atmak.

an.cient [eyn'şınt] *s.* çok eski; Romalılar ve Yunanlılar zamanına ait.

an.cil.lar.y [än'sıleri] *s. tek.* yardımcı, yan.

and [änd] *bağ.* ve; ile *and so on* vesaire.

an.ec.dote [än'îkdot] *i.* eğlendirici kısa öykü, fıkra, anekdot.

an.gel [eyn'cıl] *i.* melek; melek gibi kimse.

an.ger [äng'ır] *i., f.* öfke, kızgınlık, hiddet. *f.* kızdırmak.

an.gle [äng'gıl] *i., f.* açı; köşe; bakım; görüş, açı; olta. *f.* oltayla balık tutmak. *acute angle* dar açı. *right angle* dik açı. *obtuse angle* geniş açı.

an.gry [äng'ri] *s.* kızgın, öfkeli; dargın.

an.guish [äng'gwîş] *i.* şiddetli acı.

an.i.mal [än'imıl] *i., s.* hayvan. *s.* hayvani.

an.i.mate [än'ımeyt] *f.* canlandırmak. *animated* hareketli; canlı. *animated cartoon* çizgi film. *animation* animasyon, çizgi film; canlılık.

an.i.mos.i.ty [änımas'ıti] *i.* kin, düşmanlık.

an.kle [ang'kıl] *i.* ayak bileği, topuk.

an.nex [än'eks] *f.* istila etmek, müsadere etmek, eklemek. *annexation* müsadere, ilhak.

an.ni.ver.sa.ry [änıvır'sıri] *i.* yıldönümü.

an.no.tate [än'oteyt] *f.* notlar koymak, çıkmalar yapmak

announce [ı'nauns] *f.* bildirmek, duyurmak. *announcement* bildiri, duyuru. *announcer* spiker.

an.noy [ınoy'] *f.* rahatsız etmek, canını sıkmak; kızdırmak. *annoyance* rahatsızlık, sıkıntı; baş belası, dert. *annoying* can sıkıcı.

an.nu.al [än'yuwıl] *s.* yıllık, yılda bir kez.

an.nu.ity [ınu'wıti] *i.* yıllık maaş, yıllık emekli maaşı.

an.nul [ınal'] *f.* yürürlükten kaldırmak, bozmak. *annulment* yürürlükten kaldırma.

an.ode [än'od] *i.* anot, artıuç.

a.nom.a.lous [ınam'ılıs] *s.* normal olmayan, anormal.

a.non.y.mous [ınan'imıs] *s.* anonim, adsız, yazarı bilinmeyen.

an.oth.er [ınädh'ır] *s.* başka bir; başka, diğer, öbür. *adi.* bir başkası; başkası; diğeri, öbürü. *one after another* birbiri arkasından. *one another* birbirini.

an.swer [än'sır] *i., f.* yanıt, cevap, karşılık; (*problem*) cevap, sonuç. *f.* yanıtlamak, karşılık vermek; (*çağrılınca*) gitmek, gelmek; (*kapıya,telefona*) bakmak. *answer back* terbiyesizce cevap vermek. *answerable (to, for)* sorumlu.

ant [änt] *i. zool.* karınca.

an.tag.o.nism [äntäg'ınîzm] *i.* düşmanlık, kin. *antagonist* hasım, rakip.

an.tag.o.nize [äntäg'ınayz] *f.* düşman etmek.

Ant.arc.tic [äntar'tîk] *s.* Güney Kutbuyla ilgili. *the Antarctic* Güney Kutbu ve çevresi, Antarktika.

an.te.ce.dent [äntısı'dınt] *s.,i.* önceki. *i.* bir olaydan önce olan olay; *dilb.* adılın yerini tutan ad, öncül.

an.te.na.tal [äntîney'tıl] *s.* doğum öncesi.

an.them [än'thım] *i.* şükran ve sevinç duası. *national anthem* ulusal marş.

an.thol.o.gy [änthal'ıci] *i.* antoloji, seçki.

A

English–Turkish

an.thro.pol.o.gy [änthrıpal'ıcı] *i.* antropoloji, insanbilim.

an.tic.i.pate [äntîs'ıpeyt] *f.* ummak, beklemek. *anticipation* umma, bekleme.

an.ti.dote [än'tidot] *i.* panzehir, karşıtağı.

an.tip.a.thy [äntîp'ıthi] *i.* hoşlanmama, antipati, sevmezlik. *Antipathetic* hoşlanılmayan, beğenilmeyen, antipatik, sevimsiz.

an.ti.quar.i.an [äntîkwer'îyın] *i.* antika meraklısı, antikacı.

an.tique [äntik'] *s.,i.* antik; eski moda; antika. *i.* Eski Yunan ya da Roma sanatı; antika eşya. *antiquity* eski çağlar, eski yapıtlar.

an.ti.sep.tic [äntîsep'tîk] *i. s.* antiseptik, arıktan.

an.tith.e.sis [äntîth'ısîs] *i.* tezat, karşıtlık; antitez, karşısav.

an.vil [än'vîl] *i.* örs; örs kemiği.

anx.i.ety [ängzay'ıti] *i.* tasa, kaygı, korku; şiddetli istek.

an.y [en'i] *s.* herhangi bir, hiç; bazı, birkaç. *any longer* artık, daha fazla. *any more* daha çok, biraz daha. *in any case* ne olursa olsun.

an.y.bod.y [en'ibádi] *zam.* (*bir*) kimse, birisi; herkes; hiç kimse. *anybody else* başka birisi.

an.y.how [en'ihau] *adi.* hiçbir şekilde, ne olursa olsun; her şeye karşın, yine de; nasıl olsa, nasılsa.

an.y.one [en'iwán] *zam. bkz.* **Anybody.**

an.y.thing [en'ithîng] *zam.* (*herhangi*) bir şey; hiçbir şey; her şey, ne olsa *anything but* hiç değil, -den çok uzak *anything else* başka bir şey *like anything* *k. dili* deli gibi, çılgınca.

an.y.way [en'ıwey] *z. k. dili* ne olursa olsun, yine de; neyse, her neyse.

an.y.where [en'îhwer] *z.* her/hiç bir yer(*d*)e; neresi/nereye/nerede olursa olsun. *anywhere else* başka bir yerde/yere.

a.part [ıpart'] *z.* ayrı; bir yana, bir yanda. *apart from* -den başka. *joking apart* şaka bir yana.

a.part.ment [ıpart'mınt] *i. ai.* daire; *ii.* lüks daire, apartman dairesi. *apartment house* Al. apartman.

ap.a.thy [äp'ıthi] *i.* duygusuzluk, duyarsızlık; ilgisizlik. *apathetic* duygusuz, duyarsız; ilgisiz.

ape [eyp] *i.* (*kuyruksuz*) maymun.

ap.er.ture [äp'ırçır] *i.* açık, delik, boşluk.

a.pex [ey'peks] *i. k. dili* (*apexes, apices*) zirve, doruk; uç, tepe.

Aph.ro.dis.i.ac [äfrıdîz'iyäk] *i. s.* afrodizyak ,cinsel arzu uyandıran ilaç.

a.pol.o.gize [ıpal'ıcayz] *f.* özür dilemek.

a.pol.o.gy [ıpal'ıci] *i.* özür; mazeret.

ap.o.plex.y [äp'ıpleksi] *i. hek.* felç, inme; beyin kanaması.

a.pos.tle [ıpas'ıl] *i.* on iki havariden biri.

a.pos.tro.phe [ıpas'trîf] *i. dilb.* kesme işareti, apostrof.

ap.pall [ıpôl'] *f.* şoka uğratmak, sarsmak. *appalling* korkunç; *k. dili* berbat, rezil.

ap.pa.ra.tus [äpırät'ıs] *i.* alet, cihaz; makina, levazım.

ap.pa.rent [ıper'ınt] *s.* açık, ortada. *apparently* görünüşe göre, anlaşılan.

ap.peal [ıpil'] *f., i.* yalvarmak,

daha yüksek bir mahkemeye başvurmak; hoşuna gitmek, sarmak. *i.* yalvarış, yakarış; cazibe, çekicilik, alımlılık; daha yüksek bir mahkemeye başvurma. *appealing* çekici, hoş, tatlı; duygulandırıcı, dokunaklı.

ap.pear [ıpîr'] *f.* görünmek, ortaya çıkmak; varmak, gelmek; gibi görünmek. *appearance* ortaya çıkma, göze görünme; görünüş, görünüm.

ap.pease [ıpiz'] *f.* gidermek, dindirmek, yatıştırmak; tatmin etmek.

ap.pend [ıpend'] *f.* eklemek.

ap.pen.di.ci.tis [ıpendi'saytîs] *i. hek.* apandisit, ekbağırsak yangısı.

ap.pen.dix [ıpen'diks] *i.* ek, ek bölüm; apandis, körbağırsak.

ap.pe.tite [äp'ıtayt] *i.* iştah, arzu; şehvet.

ap.pe.tiz.er [äp'ıtayzır] *i.* iştah açıcı yiyecek, meze, çerez. *appetizing* iştah açıcı.

ap.plaud [ıplôd'] *f.* alkışlamak; beğenmek, onaylamak, benimsemek.

ap.ple [epıl] *i.* elma.

ap.pli.ance [ıplay'ıns] *i.* alet, araç.

ap.pli.ca.ble [ıplîk'ıbıl] *s.* uygulanabilir.

ap.pli.cant [äp'lîkınt] *i.* başvuran kişi, aday, istekli.

ap.pli.ca.tion [äplîkey'şın] *i.* başvuru; uygulama, uygulamaya koyma; merhem, sürme; ilaç. *application form* başvuru formu.

ap.ply [ıplay'] *f.* başvurmak; uygulamak; sürmek, koymak. *applied* uygulamalı.

ap.point [ıpoynt'] *f.* atamak, görev-

lendirmek, tayin etmek; kararlaştırmak, saptamak. *appointment* randevu, iş, görev.

ap.praise [ıpreyz'] *f.* değer biçmek.

ap.pre.ci.a.ble [ıpri'şıbıl] *s.* fark edilir, kayda değer.

ap.pre.ci.ate [ıpri'şiyeyt] *f.* değer biçmek; takdir etmek, değerini bilmek; farkında olmak. *appreciation* minnettarlık, teşekkür; takdir, değerlendirme.

ap.pre.hen.sion [äprihen'şın] *i.* anlayış, kavrayış; korku; *huk.* tutuklama. *apprehensive (of)* korkan, endişeli; kuruntulu.

ap.pren.tice [ıpren'tîs] *i., f.* çırak. *f.* çırak olarak vermek. *apprenticeship* çıraklık; çıraklık süresi.

ap.proach [ıproç'] *f., i.* yaklaşmak, yanaşmak; ele almak, ile konuşmak; başvurmak. *i.* yaklaşma, yanaşma; yol, geçit; ele alış biçimi, yaklaşım. *approachable* yaklaşabilir, cana yakın, dostça.

ap.pro.pri.ate [ıpro'priyeyt] *f.* (tor) ayırmak, tahsis etmek; kendine mal etmek, kendine ayırmak; çalmak.

ap.prov.al [ıpru'vıl] *i.* onama, onaylama; uygun bulma, tasvip; resmi izin, onay. *on approval* beğenilmediğinde geri verilmek koşuluyla.

ap.prove [ıpruv'] *f.* onaylamak, onamak, uygun bulmak, tasvip etmek. *approvingly* onaylayarak.

ap.prox.i.mate [ıprak'simit] *s.* yaklaşık. *approximately* yaklaşık olarak.

a.pri.cot [äp'rîkat] *i.* kayısı; zerdali.

A.pril [ey'prıl] *i.* nisan. *April fool* 1 nisanda aldatılan kimse. *April Fools' Day* 1 nisan.

a.pron [ey'prın] *i.* önlük; hangarın önündeki beton alan. *tied to sb's apron* birine aşırı bağlı.

apt [äpt] *s.* eğilimli, yatkın; uygun, yerinde; çabuk kavrayan. *aptly* uygun bir biçimde, yerinde.

ap.ti.tude [äp'titud] *i.* yetenek.

a.quar.i.um [ıkwer'iyım] *i.* akvaryum.

a.quat.ic [ıkwät'îk] *s.* suda yaşayan; suyla ilgili. *aquatic sports* su sporları.

aq.ue.duct [äk'wıdäkt] *i.* su kemeri.

ar.a.ble [er'ıbıl] *s.* tarıma uygun, ekilebilir.

ar.bi.trar.y [ar'bıtreri] *s.* isteğe bağlı, keyfi.

ar.bi.trate [ar'bitreyt] *f.* (*hakem sıfatıyla*) karar vermek. *arbitration* sorun ya da anlaşmazlığın hakem kararıyla çözümü. *arbitrator* yansız aracı, hakem.

ar.bour [arbı'] *i.* çardak, gölgelik.

arc [ark] *i.* kavis, yay.

ar.cade [arkeyd'] *i.* pasaj, kemeraltı.

arch [arç] *i.* kemer altı, pasaj.

ar.chae.o.l.o.gy [arkıyal'ıci] *i.* arkeoloji, kazıbilim. *archaeological* arkeolojik, kazıbilimsel. *archaeologist* arkeolog, kazıbilimci.

arc.her [ar'çır] *i.* okçu. *archery* okçuluk.

ar.chi.tect [arkı'tekt] *i.* mimar.

ar.chi.tec.ture [ar'kıtekçır] *i.* mimarlık, mimari.

arc.tic [ark'tîk] *s.* Kuzey Kutbuyla ilgili. *the Arctic* Kuzey Kutbu.

ar.dent [ar'dınt] *s.* ateşli, coşkun.

are [ar] *f.* -sin, -iz, -siniz; -dirler.

ar.e.a [er'iyı] *i.* alan, bölge, yüzölçümü.

a.re.na [ırı'nı] *i.* arena, oyun alanı.

ar.gue [ar'gyu] *f.* tartışmak, atışmak; kanıtlamaya çalışmak; neden olarak göstermek. *argue against* karşı çıkmak. *argue for* -i savunmak.

ar.gu.ment [ar'gyımınt] *i.* tartışma, münakaşa, anlaşmazlık; tez, kanıt, sav, düşünce. *argumentative* tartışmayı seven.

ar.id [er'îd] *s.* kurak, kıraç.

ar.is.toc.ra.cy [erîstak'rısı] *i.* soylular sınıfı; aristokrasi.

ar.is.to.crat [ırîs'tıkrät] *i.* soylu, aristokrat.

a.rith.me.tic [ırîth'mıtîk] *i. s.* aritmetik; ölçme, sayma, hesap; aritmetiksel.

ark [ark] *i.* Nuh'un gemisi.

arm [arm] *i.* (*giysi*) kol;koltuk kolu; güç; otorite; dal, şube. *arm in arm* kol kola. *at arm's length* kol boyu uzaklıkta. *keep sb at arm's length'* soğuk davranmak, yüz vermemek. *with open arms* candan, coşkuyla.

arm [arm] *f.* silahlandırmak, savaşa hazırlamak.

ar.ma.da [arma'dı] *i.* donanma, deniz kuvvetleri.

ar.ma.ment [ar'mımınt] *i.* silahlanma; silahlandırma, donatım, teçhizat; *k. dili* silahlar; *k. dili* silahlı kuvvetler.

ar.mi.stice [ar'mistîs] *i.* ateşkes.

ar.mour [ar'mı] *i.* zırh; zırhlı güçler.

army [ar'mi] *i.* ordu, kara ordusu; kalabalık, sürü. *army corps* kolordu. *enter/join the army* askere gitmek, asker olmak.

a.ro.ma [ıro'mı] *i.* güzel koku, aroma. *aromatic* güzel kokulu.

a.round [ıraund'] *edat.,z.* çevresin(d)e; dolayında, yakınında; ötesinde berisinde, sağında solunda, sağına soluna; sıralarında, sularında. *z.* çevrede, ortalıkta; her yanına, çevresine; ötede beride, öteye beriye; aşağı yukarı, yaklaşık; arkaya, geriye. *all around* çepçevre, dört yandan. *have been around* çok deneyimli olmak, görmüş geçirmiş olmak. *up and around* hastalıktan kalkmış, iyileşmiş.

a.rouse [rauz'] *f.* uyandırmak; canlandırmak, harekete geçirmek.

ar.range [ıreync'] *f.* dizmek, düzeltmek; düzenlemek, ayarlamak; kararlaştırmak, saptamak; halletmek, çözümlemek. *arrangement* düzenleme; anlaşma; *müz.* uyarlama, düzenleme; *k. dili* hazırlık.

ar.rest [ırest'] *f., i.* tutuklamak; yakalamak; durdurmak, önlemek. *i.* tutuklama.

ar.rive [ırayv'] *f., i.* varmak, gelmek; dönmek; (*zaman*) gelmek, gelip çatmak. *i.* geliş, varış.

ar.row [er'o] *i.* ok; ok işareti.

ar.son [ar'sın] *i.* kundakçılık, yangın çıkarma. *arsonist* kundakçı.

art [art] *i.* sanat; sanat ürünü; deneyim; ustalık; *k. dili* güzel sanatlar. *Bachelor of Arts* Edebiyat Fakültesi mezunu. *fine arts* güzel sanatlar. *liberal arts* toplumsal bilimler. *Master of Arts* lisansüstü öğretim görmüş, Edebiyat Fakültesi mezunu *work of art* sanat yapıtı.

ar.ter.y [ar'tırı] *i. hek.* atardamar, arter; merkez yol. *arterial* atardamarla ilgili.

art.ful [art'fıl] *s.* aldatıcı, hileci; akıllıca düşünülmüş, beceriyle yapılmış.

ar.ti.cle [ar'tîkıl] *i.* eşya, parça;

makale, yazı; madde, fıkra; *dilb.* artikel. *leading article* başyazı.

ar.tic.u.late [artîk'yıleyt] *s., f.* açık seçik, anlaşılır; düşünce ve duygularını rahatça dile getirebilen; eklemli, boğumlu. *f.* açık seçik konuşmak, tane tane söylemek; eklemlerle birleştirmek. *articulation* *dilb.* boğumlanma; eklem.

ar.ti.fi.cial [artîfîş'ıl] *s.* yapay, suni; yapmacık, yalancı. *artificial insemination* suni döllenme. *artificial respiration* suni solunum.

ar.til.lery [artîl'ırı] *i. ask.* topçu sınıfı, toplar.

ar.ti.san [ar'tızın] *i.* zanaatçı, esnaf.

artist ['a:tist] *i.* sanatçı, artist; ressam *artistic* sanatsal, artistik

art.less art'lîs] *s.* doğal; içten, yalın.

as [äs, ız] *be,* aynı derecede, o kadar; örneğin, sözgelimi. *bağ.* -dığı sıra, -ken; -den dolayı; -dığı halde; -e karşın; -dığı gibi; gibi. *edat.* olarak; gibi. *as a rule* genellikle. *as as* kadar. *as follows* aşağıdaki gibi. *as for* -e gelince. *as if/though* -miş gibi, sanki. *as is* olduğu gibi. *as it is* gerçekte, hakikatte. *as it were* bir yerde, bir bakıma. *as long as* sürece, -dikçe, -mek koşuluyla, yeter ki. *as regards* konusunda; ile ilgili olarak; -e göre. *as to* konusunda, -le ilgili olarak; -e göre. *as usual* her zamanki gibi. *as well* de, da. *as yet* şu ana kadar, şimdiye dek. *so as* için, amacıyla, -cek biçimde. *such as* gibi.

as.cend [ısend'] *f.* yükselmek; tırmanmak, çıkmak.

as.cent [ısent'] *i.* yükselme, tırmanma; yol, yokuş, yamaç.

as.cribe [ıskrayb'] *f.* (to) atfetmek, yüklemek, -e yormak.

ash [äş] *i.* kül; dişbudak ağacı.

a.shamed [ışeymd'] *s.* utanmış, mahcup. *be ashamed* utanmak, mahcup olmak.

A.sia [ey'jı] *i.* Asya *Asian, Asiatic* Asya ile ilgili, Asyalı.

a.side [ısayd'] *z.* bir yanı; kenara, yana.

ask [äsk] *f.* sormak; rica etmek, istemek; çağırmak, davet etmek. *ask for* istemek, aramak.

a.sleep [ıslip'] *s.* uykuda; uyumakta.

as.pect [äs'pekt] *i.* görünüş; bakım, yön.

as.pi.ra.tion [äspirey'şın] *i.* tutku, istek.

ass [äs] *i.* eşek; *k. dili* aptal, salak.

as.sas.si.nate [ısäs'ıneyt] *f.* suikast, yapmak. *assassin* suikastçı. *assassination* suikast, cinayet.

as.sault [ısôlt'] *f., i.* vahşice saldırmak. *i.* ani saldırı, tecavüz.

as.sem.ble [ısem'bıl] *f.* toplamak; toplanmak; kurmak, takmak.

as.sem.bly [ısem'bli] *i.* toplantı, montaj. *assembly line* montaj hattı.

as.set [äs'et] *i.* servet, varlık, mal; *k. dili* aktif, alacak. *assets and liabilities* alacak verecek. *real assets* taşınmaz mallar.

as.sign [ısayn'] *f.* ayırmak, vermek, atamak, seçmek. *assignment* görev; ayırma.

as.sim.i.late [ısîm'ıleyt] *f.* özümlemek, sindirmek. *assimilation* özümseme, sindirim.

as.sist [ısîst'] *f.* yardım etmek; yardımcı olmak. *assistance* yardım, destek. *assistant* yardımcı, asistan.

as.so.ci.ate [ıso'şiyeyt] *f., i.* birleştirmek; birleşmek; arkadaşlık etmek. *i.* ortak çalışma arkadaşı.

as.so.ci.a.tion [ısosıyey'şın] *i.* dernek, kurum, birlik; çağrışım.

as.sort [ısôrt'] *f.* sınıflandırmak, ayırmak. *assorted* çeşitli. *assortment* tasnif, sınıflandırma; cins, çeşit.

as.sume [ısum'] *f.* varsaymak, farz etmek; (*iş, görev*) üzerine almak, üstlenmek; almak, takınmak.

as.sump.tion [ısámp'şın] *i.* üzerine alma; farz, zan; azamet, kibir.

as.sur.ance [ışûr'ıns] *i.* güven, özgüveni; teminat, güvence; sigorta.

a.stray [ıstrey'] *s. z.* doğru yoldan çıkmış, sapıtmış.

as.trol.o.gy [ıstral'ıci] *i.* astroloji, yıldızbilim. *astrologer* yıldızbilimci.

as.tro.nom.i.cal [ästrınäm'ıkıl] *s.* astronomik, gökbilimsel; çok fazla, aşırı.

as.tron.o.my [ıstran'ımi] *i.* astronomi, gökbilim. *astronomer* gökbilimci.

a.sy.lum [ısay'lım] *i.* sığınak, barınak; himaye, koruma. *political asylum* siyasi iltica, sığınma.

at [ät,ıt] *edat.* -de, -da, -e, -a, -ye, -ya.

a.the.ism [ey'thiyîzm] *i.* ateizm, tanrıtanımazlık. *atheist* ateist, tanrıtanımaz.

ath.lete [äth'lit] *i.* atlet, sporcu.

ath.let.ic [äthlet'îk] *s.* atletik, atletizmle ilgili; bedence güçlü, atletik. *athletics* atletizm.

At.las [ät'lıs] *i.* atlas; göklere destek olduğu söylenen yarı tanrı.

at.mos.phere [ät'mîsfîr] *i.* atmosfer, havaküre, gazyuvar; çevre, hava.

at.om [ät'ım] *i.* atom, öğecik; zerre. *atom bomb* atom bombası. *atomic* [ı'tomik] atomik, atomal. *atomic energy* atom enerjisi. *atomic number* atom sayısı. *atomic pile/reactor* nükleer reaktör. *atomic weight* atom ağırlığı.

at.tach [ıtäç] *f.* bağlamak, iliştirmek, bitiştirmek, takmak; yapıştırmak. *attachment* bağ; bağlılık, sevgi.

at.tack [ıtäk] *f., i.* saldırmak, basmak; eleştirmek; çatmak; (işe) girişmek. *i.* saldırı; nöbet, kriz.

at.tain [ıteyn'] *f.* elde etmek, erişmek.

at.tempt [ıtempt'] *f., i.* kalkışmak, girişmek, yeltenmek, çalışmak, denemek. *i.* girişim, kalkışma; çaba, deneme.

at.tend [ıtend'] *f.* bakmak, ilgilenmek; hazır bulunmak, katılmak, gitmek; eşlik etmek. *attendance* hazır bulunma, katılma, gitme; eşlik. *attendant* yardımcı, hizmetçi; görevli.

at.ten.tion [ıten'şın] *i.* dikkat, özen; bakım, ilgi. *pay attention* dikkatini vermek, kulak vermek, dinlemek.

at.ten.tive [ıten'tîv] *s.* dikkatli; nazik, kibar.

at.test [ıtest'] *f.* ispat etmek, kanıtlamak; tasdik etmek, doğrulamak.

at.ti.tude [ät'ıtud] *i.* davranış, tutum; duruş, durum; fikir, düşünce.

at.tor.ney [ıtır'ni] *i.* vekil, yetkili; dava vekili, avukat. *attorney general* başsavcı.

at.tract [ıträkt] *f.* cezbetmek, çek-

mek. *attraction* cazibe, çekim; alımlılık, çekicilik, cazibe. *attractive* çekici, cazip.

at.tri.bute [ät'rıbyut] *i.* özellik, nitelik.

at.trib.ute [ıtrîb'yut] *f.* (to) atfetmek, bağlamak, vermek.

auc.tion [ôk'şın] *i.* mezat, açık artırma ile satış. *by auction* açık artırma ile. *auctioneer* mezat tellalı.

au.di.ence [ô'diyıns] *i.* dinleyiciler, izleyiciler, seyirciler; resmi görüşme; duruşma.

au.dit [ô'dît] *i.* (yıllık) hesap denetimi. *auditor* murakıp, denetçi.

au.di.to.ri.um [ôditôr'iyım] *i.* konferans salonu, konser salonu.

aug.ment [ôgment'] *f.* artırmak.

August [ô'gıst] *i.* ağustos.

aunt [änt] *i.* teyze; hala; (dayı-amca karısı) yenge. *auntie k. dili* teyze, hala, yenge.

au.then.tic [ôthen'tîk] *s.* esas, asıl, doğru, otantik. *authenticate* gerçekliğini/doğruluğunu kanıtlamak; belgelemek. *authenticity* gerçek olma özelliği, doğruluk.

au.thor [ô'thır] *i.* yazar; yaratıcı, yapan. *authorship* yazarlık.

au.thor.ity [ıthôr'ıtî] *i.* otorite, yetkili; bilirkişi, uzman.

au.thor.ize [ô'thırayz] *f.* izin vermek; yetki vermek; onaylamak.

au.thor.i.zed [ô'thrayzd] *s.* yetkili.

au.to.bi.og.ra.phy [ôtıbayag'rıfî] *i.* özyaşamöyküsü, özgeçmiş.

au.toc.ra.cy [ôtak'rısi] *i.* otokrasi, saltıkçı yönetim. *autocrat* otokrat, saltıkçı. *autocratic* zorba.

au.to.graph [ô'tıgräf] *i.,f.* (ünlü) birinin imzası. *f.* (kitap, vb.) imzalamak.

au.to.mat.ic [ôtımät'îk] *s.* otomatik, farkında olmadan yapılan; istenç dışı. *automatically* otomatik olarak, kendiliğinden.

au.ton.o.mous [ôtan'ımıs] *s.* özerk.

au.ton.o.my [ôtan'ımi] *i.* özerklik.

au.tumn [ô'tım] *i.* sonbahar, güz.

aux.il.ia.ry [ôgzîl'ıri] *s. i.* yardımcı. *auxiliary verb* *dilb.* yardımcı fiil.

a.vail.a.ble [ıvey'lıbıl] *s.* mevcut, elde; işe yarar, kullanılabilir, elde edilebilir. *availability* hazır bulunma; işe yararlık; elde edilebilirlik.

av.a.lanche [äv'ılänç] *i.* çığ.

a.venge [ıvenc'] *f.* öcünü almak.

av.e.nue [äv'ınyu] *i.* bulvar, geniş cadde.

av.er.age [äv'rıç] *i., s., f.* ortalama, orta. *f.* ortalamasını almak.

a.vi.a.tion [eyv.yey'şın] *i.* havacılık.

a.void [ıvoyd'] *f.* uzak durmak, kaçınmak, sakınmak; önüne geçmek, kurtarmak. *avoidable* uzak durulabilir, kaçınılabilir.

a.wake [ıweyk'] *f.,* s. uyandırmak, uyanmak. *s.* uyanık.

a.ward [ıwôrd'] *f.* ödül; hüküm, karar. *f. (ödül, vb.)* vermek; hükmetmek, verilmesini istemek.

a.ware [ıwer'] *s.* farkında, haberdar, bilir. *awareness* farkında olma.

a.way [ıwey'] *z., s.* uzağa, uzakta; -den, -dan; deplasmanda. *s.* uzak, deplasmanda oynanan; başka yerde, yok. *far away* çok uzakta. *right away* hemen. *play away* deplasmanda oynamak. *take away* alıp götürmek, kaldırmak.

awe [ô] *i. (saygıdan ileri gelen)* korku.

aw.ful [ô'fıl] *s.* korkunç; *k. dili* berbat, rezil. *awfully* çok, oldukça.

awl [ôl] *i.* biz, tığ.

axe [äks] *i., f.* balta. *f.* baltayla budamak; (gider, vb.) azaltmak, kısmak.

az.ure [äj'ır] *i. s.* gökyüzü, sema; gök mavisi.

B b

B,b [bi] *i.* İngiliz alfabesinin ikinci harfi; müzikte, "si" ye karşılık olan yedinci nota.

bab.ble [bäb'ıl] *f., i.* gevezelik etmek, saçmalamak; mırıldanmak ; *i.* gevezelik, boşboğazlık; mırıltı.

babe [beyb] *i.* bebek.

ba.by [bey'bi] *i., s., f.* bebek; hayvan yavrusu; s. bebek gibi, bebeğe ait. *f.* küçük çocuk muamelesi yapmak. *babyish* çocuksu. *babysit* çocuk bakıcılığı yapmak. *babysitter* çocuk bakıcısı.

bach.e.lor [bäç'ılır] *i.* bekâr erkek; evlenmemiş erkek; üniversite mezunu.

back [bäk] *i, z., f.* arka, sırt; belkemiği ; *z.* arkaya, geriye; geçmişte, geçmişe; eski yerine, yine; önce, *f.* desteklemek, arka çıkmak; üzerine para koymak, üzerine oynamak. *back and forth* ileri geri. *back down* hatalı olduğunu kabul etmek, boyun eğmek. *back out* vazgeçmek, caymak. *back up* desteklemek. *backache* sırt ağrısı, bel ağrısı. *be back* geri dönmek. *behind one's back* arkasından, yokken. *get/put sb's back up* gıcık etmek. *go back on* sözcünden caymak. *go back* dönmek. *turn one's back* on sırtını çevirmek.

back.fire [bäk'fayır] *f.* (*plan, vb.*) geri tepmek, olumsuz sonuç vermek.

back.gam.mon [bäk'gämın] *i.* tavla.

back.ground [bäk'graund] *i.* arka plan; fon, zemin.

back.side [bäk'sayd] *i.* arka; insan ya da hayvan kıçı.

back.ward [bäk'wırd] *z., s.* geriye doğru yapılan; geç öğrenen, kafasız.

back.yard [bäk'yard'] *i.* avlu, evin arkasındaki bahçe.

ba.con [bey'kın] *i.* domuz pastırması.

bad [bäd] *s., i.* kötü; bozuk, çürük; geçersiz; yaramaz; şiddetli, sert; ahlaksız; zararlı; sağlıksız. *i.* kötü şey, kötülük. *bad fortune* şanssızlık, talihsizlik. *badly* kötü; *k. dili* çok be. *bad at sth* bir şeyi pek iyi bilmemek be. *bad of sth* fenalaşmak; bozulmak, kokmak *not (so) bad* fena değil. *not too bad* şöyle böyle.

badge [bäc] *i.* rozet.

bag [bäg] *i., f.* çanta; torba. *f.* çantaya/torbaya koymak.

bag.gage ['bäg'îc] *i.* bagaj.

bake [beyk] *f.* fırında pişirmek/ pişmek. **baker** fırıncı. **bakery** fırın.

bal.ance [bäl'ıns] *i., f.* denge; terazi; bakiye, kalıntı. *f.* denge- lemek; kıyaslamak. **balance of payments** ödemeler dengesi. **balance sheet** bilanço. **bal- anced** dengeli, aklı başında.

bald [bôld] *s.* kel, dazlak.

bale [beyl] *i., f.* balya, denk.*f.* bal- ya yapmak. **bale out** paraşütle uçaktan atlamak.

balk [bôk] *i., f.* kütük . *f.* engel ol- mak; anlaşmaya yanaşmamak, duraksamak.

ball [bo:l] *i.* top; küre; yumak; balo **keep the ball rolling** devam etmek, sürdürmek **play ball** *k. dili* birlikte çalışmak, imece yapmak.

bal.lad [bäl'ıd] *i.* türkü; şiirsel öykü.

bal.last [bäl'ıst] *i.* safra, ağırlık; balast, kırmataş.

bal.le.ri.na [bäliri'nı] *i.* balerin.

bal.let [bä'ey] *i.* bale, danslı oyun; bale trubu.

bal.lis.tics [bı'lîs'tîks] *i.* balistik, atış bilimi.

bal.loon [bılun'] *i.* balon.

bal.lot [bâl'ıt] *i.* oy pusulası; gizli oylama. **ballot box** oy sandığı.

balm [bam] *i.* melisa, oğulotu, ilaç olarak kullanılan birkaç çe- şit yağ.

ba.nal [bey'nıl] *s.* adi, bayağı, ba- nal, sıradan.

band [bänd] *i.* bağ, şerit, kayış, bant; *müz.* grup, topluluk.

band.age [bän'dîç] *i., f.* sargı. *f.* sarmak, bağlamak.

ban.dit [bän'dît] *i.* haydut.

bang [bäng] *i.,* f.büyük patlama; şiddetli vuruş. *f.* hızla çarpmak, vurmak.

bank [bängk] *i.* banka; nehir, göl kıyısı, kenar; tümsek; yığın, küme; bayır; *(oyun)* banko. **bank account** banka hesabı. **bank holiday** resmi tatil. **banknote** kâğıt para. **bank rate** banka faiz oranı. **bank on** güvenmek.

bank.er [bängkır] *i.* bankacı; çeşitli kumar oyunlarında kasa olan kişi, kasa.

ban.ner [bän'ır]] *i.* bayrak; san- cak, pankart.

ban.quet [bäng'kwît] *i.* ziyafet, şölen.

bar [ba:] *i.* demir çubuk; engel, bariyer; sırık, çubuk; kalıp; bar * *f.* parmaklıklarla örtmek, kapat- mak; hapsetmek; kısıtlamak

bar.bar.i.an [barber'iyın] *i., s.* bar- bar, uygarlaşmamış kimse. **bar- baric** barbar, vahşi. **barbarism** barbarlık, vahşilik. **barbarity** acımasızlık, vahşilik **barbarous** uygarlaşmamış, kaba, barbar.

bar.ber [bar'bır] *i.* berber.

bard [bard] *i.* ozan, şair.

bar.gain [bar'gin] *i., f.* pazarlık, anlaşma; kelepir; ucuz şey. *f.* pazarlık etmek. **bargain for** he- saba katmak, beklemek .**drive a hard bargain** sıkı pazarlık etmek **into the bargain** üstelik, ayrıca.

barge [barc] *i., f.* mavna, salapur- ya, *f.* çarpmak, toslamak. **barge into** *(konuşmayı)* kesmek, böl- mek, müdahale etmek. **barge in** hızla içeri dalmak.

bar.man [bar'mın] *i.* barmen.

barn [barn] *i., f.* ambar; ağıl, ahır. F. ambara koymak.

bar.racks [ber'ıks] *i.* kışla.
bar.rage [ber'îc] *i.* baraj, bent, su
bendi.
bar.rel [ber'ıl] *i.* fıçı, varil; namlu.
bar.ren [ber'ın] *s., i.* kıraç, çorak,
verimsiz; kısır, sıkıcı, yavan. *i.* ha-
fif meyilli, nispeten çorak arazi.
bar.ri.cade [berikeyd'] *i.* barikat,
engel.
bar.ri.er [ber'iyır] *i.* engel; duvar,
çit, korkuluk.
bar.row [ber'o] *i.* el arabası. *İng.*
seyyar sebze ve meyve satıcıla-
rının kullandığı, itilerek kullanı-
lan araba.
base [beys] *i.,s., f.* temel; taban;
esas; *ask.* üs; *mat.* doğru, düz-
lem; *kim.* baz; *dilb.* kök, gövde,
s. aşağılık, alçak; değersiz. *f.*
(on) dayandırmak; tesis etmek,
kurmak
base.ment [beys'mınt] *i.* bodrum
katı, zemin kat.
bashful ['beşfıl] *s.* utangaç, sıkıl-
gan.
ba.sic [bey'sîk] *s.* temel, ana,
esas. *basics* esaslar, temel il-
keler.
ba.sin [bey'sın] *i.* leğen; çanak,
tas; havuz; lavabo; *coğ.* Havza.
bas.ket [bäs'kît] *i.* sepet; *sp.* bas-
ket, sayı.
bass [bäs] *i. müz.* bas.
bastard [bäs'tırd] *i.* piç.
bat [bät] *i., f.* yarasa; *sp.* kriket/
beysbol sopası; *sp.* pinpon ra-
keti. *f.* topa sopayla vurmak. *off
one's own bat* kendi başına;
kendisine söylenmeden.
batch [bäç] *i.bir defada alınan
miktar;* dizi, grup, küme.
bath [bäth] *i., f.* küvet; banyo yap-
ma, yıkanma; banyo odası, ban-
yo; *k. dili* hamam; kaplıca; ha-

vuz. *f.* banyo yapmak yıkanmak
to have a bath banyo yapmak.
bathroom banyo odası; tuvalet
bathrobe bornoz.
bathe [beydh] *f.* yüzmek; suya/
ilaca sokmak, yıkamak; yıkan-
mak. *bathing* yıkanma; yüzme.
bathing beach plaj. *bathing
suit* kadın mayosu. *bathing
trunks* erkek mayosu.
ba.ton [bä'ton] *i. müz.* baton; cop;
sopa.
bat.ter.y [bät'ıri] *i.* akü, pil; *ask.* ba-
tarya; takım, seri, dizi; *huk.* mües-
sir fiil, dövme.
bat.tle [bät'ıl] *i., f.* savaş, muha-
rebe; çarpışma, vuruşma; mü-
cadele. *f.* savaşmak, çarpışmak;
mücadele etmek. *battlefield*
savaş alanı. *battleship* savaş
gemisi.
bau.ble [bô'bıl] *i.* ucuz mücevher,
incik boncuk.
bay [bey] *i., f.* körfez, koy; *bot.*
defne; bölme, bölüm, kısım;
çıkma, cumba; havlama, uluma;
doru at. *f.* havlamak, ulumak. *at
bay* köşeye sıkıştırılmış, çık-
mazda.
bay.o.net [beyinet'] *i.* süngü, ka-
satura.
ba.zaar [bızar'] *i.* çarşı.
B.C. [bisi] *z.* MÖ, milattan önce.
be [bi] (**been, being**) (*kural dışı
çekimleri: şimdiki zaman; I am
;he, she, ıt is; we, you, they
are*; *geçmiş zaman; I, he, she, it
was; we, you, they were*; *mişli
geçmiş zaman; I have been*. Ol-
mak, vaki olmak; varlığını gös-
termek, mevcut olmak.
beach [biç] *i.* kıyı, sahil; plaj,
kumsal.
bea.con [bi:kın] *i., f.* işaret ateşi;

deniz feneri. F. yol göstermek; işaret koymak.

bead [bid] *i.* boncuk; *k. dili* tespih, kolye.

beak.er [bi'kır] *i.* geniş ağızlı büyük bardak; *kim.* geniş deney şişesi.

beam [bim] *i., f.* ışık, ışın, ışık demeti; sinyal, dalga; kiriş, direk; kalas. *f.* (ışık vb.) saçmak, yaymak.

bean [bin] *i.* fasulye; tane, çekirdek. *full of beans* hayat dolu, yerinde duramayan. *spill the beans* baklayı ağzından kaçırmak.

bear [ber] *i.* ayı; spekülatör, vurguncu.

bear [ber] *f.* **bore**, **borne** taşımak, götürmek; kabul etmek, üstlenmek, katlanmak, çekmek; sahip olmak, taşımak; (*meyve, ürün*) vermek. *bearable* katlanılır, çekilir, dayanılır. *bear down* yenmek, güç kullanmak. *bear on* ile ilgili olmak; üstüne basmak, ezmek. *bear out* doğrulamak. *bear up* cesaretini elden bırakmamak. *bear with* sabır göstermek, katlanmak.

beard [bird] *i.* sakal. *bearded* sakallı.

beast [bist] *i.* (*dört ayaklı*) hayvan; kaba kimse, hayvan.

beat [bit] *f., i.* **beat, beaten** dövmek, vurmak; yenmek; (*kalp, nabız*) atmak; çırpmak; (*davul, vb.*) çalmak. *i.* vurma, vuruş; yürek atışı; *müz.* ritm, tempo; devriye bölgesi. *beat about/around thebush* lafı ağzında gevelemek. *beat time* tempo tutmak. *beat about* endişeyle aramak; rota değiştirmek. *beat down* in-

dirmek, azaltmak. *beat into* kafasına sokmak, öğretmek. *beat off* defetmek, püskürtmek. *beat out* (*ateş*) vurarak söndürmek. *beat up* pataklamak, döverek yaralamak. *beat the air* akıntıya kürek çekmek. *beaten* (*metal*) vurularak biçimlendirilmiş.dövme; (*yol*) ayak izleriyle belirginleşmiş; yenik, mağlup. *off the beaten track* herkesçe pek bilinmeyen, sapa. *beater* mikser. *beating* dayak; (*kalp, vb*) atış, çarpma.

beau.ti.ful [byu'tıfıl] *s.* güzel.

beau.ti.fy [byu'tifay] *f.* güzelleştirmek.

beau.ty [byu'ti] *i.* güzellik; güzel kişi; güzel şey *beauty parlour/ shop* güzellik salonu. *beauty sleep* güzellik uykusu. *beauty spot* güzelliğiyle bilinen yer.

be.cause [bîkáz] *bağ.* çünkü, -dığı için. *because of* -den dolayı.

be.come [bîkám] *f.* **became**, **become** olmak; uymak, yakışmak; gitmek. *becoming* uygun, üzerine yakışan; yerinde, doğru.

bed [bed] *i., f.* yatak; tarh; çiçeklik. *f.* yerleştirmek, oturtmak. *bed and board* kalacak yer ve yiyecek. *go to bed* yatmak. *bedclothes* yatak takımı. *bed ridden* yatalak. *bedroom* yatak odası. *bedsitter* bekâr odası, tek kişilik oda. *bedspread* yatak örtüsü. *bedstead* karyola.

bed.bug [bed'bág] *i.* tahtakurusu.

bed.ding [bed'îng] *i.* yatak takımı, yatağa ait örtü.

bee [bi] *i.* arı. *beehive* arı kovanı. *a bee in one's bonnet* fikri sabit, saplantı.

beef [bif] *i.* sığır; sığır eti. *beef-steak* biftek.

been [bi:n, bin] *f. bkz.* be

beer [bîr] *i.* bira.

bees.wax [biz'wäks] *i.* balmumu.

bee.tle [bit'ıl] *i.* kanatlılardan herhangi bir böcek; iri kara böcek.

be.fore [bifôr'] *ilg.* önünde; -den önce, *z.* önde, önden; *(daha)* önce, *bağ.* -meden önce. *before Christ (BC)* milattan önce *(MÖ) before long* çok geçmeden.

be.friend [bîfrend'] *f.* arkadaşça davranmak, yardım etmek.

beg [beg] *f.* rica etmek, istemek, yalvarmak; dilenmek. *beg your pardon* affedersiniz; efendim!

beg.gar [beg'ır] *i.* dilenci.

be.gin [bîgîn'] *f.* **began, begun** başlamak; başlatmak. *to begin with* evvela, bir kere. *beginner* yeni başlayan, acemi. *beginning* başlangıç.

be.half [bîhäf'] *i.* taraf, leh. *on behalf of* -in adına/yararına.

be.have [bîheyv'] *f.* hareket etmek, davranmak; *(makine)* çalışmak, işlemek. *behave oneself* terbiyesini takınmak, uslu oturmak. *well-behaved* terbiyeli, uslu.

be.hav.iour [bîheyv'yır] *i.* davranış, hareket, tavır .

be.hind [bîhaynd'] *ilg.* arkasında, gerisinde. *z.* arkada, arkaya, arkadan. *behindhand* gecikmiş geç.

be.hold [bîhould'] *f.* farkına varmak, görmek.

be.ing [bi'yîng] *i.* varoluş, varlık; yaratık.

be.lief [bîlîf'] *i.* inanç; güven; kanı.

be.lieve [bîliv'] *f.* inanmak; güvenmek; sanmak. *believable* inanılır. *believe in* varlığına inanmak; -e inancı olmak, inanmak. *believer* inanan.

be.lit.tle [bîlît'ıl] *f.* küçümsemek, küçük görmek.

bell [bel] *i.* çan, zil. *bell-bottoms* İspanyol paça pantolon.

bel.lig.er.ent [bılîc'ırın] *s. (ülke)* savaş halinde; *(insan)* kavgacı.

bel.low [bel'o] *f.* böğürmek.

bel.lows [bel'oz] *i.* körük.

bel.ly [bel'i] *i.* karın, mide; göbek; *k. dili* göbek deliği. *bellyache* karın ağrısı. *belly dance* göbek dansı. *bellyful* çok fazla.

be.long [bîlông'] *f. (to)* ait olmak; *(in)* uygun olmak. *belongings* birinin kişisel eşyaları.

be.lov.ed [bilav'id] *s. i.* sevgili.

be.low [bîlo'] *z., s.* aşağı, aşağıda, altta. *ilg.* -in altında; -den aşağı. *s.* aşağıdaki, alttaki; *k. dili* çok.

belt [belt] *i., f.* kemer, kuşak; kayış; bölge, yöre, kuşak. *f.* kemerle/kuşakla bağlamak; kemerle dövmek. *tighten one's belt k. dili* kemerleri sıkmak.

be.moan [bîmon'] *f.* kederlenmek, üzülmek; sızlanmak.

bench [benç] *i.* sıra, bank; tezgâh; yargıç kürsüsü.

bend [bend] *f., i.* eğmek, bükmek; eğilmek, bükülmek. *i.* eğme, bükme; dönemeç, viraj. *round the bend k. dili* deli, çılgın.

be.neath [bînith'] *z.* altta, alta. *ilg.* altında, altına.

ben.e.dic.tion [benıdîk'şın] *i.* kutsama.

ben.e.fac.tion [benifäk'şın] *i.* iyilik, hayır. *benefactor* hayırsever.

be.nef.i.cent [binef'isıns] *s.* hayır sahibi, hayırsever.

ben.e.fi.cial [benifîş'ıl] *s.* yararlı, hayırlı.

ben.e.fi.ci.ar.y [benifîş'ıyeri] *i.* yararlanan kimse.

ben.e.fit [ben'fît] *i., f.* yarar, çıkar, kâr; kazanç; avantaj. *f.* yaramak, yararı olmak. *benefit from/by* -den yararlanmak.

be.nign [bînayn'] *s.* iyi huylu, tatlı, sevecen; (*ur*) tehlikesiz.

bent [bent] *i.* eğilim; yetenek.

be.queath [bîkwest'] *f.* miras olarak bırakmak.

be.reave [bîrîv'] *f.* mahrum etme, merhametsizce elinden alma.

ber.ry [ber'i] *i.* (*çilek, kiraz, vb. gibi*) küçük, yumuşak meyve.

be.side [bîsayd'] *ilg.* yanında, yanına. *beside oneself* çılgın gibi. *beside the point* konunun dışında.

be.sides [bi'saydz] *z.* bunun yanı sıra, ayrıca, bununla birlikte, üstelik, bir de * *ilg.* -den başka, -e ilaveten

best [best] *s., z. i.* en iyi, *z.* en iyi biçimde; en çok, en fazla, *i.* en iyi taraf/yan/kısım; en iyi. *at (the) best* en iyimser ihtimalle. *best man* sağdıç. *do one's best* elinden geleni yapmak.

bes.tial [bes'çıl] *s.* hayvan gibi; kaba, hayvani. *bestiality i.* kabalık, hayvanlık; acımasızlık.

bet [bet] *f., i.* **bet** ya da **betted** bahse girmek. *i.* bahis, iddia. *betting shop* müşterek bahis oynanan dükkân, ganyan bayii. *bet k. dili* bahse girerim ki.

be.tray [bîtrey'] *f.* ihanet etmek; ele vermek; ağzından kaçırmak. *betrayal* ihanet; ele verme. *betrayer* hain.

bet.ter [bet'ır] *i., f.* daha iyisi; üstünlük. *f.* ıslah etmek, daha iyi hale getirmek.

bet.ter [bet'ır] *s., z.* (*good* ve *well*'in üstünlük derecesi; daha iyi, daha güzel, daha çok. *z.* daha iyi şekilde.

be.tween [bîtwin'] *z. ilg.* (*iki şeyin*) arasına, arasında. *between you and me* laf aramızda.

bev.er.age [bev'rîc] *i.* içecek, meşrubat.

be.ware [bîwer'] *f.* (of) sakınmak, kaçınmak.

be.wil.der [bîwîl'dır] *f.* şaşırtmak, sersemletmek. *bewilderment* şaşkınlık.

be.witch [bîwîç'] *f.* büyülemek, büyü yapmak, hayran etmek.

be.yond [bîyand'] *z., edat.* ötede, öteye, ileri. *edat.* ötesinde, ötesine; -den başka.

bi.as [bay'ıs] *i.* önyargı; eğilim. *biased* önyargılı.

Bi.ble [bay'bıl] *i.* İncil, Kutsal Kitap.

bib.li.og.ra.phy [bîbliag'rıfi] *i.* kaynakça, bibliyografi.

bick.er [bîk'ır] *f., i.* tartışmak, atışmak. İ. tartışma, atışma.

bi.cy.cle [bay'sîkıl] *i., f.* bisiklet. *f.* bisiklete binmek, bisikletle gezmek.

bid [bîd] *f., i.* **bid** fiyat teklif etmek; deklare etmek. *i.* fiyat teklifi, teklif. *bidding* buyruk, emir; deklarasyon.

bide [bayd] *f.* (*uygun zamanı*) sabırla beklemek.

bi.en.ni.al [bayen'iyıl] *s.* iki yılda bir olan.

big [bîg] *s.* büyük, iri; önemli; *k. dili* popüler, ünlü.

bike [bayk] *i.* bisiklet; motosiklet.

bi.lin.gual [baylîng'wıl] *s.* iki dilli.

bill [bîl] *i.* hesap, fatura; yasa tasarısı; afiş, ilan; *Aİ.* kâğıt para; tahvil, poliçe; gaga. *billboard* ilan tahtası.

bil.let [bîl'ît] *i.* kışla, baraka; askerlere kışlalar dışında temin edilen ikametgah.

bil.liards [bîl'yırdz] *i.* bilardo.

bil.lion [bîl'yın] *i. Al.* milyar; *İl.* Trilyon.

bin [bîn] *i.* kutu, sandık, teneke.

bind [baynd] *f., i. bound* bağlamak; yarayı sarmak; ciltlemek; yasal olarak bağlamak. *Binder i.* bağlayan şey; sicim, tutkal; ciltçi. *bindery* ciltevi. *binding* ciltçilik; kitap kapağı; kenar süsü; bağlayıcı, zorunlu.

bi.og.ra.phy [bayag'rıfi] *i.* yaşam öyküsü, biyografi.

bird [bırd] *i.* kuş *bird of passage* göçmen kuş. *bird-brained* kuş beyinli, aptal. *birdcage* kuş kafesi. *bird's eye view* kuşbakışı görünüm. *bird's nest* kuş yuvası. *early bird* erken kalkan gelen kimse. *kill two birds with one stone* bir taşla iki kuş vurmak.

birth [bırth] *i.* doğum; doğurma. *by birth* doğuştan. *birth control* doğum kontrolü. *birthday* doğum günü. *birthmark* doğum lekesi. *birthplace* doğum yeri. *birthrate* doğum oranı. *birthright* doğuştan kazanılan ulusal hak, vatandaşlık hakkı.

bis.cuit [bîskît'] *i.* bisküvi; *Al.* çörek, pasta.

bit [bît] *i.* miktar, parça; lokma, kırıntı; kısa süre; gem; matkap, delgi. *a bit* biraz. *bits and pieces* ıvır zıvır, ufak şeyler. *bit by bit* azar azar, yavaş yavaş. *not a bit* hiç değil, zerre kadar.

bite [bayt] *f., i* (*bit, bitten*) ısırmak; (*böcek, yılan, vb.*) sokmak; acıtmak; yakmak; aşındırmak;

yemek. *i.* ısırık; ısırma; sokma; lokma; parça; keskinlik; acılık.

bit.ter [bît'ır] *i.* acı, keskin, yakıcı; üzücü, acı; acılık, keskinlik; acı bira. *bitterish* acımsı. *bitterly* acı acı. *bitterness* acılık, keskinlik.

bi.zarre [bîzar'] *s.* acayip, garip, tuhaf.

black [bläk] *s., i., f.* siyah, kara; karanlık; kirli, pis; çok kızgın; koyu tenli; (*kahve*) sütsüz, sade; uğursuz. *i.* siyah renk; siyah giysi; zenci, *f.* karartmak; (*göz*) morartmak. *black belt sp.* siyah kuşak. *black box* (*uçakta*) kara kutu. *black eye* morarmış göz. *black letter* gotik matbaa harfi. *black magic* kara büyü. *black market* karaborsa. *black out* karartma yapmak; bayılmak. *black pepper* karabiber. *Black Sea* Karadeniz. *black sheep* yüz karası, kara koyun.

black.list [bläk'lîst] *i.* kara liste.

black.mail [bläk'meyl] *i., f.*şantaj. *f.* şantaj yapmak.

blade [bleyd] *i.* (*bıçak,kılıç, jilet, vb.*) ağız.

blame [bleym] *f., i.*suçlamak, kınamak; sorumlu tutmak. *i.* suç; kınama; sorumluluk. *blameless* suçsuz. *blameworthy* kusurlu, ayıp.

blanch [blänç] *f.* beyazlatmak, ağartmak; (*with at*) (*yüzünün rengi*) solmak.

bland [bländ] *s.* uysal, yumuşak başlı; (*besin*) hafif.

blank [bläŋk] *s., i.*yazısız, boş; (*çek*) açık; anlamsız, boş, *i.* boş yer; boşluk. *blank cartridge* kurusıkı kurşun. *blank cheque* açık çek. *blank verse* serbest nazım, uyaksız şiir.

blan.ket [bläng'kît] *i*. battaniye.
blast [bläst] *i., f.* şiddetli rüzgâr; patlama. *f.* havaya uçurmak; yok etmek; yakmak, kavurmak. *blasted* kahrolası; yok olmuş. *blast off* (*uzay aracı*) havalanma, fırlatılma.
blaze [bleyz] *i., f.* alev, ateş; parlak ışık. *f.* alev alev yanmak, tutuşmak.
bleach [bliç] *f., i.*beyazlatmak, ağartmak; beyazlamak, ağarmak. *i.* beyazlatıcı madde.
bleed [blid] *f.* kanamak; (*for*) yüreği kan ağlamak, içi sızlamak.
blend [blend] *f., i.* harmanlamak; karıştırmak; kaynaşmak. *i.* harman; karışım. *blender* karıştırıcı, blendır.
bless [bles] *f.* kutsamak, takdis etmek; hayır dua etmek. *blessed* kutsal; mutlu, huzurlu.
bless.ing [bles'îng] *i.* kutsama, takdis; lütuf, iyilik; şükran duası.
blind [blaynd] *s., i., f.* kör, düşüncesiz, akılsızca, görünmez, gizli. *i.* perde, güneşlik, jaluzi, stor. *f.* kör etmek, körleştirmek. *blind alley* çıkmaz sokak. *turn a blind eye (to)* -e göz yummak, görmezlikten gelmek. *blindfold* gözbağı. *blind man's buff* körebe. *blindly* gözü kapalı, körü körüne.
blink [blîngk] *f.* (göz) kırpmak/kırpıştırmak; (*ışık*) yanıp sönmek.
bliss [blîs] *i.* çok büyük mutluluk.
blis.ter [blîs'tr] *i., f.* kabarcık, kabartı. *f.* su toplamak, kabarmak.
blitz [blits] *i.* ani saldırı.
bliz.zard ['blîzıd] *i.* kar fırtınası, tipi.
bloat [blot] *f.* şişirmek, hava vermek; kabartmak.
blob [blab] *i.* damla; leke.

block [blak] *i., f.* blok, birlik; kütük/kaya/taş parçası; blok; binalar dizisi, tıkanma, engel. *f.* tıkamak, önünü kesmek, engellemek.
block.ade [blakeyd'] *i.* abluka, kuşatma; etrafını çevirme.
block.age [blokic'] *i.* tıkanma; tıkanıklık.
bloke [blok] *i. İl. k. dili* herif, adam.
blond [bland] *i. s.* (*erkek*) sarışın; (*saç*) sarı; sarışın kimse.
blonde [blandı] *i. s.* (*bayan*) sarışın; (*saç*) sarı; sarı saçlı kimse.
blood [blâd] *i.* kan; mizaç, huy; aile, soy. *blood bank* kan bankası. *blood brother* kan kardeşi. *blood feud* kan davası. *blood group/type* kan grubu. *blood poisoning* kan zehirlenmesi. *blood pressure* tansiyon. *blood sport* sürgün avı, zevk için hayvan öldürme. *blood test* kan tahlili. *blood transfusion* kan nakli. *blood vessel* kan damarı. *fresh/new blood* taze kan, yeni eleman. *in cold blood* soğukkanlılıkla. *make sb's blood boil* tepesini attırmak, kudurtmak. *make sb's blood run cold* ödünü koparmak. *bloodbath* kıyım, katliam. *bloodless* kansız; öldürücü olmayan. *bloodshed* kan dökme, katliam *bloodshot* (*gözü*) kanlanmış, kızarmış. *bloodstain* kan lekesi. *bloodstream* kan akımı. *bloodthirsty* kana susamış. *bloody* kanlı; kana susamış; acımasız; *arg.* lanet olası. *bloody well* kesinlikle, pekâlâ, gayet iyi.
bloom [blum] *i., f.* çiçek; en güzel çağ/dönem, gençlik. *f.* çiçek açmak, çiçeklenmek.
blot [blat] *i., f.* mürekkep lekesi;

kusur, ayıp. *f.* lekelemek, kirletmek. *blotting paper* kurutma kâğıdı.

blow [blo] *f., i. (blew ,blown)* (*rüzgâr*) esmek; üflemek; çalmak; öttürmek; (*sigorta, ampul*) atmak, yanmak; açığa vurmak, söylemek .*i.* darbe, vuruş; talihsizlik, darbe, şok. *blow down* devirmek, yere yatırmak. *blow in* çıkagelmek. *blow out* üfleyerek söndürmek. *blow over* geçmek, dinmek. *blow up* havaya uçurmak; (*fotoğraf*) büyültmek; kızmak.

blow.out [blow'aut] *i.* (*lastik*) patlama.

blow.up [blow'áp] *i.* patlama.

blue [blu] *s., i., f.* mavi; *k. dili* üzgün, hüzünlü; morarmış. *i.* mavi renk; çivit; *k. dili* hüzün, keder *k. dili* Amerikalılara özgü bir tür ezgi, blues. *f.* maviye boyamak; çivitlemek. *blue blood* doğuştan soyluluk. *blue jacket* denizci, bahriyeli. *once in a blue moon k. dili* kırk yılda bir.

blue.print [blu'prînt] *i.* mavi kopya, ozalit; ayrıntılı tasarı.

blun.der [blán'dır] *f., i.* gaf yapmak, pot kırmak. *i.* gaf, pot.

blunt [blánt] *s.* keskin olmayan, kör; patavatsız. *bluntly* dobra dobra, açıkça.

blus.ter [blás'tır] *f.* kabadayılık taslamak; (*rüzgâr*) sert esmek *blustery* (*hava*) rüzgârlı.

board [bôrd] *i., f.* tahta, kereste; (*satranç, dama, vb.*) oyun tahtası; ilan tahtası; sofra, masa; yönetim kurulu; *k. dili* sahne. *f.* tahta döşemek; (*gemi, tren, vb.*) binmek; pansiyoner olarak almak. *board of directors*

yönetim kurulu, idare meclisi. *boarder* pansiyoner; yatılı öğrenci. *boarding card* (*taşıta*). biniş kartı *boarding house* pansiyon *boarding school* yatılı okul *boarding* tahta kaplama *on board* gemide, gemiye; trende, trene; uçakta; uçağa.

boat [bot] *i., f.* tekne; gemi; kayık; sandal. *f.* sandalla/kayıkla gezmek. *boathouse* kayıkhane.

bod.y [bad'i] *i.* beden, vücut; gövde; ceset; kitle; heyet, kurul. *bodyguard* koruyucu, muhafız. *bodywork* (*taşıt*) karoser.

bog [bag] *i.* bataklık. *boggy* batak.

bog.gle [bag'ıl] *f.* çekinmek, ürkmek.

bo.gus [bo'gıs] *s.* yapmacık, sahte.

bo.he.mi.an [bohi'miyın] *i. s.* Bohemyalı; bohem hayat yaşayan kimse; *s.* Bohemya'ya özgü.

boil [bo'yıl] *f., i.* kaynatmak; haşlamak; kaynamak; haşlanmak. *i.* kaynama; kaynatma; kaynama noktası; çıban. *boil away* kaynayıp buharlaşmak. *boil down* kaynayarak suyunu çekmek. *boil over* kaynayıp taşmak. *boil up* tehlikeli bir boyuta ulaşmak, kızışmak. *boiling point* kaynama noktası.

bold [bold] *s.* cesur, yürekli, gözü pek, atılgan; küstah, arsız; (*görünüş*) keskin hatlı.

bolt [bolt] *i.* cıvata; kapı sürgüsü, mandal; yıldırım; (*kumaş, vb.*) top.

bomb [bam] *i., f.* bomba. *f.* bombalamak.

bom.bard [bombard'] *i.* bombardıman etmek; (*soru, vb.*) yağmuruna tutmak. *bombardment* bombardıman.

bomb.er [bam'bır] *i.* bombardıman uçağı.

bond [band] *i., f.* bono, senet; sözleşme; zincir; bağ. *f.* yapıştırmak, birleştirmek; yapışmak, birleşmek.

bone [bon] *i., f.* kemik; kılçık. *f.* kemiklerini ayıklamak. *bonedry* kupkuru. *bone to pick* paylaşılacak koz. *bonesetter* çıkıkçı. *bony* kemikli, kılçıklı.

bon.fire [ban'fayr] *i.* şenlik ateşi, açık havada yakılan ateş.

bon.net [ban'ît] *i.* başlık, bone; motor kapağı.

bo.nus [bo'nıs] *i.* ikramiye; prim.

book [bûk] *i.* kitap; defter; *k. dili* telefon rehberi. *bookbinder* ciltçi. *bookbinding* ciltçilik. *bookcase* kitaplık. *bookkeeper* muhasebeci, sayman. *bookmaker* at yarışında müşterek bahisleri düzenleyen kimse. *bookseller* kitapçı. *bookshop* kitabevi. *bookstore* kitabevi. *bookstall* kitap, dergi vb. satıldığı yer.

book [bûk] *f.* (yer) ayırtmak; deftere geçirmek, kaydetmek. *booking* rezervasyon, yer ayırtma. *booking clerk* *İİ.* gişe memuru. *booking office* *İİ.* gişe

book.let [bûklît'] *i.* kitapçık, broşür.

boom [bum] *i., f. den.* seren; gümbürtü; hızlı büyüme, artış, yükseliş. *f.* gümbürdemek; birden artmak.

boom.e.rang [bu'mıräng] *i.* bumerang.

boost [bust] *f., i.* arttırmak, yükseltmek. *i.* artış, yükselme; teşvik, yardım, destek. *booster* etkiyi artırıcı.

boot [but] *i., f.* çizme, bot; oto, *İİ.*

Bagaj. *f. k. dili* tekmelemek; sepetlemek, kovmak.

bor.der [bôr'dır] *i., f.* kenar; sınır. *f.* sınırdaş olmak, bitişik olmak. *borderline* sınır çizgisi, sınır.

bore [bôr] *f., i.* canını sıkmak; delmek, oymak. *i.* can sıkıcı şey veya kimse, baş belası; delik, oyuk; kalibre, çap. *be bored* canı sıkılmak *boredom* can sıkıntısı *boring* can sıkıcı.

born [bôrn] *bkz.* **bear;** *be born* doğmak.

bor.ough [bır'o] *i.* İngiltere'de parlamentoya üye gönderen kent.

bor.row [bar'o] *f.* ödünç almak, borç almak. *borrower* borç alan kimse. *borrowing* ödünç alma, borç alma; alıntı.

boss [bôs] *i., f.* patron; işveren. *f.* yönetmek. *bossy* emretmeyi seven.

bot.any [bat'ını] *i.* bitkibilim, botanik. *botanical* bitkibilimsel, botanik. *botanist* bitkibilimci.

both [both] *z.* her ikisi *(de)*. *both and* hem hem de.

both.er [badh'ır] *f., i.* canını sıkmak, üzmek; *(with/about)* zahmet etmek. *i.* sıkıntı, zahmet; *k. dili* kavga, kargaşa, huzursuzluk.

bot.tle [bat'ıl] *i.* şişe; biberon. *bottle-fed* biberonla beslenen. *bottle-green* koyu yeşil. *bottleneck* dar geçit; darboğaz.

bot.tom [bat'ım] *i.* alt; dip; kıç; etek. *bottomless* dipsiz, çok derin.

boul.der [bol'dır] *i.* büyük taş, kaya.

bo.unce [bauns] *f., i.* zıplamak; zıplatmak; hoplamak; *k. dili (çek)* karşılıksız olduğu için geri çevrilmek. *i.* zıplama, hoplama, sıçrama.

English–Turkish

bound [baund] *i., f.* sıçrama, hoplama; sınır. *f.* hoplamak, zıplamak, sıçramak; sekmek.
bound [baund] *s., f. (tor)* gitmeye hazır; giden, gitmek üzere olan. *f.* sınırlamak, sınır koymak. *s.* bağlı, bağlanmış; kesin; yükümlü, mecbur; ciltli; kesin niyetli.
bound.a.ry [baun'dıri] *i.* sınır.
boun.ty [baun'ti] *i.* cömertlik, cömertçe verilmiş şey, bağış.
bout [baut] *i.* kısa dönem, devre, kriz, nöbet, boks maçı.
bow [bo] *f., i.* başıyla selamlamak, reverans yapmak, eğmek, boyun eğmek. *i.* reverans, başla selamlama.
bowl [bol] *i., f.* kâse, tas, çanak; bovling topu. *f. (kriket/bovling)* topu atmak; bovling oynamak; yuvarlamak.
box [baks] *i.* kutu, sandık; *(mahkeme)* kürsü; *tiy.* loca; kulübe. *f.* kutuya/sandığa koymak. *box office* bilet gişesi.
boy [boy] *i.* erkek çocuk, oğlan; oğul.
boy.cott [boy'kat] *i., f.* boykot. *f.* boykot etmek.
boy.hood [boy'hûd] *i.* (erkek) çocukluk çağı.
brace.let [breys'lît] *i.* bilezik.
brack.et [bräk'ît] *i., f.* destek, dirsek; ayraç, parantez; grup. *f.* parantez içine almak.
brain [breyn] *i.* beyin; zekâ, akıl, kafa; *k. dili* zeki kimse. *brain drain* beyin göçü. *brainfag* zihin yorgunluğu. *brainless* beyinsiz, kafasız. *brainwash* beyin yıkamak. *brainwashing* beyin yıkama. *brainwave (aniden akla gelen)* parlak fikir. *brainy* akıllı, kafalı.

brake [breyk] *i., f.* fren. *f.* fren yapmak.
branch [bränç] *i.* dal; (akarsu, yol) kol; şube, bölüm. *branch office* şube.
brand [bränd] *f., i.* dağlamak, damgalamak; derinden etkilemek. *i.* marka; damga, dağ. *brand-new* yepyeni, gıcır gıcır.
brass [bräs] *i.* pirinç; pirinçten yapılmış eşya. *brassy* pirinç renkli.
brave [breyv] *s., f.* cesur, yiğit. *f.* cesaretle karşılamak. *bravery* cesaret, yiğitlik.
bra.vo [bra'vo] *ünl.* Bravo! Aferin!
brawn [brôn] *i.* kas; kas gücü.
brawny ['bro:ni] *s.* kaslı.
bray [brey] *f., i.* anırmak. *i.* anırma, anırtı.
bra.zen [brey'zın] *s.* arsız, yüzsüz, şımarık.
bra.zier [brey'jır] *i.* mangal.
bread [bred] *i.* ekmek; rızk; geçim, kazanç; *k. dili* para. *breadcrumb* ekmek kırıntısı.
breadth [bredth] *i.* genişlik, en.
break [breyk] *f., i.(broke,broken)* kırmak, parçalamak; kırılmak; parçalanmak; kopmak; patlamak; bozmak; bozulmak; patlak vermek; çıkmak; uymamak; çiğnemek. *i.* ara, mola; teneffüs; dinlenme, açıklık, kırık, ani değişim değişiklik; tan, şafak vakti. *break away* birinden kaçmak *break down* bozulmak, parçalamak. *break even* ne kâr ne zarar. *break in* zorla girme *break into* zorla girmek *break off* kesmek, son vermek *break out* patlak vermek, çıkmak. *break up* sona erdirmek, sona ermek, dağılmak. *break with* ile bağınıkoparmak.

break.age [brey'kîc] *i.* kırma, kı-
rılma kırık, çatlak.
break.down [breyk'daun] *i.* arıza,
bozulma, (*sinirsel*) bozukluk, çö-
küntü.
break.fast [brek'fıst] *i.* kahvaltı.
break.up [breyk'áp] *i.* (*arkadaşlık,
birlik, vb.*) sona erme, son bö-
lüm, parsel.
break.wa.ter [breyk'wôtır] *i.* dal-
gakıran.
breast [brest] *i.* meme, göğüs;
gönül, sine. *breaststroke* kur-
bağalama yüzüş.
breath [bridh] *i.* soluk, nefes, hafif
rüzgâr, esinti. *all in one breath*
bir nefeste/bir solukta. *breath-
less* soluk soluğa kalmış, soluk
kesici. *breathtaking* soluk kesi-
ci. *draw one's last breath* son
nefesini vermek. *hold one's
breath* nefesini tutmak, heye-
canla beklemek. *out of breath*
nefes nefese. *take one's breath
away* birinin nefesini kesmek.
breathe [bridh] *f.* solumak, nefes
almak, fısıldamak, (*koku, duy-
gu, vb.*) vermek. *breather k. dili*
mola, ara.
breed [brid] *f., i.* (*hayvan*) doğur-
mak, yavrulamak, yetiştirmek,
büyütmek. *i.* cins, soy çeşit, tür.
brew [bru] *f.* (*bira*) yapmak; (*çay
ya da kahve*) yapmak. *brewery*
bira fabrikası.
bribe [brayb] *f., i.* rüşvet vermek.
i. rüşvet. *bribery* rüşvetçilik,
rüşvet.
brick [brîk] *i.* tuğla *bricklayer* du-
varcı. *brickwork* tuğla işi.
bri.dal [brayd'ıl] *s.* gelin, düğün
ile ilgili.
bride [brayd] *i.* gelin. *bride-
groom* damat, güvey. *brides-*

maid gelinin nedimesi.
bridge [brîc] *i., i.* köprü; *den.* kap-
tan köprüsü burun kemiği, briç. *f.*
köprü kurmak.
brief [brif] *s., i.* kısa. *i.* özet, tali-
mat, bilgi, *k. dili* külot, don. *f.* ge-
rekli bilgiyi vermek, son talimatı
vermek. *in brief* kısaca, özetle,
kısacası. *briefcase* evrak çan-
tası. *briefing* brifing.
bri.gade [brîgeyd'] *i. ask.* tugay,
ekip, takım. *fire brigade* itfaiye.
bright [brayt] *s.* parlak, aydınlık,
akıllı, zeki, parlak, umut verici.
bright.en [brayt'ın] *f.* parlamak,
canlanmak, parlatmak, canlan-
dırmak.
bril.liant [brîl'yınt] *s.* ışıl ışıl, pırıl
pırıl, parlak; görkemli, akıllı.
bring [brîng] *f.* (*brought, brought*)
getirmek, neden olmak, ikna et-
mek, kandırmak. *bring about*
neden olmak. *bring back* geri
getirmek. *bring down* (*vurup*)
düşürmek, fiyat indirmek, sür-
dürmek. *bring forward* ileri sür-
mek, ortaya atmak. *bring in* kâr
getirmek, öne almak, tanıtmak.
bring into başlatmak. *bring off*
üstesinden gelmek. *bring out*
üretmek, ortaya çıkarmak. *bring
round* ayıltmak. *bring through*
-den kurtarmak. *bring to light* or-
taya çıkarmak. *bring up* (*çocuk*)
büyütmek, yetiştirmek, ortaya
atmak, kusmak.
brink [brink] *i.* kenar, kıyı.
Brit.ain [brît'ın] *i.* Britanya,
İngiltere.
Brit.ish [brît'iş] *s.* Britanya ile ilgi-
li, Britanyalı, İngiliz.
brit.tle [brît'ıl] *s.* kırılgan, gevrek.
broad [brôd] *s.* geniş, enli, genel,
serbest, hoşgörülü, açık, belli.

broad bean bakla. ***broad jump***
sp. Al. uzun atlama. **broad-
minded** serbest fikirli, hoşgörülü.
broad.cast [brôd'käst] *i., i.* radyo
televizyon yayını. *f. (radyo televizyon)* yayın yapmak, yayınlamak, yaymak, bildirmek. ***broadcasting*** radyo veya televizyon
ile yayın yapma, yayın.
broad.en [brôd'ın] *f.* genişlemek,
genişletmek.
broad.mind.ed [brôd'mayn'dîd]
s. hoşgörülü, serbest fikirli.
bro.chure [broşûr'] *i.* broşür, kitapçık.
broil [broyl] *f.* ızgara yapmak, kızartmak.
broke [brok] *bkz.* **break;** *s. k. dili*
züğürt, meteliksiz.
bro.ken [bro'kın] *bkz.* **break;** *s.*
kırık, kırılmış, bozuk.
bro.ker [bro'kır] *i.* komisyoncu,
simsar.
bronze [branz] *i.* bronz, tunç,
bronz rengi.
brook [brûk] *i.* dere, çay.
broom [brum] *i.* süpürge.
broth.er [brádh'ır] *i.* erkek kardeş,
birader. ***brotherhood*** kardeşlik,
birlik, camia, topluluk. ***brother-
in-law*** kayınbirader, enişte, bacanak.
brown [braun] *i., s., f.* kahverengi.
f. esmerleşmek, esmerleştirmek,
kızartmak.
browse [brauz] *f.* otlamak; *(kitap)*
gözden geçirmek, karıştırmak.
bru.nette [brunet'] *i.* esmer kadın.
brush [braş] *i., f.* fırça, fırçalama,
çalı. *f.* fırçalamak, hafifçe değmek, sürtünmek.
bru.tal [brut'ıl] *s.* acımasız, vahşice, hayvanca.

brute [brut] *i.* hayvan, hayvan
gibi kişi.
brut.ish [bru'tiş] *s. hkr.* hayvani,
hayvanlara yakışır, kaba.
bub.ble [báb'ıl] *i.* kabarcık, fokurtu. ***bubble gum*** balonlu çiklet.
buck.et [bák'ît] *i.* kova.
bud [bád] *i., f.* gonca, tomurcuk. *f.*
tomurcuklanmak, gonca vermek.
budge [bác] *f.* kıpırdatmak, kıpırdamak.
budg.et [bác'ît] *i.* bütçe.
buff.er [báf'ır] *i.* tampon.
buf.fet [báf'it] *i.* büfe.
buf.foon [báfun'] *i.* soytarı, maskara.
bug [bág] *i. Al.* böcek, *k. dili* mikrop, virüs *k. dili* gizli mikrofon,
tahtakurusu.
build [bîld] *f.* kurmak, yapmak,
inşa etmek. ***builder*** inşaatçı,
müteahhit. ***building*** yapı, inşaat; inşaatçılık, inşa etme. ***build-
ing society*** yapı kooperatifi.
build up gelişmek, büyümek,
güçlenmek, geliştirmek, büyütmek.
bulb [bálb] *i.* çiçek soğanı, ampul.
bulge [bálc] *i., f.* şişkinlik, şiş. *f.*
şişmek, kabarmak.
bulk [balk] *i.* oylum, hacim, hantal
gövde. ***in bulk*** büyük miktarda,
toptan. ***bulky*** iri cüsseli, hantal,
hacimli.
bull [bûl] *i.* nayb. boğa. ***bulldog***
buldok.
bull.et [bûlît'] *i.* kurşun, mermi.
bulletproof kurşun geçirmez.
bul.le.tin [bûl'ıtın] *i.* ilan, bildiri,
bülten. ***bulletin board*** ilan tahtası.
bunch [banç] *i., f.* demet, deste,
salkım, *k. dili* grup. *f.* demet yapmak, bir araya toplamak.

bung [báng] *i.* tapa, tıkaç.

bun.ga.low [báng'gılo] *i.* tek katlı ev.

bun.gle [báng'gıl] *f.* yüzüne gözüne bulaştırmak.

bun.ker [báng'kır] *i.* kömür ambarı, kömürlük, *ask.* yeraltı sığınağı.

buoy [boy] *i.* şamandıra, cankurtaran simidi. *life buoy* cankurtaran simidi.

bu.reau [byûr'o] *i.* büro, yazıhane. *bureau de change* döviz bürosu.

bu.reauc.ra.cy [byûrak'rısi] *i.* bürokrasi.

bur.glar [bır'glır] *i.* (ev, dükkân, vb. soyan) hırsız. *burglary* ev soyma, hırsızlık.

bur.i.al [ber'iyıl] *i.* defin, gömme.

burn [bırn] *f.*, *i.* *burnt* ya da *burn away* yakıp kül olmak. *burn down* yakıp kül etmek, yanıp kül olmak. *burn up* yakıp kül etmek, yanıp kül olmak. *burned* yakmak, yanmak. *i.* yanık *burning* yanan, yakıcı.

burn.ish [bır'niş] *f.* cilalamak, parlatmak.

burst [bırst] *i.*, *f.* patlamak, patlatmak, dolup taşma. *f.* patlama, yarılmak, ayrılmak. *burst in* birden içeri dalmak. *burst into* aceleyle girmek *burst into tears* gözlerinden yaş boşanmak *burst out* aniden söylemek, patlamak.

bus [bás] *i.* otobüs. *bus driver* otobüs şoförü. *bus stop* otobüs durağı. *bus terminal* şehirlerarası otobüs terminali. *take a bus* otobüse binmek.

bush [bûş] *i.* çalı, çalılık. *beat about the bush* sadede gelmemek. *bushy (saç, vb.)* gür, çalılı, çalılık.

busi.ness [bîz'nîs] *i.* iş, ticaret, işyeri. *business card* kartvizit. *business trip* iş gezisi. *businessman* işadamı. *businesswoman* işkadını. *do business (with)* (ile) iş yapmak. *Mind your own business.* Sen kendi işine bak. *none of your business* seni ilgilendirmez.

bus.y [bîz'i] *s.* meşgul, hareketli, işlek.

but [bát] *bağ.* ama, ancak, ne var ki, oysa. *ilg.* -den başka.

butch.er [bûç'ır] *i.*, *f.* kasap, katil, cani. *f.* (hayvan) kesmek, öldürmek, doğramak.

butt [bát] *f.*, *i.* toslamak. *i.* fıçı, sigara izmariti, dipçik.

but.ter [bát'ır] *i.* tereyağı. *butter up k. dili* yağlamak, yağ çekmek.

but.ter.fly [bát'ırflay] *i.* kelebek.

but.ter.y [bát'ırí] *s.* tereyağlı.

but.tock [bát'ık] *i.* but, kaba et.

but.ton [bát'ın] *i.*, *f.* düğme. *f.* (up) düğmelemek. *buttonhole* ilik, düğme iliği; yakaya takılan çiçek.

but.tress [bát'trîs] *i.* payanda, destek.

bux.om [bák'sım] *s.* (kadın) etli butlu, dolgun.

buy [bay] *f.* *bought* satın almak. *buy retail* perakende satın almak. *buyer* alıcı, müşteri.

buzz [báz] *f.*, *i.* vızıldamak, (for) sinyalle çağırmak. *i.* vızıltı, sinyal.

by [bay] *ilg.*, *z.* yanında, yakınında, yanından, -dan, yoluyla, -e kadar, ile, vasıtasıyla, tarafından, -e göre, -e bakarak, (ölçü ve sayılarda) -le, -la, boyunca, -den, -dan. *z.* geçerek, geçip, yakında, bir kenara. *by the way*

aklıma gelmişken, bu arada.
by.pass [bay-päs] *i.* yan yol, yan
geçit.
by.stand.er [bay'ständır] *i.* görgü
tanığı, seyirci.

C c

C,c [si] *i.* İngiliz alfabesinin üçüncü harfi; karbonun simgesi; Romen rakamlarında 100; Amerikan okullarında orta not.

cab [käb] *i.* taksi, fayton; lokomotif veya kamyon sürücüsünün oturduğu bölüm. **cab driver** taksi şoförü.

cab.a.ret [käbırey'] *i.* kabare, gece kulübü; show programı.

cab.bage ['käb'îc] *i. bot.* lahana.

cab.in [käb'în] *i. k. dili* kamara, kulübe. **cabin boy** kamarot.

cab.i.net [käb'ınît] *i.* dolap; bakanlar kurulu.

ca.ble [key'bıl] *i.* kablo, telgraf, telyazı. **cable car** teleferik. **cable television** kablolu televizyon.

ca.chet [käşey'] *i.* kaşe, mühür, damga.

cack.le [käk'ıl] *f., i. (tavuk)* gıdaklamak. *i.* gıdaklama, kıkırtı.

ca.da.ver [kıdäv'ır] *i.* kadavra, ceset.

ca.det [kıdet'] *i.* harp okulu öğrencisi; küçük erkek kardeş veya oğul.

ca.fé [käfey'] *i.* kafe.

cage [keyc] *i.* kafes; hapishane; asansör, *(inşaat)* iskele.

cake [keyk] *i.* pasta, kek, çörek; kalıp; küspe. **take the cake** birinci gelmek. **cakes and ale** hayatın neşesi, rahat içinde yaşamak.

ca.lam.i.ty [kı'lämıtî] *i.* felaket, afet, bela.

cal.cu.late [käl'kyıleyt] *f.* hesaplamak. **calculation** hesap. **calculator** hesap makinesi.

cal.cu.lus [käl'kyılıs] *i. mat.* hesap.

cal.en.dar [käl'ındır] *i.* takvim. **calendar year** takvim senesi.

calf [käf] *i.* buzağı, dana, baldır; fil, fok gibi hayvanların yavrusu.

cal.i.brate [käl'ıbreyt] *f. ayar etmek.* **calibra'tion** *i.* ayarlama

call [köl] *f., i.* seslenmek, bağırmak, telefon etmek, adlandırmak, demek. *i.* bağırış, sesleniş, çığlık, çağrı. **call at** ziyaret etmek, uğramak. **call attention to** dikkat çekmek. **call box** *ii.* telefon kulübesi. **call by** uğramak **call for** istemek, ihtiyaç duymak **call in** yardıma çağırmak. **call off** iptal etmek **call on** uğramak **call the roll** yoklama yapmak. **call (sb) up** telefon etmek. **make a call** telefon etmek. **caller** telefonla arayan kimse, arayan.

cal.lig.ra.phy [kılîg'rıfî.] *i.* güzel el yazısı *(sanatı)*, hattatlık.

calm [kam] *s., i., f.* sakin, durgun. *i.* sükûnet, durgunluk. *f.* yatıştırmak.

cam.e.ra [käm'ırı] *i.* fotoğraf makinesi.

cam.ou.flage [käm'ıflaj] *i., f.* kamuflaj, saklama, gizleme.*f.* kamufle etmek.

camp [kämp] *f., i.* kamp. *f.* kamp yapmak. **camping** *i.* kamping. ***camping site*** kamp yeri.

cam.paign [kämpeyn'] *i.,f.* kampanya. *f.* kampanya yapmak.

can [kän] *i., f.* teneke kutu. *f.* konserve yapmak, konservelemek. ***can opener*** konserve açacağı.

can [kın, kän] *f. (olumsuzu)* **cannot, can't** geçmiş biçimi. **could** *(olumsuzu)* **couldn't** -ebilmek, -abilmek.

ca.nal [kınäl] *i.* kanal, su yolu; *anat.* İçinden damar, sinir veya su geçen kanal. ***Canal Zone*** Panama Kanalı bölgesi.

can.cel [kän'sıl] *f., i.* iptal etmek, feshetmek, bozmak. ***cancellation*** iptal, fesih.

can.cer [kän'sır] *i.* Yengeç burcu, *hek.* kanser.

can.did [kän'dîd] *s.* içten, samimi, dürüst; *(kamera)* gizli.

can.dle [kän'dıl] *i.* mum. **candlestick** şamdan.

can.dy [kändi'] *i., f.* şeker, şekerleme, bonbon; *f.* şerbet içinde kaynatmak.

cane [keyn] *i.* kamış, sopa, değnek; bambu.

ca.nine [key'nayn] *s.* köpeklerle ilgili.

can.is.ter [kän'îstır] *i.* çoğunlukla madenden yapılmış çay, kahve kutusu.

can.ker [käng'kır] *i. hek.* pamukçuk,

ağızda meydana gelen yara *(aft)*; atların tabanlarında görülen yara.

can.ni.bal [kän'ıbıll] *i.* yamyam; kendi cinsinin etini yiyen herhangi bir hayvan. ***cannibalism*** *s.* yamyamlık.

can.non [kän'ın] *i., f.* ask. büyük top. *mak.* bir şaft üzerinde serbestçe hareket eden mil. *f.* topa tutmak.

can.not [kän'at] *f. bkz.* **can.**

can.ny [käni'] *s.* kurnaz, akıllı, uyanık.

canoe [kınu'] *i.* kano.

can.on [kän'ın] *i.* genel kural, ilke; kilise kanunu.

can.o.py [kän'ıpi] *i., f.* gölgelik, tente örtü. *f.* gölgelemek, tentelemek.

can't [känt] *bkz.* **can.**

can.teen [käntin'] *i.* kantin, büfe;ordu satış kooperatifi; matara.

can.vas [kän'vıs] *i.* çadır bezi, yelken bezi; çadır, tuval.

can.yon [kän'yın] *i.* coğ. kanyon, sarp kenarlı dik vadi.

cap [käp] *i., f.* kasket, başlık, kep, kapak. *f.* kaplamak, örtmek.

ca.pa.bil.i.ty [keypıbîl'ıti] *i.* yetenek, kabiliyet; güç, kapasite, ehliyet.

cape [keyp] *i. coğ.* burun, pelerin. ***The Cape, Cape of Good Hope*** Ümit Burnu.

cap.i.tal [käp'ıtıl] *i.* başkent; büyük harf; sermaye, anamal. ***capital letter*** büyük harf.

cap.i.tal.ism [käp'ıtılîzım] *i.* kapitalizm, anamalcılık. ***capitalist*** kapitalist

ca.pit.u.late [kıpîçûleyt] *f.* düşmana *(şartlı)* teslim olmak, silahları bırakmak. ***capitulation*** şartlı teslim olma, kapitülasyon.

cap.tain [käp'tın] *i. den.* kaptan, takım başı, *ask.* yüzbaşı, *den.* Kaptan.

cap.tion [käp'şın] *i.* manşet, başlık.

cap.ti.vate [käp'tıveyt] *f.* büyülemek, cezbetmek.

cap.tive [käp'tîv] *i. s.* tutsak. *Captivity i.* tutsaklık, esaret.

cap.tor [käp'tır] *i.* esir alan kişi.

capture ['kepçı] *i.* esir alma, ganimet * *f.* zapt etmek, ele geçirmek, tutsak etmek

car [kar] *i.* otomobil, araba, vagon. *car bumper* tampon. *car ferry* araba vapuru. *car park* otopark. *car pool* araba parkı. *dining car* yemekli vagon. *sleeping car* yataklı vagon.

car.at [ker'ıt] *i.* kırat, ayar değerli taşların ayar birimi.

car.a.van [ker'ıvän] *i.* kervan, karavan; üstü kapalı, yolcu veya yük taşıyan araba; motorlu bir aracın arkasında çekilen tekerlekli ev.

car.bon [kar'bın] *i. kim.* karbon; karbon kâğıdı, karbon kağıdı ile çıkarılmış kopya.

car.bun.cle [kar'bángkıl] *i.* şirpençe, çıban.

carburettor [ka:byu'retı] *i.* karbüratör

car.cass, car.case [kar'kıs] *i.* leş, ceset; vücut, gövde; (*gemi*) enkaz; bina iskeleti.

card [kard] *i.* oyun kâğıdı, kart, kartvizit, kartpostal.

card.board [kard'bôrd] *i.* mukavva, karton.

car.di.ac [kar'diyäk] *s. hek.* kalple ilgili.

car.di.gan [kar'dıgın] *i.* hırka, ceket.

car.di.nal [kar'dınıl] *s., i.* önemli, ana. *i.* kardinal *cardinal number* asal sayı.

care [ker] *i.,f.* kaygı, dikkat, özen, ilgi, bakım. *f.* aldırmak, umursamak, ilgi duymak, kaygılanmak. *medical care* tıbbi bakım. *take care of* -e bakmak. *care for* istemek, bakmak, ilgilenmek. *carefree* kaygısız. *careful* dikkatli, özenli. *carefully* dikkatle, özenle. *careless* dikkatsiz, aldırışsız, ilgisiz. *carelessly* dikkatsizce. *caretaker* hademe, odacı, ev bekçisi.

car.eer [kır'îr] *i., s.* meslek yaşamı, kariyer. *s.* profesyonel. *take up career* bir mesleğe girmek. *career woman* meslek sahibi kadın.

ca.ress [kıres'] *i., f.* okşama, öpme. *f.* okşamak, öpmek.

car.go [kar'go] *i.* yük, kargo.

car.i.ca.ture [ker'îkıçûr] *i.* karikatür.

car.nage [kar'nîc] *i.* katliam, kırım.

car.ni.val [kar'nıvıl] *i.* karnaval, şenlik.

carp [karp] *i., f.* sazanbalığı. *f. k. dili* mızmızlanmak, dırdır etmek.

car.pen.ter [kar'pıntır] *i.* marangoz, doğramacı, dülger. *carpentry* marangozluk, doğramacılık.

car.pet ['kar'pît] *i., f.*halı, kilim. *f.* halı döşemek

car.riage [ker'îc] *i.* araba, at arabası, nakliye, taşıma.

car.ri.er [ker'iyır] *i.* taşıyıcı, *ask.* kariyer. *carrier bag* saplı naylon çanta.

car.ry [ker'i] *f.* taşımak, götürmek, ağırlığını çekmek. *carry off* alıp götürmek, kazanmak. *carry on* sürdürmek, yapmak, yönetmek. *carry out (through)* uygulamak, gerçekleştirmek.

cart [ka:t] *i.* at arabası; el arabası.

car.ton [kar'tın] *i.* karton kutu, mukavva kutu.

car.toon [kartun'] *i.* karikatür, çizgi film.

car.tridge [kar'trîc] *i.* fişek, kartuş; *foto.* film kutusu.

carve [karv] *f.* oymak, kesmek, dilimlemek. **carving** oyma, oymacılık.

cas.cade [käskeyd'] *i.* çağlayan, şelale.

case [keys] *i.* hal, durum, olay, sorun *huk.* dava, kutu, sandık, çanta, kasa. *dilb.* ad durumu. *in any case* ne olursa olsun. *in case of* -dığı takdirde, durumunda. *(just) in case* ne olur ne olmaz.

case.ment [keys'mınt] *i.* pencere kanadı.

cash [käş] *i., f.* nakit para. *f.* paraya çevirmek, bozdurmak. **cash register** yazar kasa.

cash.ier [käşîr'] *i.* kasiyer, veznedar.

cash.mere [käş'mîr] *i.* kaşmir.

cask [ka:sk] *i.* fıçı, varil; bir varil dolusu.

cas.ket [kä'skît] *i.* küçük kutu, *Al.* tabut.

cas.se.role [käs'ırol] *i.* güveç; kapaklı toprak veya cam kap.

cast [käst] *f.,i.* fırlatmak, atmak, dökmek, rol vermek. *i.* atma, atış, kalıp, döküm, oynayanlar, oyuncular, çeşit, tür. *cast iron* dökme demir.

cast.a.way [käst'ıwey] *s.* serseri; akıntıyla sürüklenen. *i.* deniz kazazedesi.

caste [käst] *i.* sınıf, kast.

cas.ti.gate [käs'tıgeyt] *f.* cezalandırmak.

cast.ing [käs'tîng] *i.* döküm, oyuncu seçme.

cas.tle [käs'ıl] *i.* şato, kale.

cas.u.al [käj'uwıl] *s.* tesadüfi, geçici, (*giysi*) günlük, gelişigüzel. **casually** dikkatsizce, gelişigüzel.

cas.u.al.ty [käj'uwılti] *i.* kazazede, yaralı, *ask.* zayiat, kayıp. **casualty ward/department** ilkyardım koğuşu.

cat [kät] *i.* kedi. **rain cats and dogs.** *k. dili* şakır şakır yağmur yağmak.

catalog(ue) [kät'ılôg] *i., f.* katalog. *f.* kataloglamak.

cat.a.pult [kät'ıpált] *i.* sapan, mancınık.

cat.a.ract [kät'ıräkt] *i.* büyük çağlayan, *hek.* katarakt, aksu.

ca.tas.tro.phe [kıtäs'trifi] *i.* yıkım, felaket, facia.

catch [käç] *f., i.* **caught** tutmak, yakalamak, yetişmek, anlamak, sıkıştırmak. *i.* yakalama, tutma, tutulan şey, av, bityeniği. *catch on* sevilmek, anlamak. *catch up (with)* aynı düzeye gelmek, yetişmek. **catchword** slogan.

catch.ing [käç'îng] *s. k. dili* bulaşıcı.

catch.y [käç'i] *s.* kolayca akılda kalan.

cat.e.go.ry [kät'ıgôri] *i.* sınıf, kategori.

ca.ter [key'tır] *f.* yiyecek ve içecek sağlamak.

cat.er.pil.lar [kät'ırpîlar] *i. zool.* tırtıl, kurt; çelik zincirle işleyen traktör.

cat.tle [kät'ıl] *i.* büyükbaş hayvan, sığır.

caught [köt] *bkz.* **catch.**

cau.lif.flow.er [kô'lıflawır] *i. bot.* karnabahar.

caus.al [kô'zıl] *s.* nedensel.

cause [köz] *i.* neden, sebep, *huk.*

dava, amaç, hedef. *f.* -e neden olmak.

cause.way [kôz'wey] *i.* geçici yol, geçit.

cau.tion [kô'şın] *i.* dikkat, sakınma. *cautious* dikkatli, tedbirli, sakıngan.

cav.al.ry [käv'ılri] *i. ask.* süvari.

cave [keyv] *i.* mağara. *caveman* mağara adamı.

cav.i.ar [käv'iyar] *i.* havyar.

cav.i.ty [käv'ıti] *i.* çukur, oyuk, boşluk.

cease [sis] *f.* durdurmak, kesmek, durmak. *without cease* sürekli, durmaksızın. *cease-fire* ateşkes. *ceaseless* sürekli, aralıksız.

ce.dar [si'dır] *i. bot.* sedir ağacı.

ceil.ing [si'lîng] *i.* tavan.

cel.e.brate [se'ıbreyt] *f.* kutlamak, övmek. *celebrated* ünlü, bilinen, meşhur. *celebration* kutlama, tören.

ce.leb.ri.ty [sıleb'rıti] *i.* ünlü kişi, ün, şöhret.

cel.er.y [sel'ıri] *i. bot.* kereviz.

ce.les.tial [sıles'çıl] *s.* gökle ilgili, göksel, kutsal.

cell [sel] *i.* hücre, *biy.* hücre, göze, pil.

cel.lar [sel'ır] *i.* mahzen, kiler.

cel.lu.lar [sel'yılır] *s.* hücresel, göze sel, hücreli, gözeli.

ce.ment [sî'ment] *i.* çimento, tutkal, macun, dolgu, çiriş.

cem.e.ter.y [sem'ıteri] *i.* gömütlük, mezarlık.

cen.sor [sen'sır] *i., f.* sansürcü. *f.* sansürden geçirmek. *censorship* sansür.

cen.sure [sen'şır] *f., i.* kınamak. *i.* kınama.

cen.sus [sen'sıs] *i.* nüfus sayımı, sayım.

cent [sent] *i.* doların yüzde biri değerindeki para, sent.

cen.te.nar.y [sen'tınıri] *i.* yüzüncü yıldönümü.

cen.ten.ni.al [senten'iyıl] *s.* yüz yılda bir olan.

cen.ti.me.tre [sen'tımıtır] *i.* santimetre.

cen.ti.pede [sen'tıpid] *i. zool.* kırkayak.

cen.tral [sen'trıl] *s.* merkezi, ana, temel, uygun. *central heating* merkezi ısıtma sistemi. *central office* merkez, merkez büro.

cen.tral.ize [sen'trılayz] *f.* merkezileştirmek.

cen.trif.u.gal [sentrîf'yıgıl] *s.* merkezkaç.

cen.tu.ry [sen'çırî] *i.* yüzyıl, asır.

ce.ram.ics [sıräm'îks] *i.* seramik, çömlek, seramikçilik; seramik sanatı.

ce.re.al [sîr'iyıl] *i.* tahıl.

cer.e.bral [ser'ıbrıl] *s. hek.* beyinle ilgili.

cer.e.mon.y [ser'ımoni] *i.* tören, merasim, resmiyet.

cer.tain [sır'tın] *s.* kesin, kati, emin, kuşkusuz, belirli, kesin. *certainly* kesinlikle, tabii, elbette.

cer.tif.i.cate [sırtîf'ıkît] *i.* sertifika, belge. *certificate account* tasarruf hesabı.

cer.ti.fy [sır'tıfay] *f.* doğrulamak, onaylamak; tasdik etmek.

cess.pool [ses'pul] *i.* lağım çukuru.

chain [çeyn] *i., f.* zincir, sıra, dizi. *f.* zincirle bağlamak. *chain reaction* zincirleme reaksiyon. *chain store* bir firmaya bağlı mağazalardan biri. *in chains* mahkûm, tutsak, esir.

chair [çer] *i., f.* iskemle, sandalye,

makam, koltuk, profesörlük kürsüsü. *f.* (*toplantı*) başkan olmak, yönetmek, başkanlık yapmak.
chair.man [çer'mın] *i.* başkan, yönetici, toplantı başkanı.
cha.let [şäley] *i.* dağ evi, ahşap yazlık.
chal.ice [çäl'îs] *i.* kadeh.
chalk [çôk] *i.* tebeşir.
chal.lenge [çäl'ınc] *f.,i.* meydan okumak, (*düelloya, kavgaya, vb.*) davet etmek, karşı çıkmak. *i.* meydan okuma, (*düelloya kavgaya*) davet, karşı çıkma. **challenger** meydan okuyan kimse.
cham.ber [çeym'bır] *i.* oda, meclis, kamara, toplantı salonu, yasama meclisi, (*tüfek*) hazne. **chambermaid** oda hizmetçisi. **chamber orchestra** oda orkestrası.
cha.me.le.on [kımi'liyın] *i.* *zool.* bukalemun.
chance [çäns] *i.* şans, talih, ihtimal, olasılık, fırsat, olanak. *f.* tesadüfen olmak, şans eseri olmak, riske girmek, göze almak. *by chance* tesadüfen, şans eseri.
chan.cel.lor [çän'sılır] *i.* bakan, şansölye, başbakan; rektör.
change [çeync] *f., i.* değiştirmek, değişmek, değiş tokuş etmek, üstünü değiştirmek. *i.* değiştirme, değişme, değişiklik, bozuk para, para üstü. **change one's mind** fikrini değiştirmek. **changeable** değişebilir.
chan.nel [çän'ıl] *i., f.* kanal, oluk. *f.* yönlendirmek, kanal açmak.
cha.os [key'as] *i.* karışıklık, kargaşa, kaos, keşmekeş
chap [çäp] *i.,f.* (*ciltte*) çatlak,

adam, arkadaş. *f.* (*cilt*) çatlamak, çatlatmak.
chap.ter [çäp'tır] *i.* (*kitap, yazı, vb.*) bölüm.
char.ac.ter [ker'îktır] *i.* karakter, kişilik, nitelik, özellik.
char.coal [çar'kol] *i.* mangal kömürü, odun kömürü..
charge [çarc] *f., i.* fiyat istemek, suçlamak, yüklemek, doldurmak, saldırmak. *i.* yük, yükleme, doldurma, saldırı. *charge off* hesabı kapatmak. *in charge of* görevli, sorumlu.
char.i.ot [çer'iyıt] *i.* savaş arabası.
char.i.ta.ble [çer'ıtıbıl] *s.* cömert, hayırsever.
char.i.ty [çer'ıti] *i.* hayırseverlik, sadaka, hayır kurumu.
charm [çarm] *i., f.* çekicilik, alım, cazibe. *f.* hayran bırakmak, büyülemek. **charming** çekici, büyüleyici, hoş.
chart [çart] *i., f.* harita, grafik, çizim. *f.* plan yapmak, plan çıkarmak.
char.ter [çar'tır] *i., f.* kiralama, tutma, patent. *f.* patent vermek, kiralamak. *charter flight* carter seferi.
chase [çeys] *f., i.* peşine düşmek, kovalamak, koşuşturmak. *i.* takip, kovalama, av.
chaste [çeyst] *s.* namuslu, erdemli.
chas.ti.ty [çäs'tıtî] *i.* iffet, namusluluk.
chat [çät] *f., i.* sohbet etmek. *i.* sohbet, muhabbet, hoşbeş.
chat.ter [çät'ır] *f.* çene çalmak, sohbet etmek.
chat.ty [çätî] *s. k. dili* geveze, çenebaz.
cheap [çip] *s.* ucuz, kalitesiz, de-

ğersiz. *cheapen* ucuzlamak, ucuzlatmak, itibarını düşürmek. *cheaply* ucuz olarak.

cheat [çit] *i.*, f.hile, aldatma, dolap, dolandırıcı. *f.* aldatmak, dolandırmak.

check [çek] *f.*, i. kontrol etmek, denetlemek, engel olmak, tutmak. *i.* kontrol, denetim, zapt, tutma, emanet makbuzu, fiş, (*satranç*) şah, ekose desen. *check in* gelip kayıt yaptırmak, giriş işlemlerini yaptırmak. *check out* otelden ayrılmak. *check-up* sağlık muayenesi.

check.mate [çek'meyt] *f., i.* mat etmek, yenilgiye uğratmak. *i.* (*satranç*) mat.

cheek [çik] *i.* yanak, *k. dili* yüzsüzlük, arsızlık, küstahlık. *cheekbone* elmacık kemiği. *cheeky k. dili* küstah, arsız, yüzsüz.

cheer [çîr] *i.*, f.alkış, bağırış, neşe, keyif. *f.* neşelendirmek, alkışlamak, "yaşa" diye bağırmak. *cheerful* neşeli, şen, hoş, güzel. *cheerfully* neşeyle. *cheerless* keyifsiz, neşesiz.

cheer.i.o [çîr'iyo] *ünl. İl. k. dili* hoşça kal!, güle güle!

cheese [çiz] *i.* peynir.

chef [şef] *i.* şef, aşçıbaşı.

chem.i.cal [kem'îkıl] *s.,i.* kimyasal. *i.* kimyasal madde.

chem..ist [kem'îst] *i.* kimyager, kimyacı. *chemistry* kimya.

cheque [çek] *i.* çek.

cher.ish [çer'îş] *f.* sevmek, hatırasında yaşatmak.

cher.ry [çer'i] *i.* kiraz.

chess [çes] *i.* satranç.

chest [çest] *i.* sandık, kutu, *anat.* göğüs, bağır. *chest of drawers* konsol.

chest.nut [çes'nát] *i.* kestane.

chew [çu] *f.*, i. çiğnemek. *i.* çiğneme, lokma. *chewing gum* çiklet, sakız.

chick [çîk] *i.* civciv.

chick.en [] *i.* piliç, tavuk, piliç eti *chicken pox hek.* suçiçeği

chick.pea [çik'pi] *i.* nohut.

chief [çif] *i.*, s. başkan, baş, amir, şef, reis. *s.* baş, en önemli, ana. *chief office* merkez. *chief part* başrol.

child [çayld] *i.* (*k. dili children*) çocuk, evlat, çocuk. *childhood* çocukluk. *childish* çocuksu, çocuk gibi.

chill [çîl] *f.*, s. soğumak, soğutmak, ürpertmek. *s.* soğuk. *i.* titreme, ürperti, soğuk algınlığı. *chilly* soğuk, serin.

chilli ['çili] *i. bot.* kırmızıbiber.

chime [çaym] *i.*, f. zil/çan sesi. *f.* (*saat, zil, vb.*) çalmak.

chim.ney [çîm'ni] *i.* baca, lamba şişesi. *chimney rock* peribacası. *chimneysweep(er)* baca temizleyicisi.

chin [çîn] *i.* çene.

chink [çînk] *i.*, f. yarık, çatlak. *f.* şıngırdamak, şıngırdatmak.

chip [çîp] *i.*, f. kırıntı, yonga, ç. *İl.* patates kızartması, *Al.* cips. *f.* yontmak, çentmek, dilimlemek.

chi.rop.o.dy [kırap'ıdi] *i.* ayak bakımı.

chirp [çirp] *i.*, f. cıvıltı. *f.* cıvıldamak. *chirpy* neşeli, cıvıl cıvıl.

chis.el [çîz'ıl] *i.*, f. keski. *f.* oymak, yontmak.

chiv.al.ry [şîv'ılri] *i.* şövalyelik, yiğitlik, kahramanlık, incelik, kibarlık.

chive [çayv] *i. bot.* frenksoğanı.

choc.o.late [çôk'lît] *i.* çikolata.

choice [çoys] *i.*, s. seçme, seçim, seçilen kişi/şey, seçenek. *s.* seçkin.

choir [kwayır] *i.* koro, koro üyelerinin yeri.

choke [çok] *f.*, i. boğmak, boğulmak, tıkamak, tıkanmak. *i.* jikle, hava kelebeği.

chol.e.ra [kal'ırı] *i.* kolera.

choose [çuz] *f.* **chose**, **chosen**. seçmek, karar vermek, istemek. **choosy** güç beğenen, titiz.

chop [çop] *f.*, i. (*balta, vb. ile*) kesmek, kıymak, doğramak. *i.* balta, vb. vuruşu, vuruş, darbe, (*deniz*) çırpıntı, pirzola, külbastı. **first chop** birinci sınıf, kaliteli. **chopper** balta, satır. **choppy** (*deniz*) çırpıntılı, dalgalı, (*rüzgâr*) değişken. **chopstick** Çinlilerin kullandığı yemek çubuğu.

cho.ral [kôr'ıl] *s.* koro ile ilgili.

chord [kôd] *i. müz.* tel. *müz.* akort. *mat.* kiriş.

chore [çôr] *i.* sıkıcı iş, günlük ev işi.

cho.re.og.ra.phy [kôriyag'rıfi] *i.* koreografi.

cho.rus [kôr'ıs] *i.* koro, nakarat, uğultu.

chose, cho.sen *bkz.* choose.

chris.ten [krîsın] *f.* vaftiz etmek, ad koymak.

chris.ti.an.i.ty [krîsçiyän'ıtî] *i.* Hıristiyanlık.

chron.ic [kran'îk] *s.* müzmin, süreğen.

chron.i.cle [kran'îkl] *i.* kronik, vakayiname.

chron.o.log.i.cal [kranilac'îkıl] *s.* kronolojik, zamandizinsel.

chuck [çak] *f.* atmak, fırlatmak.

chuck.le [çák'ıl] *f.*, i. kıkır kıkır gülmek. *i.* kıkırdama.

chum [çám] *i.* k. dili iyi arkadaş,

ahbap. **chummy** samimi, arkadaş canlısı.

chump [çámp] *i.* kütük, takoz.

chunk [çángk] *i.* iri parça. **chunky** bodur ve tıknaz.

church [çırç] *i.* kilise. **churchyard** kilise mezarlığı.

churn [çırn] *i.*, f. yayık. f. yayıkta tereyağı yapmak, çalkalamak.

chute [şut] *i.* küçük çağlayan, oluk.

chut.ney [çát'ni] *i.* bir tür acı sos.

ci.der [say'dır] *i.* İİ. elma şarabı, elma şırası.

cin.der [sîn'dır] *i.* kor, köz.

cin.e.ma [sîn'ımı] *i.* sinema.

ci.pher [say'fır] *i.* sıfır, şifre.

cir.cle [sır'kıl] *i.* çember, daire, halka, çevre, (*tiyatro, vb.*) balkon. f. çember içine almak, çevresini dolaşmak.

cir.cuit [sır'kît] *i.* dolaşma, devir, tur, çevre, ring seferi. *fiz.* devre, çevrim. **circuit breaker** şalter.

cir.cum.cise [sır'kımsayz] *f.* sünnet etmek. **circumcision** sünnet.

Cir.cum.fer.ence [sırkám'fırıns] *i.* mat. çember, çevre.

cir.cum.flex [sır'kımfleks] *i.* düzeltme, uzatma işareti.

cir.cum.stance [sır'kımstäns] *i.* durum, koşul, hal. **in under no circumstances** asla, hiçbir şekilde. **in under the circumstances** şartlar gerektirdiğinden.

cir.cus [sır'kıs] *i.* sirk, İl. alan, meydan.

cis.tern [sîs'tırn] *i.* sarnıç.

cit.a.del [sît'ıdıl] *i.* kale.

cite [sayt] *f. huk.* mahkemeye çağırmak, celpname göndermek, bahsetmek, örnek olarak vermek/göstermek.

cit.i.zen [sît'ızın] *i.* vatandaş, yurttaş. *citizenship* vatandaşlık, yurttaşlık.

cit.y [sît'i] *i.* kent, şehir.

civ.ic [sîv'îk] *i.* şehirle ilgili, kentsel, yurttaşlıkla ilgili *civics* yurttaşlık bilgisi

civil ['sivil] *s.* sivil, uygar, kibar, nazik, *huk.* medeni hukukla ilgili. *civil code* medeni kanun. *civil defence* sivil savunma. *civil engineer* inşaat mühendisi. *civil law* medeni hukuk. *civil rights* vatandaşlık hakları. *civil servant* devlet memuru. *civil service* devlet memurluğu, devlet hizmeti, devlet memurları. *civil war* iç savaş.

ci.vil.ian [sıvîl'yın] *i. s.* sivil

ci.vil.i.ty [sıvîl'ıtî] *i.* incelik, nezaket, kibarlık.

civ.i.li.za.tion [sîvilizey'şın] *i.* uygarlık, medeniyet, uygarlaştırma, uygarlaşma.

claim [kleym] *f., i.* hak talep etmek, almak, sahip çıkmak, iddia etmek. *i.* istek, talep, hak, iddia.

clam.or [kläm'ır] *i.* gürültü, patırtı.

clamp [klämp] *i., i.* mengene, kenet, kıskaç. *f.* mengeneyle sıkıştırmak.

clan [klän] *i.* kabile, oymak.

clan.des.tine [kländes'tîn] *s.* gizli kapaklı, el altından yapılan.

clang [kläng] *f., i.* çınlamak. *i.* çınlama.

clap [kläp] *f., i. (el)* çırpmak, alkışlamak. *i.* alkış, gürleme.

clar.i.fy [kler'ıfay] *f.* açıklamak, açıklık getirmek, açıklanmak, arıtmak.

clash [kläş'] *f., i.* çarpışmak, çatışmak, *(renk)* uymamak. *i.* gürültü, patırtı, çatışma.

clasp [kläsp] *i., f.* toka, kopça, sıkı tutma, kavrama . *f.* sıkıca tutmak, kavramak, kopça toka ile tutturmak.

class [kläs] *i., f.* sınıf, zümre, *(okul)* sınıf, ders, çeşit, tür. *f.* sınıflandırmak. *first class* birinci mevki. *middle class* orta sınıf. *classmate* sınıf arkadaşı. *classroom* derslik.

clas.sic [kläs'îk] *s., i.* klasik, bilinen, tipik. *i.* klasik yapıt, klasik.

clas.si.cal [kläs'îkıl] *s.* klasik. *classical music* klasik müzik.

clas.si.fy [kläs'ıfay] *f.* sınıflandırmak.

clat.ter [klät'ır] *f., i.* tangırdamak, tangırdatmak. *i.* tangırtı.

clause [klôz] *i.* dilb. cümlecik, yantümce; *huk.* madde, fıkra.

claw [klô] *i., f.* pençe; kıskaç. *f.* pençelemek, tırmalamak.

clay [kley] *i.* kil.

clean [kli:n] *s., z., f., i.* temiz; masum; düzgün, adil, kurallara uygun; net. *z. k. dili* tam anlamıyla, bütünüyle. *f.* temizlemek; temizlenmek. *clean-cut* biçimli, düzgün; belirgin, açık seçik. *clean out* temizlemek; *k. dili* soyup soğana çevirmek. *clean up* temizlemek, tertemiz yapmak; *k. dili* çok kâr etmek, vurgun vurmak. *cleaner* *i.* temizlik işçisi; temizleyici. *cleaner's* temizleyici dükkânı.

cleanse [klenz] *f.* temizlemek. *clear away* kaldırıp götürmek. *clear off* çekip gitmek, defolmak. *clear out* boşaltıp temizlemek, çekilip gitmek.

clear [klîr] *s.,z., f.* açık, parlak; anlayışlı, kolayca kavrayan; emin; açık, engelsiz; masum, temiz;

belirgin, ortada, aşikâr. z. açıkça; tamamen; uzağa, uzakta; dışarı. f. temizlemek, açmak; temizlemek; temize çıkarmak, aklamak. **clear up** (*hava*) açılmak; çözümlemek. **clearly** kesinlikle.

cleave [kliv] f. yarmak, ayırmak, bölmek. **cleaver** kasap satırı.

clef [klef] i. *müz.* anahtar.

clem.en.cy [klem'ınsi] i. acıma, merhamet; (*hava*) yumuşaklık.

clench [klenç] f. (*diş, el, vb.*) sıkmak, sımsıkı kapamak; sıkıca kavramak.

cler.gy [klır'ci] i. ruhban sınıfı. **clergyman** papaz, rahip.

cler.i.cal [kler'îkıl] s. rahiplerle ilgili; daire/büro işleriyle ilgili.

clerk [klırk] i. yazman, kâtip; tezgâhtar, satıcı.

clev.er [klev'ır] s. akıllı, becerikli; usta.

cli.che [klişey'] i. basmakalıp söz.

click [klîk] i., f. tıkırtı. f. tıkırdamak; tıkırdatmak.

cli.ent [klay'ınt] i. müşteri, alıcı; *huk.* müvekkil.

cli.en.tele [klayıntél'] i. müşteriler, müşteri.

cliff [klîf] i. uçurum.

cli.mate [klay'mît] i. iklim.

cli.max [klay'mäks] i. zirve, doruk.

climb [klaym] f., i. tırmanmak; yükselmek. i. tırmanış. **climber** tırmanıcı; dağcı; *bot.* sarmaşık.

clinch [klînç] f. çözümlemek; kucaklamak, sarılmak.

cling [klîng] s. **clung** tutunmak, yapışmak.

clin.ic [klîn'îk] i. klinik. **clinical** klinik; soğuk, ilgisiz, umursamaz.

clink [klînk] f.. i. şangırdamak. i. şangırtı.

clip [klîp] i., f.ataş; toka; klips; şarjör; klip; kesme, kırılma. f. (*ataş, vb. ile*) tutturmak; kırkmak; vurmak.

cloak [klok] i., f. pelerin. f. gizlemek. **cloakroom** vestiyer.

clock [klak] i., f. masa/duvar saati. f. saat tutmak. **clockwise** saat yelkovanı yönünde.

clod [klad] f. tıkamak, tıkanmak.

clois.ter [kloys'tır] i. manastır.

close [klouz] f., i., s., z. kapatmak, kapanma, bitirmek, son vermek. i. son, sonuç, nihayet. s. yakın, samimi, sık, az aralıklı, dikkatli, titiz, (*hava*) sıkıntılı, boğucu, havasız, kapalı, az farklı, hemen hemen eşit. z. yakın, yakından, yakına. **close call shave thing** *k. dili* kıl payı kurtuluş. **close fitting** dar. **close season** av yasağı dönemi. **close-up** yakından çekilen fotoğraf. **closed circuit** kapalı devre televizyon sistemi. **closely** yakından, dikkatle.

clos.et [klaz'ît] i. *Al.* gömme dolap, tuvalet, küçük oda.

clot [klat] f., i. pıhtılaşmak. i. pıhtı

cloth [klôth] i. kumaş, bez.

cloth.ing [klo'dîng] i. giyecek, giyim, kıyafet.

cloud [klaud] i., f. bulut. f. bulutlanmak, karartmak, kararmak. **cloudy** bulutlu, bulanık.

clo.ver [klo'vır] i. yonca.

clown [klaun] i. palyaço, soytarı.

club [kláb] i. kulüp, dernek, sopa, golf sopası, sinek, ispati.

cluck [klák] i., f. gıdaklama. f. gıdaklamak.

clue [klu:] i. ipucu

clump [klámp] i., f. küme, yığın. f. ağır ve gürültülü adımlarla yürümek.

clum.sy [klám'zi] *s.* beceriksiz, sakar, biçimsiz.

clus.ter [klás'tır] *i.* salkım, demet, küme.

clutch [kláç] *f., i.* kavramak, yakalamak. *i.* kavrama, tutma, debriyaj, pençe.

clut.ter [klát'ır] *i., f.* karışıklık, darmadağınıklık. *f.* karmakarışık etmek.

coach [koç] *i., z., f.*at arabası, fayton. *z.* yolcu otobüsü, yolcu vagonu, *sp.* antrenör, koç, çalıştırıcı.*f.* çalıştırmak, yetiştirmek.

co.ag.u.late [kowäg'ıleyt] *f., i.* koyulaşmak, pıhtılaşmak, koyulaştırmak, pıhtılaştırmak. *i.* *coagulant* pıhtılaştırıcı madde. *coagulation* pıhtılaşma.

coal [kol] *i.* kömür. *coalgas* havagazı. *coalminer* maden kömürü işçisi.

co.a.lesce [kowiles'] *f.* birleşmek.

coarse [kôrs] *s.* kaba, terbiyesiz, bayağı, adi, işlenmemiş.

coast [kost] *i.* kıyı, sahil, *Al.* kızakla kayılabilecek yokuş. *f.* kıyı boyunca gitmek, yokuş aşağı inmek *coastguard* sahil koruma görevlisi, sahil koruma. *coastline* kıyı, sahil şeridi.

coat [kot] *i., f.* palto, ceket, mont, post, tabaka, kat. *f.* kaplamak.

coax [koks] *f.* tatlılıkla ikna etmek, tatlılıkla elde etmek.

cob.ble [kab'ıl] *i., f.* arnavut kaldırım taşı. *f.* kaldırım taşı döşemek.

co.bra [ko'brı] *i. zool.* kobra.

cob.web [kab'web] *i.* örümcek ağı.

cock [kak] *i., f.* horoz, tetik, musluk. *f. (silah)* kurmak, tetiğe almak, *(kulak, vb.)* dikilmek, kalkmak.

cock.crow [kak'kro] *i.* şafak, sabahın ilk saatleri.

cock.eyed [kak'ayd] *s.* şaşı.

cock.ney [kak'ni] *i. s. (Doğu)* Londralı.

cock.pit [kak'pit] *i.* horoz dövüşü yapılan küçük alan; pilot kabini, yarış arabasında sürücü yeri.

cock.roach [kak'roç] *i. zool.* hamamböceği.

cock.tail [kak'teyl] *i.* kokteyl.

co.coa [ko'ko] *i. bot.* kakao.

co.co.nut [ko'kınat] *i. bot.* hindistancevizi.

co.coon [kı'kun] *i.* koza.

cod.dle [kad'ıl] *f.* ağır ateşte kaynatmak, üzerine titremek, şımartmak.

code [kod] *i., f.* şifre, kod, kural. *f.* şifrelemek, şifreyle yazmak, kodlamak.

cod.i.fy [kad'ıfay] *f.* düzenlemek, kodlamak.

co.ef.fi.cient [kowıfiş'ın] *i.* katsayı.

co.erce [kowırs'] *f.* zorlamak, baskı yapmak.

coffee [kôf'i] *i.* kahve. *coffeepot* cezve.*coffee bean* kahve çekirdeği. *coffee cup* alafranga kahve fincanı. *coffee mill* kahve değirmeni.

cof.fer [kôf'ır] *i.* sandık, kutu, çekmece.

cof.fin [kôf'ın] *i.* tabut.

cog [kag] *i.* çark dişi, diş.

co.gent [ko'cınt] *s.* ikna edici, inandırıcı, telkin edici.

cog.i.tate [kac'ıteyt] *f. (bir şey üzerinde)* enine boyuna iyice düşünmek. *cogitation* iyice düşünme.

cog.ni.tive [kagnitiv] *s.* bilmeye, kavramaya ya da idrak etmeye ilişkin.

co.ha.bit [kohäb'it] f. (nikâhsızca) birlikte yaşamak. **cohabitation** birlikte yaşama.
co.here [kohîr'] f., s.yapışmak, birbirini tutmak. **coherent** s. uygun, tutarlı, yapışık.
co.he.sion [kohi'jın] i. yapışma.
coil [koyl] i., f.bobin, kangal. f. sarmak.
coin [koyn] i., f. madeni para. f. para basmak, (sözcük, vb.) uydurmak.
coin.age [koy'nîc] i. madeni para basma, para sistemi, (yeni sözcük, vb.) uydurma.
co.in.cide [kowînsayd'] f. aynı zamana rastlamak, çatışmak, (düşünce, vb.) uymak.
co.in.cid.ence [kou'insidıns] i. rastlantı, tesadüf, uygunluk. **coincidental** rastlantısal, tesadüfi.
coke [kok] i. kok kömürü, k. dili koka kola.
cold [kould] s., i. soğuk. i. soğuk, nezle. **cold-blooded** soğukkanlı. **cold-hearted** soğuk, duygusuz. **cold war** soğuk savaş. **catch a cold** nezle olmak, üşütmek.
col.lab.o.rate [kıläb'ıreyt] f., i. işbirliği yapmak. **collaboration** i. işbirliği.
col.lapse [kı'leps] f., i. çökmek, yıkılmak, açılır kapanır olmak. i. çöküş, yıkılış, çökme, ani düşüş, yıkım, başarısızlık. **collapsible** açılır kapanır.
col.lar [kal'ır] i. yaka, tasma, kolye. **collarbone** anat. köprücükkemiği.
col.l.at.er.al [kılät'ırıl] s. yan yana, paralel, yardımcı, ek, aynı soydan gelen.
col.lect [kılekt'] f. toplamak, biriktirmek, uğrayıp almak. **collec-

tion** toplama, toplanma, koleksiyon, biriktiri, yığın. **collector** toplayan.
col.lec.tive [kılek'tîv] s. ortaklaşa, ortak, toplu. **collective agreement** toplusözleşme. **collective bargaining** toplu pazarlık. **collective noun** dilb. topluluk adı.
col.lege [kal'îc] i. yüksekokul, fakülte.
col.lide [kılayd] f. çarpışmak, çatışmak, zıt olmak.
col.lier [kal'yır] i. kömür işçisi, kömür gemisi.
col.lier.y [kal'yırı] i. kömür ocağı, kömür madeni.
col.li.sion [kılîj'ın] i. çarpışma, çatışma, düşünce ayrılığı.
col.lude [kılud'] f. dolap çevirmek, tezgâh hazırlamak. **collusion** gizli anlaşma, dolap, tezgâh.
co.lon [kö'lın] i. iki nokta üst üste (:). anat. kolon
colo.nel [kılo'nıl] i. albay
co.lo.ni.al [kılo'niyıl] s. sömürgeci.
col.o.nize [kal'ınayz] i. kolonileştirmek, sömürgeleştirmek.
col.o.ny [kal'ıni] i. sömürge, koloni.
col.or [kalı'] i. Al. bkz. **colour.**
co.los.sal [kılas'ıl] s. dev gibi, kocaman.
co.los.sus [kılas'ıs] i. dev; çok büyük herhangi bir heykel; büyük ve azamr tli olan herhangi bir şey.
colour ['kalı] i. renk, boya, k. dili bayrak * f. boyamak **colourful** renkli **colour bar line** ırk ayrımı **colour-blind** renk körü **coloured** renkli **colourfast** boyası çıkmaz, solmaz **colour-

ing boya, gıda boyası, boyama, renklendirme **colourless** renksiz, solgun, sıkıcı, itici, donuk **oil colours** yağlıboya **water colours** suluboya

colt [kolt] *i.* tay, sıpa.

col.umn [kal'ım] *i.* sütun. **columnist** köşe yazarı.

co.ma [kom'ı] *i. hek.* Koma. **go into a coma** komaya girmek.

comb [kom] *i., f.* tarak. *f.* taramak

com.bat [kam'bät] *i.* mücadele, savaşım, çarpışma, savaş. *f.* mücadele etmek, savaşmak. **combatant** savaşçı.

com.bi.na.tion [kambiney'şın] *i.* birleştirme, birleşme. *kim.* bileşim, terkip.

com.bine [kam'bayn] *f.* birleşmek, birleştirmek. **combine harvester** biçerdöver.

com.bus.tion [kım'bás'çın] *i.* yanma, tutuşma

come [kám] *f.* came, **come** gelmek, varmak, ulaşmak, olmak. **come about** olmak. **come across** karşılaşmak, rastlamak. **come along** ilerlemek, gelişmek; (*sağlık*) iyiye gitmek; olmak, orta ya çıkmak; takip etmek. **come apart** kopuvermek, dağılıvermek. **come away** terk etmek, ayrılmak. **come back** yeniden gözde olmak. **come down** aşağıya inmek, (*fiyat*) düşmek. **come on!** hadi!, haydi! **come on** gelişmek, ilerlemek, elini çabuk tutmak. **come out** çıkmak. **come up** çıkmak, yükselmek. **comeback** eski gücüne kavuşma, yeniden başarma. **come along** ilerlemek, gelişmek, (*sağlık*) iyiye gitmek; olmak, orta ya çıkmak, takip et-

mek. **come apart** kopuvermek, dağılıvermek. **come away** terk etmek, ayrılmak. **come by** elde etmek, sahip olmak, karşılaşmak, tesadüfen edinmek. **come in** içeri girmek. **come into** girmek, mirasa konmak. **come of** -den gelmek. **come off** çıkmak, kopmak. **come round** uğramak, kendine gelmek, ayılmak. **come through** kurtulmak, atlatmak. **come to an agreement** anlaşmaya varmak. **come to** ayılmak, tutmak, varmak. **come to light** ortaya çıkmak. **come get to the point** sadede gelmek. **come true** gerçekleşmek. **comedown** düş kırıklığı, düşüş. **come over** içini kaplamak, etkisine almak, sarmak.

co.me.di.an [kımi'diyın] *i.* komedyen

com.et [kam'it] *i.* kuyrukluyıldız.

com.fort [kám'fırt] *i., f.* rahatlık, refah, konfor, teselli. *f.* rahatlatmak, teselli etmek.

com.fort.able [kám'fırtıbıl] *s.* rahat, konforlu, huzurlu.

com.ic [kam'ik] *s., i.* komik, gülünç. *i.* komedyen. **comic strips** karikatür şeklinde öykü dizisi. **comics** resimli mizah dergileri, karikatür öyküsü.

com.ing [kám'ing] *i., s.* gelme, geliş, varış. *s.* gelen, gelmekte olan.

comma ['komı] *i.* virgül **inverted comma** tırnak işareti.

com.mand [kımänd'] *f., i.* emretmek, buyurmak, komuta etmek, yönetmek, hâkim olmak. *i.* buyruk, emir, komut, kontrol, komuta, kumanda yönetim, yetki, hâkimiyet.

com.man.dant [kamındänt'] i. komutan.

com.man.deer [kamındîr] f. ask. askeri hizmete zorunlu tutmak; el koymak.

com.man.der [kımän'dır] i. komutan, deniz yarbayı. commander in chief başkomutan.

com.mence [kımens'] f. başlamak. commencement başlangıç, başlama, diploma töreni.

com.mend [kı'mend'] f. övmek, takdir etmek, emanet etmek, tavsiye etmek. commendable övgüye layık. commendation övgü, takdir, resmi takdirname, onurlandırma.

com.men.su.rate [kımen'şırît] s. uygun, oranlı, eşit.

com.ment [kam'ent] i., f. yorum. f. yorum yapmak, yorumlamak.

com.men.ta.tor [kamın'teytır] i. (maç, vb.) anlatıcı; yorumcu.

com.merce [kam'ırs] i. ticaret, tecim. chamber of commerce ticaret odası.

com.mer.cial [kımır'şıl] s., i. ticari. i. televizyon radyo reklamı.

com.mis.sion [kımîş'ın] i., f. iş, görev; yetki; kurul, heyet, komisyon; komisyon, yüzde. f. görevlendirmek.

com.mis.sion.aire [kımîşın'er] i. (sinema, otel, vb.'de) kapıcı.

com.mis.sion.er [kımîş'ınır] i. komisyon üyesi; hükümet temsilcisi; (devlet dairesinde) yetkili memur, şube müdürü.

com.mit [kımît] f. yapmak, işlemek; teslim etmek; üstlenmek. commitment taahhüt, üstlenme; sorumluluk; söz; bağlantı. committed kendini adamış.

com.mit.tee [kımît'i] i. komisyon, heyet, komite.

com.mod.i.ty [kımad'ıti] i. eşya, mal.

com.mon [kam'ın] s., i.ortak, genel; sıradan; toplumsal, kamusal; yaygın, bilinen. i. halka açık yeşil alan, park; ortak, müşterek. common sense sağduyu. common market Ortak Pazar. common noun dilb. cins ismi. common rights insan hakları. commonly genellikle, çoğunlukla, ekseriya.

com.mon.er [kam'ınır] i. halk tabakasından olan kimse.

com.mon.place [kam'ınpleys] s. alelade, sıradan, basit.

com.mo.tion [kımo'şın] i. kargaşa.

com.mu.nal [kam'yınıl] s. halka ait, toplumsal; ortaklaşa kullanılan.

com.mu.ni.cate [kımyu'nikeyt] f. (haber, düşünce, vb.) geçirmek, nakletmek, iletmek, bildirmek, açıklamak; (with) görüş alışverişi yapmak, iletişim kurmak; birleşmek. communication iletişim, haberleşme, komünikasyon; haber, mesaj. k. dili komünikasyon sistemi.

com.mu.ni.ca.tion[kımyu'nıkeyşın] i. haberleşme.

com.mu.ni.ca.tive[kımyu'nıkeytîv] s. konuşkan, geveze, boşboğaz.

com.mu.nism [kam'yınîzm] i. komünizm. communist komünist.

com.mu.ni.ty [kımyu'nıti] i. halk, toplum; topluluk; ortak iyelik, ortaklaşalık.

com.mute [kımyu'] f. (cezayı) hafifletmek; ev ile iş arasında gidip gelmek; değiş tokuş etmek.

com.pact [kımpäkt'] s. yoğun, sıkı, sık.

com.pan.ion [kımpän'yın] i. arkadaş, yoldaş. *companionship* arkadaşlık; dostluk.

com.pa.ny [kám'pını] *i.* şirket; arkadaşlık, eşlik; dost; birlik, grup. *den.* tayfa; *ask.* bölük.

com.par.a.tive [kımper'ıtîv] *s.* karşılaştırmalı, mukayeseli; göreceli, nispi; *dilb.* üstünlük derecesi.

com.par.i.son [kımper'ısın] *i.* karşılaştırma, mukayese; benzerlik.

com.part.ment [kımpart'mınt] *i.* bölme, daire; (*tren*) kompartıman; *oto.* torpido gözü, torpido.

com.pass [kám'pıs] *i.* pusula; pergel; sınır, alan.

com.pas.sion [kımpäş'ın] *i.* acıma, şefkat. *compassionate* merhametli, sevecen.

com.pat.i.ble [kımpät'ıbıl] *s.* bir arada olabilir, bağdaşabilir.

com.pa.tri.ot [kımpey'trîyıt] *i.* yurttaş, hemşeri.

com.pen.sate [kam'pınsyet] *f.* tazminat ödemek, bedelini vermek, zararı ödemek, telafi etmek. *compensation* bedel, tazminat, yerini doldurma, telafi.

com.pe.tence [kam'pıtıns] *i.* yetenek, beceri, ustalık, yetki. *competent* yetenekli, usta, doyurucu, yetkili.

com.pe.ti.tion [kampıtîş'ın] *i.* yarışma, müsabaka, rekabet, çekişme.

com.pet.i.tive [kımpet'îtiv] *s.* rekabete dayanan, rekabetçi.

com.pet.i.tor [kımpet'ıtır] *i.* yarışmacı, rakip.

com.pi.la.tion [kampıley'şın] *i.* derleme.

com.pile [kımpayl'] *f.* derlemek, bir araya getirmek. *compiler* derleyen.

com.plain [kımpleyn'] *f.* şikâyet etmek, yakınmak. *complaint* yakınma, şikâyet, hastalık, dert.

com.ple.ment [kam'pılımınt] *i.*, *f.* tamamlayıcı şey, tam, bütün. *f.* tamamlamak. *complementary* tamamlayıcı.

complete [kım'pli:t] *s., f.* tam, eksiksiz, tamam, bitmiş, yetkin. *f.* tamamlamak, bitirmek, bütünlemek *completely* tamamen, bütünüyle.

com.plex [kam'pleks] *s., i.* çok parçalı, karmaşık, karışık. *i.* kompleks.

com.plex.ion [kımplek'şın] *i.* ten, ten rengi.

com.pli.ance [kımplay'ıns] *i.* rıza, uyum.

com.pli.cate [kam'pılıkeyt] *f.* karıştırmak, güçleştirmek. *complicated* karışık, zor. *complication* karışıklık.

com.plic.i.ty [kımplîs'ıti] *i.* suç ortaklığı.

compliment ['kómplımınt] *i., f.* övgü, iltifat, kompliman, *k. dili* selamlar, saygılar, iyi dilekler. *f.* övmek, tebrik etmek. *complimentary* övgü niteliğinde, parasız.

com.ply [kımplay] *f.* (*with*) uymak, razı olmak.

com.po.nent [kımpo'nınt] *i.* (*makine, vb.*) parça, bileşen.

com.pose [kımpoz'] *f.* birleştirmek, oluşturmak, yazmak, bestelemek, yatıştırmak. *composer* besteci.

com.pos.ite [kımpaz'ît] *s.* birçok parçalardan oluşan, karma, bileşik.

com.po.si.tion [kampızîş'ın] *i.* bileşim, beste, kompozisyon, nitelik, yapı.

com.pos.i.tor [kımpaz'ıtır] *i.* (*matbaa*) dizgici.

com.pound [kımpaund'] *s.*, *f.*, *i.* bileşik. *f.* katmak, eklemek, birleştirmek. *i.* bileşim. *compound interest* bileşik faiz.

com.pre.hend [kamprîhend'] *f.* anlamak, kavramak. *comprehensible* anlaşılabilir. *comprehension* anlama, kavrama, (*okulda*) kavrama testi. *comprehensive* geniş, ayrıntılı. *comprehensive (school)* sanat okulu, çok amaçlı okul.

com.press [kımpres'] *f.* basmak, sıkıştırmak, bastırmak, birkaç sözcükle anlatmak, özetlemek. *compression* sıkıştırma, özetleme.

com.pro.mise [kam'pırımayz] *i.*, *f.* uzlaşma. *f.* uzlaşmak, şerefine gölge düşürmek.

com.pul.sion [kımpál'sırı] *i.* zorlama, baskı. *compulsive* zorunlu, mecburi.

com.pul.sory [kımpál'sırı] *s.* zorunlu.

com.punc.tion [kımpáng'şın] *i.* vicdan azabı, pişmanlık, utanma.

com.pute [kımpyut'] *f.* hesap yapmak, hesaplamak. *computer* bilgisayar.

com.rade [kam'räd] *i.* arkadaş, yoldaş.

con [kan] *i.*, *f.* aleyhte nokta/kimse. *k. dili* kazık, üçkâğıt. *f. k. dili* kazıklamak, dolandırmak.

con.cave [kankeyv] *s.* çukur, içbükey.

con.ceal [kınsîl'] *f.* gizlemek, saklamak.

con.cede [kınsid'] *f.* teslim etmek, kabul etmek, vermek, bağışlamak.

con.ceit [kınsit'] *i.* kendini beğenmişlik. *conceited* kendini beğenmiş.

con.ceive [kınsiv'] *f.* tasarlamak, kurmak, gebe kalmak. *conceivable* akla yatkın, olası.

con.cen.trate [kan'sıntreyt] *f.* toplanmak, derişmek, toplamak, deriştirmek, konsantre olmak.

con.cen.tric [kınsen'trîk] *s.* eş merkezli.

con.cept [kan'sept] *i.* genel kavram, genel düşünce.

con.cep.tion [kınsep'şın] *i.* anlayış, kavrayış, kavrama, düşünce, görüş, kavram, fikir, gebe kalma.

con.cern [kınsırn'] *f.* ilgilendirmek, ilişiği olmak, kaygılandırmak, üzmek. *concerned* ilgili, ilişkili, endişeli, kaygılı. *as far as I'm concerned* bence, bana kalırsa *concerning* hakkında, -e dair, ile ilgili.

con.cert [kınsırt'] *i.* konser. *in concert* birlikte, işbirliği içinde.

con.ces.sion [kınseş'ın] *i.* ödün, taviz, ayrıcalık, imtiyaz.

con.cil.i.ate [kınsîl'iyeyt] *f.* gönlünü almak, gönlünü yapmak. *conciliation* gönül alma. *conciliatory* gönül alıcı.

con.cise [kınsays'] *s.* kısa, özlü.

con.clude [kınklud'] *f.* bitirmek, bitmek, sonucuna varmak, kararı varmak.

con.clu.sion [kınklu'jin] *i.* son, sonuç, yargı, anlaşma. *in conclusion* neticede, sonuç olarak.

con.clu.sive [kınklu'sîv] *s.* kesin, son.

con.cord [kan'kôrd] *i.* uyum, anlaşma, dostluk.

con.course [kan'kôrs] *i.* bir araya gelme, toplanma.

con.crete [kan'krit] s., i., f. somut, açık, kesin, belli. i. beton. f. beton dökmek.

con.cur [kınkır'] f. anlaşmak, uyuşmak, aynı zamanda oluşmak. **concurrent** aynı zamanda oluşan, rastlantısal.

con.cus.sion [kınkáş'ın] i. beyin sarsıntısı.

con.demn [kındem'] f. kınamak, ayıplamak, mahkûm etmek.

con.dem.na.tion [kandemney'şın] i. kınama; mahkûmiyet.

con.den.sa.tion [kındensey'şın] i. yoğunlaşma, sıvılaşma; buğu.

con.dense [kındens'] f. (gaz) yoğunlaşmak; özetlemek.

con.de.scend [kandîsend'] f. tenezzül etmek; lütfetmek.

con.di.tion [kındîş'ın] i., f.durum, hal, vaziyet; koşul; şart; genel sağlık durumu, kondisyon, form. f. şart koşmak; şartlandırmak; koşullandırmak; alıştırmak. **on condition that** eğer, şartıyla **on no condition** asla, hiçbir surette.

con.duce [kındus'] f. (to/towards) yardım etmek, katkıda bulunmak.

con.duct [kan'dákt] f. davranmak, hareket etmek; yönetmek, yürütmek; götürmek, kılavuzluk etmek, taşımak, nakletmek; (elektrik, ısı, vb.) iletmek, geçirmek; müz. orkestra yönetmek. **conduction** taşıma, götürme; iletme. **conductive** iletken. **conductor** orkestra şefi; biletçi, kondüktör; iletken.

con.fec.tion [kınfek'şın] i. şekerleme. **confectioner** şekerci. **confectionery** şekerleme; şekerci dükkânı.

con.fed.er.a.cy [kınfed'ırısı] i. konfederasyon, birlik.

con.fed.er.ate [kınfed'ırît] s., i. konfedere, birleşik. i. müttefik; suçortağı. **confederation** konfederasyon, birlik.

con.fer [kınfır'] f. (on/upon) (unvan, vb.) vermek; (with) danışmak, görüşmek.

con.fess [kınfes'] f. itiraf etmek; kabul etmek; günah çıkarmak.

con.fes.sion [kınfeş'ın] i. itiraf; günah çıkarma.

con.fi.dant [kanfidänt] i. sırdaş, dert ortağı.

con.fi.den.tial [kanfiden'şıl] s. mahrem, gizli; güvenilir.

configuration [konfigyu'reyşın] i. biçim, şekil

con.fine [kınfayn'] f. kapatmak, hapsetmek; sınırlandırmak. **confinement** hapsedilme, kapatılma; hapis; loğusalık.

con.firm [kınfırm'] f. doğrulamak; pekiştirmek; onaylamak. **confirmation** doğrulama, onaylama. **confirmed** alışkanlıklarını değiştirmez.

con.fis.cate [kan'fiskeyt] f. el koymak. **confiscation** el koyma.

con.flict [kan'flikt] i., f. çatışma, çarpışma; uyuşmazlık, zıtlık, anlaşmazlık. f. bağdaşmamak, çatışmak.

con.form [kınfôrm'] f. uymak.

con.found [kanfaund] f. karıştırmak, allak bullak etmek, şaşırtmak.

con.front [kınfránt'] f. karşı koymak, göğüs germek, (with) yüzleştirmek.

con.fuse [kınfyuz'] f. şaşırtmak, kafasını karıştırmak. **confusion** kargaşa, karışıklık.

con.geal [kıncıl'] f. dondurmak, donmak.

con.gen.ial [kıncin'yıl] s. hoş, kafa dengi, kafasına uygun.

con.gen.i.tal [kıncen'ıtıl] s. (hastalık) doğuştan.

con.ges.tion [kınces'çın] i. hek. kan birikmesi, tıkanıklık.

con.grat.u.late [kıngraç'ûleyt] f. kutlamak, tebrik etmek. congratulations tebrikler! congratulation kutlama, tebrik.

con.gre.gate [kang'grıgeyt] f. bir araya gelmek, toplanmak. congregation cemaat, topluluk.

con.gress [kang'rîs] i. kongre, kurultay, toplantı congress (ABD'de) Millet Meclisi. congressman ABD Millet Meclisi üyesi.

con.jec.ture [kıncek'çır] i. varsayım, tahmin.

con.ju.gal [kan'cûgıl] s. evlilikle ilgili.

con.ju.gate [kan'cûgeyt] f. dilb. (eylem) çekmek, (eylem) çekilmek. conjugation dilb. eylem çekimi.

con.junc.tion [kıncánk'şın] i. dilb. bağlaç, birleşme, birleşim. in conjunction with ile birlikte.

con.jure [kan'cır] f. hokkabazlık yapmak, el çabukluğu ile çıkarmak. conjurer hokkabaz, sihirbaz.

con.nect [kınekt'] f. bağlamak, birleştirmek. connected bağlı, ilgili.

con.nec.tion [kınek'şın] i. bağlantı, ilişki, bağ, aktarma. in connection with ile ilgili olarak.

con.nive [kınayv'] f. gizlice işbirliği yapmak, (at) görmezlikten gelmek.

con.nois.seur [kanısır'] i. uzman, ehil.

con.quer [kang'kır] f. fethetmek, zapt etmek, yenmek. conqueror fatih.

con.quest [kan'kwest] i. fetih, fethetme, alt etme.

con.science [kan'şıns] i. vicdan.

con.scious [kan'şıs] s. bilinçli, farkında, bilincinde, kasti. consciousness bilinç.

con.script [kınskrîpt'] f. askere almak.

con.se.crate [kansık'reyt] f. kutsamak, adamak.

con.sen.sus [kınsen'sıs] i. ortak karar, oybirliği, anlaşma.

con.sent [kınsent'] f., i. izin vermek, razı olmak. i. izin, rıza. age of consent rüşt, erginlik.

con.se.quence [kan'sıkwens] i. sonuç, önem. consequently sonuç olarak, bu nedenle.

con.se.quent [kan'sıkwent] s. sonucu olan.

con.ser.va.tion [kansırvey'şın] i. koruma. conservatism tutuculuk.

con.ser.va.tive [kınsır'vıtîv] s. muhafazakâr.

con.ser.va.to.ry [kınsırvıtwar'] i. konservatuvar, limonluk, ser.

con.serve [kınsırv'] f. korumak.

con.sid.er [kınsîd'ır] f. düşünüp taşınmak, olduğunu düşünmek, saymak, göz önünde tutmak.

con.sid.er.a.ble [kınsîd'ırıbıl] s. büyük, önemli, hatırı sayılır. considerably çok.

con.sid.er.ate [kınsîd'ırît] s. düşünceli, saygılı.

con.sign [kınsayn'] f. mal göndermek, vermek, teslim etmek, tahsis etmek. consignment mal gönderme, gönderilen mal.

con.sist [kınsîst'] f. (of) oluşmak, (in) bağlı olmak, dayanmak.

consis.ten.cy [kınsîs'tınsi] i. koyuluk, yoğunluk, tutarlılık, uyum.

con.sis.tent [kınsîs'tınt] s. istikrarlı, tutarlı, devamlı, sürekli consistent with -e uygun olarak consistently sürekli olarak.

con.sole [kınsol'] f. avutmak, teselli etmek. consolation teselli, avuntu.

con.sole [kınsol'] i. konsol, dirsek.

con.sol.i.date [kınsal'ıdeyt] f. sağlamlaştırmak, birleştirmek, birleşmek. consolidation sağlamlaştırma, birleşim, ünite, birleştirme, birleşme.

con.sort [kan'sôt] i. karı, koca, eş.

con.spir.a.cy [kınspîr'ısi] i. komplo. conspirator komplocu.

con.sta.ble [kans'tıbıl] i. İİ. polis memuru

con.stan.cy [kan'stinsi] i. karar, metanet, sebat, tutarlılık.

con.stel.la.tion [kanstıley'şın] i. takımyıldız.

con.ster.na.tion [kanstırney'şın] i. şaşkınlık, dehşet, korku.

con.stit.u.en.cy [kınstîç'uwînsi] i. seçmenler, seçim bölgesi.

con.stit.u.ent [kınstîç'uwint] i., s. seçmen, bileşen, öğe. s. kurucu.

con.sti.tute [kan'stıtut] f. oluşturmak, kurmak.

con.sti.tu.tion [kanstutı'şın] i. oluşum, bileşim, yapı, bünye, anayasa. constitutional yapısal, bünyesel, anayasal.

con.strain [kınstreyn'] f. zorlamak, zorla yaptırmak. constraint zorlama, baskı, tehdit.

con.strict [kınstrîkt'] f. daraltmak, sıkmak, kısmak.

con.struct [kınstrákt] f. inşa etmek,

yapmak, kurmak. construction yapılış, yapım, inşa. constructive yapıcı, yardımcı, yararlı.

con.strue [kınstru'] f. yorumlamak, anlam vermek, dilb. (cümle) analiz etmek.

con.sult [kınsált'] f. danışmak, başvurmak. consultant danışman. consultation danışma, başvurma.

con.sume [kınsum'] f. tüketmek, yok etmek, yakmak.

con.sum.er [kınsu'mîr] i. tüketici.

con.sum.mate [kansám'ît] f. tamamlamak, mükemmelleştirmek.

con.sump.tion [kınsámp'şın] i. tüketim. hek. verem.

con.tact [kan'täkt] i., f. dokunma, temas, bağlantı, irtibat, kontak. f. görüşmek, bağlantı kurmak. contact lens kontaklens.

con.tain [kınteyn'] f. içermek, kapsamak, tutmak, bastırmak.

con.tam.i.nate [kıntäm'ıneyt] f. bulaştırmak, kirletmek, zehirlemek, bozmak.

con.tem.plate [kan'tımpleyt] f. bakmak, niyetinde olmak, tasarlamak, üzerinde düşünmek. contemplation düşünceye dalma. contemplative düşünceli, dalgın.

con.tem.po.rar.y [kıntem'pıreri] s., i. çağdaş. i. çağdaş, yaşıt.

contempt [kıntempt'] i. küçümseme, saygısızlık. contemptible alçak, aşağılık. contemptuous hor gören, aşağılayıcı.

con.tent [kantend'] s.,f.memnun, hoşnut. f. doyurmak, tatmin etmek. con.tent [kantent'] i. içerik.

con.test [kıntest'] i. mücadele, yarışma.

con.test.ant [kıntes'tınt] f. yarışmak, çekişmek, doğruluğu hakkında tartışmak. *contestant* yarışmacı.

con.text [kan'tekst] *i.* bağlam.

con.ti.nent [kan'tınınt] *i. coğ.* kıta, anakara. *the continent İİ.* Britanya dışındaki Avrupa ülkeleri. *continental* kıtasal.

con.tin.gen.cy [kıntîn'cınsi] *i.* olasılık.

con.tin.u.al [kıntîn'yuvıl] *s.* sürekli, devamlı.

con.tort [kıntôrt'] *f.* burmak, bükmek, çarpıtmak.

con.tra.band [kan'tribänd] *i.* kaçak eşya, kaçakçılık.

con.tra.cep.t.ion [kantrısep'şın] *i.* doğum kontrolü. *contraceptive* gebelik önleyici.

con.tract [kınträkt'] *f.* sözleşme yapmak, (*hastalık, vb.*) kapmak, küçülmek, büzülmek.

con.trac.tor [kan'träktır] *i.* müteahhit.

cont.ra.dict [kantrıdîkt'] *f.* inkâr etmek, yalanlamak, birbirini tutmamak, çelişmek *contradiction* tersini söyleme, inkâr, yalanlama, zıtlık, çelişki *contradictory* çelişkili, tutarsız.

con.trast [kan'träst] *i.* karşıtlık, tezat.

con.tra.vene [kantrıvin'] *f.* karşı gelmek, ihlal etmek.

con.trib.ute [kın'tribyu:t] *f.* katkıda bulunmak, katılmak, -de payı olmak, yazı hazırlamak. *contribution* katılım, katkı, yardım. *contributory* payı olan, neden olan.

con.trive [kıntrayv'] *f.* bulmak, icat etmek, planlamak, bir yolunu bulup becermek.

con.trol [kıntrol'] *f., i.* kontrol etmek,

dizginlemek, denetlemek. *i.* denetim, kontrol, idare, hâkimiyet, k. dili (*uçak vb.*) kumanda donanımı. *out of control* kontrolden çıkmış. *under control* kontrollü, disiplinli.

con.tro.ver.sy [kan'trıvırsi] *i.* tartışma, anlaşmazlık, uyuşmazlık.

con.va.lesce [kanviles'] *f.* iyileşmek. *convalescence* nekahet, iyileşme dönemi. *convalescent* iyileşen.

con.vene [kınvin'] *f.* toplantıya çağırmak, buluşmak, toplanmak.

con.ven.ience [kınvin'yıns] *i.* uygunluk, elverişlilik, rahat, çıkar, uygun zaman. *convenient* uygun, elverişli.

con.vent [kan'vent] *i.* rahibe manastırı.

con.ven.tion [kınven'şın] *i.* toplantı, kongre, anlaşma, uzlaşma, töre.

con.ven.tion.al [kınven'şınıl] *s.* törel, geleneksel, (*silah*) konvansiyonel.

con.verge [kınvırc'] *f.* bir noktada birleşmek.

con.ver.sa.tion [kanvırsey'şın] *i.* konuşma, sohbet, muhabbet.

con.ver.sion [kınvır'jın] *i.* değişme, dönüşme, din değiştirme.

con.vert [kınvırt'] *f.* değiştirmek, dönüştürmek. *convertible* (*para*) konvertibl, üstü açılır araba.

con.vex [kan'veks] *s.* dışbükey.

con.vey [kınvey'] *f.* taşımak, götürmek, ifade etmek. *conveyance* taşıma, nakil, taşıt, vasıta. *conveyor* taşıyıcı.

con.vict [kan'vîkt] *f., i.* suçluluğunu kanıtlamak. *i.* mahkûm.

con.vic.tion [kınvîk'şın] *i.* mahkûmiyet, inanç, kanı, kanaat.

con.vince [kınvîns'] *f.* inandırmak, ikna etmek. **convincing** inandırıcı.

con.vulse [kınvâls'] *f.* şiddetle sarsmak. **convulsion** çırpınma.

cook [kûk] *i., f.* aşçı. *f.* (*yemek*) pişirmek, pişmek. **cook up** uydurmak, kafadan atmak. **cooking** yemek pişirmek.

cool [kul] *s.* serin, sakin, soğukkanlı, serinkanlı, (*davranış*) soğuk, uzak. *f.* soğumak, serinlemek, soğutmak, serinletmek.

coop [kup] *i.* kümes.

co.o.p.er.ate [kowap'ıreyt] *f.* işbirliği yapmak. **cooperation** işbirliği, elbirliği, destek. **cooperative** yardımcı, kooperatif.

co.or.di.nate [kowôr'dıneyt] *f.* düzenlemek, ayarlamak. **coordination** koordinasyon, eşgüdüm.

cop [kap] *i. k. dili* polis, aynasız.

cope [kop] *f.* (*with*) başa çıkmak, üstesinden gelmek.

cop.per [kap'ır] *i.* bakır *İİ. k. dili* polis, aynasız.

copy [kap'i] *i., f.* kopya, suret, gazete vb.'nin bir tek sayısı, nüsha. *f.* kopyasını çıkarmak, örnek almak, taklit etmek, *hkr.* kopya çekmek.

cord [kôrd] *i.* ip, sicim, tel, şerit, (*ses*) tel **spinal cord** omurilik. **vocal cords** ses telleri.

cor.dial [kôr'cıl] *s., i.* candan, yürekten, içten. *i.* meyve suyu, likör.

cor.du.roy [kôr'dıroy] *i.* fitilli kadife.

core [ko] *i.* (*meyve*) göbek, koçan, öz, çekirdek.

cork [kôrk] *i.* şişe mantarı. **corkscrew** tirbuşon, burgu, spiral.

corn [kôrn] *i. İİ.* tahıl, buğday, *Al.* mısır, tahıl, ekin, tane, nasır. **corn flour** mısır unu.

cor.ner [kôr'nır] *i., f.* köşe. *f.* kıstırmak, köşeye sıkıştırmak.

cor.o.ner [kôr'ınır] *i.* sorgu yargıcı.

corporal [kôr'pırıl] *s., i.* bedensel. *i. ask.* onbaşı.

cor.po.rate [kôr'pırît] *s.* birleşmiş, *huk.* tüzel.

cor.po.ra.tion [kôrpırey'şın] *i.* dernek, kurum, lonca, tüzel kişi, kuruluş, şirket.

corps [kôrp] *i.* kurul, heyet, *ask.* kolordu.

corpse [kôrps] *i.* ceset, ölü.

cor.rect [kırekt'] *f., s.* düzeltmek. *s.* doğru, kurala uygun. **correction** düzeltme, düzelti, ceza, cezalandırma. **corrective** düzeltici.

cor.re.spond [kôrısp'and'] *f.* uymak, uyuşmak, -in karşılığı olmak, (*düzenli olarak*) yazışmak, mektuplaşmak **corresponding** uyan, benzeyen.

cor.re.spon.dence [kôrıspand'ıns] *i.* uygunluk, mutabakat, benzerlik, mektuplaşma, yazışma, muhaberat. **correspondence course** mektupla öğretim. **correspondent** mektup arkadaşı, muhabir.

cor.ri.dor [kôr'ıdır] *i.* koridor, aralık.

cor.rob.o.rate [kırab'ıreyt] *f.* desteklemek, güçlendirmek.

cor.rode [kırod'] *f.* aşındırmak, çürütmek, paslanmak.

cor.ru.gate [kôr'ıgeyt] *f.* kırıştırmak, buruşturmak.

cor.rupt [kırápt'] *f., s.* baştan çıkarmak, ayartmak, bozmak. *s.* namussuz, bozuk, laçka.

cos.mo.pol.i.tan [kazmıpal'ıtın] *s.* kozmopolit, evrendeş.

cos.mos [kaz'mıs] *i.* evren.
cost [köst] *i., f.* fiyat, değer, paha, masraf, maliyet. *f.* değerinde olmak, mal olmak. *at all costs* ne pahasına
cot [kat] *i.* beşik, baraka, kulübe.
cot.tage [kat'îç] *i.* küçük ev, kulübe.
cot.ton [kat'ın] *i.* pamuk. *cotton wool* ham pamuk.
couch [kauç] *i.* sedir, kanape.
cough [köf] *f., i.* öksürmek. *i.* öksürük, öksürme.
could [kûd] *f.* bkz. *can.*
coun.cil [kaun'sıl] *i.* konsey, danışma kurulu, meclis.
coun.sel [kaun'sıl] *i., f.* öneri, tavsiye, avukat.*f.* önermek. *counsellor* danışman.
count [kaunt] *f., i. (sayı)* saymak, içermek, kapsamak, göz önünde tutmak, saymak. *i.* sayma, sayım, hesap, toplam, *huk.* şikâyet maddesi *count out* hesaba katmamak, saymamak.
coun.ter [kaun'tır] *i., f.* tezgâh, *İl.* marka, fiş, sayaç. *f.* karşı çıkmak, karşılık vermek.
coun.ter.bal.ance [kauntırbäl'ıns] *i., f.* eş ağırlık, karşılık. *f.* dengeleştirmek.
coun.ter.feit [kaunt'rıfît] *s., f.* sahte, taklit. *f. (para, vb.)* sahtesini yapmak.
coun.ter.sign [kauntırsayn'] *i., f. ask.* parola, onay imzası. *f. (onay için)* ayrıca imzalamak.
count.less [kaunt'lîs] *s.* çok fazla, sayısız.
coun.try [kán'tri] *i.* ülke, yurt, kır, taşra, kırsal kesim, ulus, halk, bölge, yöre.
coun.try.side [kán'trisayd] *i.* kırsal bölge.

coun.ty [kaun'ti] *i. Al.* ilçe, kontluk, il idare bölgesi.
coup [ku:] *i.* darbe *coup d'etat* [ku:dey'ta:] hükümet darbesi
coup.le [káp'ıl] *i., f.* çift, karı koca, çift, *(of) k. dili* birkaç. *f.* bağlamak, birleştirmek.
cour.age [kır'îç] *i.* yüreklilik, cesaret, mertlik. *courageous* cesur, yiğit, mert.
course [kôrs] *i.* yön, rota, pist, akış, alan, pist, kurs, dizi, seri, kap, tabak, yemek. *in due course* zamanında, vaktinde. *of course* elbette, tabii.
court [kôrt] *i., f.* mahkeme, mahkeme üyeleri, oturum, avlu, saray, saray halkı, *sp.* kort, saha, konak. *f.* gözüne girmeye çalışmak, kur yapmak. *courthouse* mahkeme, adliye sarayı. *courtyard* avlu, iç bahçe.
cour.te.sy [kır'tısi] *i.* nezaket, kibarlık.
court-mar.tial [kôrt'mar'şıl] *i.* askeri mahkeme, divanıharp.
cous.in [káz'ın] *i.* kuzen.
cove [kov] *i.* koy, körfezcik.
cov.er [káv'ır] *f., i.* örtmek, kaplamak, katetmek, yol almak, içine almak, kapsamak. *i.* kapak, örtü, kılıf, sığınak, (kitap) kap *covering* kat, örtü.
cov.ert [káv'ırt] *s.* gizli, saklı, örtülü.
cov.et [káv'ît] *f.* göz dikmek.
cow [kau] *i., f.* inek. *f.* gözünü korkutmak, yıldırmak. *cowboy* kovboy, sığırtmaç. *cowhand* sığırtmaç. *cowhide* sığır derisi.
cow.ard [kau'wırd] *i.* korkak *cowardice* korkaklık. *cowardly* korkak.
cow.er [kau'wır] *f.* sinmek, büzülmek.

coy [koy] *s.* çekingen, utangaç, nazlı, cilveli.

crab [kräb] *i. zool.* yengeç.

crack [kräk] *f., i.* çatlamak, çatlatmak, şaklamak, şaklatmak. *i.* çatlak, çatırtı, vuruş, darbe, *k. dili* girişim.

crack.er ['krekı] *i.* kraker

cra.dle [kreyd'ıl] *i.* beşik.

craft [kräft] *i.* beceri, hüner, ustalık, kurnazlık, hile, gemi, uçak, teknik eleman. *craftsman* usta, zanaatçı. *crafty* kurnaz.

cram [kräm] *f.* tıkmak, sıkıştırmak, tıka basa doldurmak, acele ile sınava hazırlanmak.

cramp [krämp] *i., f.* kramp, kasınç, mengene, engel. *f.* engel olmak.

crane [kreyn] *i.* vinç, *zool.* turna.

crank [krängk] *i. tek.* dirsek, kol. *k. dili* saplantılı kimse, deli, kaçık.

crash [kräş] *f.*, i.(*araba, vb.*) gürültüyle çarpmak, çarptırmak, düşmek, düşürmek. *i.* çatırtı, gürültü, (*uçak, otomobil, vb.*) kaza, iflas.

crate [kreyt] *i.* kafesli sandık, kasa.

crawl [kröl] *f., i.* emeklemek, sürünmek, (*böcek, vb. ile*) dolu olmak, ürpermek.*i.* krol yüzme, çok yavaş hareket, ağır gidiş

cray.on [krey'ın] *i.* renkli kalem, boyalı kalem.

craze [kreyz] *f., i.* çılgına çevirmek, çıldırtmak, deli etmek. *i.* geçici akım, moda.

cra.zy [krey'zi] *s.* deli, çılgın. *crazy about* -e hayran, tutkun.

creak [krik] *i., s.* gıcırtı. *creaky s.* gıcırtılı.

cream [krim] *i.,s., f.* kaymak, krema, krem, merhem. *i. s.* krem rengi. *f.* kaymağını almak, kaymağını yemek. *cream cheese* krem peynir.

crease [kris] *i., f.* buruşukluk, kırışıklık, kat, pli. *f.* buruşmak, kırışmak.

cre.ate [kriyeyt'] *f.* yaratmak. *creation* yaratma, yaradılış, evren, kreasyon.

crea.ture [kri'çır] *i.* yaratık.

cred.i.ble [kred'ıbıl] *s.* inanılır, güvenilir.

cred.it ['kredit] *i., f.* inanç, güven, sadakat, övgü, onur, kredi, saygınlık. *f.* inanmak, güvenmek, itimat etmek, para yatırmak. *on credit* veresiye. *creditable* şerefli. *creditor* alacaklı. *credit card* kredi kartı.

creed [krid] *i.* inanç, iman, itikat.

creek [krik] *i. İİ.* çay, ırmak kolu.

creep [krip] *f. crept* sürünmek, sessizce sokulmak, (*sarmaşık, vb.*) sarılmak.

cres.cent [kres'ınt] *i.* hilal, ayça, yeniay.

crest [krest] *i.* ibik, taç, tepe, doruk.

crew [kru] *i.* tayfa, mürettebat, ekip.

crib [krîb] *i. Al.* çocuk karyolası.

crick [krîk] *i.* boyun tutulması, kasılma.

cric.ket [krîk'ît] *i. zool.* cırcırböceği, *sp.* kriket.

crime [kraym] *i.* suç.

crim.i.nal [krîm'inil] *s., i.* suçla ilgili, cezai. *i.* suçlu

crim.son [krîm'zın] *s. i.* koyu kırmızı.

crip.ple [krîp'ıl] *i., f.* sakat, topal, kötürüm. *f.* sakatlamak.

cri.sis [kray'sis] *i.* bunalım, kriz.

crisp [krîsp] *s., i.* gevrek, körpe, taze, (*hava*) soğuk. *i. İİ.* cips

crit.ic [krît'îk] *i.* eleştirmen.

crit.i.cal [krît'îkıl] *s.* kritik, çok

önemli, her şeye kusur bulan, eleştiren, eleştirel.

crit.i.cize [krît'ısayz] *f.* eleştirmek.

croak [krok] *f., i.* kurbağa gibi bağırmak. *i.* kurbağa sesi, vırak.

crock [krak] *i.* çanak, çömlek, toprak kap. **crockery** çanak, çömlek.

crook [krûk] *i., f.* kanca, sopa, değnek, *k. dili* hırsız, dolandırıcı. *f.* kıvırmak, bükmek.

crook.ed [krûk'îd] *s.* eğri, yamuk, *k. dili* namussuz.

crop [krap] *i., f.* ekin, ürün, mahsul. *f. (hayvan)* otlamak, yemek, *(saç/kuyruk)* kesmek.

cross [krôs] *i., f., s.* çarpı, artı işareti, çarmıh, haç, üzüntü, gam, elem, çapraz. *f.* karşıdan karşıya geçmek, *(kol, bacak)* kavuşturmak, üst üste atmak, karşı koymak, engellemek. *s.* kızgın, sinirli, aksi. **cross out** üzerini karalamak, üstünü çizmek.

cross.breed [krôs'brid] *s.* melez.

cross-coun.try [krôs-kán'tri] *s. z.* kırlar boyunca, kırlarda.

cross-ex.am.ine [krôs'îgzamîn] *f.* çaprazlama sorguya çekmek.

cross-eyed [krôs'ayd] *s.* şaşı.

cross.fire [krôs'fayr] *i. ask.* çapraz ateş.

cross.roads [krôs'rod] *i.* birkaç yolun kesiştiği yer, dönüm noktası.

cross.wise [krôs'wayz] *i.* çapraz.

crouch [krauç] *f.* çömelmek, sinmek.

crow [kro] *i., f.* karga. *f. (horoz)* ötmek.

crowd [kraud] *f., i.* toplanmak, doluşmak, kalabalık oluşturmak.

i. kalabalık, yığın. **crowded** kalabalık, tıkış tıkış, dopdolu.

crown [kraun] *i.* taç; 25 penny değerinde madeni para, şampiyonluk.

cru.cial [kru'şîl] *s.* çok önemli, kesin, son.

crude [krud] *s.* ham, işlenmemiş, kaba. **crude oil** ham petrol.

cru.el [kruw'ıl] *s.* acımasız, zalim, gaddar. **cruelty** acımasızlık, gaddarlık, zulüm.

cruise [kruz] *f., i.* gemiyle gezmek, deniz gezisi yapmak. *i.* deniz gezisi, tekne gezisi.

crumb [krám] *i.* ekmek kırıntısı, kırıntı.

crum.ple [krám'pıl] *f.* buruşturmak, kırıştırmak.

crunch [kránç] *f., i.* çatır çutur yemek, çatırdamak, çatırdatmak. *i.* çatırtı, çuturtu.

crush [kráş] *f., i.* ezmek, izdiham oluşturmak. *i.* izdiham, kalabalık, sıkma meyve suyu.

crust [krást] *i.* kabuk, ekmek kabuğu, tabaka.

crust.y [krás'ti] *s.* kabuklu, gevrek, ters, huysuz.

crutch [kráç] *i.* koltuk değneği, kasık, pantolon ağı.

cry [kray] *f., i.* ağlamak, bağırmak. *i.* çığlık, feryat, haykırma, bağırma.

crypt [krîpt] *i.* yeraltı türbesi.

cub [káb] *i.* yavru ayı, aslan, kaplan, tilki, yavrukurt, izci, acemi.

cube [kyub] *i., f.* küp. *f. (bir şeyi)* küp biçiminde kesmek, doğramak, *mat.* küpünü almak.

cu.cum.ber [kyu'kámbır] *i.* salatalık, hıyar.

cud.dle [kád'ıl] *f.* sarılmak, kucaklamak.

cudg.el [kác'ıl] *i.* kısa kalın sopa.
cue [kyu] *i.* işaret, ipucu, bilardo sopası, isteka.
cuff [káf] *i.* kolluk, manşet, yen, tokat. *cufflink* kol düğmesi.
cul.mi.nate [kál'mîneyt] *f.* (*in*) doruğuna yükselmek, sonuçlanmak. *culmination* sonuç, son, doruk.
cult [kált] *i.* mezhep, tapınma, rağbet, moda.
cul.ti.vate [kál'tiveyt] *f.* toprağı işlemek, ekip biçmek, yetiştirmek. *cultivated* kültürlü, terbiyeli. *cultivation* toprağı işleme.
cul.ture [kál'çır] *i.* kültür. *cultural* kültürel. *cultured* kültürlü.
cu.mu.la.tive [kyum'yıleytîv] *s.* gittikçe artan.
cun.ning [kán'îng] *s.* kurnaz.
cup [káp] *i.* fincan, kupa.
cup.board [káb'ırd] *i.* dolap.
curb [kırb] *i.*, *f.* fren, engel, zapt, kontrol. *f.* tutmak, engellemek, dizginlemek.
curd [kırd] *i.* kesmik, lor.
cur.dle [kır'dıl] *f.* (*süt*) kesilmek.
cur.few [kır'fyu] *i.* sokağa çıkma yasağı.
cu.ri.o [kyûr'iyo] *i.* nadir ve değerli eşya, antika.
cu.ri.ous [kyûr'iyıs] *s.* meraklı, garip, acayip.
curl [kırl] *i.*, *f.* büklüm, kıvrım, bukle. *f.* (*saç*) kıvırmak, kıvrılmak, bükülmek. *curly* kıvırcık. *curler* bigudi.
cur.rant [kır'ınt] *i.* kuşüzümü, frenk üzümü.
cur.ren.cy [kır'ınsi] *i.* geçerlilik, revaç, para.
cur.rent [kır'ınt] *s.*, *i.* şimdiki, bugünkü, güncel, yaygın, geçerli, genel, cari. *i.* akıntı, akım, cere-

yan. *current checking account* cari hesap. *current affairs* güncel olaylar, aktüalite.
cur.ric.u.lum [kırîk'yılım] *i.* müfredat programı. *curriculum vitae* özgeçmiş belgesi.
cur.ry [kır'i] *i.* köri, acılı bir hint yemeği.
curse [kırs] *i.*, *f.* lanet, lanetleme, küfür. *f.* lanetlemek, beddua etmek, küfür etmek.
cur.tain [kır'tın] *i.* perde, tiyatro perdesi.
curt.sy [kırt'si] *i.* (*kadınların yaptığı*) reverans.
curve [kırv] *i.*, *f.* eğri, kavis, dönemeç. *f.* eğmek, eğilmek.
cush.ion [kûş'ın] *i.* minder, yastık, (*bilardo*) bant, kenar.
cus.to.dy [kás'tıdi] *i.* gözetim, bakım, nezaret, gözaltı. *be in custody* gözaltında bulunmak.
cus.tom [kás'tım] *i.* gelenek, görenek, töre, alışkanlık, âdet; gümrük. *customary* geleneksel, alışılmış.
cus.tom.er [kás'tımır] *i.* alıcı, müşteri.
cut [kát] *f.*, *i.* *cut* kesmek, biçmek, dilimlemek, (*ders*) asmak, kesilmek. *i.* kesik, yarık, yara, dilim, parça, kısıntı, kesinti, indirim. *cut back (on)* azaltmak. *cut down* kesip düşürmek, devirmek, azaltmak kısmak. *cut off* kesmek. *cut out* kesip çıkarmak, (*içki, sigara, vb.*) bırakmak. *cut across* kestirmeden gitmek. *cut in* sözünü kesmek, (*arabayla*) araya girmek, araya dalmak. *cut up* parçalamak. *cutback* indirim. *cut-out* elektrik akımını kesen aygıt.
cute [kyut] *s.* şirin, hoş, sevimli.

cut.ting [kát'îng] *i.*, *s.* kupür, ke-
sik, geçit, yarık, tünel. *s.* (*söz*)
acı, kırıcı, dokunaklı.

cyc.le [say'kıl] *i.*, *f.* devir, tur, dö-
nüş, bisiklet, motosiklet. *f.* bisik-
let sürmek. **cyclist** bisikletçi.

cy.clone [say'kılon] *i.* kasırga,
siklon.

czar [çär] i. çar.

D d

D,d [di] İngiliz alfabesinin dördüncü harfi. (D) Romen rakamlarında 500.

dab [däb] *i., f.* dokunma, hafif vuruş. *f.* hafifçe dokunmak, hafifçe vurmak.

dab.ble ['däb'ıl] *f.* (at/in) bir işle amatörce uğraşmak, takılmak

dad [däd] *i. k. dili* baba.

daddy ['däd'i] *i. k. dili* baba, babacığım.

dag.ger [däg'ır] *i.* hançer, kama.

dai.ly [dey'li] *s., z., i.* günlük. *z.* her gün. *i.* günlük gazete.

dain.ty [deyn'ti] *s.* narin, sevimli; zarif.

dam [däm] *i., f.* baraj, set. *f.* baraj yapmak; set çekmek.

dam.age [däm'îc] *i., f.* zarar, hasar. *f.* zarar vermek.

damp [dämp] *i., s., f.* ıslaklık, nem. *s.* nemli, rutubetli. *f.* ıslatmak; söndürmek, azaltmak.

dam.son [däm'zın] *i. bot.* mürdümeriği.

dance [dän'ce] *f., i.* dans etmek. *i.* dans. *dancer* dansör; dansöz.

dan.druff [dän'drıf] *i. (saçta)* kepek.

dan.dy [dän'di] *i.* züppe, çıtkırıldım.

dan.ger [deyn'cır] *i.* tehlike.

dare [der] *f.* cüret etmek; kalkışmak; cesaret etmek. *daresay* galiba, sanırım. *daredevil* gözü pek, yiğit.

daring ['deırıng] *s.* cüretkâr, cesur

dark [dark] *s., i.* karanlık; koyu; esmer. *i.* karanlık. *darkness* karanlık.

dart [dat] *i., f.* küçük ok; ani hareket; *(dikiş)* pens. *f. (across/out/towards)* fırlamak, atılmak; fırlatmak. *darts* dart oyunu.

dash [däş] *f., i.* çarpmak, vurmak; fırlamak, hızla koşmak; *(ümit, vb.)* yıkmak. *i.* saldırma; fırlama; atılma; darbe; vuruş; az miktar; eser; çizgi; tire (-) işareti; kısa mesafe koşusu. *dashboard* gösterge tablosu. *dashing* canlı, atılgan, enerjik.

data [deytı] *i.* veri. *data processing* veri işlem, bilgi işlem.

date [deyt] *i., f.* tarih; randevu; flört edilen *(kimse)*; kurma. *f.* tarih atmak; tarihli olmak; birisiyle çıkmak. *out of date* modası geçmiş. *dated* tarihli; modası geçmiş.

da.tive [dey'tîv] *i. dilb.* ismin -e hali, yönelme durumu.

daugh.ter [dô'tır] *i.* kız *(evlat)* *daughter-in-law* gelin.

daunt [dônt] *f.* yıldırmak, korkut-
mak. *dauntless* gözü pek, kor-
kusuz.

daw.dle [dôd'ıl] *f. k. dili* salınmak,
zaman harcamak.

dawn [dôn] *i., f.* şafak, tan. *f. (gün)*
ağarmak.

day [dey] *i.* gün; gündüz; zaman,
çağ, ömür. *day after day/day
in day out* sürekli, devamlı.
day by day günden güne. *from
day to day/day by day* günden
güne, günbegün. *one day* bir
gün, günün birinde. *some day
(gelecekte)* bir gün. *make sb's
day* birini çok mutlu etmek, se-
vindirmek. *the other day* geçen
gün, geçenlerde. *daybreak* tan,
şafak, seher. *daydream* hayal,
düş. *daylight* gün ışığı, gündüz.
daytime gündüz.

daz.zle [däz'ıl] *f.* (gözlerini) ka-
maştırmak.

dead [ded] *s.* ölü; uyuşmuş, uyu-
şuk; durgun; solgun; sıkıcı. *dead
asleep* derin uykuda. *dead
drunk* zilzurna sarhoş. *dead
end* açmaz, çıkmaz; çıkmaz
sokak. *the dead* ölüler. *deadly*
öldürücü; çok.

deaf [def] *s.* sağır. *deafen* sa-
ğırlaştırmak. *deafmute* sağır,
dilsiz.

deal [dîl] *f., i.* pay etmek; dağıt-
mak; vermek; alışveriş etmek;
ele almak, işlemek. *i.* oyun
kâğıtlarını dağıtma; alışveriş;
iş. *a good deal* oldukça çok. *a
great deal of* pek çok. *deal in*
ticareti yapmak, alıp satmak.
deal with iş/ticaret/alışveriş
yapmak. *dealer* satıcı; oyunda
kâğıtları dağıtan kişi.

dear [dîr] *s.* sevgili; değerli; pa-

halı; *(mektup başında)* sevgili,
sayın. *Oh dear!* Aman Allahım!,
Hay Allah! *dearly* pek çok.

dearth [dirth] *i.* yokluk, kıtlık.

death [deth] *i.* ölüm. *put to death*
öldürmek. *deathless* ölümsüz.

de.bar [dibar'] *f. (from)* mahrum
bırakmak; engel olmak.

de.base [dîbeys'] *f.* itibarını dü-
şürmek.

de.bat.a.ble [dîbey'tıbıl] *s.* şüp-
heli, kuşku uyandıran.

de.bauch [dîbôç'] *i., f.* sefahat;
ahlaksızlık. *f.* ayartmak, baştan
çıkartmak. *debauchery* sefahat,
uçarılık; alemcilik.

deb.it [deb'ît] *i., f.* deftere kaydedi-
len borç. *f.* zimmetine geçirmek.

de.bris [dıbrı'] *i.* enkaz, yıkıntı,
çöküntü.

debt [det] *i.* borç. *debtor* borçlu.

de.but [dibyu'] *i.* sosyal bir alanda
ilk beliriş, sahneye ilk kez çıkış.

dec.ade [dek'eyd] *i.* on yıl.

de.cay [dikey'] *f., i.* çökmek, çürüt-
mek. *i.* çürüme, bozulma; çöküş.

de.cease [dî'sis'] *i., f.* ölüm, vefat.
f. ölmek. *deceased* merhum, ölü.

de.ceit [dîsıt] *i.* aldatma, hile, ya-
lan. *deceitful* hilekâr, yalancı;
aldatıcı.

De.cem.ber [dîsem'bır] *i.* aralık
(ayı).

de.cen.tral.ize [disen'trılayz]
f. merkezden birkaç yere yetki
dağıtmak.

de.cep.tion [dîsep'şın] *i.* aldatma;
aldanma; hile.

de.cide [dîsayd'] *f.* karar vermek,
kararlaştırmak. *decided* açık,
kesin; kararlı. *decidedly* kuş-
kusuz.

de.cid.u.ous [dîsîc'uwıs] *s. (ağaç)*
her yıl yaprakları dökülen.

dec.i.mal [des'imıl] *s. i.* ondalık. *decimal fraction* ondalık kesir. *decimal system* ondalık sistem. *decimalize* ondalık sisteme çevirmek.

dec.i.mate [des'ımeyt] *f.* büyük kısmını yok etmek.

de.ci.sion [dîsîj'ın] *i.* karar.

deck [dek] *i., f.* güverte; *Al.* (*iskambil*) deste; kat. *f.* süslemek, donatmak. *deckchair* şezlong.

dec.la.ra.tion [deklırey'şın] *i.* bildiri; demeç.

de.clare [dîkler'] *f.* ilan etmek; bildirmek; iddia etmek. *huk.* deklare etmek.

de.cline [dîklayn'] *f., i.* geri çevirmek; çökmek; gerilemek. *i.* iniş, gerileme, çöküş.

decode [di:'koud] *f.* şifresini çözmek

dec.o.rate [dek'ıreyt] *f.* süslemek, donatmak, dekore etmek; badanalamak, boyamak; (*for*) nişan vermek. *decoration* süsleme, dekorasyon; süs; nişan, madalya. *decorative* süsleyici, dekoratif. *decorator* dekoratör.

de.coy [dikoy'] *i.* tuzak; yem; hile.

de.crease [dîkris'] *f.* azalmak; azaltmak.

de.cree [dîkri'] *i., f.* emir, kararname; *huk.* karar, hüküm. *f.* emretmek.

ded.i.cate [ded'ıkeyt] *f.* adamak; ithaf etmek. *dedicated* (*işine*) kendini adamış. *dedication* adama; ithaf.

de.duce [dîdus'] *f.* sonuç çıkarmak.

de.duct [dîdákt'] *f.* çıkarmak, azaltmak.

deep [dip] *s., z.* derin; (*renk*) koyu; (*ses*) boğuk, alçak; (*duygu*) derin, içten; yoğun, ciddi. *z.* deri-

ne, dibe, derinden *deep* freeze dipfriz, derin dondurucu. *deep seated* köklü.

de.face [dîfeys'] *f.* görünüşünü bozmak, çirkinleştirmek.

de.fame [dîfeym'] *f.* kara çalmak, ününe leke sürmek.

de.fault [dîfôlt'] *f.* yapmama, savsama, gelmeme, hazır bulunmayış.

de.feat [dîfit'] *f., i.* yenmek, bozguna uğratmak. *i.* yenilgi, bozgun.

de.fect [dîfekt'] *i.* kusur, eksiklik.

de.fec.tive [dîfek'tîv] *s.* hatalı, kusurlu, eksik.

de.fence [di'fens'] *i.* savunma.

de.fend [dîfend'] *f.* savunmak, korumak, müdafaa etmek. *defendant* sanık, davalı. *defender* savunucu; koruyucu.

de.fer [dîfır'] *f.* ertelemek, sonraya bırakmak. *defer to* saygı göstermek, kabul etmek. *deference* uyma, saygı gösterme, riayet etme.

de.fi.cien.cy [dîfîş'ınsi] *i.* eksiklik, kusur; yetersizlik.

de.fi.cient [dîfîş'ınt] *s.* yetersiz; eksik.

de.file [dîfayl'] *f.* kirletmek.

de.flate [dîfleyt'] *f.* havasını boşaltmak, söndürmek; sönmek; piyasadaki para miktarını azaltmak. *deflation* deflasyon, para darlığı.

de.flect [dîflekt'] *f.* saptırmak, çevirmek, sapmak.

de.form [di'fo:m] *f.* biçimini bozmak. *deformation* deformasyon, bozunum. *deformed* biçimi bozulmuş. *deformity* biçimsizlik, sakatlık.

de.fraud [dîfrôd'] *f.* dolandırmak, aldatmak.

deft [deft] *s.* becerikli, usta.

de.fy [dîfay'] f. karşı gelmek, baş-kaldırmak; kafa tutmak; meydan okumak.

de.gen.er.ate [dîcen'ırît] f. yoz-laşmak. **degeneration** yozlaş-ma.

de.grade [dîgreyd'] f. küçük dü-şürmek, alçaltmak.

de.gree [dîgri'] i. tek. derece; dü-zey, derece, kademe; öğrenim derecesi.

de.i.fy [diy'ıfay] f. tanrılaştırmak, yüceltmek.

deign [deyn] f. hkr. tenezzül et-mek.

de.ity [diy'ıti] i. tanrı, tanrıça.

de.ject [dîcekt'] f. mahzun etmek, kederlendirmek.

de.lay [dîley'] f., i. geciktirmek; ge-ciktirmek; ertelemek. i. gecikme.

de.lete [dîlit'] f. silmek, çıkarmak. **deletion** silme, çıkarma.

del.i.ca.cy [del'ikisi] i. duyarlılık, narinlik; az bulunur/pahalı/leziz yiyecek.

del.i.cate [del'ıkît] s. narin, zarif, ince; nazik; (yemek) leziz ve hafif.

de.li.cious [dılîş'ıs] s. nefis, leziz.

de.light [di'layt] f., i. zevk vermek, sevindirmek; (in) zevk almak. i. zevk, haz; sevinç. **Turkish de-light** lokum. **delightful** zevkli, hoş.

de.li.ver [dîlîv'ır] f. teslim etmek, götürmek; dağıtmak; serbest bırakmak; doğurtmak.

de.liv.er.y [dîlîv'ıri] i. teslim, dağı-tım, servis; doğum.

de.lude [dîlud'] f. kandırmak, al-datmak.

de.luge [del'yuc] i., f. büyük sel, su baskını; şiddetli yağmur. f. ... yağmuruna tutmak.

de.lu.sion [dîlu'jın] i. aldatma; aldanma; saplantı; yanlış inanç, kuruntu.

de.mand [dîmänd'] i., f. istek, talep; rağbet. f. istemek, talep etmek; gerektirmek in demand rağbette.

de.men.ted [dîmen'tîd] s. deli, çılgın.

de.mo.bi.lize [dimo'bılayz] i. ask. terhis; seferberliğin bitmesi.

de.moc.ra.cy [dîmak'rısi] i. de-mokrasi.

dem.o.crat [dem'ıkrät] i. demok-rat. **democratic** demokratik.

de.mol.ish [dîmal'iş] f. yıkmak, yok etmek.

de.mon [di'mın] i. şeytan.

dem.on.strate [dem'ınstreyt] f. göstermek; kanıtlamak; gösteri yapmak/düzenlemek. **demon-stration** gösteri; kanıt. **demon-strative** duygularını gizleme-yen; dilb. işaret zamiri, gösterme adılı.

de.mor.al.ize [dîmôr'ılayz] f. ce-saretini kırmak, moralini boz-mak.

de.mure [dîmyur'] s. ağırbaşlı, uslu.

den [den] i. in, mağara; yatak, uğ-rak; k. dili çalışma odası.

de.nom.i.na.tion [dînamıney'şın] i. mezhep; birim; ad.

de.nom.i.na.tor [dînam'ıneytır] i. mat. payda, bölen.

de.note [dînot'] f. belirtmek, gös-termek, anlamına gelmek.

de.nounce [dînauns'] f. alenen suçlamak, kınamak.

dense [dens] s. yoğun; koyu; k. dili aptal, kalın kafalı.

den.si.ty [den'sti] i. yoğunluk; sıklık.

dent [dent] *i.*, *f.* ezik, çukur; *k. dili* incinme. *f.* göçürmek, yamultmak.

den.tal [den'tıl] *s.* dişlerle ve diş hekimliği ile ilgili.

den.tist [den'tist] *i.* dişçi, diş hekimi. **dentistry** dişçilik.

de.nude [dînud'] *f.* soymak, çıplak hale getirmek.

de.ny [dînay'] *f.* inkâr etmek; yalanlamak, tanımamak.

de.part [dîpart'] *f.* ayrılmak, hareket etmek, kalkmak.

de.part.ment [dîpart'mınt] *i.* kısım, bölüm, reyon; şube, daire, kol. **department store** (çeşitli reyonlardan oluşan) büyük mağaza.

de.par.ture [dîpar'çır] *i.* hareket, gidiş, kalkış.

de.pend [dîpend'] *f.* bağlı olmak; (*on*) güvenmek; göre değişmek. *It depends* duruma göre değişir, belli olmaz. **dependable** güvenilir.

de.pen.dence [dîpen'dıns] *i.* bağımlılık; güven, güvenme.

de.pen.dent [dîpen'dınt] *s.* başkasının eline bakan; muhtaç (*on*) bağlı.

de.pict [dîpîkt'] *f.* göstermek; dile getirmek.

de.plete [dîplît'] *f.* tüketmek; boşaltmak.

de.plore [dîplôr'] *f.* teessüf etmek, üzülmek.

de.ploy [dîploy'] *f. ask.* mevzilenmek, konuşlanmak; mevzilendirmek, konuşlandırmak.

de.port [dîpôrt'] *f.* sınır dışı etmek.

de.pose [dîpoz'] *f.* tahttan indirmek; azletmek, görevden çıkarmak.

de.pos.it [dîpaz'ît] *f.*, *i.* koymak; bırakmak; (*bankaya*) yatırmak; (*kaparo*) vermek; (*tortu*) bırakmak. *i.* yatırılan para, mevduat; kaparo, depozit; tortu. **deposit account** mevduat hesabı.

de.pot [di'po] *i.* depo, ambar; *ask.* cephanelik; küçük istasyon.

de.prave [dîpreyv'] *f.* ahlaksızlaştırmak.

de.pre.ci.ate [dîpri'şiyeyt] *f.* (*para, vb.*) değer kaybetmek; küçümsemek, hor görmek.

de.press [dîpres'] *f.* üzmek, keyfini kaçırmak, içini karartmak; durgunlaştırmak.

de.pres.sion [dîpreş'ın] *i. hek.* depresyon, çökkünlük, çöküntü, bunalım; alçak basınç alanı.

de.prive [dîprayv'] *f.* (*of*) yoksun bırakmak, mahrum etmek.

depth [dept] *i.* derinlik.

dep.u.ta.tion [depyıtey'şın] *i.* temsilciler heyeti.

dep.u.ty [dep'yıti] *i.* vekil; milletvekili. **deputy manager** müdür yardımcısı.

der.by [dır'bi] *i. Al.* melon şapka. *the Derby* İngiltere'de Epsom'da her yıl yapılan geleneksel at yarışı.

der.e.lict [der'ılîkt] *s.* terk edilmiş, sahipsiz.

de.ride [dîrayd'] *f.* ile alay etmek.

de.ri.sion [dîrîj'ın] *i.* alay, alay etme. *object of derision* alay konusu.

de.rive [dîrayv'] *f.* (*from*) elde etmek, çıkarmak; türemek. *derivation* türetme. *derivative* türev.

de.rog.a.to.ry [dîrag'ıtôri] *s.* küçültücü, onur kırıcı, aşağılayıcı.

de.scend [dîsent'] *f.* (*aşağı*) inmek, alçalmak. **descendant** torun.

de.scent [dîsent'] i. iniş, inme; soy, nesil; baskın.

de.scribe [dîskrayb'] f. tanımlamak; (as) görmek, saymak, gözüyle bakmak; çizmek.

de.scrip.tion [dîskrîp'şın] i. tanımlama; tanım, tarif. k. dili çeşit, tür. *descriptive* tanımlayıcı; betimsel.

des.e.crate [des'ıkreyt] f. kutsallığını bozmak.

de.sert [dezırt'] i. çöl

de.serve [dîzırv'] f. hak etmek, layık olmak.

de.sign [di'zayn] f., i. çizmek; plan çizmek; tasarlamak. *designer* tasarımcı, tasarçizimci, dizayncı. i. plan, proje; tasarım, çizim, dizayn; desen, taslak.

des.ig.nate [dez'îgneyt'] f. göstermek, işaret etmek; görevlendirmek; (as) unvanlandırmak.

de.sir.a.ble [dîzay'rıbıl] s. istenilir, hoş.

de.sire [dîzayr'] f., i. arzu etmek, istemek. i. arzu, emel; istek, dilek.

desk [desk] i. okul sırası; yazı masası; kürsü; resepsiyon.

des.o.late [des'ılît] s. ıssız, boş; yalnız.

de.spair [dîsper'] f., i. (of) umudunu kesmek. i. umutsuzluk.

des.per.ate [des'pırît] i. umutsuz, çaresiz; gözü dönmüş; çok ciddi.

des.pi.ca.ble [des'pîkıbıl] s. aşağılık, adi.

de.spise [dîspayz'] f. küçümsemek, hor görmek, aşağılamak.

de.spite [dîspayt'] ilg. -e rağmen, -e karşın.

des.pot [des'pıt] i. despot, zorba.

des.sert [dîzırt] i. (yemeğin sonunda yenen) tatlı.

des.ti.na.tion [destiney'şın] i. gidilecek/gönderilen yer.

des.ti.ny [des'tîni] i. alınyazısı, yazgı, kader.

des.ti.tute [des'tıtut] s. yoksul; -den yoksun.

de.stroy [dîstory'] f. yok etmek, mahvetmek; yıkmak. *destroyer* destroyer, muhrip.

de.struc.tion [dîstrák'şın] i. yıkma, yok etme; yıkım.

de.struc.tive [dîstrák'tiv] s. yıkıcı.

de.tach [dîtäç'] f. ayırmak, sökmek. *detached* ayrı; yansız; (ev) müstakil. *detachment* ayırma, çıkarma; ayrılma; ask. müfreze.

de.tail [di'teyl] i. ayrıntı, detay. *in detail* ayrıntılı olarak.

de.tain [dîteyn'] f. alıkoymak, tutmak.

de.tect [dîtekt'] f. bulmak, ortaya çıkarmak. *detection* bulma, ortaya çıkarma. *detector* dedektör, bulucu.

de.tec.tive [dîtet'îv] i. dedektif, hafiye.

de.ten.tion [dîten'şın] i. alıkoyma, engelleme; alıkonma.

de.ter [dîtır'] f. vazgeçirmek, caydırmak.

de.te.ri.o.rate [dîtîr'ireyt] f. kötüleşmek; kötüleştirmek.

de.ter.mi.na.tion [dîtırminey'şın] i. azim, kararlılık; belirleme, saptama.

de.ter.mine [dîtır'mîn] f. karar vermek; kararlaştırmak; belirlemek. *determined* kararlı, azimli. *determiner* dilb. belirtici, bir adın anlamını sınırlayan ve bu adı tanımlayan sözcük.

de.test [dîtest'] f. nefret etmek.

de.tour [di'tûr] i. dolambaçlı yol.

de.tract [diträkt'] *f.* (*from*) düşürmek, eksiltmek, azaltmak.

deuce [dus] *i.* (tenis) düs, beraberlik.

de.val.u.a.tion [divälyuwey'şın] *i.* devalüasyon, değer düşürümü.

dev.as.tate [devıs'teyt] *f.* harap etmek. **devastation** harap etme/olma.

de.vel.op [dîvel'ıp] *f.* gelişmek, büyümek; geliştirmek, büyütmek; harekete geçirmek; (*filmi*) banyo etmek. **development** gelişme; geliştirme; kalkınma.

de.vi.ate [di'vıyeyt] *f.* sapmak, ayrılmak. **deviation** sapma.

de.vice [dîvays'] *i.* aygıt, alet; hile, oyun.

dev.il [dev'ıl] *i.* (the) şeytan; kötü ruh.

de.vi.ous [di'vıyıs] *s.* dolambaçlı.

de.vise [dîvayz'] *f.* planlamak, bulmak.

de.void [dîvoyd'] *s.* (*of*) yoksun.

devote [dîvot'] *f.* (to) -e adamak, vermek **devote oneself** kendisini vermek. **devoted** sadık, bağlı. **devotee** hayran, düşkün. **devotion** adama; bağlılık, düşkünlük; dindarlık.

de.vour [dîvaur'] *f.* yiyip yutmak; bitirmek, yok etmek.

de.vout [dîvaut'] *s.* dindar; içten, samimi.

dew [dyu] *i.* çiy, şebnem. **dewdrop** çiy damlası.

dex.ter.i.ty [dekster'ıti] *i.* yetenek, el becerisi. **dexterous** becerikli, usta.

di.a.be.tes [dayıbi'tîs] *i. hek.* şeker hastalığı, diyabet. **diabetic** diyabetik; şeker hastası.

di.ag.nose [day'ıgnos] *f.* teşhis etmek, tanılamak. **diagnosis** teşhis, diyagnoz.

di.ag.o.nal [dayäg'ınıl] *i., s.* köşegen. *s.* çapraz.

di.al [day'ıl] *i.*, *f.* (*saat/telefon, vb.*) kadran. *f.* (*telefon*) numaraları çevirmek.

di.a.logue [day'ılôg] *i.* diyalog, söyleşme.

di.am.e.ter [dayäm'ıtır] *i.* çap.

dia.mond [day'mınd] *i.* elmas; baklava biçimi; (*iskambil*) karo.

di.a.per [day'pır] *i. Aİ.* çocuk bezi.

di.a.ry [day'ıri] *i.* günlük; anı defteri; not defteri.

dice [days] *i.* zar, oyun zarları.

dic.tate [dîkteyt'] *f.* (*söyleyerek*) yazdırmak.

dic.tion [dîk'şın] *i.* telaffuz, diksiyon.

dic.tion.ar.y [dîk'şıneri] *i.* sözlük.

die [day] *f., i.* ölmek; sona ermek. *i.* metal kalıp; oyun zarı. **die away** (*ses, ışık, rüzgâr, vb.*) azalmak. **die out** tamamen yok olmak. **be dying for** -i çok istemek.

di.et [day'ıt] *i., f.* perhiz, rejim; günlük besin. **go on a diet** rejim yapmak. *f.* perhiz yapmak, rejim yapmak.

dif.fer [dîf'ır] *f.* (*from*) farklı olmak; (*with*) farklı görüşte olmak.

dif.fer.ence [dîf'ırıns] *i.* fark, ayrım. **different** farklı; başka, değişik; ayrı; çeşitli.

dif.fi.cult [dîf'ıkılt] *s.* zor, güç; güç beğenir; huysuz. **difficulty** zorluk, güçlük.

dif.fuse [dîfyus'] *s.*, *f.* yayılmış, dağınık. *f.* yaymak, dağıtmak; yayılmak. **diffusion** yayma; yayılma.

dig [dîg] *f., i.* **dug** kazmak; kazı yapmak; *arg.* hoşlanmak. *i.* kazı yeri; iğneli söz. **dig out** kazıp ortaya çıkarmak.

di.gest [dîcest'] *f., i.* sindirmek;

anlamak, kavramak; sindirilmek. *i.* özet.

di.git [dîc'ît] *i.* rakam; parmak. *digital* sayısal.

dig.ni.tar.y [dîg'nıteri] *i.* yüksek mevki sahibi, ileri gelen.

dig.ni.ty [dîg'nıti] *i.* değer; saygınlık; ciddiyet; ağırbaşlılık.

di.gress [dîgres'] *f.* konu dışına çıkmak.

di.late [dayleyt'] *f.* genişlemek; büyümek; genişletmek.

di.lem.ma [dîlem'] *i.* ikilem.

dil.i.gent [dîl'ıcınt] *s.* dikkatli, çalışkan, gayretli. *diligence* dikkat, çalışkanlık.

di.lute [daylut]' *f.* seyreltmek, sulandırmak.

dim [dîm] *s.* loş, sönük, bulanık; *k. dili* ahmak, budala.

di.men.sion [dîmenşın'] *i.* boyut. *dimensional s.* boyutlu.

di.min.ish [dîmîn'iş] *f.* azalmak; azaltmak.

di.min.u.tive [dîmîn'yıtîv] *s.* çok küçük, minik.

dim.ple [dîm'pıl] *i.* gamze.

din [dîn] *i.* gürültü.

dine [dayn] *f.* akşam yemeği yemek. *diner* yemek yiyen kimse; *Al.* vagon restoran. *dine out* akşam yemeğini dışarıda yemek.

ding-dong [dîng'dông] *i.* çan/zil sesi.

din.gy [dîn'ci] *s.* kirli; soluk.

din.ner [dîn'ır] *i.* akşam yemeği; (*bazen*) öğle yemeği; yemek, iş yemeği. *dinner jacket* smokin.

dip [dîp] *f., i.* daldırmak, batırmak; (*güneş, vb.*) batmak; azalmak, azaltmak. *i.* dalma, batma; *k. dili* kısa yüzüş, dalıp çıkma.

diph.thong [dîf'thông] *i. dilb.* diftong, ikili ünlü.

di.plo.ma [dîplo'mı] *i.* diploma.

di.plo.ma.cy [dîplo'mısi] *i.* diplomasi, diplomatlık. *diplomat* diplomat. *diplomatic* diplomatik.

dire [dayr] *s.* korkunç; müthiş.

di.rect [dîrekt'] *s., z., f.* doğru, düz; dolaysız. *z.* dosdoğru, duraklamadan. *f.* yolu tarif etmek; *emretmek; yöneltmek; çevirmek;* yönetmek. *direct current* doğru akım. *direct object* dolaysız tümleç. *direct speech* dolaysız anlatım. *directly* doğrudan doğruya; derhal; hemen.

di.rec.tion [dîrek'şın] *i.* yön; idare, yönetim; talimat, yönerge.

di.rec.tor [dîrek'tır] *i.* müdür, yönetici; yönetmen.

di.rec.to.ry [dîrek'tıri] *i.* adres rehberi; telefon rehberi. *directory enquiries* (*telefon*) bilinmeyen numaralar.

dirt [dırt] *i.* kir, pislik; toz, toprak, çamur. *dirty* pis, kirli; iğrenç; çirkin; *k. dili* (*hava*) bozuk, fırtınalı; *k. dili* adi, alçakça.

dis.a.bil.i.ty [dîsıbîl'iti] *i.* sakatlık.

dis.a.ble [dîsey'bıl] *f.* sakatlamak; mahrum etmek. *the disabled* sakatlar.

dis.ad.van.tage [dîsıdvä'tîc] *i.* dezavantaj; zarar, kayıp.

dis.a.gree [dîsıgri'] *f.* (with) aynı düşüncede olmamak; yaramamak, dokunmak. *disagreeable* ters, huysuz; nahoş; tatsız. *disagreement* anlaşmazlık, uyuşmazlık.

dis.ap.pear [dîsıpîr'] *f.* gözden kaybolmak; ortadan kalkmak, yok olmak. *disappearance* kayboluş, kaybolma, gözden kayboluş.

dis.ap.point [dîsıpoynt'] *f.* hayal

kırıklığına uğratmak. ***disappointed*** düş kırıklığına uğramış. ***disappointing*** düş. kırıklığına uğratıcı ***disappointment*** düş kırıklığı; düş kırıklığına uğratan şey/kimse.

dis.ap.prove [dîsıpruv'] *f.* (*of*) uygun görmemek. ***disapproval*** uygun görmeme, onaylamama.

dis.arm [dîsarm'] *f.* silahsızlandırmak; silahsızlanmak; yatıştırmak, yumuşatmak. ***disarmament*** silahsızlanma.

dis.as.ter [dîzäs'ter] *i.* felaket, yıkım, facia. ***disastrous*** felaket getiren, feci.

dis.band [dîsbänd'] *f.* terhis etmek; dağıtmak; dağılmak.

dis.card [dîskard'] *f.* atmak, ıskartaya çıkarmak, başından atmak.

dis.cern [dîsırn'] *f.* fark etmek, ayırt etmek. ***discerning*** zeki, anlayışlı.

dis.charge [dis'çarc] *f., i.* (*yük*) yerine getirmek, yapmak; boşaltmak; tahliye etmek; (*borç*) ödemek; (*silah, ok, vb.*) ateşlemek, atmak; (*gaz, sıvı, vb.*) akıtmak. *i.* boşaltma; ateş etme; tahliye; terhis; akma.

dis.ci.ple [dîsay'pıl] *i.* mürit, havari.

dis.ci.pline [dîs'ıplin] *i., f.* disiplin; bilgi dalı. *f.* kontrol altında tutmak, eğitmek.

dis.claim [dîskleym'] *f.* -e ile ilişkisi olmadığını söylemek; vazgeçmek.

dis.close [diskloz'] *f.* açığa vurmak.

dis.col.our [dîskál'ır] *f.* rengini değiştirmek; rengi değişmek, bozulmak.

dis.com.fort [dîskám'fırt] *i.* rahatsızlık; sıkıntı.

dis.con.cert [dîskınsırt'] *f.* huzurunu kaçırmak; şaşırtmak.

dis.con.nect [dîskınekt'] *f.* bağlantısını kesmek; ayırmak.

dis.con.tent [dîskıntent'] *i.* hoşnutsuzluk.

dis.con.tin.ue [dîskıntîn'yu] *f.* devam etmemek, bırakmak, kesmek; durmak.

dis.cord [dîs'kôrd] *i.* düşünce ayrılığı, uyuşmazlık; ihtilaf; *müz.* ahenksizlik.

dis.count ['dîs'kaunt] *i., f.* indirim. *f.* (*senet, bono*) kırmak.

dis.cour.age [dîskır'îc] *f.* cesaretini kırmak; vazgeçirmek, engellemek.

dis.course [dîs'kôrs] *i.* söylev.

dis.cov.er [dîskáv'ır] *f.* keşfetmek, bulmak; farkına varmak, anlamak. ***discoverer*** kâşif. ***discovery*** keşif, buluş.

dis.cred.it [dîskred'ît] *f., i.* gözden düşürmek; kuşkuyla bakmak. *i.* gözden düşme; yüzkarası, leke; inanmama, şüphe.

dis.creet [dîskrit'] *s.* sağduyulu, saygılı.

dis.crim.i.nate [dîskrîm'ineyt] *f.* ayırmak; farkı görmek; fark gözetmek, ayrım yapmak. ***discrimination*** ayrım, fark gözetme; ince farkları görebilme yeteneği. ***racial discrimination*** ırk ayrımı.

dis.cuss [dîskás'] *f.* ele almak, tartışmak, görüşmek. ***discussion*** tartışma, görüşme.

dis.dain [dîsdeyn'] *f.* hor görmek, tepeden bakmak; tenezzül etmemek.

dis.ease [dîziz'] *i.* hastalık. ***diseased*** hastalıklı.

dis.em.bark [dîsembark'] *f.* karaya çıkmak.

dis.en.gage [dîsengeyc'] *f.* ayırmak, gevşetmek, kurtarmak.

dis.grace [dîsgreys'] *f., i.* küçük düşürmek, itibarını zedelemek; gözden düşürmek, rezil etmek. *i.* yüzkarası; gözden düşme.

dis.guise [dîsgayz'] *f., i.* görünüşünü]kılığını değiştirmek; saklamak, gizlemek. *i.* sahte kılık; maske, numara.

dis.gust [dîsgást'] *i., f.* iğrenme, tiksinme, tiksinti. *f.* tiksindirmek, iğrendirmek. *disgusting* iğrenç.

dish [dîş] *i.* tabak; yemek. *dishes* tabak çanak; bulaşık. *dishwasher* bulaşık makinesi. *dishwater* bulaşık suyu. *wash the dishes* bulaşıkları yıkamak.

dis.hon.est [dîsan'îst] *s.* namussuz.

dis.il.lu.sion [dîsîlu'jın] *f.* gözünü açmak, yanlış bir düşünceden kurtarmak.

dis.in.fect [dîsînfekt'] *f.* dezenfekte etmek.

dis.in.te.grate [dîsîn'tıgreyt] *f.* parçalamak, dağıtmak, ufalamak; parçalanmak, dağılmak.

dis.like [dîslayk'] *f., i.* sevmemek, hoşlanmamak. *i.* sevmeme, hoşlanmama.

dis.lo.cate [dîs'lokeyt] *f.* (kemik) yerinden çıkarmak; altüst etmek.

dis.loy.al [dîsloy'ıl] *s.* vefasız. *disloyalty* vefasızlık.

dis.mal [dîz'mıl] *s.* kasvetli, iç karartıcı.

dis.man.tle [dîsmän'tıl] *f.* sökmek.

dis.may [dîsmey'] *f., i.* dehşete dü sürmek, korkutmak. *i.* korku, dehşet.

dis.miss [dîsmîs'] *f.* (*işten*) çıkarmak, yol vermek; gitmesine izin vermek. *dismissal* çıkarma, kovma; izin, bırakma, gönderme.

dis.mount [dîsmaunt'] *f.* (*at, bisiklet, vb.'den*) inmek.

dis.or.der [dîsôr'dır] *i., f.* karışıklık, düzensizlik; kargaşa, patırtı; hastalık, rahatsızlık. *f.* karıştırmak, bozmak.

dispatch [di'speç] *f.* göndermek; bitirivermek * *i.* yollama, gönderme; mesaj; telyazı, telgraf

dis.patch [dîspäç'] *f., i.* göndermek, yollamak. *i.* yollama, gönderme; mesaj; rapor.

dis.pel [dîspel'] *f.* dağıtmak, def etmek; yok etmek, gidermek.

dis.pen.sa.ry [dîspen'sıri] *i.* dispanser, bakımevi.

dis.pense [dîspens'] *f.* dağıtmak, vermek; (*ilaç reçetesini*) hazırlamak.

dis.perse [dîspırs'] *f.* dağılmak, yayılmak; yaymak, dağıtmak.

dis.place [dîspleys'] *f.* yerinden çıkarmak; -in yerine geçmek; ülkesinden çıkarmak.

dis.play [di'spley] *f., i.* göstermek; sergilemek. *i.* gösterme; gösteri sergi.

dis.please [dîspliz'] *f.* canını sıkmak; gücendirmek. *displeasure* hoşnutsuzluk, gücenme.

dis.po.si.tion [dîspı'zîşın] *i.* yaradılış, huy; düzenleme; eğilim, istek

dis.prove [dîspruv'] *f.* yanlış olduğunu kanıtlamak.

dis.pute [dîspyut'] *f., i.* tartışmak; çekişmek; karşı çıkmak, itiraz etmek, kabul etmemek. *i.* tartışma; çekişme, kavga; anlaşmazlık, uyuşmazlık. *disputable* tartışılabilir, kuşkulu, su götürür.

dis.re.gard [dîsrîgard'] *f., i.* aldırmamak, önemsememek. *i.* aldırmazlık, önemsememe; ihmal.

dis.re.pute [dîsrîpyut'] *i.* kötü ün.

disreputable adı çıkmış, kötü ünlü.

dis.re.spect [dîsrîspekt'] *i.* saygısızlık, kabalık.

dis.rupt [dîsrápt'] *f.* dağıtmak, bozmak, bölmek.

dis.sat.is.fy [dîssät'îfay] *f.* duyuramamak, memnun edememek. ***dissatisfaction*** doyumsuzluk, hoşnutsuzluk.

dis.sect [dîsekt'] *f.* incelemek üzere kesip ayırmak; dikkatle incelemek.

dis.sent [dîsent' *f., i.* aynı görüşte olmamak. *i.* görüş ayrılığı, uyuşmazlık, anlaşmazlık. ***dissenter*** muhalif. ***dissension*** anlaşmazlık, kavga.

dis.si.dence ['disidîns] *i.* görüş ayrılığı, muhalefet; anlaşmazlık

dis.si.pate [dîs'ıpeyt] *f.* dağıtmak, yok etmek; çarçur etmek, aptalca harcamak.

dis.solve [dîzalv'] *f.* erimek; eritmek; feshetmek, dağıtmak; sona erdirmek, bozmak. ***dissolution*** erime, eritme; sona erme; bozma, bozulma.

dis.suade [dîsweyd'] *f.* caydırmak, vazgeçirmek. ***dissuasion*** caydırma, vazgeçirme.

dis.tant [dîs'tınt] *s.* uzak, uzakta; (*akraba*) uzaktan, uzak; soğuk, ilgisiz, mesafeli.

dis.taste [dîsteyst'] *f.* sevmeme, hoşlanmama, nefret. ***distasteful*** tatsız, nahoş.

dis.til [dîstil'] *f.* imbikten çekmek, damıtmak; (*konu, vb.*) özünü çıkarmak, özünü almak. ***distillation*** damıtma; damıtık madde. ***distillery*** içki yapan fabrika.

dis.tinct [dîstîngt'] *s.* farklı, ayrı; açık, belirgin.

dis.tinc.tion [dîstîng'şın] *i.* fark, ayırım; üstünlük; ün, şan; şeref; ödül.

dis.tinc.tive [dîstîngk'tîv] *s.* diğerlerinden ayrı, ayıran, özel.

dis.tin.guish [dîstîng'gwîş] *f.* ayırt etmek, ayırmak; kendini göstermek; sivrilmek; görmek, seçmek. ***distinguishable*** ayırt edilebilir; görülebilir *distinguished* seçkin, ünlü.

dis.tort [di'sto:t] *f.* biçimini bozmak; bükmek; çarpıtmak, saptırmak; değiştirmek

distract [di'strekt] *f.* (dikkatini) başka yöne çekmek *distraction* dikkat dağıtıcı şey; dikkatini dağıtma; eğlence

distraught [dîstrôt'] *s.* aklı başından gitmiş, çılgına dönmüş.

dis.tress [dîstres'] *i., f.* acı, ıstırap, üzüntü. *f.* sıkıntı vermek. ***distressing*** acı veren, üzücü.

dis.trib.ute [dîstrîb'yût] *f.* dağıtmak, vermek; pay etmek, bölüştürmek; yaymak, saçmak ***distribution*** dağıtma, dağıtım. ***distributor*** dağıtıcı, dağıtımcı; *tek.* distribütör.

dis.trict [dîs'trîkt] *i.* bölge.

dis.turb [dîstırb'] *f.* rahatsız etmek; bozmak; karıştırmak. ***disturbance*** rahatsızlık; karışıklık. ***disturbed*** rahatsız, huzursuz.

dis.use [dîsyus'] *i.* kullanılmayış, geçersizlik.

ditch [diç] *i., f.* hendek. *f. k. dili* başından atmak, bırakmak.

dith.er [dîdh'ır] *f. k. dili* telaşa kapılmak.

dit.to [dîth'o] *i.* aynı şey; denden (") işareti.

dit.ty [dît'i] *i.* kısa ve basit şarkı.

dive [dayv] *f.* (*suya*) balıklama atlamak; dalmak. ***diver*** dalgıç.

di.verge [dîvırc'] f. (yol, görüş, vb.'den) ayrılmak, uzaklaşmak. divergence ayrılma, uzaklaşma. divergent birbirinden ayrılan.

di.verse [dîvırs'] s. çeşitli; farklı, değişik. diversity farklılık; çeşitlilik.

di.ver.sion [dîvır'jın] i. yönünü değiştirme, saptırma; eğlence; oyun.

di.vert [dîvırt'] f. başka yöne çevirmek; oyalamak, eğlendirmek.

di.vide [dîvayd'] f. bölmek; ayırmak.

div.i.dend [dîv'ıdent] i. kâr hissesi; mat. bölünen.

di.vine [dîvayn'] s. kutsal, tanrısal; ilahi; k. dili süper, çok iyi.

di.vin.i.ty [dîvîn'ıti] i. ilahiyat.

di.vis.i.ble [dîvîz'ıbıl] s. bölünebilir.

di.vi.sion [dîvîj'ın] i. bölme; bölünme; parça; fikir ayrılığı; ask. tümen.

di.vorce [dîvôrs'] i., f. boşanma. f. boşanmak; boşamak.

diz.zy [dîz'i] s. başı dönen; baş döndürücü; k. dili aptal. feel dizzy başı dönmek.

do [du:] f. did,done yapmak, etmek. do away with ortadan kaldırmak; yok etmek, öldürmek. do up iliklemek; onarmak. do with -e ihtiyacı olmak. do without idare etmek, olmadan yapmak. have to do with ile bir ilgisi olmak.

do.cile [das'ıl] s. yumuşak başlı, uysal.

dock [dak] i. rıhtım; gemi havuzu, dok; (mahkemede) sanık yeri. f. (kuyruğunu) kesmek; (ücret, vb.) kısmak, azaltmak; (gemi) limana girmek. be in the dock sanık olmak. put in the dock suçlamak.

doc.tor [dak'tır] i., f. doktor, hekim; doktora yapmış kişi; Aİ. diş doktoru.f. k. dili tedavi etmek; onarmak; değiştirmek.

doc.u.ment [dak'yımınt] i., f. belge. f. belgelemek. documentation belgelerle kanıtlama, belgeleme.

dodge [dac] f., i. hızla yana çekilmek; hile ile kurtulmak, atlatmak. i. yana kaçış; k. dili üçkâğıt, oyun; k. dili plan, yol.

doe [do] i. dişi geyik ya da tavşan.

dog [dôg] i., f. köpek; it. f. izlemek, peşini bırakmamak. dog-cheap sudan ucuz, çok ucuz. dog days yılın en sıcak günleri. dogtooth köpekdişi.

dog.ma [dôg'mı] i., s. dogma dogmatic s. dogmatik. dogmatism dogmatizm.

dole [dol] i., f. go/be on the dole İİ. k. dili hükümetten işsizlik maaşı almak. f. (out) yoksullara (para, yiyecek, vb.) dağıtmak. doleful üzgün, kederli, mahzun.

doll [dal] i. oyuncak bebek; k. dili (aptal) güzel kadın, bebek.

do.main [do'meyn'] i. beylik arazi; alan.

dome [dom] i. kubbe.

do.mestic [dımes'tîk] s., i. evle ilgili, aileyle ilgili; evcil; yerli. i. hizmetçi. domesticate (hayvan) evcilleştirmek; ev işlerine alıştırmak.

dom.i.nant [dam'ınınt] s. egemen; üstün; biy. başat, dominant

dom.i.nate [dam'ıneyt] f. egemen olmak; en önemli yeri tutmak. domination egemenlik, hâkimiyet.

do.min.ion [dımîn'yın] *i.* egemenlik; yönetme hakkı; dominyon; yönetilen bölge/ülke.

don [dan] *i.* (*İngiltere'de*) üniversitede öğretim görevlisi.

do.nate [do'neyt] *f.* (*para, vb.*) bağışta bulunmak.

do.na.tion [doney'şın] *i.* bağış.

done [dán] *s.* bitmiş, sona ermiş; çok yorgun; pişmiş. ***Done!*** *Tamamı*, Kabul!

don.key [dang'ki] *i.* eşek. ***donkey-work*** ağır ve sıkıcı iş.

do.nor [do'nır] *i.* bağışta bulunan kimse.

doom [dum] *i.* kötü kader, yazgı; ölüm. ***doomsday*** kıyamet günü.

door [dor] *i.* kapı; giriş. ***next door*** kapı komşu, yakın. ***out of doors*** açık havada, dışarıda. ***doorbell*** kapı zili. ***doorkeeper*** kapıcı. ***doormat*** paspas. ***doorstep*** eşik. ***doorway*** kapı yeri, giriş.

dope [dop] *i., f.* uyuşturucu madde; budala, salak; *arg.* bilgi. *f.* doping yapmak. ***doping test*** doping testi.

dor.mant [dôr'mınt] *s.* hareketsiz, etkin olmayan; uykuda.

dor.mi.to.ry [dôr'mıtôri] *i.* yatakhane, koğuş; *Aİ.* öğrenci yurdu.

dose [dos] *i.* doz; miktar.

dot [dat] *i., f.* nokta; benek. *f.* noktasını koymak.

do.tage [do'tîc] *i.* bunaklık.

double [dáb'ıl] *s., i., z., f.* çift, iki; iki kişilik; iki misli, iki kat; ikili, çifte. *i.* benzer, eş; (*içki*) duble. *z.* iki misli, iki katı. *f.* iki katına çıkarmak; iki misli olmak. ***doublebreasted*** (*giysi*) kruvaze. ***doublecross*** iki yüzlülük etmek. ***doubledealer*** ikiyüzlü. ***doubledecker*** iki katlı otobüs; iki katlı ev. ***doublefaced*** ikiyüzlü. ***dou-bleglazing*** çift cam. ***dou-blejointed*** iki eklemli.

doubt [daut] *f.* -den kuşkulanmak; emin olmamak, kuşkusu olmak. ***no doubt*** kuşkusuz. ***doubtful*** kuşkulu, güvenilmez; kesin olmayan, şüpheli. ***doubtless*** kuşkusuz, şüphesiz, kesin; muhtemelen.

dough [do] *i.* hamur; *k. dili* para.

dove [dáv] *i.* güvercin, kumru.

down [daun] *z.* aşağı, aşağıya; aşağıda. *ilg.* aşağısına; aşağısında.

down.cast [daun'käst] *s.* üzgün, mahzun; (*gözler*) yere doğru bakan.

down.fall [daun'fôl] *i.* düşüş, çöküş, mahvolma; ani yağış, sağanak.

down.heart.ed [daun'hartîd] *s.* üzgün, mutsuz.

down.hill [daun'hîl] *z.* yokuş aşağı. ***go downhill*** kötüye gitmek.

down.pour [daun'pôr] *i.* sağanak.

down.stairs [daun'sterz] *i. s.* alt kat.

dow.ry [dau'ri] *i.* çeyiz.

doze [doz] *i., f.* şekerleme, kestirme, kısa uyku. *f.* şekerleme yapmak, kestirmek, uyuklamak.

doz.en [dáz'ın] *i.* düzine.

draft [dräft] *i., f.* taslak; karalama, müsvedde; poliçe; *Aİ.* askere alma. *f.* taslağını çizmek; *Aİ.* askere almak.

drag [dräg] *i., f.* çekme, sürükleme; sürüklenen şey; tırmık, tarak. *f.* sürüklemek, sürümek, çekmek; (*ağ, kanca, vb.*) dibini yoklamak, taramak. ***drag on*** gereksiz yere uzamak.

drain [dreyn] *f., i.* akmak; akıtmak; kurumak; kurutmak; güçsüzleşmek. *i.* pis su borusu; kanal, lağım; akaç; masraf. **drainage** suları akıtma; kanalizasyon. **drainpipe** pis su akıtma borusu. dra.ma [dra'mı] *i.* (*radyo, televizyon ya da tiyatroda oynanan*) oyun; drama, tiyatro sanatı; heyecanlı olaylar dizisi. **dramatic** tiyatroyla ilgili, dramatik; heyecanlandırdı. **dramatics** oyun yazma (*sanatı*) **dramatist** oyun yazarı.

dram.a.tize [dräm'ıtayz] *f.* oyunlaştırmak, sahneye uyarlamak; (*olayı*) heyecanlı bir biçimde anlatmak; abartmak.

drape [dreyp] *f.* (*kumaş, vb. ile*) üstünü örtmek, kaplamak; kumaşla süslemek. **draper** İİ. Kumaşçı. **drapery** İİ. kumaşçılık; kumaş.

dras.tic [dräs'tîk] *s.* güçlü, şiddetli, etkili.

draw [drô] *f., i.* **drew**, **drawn** (*resim*) çizmek; çekmek; ilgisini çekmek, cezbetmek; (*oyun, savaş, vb.*) berabere bitirmek/ bitmek. *i.* kura, çekiliş; (*maç, vb.*) beraberlik; ilgi toplayan şey/ kimse. **draw away** hızla çekmek, uzaklaştırmak. **draw back** gerilemek; düşünmekten/yapmaktan çekinmek. **draw on/upon** kullanmak, yararlanmak. **draw out** (*zaman içinde*) uzatmak, yaymak; hesabından para çekmek; konuşturmak. **draw up** oluşturmak; (*taşıt*) belli bir noktaya ulaşıp durmak; düzenlemek, yazmak; sıralamak, dizmek.

draw.er [drô'wır] *i.* çekmece, göz.

draw.ing [drô'wing] *i.* çizim; eskiz; plan, tasar, kroki. **drawing pin** raptiye. **drawing room** salon, misafir odası.

drawn [drôn] *bkz.* **draw.**

dread [dred] *f., i.* çok korkmak. *i.* korku, dehşet; korku nedeni. **dreadful** korkutucu, ürkütücü, korkunç. **dreadfully** çok; çok fena, korkunç bir şekilde.

dream [drim] *f., i.* **dreamed, dreamt** rüya görmek; rüyasında görmek; düşlemek, düş kurmak. *i.* düş, rüya; hayal; *k. dili* çok güzel şey. **dream away** (*zaman*) çarçur etmek. **dreamer** rüya gören kimse; hayalperest kimse. **dreamy** hayalci; *k. dili* harika, nefis.

drear.y [drîr'i] *s.* can sıkıcı, kasvetli.

dredge [drec] *f., i.* (*ırmak ya da denizin*) dibini taramak. *i.* dip tarama aracı, tarak.

dregs [dregz] *i.* tortu, çökelti.

drench [drenç] *f.* ıslatmak, sırılsıklam etmek.

dress [dres] *f., i., s.* giydirmek; giyinmek; yaraya pansuman yapmak, sarmak; saç yapmak; (*yemeği*) hazırlamak, süslemek. *i.* giysi, elbise; kılık kıyafet, giyim. *s.* elbiselik; (*giysi*) uygun, düzgün.

drib.ble [drîb'ıl] *f.* (*salya, vb.*) damlamak; damlatmak, salya akıtmak; *sp.* top sürmek.

drift [drîft] *i., f.* sürükleme, sürüklenme; sürüklenen şey; genel anlam. *f.* sürüklemek; sürüklenmek; biriktirmek, yığmak; birikmek. **drifter** avare, başıboş.

drill [drîl] *f., i.* (*matkapla delik*) açmak, delmek; alıştırmak, eğitmek, talim yaptırmak. *i.* delgi, matkap; alıştırma; talim.

drink [drîngk] *f., i.* **drank**, **drunk** içmek; içki içmek; emmek; yutmak.

i. içilecek şey, içecek; *(alkollü)* içki. **drinkable** içilebilir, içilir. **drinker** içkici.

drip [drîp] *f.,* i. damlamak; damlatmak. *i.* damlama; damla; *arg.* sevimsiz, renksiz kimse.

drive [drayv] *f., i.* **drove, driven** sürmek; *(taşıt)* kullanmak; *(araba, vb. ile)* götürmek; -e zorlamak; sıkıştırmak. *i.* taşıtta yolculuk; *(park yerine)* giriş yolu; girişim; dürtü; pratik zekâ; *(araba, vb.)* çekiş. **drive-in** otomobille girilen *(sinema, lokanta, vb. yer)*. **driver** sürücü, şoför. **driver's license** *AÎ.* sürücü belgesi, ehliyet.

driv.ing [dray'vîng] *i.* sürme, sürüş. **driving licence** sürücü belgesi, ehliyet. **driving mirror** dikiz aynası.

driz.zle [drîz'ıl] *f., i. (yağmur)* ince ince yağmak, çiselemek. *i.* ince yağmur, çisenti.

drone [dron] *i.* erkek arı; asalak, parazit.

droop [drup] *f., i.* sarkmak, eğilmek. *i.* düşüş uzaklığı, düşüş.

drop [drap] *f., i. (yere)* düşürmek; düşmek; *k. dili (arabadan)* indirmek; bırakmak; son vermek, kesmek; *(artık)* görüşmemek. *i.* damla, azıcık şey; düşüş, iniş. **drop by/in/on** şöyle bir uğramak. **drop off** uyuyakalmak; azalmak. **drop out** ayrılmak, bırakmak. **dropper** damlalık.

drought [draut] *i.* kuraklık, susuzluk.

drove [drov] *i.* sürü. **drover** davar çobanı, celep.

drown [draun] *f. (suda)* boğulmak; suda boğmak; *(ses)* bastırmak, boğmak.

drowse [drauz] *f.* kestirmek, uyuklamak. **drowsy** uykulu; uyutan, uyutucu.

drudge [drac] *f.* ağır, zor ve tatsız iş yapmak. **drudgery** ağır, tatsız iş.

drug [drág] *i., f.* ilaç; uyuşturucu madde. *f.* ilaç vermek; uyuşturucu vermek, ilaçla uyutmak. **druggist** *AÎ.* eczacı. **drugstore** *AÎ.* eczane.

drum [drám] *i., f.* davul, bateri, dümbelek. *f.* davul çalmak; davul sesi çıkartmak. **drummer** davulcu, baterist. **drumstick** davul sopası, baget.

drunk [dránk] *i. s.* sarhoş, içkili.

drunk.ard [dránk'ırd] *i.* ayyaş, sarhoş.

drunk.en [dránk'ın] *s.* sarhoş.

dry [dray] *s., f.* kuru; kurumuş, kupkuru, susuz; susamış; yavan, sevimsiz; basit, sade; *(içki)* sek. *f.* kurumak; kurutmak. **dry-clean** kuru temizleme yapmak. **dry cleaner's** kuru temizleme dükkânı. **dry cleaning** kuru temizleme.

du.al [du'wıl] *s.* ikili, iki eş parçalı, dual, çift.

du.bi.ous [du'biyıs] *s.* kuşkulu, belirsiz.

duck [dák] *i., f.* ördek. *f. (görülmemek, vurulmamak için)* başını eğmek; *(başını)* suya daldırmak; *k. dili* kaçmak, kaytarmak.

duct [dákt] *i.* guddelerden salgıları akıtan kanal; boru.

dud [dád] *s. k. dili* işe yaramaz; bozuk.

dug.out [dág'aut] *i.* kütükten oyularak yapılmış kayık; *ask.* yeraltı sığınağı.

duke [duk] *i.* dük.

dull [dál] *s., f.* sönük, donuk; boğuk; yavaş düşünen; sıkıcı; tekdüze. *f.* sönükleştirmek, donuklaştırmak, köreltmek; körelmek.

du.ly [du'li] *z.* zamanında; tam olarak, layıkıyla, hakkıyla.

dumb [dám] *s.* dilsiz; dilini yutmuş, sessiz, suskun; *k. dili* aptal.

dum.found [dámfaund'] *f.* hayretten konuşamaz hale getirmek.

dum.my [dám'i] *i.* (*cansız*) manken; emzik; yapma şey, taklit; *arg.* aptal, salak.

dump [dámp] *f., i.* yere dökmek, düşürmek; indirim yapmak, fiyatta damping yapmak. *i.* çöplük, artık yığma yeri; *arg.* batakhane.

dunce [dáns] *i.* kolay öğrenemeyen kimse; aptal.

dune [dun] *i.* kum tepesi, kumul.

dung [dáng] *i.* hayvan gübresi.

dun.ga.ree [dángırı'] *i.* kalın işçi tulumu.

dun.geon [dan'cın] *i.* zindan.

dupe [dup] *i., f.* kandırılan, aldatılan, kazıklanan. *f.* kandırmak, aldatmak, kazıklamak.

du.pli.cate ['dyu:plikit] *i., s., f.* diğerinin aynısı, kopyası, eşi; iki kısımlı, ikili, çift. *f.* kopya etmek, aynısını yapmak. *duplicator* teksir makinesi.

du.plic.i.ty [duplîs'ıti] *i.* ikiyüzlülük, düzenbazlık, hile.

du.ra.ble [dûr'ıbıl] *s.* dayanıklı, uzun ömürlü. *durability* dayanıklılık.

du.ra.tion [durey'şın] *i.* süre.

dusk [dásk] *i.* akşam karanlığı

dust [dást] *i., f.* toz; pudra; toz toprak, çöp; toz bulutu. *f.* toz almak. *dustbin* çöp kutusu, çöp tenekesi. *dustcart İİ.* çöp kamyonu. *duster* toz bezi; silgi. *dustman*

çöpçü. *dustpan* faraş. *dusty* tozlu; sıkıcı.

du.ti.ful [du'tîfıl] *s.* sorumluluk taşıyan, görevine bağlı.

du.ty ['dyu:ti] *i.* görev, sorumluluk; hizmet, iş; vergi. *off duty* serbest, izinli. *on duty* nöbetçi, işbaşında, nöbette. *duty-free* gümrüksüz, gümrükten muaf.

dwarf [dwôrf] *i.* cüce, küçük göstermek, gölgede bırakmak.

dwin.dle [dwîn'dıl] *f.* azalmak, küçülmek.

dye [day] *i., f.* kumaş boyası, boya maddesi. *f.* boyamak.

dy.nam.ic [daynäm'îk] *s.* enerjik, hareketli. *dynamics* devimbilim, dinamik.

dy.nas.ty [day'nısti] *i.* hanedan

E e

E,e [I] İngiliz alfabesinin beşinci harfi.

each [iç] *s.*, *z.* her, her biri. *z.* her biri, tanesi. *adi.* her biri, herkes. *each other* birbiri(*ni*).

ea.ger [i'gır] *s.* istekli, hevesli, sabırsız. *eagerly* büyük bir istekle. *eagerness* şevk, istek.

ea.gle [i'gıl] *i.* kartal.

ear [îr] *i.* kulak, başak. *earache* kulak ağrısı. *eardrum* kulakzarı. *earlobe* kulakmemesi. *earmark* bir kenara koymak, ayırmak. *earphone* kulaklık. *earshot* işitme mesafesi.

earl [ırl] *i.* İngiliz lordu.

ear.ly [ir'lı] *s. z.* erken, önceki, ilk, eski. *early days* çok erken.

earn [ırn] *f.* kazanmak.

ear.nest [ır'nîst] *s.* ciddi, azimli. *in earnest* ciddiyetle. *earnestly* ciddiyetle, istekle. *earnestness* ciddiyet, içtenlik, istek.

earth [ırth] *i.* yerküre, dünya, toprak, yer, doğa, *elek.* toprak hattı, hayvan ini. *earthly* dünyevi, maddi, olanaklı.

earth.en.ware [ır'thınwer] *i.* çanak, çömlek.

earth.quake [ırth'keyk] *i.* deprem

earth.worm [ırth'wırm] *i.* solucan.

eas.i.ly [i'zıli] *z.* kolayca, kuşkusuz

east [ist] *i.* doğu. *eastern* doğu. *the far east* Uzakdoğu. *the middle east* Ortadoğu. *easterly* doğudan, doğuda. *eastward(s)* doğuya doğru.

eas.y [I'zi] *s.* kolay, rahat. *take it easy* kendini yorma, kolayına bak, sakin ol, kızma. *easy chair* koltuk. *easy come, easy go* haydan gelen, huya gider. *easygoing* kaygısız, yüreği geniş.

eat [it] *f. ate*, *eaten* yemek, yemek yemek, (*away/into*) çürütmek, aşındırmak, kemirmek, yemek. *eatable* yenebilir.

eaves [ivz] *i.* dam saçağı.

ebb [eb] *i., f.* suların alçalması, çekilme. *f.* (*deniz*) çekilmek, azalmak.

eb.ony [eb'ıni] *i. s.* abanoz.

ec.cen.tric [eksen'trîk] *s.* tuhaf, *mat.* dışmerkezli.

ech.o [ek'o] *i., f.* yankı. *f.* yankı yapmak, yankılanmak.

e.clipse [iklîps'] *i., f.* güneş/ay tutulması, düşüş, çöküş. *f.* (güneş/ay) tutmak, gölgede bırakmak, geçmek.

ec.o.nom.ic [ekınam'îk] *s.* ekonomik, iktisadi. *economical* az masraflı, ekonomik.

e.con.o.mize [ikan'ımayz] *f.* idareli harcamak, masrafları kısmak.

e.con.o.my [ikan'ımi] *i.* ekonomi, iktisat.

ec.sta.sy [ek'stısi] *i.* kendinden geçme, aşırı mutluluk, coşku.

ed.dy [ed'i] *i.* burgaç, anafor, girdap.

edge [ec] *i., f.* kenar, uç, ağız, keskin kenar, yalman. *f.* kenar yapmak, kenardan yavaş yavaş ilerlemek. *be on the edge* sinirli olmak. *have the edge on* -den üstün olmak.

ed.i.ble [ed'ıbıl] *s.* yenilebilir.

ed.it [ed'ît] *f.* (*kitap, film, vb.*) yayına hazırlamak, (*bilgisayar*) edit etmek, biçimlemek.

e.di.tion [ıdîş'ın] *i.* baskı, yayın.

ed.i.tor [ed'itır] *i.* yayıncı, editör. *editorial* (*gazetede*) başyazı.

ed.u.cate [ec'ûkeyt] *f.* eğitmek, öğretmek, okutmak.

ed.u.ca.tion [ecûkey'şın] *i.* eğitim, tahsil, öğretim. *educational* eğitimsel, eğitsel.

ef.face [ıfeys'] *f.* silmek, silerek yüzeyini bozmak.

effect [îfekt'] *i., f.* sonuç, etki, anlam. *f.* gerçekleştirmek, sonuçlandırmak, başarmak. *in effect* yürürlükte, geçerli, etki itibariyle. *into effect* yürürlüğe, uygulamaya. *take effect* yürürlüğe girmek, sonuç.

ef.fec.tive [îfek'tîv] *s.* etkili, yürürlükte, geçerli. *effectiveness* etki, geçerlilik.

ef.fec.tual [îfk'çuwıl] *s.* etkili, istenen sonucu veren.

ef.fer.vesce [efırves'] *f.* köpürmek, kabarmak, köpüklenmek.

ef.fi.cient [ıfîş'ınt] *s.* iyi çalışan, hızlı ve verimli, becerikli.

ef.fort [ef'ırt] *i.* çaba, emek, uğraş, çaba harcama. *make an effort* çaba harcamak. *effortless* zahmetsiz, çaba göstermeyen.

ef.front.ery [îfrán'tıri] *i.* arsızlık, yüzsüzlük.

ef.fu.sive [îfyu'sîv] *s.* taşkın, azgın.

egg [eg] *i.* yumurta. *boiled egg* rafadan yumurta. *fried egg* sahanda yumurta. *egg-cup* yumurta kabı.

egg.plant [eg'plänt] *i. bot.* patlıcan.

e.go.ism [i'gowîzm] *i.* bencillik, egoizm *egoist* bencil, egoist

e.go.tism [l'gıtîzm] *i.* hep kendinden söz etme. *egotist* benlikçi.

eight [eyt] *i. s.* sekiz. *eighth* sekizinci.

eight.een [ey'tîn] *i. s.* on sekiz. *eighteenth* on sekizinci.

eight.y [ey'tî] *i. s.* seksen.

ei.ther [i'dır] *s., z.* adi. ikisinden biri, iki, her iki. *z.* (*olumsuz cümlelerde*) de, da.

e.jac.u.late [icák'ıleyt] *f.* fışkırtmak, atmak. *ejaculation* fışkırtma, atma, haykırma.

e.ject [icekt] *f.* kovmak, dışarı atmak.

eke [ik] *f.* (*out*) idareli kullanmak. *eke out a* living güçlükle geçinmek.

e.lab.orate [ıläb'ırît] *s.* ayrıntılı, detaylı, özenle hazırlanmış.

e.lapse [iläps] *f.* (*zaman*) geçmek.

e.las.tic [iläs'tîk] *s.* esnek. *elasticity* esneklik.

e.late [ıleyt'] *s.* mutlu, sevinçli.

el.bow [el'bo] *i., f.* dirsek. *f.* dirsek atmak, dirsekle dürtmek.

eld.er [el'dır] *s.* (*yaşça*) büyük. *elderly* yaşlıca, geçkin. *eldest* yaşça en büyük.

e.lect [ilekt'] *f.* oylayarak seçmek,

(*önemli bir*) karar vermek. *elector* seçmen. *electoral* seçimle ilgili. *electorate* seçmenler.

e.lec.tric [ilek'trîk] *s.* elektrikle ilgili, elektrikli. *electrical* elektrikle ilgili, elektrik. *electrical engineer* elektrik mühendisi.

e.lec.tri.cian [ilektrîş'ın] *i.* elektrikçi.

e.lec.tri.city [ilektrîs'ıti] *i.* elektrik.

e.lec.tri.fy [ilek'trıfay] *f.* elektriklendirmek, heyecanlandırmak.

el.e.gant [el'ıgınt] *s.* zarif, ince, güzel, şık. *elegance* incelik, güzellik, zarafet.

el.e.gy [el'ıci] *i.* ağıt.

el.e.ment [el'ımınt] *i.* öğe, unsur, eleman, element. *the element* hava. *the four elements* dört temel öğe: toprak, su, ateş, hava.

el.e.men.tary [elimen'tıri] *s.* basit, ilk, temel.

el.e.phant [el'ıfınt] *i.* zool. fil.

el.e.vate [el'ıveyt] *f.* yükseltmek, kaldırmak, (*aklı*) geliştirmek.

el.e.va.tion [elivey'şın] *i.* yükseltme, yüksek yer.

el.e.va.tor ['el'ıveytır] *i.* *Aİ.* asansör.

e.lev.en [ilev'ın] *i. s.* on bir. *eleventh* on birinci.

elf [elf] *i.* cin, peri.

e.lic.it [ilîs'it] *f.* çıkartmak, ortaya çıkarmak.

el.i.gi.ble [el'ıcıbıl] *s.* hak sahibi, haklı, uygun, seçilebilir.

e.lim.i.nate [ilîm'ıneyt] *f.* elemek, atmak, -den kurtarmak, çıkarmak. *elimination* eleme, çıkarma, atma.

e.lipse [ilîps'] *i.* elips.

el.lip.ti.cal [ilîp'tîkıl] *s.* beyzi, oval, eliptik.

elm [elm] *i.* karaağaç.

e.lo.cu.tion [elıkyu'şın] *i.* hitabet.

e.lope [ilop'] *f.* sevgilisi ile kaçmak.

else [els] başka, daha. *or else* yoksa. *elsewhere* başka yerde, başka yere.

e.lu.ci.date [ilu'sıdeyt] *f.* açıklamak.

e.lude [ilud'] *f.* -den kurtulmak, atlatmak.

e.ma.ci.ate [imey'şiyeyt] *f.* çok zayıflatmak, bir deri bir kemik haline getirmek.

em.a.nate [em'ıneyt] *f.* (*from*) çıkmak, meydana gelmek.

e.man.ci.pate [imän'sıpeyt] *f.* özgürlüğüne kavuşturmak, bağlarından kurtarmak, serbest bırakmak.

em.balm [îmbam'] *f.* (*ölüyü*) mumyalamak.

em.bar.go [îmbar'go] *i., f.* ambargo. *f.* ambargo koymak.

em.bark [îm'bark'] *f.* gemiye binmek, gemiye bindirmek.

em.bar.rass [im'berıs] *f.* utandırmak, bozmak. *embarrassed* sıkılgan, çekingen. *embarrassing* can sıkıcı, utandırıcı. *embarrasment* utanma, sıkılma, bozuntu.

em.bas.sy [em'bısi] *i.* elçilik.

em.bel.lish [îmbel'îş] *f.* süsleyerek güzelleştirmek.

em.ber [em'bır] *i.* kor, köz.

em.bez.zle [îmbez'ıl] *f.* (*para*) zimmetine geçirmek, çalmak.

em.bit.ter [îmbît'ır] *f.* üzmek, canından bezdirmek.

em.blem [em'blım] *i.* simge, amblem.

em.bod.y [îmbad'i] *f.* somutlaştırmak, katmak, eklemek, dahil etmek.

em.brace [îmbreys'] *i., f.* kucaklama, bağrına basma, sarılma. *f.* kucaklamak, sarılmak, içine almak, kapsamak, benimsemek, kabul etmek.

em.broi.der [îmbroy'dır] *f.* nakış işlemek. **embroidery** nakış.

em.er.ald [em'ırıld] *i. s.* zümrüt, zümrüt yeşili.

e.merge [imırc'] *f.* ortaya çıkmak. **emergence** ortaya çıkma, belirme.

e.mer.gen.cy [imır'cınsi] *i.* acil vaka, olağanüstü durum. **emergency service** acil servis.

em.er.y [em'ıri] *i.* zımpara.

e.met.ic [imet'îk] *i.* kusturucu ilaç.

em.i.grant [em'ıgrınt] *i.* göçmen.

em.i.grate [em'ıgreyt] *f.* (baş*ka bir ülkeye*) göç etmek. **emigration** göç, dışgöç.

em.i.nence [em'inıns] *i.* şöhret, saygınlık, ün.

em.i.nent [em'ınınt] *s.* seçkin, ünlü, saygın. **eminently** çok, son derece, müthiş.

em.is.sar.y [em'ıseri] *i.* kurye, gizli ajan.

e.mis.sion [imîş'ın] *i.* emisyon, ihraç, yayım.

e.mit [imît'] *f.* göndermek, yollamak, vermek, yaymak, salmak.

e.mol.u.ment [imal'yımınt] *i.* ücret.

e.mo.tion [imo'şın] *i.* heyecan, duygu. **emotional** duygusal, duygulu.

em.per.or [em'pırır] *i.* imparator.

em.pha.sis [em'fısîs] *i.* vurgu, bir şeye verilen önem, üzerinde durma.

em.pha.size [em'fısayz] *f.* üzerinde durmak, belirtmek, vurgulamak.

em.phat.ic [emfät'îk] *s.* vurgulu, önemli.

em.pire [em'payr] *i.* imparatorluk.

em.ploy [împloy'] *f.* iş vermek, çalıştırmak, kullanmak **employee** işçi, hizmetli, çalışan **employer** işveren **employment** çalıştırma, iş verme.

em.press [em'prîs] *i.* imparatoriçe

emp.ty [emp'ti] *s., f.* boş. *f.* boşaltmak, içini boşaltmak, dökmek. **empty-handed** eliboş. **empty-headed** boş kafalı, ahmak. **emptiness** boşluk.

em.u.late [em'ıleyt] *f.* bir diğer kişiden daha iyisini yapmaya çalışmak.

en.a.ble [îney'bıl] *f.* imkân tanımak.

en.act [înäkt'] *f.* (*yasa*) çıkarmak.

en.am.el [inäm'ıl] *i.* emay, (*diş*) mine.

en.chant [înçänt'] *f.* büyülemek. **enchanting** büyüleyici. **enchantment** büyülenme, büyüleyici şey.

en.cir.cle [ensır'kıl] *f.* kuşatmak, çevrelemek.

en.close [inkloz'] *f.* çevresini sarmak, kuşatmak, içine koymak, iliştirmek.

en.clo.sure [înklo'jır] *i.* çevirme, kuşatma, çit, duvar, ilişkte gönderilen şey.

en.com.pass [inkám'pıs] *f.* kuşatmak, çevrelemek.

en.coun.ter [înkaun'tır] *f., i.* (*tehlike, sorun, vb. ile*) karşılaşmak, (*biriyle*) tesadüfen karşılaşmak. *i.* karşılaşma, rast gelme.

en.cour.age [înkır'îc] *f.* yüreklendirmek, cesaretlendirmek.

en.croach [înkroç'] *f.* ileri gitmek,

haddini aşmak, (*birinin hakkına*) tecavüz etmek.

en.cy.clo.pe.di.a [ensayklıpi'diyı] *i.* ansiklopedi, bilgilik.

end [end] *i.*, *f.* son, uç, amaç. *f.* sona erdirmek, bitirmek. *endless* sonsuz. *end of year* yıl sonu. *end up* bitirmek. *in the end* sonunda. *endlessly* sürekli olarak, durmadan. *ending* son, ... bitimi.

en.dear [indîr'] *f.* (to) sevdirmek.

en.deav.our [in'devı] *f.*, *i.* çalışmak, çabalamak. *i.* emek, çaba.

en.dorse [indôrs'] *f.* desteklemek, ciro etmek, (*ceza, isim, vb.*) yazmak.

en.dow [îndau'] *f.* (*okul, hastane, vb.'ne*) bağışta bulunmak.

en.dure [îndûr'] *f.* dayanmak, katlanmak, sürmek. *enduring* dayanıklı, sürekli.

en.e.my [en'ımi] *i.* düşman.

en.er.get.ic [enırcek'ît] *s.* çalışkan, enerjik.

en.er.gize [en'ırcayz] *f.* enerji vermek, güç vermek.

en.er.gy [en'ırci] *i.* enerji, güç.

en.force [înfôrs'] *f.* zorlamak, zorla yaptırmak, uygulamak, yürütmek. *enforcement* zorlama, uygulama.

en.fran.chise [înfrän'çayz] *f.* oy hakkı vermek.

en.gage [îngeyc'] *f.* çalıştırmak, birbirine geçirmek, tutturmak, saldırmak. *engaged* nişanlı, (*telefon hattı*) meşgul. *engagement* nişan, nişanlanma, söz, randevu.

en.gine [en'cin] *i.* motor, makine. *engine driver* makinist. *engine oil* motor yağı.

en.gi.neer [encınîr'] *i.* mühendis. *engineering* mühendislik.

English [îng'glîş] *s. i.* İngiliz, İngilizce *the English* İngilizler.

en.grave [îngreyv'] *f.* oymak, hakketmek.

en.grav.ing [îngrey'vîng] *i.* hakkâklık, oyma, gravür.

en.gross [îngros'] *f.* tutmak, zaptetmek, işgal etmek.

en.hance [înhäns'] *f.* (*değer, güç, güzellik, vb.*) artırmak, çoğaltmak.

e.nig.ma [inîg'mı] *i.* muamma, anlaşılmaz şey. *enigmatic* bilmece gibi, anlaşılmaz.

en.joy [înjoy'] *f.* zevk almak, hoşlanmak, beğenmek. *enjoyable* zevkli, eğlenceli. *enjoy oneself* mutlu olmak, eğlenmek. *enjoyment* zevk, haz.

en.large [înlarc'] *f.* büyütmek, genişletmek, büyümek, genişlemek, (*on*) uzatmak. *enlargement* büyütme, genişletme.

en.light.en [înlayt'ın] *f.* aydınlatmak, bilgi vermek, açıklamak.

en.list [înlîst'] *f.* askere almak, asker olmak, (*yardım, sempati, vb.*) kazanmak.

en.li.ven [înlay'vın] *f.* canlandırmak, hareketlendirmek.

en.mi.ty [en'mıti] *i.* düşmanlık, husumet.

e.nor.mous [înôr'mıs] *s.* çok geniş, çok büyük, koskoca, kocaman. *enormously* pek çok.

e.nough [înâf'] *s., z., i.* yeterli, yeteri kadar. *i.* yeter miktar.

enroll [înrol'] *f.* üye olmak, üye etmek.

en.sign [en'sın] *i.* (*donanma, vb.*) bayrak, *Al.* deniz teğmeni.

en.sue [in'su] *f.* (*sonuç olarak ya da sonra*) ortaya çıkmak, ardından gelmek.

en.sure [înşur'] *f.* (olmasını) kesinleştirmek, sağlama almak, garantiye almak.

en.tail [înteyl'] f. gerektirmek, zorunlu kılmak, istemek.

en.tan.gle [întäng'gıl] f. (ip, saç, vb.) dolaştırmak, karıştırmak.

en.ter [en'tır] f. girmek, yazmak, kaydetmek, üyesi olmak. enter into başlamak, girişmek, yer almak, katılmak.

en.ter.prise [en'tırprayz] i. girişim, yatırım, girişkenlik, açıkgözlülük. enterprising girişken.

en.ter.tain [entırteyn'] f. eğlendirmek, hoşça vakit geçirtmek, (konuk) ağırlamak. entertainment eğlence. entertaining eğlendirici.

en.throne [întron'] f. tahta çıkarmak, taç giydirmek.

en.thu.si.asm [înthu'ziyäzm] i. heves, büyük ilgi, isteklilik. enthusiastic şevkli, ateşli.

en.tice [întays'] f. ayartmak, kandırmak.

en.tire [întayr'] s. bütün, tüm, tam, saf. entirely bütününüyle, tümüyle.

en.ti.tle [întayt'ıl] f. ad vermek, yetki vermek.

en.ti.ty [en'tıti] i. varlık, mevcudiyet.

en.trance [en'trıns] i. giriş.

entrust [întrást'] f. emanet etmek.

en.try ['entri] i. giriş.

e.nu.mer.ate [inu'mıreyt] f. sıralamak, belirtmek.

e.nun.ci.ate [inán'sıyeyt] f. telaffuz etmek, düşünceleri açıkça belirtmek.

en.vel.op [învel'ıp] f. sarmak, örtmek.

en.vi.a.ble [en'viyıbıl] s. imrenilecek, başarılı.

en.vi.ous [en'viyıs] s. kıskanç.

en.vi.ron.ment [învayrın'mınt] i. çevre, ortam. environmental çevresel.

en.vis.age [envîz'îc] f. gözünün önüne getirmek.

en.voy [en'voy] i. delege, elçi.

en.vy [en'vi] f.,i. gıpta etmek, kıskanmak, imrenmek. i. kıskançlık, çekememezlik.

ep.ic [ep'ik] i. epik, destan.

ep.i.dem.ic [epidem'îk] i. hek. salgın

ep.i.gram [ep'ıgräm] i. nükteli şiir/söz.

ep.i.logue [ep'ılôg] i. son deyiş, son bölüm, kapanış.

ep.i.sode [ep'ısod] i. olay, serüven, (roman, vb.) bölüm.

ep.i.taph [ep'ıtäf] i. mezar taşı kitabesi.

e.pit.o.me [îpît'ımi] i. somut örnek, ideal.

ep.och [ep'ok] i. dönem, çağ.

eq.ua.ble [ek'wıbıl] s. değişmez, dengeli, sakin.

e.qual [i'kwıl] s., f., i. eşit, eş, denk. f. eşit olmak. i. eş, akran. equality eşitlik equalize eşitlemek. equally eşit olarak, aynı derecede.

e.quate [ikweyt'] f. eşit yapmak, eşit saymak, eşitlemek.

e.qua.tion [ikwey'jın] i. mat. denklem.

e.qua.tor [ikwe'ytır] i. ekvator.

e.quip [ikwîp'] f. donatmak, teçhiz etmek.

eq.ui.ty [ek'wıti] i. adalet, dürüstlük.

e.quiv.a.lent [ikwîv'ılınt] s., i. eşdeğer, denk, eşit. i. karşılık.

e.quiv.o.cal [îkwîv'ıkıl] s. (sözcük) iki anlamlı, iki anlama gelebilen.

e.ra [îr'ı] *i.* devir, çağ, dönem.

e.rad.i.cate [iräd'ıkety] *f.* yok etmek, kökünü kurutmak.

e.rase [ireys'] *f.* (*yazı, vb.*) silmek, kazımak. **eraser** silgi.

e.rect [irekt'] *f.* dikmek, yapmak, inşa etmek. **erection** inşa, yapma, kurma, dikme, yapı, bina.

er.mine [ır'mîn] *i. zool.* ermin, as.

e.rode [irod'] *f.* yemek, aşındırmak, yıpratmak, aşınmak.

err [ır] *f.* yanılmak, hata etmek.

er.rand [er'ınd] *i.* ayak işi, olmayacak iş.

erratic [i'retik] *s.* değişen, kararsız, düzensiz

er.ror [er'ır] *i.* yanlışlık, hata.

er.u.dite [er'yûdayt] *s.* bilgili, engin bilgili.

e.rupt [ırápt'] *f.* (*yanardağ*) patlamak, püskürmek, patlak vermek. **eruption** patlama, püskürme.

es.ca.la.tor [es'kıleytır] *i.* yürüyen merdiven.

es.ca.pade [es'kıpeyd] *i.* çılgınlık, aptalca hareket.

es.cort [es'kôrt] *i.* muhafız, maiyet, kavalye, refakatçi.

es.o.te.ric [esıter'îk] *s.* belirli bir kesime hitap eden.

es.pe.cial [espeş'ıl] *s.* özel, ayrı, müstesna. **especially** özellikle.

es.pi.o.nage [es'piyinîc] *i.* casusluk.

es.quire [es'kwayr] *i.* bay, efendi.

es.say [es'ey] *i.* deneme. **essayist** deneme yazarı.

es.sence [es'ıns] *i.* öz, esas, esans.

es.sen.tial [isen'şıl] *s.* gerekli, başlıca, esaslı, öz. **essentially** esasen, aslında.

es.tab.lish [i'stebliş] *f.* kurmak, tesis etmek, yerleştirmek, kanıtlamak **establishment** kuruluş, kurum, tesis

estate [i'steyt] *i.* arazi, mülk, emlak, arsa. **estate agent** emlak komisyoncusu. **estate car** pikap. **personal estate** taşınabilir mallar. **real estate** taşınamaz mallar.

es.teem [ıs'tim] *i., f.* saygı, itibar. *f.* saygı göstermek, gözüyle bakmak.

es.ti.mate [es'tımeyt] *f.* değer biçmek, tahmin etmek. **estimation** tahmin, takdir.

e.ter.nal [itır'nıl] *s.* sonsuz, öncesiz sonrasız, ebedi. **eternally** ebediyen.

e.ter.ni.ty [itır'nıti] *i.* sonsuzluk.

eth.ic [eth'îk] *i.* ahlak sistemi.

et.i.quette [et'iket] *i.* görgü kuralları.

eu.nuch [yu'nık] *i.* hadım, haremağası.

Eu.rope [yûr'ıp] *i., s.* Avrupa. **European** *s.* Avrupa ile ilgili. *i.* Avrupalı **European Community** Avrupa Topluluğu, A.T.

e.vac.u.ate [iväk'yuveyt] *f.* tahliye etmek, tehlikeden uzaklaştırmak.

e.vac.u.ation [iväk'yuveyşın] *i.* boşaltma, tahliye.

e.vade [iveyd'] *f. hkr.* -den kaçmak, kaytarmak, sıvışmak.

e.val.u.ate [iväl'yuveyt] *f.* değer biçmek.

e.vap.o.rate [iväp'ıreyt] *f.* buharlaşmak, buharlaştırmak, uçup gitmek, yok olmak.

e.va.sion [ivey'jın] *i. hkr.* kaçma, atlatma.

even [i'vın] *s., z.* düz, yatay, pürüzsüz, eşit, aynı, (*sayı*) çift. *z.* bile, hatta. **even if though** -se bile, -e rağmen, öyle olsa da. **even now so then** ona rağmen, yine de. **even out** denklemek, eşitlemek. **get even with sb** birisinden öcünü almak, acısını çıkarmak.

eve.ning [iv'nîng] *i.* akşam.

e.vent [ivent'] *i.* olay, sonuç, *sp.* karşılaşma. **in the event of** durumunda, takdirde. **eventful** olaylı.

e.ven.tu.al [iven'çuwıl] *s.* sonuç olarak.**eventually** sonunda, neticede.

ev.er [ev'ır] *z.* hiç, her zaman, hep. **ever so/such** *İl. k. dili* çok.

ev.er.green [ev'ırgrin] *s. i.* yaprak dökmeyen.

ev.er.last.ing [evırlä'tîng] *s.* ölümsüz, sonsuz.

ev.er.more [evırmôr'] *z.* her zaman, sonsuza kadar.

eve.ry ['evri] *s.* her, her bir. **everybody** herkes. **everything** her şey. **everywhere** her yerde, her yere. **every time** her zaman. **every week** her hafta. **everyday** her günkü, günlük.

e.vict [ivîkt'] *f. huk.* tahliye ettirmek.

ev.i.dence [ev'idıns] *i.* kanıt, delil.

ev.i.dent [ev'dınt] *s.* besbelli, açık.

e.vil [i'vıl] *s., i.* kötü, kem, uğursuz, aksi. *i.* fenalık, kötülük.

ev.o.lu.tion [evulî'şın] *i.* değişim, gelişim, evrim.

e.volve [ivalv'] *f.* gelişmek, evrim geçirmek.

ex [eks] *s.* eski, önceki.

exact [ig'zekt] *s., f.* tam, kesin, doğru, kati. *f.* tehditle elde etmek, zorla almak, ısrarla istemek. **exactly** tam, tamamen, tam olarak.

ex.ag.ger.ate [îgzäc'ıryt] *f.* abartmak. **exaggeration** abartma, şişirme.

ex.alt [îgzôlt'] *f.* övmek, göklere çıkarmak, (*rütbe*) yükseltmek, paye vermek, yüceltmek.

ex.am [îgzäm'] *i.* sınav.

ex.am.i.na.tion [îgzäminey'şın] *i.* sınav, yoklama, muayene.

ex.am.ine [îgzäm'în] *f.* incelemek, muayene etmek, sınamak, sınavdan geçirmek.

ex.am.ple [îgzäm'pıl] *i.* örnek. **for example** örneğin, mesela.

ex.as.per.ate [îgzäs'pıreyt] *f.* kızdırmak, sinirlendirmek.

ex.ca.vate [eks'kıveyt] *f.* kazmak, (*çukur*) açmak. **excavation** kazı.

ex.ceed [îk'sîd] *f.* aşmak, geçmek. **exceedingly** çok, son derece.

ex.cel [iksel'] *f.* üstün olmak, geçmek.

ex.cel.lence [ek'sılıns] *i.* üstünlük, mükemmellik.

ex.cel.lent [ek'sılınt] *s.* mükemmel, çok iyi, üstün, kusursuz.

ex.cep.tion [îksep'şın] *i.* istisna. **exceptional** olağanüstü, istisnai. **with the exception of** -in dışında, -hariç.

ex.cerpt [ek'sırpt] *i.* alıntı.

ex.cess [îkses'] *s., i.* aşırı, fazla. *i.* aşırılık, fazlalık. **excessive** aşırı, çok fazla.

ex.change [îkseync'] *f., i.* değiş tokuş etmek, değiştirmek. *i.* değiştirme, değiş tokuş, (*borsa*) kambiyo. **exchange rate** döviz kuru.

ex.cheq.uer [îksçek'ır] *i.* finans kaynağı, mali kaynak, *İl.* devlet hazinesi, maliye.

ex.cise [ek'sayz] *i.* bir ülkede üretilen ve kullanılan kimi mallardan alınan vergi.

ex.cite [ik'sayt] *f.* heyecanlandırmak; yol açmak, uyandırmak, tahrik etmek. **excitable** kolayca heyecanlanır.

excited heyecanlı, heyecanlanmış.
excitement heyecan. ***exciting***
heyecanlı, heyecan verici.
ex.claim [îkskleym'] *f.* bağırmak,
haykırmak. ***exclamation*** bağırış,
haykırış; ünlem. ***exclamation***
mark ünlem işareti.
ex.clude [îksklud'] *f.* kabul etme-
mek, içeri sokmamak; dışlamak,
hesaba katmamak; dışarı atmak,
kovmak
ex.clu.sion [îksklu'jın] *i.* çıkarma,
çıkarılma; hariç tutma.
ex.clu.sive [îksklu'sîv] *s.* herkese
açık olmayan; lüks; pahalı. ***ex-***
clusive of ... hariç, -in dışında.
exclusively sadece, yalnız.
ex.com.mu.ni.cate
[ekskımyu'nıkeyt] *f.* aforoz etmek.
ex.cur.sion [îkskır'jın] *i.* kısa gezi,
gezinti.
ex.cuse [iksyuz'] *i.* özür, mazeret;
bahane.
ex.cuse [iksyuz'] *f.* bağışlamak,
mazur görmek. ***excuse me*** af-
federsiniz.
ex.e.cute [ek'sıkyut] *f.* yürütmek,
uygulamak; idam etmek; *müz.*
çalmak, icra etmek. ***execution***
yapma, yürütme; idam; infaz.
executioner cellat.
ex.ec.u.tive [îgzek'yıtîv] *i., s.*
yönetici, idareci. *s.* yürütücü,
yürütmeye ilişkin.
ex.e.cu.tor [ek'sıkyutır] *i. huk.*
vasiyet hükümlerini yerine get-
iren kimse.
ex.em.pla.ry [îgzem'plîri] *s.* örnek
niteliğinde, örnek.
ex.em.pli.fy [îgzem'plıfay] *f.*
örneklerle açıklamak.
ex.empt [îgzempt'] *s., f.* bağışık,
muaf. *f.* muaf tutmak.
ex.er.cise [ek'sırsayz] *i., f.* antren-

man, idman; *ask.* talim, tatbikat.
f. egzersiz/alıştırma yapmak;
egzersiz yaptırmak; uygulamak.
ex.ert [îgzırt'] *f. (çaba, gayret, vb.)*
sarfetmek. ***exert oneself*** kendini
zorlamak. ***exertion*** çaba, gayret,
güç harcama.
ex.hale [eksheyl'] *f. (soluk)* dışarı
vermek; *(koku, gaz, vb.)* çıkarmak,
yaymak.
ex.haust [îgzôst'] *f.* çok yormak;
tüketmek, bitirmek; boşaltmak.
i. egzoz ***exhausted*** çok yorgun,
bitkin. ***exhaustion*** yorgunluk,
bitkinlik.
ex.haus.tive [îgzôs'tîv] *s.* ayrıntılı,
etraflı, eksiksiz.
ex.hi.bit [îgzîbit'] *f., i.* sergilemek;
göstermek. *i.* sergilenen şey.
ex.hi.bi.tion [eksıbîş'ın] *i.* sergi.
exhibitionist teşhirci.
ex.hil.a.rate [îgzîl'ıreyt] *f.* keyif
vermek, neşelendirmek.
ex.hort [îgzôrt'] *f.* hararetle
öğütlemek, teşvik etmek.
ex.ile [eg'zayl] *f., i.* sürgüne gön-
dermek. *i.* sürgün.
ex.ist [îgzîst] *f.* var olmak, mevcut
olmak, olmak, bulunmak;
yaşamak. ***existence*** varlık, var
oluş; yaşam.
ex.it [eg'zît] *i.* çıkış; çıkış yeri.
ex.on.er.ate [îgzan'ıreyt] *f.* suç-
suz çıkarmak; beraat ettirmek.
ex.or.bi.tant [îgzor'bıtınt] *s.* fahiş,
aşırı.
ex.o.tic [îgzat'îk] *s.* egzotik, yabancıl;
çekici.
ex.pand [îkspänd'] *f.* genişlemek,
büyümek; genişletmek; büyüt-
mek.
ex.panse [îkspäns'] *i.* geniş alan.
ex.pan.sion [ekspän'şın] *i.* genişleme,
genleşme, büyümü.

ex.pect [ik'spekt] *f. (olmasını)* beklemek; ummak, ümit etmek; *k. dili.* sanmak **expectancy** ümit, beklenti. **expectant** bekleyen, uman, umutlu. **expectation** umut, beklenti.

ex.pe.di.ent [îkspi'diyınt] *s.* uygun; yararlı.

ex.pe.dite [ek'spıdayt] *f.* çabuklaştırmak, kolaylaştırmak.

ex.pe.di.tion [ekspıdîş'ın] *i.* yolculuk, sefer.

ex.pel [îkspel'] *f.* çıkarmak, dışarı atmak.

ex.pend [îkspend'] *f.* tüketmek, harcamak.

ex.pen.di.ture [îkspen'dıçır] *i.* masraf, gider, harcama.

ex.pense [îkspens'] *i.* masraf, gider, harcama. **at the expense of** –i yitirerek. **at sb's expense of** –in hesabından/parasıyla.

ex.pen.sive [îkspen'sîv] *s.* pahalı, masraflı.

ex.pe.ri.ence [îkspîr'iyıns] *i., f.* tecrübe, deneyim. *f.* görmek, group geçirmek.

ex.per.i.ment [îksper'ımınt] *i., f.* deney. *f.* deney yapmak. **experimental** deneysel.

ex.pert [ek'spırt] *i.* uzman, bilirkişi.

ex.pire [îkspayr] *f., i.* süresi dolmak, sona ermek. *i.* süresi dolma.

ex.plain [îkspleyn'] *f.* açıklamak. **explanation** açıklama.

ex.plan.a.tory [eksplän'ıtôri] *s.* açıklayıcı.

ex.plic.it [îksplîs'ît] *s.* açık, belirgin.

ex.plode [îksplod'] *f.* patlamak; patlatmak.

ex.ploit [eks'ployt] *i.* olağanüstü başarı, yiğitlik.

ex.plore [ik'splo:] *f.* keşfe çıkmak, inceleme gezisi yapmak; araştırmak. **exploration** araştırma, keşif. **explorer** kâşif.

ex.plo.sion [îksplo'jın] *i.* patlama.

ex.plo.sive [îksplo'siv] *i. s.* patlayıcı.

ex.port [eks'pôrt] *f., i.* ihraç etmek. *i.* dışsatım, ihracat; ihraç malı. **exporter** ihracatçı.

ex.po.se [ekspozey'] *f.* maruz bırakmak, karşı karşıya getirmek, ortaya çıkarmak.

ex.po.sure [îkspo'jır] *i.* maruz kalma, açık olma; açığa vurma; poz.

ex.pound [îkspaund'] *f.* açıklamak.

ex.press [îkspres'] *f., s., i.* dile getirmek, anlatmak, göstermek. *s.* açık, kesin; ekspres, hızlı. *i.* ekspres tren.

ex.pres.sion [îkspreş'ın] *i.* anlatım, ifade.

ex.pres.sive [îkspres'îv] *s.* anlamlı.

ex.pro.pri.ate [ekspro'priyeyt] *f.* kamulaştırmak, istimlak etmek.

ex.pul.sion [îkspal'şın] *i.* kovma, çıkarma.

ex.tend [ikstend'] *f.* uzatmak, genişletmek, büyütmek, uzanmak, yayılmak.

ex.ten.sion [îksten'şın] *i.* uzatma, genişletme, büyütme, ek, *(telefon)* dahili hat.

ex.ten.sive [îksten'sîv] *s.* geniş, yaygın.

ex.tent [îkstent'] *i.* uzunluk, genişlik, büyüklük, alan, derece, ölçü.

ex.te.ri.or [îkstîr'iyır] *s.* dış, harici.

ex.ter.mi.nate [îkster'mıneyt] *f.* yok etmek, kökünü kazımak.

ex.ter.nal [îkstır'nıl] *s.* dış, harici.

ex.tinct [îkstîngkt'] *s. (hayvan, vb.)* nesli tükenmiş, sönmüş.

ex.tin.guish [îkstîng'gwîs] f. (ışık, ateş) söndürmek. **extinguisher** yangın söndürücü.

ex.tort [îkstôrt'] f. (from) tehditle almak, gasp etmek.

ex.tra ['eks'trı] i., s., i. ek, ilave, ekstra. s. gereğinden çok, ek, üstün. i. ek, (gazete) özel baskı, ek ücret, figüran. **extra profit** ek kazanç.

ex.tract [eks'träkt] f., i. çekmek, çekip çıkarmak, elde etmek, çıkarmak, parça, vb. seçmek, aktarmak. i. öz, ruh, esans, özet **extraction** çekme, çıkarma, soy, köken.

ex.traor.di.nar.y [îkstrôr'dıneri.] s. olağanüstü, görülmemiş.

ex.trav.a.gance [îksträv'ıgıns] i. savurganlık, israf.

ex.treme [îkstrim'] s., i. en uçtaki, son, aşırı, çok büyük, son derece, çok. i. en uzak nokta, sınır, uç, son derece. **extremely** son derece, çok.

ex.trem.i.ty [îkstrem'ıti] i. (acı, üzüntü, vb.) en yüksek derece. **extremities** eller ve ayaklar.

extrovert ['ekstrıvö:t] i. dışadönük kişi

ex.ult [îgzált'] f. çok sevinmek, bayram etmek.

eye [ay] i., f. göz, görme gücü, görüş, iğne deliği, dişi kopça, bakış, nazar. f. gözden geçirmek, dikkatle bakmak. **eyebrow** kaş **eyelash** kirpik. **eyelid** gözkapağı. **eyesight** görme gücü, görme yeteneği. **eyewitness** görgü tanığı, şahit. **open sb's eyes to sth** gözünü açmak. **eyeball** göz küresi, göz yuvarlağı. **eye-catching** dikkat çekici, göze çarpan. **eyesore** gözü rahatsız eden. **eyestrain** göz yorgunlu-

ğu. **have an eye on** göz kulak olmak. **in the eyes of** -in gözünde. **keep an eye on** k. dili göz kulak olmak. **keep an eye out for** anımsamaya çalışmak. **shut one's eyes to** göz yummak. **under/before one's very eyes** -in gözü önünde. **with one's eyes open** göz göre göre, bile bile. **eyeshadow** far, göz farı.

eye.wit.ness [ay'wîtnîs] i. görgü tanığı.

F f

F,f [ef] *i.* İngiliz alfabesinin altıncı harfi. *müz.* fa notası.

fa.ble [fey'bıl] *i.* masal, hayvan masalı, fabl.

fab.ric [fäb'rîk] *i.* dokuma, kumaş, bez; yapı, iskelet, bünye.

fab.ri.cate [fäb'rikeyt] *f.* uydurmak, yalan söylemek, bir araya getirmek, yapmak.

fab.u.lous [fäb'yılıs] *s.* inanılmaz, şaşılacak; *k. dili* mükemmel, harika, müthiş.

fa.ca.de [fısad'] *i.* binanın ön yüzü, bina cephesi.

face [feys] *i.,* *f.* yüz, surat, çehre; görünüş, şekil. *f.* cesaretle karşılamak, karşı koymak; yüzünü -e ye doğru çevirmek; -in karşısında olmak. **face down** yüzükoyun. **face to face** yüz yüze. **have the face** yüzü tutmak, cüret etmek. **in the face of** -e karşın, -e rağmen. **to sb's face** yüzüne karşı. **facecloth** el-yüz havlusu. **face-lift** yüz gerdirme ameliyatı.

fac.ile [fäs'ıl] *s.* kolay yapılmış.

fa.cil.i.tate [fısîl'ıteyt] *f.* kolaylaştırmak.

fa.cil.i.ty [fısîl'ıti] *i.* kolaylık *k. dili* vasıta, bina, tesis, olanak.

fac.sim.i.le [fäksîm'ıli] *i.* kopya, suret, tıpkısı, tıpkıbasım.

fact [fäkt] *i.* gerçek, olgu, olmuş şey; durum. *as a matter of fact, in (actual) fact, in point of fact* gerçekten, hakikatte, işin doğrusu, hatta.

fac.tion [fäk'şın] *i.* hizip, grup.

fac.tor [fäk'tır] *i.* etmen, faktör; *mat.* çarpan.

fac.to.ry [fäk'tıri] *i.* fabrika, üretimlik.

fac.tu.al [fäk'çuvıl] *s.* gerçeklere, olgulara dayanan.

fac.ul.ty [fäk'ılti] *i.* fakülte; yetenek, beceri.

fad [fäd] *i.* geçici heves/merak.

fade [feyd] *f.* solmak; soldurmak. *fade away* ortadan kaybolmak, yok olmak. *fade out (ses, vb.)* yavaş yavaş kısmak; kısılmak.

fag [fäg] *i. k. dili* angarya; *İİ.* sigara.

fag.ot [fäg'ıt] *i.* çalı çırpı demeti, çıra demeti.

fail [feyl] *f., i.* başaramamak, becere-memek, başarısız olmak; *(sınavda)* kalmak; *(sınıfta)* bırakmak; yetersiz kalmak. *i.* başarısızlık.

fail.ure [feyl'yır] *i.* başarısızlık; yetersizlik, eksiklik; yetmezlik.

faint [feynt] *s., f., i.* zayıf, güçsüz; soluk, donuk, sönük, zayıf, silik. *f.* bayılmak güçsüzleşmek. *i.* baygınlık, bayılma.

fair [fer] *s., i., z.* adil, dürüst, doğru; sarışın, kumral; (*hava*) açık; orta, şöyle böyle. *i.* fuar, panayır, pazar, sergi. *z.* adilane, hakça, dürüstçe, kurallara uygun. *fair and square* dürüst bir şekilde; doğrudan, direkt. *fair play* centilmence oyun; dürüst davranış, yansızlık. *fairly* dürüst bir biçimde, hakça; oldukça.

fair.y [fer'i] *i.* peri. *fairy tale* peri masalı; palavra, uydurma, yalan.

faith [feyth] *i.* güven, güçlü inanç, itikat. *faithful* sadık, bağlı; aslına uygun, doğru. *faithfully* içtenlikle; tam olarak. *yours faithfully* (*mektup sonlarında*) saygılarımla. *faithless* vefasız.

fake [feyk] *i., s., f.* sahte, taklit; sahtekâr. *s.* sahte. *f.* taklidini/ sahtesini yapmak.

fal.con [fâl'kın] *i. zool.* şahin, doğan

fall [fôl] *f., i. fallen f.* düşmek; azalmak, düşüş göstermek; inmek; yıkılmak, çökmek; rastlamak, denk gelmek. *i.* düşüş, düşme; azalma; çöküş, yıkılma; *Aİ.* sonbahar, güz. *fall back on* (*başka bir yola/şeye*) başvurmak. *fall back* geri çekilmek. *fall behind* zamanında bitirememek. *fall down* başarısız olmak, kötü gitmek. *fall for* kazıklanmak, aldatılmak; *k. dili* -e âşık olmak. *fall off* (*kalite, miktar, vb.*) düşmek. *fall through* suya düşmek, başarısız olmak.

false [fôls] *s.* yanlış; takma, sahte; yapma, taklit. *false teeth* takma dişler. *falsehood* yalan; yalancılık.

fal.si.fy [fôl'sîfay] *f., i.* değiştirmek, tahrif etmek, saptırmak. *i.* yanlışlık, yanlış olma; yalan.

fal.ter [fôl'tır] *f.* sendelemek; duraksamak, bocalamak, tereddüt etmek.

fame [feym] *i.* ün, şöhret.

fa.mil.iar [fımîl'yır] *s.* bildik, tanıdık; bilen, anlayan; alışık. *familiarity* aşinalık; yakınlık, içtenlik; samimilik; laubalilik.

fam.i.ly [fäm'ılı] *i.* aile; soy; çoluk çocuk; *biy.* Familya. *family planning* aile planlaması. *family tree* soyağacı, şecere.

fam.ine [fäm'in] *i.* kıtlık.

fam.ish [fäm'iş] *f.* çok acıkmak *k. dili* açlıktan ölmek.

fa.mous [fey'mıs] *s.* ünlü, meşhur.

fan [fän] *i.* hayran.

fan [fän] *i.* yelpaze; pervane, vantilatör.

fa.na.tic [fınät'îk] *s.* bağnaz, fanatik.

fan.ci.ful [fän'sîfıl] *s.* hayal ürünü.

fan.cy ['fensi] *f., i., s.* imgelemek, aklında canlandırmak, düşünmek; sanmak; hoşlanmak, beğenmek. *i.* hayal gücü; kuruntu; istek, arzu. *s.* süslü. *fancy dress ball* maskeli balo. *fancy-dress party* maskeli balo.

fan.tas.tic [fäntäs'tîk] *s.* düşsel, inanılmaz, hayal ürünü; acayip; *k. dili* harika, süper.

fan.ta.sy [fän'tızi] *i.* düş, fantezi.

far [far] *s., z.* uzak. *z.* uzakta; uzağa; epeyce; çok; bir hayli. *so far* şimdiye dek; bir yere kadar. *as far as I know* bildiğim kadarıyla. *far from* -den ziyade; -in yerine. *how far* ne kadar. *far better* çok daha iyi. *far sighted* ileriyi görür; öngörülü; uzağı gören. *as far as I remember* hatırladığım kadarıyla.

fare [fer] *i.* yol parası; yiyecek.

farm [farm] *i., f.* çiftlik; çiftlik evi. *f.* çiftçilik yapmak. *farmer* çiftçi. *farmhouse* çiftlik evi. *farming* çiftçilik. *farmyard* çiftlik avlusu.

far.ther [far'dhır] *s., z.* uzak, daha uzaktaki, ötedeki. *z.* daha ileri, daha uzağa, daha uzakta.

far.thest [far'dhîst] *s. z.* en uzak, en ileri, en uzağa, en uzakta.

fas.ci.nate [fäs'ıneyt] *f.* etkilemek, büyülemek. *fascinating* etkileyici, büyüfeyici.

fash.i.on [fäş'ın] *i.* moda; biçim, tarz, üslup; tavır, davranış. *fashionable* modaya uygun, moda. *fashion parade* defile. *fashion plate* elbise modeli. *in fashion* modaya uygun, moda. *out of fashion* demode, modası geçmiş.

fast [fa:st] *f.* oruç tutmak * *i.* oruç

fast [fäst] *s., z.* hızlı, süratli, çabuk; sıkı, sağlam; (*renk*) sabit, solmaz;(*saat*) ileri. *z.* hızla, süratle; sıkıca, sağlamca. *fast asleep* derin uykuda. *fast train* ekspres tren.

fas.ten [fäs'ın] *f.* bağlamak; iliştirmek, tutturmak; (*giysi*) iliklemek. *fastener* tutturucu, bağlayıcı şey; bağ, toka.

fat [fät] *s., i.* şişman, tombul; (*et*) yağlı. *i.* yağ, içyağı. *fatty* (*yiyecek*) yağlı.

fa.tal [fey'tıl] *s.* ölümcül, öldürücü. *fatalism* kadercilik.

fa.tal.i.ty [feytäl'ıti] *i.* ölümle sonuçlanan kaza, ölüm, felaket.

fate [feyt] *i.* alınyazısı; kader; kısmet. *fateful* alında yazılı olan; kaçınılmaz; çok önemli.

fa.ther [fa'dhır] *i.* baba; papaz. *the father* tanrı. *father-in-law* kayınpeder. *father christmas* noel baba. *fatherhood* babalık. *fatherly* babacan, baba gibi.

fath.om [fädh'ım] *i., f.* kulaç. *f.* anlamak.

fa.tigue [fıtig'] *i., f.* aşırı yorgunluk, bitkinlik; *tek.* malzeme yorgunluğu. *f.* yormak, yorgunluk vermek.

fat.u.ous [faç'uwıs] *s.* saçma, akılsız.

fau.cet [fô'sıt] *i. Al.* musluk.

fault [fôlt] *i., f.* hata, yanlışlık; suç; kusur, arıza, bozukluk; *coğ.* fay, çatlak. *f.* hata bulmak, kusur bulmak. *faultless* hatasız, kusursuz. *faulty* hatalı; arızalı.

fear [fîr] *i., f.* korku; *f.* korkmak, ürkmek, çekinmek; (*for*) endişe etmek, telaşlanmak. *I fear* korkarım, korkarım ki. *fearful* korkunç; endişeli, kaygılı. *fearless* korkusuz, yürekli.

fea.si.ble [fi'zıbıl] *s.* yapılabilir, makul, mantıklı.

feast [fist] *i.* şölen, ziyafet; bayram; ziyafet vermek; bol bol yiyip içmek.

feat [fit] *i.* ustalık isteyen hareket, marifet.

feath.er [fedh'ır] *i.* kuştüyü, tüy. *feather duster* tüy süpürge. *featherweight* (*boks*) tüysiklet.

fea.ture [fi'çır] *i., f.* özellik, yüzün herhangi bir kısmı; uzun film; makale. *f.* -in belirleyici/göze çarpan özelliği olmak; yer/rol vermek; yer/rol almak.

Feb.ru.ar.y [feb'ruweri] *i.* Şubat.

fed.er.ate [fed'ıreyt] *f.* federasyon halinde birleştirmek; birleşmek.

fed.er.ation [fedırey'şın] federasyon, birlik.

fee [fi] *i.* ücret, vizite; giriş ücreti.

fee.ble [fi'bıl] *s.* zayıf, güçsüz. **feebleminded** geri zekâlı.

feed [fid] *f., i.* **fed** beslemek, yiyecek vermek; beslenmek. *i.* yiyecek, besin; yem, ot; mama.

feedback ['fi:dbek] *i.* geribesleme, besleni

feel [fil] *f.* **felt** hissetmek, duymak; dokunmak, ellemek; kanısında olmak; anlamak, sezmek. **feel bad** kendini iyi hissetmemek. **feel like** canı istemek. **feel cold** üşümek.

feel.ing [fi'lîng] *i.* duygu, his; dokunma; hassasiyet; sezgi; izlenim.

feet [fit] *i.* ayaklar.

feign [feyn] *f.* yapar gibi görünmek; gibi yapmak; bahane uydurmak.

feint [feynt] *i.* savaş hilesi, sahte saldırı.

fe.line [fi'layn] *s. i. zool.* kedigil.

fell [fel] *f.* (*ağaç*) kesmek; düşürmek.

fel.low [fel'o] *i. k. dili* adam, herif, ahbap; arkadaş; akademi üyesi. **fellowship** dernek, grup; üniversite bursu.

fel.o.ny [fel'ıni] *i.* ağır suç.

felt [felt] *i.* keçe, fötr. **felttip pen** keçeli kalem.

fe.male [fi'meyl] *i.* dişi; kadın.

fem.i.nine [fem'ınin] *s.* kadınla ilgili; kadınsı. **feminism** feminizm. **femininity** kadınsılık.

fen [fen] *i.* bataklık arazi, bataklık.

fence [fens] *i., f.* çit, tahta perde,

parmaklık.*f.* çitle çevirmek; eskrim sporu yapmak.

fenc.ing [fen'sîng] *i. so.* eskrim; çit; duvar.

fend.er [fen'dır] *i.* şömine paravanası; *Al. oto.* çamurluk, tampon.

fer.ment [fır'mınt] *f.* mayalanmak; mayalamak; heyecanlanmak, telaşlanmak. **fermentation** mayalanma.

fern [fırn] *i. bot.* eğreltiotu.

fe.ro.ci.ous [fıro'şıs] *s.* vahşi, yırtıcı.

fer.ret [fer'ît] *i. zool.* yaban gelinciği.

fer.ry [fer'i] *i.* feribot, araba vapuru. **ferryboat** feribot, araba vapuru.

fer.tile [fer'tıl] *s.* verimli, bereketli, doğurgan.

fer.til.ize [fır'tılayz] *f.* döllemek, aşılamak, gübrelemek. **fertilizer** kimyasal gübre.

fer.vent [fır'vınt] *s.* ateşli, coşkun.

fes.ti.val [fes'tivıl] *i.* şenlik, festival.

fes.tive [fes'tîv] *s.* festival/şenlik ile ilgili. **festivity** şenlik, eğlence.

fes.toon [festun'] *i.* çiçek ya da yaprak zinciri.

fetch [feç] *f.* gidip getirmek, gidip almak; para getirmek, para kazandırmak.

fete [feyt] *i.* eğlence, şenlik, şölen.

fet.ter [fet'ır] *i., f.* pranga, zincir. *f.* pranga vurmak; engellemek.

feud [fyud] *i.* kan davası, düşmanlık.

feu.dal [fyud'ıl] *s.* derebeyliğe ilişkin, feodal. **feudalism** derebeylik, feodalizm.

fe.ver [fi'vır] *i. hek.* ateş, hararet; heyecan, telaş. **feverish** ateşli, hararetli; heyecanlı; telaşlı.

few [fyu] *s. adi. i.* az. *a few* birkaç. *quite a few* birçok. *no fewer than* en azından, hiç yoksa.

fi.an.ce [fiyansey'] *i.* (*erkek*) nişanlı.

fiancee [fiyansey'] *i.* (*kız*) nişanlı.

fib [fîb] *f.* küçük yalan söylemek.

fick.le [fik'ıl] *s.* vefasız, dönek.

fic.tion [fîk'şın] *i.* hayal ürünü; uyduruk; roman, öykü türü.

fic.ti.tious [fîktîş'ıs] *s.* gerçek olmayan, uydurma, kurmaca.

fid.dle [fîdıl] *i., f.* keman; dolandırıcılık, üçkâğıt, dalavere. *f.* keman çalmak. *(with/about/around)* oyalanmak; zaman öldürmek. *fiddler* kemancı; *arg.* düzenbaz, üçkâğıtçı.

fi.del.i.ty [faydel'ıti] *i.* bağlılık, sadakat; aslına uygunluk. *high fidelity* sesi aslına yakın derecede verme.

fidg.et [fîc'ît] *f.* kıpırdanmak, yerinde duramamak.

field [fild] *i.* tarla; alan, saha; açık arazi; kırlık; iş, etkinlik alanı. *field events* atlama ve atma karşılaşmaları. *field glasses* arazi dürbünü. *field marshal* mareşal. *field research* alan araştırması. *field sports* açık hava sporları.

fiend [find] *i.* şeytan, iblis, kötü ruh.

fierce [fîrs] *s.* azılı, acımasız, vahşi, kızgın.

fi.er.y [fayr'i] *s.* ateşten, ateşli, ateş gibi, kızgın.

fif.teen [fîftin'] *i. s.* on beş. *fifteenth* on beşinci.

fig [fîg] *i. bot.* incir; incir ağacı.

fight [fayt] *f., i. fought* [fo:t] savaşmak, çarpışmak; kavga etmek. *i.* dövüş, kavga; savaş. *fight off* ile mücadele etmek; def etmek. *fighter* kavgacı, savaşçı; *ask.* avcı uçağı.

fig.ment [fig'mınt] *i.* hayal ürünü ya da uydurma şey.

fig.ur.a.tive [fîg'yırıtîv] *s.* değişmece-li, mecazi.

fig.ure [fîg'yır] *i.* biçim, şekil, figür; beden yapısı, boy bos, endam; sayı, rakam. *figure on* planlamak, hesaba katmak. *figure out* çözmek; hesaplamak.

fil.a.ment [fîl'ımınt] *i.* filaman, ince tel.

file [fayl] *i., f.* eğe, törpü; dosya, klasör. *f.* eğelemek, törpülemek; dosyalamak; sıralamak.

fill [fîl] *f., i.* doldurmak; dolmak; dolmak, kaplamak; yerine getirmek. *i.* istiap haddi. *fill in* doldurmak, tamamlamak; bilgi vermek. *fill up* dolmak; doldurmak.

fil.let [fîl'ît] *i.* kemiksiz/kılçıksız et, fileto *f.* (*eti*) fileto kesmek.

fill.ing [fîl'îng] *i.* doldurma; dolgu, diş dolgusu. *filling station* benzinci, benzin istasyonu.

fil.ly [fîl'i] *i.* yavru kısrak, dişi tay.

film [film] *i., f.* film; ince tabaka; zar. *f.* film çekmek, filme almak. *film camera* film makinesi, kamera. *film star* film yıldızı. *film studio* film stüdyosu.

fil.ter [fîl'tır] *i., f.* süzgeç, filtre. *f.* süzmek, filtreden geçirmek; süzülmek.

filth [fîlth] *i.* pislik. *filthy* pis, kirli; kaba, çirkin.

fin [fî'n] *i. zool.* yüzgeç; palet.

fi.nal [fay'nıl] *s., i.* sonda gelen, sonuncu, son; kesin, kati. *i. sp.* final, son karşılaşma; dönem sonu sınavı. *finalist* finalist. *finally* sonunda; kesin olarak.

fi.nance [finäns'] *i., f.* maliye; iş kurmada gereken para; *k. dili* mali durum. *f.* paraca desteklemek, finanse etmek. **financial** mali, parasal. **financier** sermayedar.

find [faynd] *f.* **found** bulmak; anlamak, fark etmek. **find out** çözmek, keşfetmek, anlamak, öğrenmek. **finder** bulan kimse, bulucu; vizör. **finding** bulgu; *huk.* sonuç, karar.

fine [fayn] *s., z., i., f.* güzel; çok ince; *(hava)* güzel, açık; sağlıklı, keyfi yerinde; *(iş)* dikkatli, iyi; *(maden)* saf, som. *z.* ince ince; çok iyi. *i.* para cezası. *f.* para cezasına çarptırmak. **fine arts** güzel sanatlar. **finely** ince ince; çok iyi bir biçimde.

fi.nesse [fines'] *i.* *(insan ilişkilerinde)* yönetme yeteneği, ustalık.

fin.ger [fîng'gır] *i., f.* parmak. *f.* parmakla dokunmak. **fingernail** tırnak. **fingerprint** parmak izi. **fingertip** parmak ucu. **keep one's fingers crossed** en iyisini dilemek.

fin.ish [fin'iş] *f., i.* bitirmek, tamamlamak, sona erdirmek; bitmek. *i.* bitiş, son; *sp.* finiş; cila, perdah, rötuş. **finished** bitmiş, hazır; bitmiş, yıkılmış. **finish with** ile işini bitirmek, ilişkisini kesmek.

fi.nite [fay'nayt] *s.* sonu olan, sonlu, sınırlı.

fire [fay'ır] *i., f.* ateş, alev, yanma; yangın; parıltı, parlaklık; ateş etme. *f.* yakmak, tutuşturmak; *(silah)* ateş etmek, atmak; tahrik etmek, teşvik etmek; *k. dili* işten çıkarmak, kovmak. **catch fire** alev almak, tutuşmak. **fire alarm**

yangın alarmı. **fire brigade** itfaiye. **fire engine** itfaiye arabası. **fire escape** yangın merdiveni. **fire extinguisher** yangın söndürme aygıtı. **fire station** itfaiye merkezi. **on fire** alevler içinde, yanmakta. **fireman** itfaiyeci. **fireplace** şömine, ocak. **firearm** ateşli silah. **firefly** ateşböceği. **fireguard** şömine ızgarası. **fireraising** kundakçılık. **fireside** *(ev içinde)* şömine yanı, ocak başı. **firewood** odun. **firework** havai fişek. **firing line** ateş hattı.

firm [fırm] *s., i.* sert, katı; sağlam; sıkı; kararlı. *i.* firma **firmly** sıkı ca, sımsıkı; metanetle.

first [fırst] *s., z., i.* birinci, ilk. *z.* önce, ilk önce, başta, ilk kez. **at first** başlangıçta, önceleri. **first aid** ilkyardım. **first class** birinci sınıf, birinci mevki. **first hand** ilk el, birinci el. **first name** isim, ad. **first rate** birinci sınıf. **first of all** en önce, ilkin. **firsthand** ilk elden, dolaysız. **first floor** *İl.* birinci kat, *Al.* zemin katı. **first lady** başbakanın karısı. **firstly** önce, ilk önce, ilk başta.

fish [fiş] *i., f.* balık; balık eti. *f.* balık tutmak. **fisherman** balıkçı. **fishing** balıkçılık. **fishing line** olta. **fishmonger** balık satıcısı, balıkçı. **fishy** balık gibi; şüpheli, kuşku uyandıran.

fis.sure [fiş'ır] *i.* çatlak, yarık.

fist [fîst] *i.* yumruk.

fit [fît] *s., i., f.* uygun, elverişli; sağlıklı, zinde. *i.* hastalık nöbeti, sara; galeyan, kriz. *f.* uymak; uydurmak; yakışmak, uymak; tutmak; prova etmek. **fit in** uymak; uydurmak. **fitness** zindelik, form; uygunluk.

fit.ter [fît'ır] *i.* tesisatçı, montajcı.

fit.ting [fît'îng] *i.* terzi provası; bina tesisatı, tertibat.

five [fayv] *i. s.* beş.

fix [fîks] *f.* saptamak, belirlemek, düzenlemek; tutturmak; (*on*) (zihnini) vermek; (*on*) gözlerini dikmek, kararlaştırmak; *k. dili* ile ilgilenmek, icabına bakmak.

fix.a.tion [fîksey'şın] *i.* yerleştirme, oturtma, takma; saplantı.

fixed [fîkst] *s.* sabit, oynamaz; değişmez; belirlenmiş.

fix.ture [fîks'çır] *i. sp.* fikstür; sabit eşya, demirbaş.

fizz [fîz] *f., i.* (*gazoz gibi*) vızlamak, fışırdamak. *i.* fısırtı, vızıltı; *k. dili* şampanya.

fiz.zle [fîz'ıl] *f.* (*out*) boşa çıkmak.

flab.by [fläb'î] *s.* sarkık, pörsük.

flag [fläg] *i., f.* bayrak, sancak; *den.* bandıra, flama. *f.* canlılığını yitirmek, güçsüzleşmek. *flagpole* bayrak direği.

flag.on [fläg'ın] *i.* bir tür kulplu sürahi.

fla.grant [fley'grınt] *s.* (*kötü bir şey*) alenen yapan/yapılan.

flair [fler] *i.* özel yetenek, beceri.

flake [fleyk] *i.* ince tabaka, ince parça.

flam.boy.ant [flämboy'ınt] *s.* gösterişli, havalı, tantanalı.

flame [fleym] *i., f.* alev; ateş. *f.* alev alev yanmak.

flank [flängk'] *i.* böğür, yan; *ask.* kanat, cenah.

flan.nel [flän'ıl] *i.* pazen, flanel; fanila.

flap [fläp] *i.* (*aşağı sarkan*) kapak, flap.

flare [fler] *i., f.* ışık; alev; işaret fişeği. *f.* birden alev almak, parlamak.

flash [fläş] *f., i.* parlamak, ışıldamak; (*telgraf ya da radyo mesajı*) yollamak, göndermek; etmek. *i.* parıltı, ışıltı; flaş. *flashlight* sinyal, flaş; *Al.* cep feneri. *flashback* (*film*) geriye dönüş. *flashbulb* flaş *flasher* (*oto*) flaşör. *flashy* gösterişli.

flask [fläsk] *i.* dar boyunlu küçük şişe; termos.

flat [flät] *s., i.* düz, yassı; havasız, patlak; yavan, ısıkıcı, tekdüze; mat, donuk; yüzüstü, sırtüstü; *müz.* bemol. *i.* apartman dairesi.

flat.ten [flät'ın] *f.* düzleştirmek, yassılaştırmak; düzleşmek.

flat.ter [flät'ır] *f.* dalkavukluk etmek, yağlamak, yağ çekmek. *flattery* dalkavukluk, yağcılık.

flaw [flô] *i.* kusur.

flax [fläks] *i.* keten.

flea [fli] *i. zool.* pire. *flea market* bitpazarı.

fleck [flek] *i.* benek.

fledge [flec] *f.* tüy takmak.

flee [fli] *f. fled* kaçmak.

fleece [flis] *i., f.* koyun postu, yapağı. *f.* soymak, yolmak, kazıklamak.

fleet [flit] *i.* filo. *merchant fleet* ticaret filosu.

flesh [fleş] *i.* et; vücut, beden. *fleshy* etli; şişmanca, toplu.

flex [fleks] *f., i.* bükmek, germek. *i.* tel, kordon, esnek kablo. *flexibility* bükülgenlik, esneklik.

flex.i.ble [fleks'ıbıl] *s.* esnek.

flick [flîk] *i., f.* fiske, hafif vuruş. *f.* hafifçe vurmak, fiske vurmak.

flick.er [flîk'ır] *f., i.* titremek, titreşmek, yanıp sönmek. *i.* titreme, titreşme.

flight [flayt] *i.* uçuş, hava yolculuğu; (*kuş, uçak, vb.*) sürü; filo; kaçış.

flim.sy [flîm'zi] *s.* zayıf, güçsüz; çürük, dayanıksız.

flinch [flînç] *f.* geri çekilmek; kaçınmak; ürkmek.

fling [flîng] *f., i.* **flung** fırlatıp atmak, savurmak. *i.* atma, atış; deneme, girişim.

flint [flînt] *i.* çakmaktaşı.

flip [flîp] *f.,i.* fiske vurmak. *i.* fiske.

flip.pant [flîp'ınt] *s.* saygısız, küstah.

flip.per [flîp'ır] *i.* palet.

float ['flot] *f., i.* yüzmek, batmamak; yüzdürmek. *i.* şamandıra, duba.

flock [flak] *i., f.* sürü; küme. *f.* toplanmak, üşüşmek.

flog [flag] *f.* dövmek, kırbaçlamak. **flogging** kırbaç cezası, kamçılama.

flood [flåd] *i., f.* su basması, sel. *f.* su basmak, sel basmak. **floodlight** projektör.

floor [flôr] *i.* zemin, döşeme; kat.

flop [flap] *f.* birdenbire düşmek, çöküvermek; *k. dili (plan, vb.)* suya düşmek. **floppy** gevşek, sarkık.

flo.ra [flôr'] *i.* bitey, flora.

flo.til.la [flôtîl'ı] *i.* küçük filo, filotilla.

floun.der [flaun'dır] *f., i.* çırpınmak, çabalamak. *i.* dilbalığı, dere pisisi.

flour [flawr'] *i.* un.

flour.ish [flır'îş] *f., i.* gelişmek, ilerlemek, savurmak, sallamak. *i.* gelişme; sallama, savurma.

flout [flaut] *f.* zıddına gitmek, burun kıvırmak.

flow [flo] *f.* (sıvı) akmak; sallanmak, sarkmak; çıkmak, doğmak **i.* akış; akıntı; met, kabarma

flower ['flauı] *i., f.* çiçek. *f.* çiçek açmak. **flowerpot** çiçek saksısı.

flowerbed çiçek tarhı. **flowered** çiçekli, çiçeklerle süslü. **flowery** çiçekli, çiçeklerle süslü.

flu [flu] *i.* grip, nezle.

fluc.tu.ate [flak'çuveyt] *f.* inip çıkmak, dalgalanmak.

flu.en.cy [fluw'ınsi] *i. (konuşma)* akıcılık. **fluent** akıcı, rahat, pürüzsüz. **fluently** akıcı bir biçimde, rahatça.

flu.id [flu'wîd] *s., i.* akıcı, akışkan. *i.* sıvı.

fluke [fluk] *i. k. dili* şans, talih.

flur.ry [flır'i] *i., f.* coşku, heyecan; ani rüzgâr/kar/yağmur; sağanak. *f. (birisinin)* kafasını karıştırmak.

flush [flåş] *i., f., s.* fışkırma, fışkırtma; heyecan. *f.* fışkırmak; fışkırtmak; yüzü kızarmak. *s.* düz, bir hizada; *k. dili* varlıklı.

flus.ter [flås'tır] *f., i.* şaşırtmak, telaşlandırmak. *i.* telaş, şaşkınlık.

flut.ter [flåt'ır] *f., i. (kanat)* çırpmak; çırpınmak; telaşlanmak. *i. k. dili* telaş, heyecan; *k. dili* ufak bahis.

flux [flåks] *i.* akma, akış; değişim, oynaklık.

fly [flay] *f., i.* **flew, flown** uçmak; uçakla gitmek; çabuk gitmek; uçurmak; uçup gitmek; kaçmak. *i.* sinek **fly in the ointment** küçük ama mide bulandıran bir pürüz.

foal [fol] *i.* tay.

foam [fom] *i., f.* köpük. *f.* köpürmek.

fo.cus [fo'kıs] *i., f.* odak, fokus, merkez; merkez nokta. *f.* bir noktaya toplamak; odak ayarı yapmak.

fod.der [fad'ır] *i.* kuru ot, saman, yem.

foe [fo] *i. yaz.* düşman.

fog [fag] *i., f.* sis. *f.* sislenmek;

(göz*lük*, *vb.*) buğulanmak; kafasını karıştırmak. *foggy* sisli, dumanlı.

foil [foyl] *i.*, *f.* yaldız kâğıdı; metal yaprak, varak; eskrim kılıcı, meç. *f.* işini bozmak, engel olmak.

fold [fold] *f.*, *i.* katlamak; katlanmak; (*elleri*) kavuşturmak, bağlamak. *i.* kıvrım. *folder* dosya.

folk [fok] *i.* halk; insanlar, ahali. *folk dance* halk oyunu. *folk music* halk müziği. *folk singer* halk türküleri sanatçısı. *folk song* halk türküsü.

fol.low [fal'o] *f.* takip etmek, izlemek; dinlemek, uymak; anlamak; sonucu çıkmak. *follower* taraftar, destekçi. *as follows* aşağıdaki gibi. *follow through* sonunu getirmek, bitirmek. *follow up* sonuna kadar götürmek.

fol.low.ing [fal'owîng] *ilg.*, *s.* -den sonra, -in ardından. *s.* aşağıdaki; izleyen; ertesi.

fol.ly [fal'i] *i.* akılsızlık, aptallık.

fond [fand] *s.* sever, düşkün. *be fond of* -e düşkün olmak, -den hoşlanmak. *fondly* sevgiyle; safça.

fon.dle [fan'dıl] *f.* okşamak, sevmek.

food [fud] *i.* yiyecek, besin, gıda.

fool [ful] *i.*, *f.* aptal, budala, enayi. *f.* kandırmak, aldatmak, aptal yerine koymak. *fool about/ around* aylak aylak dolaşmak. *fool away* çarçur etmek, israf etmek. *fool with* ile oynamak, kurcalamak. *foolery* aptallık. *foolhardy* delifişek, çılgın.

fool.ish [fu'lîş] *s.* aptal, akılsız, budala; saçma, budalaca. *foolishly* aptalca. *foolishness* aptallık.

foot [fut] *i.* ayak; 30.48 cm.; etek, dip. *on foot* yayan, yürüyerek. *put one's foot down* ayak diremek. *put one's foot in it* pot kırmak. *football* futbol; futbol topu. *footnote* dipnot. *footpath* keçiyolu, patika. *footprint* ayak izi. *footstep* ayak sesi; ayak izi; adım; basamak. *footwear* ayakkabı, ayak giyecekleri. *get/have cold feet* cesaretini yitirmek, korkmak. *have one foot in the grave* bir ayağı çukurda olmak. *football pools* sportoto. *footbridge* yaya köprüsü. *foothill* dağ eteğindeki tepe. *foothold* ayak basacak sağlam yer, basamak. *footing* ayak basacak yer; karşılıklı ilişki. *footlights* sahnenin önündeki ışıklar. *footsore* ayakları acımış/şişmiş.

for [fôr] *ilg.* için; adına, için; uğruna; lehine, lehinde; yüzünden, -den; karşılık; zarfında, -dır; süresince; yerine. *bağ.* çünkü, zira

for.ay [fôr'ey] *i.* akın, yağma, baskın.

for.bear [fôrber'] *f.* forbore, forborne kendini tutmak, çekinmek, sakınmak.

for.bid [fırbîd'] *f.* forbade, forbidden yasaklamak. *forbidden* yasak. *forbidding* sert; ürkütücü; tehditkâr.

force [fôrs] *i.*, *f.* güç, kuvvet; zor, baskı, şiddet; nüfuz, etki. *f.* zorlamak; mecbur etmek. *by force* zorla. *in force* yürürlükteki. *forced* mecburi, zorunlu. *forced landing* mecburi iniş. *forceful* güçlü, etkili.

for.ceps [fôr'sıps] *i.* hek. pens, kıskaç.

fore [fôr] *s.* ön.

fore.arm [fôr'arm] *i.* önkol.

fore.bode [fôrbod'] *i.* önsezi.

fore.cast [fôr'käst] *f., i.* tahmin etmek. *i.* tahmin.

fore.fa.ther [fôr'fadhır] *i.* ata, cet.

fore.fin.ger [fôr'finggır] *i.* işaret parmağı.

fore.ground [fôr'graund] *i.* ön plan.

foreign [fôr'în] *s.* yabancı, dış, ecnebi. *foreign affairs* dışişleri. *foreign country* yabancı ülke. *foreign exchange* kambiyo. *foreign minister* dışişleri bakanı. *foreigner* yabancı.

fore.man [fôr'mın] *i.* ustabaşı.

fore.most [fôr'most] *s.* en başta gelen, en önemli.

fo.ren.sic [fren'sîk] *s.* mahkemeye ait, adli.

fore.shad.ow [fôr'şä'do] *f.* önceden göstermek, belirtisi olmak.

fore.sight [fôr'sayt] *i.* sağgörü, öngörü, seziş.

for.est [fôr'îst] *i.* orman. *forester* ormancı. *forestry* ormancılık.

for.ev.er [fırev'ır] *z.* ebediyen, sonsuza kadar, daima.

fore.warn [fôr'wôrn] *f.* önceden uyarmak.

for.feit [fôr'fît] *f., i.* kaybetmek, yoksun kalmak. *i.* ceza, kayıp.

forge [fôrc] *i., f.* demirhane. *f.* sahtesini yapmak, kalpazanlık yapmak demir dövmek. *forger* sahtekâr; kalpazan. *forgery* sahtekârlık; kalpazanlık.

for.get [fırget'] *f.* forgot, forgotten unutmak. *forgetful* unutkan.

for.give [fırgîv'] *f.* forgave, forgiven affetmek, bağışlamak. *forgiveness* af; affetme. *forgiving* bağışlayıcı.

for.go [fôrgo'] *f.* bırakmak, vazgeçmek.

fork [fôrk] *i., f.* çatallı bel, yaba. *f.* çatallaşmak. *forked* çatallı. *forklift* forklift.

for.lorn [fôrlôrn'] *s.* üzgün, mahzun.

form [fôrm] *i., f.* şekil, biçim; görünüş; basılı kâğıt; kondisyon. *f.* biçim vermek; düzenlemek; düzenlenmek.

for.mal [fôr'mıl] *s.* resmi; biçimsel.

for.mal.i.ty [fôrmäl'ıti] *i.* resmiyet; formalite.

for.mat [fôr'mät] *i.* kitap boyu, format; genel düzen.

for.ma.tion [formey'şın] *i.* oluşum.

form.er [fôr'mır] *s.* önceki. *formerly* eskiden, önceden.

for.mu.la [fôr'myılı] *i.* formül; reçete.

for.sake [fırseyk'] *f.* foresook, forsaken bırakmak, terk etmek.

for.swear [fôrswer'] *f.* tövbe etmek, bırakmaya yemin etmek.

fort [fôrt] *i.* kale.

forte [fôrt] *i.* birinin en iyi yaptığı şey.

forth [fôrth] *z.* ileri; dışarı. *and so forth* vesaire.

forth.com.ing [fôrth'kâmîng] *s.* gerçek, gelecekte olacak.

forth.with [fôrthwîdh'] *z.* hemen, derhal.

for.ti.eth [fôr'tiyîth] *i. s.* kırkıncı.

for.ti.fi.ca.tion [fôrtıfikey'şın] *i.* güçlendirme, sağlamlaştırma.

for.ti.fy [fôr'tıfay] *f.* güçlendirmek, sağlamlaştırmak.

for.ti.tude [fôr'tıtud] *f.* dayanıklılık, yüreklilik, metanet.

fort.night [fôrt'nayt] *i.* iki hafta.

fort.ress [fôrt'rîs] *i.* büyük kale.

for.tu.nate [fôr'çınît] *s.* şanslı, talihli; uğurlu, hayırlı. *fortunately* Allahtan, şükür ki, şansa.

for.tune [fôr'çın] *i.* şans, talih; kısmet; servet. *fortuneteller* falcı.

for.ty [fôr'tî] *i. s.* kırk.

for.ward [fôr'wırd] *s., z., f., i.* ön, öndeki; ileri; küstah, şımarık. *z. ilg.* ileri, ileriye; daha önceye. *f.* göndermek. *i.* forvet.

fos.ter [fôs'tır] *f.* beslemek, bakmak.

foul [faul] *s.* iğrenç, pis; (*hava*) bozuk, fırtınalı; çirkin, ayıp; *sp.* faul.

found [faund] *f.* yapmak, inşa etmek; kurmak; yaptırmak *founder* kurucu.

foun.da.tion [faundey'şın] *i.* kuruluş, tesis; temel.

foun.dry [faun'dri] *i.* dökümhane.

foun.tain [faun'tın] *i.* çeşme; fıskiye. *fountainpen* dolmakalem.

four [for] *i. s.* dört. *fourth* dördüncü.

four.teen [fo:'ti:n] *i. s.* on dört *fourteenth* on dördüncü

fowl [faul] *i.* kümes hayvanı.

fox [faks] *i.* tilki.

foy.er [foy'ır] *i.* fuaye, giriş, antre.

frac.tion [fräk'şın] *i.* küçük parça, bölüm, kesim; *mat.* kesir kırık, çatlak.

frac.ture [fräk'çır] *i., f.* kırılma; kırık, çatlak. *f.* kırılmak, çatlatmak.

frag.ile [frä'cıl] *s.* kırılgan; narin.

frag.ment [fräg'mınt] *i.* parça, kırıntı.

fra.grance [frey'grıns] *i.* güzel koku. *fragrant* güzel kokulu.

frail [freyl] *s.* zayıf, narin; kırılgan, kolay kırılır. *frailty* zayıflık, dayanıksızlık, narinlik.

frame [freym] *i., f.* iskelet, çatı; beden; çerçeve. *f.* çerçevelemek *framework* çatı, iskelet, kafes.

fran.chise [frän'çayz] *i.* oy hakkı; isim hakkı.

frank [frängk] *s., f.* açıksözlü, içten, samimi. *f.* (*mektup*) damgalamak.

fra.ter.ni.ty [frıtır'nıti] *i.* kardeşlik; birlik, cemiyet, demek.

fra.ter.nize [frät'ırnayz] *f.* kardeşçe davranmak, dost olmak.

fraud [frô:d] *i.* sahtekârlık, dolandırıcılık, hile; dolandırıcı *fraudulent* hileli, hileyle kazanılan

fraught [frôt] *s.* dolu, yüklü.

fray [frey] *i., f. yaz.* kavga, arbede, çekişme. *f.* yıpranmak; yıpratmak.

freak [frik] *i.* hilkat garibesi, ucube; kaçık; *k. dili* koyu hayran, düşkün.

freck.le [frek'ıl] *i.* çil.

free [fri:] *s., z., f.* özgür, hür; bağımsız;boş, serbest; parasız, bedava-, (*davranış*) rahat. *z.* hür olarak; bedava. *f.* serbest bırakmak, özgürlüğüne kavuşturmak. *freedom* özgürlük; bağımsızlık. *free and easy* rahat, kaygısız, teklifsiz. *freely* çekinmeden, rahatça; serbestçe; açıkça. *freeway Al.* Karayolu. *freehold* mülkiyet; mülk. *free will* irade özgürlüğü.

freeze [friz] *f., i. froze, frozen* donmak; dondurmak; (*hava*) çok soğuk olmak; donakalmak. *i.* donma; don, dondurucu soğuk; (*ücret, fiyat, vb.*) dondurma. *freezer* soğutucu, dondurucu. *freezing point* donma noktası.

freight [freyt] *i.* taşıma, nakliye; yük.

freight.er [frey'tır] *i.* yük gemisi/ uçağı, kargo.

French [frenç] *s.* Fransız. *French fries Al.* patates kızartması, patates tava. *French* Fransızca; (*the*) Fransızlar.

fren.zy [fren'zi] *i.* çılgınlık, cinnet, taşkınlık.

fre.quen.cy [fri'kwınsi] *i.* sık sık oluş, sıklık; frekans.

fre.quent [fri'kwınt] *s.* yaygın, sık sık olan; olağan; alışılmış, sık görülen. ***frequently*** sık sık.

fresh [freş] *s.* taze, körpe; yeni; temiz; taze pişmiş; sağlıklı.

fresh.en [freş'ın] *f.* (*rüzgâr*) sertleşmek; tazelemek, tazelenmek.

fresh.man [freş'mın] *i. k. dili* üniversitede birinci sınıf öğrencisi.

fri.ar [fıray'ır] *i.* keşiş, papaz.

fric.tion [frîk'şın] *i.* sürtme, sürtünme; anlaşmazlık, sürtüşme.

Friday [fray'di] *i.* Cuma.

fridge [frîc] *i. k. dili* buzdolabı.

friend [frend] *i.* arkadaş, dost. ***make friends (with)*** (*ile*) arkadaşlık kurmak. ***friendly*** dost, dostça; yardımsever; içten, sıcak. ***friendship*** dostluk, arkadaşlık.

fright [frayt] *i.* korku.

frill [frîl] *i.* farbala, fırfır; gereksiz süs. ***frilly*** fırfırlı.

fringe [frinc] *i.* saçak; perçem; kenar.

frisk [frîsk] *f.* sıçrayıp oynamak, hoplayıp zıplamak, koşuşmak

frizz [frîz] *f. k. dili* (*saç*) kıvırmak. ***frizzy*** (*saç*) kıvırcık.

fro [fro] *z.* sadece. ***to and fro*** öteye beriye, aşağı yukarı.

frock [frak] *i.* kadın giysisi.

frog [frag] *i.* kurbağa.

from [frám] *edat.* -den, -dan; -den beri; -den sonra; göz önünde tutulursa, göre.

fron.tier [frántîr'] *i.* sınır, hudut.

frost [frôst] *i., f.* ayaz, don; kırağı. *f.* donmak, buzlanmak. ***frosty*** dondurucu; içten olmayan, soğuk.

froth [frôth] *i., f.* köpük. *f.* köpürmek, köpüklenmek. ***frothy*** köpüklü.

frown [fraun] *f.* kaşlarını çatmak. ***frown on/upon*** uygun görmemek, karşı çıkmak.

fru.gal [fru'gıl] *s.* tutumlu; ucuz.

fruit [frut] *i., f.* meyve; sonuç; ürün. *f.* meyve vermek. ***fruitful*** sonuç veren, verimli. ***fruitless*** meyvesiz; kısır.

fru.i.tion [fruwîş'ın] *i.* muradına erme, istediğini elde etme, gerçekleşme.

frus.trate [frás'treyt] *f.* boşa çıkarmak, engellemek; düş kırıklığına uğratmak. ***frustration*** düş kırıklığı; engelleme, bozma.

fry [fray] *f.* (*yağda*) kızartmak; kızarmak. ***frying pan*** tava.

fudge [fác] *i.* bir çeşit yumuşak şekerleme.

fu.el [fyu'wıl] *i.* yakıt; yakacak; benzin.

fu.gi.tive [fyu'cıtîv] *s., i.* kaçak; akılda tutulması zor; geçici, gidici. *i.* kaçak.

ful.crum [fûl'krım] *i.* tek. (*kaldıraç*) dayanak noktası, taşıma noktası.

ful.fil [fûlfîl'] *f.* yerine getirmek, yapmak; gerçekleştirmek. ***fulfilment*** yapma, yerine getirme, ifa.

full [fûl] *s.* dolu; tam, tüm, bol. ***full moon*** dolunay. ***full stop*** nokta (.). ***full-time*** tam gün, tam gün olan/çalışan/yapılan. ***fully*** en az, en azından; tamamen, tam olarak. ***to the full*** tümüyle. ***in full*** tamamen, tam olarak. ***fullscale*** aslının ölçüsünde; tüm gücünü kullanan.

fum.ble [fám'bıl] *f.* el yordamıyla aramak, yoklamak; beceriksizce yapmak.

fume [fyum] *i., f.* duman, buhar, gaz. *f.* duman çıkarmak, tütmek; öfkelenmek, köpürmek.

fun [fán] *i.* oyunculuk, neşe; eğlence, zevk. *for fun/for the fun of it* gırgırına, zevk olsun diye. *in fun* şaka olsun diye. *make fun of* -e gülmek/güldürmek, alay etmek.

func.tion [fánk'şın] *i., f.* görev, iş, işlev, fonksiyon; amaç. *f.* çalışmak, işlemek, iş görmek. *functional* işlevsel, fonksiyonel; iş görür.

fund [fánd] *i., f.* sermaye, para, fon; stok, birikim. *f.* para sağlamak, finanse etmek.

fun.da.men.tal [fándımen'tıl] *s., i.* esas, ana, belli başlı, temel. *i.* kural, temel ilke.

fu.ner.al [fyu'nırıl.] *i.* cenaze töreni, gömme; cenaze alayı.

fun.gus [fáng'gıs] *i. bot.* mantar.

fun.nel [fán'ıl] *i.* huni; *tek.* Baca.

fun.ny [fán'i] *s.* gülünç; acayip; garip.

fur [fır] *i.* kürk, post. *fur coat* kürk manto.

fur.long [fır'lông] *i.* 201 metre.

fur.nace [fır'nis] *i.* ocak, fırın.

fur.nish [fır'niş] *f.* döşemek, donatmak; tedarik etmek.

fur.ni.ture [fır'nıçır] *i.* mobilya.

fur.ri.er [fır'yır] *i.* kürkçü.

fur.row ['farou] *i.* (toprakta) saban izi

furry [fır'o] *s.* kürklü; kürk gibi.

fur.ther [fır'dhır] *z., s., f.* daha ileri; daha fazla; ayrıca. *s.* daha çok; başka bir; daha uzaktaki. *f.* ilerlemesine yardım etmek. *furthermore* bundan başka, ayrıca, üstelik. *furthermost* en uzak, en uzağa.

fur.thest [fır'dhîst] *z. s.* en uzak.

fur.tive [fır'tîv] *s.* gizli, kaçamak.

fu.ry [fyûr'i] *i.* korkunç öfke, kızgınlık.

fuse [fyuz] *i., f. elek.* sigorta; *ask.* tapa. *f. (metal)* eritmek, eriterek birleştirmek.

fu.se.lage [fyu'sılaj] *i.* uçak gövdesi.

fu.sion [fyu'jın] *i.* birleşme, birleştirme.

fuss [fás] *i., f.* gürültü patırtı, yaygara, velvele. *f.* gereksiz yere telaşlanmak. *fussy* huysuz, yaygaracı; titiz, mızmız, kılı kırk yaran.

future [fyu'çır] *i.* gelecek. *in future* bundan sonra, artık.

fuzz [faz] *s. (saç)* kıvırcık, kabarık; *(kumaş, vb.)* tüylü; bulanık, belirsiz.

G g

G,g [ci] İngiliz alfabesinin yedinci harfi. Müz. "sol" notası.

gab [gäb] *i. k. dili* gevezelik.

gab.aridine [gäb'ardin] *i.* gabardin (bir kumaş türü)

gab.ble [gäb'ıl] *f.* çabuk çabuk ve anlaşılmaz biçimde konuşmak

gad.get [gäc'it] *i. k. dili* becerikli alet, dalga, zımbırtı

gag [gäg] *i., f.* ağız tıkacı; *k. dili* şaka. *f.* ağzını tıkamak; susturmak.

gai.e.ty [gey'ıti] *i.* neşe; şenlik, eğlence.

gai.ly [gey'li] *z.* neşeli bir şekilde, neşeyle.

gain [geyn] *i., f.* kazanç, kâr; çıkar, yarar; ilerleme, artma. *f.* kazanmak, elde etmek, edinmek

gait [geyt] *i.* yürüyüş, gidiş, yürüyüş biçimi.

ga.la [gey'lı] *i.* gala, şenlik.

gal.a.xy [gäl'ıksi] *i.* galaksi. *the Galaxy* Samanyolu.

gale [geyl] *i.* sert rüzgâr, bora.

gall [gôl] *i.* safra, öd; kin, nefret; küstahlık; sürtünme sonucu oluşan yara.

gal.lant [gäl'ınt] *s.* yürekli, yiğit, cesur; güzel, görkemli; (*erkek*) kibar, şık. *gallantry* kadınlara karşı incelik, kibarlık; yiğitlik, cesaret.

gal.ler.y [gäl'ıri] *i.* galeri.

gal.ley [gäl'i] *i.* kadırga; gemi mutfağı.

gal.lon [gäl'ın] *i.* galon (*İl. 54 lt; Al. 78 lt.*)

gal.lop [gäl'ıp] *i., f.* dörtnal. *f.* dörtnala gitmek.

gal.lows [gäl'oz] *i.* darağacı.

ga.lore [gılôr] *z. s.* pek çok, bol bol.

gal.va.nize [gäl'vınayz] *f.* galvanizlemek; canlandırmak.

gam.bit [gämbît] *i.* (*satranç*) gambit; hesaplı hareket.

gam.ble [gäm'bıl] *i., f.* rizikolu iş, kumar. *f.* kumar oynamak; (*away*) kumarda kaybetmek. *gambler* kumarbaz.

game [geym] *i., s.* oyun; av; hile. *s.* yiğit, gözü pek; topal, sakat. *gamekeeper* av bekçisi. *game-licence* avlanma ruhsatı.

gam.ut [gäm'ıt] *i. müz* nota dizisi, gam; bir şeyin tamamı.

gan.der [gän'dır] *i.* erkek kaz.

gang [gäng] *i.* arkadaş grubu, ekip; çete.

gang.plank [gäng'plängk] *i.* iskele tahtası.

gang.ster [gäng'stır] *i.* gangster.

gang.way [gäng'wey] *i.* dar yol, geçit; borda iskelesi.

gap [gäp] *i.* boşluk, aralık, yarık; (*görüş*) ayrılık.

gape [geyp] *f.* (*ağzı açık*) alık alık bakmak; açılmak, yarılmak.

ga.rage [gıraj'] *i.* garaj; benzin istasyonu.

gar.bage [gar'bîc] *i.* süprüntü, çöp. *garbage can* *Aİ.* çöp tenekesi.

gar.den [gar'dın] *i.* bahçe. *gardener* bahçıvan.

gar.gle [gar'gıl] *f., i.* gargara yapmak. *i.* gargara.

gar.land [gar'lınd] *i.* çelenk.

gar.lic [gar'lîk] *i.* sarımsak.

gar.ment [gar'mınt] *i.* giyim eşyası, giysi.

gar.net [gar'nît] *i. jeol.* lal taşı.

gar.nish [gar'nîş] *i., f.* süs, garnitür. *f.* (*yemek*) süslemek.

gar.ret [ger'ît] *i.* tavan arası.

gar.ri.son [ger'ısın] *i. ask.* garnizon.

gar.ter [gar'tır] *i.* jartiyer.

gas [ges] *i., f.* (*hava*) gaz; sıvı gaz; *Aİ. k. dili* benzin. *f.* gazla zehirlemek; *k. dili* uzun süre konuşmak. *gas station Aİ.* benzin istasyonu. *gas mask* gaz maskesi. *step on the gas* gaza basmak.

gash [gäş] *i., f.* derin yara. *f.* derin yara açmak.

gas.ket [gäs'kît] *i.* conta.

gasp [gäsp] *f., i.* güçlükle solumak, soluğu kesilmek; nefes nefeseyken söylemek. *i.* soluk soluğa konuşma.

gas.tric [gäs'trîk] *s.* mideyle ilgili.

gas.tron.o.my [gästran'ımi] *i.* iyi yemek yeme ve pişirme sanatı, gastronomi.

gasworks ['geswö:ks] *i.* havagazı fabrikası

gath.er [gädh'ır] *f.* (*round*) toplanmak; bir araya gelmek; toplamak,

koparmak; (*bilgi, vb.*) kazanmak; sonuç çıkarmak, anlamak. *gathering* toplantı.

gauche [goş] *s.* patavatsız, beceriksiz.

gaud.y [gô'di] *s.* gösterişli, çok parlak.

gauge [geyc] *i., f.* ölçü, ayar; ölçü aygıtı. *f.* ölçmek; ölçüp biçmek.

gaunt [gônt] *s.* sıska, bir deri bir kemik.

gaunt.let [gônt'lît] *i.* uzun eldiven.

gauze [gôz] *i.* tül.

gawk [gôk] *f.* aval aval bakmak.

gay [gey] *s.* şen, neşeli; parlak, canlı; *k. dili* eşcinsel.

gaze [geyz] *f., i.* gözünü dikerek bakmak. *i.* sürekli bakış.

ga.zelle [gızel'] *i. zool.* ceylan, gazel.

ga.zette [gızet'] *i.* resmi gazete.

gear [gîr] *i.* vites; dişli; tertibat, donatı; çark. *in gear* viteste. *out of gear* boşta. *gearbox* vites kutusu. *gear lever/stick/shift* vites kolu.

gel.a.tine [cel'ıtîn] *i.* jelatin.

gem [cem] *i.* değerli taş, mücevher.

gen.darme [jan'darm] *i.* jandarma.

ge.ne.al.o.gy [ciniyal'ıci] *i.* soy, soy kütüğü, secere.

gen.er.al [cen'ırıl] *i.* general. *general manager* genel müdür. *in general* genel olarak. *brigadier general* tuğgeneral. *full general* orgeneral. *lieutenant general* korgeneral. *major general* tümgeneral.

gen.er.al.ize ['cenırılayz] *f.* genelleştirmek; genelleme yapmak. *generalization* genelleştirme; genelleme. *generally* çoğunlukla, genellikle; genelde.

gen.er.ate [cen'ıreyt] *f.* üretmek.

gen.er.a.tion [cenı'reyşın] *i.* nesil, kuşak; (elektrik, vb.) üretme, üretim

ge.ner.ic [cîner'îk] *s.* cinsle ilgili; genel.

gen.er.os.i.ty [ceniras'ıti] *i.* cömertlik.

gen.er.ous [cen'ırıs] *s.* eli açık, cömert.

gen.e.sis [cen'ısîs] *i.* başlangıç, başlama noktası.

gen.ial [cîn'yıl] *s.* hoş, tatlı, cana yakın.

gen.i.tive [cen'ıtîv] *i. dilb.* -in hali, tamlayan durumu.

gen.ius [cin'yıs] *i.* üstün yetenek, deha; dahi.

gen.o.cide [cen'ısayd] *i.* soykırım.

gen.tle [cen'tıl] *s.* ince, kibar, nazik; tatlı, yumuşak, hafif, yavaş. **gentleman** centilmen; bey, beyefendi. **gently** yavaşça; tatlılıkla.

gen.u.ine [cen'yuwin] *s.* hakiki, gerçek.

ge.nus [ci'nıs] *i.* cins, tür.

ge.og.ra.phy [ciyag'rıfi] *i.* coğrafya. **geographer** coğrafyacı **geographical** coğrafi.

ge.ol.o.gy [ciyal'ıci] *i.* yerbilim, jeoloji.

ge.o.met.ric(al) [ciyımıtrî'kıl] *s.* geometrik.

ge.om.e.try [ciyam'ıtrî] *i.* geometri. **geometric** geometrik.

germ [cırm] *i.* mikrop; başlangıç.

ger.und [cer'ınd] *i. dilb.* ulaç, isim-fiil.

ges.ta.tion [cestey'şın] *i.* gebelik.

gesture [ces'çır] *i., f.* jest, el kol hareketi. *f.* el kol hareketi yapmak.

get [get] *f.* **got** almak, elde etmek; gidip getirmek; gidip almak; olmak, hale gelmek; varmak, ulaşmak; ettirmek, yaptırmak; hazırlamak; götürmek; anlamak; (*hastalık, soğuk*) kapmak, tutulmak; *k. dili* kızdırmak, canını sıkmak. **get (sb) into** durumuna koymak; (*derde, vb.*) sokmak. **get about/around** iyileşmek; seyahat etmek, gezmek; (*haber, vb.*) yayılmak. **get across** anlaşılmak, kabul edilmek; anlatmak, anlatmayı başarmak. **get along** gitmek, ayrılmak; geçinmek, iyi ilişkiler içinde olmak; sürdürmek; ilerlemek. **get at** ulaşmak, erişmek; demek istemek. **get away** kaçmak. **get back** dönmek, geri gelmek, geri dönmek. **get behind** geri kalmak. **get down to** dört elle sarılmak. **get down** yazmak, kaydetmek; güçlükle yutmak; rahatsız etmek, üzmek. **get in** içeri girmek; varmak; (*taşıta*) binmek; seçilmek. **get into** binmek; öğrenmek, alışmak. **get off** (*bir araçtan, vb.*) inmek; hareket etmek, yola çıkmak; (*işten*) paydos etmek; cezadan kurtulmak. **get on** anlaşmak, geçinmek; (*bir taşıta*) binmek; ilerlemek, gitmek. **get out** çıkmak, gitmek; sıvışmak, tüymek, kaçırmak; (*sır, vb.*) sızmak, yayılma. **get round** ikna etmek; yararlanmak **get sth done** yaptırmak, ettirmek, başına gelmek **get through** (*telefonda*) bulmak, görüşebilmek; anlaşılmak; anlaşılmasını sağlamak. **get together** toplanmak, bir araya gelmek. **get up to** varmak, yetişmek; (*özellikle kötü bir şey*) yapmak, yapmak üzere olmak. **get up** yataktan kalkmak. **get ahead** ilerlemek, önüne geçmek. *get around/round to* vakit bulmak, -e zaman ayırmak. *get away with* kötü bir şey yapmak ve cezasından kurtulmak *get back at sb* k. *dili* -den intikam almak, öç almak. *get by* yaşamını sürdürmek; şöyle böyle olmak. *get in touch with* ile temasa geçmek, bağlantı kurmak. *get into trouble* başına dert almak, başını derde sokmak. *get/become loose* gevşemek; sallanmak; çözülmek. *get out of* sorumluluktan kaçmak. *get over* (*hastalık*) iyileşmek, kurtulmak; anlaşılmak; anlaşılmasını sağlamak. *getaway* k. *dili* kaçış, firar. *get together* toplantı, buluşma. *have got* sahip olmak, -sı olmak.

gey.ser [gay'zır] *i.* gayzer, kaynaç; *İl.* Şofben.

ghost [gost] *i.* hayalet, hortlak. *ghostly* hayalet gibi.

gi.ant [cay'ınt] *i.* dev.

gib.bet [cîb'ît] *i.* darağacı.

gid.dy [gîd'i] *s.* başı dönen; hoppa, uçarı.

gift [gîft] *i.* armağan, hediye; Allah vergisi, yetenek. *gifted* yetenekli.

gi.gan.tic [caygän'tîk] *s.* devasa, kocaman.

gig.gle [gîg'ıl] *f.* kıkır kıkır gülmek, kıkırdamak. *giggle* kıkırdama.

gild [gîld] *f.* yaldızlamak.

gill [gîl] *i.* solungaç.

gilt [gîlt] *i.* yaldız.

gin [cîn] *i.* (içki) cin.

gin.ger [cîn'cır] *i., s. bot.* zencefil. *s.* kızıl renk, kızıl. *ginger ale* zencefilli gazoz.

gi.raffe [cıräf'] *i. zool.* zürafa.

gird.er [gır'dır] *i.* kiriş, direk.

gir.dle [gır'dıl] *i.* kuşak, kemer, korse.

girl [gırl] *i.* kız; kız arkadaş. *girlfriend* sevgili, kız arkadaş. *girlhood* kızlık. *girlish* kız gibi.

girth [gırth] *i.* bel ölçüsü, çevre ölçüsü; kolan, çevre.

gist [cîst] *i.* öz, ana fikir, ana noktalar.

give [gv] *f.* gave, given vermek; armağan etmek; ödemek; (*hastalık*) geçirmek, bulaştırmak; indirmek, atmak. *give away* vermek, armağan etmek; ele vermek. *give back* geri vermek. *give in* teslim olmak, boyun eğmek; teslim etmek. *give off* (*koku, vb.*) çıkarmak, yaymak. *give out* dağıtmak; sona ermek. *give up* vazgeçmek, bırakmak; umudunu kesmek. *give and take* karşılıklı özveri.

gla.cial [gley'şıl] *s.* buz ya da buzulla ilgili.

gla.cier [gley'şır] *i.* buzul.

glad [gläd] *s.* mutlu, memnun, hoşnut; memnun edici, sevinçli. *gladly* gönülden, zevkle, istekle, seve seve.

glade [gleyd] *f.* ormanda ağaçsız alan.

glad.i.a.tor [gläd'iyetır] *i.* gladyatör.

glamour [gläm'ır] *i.* çekicilik, alım, büyü. *glamorous* çekici, göz alıcı.

glance [gläns] *f., i.* göz atmak, bakmak. *i.* kısaca bakış; bir bakışta, hemen. *glance over/through* göz gezdirmek.

gland [glä.nd] *i. anat.* bez

glare [gler] *f., i.* parıldamak; ters ters bakmak. *i.* parıltı; ters bakış. *glaring* göz kamaştırıcı.

glass [gläs] *i.* cam; bardak. *glass-*

es gözlük. **glassware** zücaciye, cam eşya. **glassy** cam gibi; (*bakış*) cansız, donuk.

glaze [gleyz] *f., i.* sırlamak; cam takmak; (*bakış*) anlamsızlaşmak. *i.* sır, perdah, cila.

glo.zier [gley'jır] *i.* camcı.

gleam [glim] *i., i.* ışık, parıltı, pırıltı. *f.* parıldamak, parlamak.

glee [gli] *i.* sevinç, neşe.

glib [glîb] *s.* güzel ve rahat konuşan.

glide [glayd] *f.* kaymak, akmak, süzülmek; planörle uçmak. **glider** planör.

glim.mer [glîm'ır] *f., i.* zayıf bir şekilde parlamak. *i.* donuk ışık; zerre.

glimpse [glîmps] *f., i.* bir an için görmek; gözüne ilişmek. *i.* kısa bakış, gözüne ilişme.

glint [glînt] *f., i.* parıldamak, parlamak. *i.* parıltı.

glis.ten [glîs'ın] *f.* parıldamak, parlamak.

glit.ter [glît'ır] *f., i.* parlamak, parıldamak. *i.* parıltı. **glittering** görkemli, parlak.

globe [glob] *i.* top, küre; dünya; gezegen. **global** *geniş* çaplı, ayrıntılı; dünya çapında, evrensel.

gloom [glum] *i.* karanlık; üzüntü, hüzün. **gloomy** karanlık; üzüntülü, mahzun, karanlık.

glo.ri.fy [glôr'ıfay] *f.* övmek; yüceltmek; güzel göstermek.

glo.ri.ous [glôr'iyıs] *s.* şanlı, şerefli; görkemli, parlak.

glo.ry [glôr'i] *i.* şan, ün, şeref; görkem.

gloss [glôs] *i.* parlaklık; açıklama, yorum. **glossy** parlak ve düz.

glos.sa.ry [glôs'ıri] *i.* ek sözlük.

glove [gláv] *i.* eldiven.

glow [glu] *f.,i.* parıldamak; içini ateş basmak; kızarmak. *i.* kızıl ışık, kızıllık; sıcaklık, hararet; çaba, gayret.

glow.er [glaw'ır] *f.* ters ters bakmak.

glue [glu] *i.* tutkal, zamk.

glum [glám] *s.* asık suratlı, üzgün.

glut [glát] *i.* bolluk, furya.

glut.ton [glát'ın] *i.* obur. **gluttonous** obur, açgözlü.

gnash [náş] *f.* (*diş*) gıcırdatmak.

gnat [nät] *i.* zool. sivrisinek, tatarcık.

gnaw [nô] *f.* kemirmek.

go [go] *f., i.* **went**, **gone** gitmek; hareket etmek, kalkmak; ayrılmak; işlemek, çalışmak; sığmak; kırılmak, kopmak; ilerlemek, gelişmek; götürmek; devam etmek; uymak. *i.* sınama, deneme; sefer. **be going to** -ecek, -acak. **go about** (*birisiyle*) birlikte olmak; dolaşmak. **go after** peşinden koşmak, izlemek. **go ahead** ilerlemek, gelişmek; başlamak. **go by** geçmek, geçip gitmek; -e göre davranmak **go down** inmek; batmak **go in for** katılmak, yer almak; alışkanlık haline getirmek. **go into** (*yer, iş, vb.'e*) girmek; girişmek, ilgilenmek. **go off** kesilmek; sönmek; bozulmak, çürümek; (*bomba*) patlamak. **go on** devam etmek; vakit geçirmek. **go out** dışarı çıkmak; (*ışık, vb.*) sönmek; modası geçmek. **go over** başarı kazanmak; tutmak, gözden geçirmek, incelemek. **go through** gözden geçirmek, incelemek; araştırmak; yoklamak; kabul edilmek; harcamak; tüketmek; katlanmak, çekmek. **go up** yükselmek, çıkmak. **go**

with uymak, gitmek; birbirini tamamlamak. **go without** -sız idare etmek. **go against** -e karşı gelmek. **go along** aynı fikirde olmak. **go for** aramak, çağırmak; saldırmak; hoşlanmak, beğenmek. **go worse** kötüleşmek.
goad [god] f. kışkırtmak, dürtmek.
goal [gol] i. amaç, hedef, gaye; sp. kale; gol. **goalkeeper** kaleci.
goat [got] i. keçi, teke.
gob.ble [gab'ıl] f. çabuk çabuk yemek.
gob.lin [gab'lin] i. gulyabani, cin.
god [gôd] i. mabut, put, tapı
God [gôd] i. Tanrı, Allah. **for God's sake** Allah aşkına. **God (alone) knows** k. dili Allah bilir. **God forbid/grant that** Allah göstermesin, Allah korusun. **God willing** inşallah, Allah isterse. **godchild** vaftiz çocuğu. **goddess** tanrıça. **godfather** vaftiz babası. **Good God** Aman Tanrım. **My God** Aman Tanrım. **Oh God** Aman Tanrım. **oh my God** Aman Tanrım. **Thank God** Allah'a şükür.
gog.gle [gag'ıl] f. hayretle bakmak.
gog.gles [gag'ılz] i. koruyucu gözlük.
go.ing [go'wing] i., s. gidiş, ayrılış; yol durumu; gidiş hızı. s. şu anki; mevcut, yaşayan; işleyen, çalışan. **goingson** olup bitenler, gidişat.
gold [gold] i. altın; altın rengi. **gold dust** altın tozu. **goldfinch** saka kuşu. **goldmine** altın madeni.
gold.en [gol'dın] s. altından, altın; altın rengi. **golden handshake** emeklilik ikramiyesi. **golden jubilee** ellinci yıldönümü.

gold.smith [gold'smîth] i. kuyumcu.
golf [gôlf] i. sp. golf **golf course/ links** golf sahası. **golf club** golf kulübü; golf sopası.
gong [gông] i. gong.
good [gûd] s., i. iyi, güzel, hoş; uygun, yerinde; uslu; yararlı; yetenekli; sağlıklı; güvenilir, sağlam. i. iyilik; yarar, fayda. **be good at** -de başarılı olmak, iyi olmak. **good afternoon** tünaydın. **good evening** iyi akşamlar. **good morning** günaydın. **good night** iyi geceler. **goodbye** allahaısmarladık, hoşça kal. **good-humoured** neşeli, şen, güler yüzlü. **goodness** iyilik. **goodwill** iyi niyet. **for goodness' sake** Allah aşkına. **My goodness** Tanrım!, Yarabbim! **do sb good** iyi gelmek; iyileştirmek. **in good time** erken, erkenden. **for good** temelli, ebediyen **no good** işe yaramaz.
goods [gûdz] i. eşya, mal; yük.
goose [gus] i. zool. kaz.
gore [gôr] f. boynuzla yaralamak.
gorge [gôrc] i. coğ. geçit, boğaz.
gor.geous [gôr'cıs] s. harika, çok güzel, hoş.
gorse [gôrs] i. bot. karaçalı.
gosh [gaş] ünl. Allah Allah, vay canına, hayret.
gos.ling [gaz'ling] i. zool. kaz palazı.
gos.pel [gas'pıl] i. k. dili hakikat; ilke. **the Gospel** İncil. **gospel truth** asıl gerçek.
gos.sa.mer [gas'ımır] i. örümcek ağı; çok ince şey.
gos.sip [gas'ip] i., f. dedikodu; dedikoducu. f. dedikodu yapmak.
gouge [gauc] i. heykeltıraş kalemi; ucu kıvrık bıçak.

gourd [gôrd] *i. bot.* su kabağı.

gour.met [gûrme] *i.* yemek ve içkinin iyisinden anlayan kimse.

gout [gaut] *i. hek.* gut, damla sayrılığı

gov.ern [gáv'ırn] *f.* yönetmek, idare etmek; etkilemek.

gov.ern.ess [gáv'ırnîs] *i.* mürebbiye.

gov.ern.ment [gáv'ırnmınt] *i.* yönetim; hükümet.

gov.er.nor [gáv'ırnır] *i.* vali; yönetici; şef, amir; *k. dili* patron, işveren; *Al.* eyalet başkanı.

gown [gaun] *i.* uzun kadın giysisi, gece giysisi; cüppe.

grab [gräb] *f., i.* kapmak. *i.* kapma.

grace [greys] *i.* zarafet, güzellik; lütuf; şükran duası. *graceful* zarif, hoş.

gra.cious [grey'şıs] *s.* hoş, nazik; (Tanrı) bağışlayıcı, merhametli.

gra.da.tion [greydey'şın] *i.* derece derece değişme.

gra.di.ent [grey'diyınt] *i.* eğim, eğiklik, meyil.

grad.u.al [gräc'uwıl] *s.* derece derece olan, aşamalı. *gradually* azar azar, yavaş yavaş.

grad.u.ate [gräc'uweyt] *f.* (üniversiteden) mezun olmak.

grad.u.ate [gräc'uwîyt] *i.* üniversite mezunu.

graft [gräft] *i., f. bot.* aşı; *hek.* (doku) yama. *f.* (ağaç) aşılamak; *hek.* doku yerleştirmek.

grain [greyn] *i.* tahıl, hububat; tane.

gram.mar [gräm'ır] *i.* dilbilgisi, gramer *grammar school İl.* (üniversiteye hazırlayan) orta dereceli okul. *grammatical* dilbilgisel.

gram.o.phone [gräm'ıfon] *i.* gramofon.

gran.a.ry [grän'ırı] *i.* tahıl ambarı.

grand [gränd] *s.* ulu, yüce, görkemli; gösterişli; en önemli, ana; tam; bütün; büyük, yüce. *grand piano* kuyruklu piyano.

gran.deur [grän'cır] *i.* büyüklük, görkem.

gran.di.ose [grän'diyos] *s.* gösterişli, tantanalı, görkemli.

grandma ['grenma:] *i. k. dili* büyükanne, nine

grand.moth.er ['grenmadı] *i.* büyükanne, nine

gran.ny [grän'i] *i. ton.* büyükanne, nine.

grant [gränt] *f., i.* vermek, bahşetmek; onaylamak; varsaymak; kabul etmek. *i.* bağış; burs; ödenek, tahsisat. *take sth/sb for granted* itirazsız kabul etmek.

gran.u.lar [grän'yılır] *s.* taneli.

gran.u.late [grän'yıleyt] *f.* tanelemek. *granulated sugar* tozşeker.

grape.fruit [greyp'frut] *i.* greyfurt, altıntop.

graph.ic [gräf'îk] *s.* çizgesel, grafik; (anlatımı, vb.) canlı, açık, tam.

grap.ple [gräp'ıl] *f.* (with) boğuşmak.

grasp [gräsp] *f., i.* yakalamak, kavramak, tutmak; anlamak, kavramak. *i.* sıkı sıkı tutma, kapma; anlama, kavrama

grass [gräs] *i.* ot, çimen; çayır, otlak. *grasshopper* çekirge. *grassy* otlu, çimenli. *grassland* otlak.

grate [greyt] *i., f.* ocak ızgarası. *f.* rendelemek; gıcırdatmak; gıcırdamak.

grate.ful [greyt'fıl] *s.* minnettar, müteşekkir.

grati.fy [grät'ifay] f. sevindirmek, mutlu etmek.

grat.ing [grey'tîng] i. ızgara, demir parmaklık.

gra.tis [grey'tîs] s. z. bedava, bedavadan, karşılıksız.

grat.i.tude [grät'îtud] i. minnettarlık.

gra.tu.i.tous [grıtyu'wîtıs] s. karşılıksız, bedava, karşılık beklemeden; nedensiz.

gra.tu.i.ty [grıtyu'wîti] i. bahşiş.

grave [greyv] i., s. mezar. s. ciddi; ağır. gravestone mezar taşı. graveyard mezarlık.

grav.el [gräv'ıl] i. çakıl.

grav.i.ty [gräv'ıti] i. yerçekimi; ciddiyet, ağırlık, önem.

gra.vy [grey'vi] i. et suyu; salça, sos.

gray, grey [grey] s., i., f. gri, kurşuni. i. kurşuni renkte olan şey. f. ağartmak, ağarmak.

graze [greyz] f., i. otlamak; otlatmak; sıyırmak, sıyırıp geçmek. i. sıyrık.

grease [gris] i., f. (hayvansal) yağ; gres, katıyağ. f. yağlamak. greasy yağlı.

great [greyt] s. büyük; kocaman; yüce, ulvi; önemli; k. dili harika. a great deal çok. great-grandfather babasının dedesi. great-grandson oğlunun/kızının erkek torunu. greatly çokça, pek. greatness büyüklük.

greed [grid] i. açgözlülük. greedy açgözlü.

green [grin] s., i. yeşil; (meyve) ham, olmamış; k.dili toy; benzi sararmış. i. yeşil renk; yeşil; çayır; k.dili yeşil yapraklı sebzeler, yeşillik. green belt yeşil alan, yeşil kuşak. greenish yeşilimsi.

green.gage [grin'geyc] i. bot. bardakeriği.

green.gro.cer [grin'grosır] i. manav.

green.house [grin'haus] i. limonluk, ser.

greet [grit] f. selamlamak, selam vermek; karşılamak. greeting i. selam; iyi dilek, tebrik.

gre.gar.i.ous [griger'iyıs] s. sokulgan; sürü halinde yaşayan.

gre.nade [grineyd'] i. el bombası.

grey.hound [grey'haund] i. tazı.

grid [grîd] i. ızgara, parmaklık.

grief [grif] s. acı, keder, üzüntü.

griev.ance [gri'vıns] i. yakınma, şikâyet, dert.

grieve [griv] f. üzülmek, üzmek.

griev.ous [gri'vıs] s. acı, üzücü.

grill [grîl] i., f. ızgara; ızgara et. f. ızgarada pişirmek.

grim [grîm] s. sert, acımasız; k. dili zevksiz, neşesiz.

gri.mace [grîmeys'] f. yüzünü ekşitmek, yüzünü buruşturmak.

grime [graym] i. kir tabakası, kir.

grin [grîn] i., f. sırıtma, sırıtış. f. sırıtmak.

grind [graynd] f., i. ground öğütmek; gıcırdatmak. i. öğütme; sıkıcı zor iş, angarya grinder öğütücü. grindstone bileği taşı.

grip [grîp] f., i. sımsıkı tutmak, kavramak; ilgisini çekmek, etkilemek. i. sıkıca tutma, kavrama; sap.

gripe [grayp] f. (at/about) k. dili yakınmak, sızlanmak.

gris.ly [grîz'li] s. korkunç, ürkütücü.

grit [grît] i. çakıl; k. dili azim, kararlılık.

groan [gron] f., i. inlemek. i. inilti.

gro.cer [gro'sır] i. bakkal. groceries bakkaliye.

gro.cer.y [gro'sırı] *i.* bakkallık; bakkal dükkânı.

grog.gy ['grag'i] *s. k. dili* dizleri tutmayan, halsiz, dermansız, bitkin.

groin [groyn] *i.* anar. Kasık.

groom [grum] *i., f.* damat; seyis. *f.* (*at*) tımar etmek; bir iş için hazırlamak, eğitmek.

groove [gruv] *i., f.* yiv, oluk. *f.* yiv açmak.

grope [grop] *f.* el yordamıyla aramak, yoklamak.

gross [gros] *s., i.* şişko, iriyarı; hantal; brüt; kaba. *i.* on iki düzine.

gro.tesque [grotesk'] *s.* acayip, garip.

grot.to [grat'o] *i.* mağara.

ground [graund] *i., f.* yer, zemin; toprak; alan, saha; zemin; temel, esas. *f.* (*gemi*) karaya oturmak; (*uçak*) kalkışa izin vermemek. *ground floor* zemin katı. *groundnut* yerfıstığı. *groundless* yersiz, nedensiz.

group [grup] *i.* topluluk, grup, küme.

grove [grov] *i.* koru, ağaçlık.

grov.el [gráv'ıl] *f. hkr.* yerde sürünmek; ayaklarına kapanmak.

grow [gro] *f.* **grew, grown** büyümek, gelişmek; olmak; yetiştirmek, üretmek; (*sakal*) uzatmak. *grow into* olmak, haline gelmek. *grow up* büyümek; yetişmek. *grower* yetiştirici.

growl [graul] *i.* hırıltı, hırıldama.

growth [groth] *i.* büyüme, gelişme; artış.

grub [grab] *i.* larva * *f.* kazmak, eşelemek

grub [gráb] *f.* toprağı kazmak, eşelemek.

grudge [grác] *f., i.* esirgemek, vermek istememek, çok görmek. *i.* kin, garaz, haset.

grue.some [gru'sım] *s.* korkunç, ürkünç, tüyler ürpertici.

gruff [gráf] *s.* sert, hırçın, kaba.

grum.ble [gräm'bıl] *f.* yakınmak, söylenmek, homurdanmak.

grump.y [grám'pi] *s.* huysuz, aksi.

grunt [gránt] *f., i.* (*hayvan*) hırıldamak; (*insan*) homurdanmak. *i.* hırıltı, homurtu.

guar.an.tee [gerıntı'] *i., f.* güvence, garanti; kefil. *f.* güvence vermek, garanti etmek, kefil olmak.

guar.an.tor [ger'ıntır] *i.* kefil, garantör.

guard [gard] *i., f.* koruma; nöbetçi, bekçi; nöbet. *f.* korumak; beklemek; önlemler almak, korunmak. *on guard* nöbette. *keep guard* nöbet beklemek.

guard.ed [gar'dîd] *s.* (*söz*) dikkatli.

guard.i.an [gar'diyın] *i.* gardiyan, koruyucu; *huk.* veli, vasi.

guer.il.la, guer.ril.la [gırîl'la] *i.* gerilla.

guess [ges] *f., i.* tahmin etmek; sanmak. *i.* tahmin **guesswork** tahmin, tahmin işi.

guest [gest] *i.* misafir; otel müşterisi.

guide [gayd] *i., f.* kılavuz, rehber. *f.* kılavuzluk etmek, yol göstermek, rehberlik etmek. *guide book* turist kılavuzu. *guided missile* güdümlü mermi.

guild [gîld] *i.* dernek, lonca.

guile [gayl] *i.* hile, hilekârlık, kurnazlık.

guilt [gîlt] *i.* suçluluk. *guilty* suçlu.

guise [gayz] *i.* (*aldatıcı*) dış görünüş, kılık.

gui.tar [gîtar'] *i.* gitar.
gulf [gálf] *i.* körfez; (*görüş*) ayrı-
lık.
gull [gál] *i. zool.* martı; enayi, saf.
gul.let [gál'ît] *i. k. dili* boğaz, gırtlak.
gul.li.ble [gál'ıbıl] *s.* saf, enayi.
gulp [gálp] *f.* yutuvermek, aceley-
le yutmak; yutkunmak.
gum [gám] *i., f.* dişeti; zamk; sa-
kız; çiklet. *f.* zamkla yapıştırmak.
gun [gán] *i.* top; tüfek; tabanca.
gunman silahlı haydut. ***gun-
powder*** barut. ***gunfire*** top ateşi.
gunner *ask.* topçu. ***gun run-
ning*** silah kaçakçılığı.
gush [gáş] *f.,i.* fışkırmak. *i.* fışkır-
ma.
gust [gást] *i.* bora.
gus.to [gás'to] *i.* zevk, haz, heves.
gut [gát] *i., f.* anar. bağırsak. *f.* ba-
ğırsaklarını çıkarmak.
gut.ter [gát'ır] *i.* oluk, suyolu.
guy [gay] *i. k. dili* adam, herif.
guz.zle [gáz'ıl] *f.* hapur hupur ye-
mek, höpür höpür içmek.
gym.na.si.um [cîmney'zîyım] *i.*
jimnastik salonu; (*Almanya'da*)
lise.
gyp.sy [cîp'si] *i.* Çingene.

H h

H,h [eyc] İngiliz alfabesinin sekizinci harfi.

hab.er.dash.er [häb'ırdäşır] *i. İİ.* tuhafiye. **haberdashery**. *i.* tuhafiye; tuhafiye dükkânı.

hab.it [häb'ît] *i.* alışkanlık; alışkı. **be in the habit of** alışkanlığında olmak. **fall / get into the habit of** -e alışmak.

hab.it.a.ble [häb'îtıbıl] *s.* oturmaya elverişli, oturulabilir.

hab.i.tat [häb'îtat] *i.* bir hayvan ya da bitkinin yetiştiği doğal ortam.

hab.i.ta.tion [häbitey'şın] *i.* oturma; konut, oturacak yer.

hack [häk] *f., i.* kesmek, yarmak. *i.* kira beygiri.

hack.neyed [häk'nid] *s. (söz)* bayat, beylik, eskimiş.

hag.gard [häg'ırd] *s. (yüz)* yorgun, kırışık, bitkin.

hag.gle [häg'ıl] *f.* pazarlık etmek, çekişmek, tartışmak.

hail [heyl] *i., f.* dolu. *f.* dolu yağmak. **hailstorm** dolu fırtınası. **hailstone** dolu tanesi.

hair [her] *i.* saç; kıl; tüy. **hairbrush** saç fırçası. **hair drier** saç kurutma makinesi. **haircut** saç tıraşı; saç kesimi. **hairdo** saç biçimi, saç tuvaleti. **hairdresser** kuaför. **hairpiece** takma saç, peruka. **hairpin** firkete, saç tokası. **hairpin bend** keskin viraj. **hairy** kıllı. **hairgrip** saç tokası. **hairnet** saç filesi.

hale [heyl] *s.* sağlıklı, dinç, zinde.

half [häf] *i., s., z.* yarı, buçuk; yarım. *s.* yarı, yarısı; yarım. *z.* yarı yarıya. **half-sister** üvey kız kardeş. **half-brother** üvey erkek kardeş. **half-hearted** isteksiz, gönülsüz. **halfback** hafbek. **half-mast** yarı gönder. **half time** haftaym, ara. **half-way** yarı yolda. **half-wit** aptal, geri zekâlı.

hall [hôl] *i.* salon; *(toplantı, vb.'nin yapıldığı)* resmi bina; koridor, hol, giriş.

hall.mark [hôl'mark] *i., f.* altın ya da gümüşte ayar damgası. *f.* ayar damgası vurmak.

hal.low [häl'o] *f.* kutsamak, kutsallaştırmak.

hal.lu.ci.nte [hılu'sıneyt] *f.* sanrılamak.

ha.lo [hey'lo] *i.* ışık halkası, hale, ağıl.

halt [hôlt] *f., i.* durmak; durdurmak. *i.* duruş, durma.

hal.ter [hôl'tır] *i.* yular, dizgin.

halve [häv] *f.* yarıya bölmek; yarıya indirmek.

ham [häm] *i.* jambon.

ham.let [häm'lît] *i.* küçük köy.

ham.mer [häm'ır] *i.*, *f.* çekiç. *f.* çekiçle vurmak, çakmak.

hand [händ] *i.*, *f.* el; akrep, ibre; yardım, taraf, yan; yardımcı, işçi; işe karışma; kontrol; alkış. *f.* (*elden ele*) vermek, uzatmak. *by hand* elle; elden. *hand in hand* el ele, birlikte. *on hand* el altında, hazır. *on the one hand* bir taraftan. *on the other hand* diğer taraftan. *hand in* teslim etmek, vermek. *hand out* dağıtmak. *hand over* teslim etmek, vermek. *handbag* el çantası. *handbook* el kitabı, rehber. *handbrake* el freni. *handcuffs* kelepçe. *handwriting* el yazısı. *at hand* yakın; yanında, hazır. *change hands* el değiştirmek. *hands off!* Elleme!, Dokunma! *get/keep one's hand in* (*işe*) alışmak. *give sb a free hand* arzusuna bırakmak. *have a hand in* -de katkısı bulunmak. *hand down* kuşaktan kuşağa geçmek. *handball* beyzbol. *handful* avuç dolusu. *handshake* el sıkma, tokalaşma.

hand.i.cap [hän'dikäp] *i.*, *f.* engel; engelli koşu. *f.* engellemek, engel olmak.

hand.i.craft [hän'dikräft] *i.* el becerisi, el sanatı.

hand.i.work [hän'diwırk] *i.* el işi, el becerisi.

hand.ker.chief [häng'kırçîf] *i.* mendil.

han.dle [hän'dıl] *i.*, *f.* sap, kulp, kol. *f.* el sürmek, ellemek; ele almak; idare etmek.

hand.some [hän'sım] *s.* yakışıklı; güzel; cömert.

hand.work [händ'wırk] *i.* el işi.

hand.y [hän'di] *s.* kullanışlı, pratik; *k. dili* el altında, hazır. *handyman* elinden her iş gelen erkek.

hang [häng] *f.* *hung* asmak; asılmak, asılı durmak; eğmek; sarkmak; sürtmek; idam etmek, asmak (*bu anlamda düzenli bir fiildir*) *be hung up on/about* *k.dili* saplantısı olmak, takılıp kalmak. *hang about (around)* *k. dili* aylak aylak dolaşmak. *hang on* sıkıca tutmak, beklemek. *hang up* telefonu kapamak. *hangman* cellat. *hangover* akşamdan kalmışlık, humar. *hang back* çekinmek, tereddüt etmek.

han.gar [häng'ır] *i.* hangar.

hang.er [häng'ır] *i.* askı, elbise askısı.

hang.ing [häng'îng] *i.* idam, asma.

han.ker [häng'kır] *f.* *k. dili* (*after/ for*) özlemini çekmek, can atmak.

hap.haz.ard [häp'häz'ırd] *s.* gelişigüzel, plansız, programsız.

hap.pen [häp'ın] *f.* olmak; başına gelmek, olmak; (*to*) tesadüfen, -mek. *happening* olay.

hap.py [häp'i] *s.* mutlu; memnun, sevinçli. *happiness* mutluluk. *happy-go-lucky* kaygısız, tasasız. *happily* mutlulukla, neşeyle; bereket versin ki.

har.ass [hîräs'] *f.* usandırmak, bezdirmek. *harassment* usanç.

har.bour, har.bor [har'bır] *i.*, *f.* liman; sığınak, barınak. *f.* barındırmak, korumak.

hard [hard] *s.*, *z.* sert, katı; güç, zor; şiddetli; (su) kireçli, acı. *z.* sıkıca, kuvvetlice; hızla; gayretle, harıl harıl, çok. **hardback** ciltli kitap. **hardware** madeni eşya, hırdavat; (*bilgisayar*) donanım. **hard-boiled** (*yumurta*) çok pişmiş, katı. **hardboard** kalın mukavva. **hard cash** nakit para, madeni para. **hard currency** sağlam döviz, sağlam para. **hard-core** sabit fikirli, inatçı; müstehcen. **hardheaded** mantıklı, açıkgöz. **hardhearted** katı yürekli. **hard luck** şansızlık, kör talih.

hard.en [har'dın] *f.* sertleşmek, katılaşmak; sertleştirmek.

hard.heart.ed [hard'hed'îd] *s.* katı yürekli, acımasız.

hard.ship [hard'şip] *i.* sıkıntı, güçlük, zorluk.

har.dy [har'di] *s.* dayanıklı, güçlü.

hare [her] *i. zool.* yabani tavşan.

harm [harm] *i., f.* zarar, ziyan, hasar; kötülük. *f.* zarar vermek, incitmek. **harmful** zararlı. **harmless** zararsız.

har.mo.nize [har'mınayz] *f.* uydurmak, bağdaştırmak.

har.mo.ny [harm'ıni] *i. müz.* armoni; uyum, ahenk.

har.ness [har'nîs] *i., f.* koşum takımı. *f.* (*atı*) koşmak; (*doğal güçleri*) kullanmak, yararlanmak.

har.poon [harpon'] *i., f.* zıpkın. *f.* zıpkınlamak.

harsh [harş] *s.* sert; (*renk*) cırtlak; kaba, zalim, haşin.

har.vest [har'vîst] *i., f.* hasat, ekin toplama; mahsul, ürün. *f.* biçmek, tarladan kaldırmak.

hash [häş] *i.* kıymalı yemek. **make a hash of it** yüzüne gözüne bulaştırmak.

haste [heyst] *i.* acele, telaş.

has.ten [hey'sın] *f.* acele etmek; acele ettirmek; hemen söylemek.

hast.y [heys'ti] *s.* acele, aceleyle/ telaşla yapılan. **hastily** acele ile, hemen.

hat [hät] *i.* şapka.

hatch [häç] *f., i.* (*civciv*) yumurtadan çıkmak. *i.* ambar ağzı, ambar kapağı; (*gemi, uçak*) yolcu kapısı.

hate [heyt] *i., f.* nefret. *f.* nefret etmek; *k. dili* hoşlanmamak, beğenmemek. **hateful** nefret verici, tatsız, iğrenç.

ha.tred [hey'trîd] *i.* nefret, kin.

haugh.ty [hô'ti] *s.* kibirli, kendini beğenmiş.

haul [hôl] *f., i.* çekmek, sürüklemek; taşımak; çıkarmak. *i.* çekme, çekiş; taşıma uzaklığı.

haunch [hônç] *i.* kalça, kıç, but.

haunt [hônt] *f., i.* (*cin, peri, vb.*) uğramak, sık sık görünmek; dadanmak; hiç aklından çıkamamak. *i.* sık sık gidilen yer, uğrak. **haunting** akıldan çıkmayan.

have [häv] *f.* had (geniş zamanda I, you, we, they özneleriyle "have", he, she, it özneleriyle "has" biçiminde çekimlenir.) sahip olmak; yemek, içmek; doğurmak; görmek, geçirmek; karşılaşmak. **have got** olmak. **have (got) to** -meli, -malı, -mek zorunda olmak. **have on** giymek; işi olmak; kandırmak, işletmek. **have out** (*tartışarak*) çözümlemek; tartışmak. **have sth done** -tirmek, -tırmak. **have done with** bitirmek, son vermek, -i kalmamak. **have/be to do with** -le bir ilgisi olmak. **have up** *İİ. k. dili* mahkemeye vermek. **had better** -sa iyi olur.

ha.ven [hey'vın] *i. yaz.* sığınak, liman, barınak.

hav.oc [häv'îk] *i.* hasar, zarar ziyan.

hawk [hôk] *i., f. zool.* doğan, atmaca. *f.* gezgin satıcılık yapmak.

hay [hey] *i.* saman, kuru ot. *hay fever* saman nezlesi.

haz.ard [häz'ırd] *i., f.* tehlike. *f.* riske etmek, tehlikeye atmak.

haz.ard.ous [häz'ırdıs] *s.* tehlikeli.

haze [heyz] *i.* ince sis, duman, pus.

haz.el [hey'zıl] *i., s. bot.* fındık ağacı. *i. s.* ela *hazel-nut* fındık.

he [hi] *adi. (erkek)* o; kendi.

head [hed] *i., f.* baş, kafa; baş taraf; akıl, kafa; lider, başkan; üst kısım; tuğra; *(para)* tura. *f.* başında olmak, başı çekmek; sorumlu olmak, baş olmak; *(topa)* kafa vurmak. *a/per head* kişi başı, adam başı. *from head to foot* tepeden tırnağa. *go to sb's head* aklını başından almak. *head office* genel müdürlük, merkez. *head over heels* tepetaklak. *lose one's head* sapıtmak, pusulayı şaşırmak. *headache* baş ağrısı. *headlight (oto)* far. *headline* başlık, manşet; özet haber. *headmaster* okul müdürü. *headphones* kulaklık. *headquarters* karargâh. *headband* kafa bandı. *headdress* başlık. *headed* başlı; başlıklı. *heading* (yazılarda) başlık. *headles* kafasız. *off one's head k.* dili kaçık, üşütük. *have one's head in the clouds* aklı bir karış havada olmak. *come to a head* dönüm noktasına gelmek.

heal [hil] *f. (yara, vb.)* iyileşmek; iyileştirmek; son vermek.

health [helth] *i.* sağlık. *healthy* sağlıklı.

heap [hip] *i., f.* yığın, küme. *f.* yığmak.

hear [hîr] *f.* işitmek, duymak; haber almak; dinlemek. *hear about* duymak, haberini almak. *hear from* (mektup, vb.) haber almak. *hear of* bahsini işitmek, (adını) duymak.

hear.ing [hîr'îng] *i.* işitme duyusu, işitme; *huk.* duruşma, oturum.

hear.say [hîr'sey] *i.* söylenti, şayia.

hearse [hırs] *i.* cenaze arabası.

heart [hart] *i.* kalp, yürek; kalp, gönül, yürek; merkez; (iskambil) kupa. *break sb's heart* kalbini kırmak. *by heart* ezbere. *open one's heart to sb* birine kalbini açmak. *take (sth) to heart* yüreğinde hissetmek, ciddiye almak. *heart attack* kalp krizi. *heartbeat* kalp atışı. *heartbreaking* kalp kırıcı, çok üzücü. *set one's heart on* -e gönlünü vermek, çok istemek. *heartache* gönül yarası, ıstırap, acı. *heartbreak* ıstırap, acı, üzüntü. *heartbroken* kalbi kırık, kederli. *heartburn hek.* mide ekşimesi. *heartfailure* kalp yetmezliği.

heart.en [har'tın] *f.* yüreklendirmek, cesaret vermek; neşelendirmek.

hearth [harth] *i.* ocak, şömine.

heart.less [hart'lîs] *s.* acımasız, katı yürekli, zalim, kalpsiz.

heat [hît] *i., f.* ısı; sıcaklık, sıcak; ısıtma. *f.* ısınmak; ısıtmak. *heated* hararetli, ateşli. *heater* ısıtıcı. *heatwave* sıcak dalgası.

heath [hît] *i.* fundalık, kır, çalılık; funda, süpürgeotu.

heath.er [hi'tır] *i. bot.* funda, süpürgeotu.

heat.ing [hî'tîng] *i.* ısıtma sistemi, ısıtma.

heave [hiv] *f.* **heaved, hove** kaldırmak, yukarı çekmek; *k. dili* fırlatmak; inip kalkmak. **heave a sigh** of çekmek.

heav.en [hev'ın] *i.* cennet.

heav.y [hev'i] *s.* ağır; yoğun, ağır, şiddetli; ciddi, ağır; yorucu, güç; (*hava*) boğucu; (*deniz*) dalgalı; üzgün. **heavyweight** *sp.* ağırsıklet. **heavy-handed** sert, zalim; patavatsız.

heck.le [hek'ıl] *f.* sıkıştırmak, sorularla sözünü kesmek.

hec.tic [hek'tîk] *s.* heyecanlı, telaşlı, hareketli.

hedge [hec] *i., f.* çit. *f.* çitle çevirmek; kaçamak yanıt vermek, dolaylı konuşmak.

heed [hid] *f., i.* dikkat etmek, önemsemek. *i.* dikkat, önem.

heel [hil] *i. anat.* topuk; ökçe, topuk.

he.gem.o.ny [hıcem'ıni] *i.* üstünlük, egemenlik, hegemonya.

height [hayt] *i.* yükseklik; *coğ.* yükselti; doruk, tepe.**heighten** yükselmek; yükseltmek, artırmak.

heir [er] *i.* varis, kalıtçı. **heiress** kadın varis. **heirloom** kuşaktan kuşağa geçen değerli şey.

hell [hel] *i.* cehennem. *ünl. k. dili* kahrolasıca! kahretsin! **hellish** *k. dili* berbat.

hel.lo [hılo'] *ünl.* merhaba; alo.

helm [helm] *i.* dümen. **helmsman** dümenci.

hel.met [hel'mît] *i.* kask, miğfer, tolga.

help [help] *f., i.* yardım etmek; işe yaramak; önlemek; yemek/içecek yermek. *i.* yardım; yardımcı *Help* İmdat! Yetişin! *helper* yardımcı. **helpful** yardımcı, yararlı. **helpless** yardıma muhtaç, çaresiz, aciz. **helping** yardım; (*yemek*) porsiyon. **can't help** elinde olmamak, -dan, -den edememek.

hem [hem] *i., f.* (*giysi*) kenar, baskı. *f.* kıvırıp kenarını bastırmak.

hem.i.sphere [hem'îsfîr] *i.* yarıküre.

hemp [hemp] *i.* kenevir, kendir.

hen [hen] *i.* tavuk; dişi kuş.

hence [hens] *z.* bu nedenle, bundan dolayı; şu andan itibaren. **henceforth/henceforward** bundan böyle, şimdiden sonra.

hench.man [henç'mın] *i.* dalkavuk.

hen.na [hen'ı] *i. bitk.* Kına.

her [hır] *z., s.* (dişil) onu, ona. *s.* onun.

her.ald [her'ıld] *i., f.* haberci, müjdeci. *f.* bir şeyin müjdecisi olmak.

her.aldr.y [her'ıldri] *i.* arma, armacılık.

herb [hırb] *i.* (*nane, vb.*) ot, bitki. **herbal** otlarla ilgili. **herbalist** şifalı bitkiler yetiştiren/satan kimse.

herd [hırd] *i.* hayvan sürüsü. **herdsman** çoban, sığırtmaç.

here [hîr] *z.* burada, buraya. **here and there** şurada burada. **Here you are** işte, buyurun. **hereby** şimdi, bu vesileyle, bundan ötürü. **hereabouts** buralarda, yakında. **hereafter** bundan sonra, gelecekte; ölümden sonraki yaşam, ahret. **harewith** bununla, ilişikte.

he.red.i.tar.y [hıred'itıri] *s.* kalıtsal.

he.red.i.ty [hıred'ıti] *i.* kalıtım, soyaçekim.

her.e.sy [her'ısı] *i.* dinsel/toplumsal değerlere aykırı görüş.

her.i.tage [her'itîc] *i.* miras, kalıt.

her.met.ic [hırmet'îk] *s.* sımsıkı kapalı, hava geçirmez.

her.mit [hır'mît] *i.* münzevi kimse. *hermitage* inziva yeri.

her.ni.a [hır'niyı] *i. hek.* fıtık.

he.ro [hîr'o] *i.* kahraman *heroic* cesur; yiğitçe, kahramanca *heroism* kahramanlık.

her.o.ine [her'owin] *i.* kadın kahraman.

hers [hırz] *z. (dişil)* onunki, onun.

her.self [hırself'] *z. (dişil)* kendisi.

hes.i.tant [hez'ıtınt] *s.* kararsız, ikircikli.

hes.i.tate [hez'ıteyt] *f.* tereddüt etmek. *hesitation* tereddüt.

het.er.o.ge.ne.ous [hetırıcin'iyıs] *s.* heterojen, çok türlü.

hew [hyu:] *f.* kesmek, yarmak.

hex.a.gon [hek'sıgan] *i.* altıgen.

hey.day [hey'dey] *i.* en parlak dönem, altın çağ.

hi.ber.nate [hay'bırneyt] *f.* kış uykusuna yatmak.

hid.den [hîd'ın] *bkz.* hide.

hide [hayd] *f., i.* hid, hidden saklamak, gizlemek; gizlenmek, saklanmak. *i.* deri, post. *hiding* saklama, saklanma; *k. dili* dayak, kötek.

hid.e.ous [hîd'iyıs] *s.* çirkin, iğrenç.

high [hay] *s.* yüksek; yüce, ulu; *(ses)* tiz; *(zaman)* tam. *high school* lise. *highbrow* aydın *(kimse).* *higher education* yüksek öğrenim. *high-pressure* enerjik, girgin, yüksek basınç. *highway* karayolu. *high court* yüksek mahkeme. *high jump*

yüksek atlama. *high life* sosyete yaşamı. *high-class* kaliteli, birinci sınıf. *high-handed* despot, zorba. *high-heeled* yüksek ökçeli. *highland* dağlık *(bölge)* *high-level* çok önemli, zirve; yüksek seviyeli. *highlight* ışıklı kısım; en önemli/göze çarpan kısım. *high-pitched* yüksek perdeli, çok tiz. *high-powered* güçlü. *high-rise* yüksek *(yapı).* *highwayman* eşkıya, soyguncu. *high fidelity* sesi aslına yakın derecede verme.

high.lands [hay'lındz] *i. coğ.* yüksek yöre, dağlık bölge.

high.ly [hay'li] *z.* son derece, pek çok.

Highness ['haynis] *i.* (His/Her/Your) Ekselansları

hike [hayk] *i., f. (kırda)* uzun yürüyüş. *f.* uzun yürüyüşe çıkmak.

hi.lar.i.ous [hîler'iyıs] *s.* çok şamatalı, neşeli. *hilarity* neşe, şamata.

hill [hîl] *i.* tepe. *hillock* küçük tepe, tepecik. *hillside* yamaç.

hilt [hîlt] *i.* kabza. *(up) to the hilt* tamamen.

him [hîm] *adi. (eril)* onu, ona; o.

him.self [hîmself'] *z. (eril)* kendisi.

hind [haynd] *s.* arka.

hin.der [hîn'dır] *f.* engellemek.

hin.drance [hîn'drıns] *i.* engel.

Hindu [hin'du] *i.* Hinduizm dininden olan kimse, Hindu.

hinge [hinc] *i., f.* menteşe. *f.* menteşe takmak.

hint [hînt] *i., f.* sezindirme, ima; belirti. *f.* ima etmek, çıtlatmak.

hin.ter.land [hîn'tırländ] *i.* iç bölge.

hip [hîp] *i.* kalça.

hip.po [hip'o] *i. k.dili* suaygırı.

hip.po.drome [hîp'ıdrım] *i.* hipodrom.

hire [hay'ır] *f.*, *i*. kiralamak, tutmak. *i*. kira, kiralama. *hire purchase*, *HP* taksit. *hire out* kiraya vermek.

his.to.ry [hîs'tıri] *i*. tarih; tarihsel öykü/olay; geçmiş. *historian* tarihçi. *historic* (*olay, yer*) tarihi. *historical* tarihi; tarihle ilgili.

hit [hît] *f.*, *i.* vurmak; çarpmak; üzmek; varmak, ulaşmak. *i*. vurma, vuruş, çarpma; (*şarkı, vb.*) sevilen/tutulan şey. *hit it off (with)* *k. dili* iyi geçinmek. *hit on* tesadüfen bulmak. *hit out at/ against* karşı çıkmak, sözlerle saldırmak.

hitch [hîç] *f.*, *i.* bağlamak, takmak; *k. dili* otostop yapmak. *i.* çekiş; düğüm, bağ; otostop.

hive [hayv] *i.* arı kovanı.

hoard [hôrd] *i.*, *f.* istif. *f.* istif etmek, biriktirmek, stoklamak.

hoarse [hôrs] *s.* (*ses*) kısık, boğuk; kısık sesli.

hoar.y [hôr'i] *s.* (*saç*) kır, ak.

hoax [hoks] *i.*, *f.* muziplik, şaka. *f.* işletmek, gırgır geçmek.

hob.ble [hob'ıl] *f.* topallamak.

hob.by [hab'i] *i.* hobi, düşkü.

hock.ey [hak'i] *i. sp.* hokey.

hod [had] *i.* tuğla ve harç tenekesi.

hoe [ho] *i.*, *f.* çapa, bahçe çapası. *f.* çapalamak.

hold [hold] *f.*, *i.* *held* tutmak; tutturmak; düzenlemek; içine almak; elinde tutmak; işgal etmek; inanmak, saymak. *i.* tutma, tutuş; tutunacak yer; nüfuz, etki. *hold back* zapt etmek, tutmak. *hold off* uzakta tutmak, yaklaştırmamak. *hold on* (*telefonda*) beklemek; devam ettirmek. *hold out* dayanmak; uzatmak.

hold up geciktirmek; yolunu kesip soymak. *hold down* (*bir işi*) yürütmek; aşağıda tutmak. *hold over* ertelemek. *hold to* korumak, bağlı kalmak. *hold together* tutturmak, bir arada tutmak. *hold with* uzlaşmak, aynı düşüncede olmak.

hold.ing [hol'dîng] *i.* mal, arazi, tahvil. *holding company* holding şirketi.

hold.up [hould'áp] *i.* (*trafik nedeniyle*) gecikme; *k. dili* silahlı soygun.

hole [hol] *i.* delik, çukur; kovuk, in.

hol.i.day [hal'ıdey] *i.* tatil, dinlence. *on holiday* tatilde.

ho.li.ness [ho'lînîs] *i.* kutsallık.

hol.low [hal'o] *s.*, *i.* boş, oyuk; (*ses*) boğuk. *i.* çukur.

hol.o.caust [hal'ıkôst] *i.* büyük tahribat.

home [hom] *i.* ev, yuva, aile ocağı; yurt, vatan. *home-made* evde yapılmış, yerli malı. *homework* ev ödevi. *at home* evde. *be/feel at home* kendini evindeymiş gibi hissetmek. *homeland* anayurt, memleket. *homesick* sıla hasreti çeken. *homeward* eve doğru giden.

home.ly [hom'li] *s.* sade, gösterişsiz.

hom.i.cide [ham'ısayd] *i.* adam öldürme.

ho.mo.ge.ne.ous [homıcı'nîyıs] *s.* homojen, türdeş.

hom.o.nym [ham'ınîm] *i.* okunuş ve yazılışları özdeş, anlamları ayrı sözcük, eşadlı.

hon.est [an'îst] *s.* dürüst, namuslu; içten, açık kalpli. *honesty* dürüstlük, doğruluk. *honestly* dürüstçe; gerçekten.

hon.ey [hán'i] *i.* bal; *Aİ.* tatlım, canım. *honeycomb* petek. *honeymoon* balayı.

hon.or [an'ır] *i. f. Aİ. bkz. honour.*

hon.or.a.ry [an'ırıri] *s.* onursal; fahri.

hon.our, hon.or [an'ır] *i.*, f. onur, şeref, haysiyet. *f.* onur vermek, şereflendirmek. *honourable* namuslu, onurlu; saygıdeğer.

hood [hûd] *i.* kukuleta, başlık; *Aİ.* (*oto*) kaput.

hood.wink [hûd'wingk] *f.* kandırmak, aldatmak.

hoof [hûf] *i.* toynak.

hook [hûk] *i., f.* çengel, kanca; olta iğnesi; kopça; orak. *f.* olta ile tutmak; çengellemek.

hoo.li.gan [hu'lıgın] *i.* serseri, kabadayı.

hoop [hup] *i.* çember.

hoot [hut] *f., i.* (*at/with*) ötmek; öttürmek. *i.* baykuş sesi; yuhalama.

hop [hap] *f., i.* sekmek; sıçramak; hoplamak. *i.* sıçrama, sekme; *bot.* şerbetçiotu.

hope [hop] *f., i.* umut etmek, ummak. *i.* umut, ümit. *hopeful* umut verici; umutlu. *hopeless* umutsuz; boşuna. *hopefully* umarım, inşallah.

hop.scotch [hap'skaç] *i.* seksek oyunu.

horde [hôrd] *i.* kalabalık, sürü.

hor.i.zon [hıray'zın] *i.* ufuk, çevren. *horizontal* yatay, düz.

horn [hôrn] *i.* boynuz; korna, klakson; *müz.* boru.

hor.net [hor'nît] *i. zool.* eşekarısı.

hor.ri.ble [hôr'ıbıl] *s.* korkunç; *k. dili* berbat, iğrenç.

hor.rid [hôr'îd] *s.* iğrenç; *k. dili* berbat.

hor.ri.fy [hôr'ıfay] *f.* korkutmak.

hor.ror [hôr'ır] *i.* korku, dehşet. *horror film* korku filmi.

hors d'oeuvre [ôr'dırv] *i.* ordövr, meze, çerez.

horse [hôrs] *i.* at, beygir; *sp.* atlama beygiri. *horseback* at sırtı. *horsepower* beygirgücü. *horseshoe* at nalı. *horse chestnut* atkestanesi. *horseman* atlı, binici. *horseplay* eşek şakası. *horseracing* at yarışı.

hor.ti.cul.ture [hôr'tıkálçır] *i.* bahçıvanlık.

hose [hoz] *i.* su hortumu; *k. dili* (*külotlu*) çorap.

hos.pi.ta.ble [has'pîtıbl] *s.* konuksever.

hos.pi.tal [has'pîtıl] *i.* hastane.

hos.pi.tal.i.ty [haspıtäl'ıti] *i.* konukseverlik.

host [host] *i.*, *f.* ev sahibi, mihmandar; hancı, otelci; sunucu. *f.* ev sahipliği yapmak, konuk ağırlamak

hos.tage [has'tîc] *i.* rehine.

hos.tel [has'tıl] *i.* öğrenci yurdu. *youth hostel* özellikle genç turistlerin kaldığı otel.

hos.til.i.ty [hastîl'ıti] *i.* düşmanlık, kin; *ç.* savaş.

hot [hat] *s.* sıcak; biberli, acı; (*haber*) sıcak, taze. *hot-blooded* ihtiraslı, tutkulu. *hot dog* sosisli sandviç. *hot water* sıcak su.

hot.house [hat'haus] *i.* limonluk, ser, çamlık.

hound [haund] *i.* av köpeği, tazı.

hour [aur] *i.* saat. *at all hours* sürekli, her saat. *visiting hours* ziyaret saatleri. *working hours* çalışma saatleri. *hourly* saatte bir, saat başı.

house [haus] *i, f.* ev; meclis, kamara. *f.* barındırmak. *house-*

breaker ev hırsızı. **household** ev halkı. **housewife** ev kadını. **housework** ev işi. **house detective** özel dedektif. **householder** ev sahibi. **housekeeper** (*otel, ev*) idarecisi; kâhya. **housekeeping** ev idaresi. **housemaid** orta hizmetçisi.

hov.er [háv'ır] *f.* (*over/around*) havada belli bir noktada durmak; bekleyip durmak.

how [hau] *z., bağ.* nasıl; ne kadar; ne kadar, nasıl da. *bağ.* hangi yolla, nasıl. **How do you do?** Memnun oldum; Nasılsınız? **how long** ne kadar zamandır? **how many** kaç tane, kaç? **how much** ne kadar; kaç para? **how/ what about ...** -e ne dersin?, ya...? **how come** *k. dili* nasıl olur, neden? **How is/are things?** Nasıl gidiyor? İşler nasıl?

how.ev.er [hawev'ır] *z.* bununla birlikte, yine de.

howl [haul] *f., i.* ulumak, inlemek. *i.* uluma, inleme, inilti.

hub [háb] *i.* (*oto*) tekerlek göbeği.

hub.bub [háb'áb] *i.* gürültü.

hud.dle [hád'ıl] *f.* bir araya sıkışmak, toplanmak.

hue [hyu] *i.* renk.

huff [háf] *i.* huysuzluk, dargınlık.

hug [hág] *f., i.* sevgiyle sarılmak, bağrına basmak. *i.* kucaklama, bağrına basma.

huge [hyuc] *s.* çok büyük, kocaman.

hulk [hálk] *i.* gemi enkazı. **hulking** ağır, hantal, iri.

hull [hál] *i.* gemi omurgası, geminin tekne kısmı.

hum [hám] *f.* vızıldamak; (*şarkı*) mırıldanmak.

hu.man [hyu'mın] *s., i.* insana

ilişkin, insani; insancıl, insanca. *i.* insan **human being** insan, insanoğlu.

hum.ble [hám'bıl] *s.* alçakgönüllü, gösterişsiz; fakir.

hum.bug [hám'bág] *i.* saçmalık; *İİ.* nane şekeri.

hum.drum [hám'drám] *s.* sıradan, tekdüze, monoton, yavan.

hu.mid [hyu'mîd] *s.* (*hava*) nemli. **humidity** havadaki nem, nem oranı.

hu.mil.i.ate [hyumîl'iyeyt] *f.* küçük düşürmek, utandırmak. **humiliation** aşağılama, utandırma.

hu.mil.i.ty [hyumîl'ıti] *i.* alçakgönüllülük.

hu.mor.ist [hyu'mırîst] *i.* şakacı kimse; güldürü yazarı.

hu.mor.ous [hyu'mırıs] *s.* komik, gülünç, güldürücü.

hu.mo.ur [hyu'mır] *i., f.* gülünçlük, komiklik; mizah, güldürü; mizaç, huy. *f.* eğlendirmek; istediğini yerine getirmek. **sense of humour** mizah/espri anlayışı.

hump [hámp] *i.* kambur; hörgüç; tümsek.

hunch [hánç] *i., f.* kambur. *f.* kamburlaştırmak.

hunch.back [hánç'bäk] *i.* kambur.

hun.dred [hán'drîd] *i. s.* yüz. **hundredth** yüzüncü.

hun.ger [háng'gır] *i.* açlık. **hunger march** açlık yürüyüşü. **hunger strike** açlık grevi.

hunk [hángk] *i.* iri parça.

hunt [hánt] *f., i.* avlamak; araştırmak, aramak. *i.* avlanma, av. **hunt up** arayıp bulmak. **hunter** avcı.

hur.dle [hır'dıl] *i.* engel, çit.

hurl [hırl] *f., i.* ırlatmak, fırlatıp atmak. *i.* fırlatma, savurma.

hur.ly-bur.ly [hır'li.bır'li] *i.* gürültü, kargaşa, har gür.

hur.ri.cane [hır'ıkeyn] *i.* kasırga. ***hurricane lamp*** gemici feneri.

hurt [hörr] *f.* acıtmak, incitmek; acımak, incinmek; kalbini kamak, üzmek; ağrımak.

hur.tle [hır'tıl] *f.* hızla hareket etmek, fırlamak.

hus.band [ház'bınd] *i.* koca, eş.

hush [háş] *f.*, *i.* susmak; susturmak. *i.* sessizlik.

husk [hásk] *i.* (*bitki*) dış yapraklar, kabuk. ***husky*** (*ses*) kısık, boğuk.

hus.tle [hás'ıl] *f.* itip kakmak, acele ettirmek; acele etmek.

hut [hát] *i.* kulübe.

hutch [háç] *i.* küçük hayvan kafesi.

hy.a.cinth [hay'ısînt] *i. bitk.* Sümbül.

hy.brid [hay'brid] *i.* melez.

hy.drant [hay'drınt] *i.* yangın musluğu.

hy.drau.lic [haydrô'lik] *s.* hidrolik.

hy.giene [hay'cin] *i.* sağlık bilgisi; temizlik. ***hygienic*** sağlıklı, hijyenik, sağlıksal; temiz.

hymn [hîm] *i.* ilahi.

hy.phen [hay'fın] *i.* kısa çizgi, tire.

hy.poc.ri.sy [hîpak'rısi] *i.* ikiyüzlülük.

hyp.o.crite [hîp'ıkrit] *s.* ikiyüzlü. ***hypocritical*** ikiyüzlü.

hy.poth.e.sis [haypath'ısis] *i.* hipotez, varsayım. ***hypothetical*** varsayımlı, varsayıma dayanan.

hys.te.ri.a [hîstîr'iyı] *i. hek.* isteri.

I i

I,i [ay] i. İngiliz alfabesinin dokuzuncu harfi. Romen rakamlarında bir sayısı.

I [ay] zam. Ben. *iyelik hali my* benim. *nesnel hali me* beni, bana, benden. *çoğ.* **we** biz. *iyelik hali* **we** bizim, **ours** bizimki. *nesnel hali us* bizi, bize, bizde, bizden.

ice [ays] *i.* buz; dondurma. *ice* **cream** dondurma. *iceberg* buzdağı. *ice age* buzul çağı. *ice* **skating** buz pateni.

icy [ay'si] *s.* çok soğuk, buz gibi; buzlu.

i.de.a [ayd'yı] *i.* düşünce, fikir; plan; görüş.

i.deal [aydil'] *s., i.* ideal, mükemmel, kusursuz. *i.* ideal; ülkü *idealism* idealizm, ülkücülük. *idealist* idealist, ülkücü.

idealize [aydi'layz] *f.* mükemmel olarak görmek.

i.den.ti.cal [ayden'tîkıl] *s.* **(with/ to)** benzer; aynı.

i.den.ti.fy [ayden'tıfay] *f.* tanımak, kimliğini saptamak; fark gözetmemek, bir tutmak.

i.den.ti.ty [ayden'tıti] *i.* benzerlik, özdeşlik; kimlik. *identity (card)* kimlik (*kartı*).

i.de.ol.o.gy [îdıyal'ıci] *i.* ideoloji.

id.i.o.cy [îd'yısi] *i.* aptallık, ahmaklık.

id.i.om [îd'yım] *i.* deyim *idiomatic* deyimsel; deyimlerle dolu.

id.i.ot [îd'yıt] *i.* geri zekâlı kimse; *k. dili* aptal, salak.

i.dle [ay'dıl] *s.* işsiz, aylak; tembel; yararsız, sonuçsuz, boş.

i.dol [ay'dıl] *i.* put, tapıncak; çok sevilen kimse/şey.

idolatry [ay'dolıtri] *i.* puta tapma, putperestlik

i.dol.ize [ay'dılayz] *f.* putlaştırmak, tapmak.

if [îf] *bağ.* eğer, ise. *if I were you* senin. yerinde olsam. *if only* keşke. *as if* sanki. *even if* ise, bile.

ig.nite [îgnayt'] *f.* tutuşmak; tutuşturmak.

ig.ni.tion [îgnîş'ın] *i.* tutuşma, tutuşturma; (*oto*) ateşleme, kontak.

ig.no.rance [îg'nırıns] *i.* bilgisizlik, cahillik, cehalet.

ig.nore [îg'nôr] *f.* aldırmamak, görmemezlikten gelmek.

ill [îl] *s.* hasta; kötü, fena. *ill-advised* düşüncesiz, tedbirsiz. *illbred* görgüsüz. *ill-fated* şansız, talihsiz; uğursuz. *ill-natured* huysuz, ters.

il.lic.it [ilîs'ît] s. yasadışı, yasak.

il.lit.er.ate [ilît'ırît] s. okuma yazma bilmeyen.

il.lu.mi.nate [ilu'mıneyt] f. aydınlatmak. *illumination* ışıklandırma.

il.lu.sion [ilu'jın] i. aldatıcı görünüş; düş, kuruntu, hayal.

il.lus.trate [il'ıstreyt] f. (*kitap, sözlük, vb.*) resimlemek; örneklerle açıklamak. *illustration* resim; örnek. *illustrative* açıklayıcı, aydınlatıcı.

il.lus.tri.ous [ilás'triyıs.] s. ünlü.

im.age [im'îc] i. hayal, görüntü; izlenim, imaj; kopya, eş, aynı.

im.ag.i.nar.y [imäc'ıniri] s. hayali, düşsel.

im.ag.ine [imäc'în] f. hayalinde canlandırmak, hayal etmek; sanmak, düşünmek. *imagination* hayal gücü; *k. dili* düş, düş ürünü. *imaginative* hayal gücü kuvvetli, yaratıcı.

im.be.cile [im'bısîl] i. hek. geri zekâlı, embesil; aptal, ahmak.

im.i.tate [im'ıteyt] f. taklit etmek; örnek almak; benzemek. *imitation* taklit; taklit eser.

im.mac.u.late [imäk'yılît] s. tertemiz, lekesiz; kusursuz, tam.

im.ma.te.ri.al [imıtîr'yıl] s. önemsiz; maddi olmayan, manevi.

im.ma.ture [imıçûr'] s. olgunlaşmamış.

immediate [imı'diyît] s. acele, acil; en yakın. *immediately* hemen, derhal.

im.mense [imens'] s. kocaman; harika. *immensely* pek çok.

im.merse [imîrs'] f. daldırmak.

im.mi.grant [im'ıgrınt] i. göçmen.

im.mi.nent [im'ınınt] s. yakın, yakında olacak.

immobile [i'moubayl] s. hareketsiz, sabit

im.mod.er.ate [imad'ırît] s. aşırı, ölçüsüz, çok fazla.

im.mor.al [imôr'ıl] s. ahlaka aykırı, ahlaksız, terbiyesiz.

im.mor.tal [imôr'tıl] s. ölümsüz. *immortality* ölümsüzlük. *immortalize* ölümsüzleştirmek.

im.mov.a.ble [imu'vıbıl] s. kımıldamaz, yerinden oynamaz, sabit.

im.mune [imyun'] s. bağışık, muaf. *immunity* bağışıklık; dokunulmazlık.

im.mu.nize [im'yınayz] f. bağışıklık kazandırmak.

imp [imp] i. küçük şeytan; yaramaz çocuk, afacan çocuk.

im.pact [im'päkt] i. çarpma, çarpışma.

im.pair [imper'] f. zarar vermek, bozmak.

im.par.tial [impar'şıl] s. yansız, tarafsız

im.pass.a.ble [im'päs'ıbıl] s. geçit vermez, geçilmez.

im.pas.sion [impäş'ın] s. ateşli, heyecanlı, coşkun.

im.pa.tient [impey'şınt] i. sabırsızlık. *impatient* sabırsız.

im.pec.ca.ble [impek'ıbıl] s. kusursuz.

im.pede [impid'] f. engel olmak.

im.ped.i.ment [imped'ımınt] i. engel.

im.per.a.tive [imper'ıtîv] s., i. zorunlu, gerekli. i. dilb. emir, buyruk.

im.per.fect [imoır'fîkt] s. kusurlu.

im.pe.ri.al [impîr'ıyıl] s. imparatorluk ile ilgili. *imperialism* emperyalizm. *imperialist* emperyalist.

im.per.so.nal [împır'sınıl] *s.* kişisel olmayan.

im.per.so.nate [împır'sıneyt] *f.* rolüne girmek, canlandırmak, taklidini yapmak.

im.per.ti.nent [împır'tınıt] *s.* saygısız, kaba, terbiyesiz, küstah.

im.per.vi.ous [împır'viyıs] *s.* su geçirmez.

im.pet.u.ous [împeç'ıwıs] *s.* tez canlı, düşünmeden hareket eden, aceleci.

im.pe.tus [îm'pıtıs] *i.* şiddet, hız, enerji; yüreklendirme.

im.ple.ment [îm'plıment] *i.* alet.

im.pli.cate [im'plıkeyt] *f.* (suç, vb.'de) ilişiği olduğunu göstermek.

im.plic.it [împlîs'ît] *s.* dolaylı olarak belirten, kapalı, örtük; tam, kesin.

im.plore [împlôr'] *f.* yalvarmak, dilemek.

im.ply [împlay'] *f.* anlamına gelmek; dolayısıyla anlatmak, ima etmek; içermek, kapsamak.

im.po.lite [împoılayt'] *s.* kaba, terbiyesiz.

im.port [împôrt] *f., i.* ithal etmek, getirtmek. *i.* ithal, dışalım; ithal malı.

im.por.tance [împôr'tıns] *i.* önem.

im.por.tant [împor'tınt] *s.* önemli.

im.pose [împoz'] *f.* (vergi) koymak; zorla kabul ettirmek. *imposing* görkemli.

im.pos.si.ble [împas'ıbıl] *s.* imkânsız, olanaksız; çekilmez, güç, dayanılmaz.

im.po.tent [îm'pıtent] *s.* yetersiz; iktidarsız.

im.pound [împaund'] *f. huk.* haczetmek, el koymak.

im.press [împres'] *f.* hayran bırakmak, etkilemek; kafasına sokmak.

im.pres.sion [împreş'ın] *i.* etki, izlenim; baskı. *impressionism* empresyonizm.

im.pres.sive [împres'îv] *s.* etkileyici.

im.print [împrînt'] *f., i.* basmak, damgalamak. *i.* damga; iz.

im.pris.on [împrîz'ın] *f.* hapsetmek. *imprisonment* tutukluluk, hapis.

im.prob.a.ble [imprab'ıbıl] *s.* olmayacak, inanılmaz.

im.promp.tu [împramp'tu] *s. z.* hazırlıksız, önceden tasarlanmadan.

im.prop.er [împrap'ır] *s.* uygunsuz, yersiz; yanlış; ahlaksız.

im.prove [împruv'] *f.* geliştirmek, ilerletmek; gelişmek, iyiye gitmek. *improvement* ilerleme, gelişme.

im.pro.vise [îm'prıvayz] *f.* irticalen söylemek; uyduruvermek, yapıvermek.

im.pu.dent [îm'pıyıdınt] *s.* arsız, yüzsüz, saygısız, küstah.

im.pulse [im'pals] *i.* itme, itiş, itici güç; içtepi, güdü.

im.pul.sive [împál'sîv] *s.* itici; atılgan, düşüncesizce hareket eden.

im.pure [împyûr] *s.* pis, kirli; katışık.

in [în] *ilg., z.* içinde; içine; giymiş; sonunda, sonra; göre; bakımından. *z.* içeriye, içeride; evde; moda; iktidarda. *in all* topu topu, hepsi. *in that* mademki; çünkü. *in favor of* lehinde, lehine.

in.a.bil.i.ty [înıbîl'ıti] *i.* yeteneksizlik; yetersizlik; yapamama.

in.ac.ces.si.ble [inık'sesibıl] *s.* ulaşılmaz, erişilmez

in.ac.cu.rate [înäk'yırît] *s.* yanlış, hatalı.

in.ad.e.quate [inäd'ıkwît] *s.* yetersiz.

in.ane [îneyn'] *s.* anlamsız, saçma, boş.

in.an.i.mate [inän'ımît] *s.* cansız, ölü.

in.apt [înäpt'] *s.* uygunsuz, yakışıksız.

in.ar.tic.u.late [înärtîk'yılît] *s.* (*konuşma*) anlaşılmaz, belirsiz.

in.au.di.ble [înô'dıbıl] *s.* işitilemez, duyulamaz.

in.au.gu.rate [înô'gıreyt] *f.* törenle açmak; törenle göreve getirmek.

in.born [în'bôrn] *s.* doğuştan.

in.cal.cu.la.ble [înkäl'kyıbıl] *s.* hesaplanamaz.

incapable [in'keypıbıl] *s.* yeteneksiz, güçsüz, gücü yetmeyen

in.ca.pac.i.tate [înkıpäs'ıteyt] *f.* yetersiz kılmak, âciz bırakmak.

in.car.nate [înkar'nît] *s.* insan şeklinde olan. *incarnation* vücut bulma, canlanma; somut örnek.

in.cen.di.ar.y [însen'diyeri] *s., i.* yangın çıkartan; fesatçı, kışkırtıcı. *i.* kundakçı

in.cense [în'sens] *i.* tütsü, günlük

in.cen.tive [însen'tiv] *i.* dürtü, güdü.

in.ces.sant [înses'ınt] *s.* aralıksız, sürekli.

inch [înç] *i.* inç, pus (2.54 cm.). *inch by inch* azar azar, milim milim. *every inch* tam, komple, sapına kadar.

in.ci.dent [însı'dınt] *i.* olay. *incidental* tesadüfî. *incidentally* tesadüfen, bir ara.

in.cise [însayz'] *f.* hakketmek, oymak, kazımak.

in.cli.na.tion [înkıliney'şın] *i.* meyil, eğilim, yatma; bayır, yokuş.

in.cline [înklayn'] *f., i.* eğmek; eğilmek. *i.* yokuş, bayır, eğim. *inclined* eğimli, yatkın, meyilli.

in.clude [înklud'] *f.* dahil etmek; içine almak, kapsamak, içermek; eklemek. *included* dahil. *including* dahil. *inclusion* [-jın] dahil etme; alınma. *inclusive* dahil, her şey dahil.

in.cog.ni.to [înkag'nıto] *s. z.* takma adla.

in.come [in'käm] *i.* gelir, kazanç. *income tax* gelir vergisi.

in.com.pa.ra.ble [înkam'parabıl] *s.* eşsiz.

in.com.pat.i.ble [înkımpät'ıbıl] *s.* birbirine zıt, uyuşmaz, bağdaşmaz.

in.com.pe.tent [înkam'pıtınt] *s. i.* yeteneksiz, yetersiz, beceriksiz (*kimse*).

in.con.ceiv.a.ble [înkınsi'vıbıl] *s.* tasavvur olunamaz, hayal edilemez, inanılmaz; *k. dili* olanaksız.

in.con.clu.sive [înkınklu'siv] *s.* yetersiz, sonuçsuz.

in.con.gru.ous [înkang'gruwıs] *s.* birbirine uymayan, uyuşmaz, bağdaşmaz.

in.con.sis.tent [înkınsîs'tınt] *s.* çelişkili, tutarsız, birbirini tutmayan; değişken, saati saatine uymayan.

in.con.spic.u.ous [înkınspîk'yuwıs] *s.* göze çarpmayan, önemsiz.

in.con.ven.ience [înkınvin'yıns] *i., f.* sıkıntı, rahatsızlık. *f.* zahmet olmak, işini zorlaştırmak.

in.con.ven.ient [înkınvin'yınt] *s.* rahatsız edici, zahmet verici; elverişsiz.

in.cor.por.ate [înkôr'pıreyt] *f.* birleştirmek, dahil etmek; birleşmek. *incorporated* birleşmiş, anonim. *incorporation* birleşme; ortaklık.

in.cor.ri.gi.ble [înkôr'ıbıl] *s.* adam olmaz, düzelmez.

in.crease [înkrîs'] *f.*, *i.* artmak, çoğalmak; artırmak, çoğaltmak. *i.* artış. *increasingly* gittikçe.

in.cred.i.ble [înkred'ıbıl] *s.* inanılmaz, akıl almaz; *k. dili* harika, müthiş.

in.cre.ment [în'krımınt] *i.* artma, artış; zam.

in.crim.i.nate [înkrîm'ıneyt] *f.* suçlu çıkarmak, suçlu olduğunu göstermek.

in.cu.bate [în'kyıbeyt] *f.* kuluçkaya yatmak. *incubator* kuluçka makinesi. *incubation* kuluçkaya yatma.

in.cur [înkır'] *f.* -e uğramak, girmek, yakalanmak.

in.cur.a.ble [înkyûr'ıbıl.] *s.* tedavi edilemez, çaresiz.

in.debt.ed [indet'it] *s.* borçlu; minnettar.

in.de.cent [îndi'sınt] *s.* uygunsuz; edepsiz; açık saçık, çirkin.

in.de.ci.sion [îndisîj'ın] *i.* kararsızlık.

in.de.ci.sive [îndisay'sîv] *s.* kararsız.

in.deed [îndid'] *z.* gerçekten.

in.de.fen.si.ble [îdifen'sıbıl] *s.* savunulamaz; bağışlanamaz.

in.def.i.nite [îndef'ınît] *s.* belirsiz; sınırsız, sonsuz. *indefinite adjective* belgisiz sıfat. *indefinite article* dilb. belgisiz tanımlık, belgisiz artikel. *indefinite pronoun* belgisiz zamir.

in.del.i.ble [îndel'ıbıl] *s.* silinmez, çıkmaz.

İn.dem.ni.fy [îndem'nîfay] *f.* zararını ödemek, tazmin etmek.

in.dem.nit.y [îndem'nıti] *i.* tazminat.

in.dent [îndent'] *f.* çentmek, kertmek; *(satır)* içerden başlamak.

in.de.pen.dence [îndipen'dıns] *i.* bağımsızlık.

in.de.pen.dent [îndipen'dınt] *s.* bağımsız.

in.de.scrib.a.ble [îndıskray'bıbıl] *s.* anlatılamaz, tanımlanamaz, tarifsiz.

in.de.struc.ti.ble [înditrák'tıbıl] *s.* yıkılamaz, yok edilemez.

in.dex [în'deks] *i.* (ç. *-dexes, -dices* fihrist, dizin, indeks; gösterge. *index finger* işaret parmağı.

in.di.cate [în'dıkeyt] *f.* göstermek; belirtmek. *indication* belirti; iz, işaret. *indicator* oto. sinyal; ibre, gösterge. *indicative* gösterici, belirtici.

in.dict [îndayt'] *f. huk.* suçlamak.

in.dict.ment [îndayt'mınt] *i. huk.* suçlama, itham.

in.dif.fer.ent [îndîf'ırınt] *s.* aldırışsız, kayıtsız. *indifference* ilgisizlik, kayıtsızlık.

in.dig.nant [îndîg'nınt] *s.* kızgın, dargın.

in.dig.ni.ty [îndîg'nıti] *i.* onur kırıcı/küçük düşürücü durum.

in.di.rect [îndırekt'] *s.* dolaylı. *indirect speech* dilb. dolaylı anlatım.

in.dis.creet [îndîs'krit] *s.* düşüncesiz, patavatsız, boşboğaz.

in.dis.crim.i.nate [îndîskrîm'ınıt] *s.* rasgele, gelişigüzel; ayırım yapmayan.

in.dis.pen.sa.ble [îndîspen'sıbıl] *s.* vazgeçilmez, kaçınılmaz, gerekli.

in.dis.pose [îndîzpoz'] *s.* isteksiz; rahatsız, keyifsiz.

in.dis.put.a.ble [îndîspyu'tıbıl] *s.* tartışılmaz, kesin, su götürmez.

in.di.vid.u.al [îndıvîc'uwıl] *s.*, *i.* bireysel; kişisel, özel; tek. *i.* kişi, birey; *k. dili* insan. *individually* teker teker.

in.duce [îndus'] *f.* ikna etmek, kandırmak. *inducement* kandırma, ikna, teşvik; neden, güdü.

in.duc.tion [îndák'şın] *i.* tümevarım. *inductive* tümevarımlı.

in.dulge [îndálc'] *f.* isteklerini yerine getirmek, şımartmak, yüz vermek. *indulgence* göz yumma, hoşgörü; şımartma; şımartılma, düşkünlük.

in.dus.tri.al [îndás'triyal] *s.* endüstriyel. *industrialist* sanayici, fabrikatör. *industrialize* sanayileştirmek; sanayileşmek.

in.dus.try [în'dıstri] *i.* endüstri, sanayi.

in.e.bri.ate [înı'briyeyt] *f.* sarhoş etmek.

in.ef.fec.tive [înîfek'tîv] *s.* etkisiz, sonuçsuz.

in.ef.fi.cient [înîfîş'ınt] *s.* etkisiz, yetersiz, verimsiz.

in.ept [înept'] *s.* uygunsuz, yersiz.

in.e.qual.i.ty [înıkwal'ıti] *i.* eşitsizlik; pürüzlülük.

in.ert [înırt'] *s.* hareketsiz, cansız; yavaş, tembel, uyuşuk.

in.er.tia [înır'şı] *i.* atalet, süredurum; tembellik, uyuşukluk.

in.ev.i.ta.ble [înev'ıtıbıl] *s.* kaçınılmaz.

in.ex.pe.ri.ence [iniksıpir'ıyıns] *i.* tecrübesizlik. *inexperienced* tecrübesiz, deneyimsiz.

in.ex.pli.ca.ble [îneks'plîkıbıl] *s.* açıklanamaz.

in.fa.mous [în'fımıs] *s.* alçak, rezil; ayıp, iğrenç.

in.fan.cy [în'fınsi] *i.* bebeklik, çocukluk; başlangıç.

in.fant [în'fınt] *i.* küçük çocuk, bebek.

In.fan.tile [în'fıntayl] *s.* çocukla ilgili, çocuksu, çocukça.

in.fan.try [în'fıntri] *i. ask.* piyade.

In.fect [înfekt'] *f.* (*hastalık*) bulaştırmak, geçirmek. *infection* mikrop kapma; (*hastalık*) bulaşma, bulaştırma. *infectious* bulaşıcı.

in.fer [înfır'] *f.* (*from*) sonucunu çıkarmak, anlamak.

in.fe.ri.or [înfîr'ıyır] *s.* (*to*) aşağı, alt, ikinci derecede, ast.

in.fer.nal [înfır'nıl] *s.* cehennemi, şeytani; *k. dili* sinir bozucu.

in.fer.tile [înfır'tîl] *s.* kısır; çorak.

in.fest [înfest'] *f.* (*with*) (*fare, vb.*) istila etmek, sarmak.

in.fi.del [in'fîdıl] *i.* kâfir, imansız.

in.fil.trate [înfîl'treyt] *f.* süzülmek, girmek.

in.fin.ite [în'fınît] *s.* sonsuz, sınırsız.

in.fin.i.tive [înfîn'ıtîv] *i. dilb.* mastar, eylemlik.

in.fin.i.ty [înfîn'ıti] *i.* sonsuzluk.

in.firm [înfırm'] *s.* halsiz, güçsüz.

in.fir.ma.ry [înfır'mıri] *i.* revir, hastane.

in.flame [înfleym'] *f.* tutuşturmak, alevlendirmek.

in.flam.ma.ble [înfläm'ıbıl] *s.* tutuşur, yanar, yanıcı.

in.flate [înfleyt'] *f.* şişirmek; şişmek. *inflation* enflasyon, para bolluğu; şişkinlik.

in.flect [înflekt'] *f. dilb.* çekmek; kullanıma göre sözcüğün biçimini değiştirmek.

in.flex.i.ble [înflek'sıbıl] *s.* eğilmez, bükülmez; değişmez.

in.flict [înflekt'] *f.* (*on/upon*) uğratmak, çektirmek, vermek.

in.flu.ence [în'fluwıns] *i., f.* etki; nüfuz, sözü geçerlik. *f.* etkilemek. *under the influence of* -in etkisi altında.

in.flu.en.tial [înfluwen'şıl] *s.* güçlü, etkili.

in.flu.en.za [influwen'zı] *i. hek.* grip.

in.form [înform'] *f.* haberdar etmek, bildirmek, bilgi vermek; ihbar etmek. *informer* muhbir. *informant* bilgi veren kimse, bilgi kaynağı.

in.for.mal [înfôr'mıl] *s.* resmi olmayan teklifsiz; gündelik.

in.for.ma.tion [înfırmey'şın] *i.* bilgi, haber; danışma. *information desk* danışma.

in.form.a.tive [înfôrmıtîv] *s.* bilgi verici, aydınlatıcı.

in.fra.red [înfrıred'] *s.* kızılötesi.

in.fringe [înfrînc] *f.* çiğnemek, bozmak.

in.fu.ri.ate [înfyûr'iyeyt] *f.* çileden çıkarmak.

in.gen.i.ous [încîn'yıs] *s.* becerikli, usta, ustaca yapılmış.

in.ge.nu.i.ty [încınu'wıti] *i.* zekâ, ustalık, beceri.

in.got [îng'gıt] *i.* külçe.

in.grat.i.tude [îngrät'ıtut] *s.* nankörlük.

in.gre.di.ent [îngri'diyınt] *i.* karışımı oluşturan madde.

in.hab.it [înhäb'ît] *f.* -de yaşamak, oturmak. *inhabitant* sakin, oturan.

in.hale [înheyl'] *f.* içine çekmek.

in.her.ent [înhîr'ınt] *s.* doğasında olan, doğal.

in.her.it [înher'ît] *f.* miras olarak almak. *inheritance* kalıt, miras.

in.hib.it [înhîb'ît] *f.* tutmak, dizginlemek. *inhibition* çekingenlik, utangaçlık. *inhibited* çekingen, utangaç.

in.hu.man [înhyu'mın] *s.* acımasız, gaddar.

in.i.tial [înîş'ıl] *s., i., f.* ilk, önceki. *i.* ilk harf. *f.* parafe etmek. *initially* başlangıçta, ilkin.

in.i.ti.ate [înîş'iyeyt] *f.* başlamak, başlatmak; temel bilgileri vermek; göstermek.

in.i.tia.tive [înîş'ıtîv] *i.* ilk adım, başlangıç; inisiyatif. *have/take the initiative* ilk adımı atmak, -e ön ayak olmak.

in.ject [încekt'] *f.* iğne yapmak; zerk etmek. *injection* iğne, enjeksiyon. *injector* enjektör, püskürteç.

in.jure [în'cır] *f.* incitmek, yaralamak; zarar vermek, incitmek. *injured* yaralı.

in.jus.tice [înjás'tîs] *i.* haksızlık, adaletsizlik. *do sb an injustice* haksız davranmak.

ink [îngk] *i.* mürekkep.

in.land [în'lınd] *s.* ülkenin iç kısmında olan, iç.

in.let [în'let] *i.* körfezcik, koy; giriş, ağız.

in.mate [in'meyt] *i.* (*hastane, hapishane, vb.*) oda arkadaşı.

inn [în] *i.* han, otel.

in.nate [în'eyt] *s.* (*nitelik*) doğuştan.

in.ner [în'ır] *s.* iç, içerdeki; merkeze en yakın. *innermost en* içteki. *innertube* şambriyel, iç lastik.

in.no.cence [în'ısıns] *i.* suçsuzluk.

in.no.cent [în'ısınt] *s.* masum, suçsuz; zararsız; temiz kalpli.

in.noc.u.ous [înak'yuwıs] *s.* zararsız, incitmeyen.

in.no.vate [în'ıveyt] *f.* yenilik yapmak. *innovation* yenilik, buluş.

in.nu.mer.a.ble [înu'mırıbıl] *s.* sayısız.

in.of.fen.sive [înıfen'sîv] s. zararsız, incitmeyen.

in.op.por.tune [inapurtın'] s. zamansız, sırasız, yersiz, uygunsuz, mevsimsiz.

in.or.gan.ic [înôrgän'îk] s. inorganik.

in.pa.tient [în'peyşınt] i. hastanede tedavi gören hasta.

in.put [în'pût] i. girdi; giriş.

in.quest [in'kwest] i. soruşturma.

in.quire [înkwayr'] f. sormak; bilgi almak, sorup öğrenmek, araştırmak. *inquiring* araştırıcı, meraklı.

in.quir.y [înkwayr'i] i. soruşturma, araştırma.

in.qui.si.tion [înkwızîş'ın] i. *hkr.* sorgu, sorgulama.

in.road [în'roud] i. akın, baskın; gedik.

in.sane [înseyn'] s. deli, çılgın.

in.scribe [înskrayb'] f. yazmak, kaydetmek.

in.scrip.tion [înskrîp'şın] kitabe, yazıt.

in.sect [in'sekt] i. böcek.

in.sec.ure [însıkyûr'] s. güvensiz, endişeli; emniyetsiz, güvenilmez. *insecurity* emniyetsizlik.

in.sen.si.ble [însen'sıbıl] s. bilinçsiz, baygın; bilgisiz, habersiz.

in.sen.si.tive [însen'sitîv] s. duygusuz, anlayışsız; duyarsız, etkilenmeyen.

in.sep.a.ra.ble [însep'ırıbıl] s. ayrılmaz, bağlı, yapışık.

in.sert [însırt'] f. sokmak, içine koymak.

in.ser.tion [însır'jın] i. ekleme.

in.shore [in'şôr] z. kıyıya (*doğru*).

in.side [în'sayd] i., z. iç, iç kısım. z. içeriye, içerde. *inside out* ters yüz.

in.sid.i.ous [însîd'iyıs] s. sinsi, gizlice zarar veren.

in.sight [în'sayt] i. kavrayış, anlayış.

in.sig.nif.i.cant [însîgnîf'ıkınt] s. değersiz, önemsiz.

in.sin.cere [însînsîr'] s. içtenliksiz, samimiyetsiz, ikiyüzlü.

in.sin.u.ate [însîn'yuweyt] f. üstü kapalı söylemek, ima etmek, anıştırmak.

in.sip.id [însîp'îd] s. tatsız, yavan, lezzetsiz.

in.sist [însîst'] f. (on/upon) ısrar etmek, dayatmak *insistent* ısrarlı; sürekli *insistence* ısrar; ısrarlılık

in.so.lent [în'sılınt] s. arsız, saygısız.

in.sol.u.ble [însal'yıbıl] s. çözünmez, erimez; içinden çıkılmaz, çözülemez.

in.sol.vent [înal'vînt] s. i. borcunu ödeyemeyen.

in.som.ni.a [însam'niyı] i. uykusuzluk.

in.spect [înspekt'] f. denetlemek, incelemek; gözden geçirmek, yoklamak. *inspection* denetim, yoklama. *inspector* müfettiş.

in.spi.ra.tion [însprey'şın] i. esin, ilham *k. dili* parlak fikir.

in.sta.bil.i.ty [înstıbîl'ıti] i. kararsızlık, değişkenlik.

in.stall [înstôl'] f. (*aygıt*) döşemek, düzenlemek, kurmak; yerleştirmek. *installation* tesisat, donanım; yerleştirme.

in.stal.ment [înstôl'mınt] i. taksit; kısım, bölüm. *by instalments* taksitle. *instalment sale* taksitle satış.

in.stance [în'stıns] i. örnek, misal. *for instance* mesela, örneğin, sözgelimi. *in the first instance* önce, başlangıç olarak.

in.stant [în'stınt] *i.*, *s.* an, dakika. *s.* hemen olan, acil; *(yiyecek)* çabuk ve kolay hazırlanabilen. *instant coffee* neskafe. *instantly* hemen, anında.

in.stead [însted'] *z.* onun yerine. *instead of* -in yerine.

in.sti.gate [în'stıgeyt] *f.* ön ayak olmak, kışkırtmak. *instigator* kışkırtıcı. *instigation* teşvik, öneri, uyarı.

in.stil [înstil'] *f.* *(in/into)* fikir aşılamak.

in.stinct [în'stîngkt'] *i.* içgüdü; sezgi. *instinctive* içgüdüsel.

in.sti.tute [în'stıtut] *i.* enstitü, kurum.

in.struct [înskrák'] *f.* öğretmek, okutmak; talimat vermek. *instruction* öğretim; talimat, yönerge. *instructor* eğitmen, öğretmen. *instructive* öğretici.

in.stru.ment [în'strımınt] *i.* aygıt, alet; *müz.* çalgı. *instrumental (in)* yardımcı; *müz.* enstrümantal.

in.suf.fer.a.ble [însáf'ırıbıl] *s.* *(davranış)* katlanılmaz, çekilmez.

in.suf.fi.cient [însıfîş'ınt] *s.* yetersiz, eksik.

in.su.lar [în'sılır] *s.* dar görüşlü.

in.su.late [în'sıleyt] *f.* *(from/against)* izole etmek, yalıtmak; ayırmak. *insulation* yalıtım, izolasyon; izolasyon maddesi.

in.sult [în'sált] *f.*, *i.* aşağılamak, hakaret etmek. *i.* hakaret.

in.sur.ance [însûr'ıns] *i.* sigorta; sigortacılık; sigorta primi.

in.sure [însûr'] *f.* sigorta ettirmek; *Al.* garantilemek, sağlama almak.

in.sur.rec.tion [însırek'şın] *i.* isyan, ayaklanma.

in.tact [întäkt'] *s.* bozulmamış, tam.

in.take [în'teyk] *i.* giriş, ağız.

in.tel.lect [în'tılekt] *i.* akıl, zihin. *intellectual* akli, zihinsel; akıllı, zeki; aydın.

in.tel.li.gence [in'telicıns] *i.* zekâ; istihbarat, haber alma

in.tel.li.gent [intel'icıns] *s.* zeki, akıllı

in.tel.li.gi.ble [în'tel'ıcıbıl] *s.* anlaşılabilir, açık, net.

in.tend [întend'] *f.* tasarlamak, niyet etmek.

in.tense [întens] *s.* şiddetli, güçlü; heyecanlı, ateşli.

in.ten.si.fy [înten'sîfay] *f.* yoğunlaşmak; yoğunlaştırmak.

in.ten.si.ty [înten'sıti] *i.* güçlülük, yoğunluk.

in.ten.sive [înten'sîv] *s.* yoğun; şiddetli. *intensive care* yoğun bakım.

in.tent [întent] *i.*, *s.* amaç, niyet. *s.* dikkatli; niyetli, azimli, istekli.

in.ten.tion [înten'şın] *i.* niyet, maksat; kasıt. *intentional* kasıtlı. *intentionally* kasten, bile bile.

in.ter.act [întıräkt] *f.* *(with)* birbirini etkilemek. *interaction* etkileşim.

in.ter.cept [întırsept] *f.* yolunu kesmek.

in.ter.change [întırçeync] *f.* yerlerini değiştirmek; değiş tokuş etmek. *interchangeable (with)* birbirinin yerine geçebilir.

in.ter.change.a.ble [întırçeyn'cıbıl] *s.* birbirinin yerine geçebilir

in.ter.est [în'tırîst] *i.*, *f.* ilgi, merak; ilgi çekme; faiz; yarar; çıkar. *f.* ilgilendirmek; ilgisini çekmek. *interested* ilgili, meraklı. *inter-*

esting ilginç, enteresan. *be interested in* ile ilgilenmek.

in.ter.fere [întırfîr] *f.* burnunu sokmak, karışmak; engel olmak.

in.ter.fer.ence [întırfîr'ıns] *i.* karışma, engelleme, müdahale.

in.te.ri.or [întîr'ıyır] *i. s.* iç. *interior decorator* içmimar, dekoratör.

in.ter.jec.tion [întırcek'şın] ünlem.

in.ter.lude [în'tırlud] *i.* ara, teneffüs; *(tiyatro, vb.)* perde arası; *müz.* ara faslı.

in.ter.me.di.ate [întırmi'diyît] *s.* arada bulunan, ara, orta.

in.ter.nal [întır'nıl] *s.* dahili, iç.

in.ter.na.tion.al [întırnäş'ınıl] *s.* uluslar arası.

in.ter.pose [întırpoz'] *f.* araya girmek, lafa karışmak.

in.ter.pret [întır'prit] *f. (konuşarak)* tercümanlık yapmak; yorumlamak; anlamını açıklamak. *interpreter* tercüman. *interpretation* yorum, tefsir.

in.ter.ro.gate [întır'ıgeyt] *f.* soru sormak; sorguya çekmek. *interrogation* sorgu. *interrogative* soru sözcüğü.

in.ter.rupt [întırápt] *f.* sözünü kesmek; akışını durdurmak. *interruption* kesilme, yarıda kesme.

in.ter.sect [întırsekt] *f.* kesişmek, birbiri üzerinden geçmek. *intersection* kesişme; kavşak.

in.ter.val [întır'vıl] *i.* ara, aralık; perde arası.

in.ter.vene [întır'vin] *f. (in)* araya girmek, karışmak, müdahale etmek.

in.ter.view [în'tırvyu] *i.*, f. mülakat, görüşme; röportaj. *f.* görüşmek; röportaj yapmak.

in.tes.ti.ne [întes'tîn] *i. anat.* bağırsak.

in.ti.mate [în'tımît] *s.* içli dışlı, candan; kişisel, özel.

in.tim.i.date [întim'ıdeyt] *f.* korkutmak, gözünü korkutmak, gözdağı vermek.

in.to [în'to] *ilg.* içine, -ye, -ya; haline, biçimine.

in.tol.er.a.ble [întal'ırıbl] *s.* çekilmez, dayanılmaz.

in.tol.er.ant [întal'ırınt] *s.* hoşgörüsüz.

in.to.na.tion [întoney'şın] *i.* ses perdesi, titremleme.

in.tox.i.cate [intok'sıkeyt] *f.* sarhoş etmek

in.trep.id [întrep'îd] *s.* korkusuz, cesur.

in.tri.cate [întrîk'ît] *s.* karmakarışık.

in.trigue [întrig'] *f.*, *i.* ilgisini çekmek; entrika çevirmek. *i.* entrika, dolap.

in.tro.duce [întrıdus] *f.* tanıştırmak, tanıtmak; ortaya çıkarmak.

in.tro.duc.tion [întrıdák'şın] *i.* tanıtma, tanıtım, takdim; tanıştırma; önsöz; giriş, başlangıç.

in.tro.duc.to.ry [întrıdák'tıri] *s.* giriş niteliğinde, tanıtıcı.

in.tro.vert [în'trıvırt] *i.* içedönük kimse.

in.trude [întrud] *f.* davetsiz olarak girmek. *intruder* davetsiz misafir.

in.tu.i.tion [intuwîş'ın] *i.* sezgi, önsezi.

in.un.date [în'andeyt] *f.* sel basmak; gark etmek, boğmak.

in.vade [înveyd] *f.* istila etmek; akın etmek; baskın yapmak.

in.va.lid [în'vılîd] *s.* hasta, sakat. *s.* hükümsüz, geçersiz.

in.val.u.a.ble [înväl'yuwıbıl] *s.* çok değerli, paha biçilmez.

in.var.i.a.ble [înver'ıyıbıl] s. değişmeyen, değişmez

in.va.sion [învey'jın] i. akın, saldırı, istila.

in.vec.tive [învek'tîv] i. hakaret, sövgü.

in.vent [invent'] f. icat etmek, bulmak; uydurmak, kıvırmak. *invention* icat, buluş. *inventor* mucit. *inventive* yaratıcı.

in.ven.tor.y [în'vıntori] i. sayım çizelgesi, envanter.

in.verse [învırs'] i. s. ters.

in.vert [învırt'] f. tersyüz etmek; sırasını değiştirmek. *inverted commas* tırnak işareti.

in.ver.te.brate [învır'tıbreyt] s. i. *zool.* omurgasız.

in.vest [învest'] f. (*in*) para yatırmak, yatırım yapmak. *investment* yatırım. *investor* yatırımcı.

in.ves.ti.gate [învestı'geyt] f. araştırmak, soruşturmak. *investigation* araştırma, soruşturma. *investigator* müfettiş.

in.vid.i.ous [învîd'iyıs] s. gücendirici, kıskandırıcı, haksız.

in.vig.or.ate [învîg'ıreyt] s. güçlendirmek, canlandırmak, dinçleştirmek.

in.vin.ci.ble [învîn'sıbıl.] s. yenilmez.

in.vis.i.ble [învîz'ıbıl] s. görünmez, görülemez.

in.vi.ta.tion [învîtey'şın] i. davet, çağrı.

in.voice [în'voys] i. fatura.

in.voke [învok'] f. yakarmak, dua etmek.

in.vol.un.tar.y [înval'ınteri] s. istenilmeden yapılan, gönülsüzce yapılan.

in.volve [învalv'] f. (*in/with*) karıştırmak, sokmak, bulaştırmak; içermek, kapsamak.

in.ward [în'wırd] s. içeride olan, iç.

i.o.dine [ay'ıdaynt] i. *kim.* iyot.

i.rate [ayreyt'] s. kızgın, öfkeli.

i.ris [ay'rîs] i. *bitk.* süsen çiçeği; *anat.* iris.

irk.some [ırk'sım] s. usandırıcı, bıktırıcı, sıkıcı.

i.ron [ay'rın] i., f. demir; ütü. f. ütülemek. *ironing board* ütü sehpası. *ironmonger* hırdavatçı.

i.ron.ic [ayran'îk] s. alaylı, alaycı, istihzalı.

i.ro.ny [ay'rıni] i. istihza, ince alay.

ir.ra.tion.al [îrâş'ınıl] s. akılsız, mantıksız.

ir.reg.u.lar [îreg'yılır] s. (*biçim*) çarpık, eğri; (*zaman*) düzensiz; başıbozuk; *dilb.* düzensiz.

ir.rel.e.vant [îrel'ıvınt] s. konu dışı, ilgisiz.

ir.re.sis.ti.ble [îrizîs'tıbıl] s. karşı konulamaz, dayanılmaz, çok güçlü.

ir.re.spec.tive [îrîspek'tiv] ilg. (*of ile*) -e bakmaksızın, -e aldırmadan, -i düşünmeden.

ir.re.spon.si.ble [îrıspan'sıbıl] s. sorumsuz.

ir.rev.er.ent [îrev'ırınt] s. saygısız.

ir.rev.o.ca.ble [îrev'kıbıl] s. dönülemez, geri alınamaz, değiştirilemez.

ir.ri.gate [îr'ıgeyt] f. (*toprağı*) sulamak.

ir.ri.ta.ble [îr'ıtıbıl] s. çabuk kızan, alıngan.

ir.ri.tate [îr'ıteyt] f. kızdırmak, sinirlendirmek; tahriş etmek.

İs.lam [islam'] i. İslam, İslamiyet.

is.land [ay'lınd] i. ada.

is.land.er [aylınd'ır] i. adalı.

isle [ayl] i. *yaz.* Ada.

i.so.late [ay'sıleyt] f. ayırmak, izole etmek, yalıtmak. *isolated*

izole, ayrılmış, tek. *isolation*
izolasyon, yalıtım, yalnızlık.

is.sue [iş'u] *i., f.* yayımlama;
(*dergi*) sayı; emisyon, piyasaya
çıkarma; çıkış. *f.* yayımlamak;
çıkarmak; dağıtmak; ortaya çık-
mak, doğmak; sonuçlanmak

it [it] *zam.* o, onu, ona.

itch [îç] *f., i.* kaşınmak; *k. dili* can
atmak, çok istemek. *i.* kaşıntı;
güçlü istek, şiddetli arzu.

i.tem [ay'tım] *i.* parça, adet; mad-
de, fıkra. *news item* kısa haber,
özet haber.

i.tin.er.ant [aytîn'ırınt] *s.* dolaşan,
gezici.

i.tin.er.ar.y [aytîn'ıreri] *i.* yolculuk
planı, yolculuk programı.

its [its] *zam.* onun, -in, -in

it.self [îtself'] *zam.* kendisi, kendi.

i.vo.ry [ay'vıri] *i.* fildişi.

i.vy [ay'vi] *i. bot.* sarmaşık.

J j

J,j [cey] i. İngiliz alfabesinin onuncu harfi.

jab [cäb] f., i. dürtmek, itmek. i. dürtme, itme; k. dili iğne, şırınga.

jab.ber [cäb'ır] f. hızlı ve anlaşılmaz bir biçimde konuşmak

jack [cäk] i. kriko; (iskambil) vale, bacak

jack.al [cäk'ıl] i. zool. çakal

jack.et [cäk'ît] i. ceket, mont; patates kabuğu; ciltli kitabın üzerine geçirilen kâğıt kap.

jack.pot [cäk'pıt] i. büyük ikramiye.

jag.ged [cäg'îd] s. çentikli, sivri uçlu.

jag.uar [cäg'war] i. zool. jaguar.

jail [ceyl] i. hapishane, cezaevi .

jail.er [ceylı'] i. gardiyan

jam [cäm] i., f. reçel; sıkışıklık, tıkanıklık. f. sıkıştırmak; tıkamak; bastırmak; sıkışmak.

jan.gle [cäng'gıl] f. ahenksiz sesler çıkartmak.

jan.i.tor [cän'îtır] i. kapıcı, hademe.

jar [car] i., f. kavanoz; şok, sarsıntı. f. sarsmak; (renk) gitmemek, sırıtmak; (kulak) tırmalamak.

jar.gon [car'gın] i. anlaşılmaz dil, teknik dil.

jaun.dice [côn'dîs] i. hek. sarılık.

jaunt [cônt] f., i. (about/around) gezintiye çıkmak. i. kısa gezinti

jave.lin [cäv'lin] i. sp. cirit; kargı, mızrak.

jaw [cô] i. çene.

jay [cey] i. zool. alakarga.

jazz [cäz] i. caz. jazzy göz alıcı, gösterişli.

jeal.ous [cel'is] s. kıskanç. jealousy kıskançlık.

jeep [cip] i. cip.

jeer [cîr] f. alay etmek, gülmek.

jeop.ard.ize [cep'ırdayz] f. tehlikeye atmak. jeopardy tehlike.

jerk [cırk] f., i. birdenbire çekmek; silkip atmak, silkelemek. i. ani çekiş; itiş, kakış; Aİ. arg. aptal, ayı, kazma.

jersey [cır'zi] i. kazak.

jest [cest] i. şaka, espri. in jest şakadan, gırgırına.

jet [cet] i. jet uçağı; fıskiye; siyah kehribar.

jet.ti.son [cet'ısın] f. (tehlike anında eşyayı) gemiden atmak.

jet.ty [cet'i] i. dalgakıran, mendirek.

Jew [cu] i. Yahudi

jew.el [cu'wıl] i. değerli taş; mücevher, takı. jeweller kuyumcu. jewellery mücevherat; kuyumculuk.

jig.saw [cîg'sô] i. makineli oyma testeresi; bozyap (oyunu). **jigsaw puzzle** bozyap (oyunu).

jin.gle [cîng'gıl] f., i. şıngırdamak; şıngırdatmak. i. şıngırtı; basit vezinli şiir.

job [cab] i. iş, görev, meslek. **get a job** işe girmek.

jock.ey [cak'i] i. cokey.

jog [cag] f. yavaş yavaş koşmak; itmek, dürtmek. **jogging** yavaş koşu

join [coyn] f. birleştirmek; birleşmek; katılmak.

join.er [coy'nır] i. doğramacı, marangoz. **joinery** doğramacılık, marangozluk.

joint [coynt] i., s. eklem, ek yeri; et parçası. s. ortak, birleşik.

joke [cok] i. şaka; fıkra. **play a joke on sb** oyun oynamak, işletmek.

jok.er [co'kır] i. şakacı kimse; (iskambil) joker.

jolt [coult] f., i. sarsmak. i. şok, sarsıntı.

jos.tle [cas'ıl] f. itip kakmak, dürtüklemek.

jour.nal [cır'nıl] i. gazete, dergi. **journalism** gazetecilik. **journalist** gazeteci.

jour.ney [cır'ni] i. seyahat, yolculuk.

jowl [caul] i. gerdan, gıdık.

joy [coy] i. sevinç, neşe. **joyful** neşeli, sevinçli; sevindirici. **joyous** sevinçli. **joystick** (uçak, bilgisayar, vb.'de) manevra kolu.

ju.bi.lant [cu'bılınt] s. neşe dolu, çok sevinçli.

ju.bi.lee [cu'bıli] i. yıldönümü şenliği; jübile. **diamond jubilee** altmışıncı yıldönümü. **golden jubilee** ellinci yıldönümü. **silver jubilee** yirmi beşinci yıldönümü.

judge [các] f., i. -e yargıçlık etmek; (yarışma, vb.'de) değerlendirmek. i. hâkim, yargıç; hakem; bilirkişi.

judg(e).ment [các'mınt] i. sağduyu; görüş, fikir; karar, hüküm. **judgment day** kıyamet günü.

ju.di.cial [cudîş'ıl] s. adli, türel; hukuki, tüzel.

ju.di.ci.ar.y [cudîş'iyeri] i. adliye, yargıçlar.

ju.di.cious [cudîş'iş] s. sağgörülü, doğru karar veren.

ju.do [cu'do] i. sp. judo.

jug [cág] i. testi, sürahi.

jug.gle [cág'ıl] f. hokkabazlık yapmak; yolsuzluk yapmak.

juice [cus] i. meyve/sebze/et suyu; (vücut) salgı. **juicy** sulu; k. dili ilginç, merak uyandırıcı.

Ju.ly [cûlay'] i. Temmuz

jum.ble [cam'bıl] f., i. birbirine karışmak; karmakarışık etmek. i. düzensizlik, karmakarışık şey **jumble sale** kullanılmış eşya satışı.

jump [cámp] f., i. sıçramak, atlamak; üzerinden atlamak; fırlamak. i. sıçrama, atlama, zıplama, sıçrayış.

jump.er [cám'pır] i. İİ. kazak, süveter.

jump.y [cám'pi] s. sinirli, gergin.

junc.tion [cánk'şın] i. kavşak.

jun.gle [cäng'gıl] i. balta girmemiş orman, cengel.

jun.ior [cun'yır] i. s. yaşça küçük, daha genç; ast.

junk [cángk] i. k. dili ıvır zıvır, döküntü eşya, pılı pırtı.

ju.ris.dic.tion [cûrîsdîk'şın] i. huk. yargılama yetkisi.

ju.ror [cûr'ır] i. jüri üyesi.

just [cást] s., z. adil, doğru, dürüst. *z.* tam, tastamam; sadece, yalnız; az önce, demin; güçlükle, darı darına; hemen, şimdi.

jus.tice [cás'tîs] *i.* adalet; adliye, mahkeme; *Al.* yargıç.

jus.ti.fy [cás'tıfay] *f.* haklı çıkarmak, doğruluğunu kanıtlamak. ***justifiable*** savunulabilir, haklı çıkarılabilir.

jut [cát] *f.* (*out*) çıkıntı yapmak.

jute [cu:t] *i. bot.* hintkeneviri

ju.ve.nile [cu'vınıl] *s.* genç, gençlere özgü.

K k

K,k [key] İngiliz alfabesinin on birinci harfi; "k" sesi.

kaleidoscope [kı'laydıskoup] *i.* çiçek dürbünü, kaleydoskop.

kangaroo [kengı'ru:] *i. zool.* kanguru.

karate [kara'tey] *i.* karate.

kebab [ki'beb] *i.* kebap, şiş kebap.

keel [kîl] *i.* gemi omurgası.

keen [kîn] *s.* keskin; acı, sert; akıllı *keen on* meraklı, hevesli, hasta.

keep [kip] *f.,i.* **kept** [kept] tutmak; alıkoymak; korumak; saklamak; yerine getirmek; yönetmek; işletmek; geçindirmek; bakmak; engel olmak. *i.* yiyecek, yemek; kale *keep away* uzak tutmak, uzak durmak. *keep back* söylememek, vermemek. *keep down* kontrol altına almak; baskı altında tutmak. *keep off* -de'n uzak durmak. *keep on* -e devam etmek, sürdürmek; elden çıkarmamak. *keep out* girmemek, uzak durmak; sokmamak, uzak tutmak. *keep up* ayakta tutmak; bakımını sağlamak; sürdürmek. *keep up with* aynı düzeyde kalmak. *keep in with* ile dost kalmak. *keep to* bağlı kalmak, sadık olmak.

keep.er [ki'pır] *i.* bekçi, bakıcı.

keg [keg] *i.* küçük fıçı, varil.

ken.nel [kenıl] *i.* köpek kulübesi.

kerb [kırb] *i.* kaldırımın kenar taşı.

ker.nel [kır'nıl] *i.* çekirdek içi; esas, öz.

ker.o.sene [kerısin'] *i. Al.* gazyağı, gaz.

ketch.up [keç'ıp] *i.* ketçap, domates sosu.

ket.tle [ket'ıl] *i.* çaydanlık; güğüm; kazan;tencere.

key [ki] *i.,f.* anahtar; tuş *f.* uydurmak, ayarlamak, uygun duruma getirmek. *key ring* anahtarlık.

key.board [ki'bôd] *i.* klavye, tuş.

key.hole [ki'hol] *i.* anahtar deliği.

key.note [ki'not] *i.* temel düşünce, ana ilke, temel, dayanak

khaki [käk'i] *i. s.* haki renk, haki.

kick [kîk] *f., i.* tekmelemek, tekme atmak; (gol) atmak; çifte atmak. *i.* tekme; *k. dili* heyecan, coşku . *kick off (futbol)* maça başlamak, başlatmak. *kick out* kovmak, defetmek.

kickoff [kîkof] *i.* (futbol) başlama vuruşu, ilk vuruş.

kid [kîd] *i., f. k. dili* oğlak; çocuk. *f. k. dili* takılmak, aldatmak, işletmek.

kid.nap [kîd'näp] *f.* (adam/çocuk) kaçırmak *kidnapper* zorla insan kaçıran kimse

kid.ney [kîd'ni] *i.* anat. böbrek *kidney beans* barbunya; börülce.

kili [kîl] *f.* öldürmek; yok etmek. *killer* katil. *killjoy* neşe kaçıran kimse, oyunbozan.

kiln [kîln] *i.* ocak, fırın.

kilo [kîlo] *i. k. dili* kilo.

kilogram(me) [kîlıgrem] *i.* kilogram.

kilometre [kîlımıtı, kî'lomıtı] *i.* kilometre.

kilowatt [kîlıwot] *i.* kilovat.

kilt [kilt] *i.* İskoç erkeklerinin giydiği eteklik.

kin [kin] *i.* akraba, hısım. *next of kin* en yakın akraba.

kind [kaynd] *i., s.* tür, çeşit, cins; tip; *s.* nazik, kibar; iyi kalpli, sevecen; candan, yürekten. *kindness* şefkat, sevecenlik; nezaket. *a kind of* bir çeşit. *it's very kind of you* çok naziksiniz. *kindhearted* iyi kalpli, sevecen. *kind of k. dili* adeta, az çok.

kin.der.gar.ten [kîndırgartın] *i.* anaokulu.

kin.dle [kîndıl] *f.* yakmak, tutuşturmak; yanmak, tutuşmak.

kind.ling [kîndlıng] *i.* (gaz, çıra, ot, vb.) tutuşturucu madde.

kin.dly [kayndli] *s.* müşfik, sevecen * *z.* nazikçe, kibarca; lütfen.

kin.dred [kîn'drîd] *i.* akrabalık, soy.

kinetic [ki'netik] *s. tek.* kinetik, devimsel.

king [kîng] *i.* kral; *(satranç)* şah; *(iskambil)* papaz. *king size* büyük boy.

king.dom ['kingdım] *i.* krallık; *bot. zool.* âlem.

kink [kînk] *i.* halat, tel, ip, saç, vb.'nin dolaşması; acayiplik, tuhaflık.

ki.osk [kiask] *i.* küçük kulübe; *i.* telefon kulübesi.

kiss [kîs] *f.* öpmek, *i.* öpücük, öpüş.

kit [kit] *i.* teçhizat, donatı; avadanlık.

kitch.en [kîç'ın] *i.* mutfak.

kite [kayt] *i.* uçurtma; *zool.* çaylak.

kit.ten [kît'ın] *i.* kedi yavrusu, yavru kedi.

knack [näk] *i.* ustalık, beceri.

knead [nid] *f.* yoğurmak; ovmak.

knee [ni] *i.* diz; *(giyside)* diz yeri.

kneel [nil] *f.* (*knelt* veya *kneeled*) diz çökmek.

knew [nu] *bkz.* **know.**

knick.ers [nîk'ırz] *i.* dizde büzülen kadın külotu.

knife [nayf] *i.* bıçak; çakı. *f.* bıçaklamak.

knight [nayt] *i.* şövalye. *knighthood* şövalyelik.

knit [nît] *f.* örmek; birleşmek, kaynaşmak. *knitting* örgü. *knitting needle.* örgü şişi. *knitwear* örgü eşya.

knob [nab] *i.* top, yumru; topuz, tokmak.

knock [nak] *f., i.* vurmak; çarpmak; *k. dili* kusur bulmak, eleştirmek. *i.* vurma, vuruş; *k. dili* eleştiri. *knock down* vurup yere sermek. *knock off* durmak/durdurmak, kesmek. *knock out* nakavt etmek, yere sermek. *knock over* çarpıp düşürmek. *knock up* uyandırmak; çok yormak.

knock-out [nakaut] *i.* nakavt; çekici kimse/şey.

knot [nat] *i.* düğüm; budak, boğum deniz mili *knotty* düğüm düğüm, düğümlü

know [no] *f.* (*knew* [nyu:], *known* [noun]) bilmek; tanımak *know of*

-den haberi olmak, duymuş olmak, bilmek. *you know* yani, demek istiyorum ki, biliyorsun. *know-how* ustalık, beceri, teknik.

knowl.edge [nâl'îc] *i.* bilgi.

known [non] *s.* tanınmış, bilinen, tanınan, ünlü.

knuck.le [nák'ıl] *i.* parmağın oynak yeri.

koala [ko'alı] *i. zool.* koala.

Koran [ko'ran, kı'ran] *i.* Kuran

kung.fu [kang'fu,kung'fu:] *i.* kung fu.

L I

L,I [el] İngiliz alfabesinin on ikinci harfi.

la.bel [ley'bıl] *i., f.* (*-ed,-ing veya –led, -ling*) yafta, etiket; nitelendirici isim veya cümlecik; *f.* etiket yapıştırmak, etiketlemek, sınıflandırmak.

la.bor,*İng.* **la.bour** [ley'bır] *i.* çalışma, iş, emek; işçi sınıfı;doğum ağrıları. *labor exchange* iş ve işçi bulma kurumu.*Labour Party* İşçi Partisi *labour union* işçi sendikası.

la.bor,*İng.*la bour [ley'bır] *f.* çalışmak, çabalamak, uğraş, emek vermek.

lab.o.ra.to.ry [lıbôr'ıtri] *i.* laboratuar.

la.bo.ri.ous [lıbôr'iyıs] *s.* zahmetli, yorucu; çalışkan, işgüzar.

lack [läk] *i., f.* eksiklik,noksan; ihtiyaç, yoksunluk; *f.*eksiği olmak; ihtiyacı olmak; mevcut olmamak.

lad [läd] *i.*büyücek erkek çocuk, delikanlı, genç erkek.

lad.der [läd'ır] *i.* merdiven; *mec.* yükselme vasıtası.

lad.ing [ley'dîng] *i.* yükleme. *bill of lading* konşimento.

la.dle [ley'dıl] *i.*kepçe; *f.* kepçe ile doldurmak.

la.dy [ley'di] *i.* bayan, hanım, kibar kadın, hanımefendi.

lag.gard [läg'ırd] *s., i.* tembel, ağır, geri kalan; *i.* ağır hareket eden kimse.

la.i.cize [ley'sayz] *f.* laik kılmak, dinle alakasını kesmek.

lair[ler] *i.* yatacak yer, vahşi hayvan ini.

lake [leyk] *i.* göl, havuz.

la.ment [lıment] *f.*ağlamak, inlemek, matem tutmak; *i.* matem, keder, hüzün.

lamp [lämp] *i.* lamba, kandil. *lamplight* i. lamba ışığı.*lamp shade* i. abajur.

land [länd] *f* karaya çıkarmak; tutup karaya getirmek (*balık*), karaya çıkmak.

land [länd] *i.* kara, toprak, yer, arsa; memleket, diyar. *land force* i. kara kuvveti. *land mass* kıta, kıta gibi büyük kara parçası. *land mine* kara mayını.

land.ing [län'dîng] *i., hav.* İniş; iskele, merdiven sahanlığı; karaya çıkma veya çıkarma.

land.scape [länd'skeyp] *i.* kır manzarası, peyzaj.

land.slide [länd.slayd] *i.* toprak kayması, heyelan.

lane [leyn] *i.* dar yol, dar sokak, dar geçit.

lan.guage [läng'gwîc] *i.* dil, lisan; konuşma kabiliyeti. *finger language* sağırların kullandığı, parmak işaretlerine dayalı dil. *language laboratory* dil laboratuarı.

lank [längk] *s.* uzun ve zayıf; boylu, ince; düz saç.

lan.tern [län'tırn] *i.* fener, fanus.

large [larc] *s.* büyük, geniş, iri; *i. müz.* ortaçağda kullanılan pek uzun bir nota.

lark [lark] *f.* cümbüş yapmak, eğlenmek; takılmak, şaka etmek. *i.* cümbüş, şaka, eğlenti.

last [last] *s.,z.,i.* son, en sonraki, sonucu; *z.* En sonra, son olarak. *i.* son, en nihayet.

late [leyt] *s.* geç, gecikmiş, geri kalmış.

late [leyt] *z.* geç, son zamanlarda.

lat.i.tude [lät'ıtud] *i.* genişlik; kapsam, bolluk, tolerans, hoşgörü. *coğr.* enlem.

laugh [läf] *f., i.* gülmek, sevinmek, eğlenmek; *i.* gülme, gülüş, kahkaha.

launch [lônç] *f.* gemiyi kızaktan suya indirmek, roket fırlatmak.

laun.der [lôn'dır] *f.* yıkayıp ütülemek. *i. laundry* çamaşırhane.

lav.a.to.ry [läv'ıtôri] *i.* umumi hela, lavabo.

law [lô] *i.* kanun, yasa, nizam, kaide, kural. *law court* mahkeme. *law school* hukuk fakültesi. *go to law* dava etmek.

law.less [lô'lîs] *s.* kanuna aykırı, kanun tanımaz.

law.yer [lô'yır] *i.* avukat, dava vekili.

lay.er [ley'ır] *i.* kat, tabaka; daldırma.

la.zy [ley'zi] *s.* tembel, aylak, uyuşuk.

lead [led] *i., f.* kurşun (*metal*), kalem kurşunu, grafit. *f.* kurşunla kaplamak.

lead [lid] *f.* (*led*) yol göstermek, rehberlik etmek.

lead.er [li'dır] *i.* rehber, kılavuz, önder. *leadership i.* öncülük , liderlik.

league [lig] *i., f.* birleşme, ittifak; özel amaçlar için meydana getirilen birlik. *f.* birleştirmek, ittifak etmek.

learn [lırn] *f.* (*-ed veya learnt*) öğrenmek, işitmek, haber almak.

learn.ed [lır'nîd] *s.* alim, çok okumuş, bilgili.

learn.ing [lır'nîng] *i.* ilim, bilgi, irfan.

leath.er [ledh'ır] *i., f.* kösele, tabaklanmış deri; *f.* kösele ile kaplamak

leave [liv] *f.* (*left*) bırakmak, terk etmek, kalkmak; vazgeçmek; karışmamak; yalnız bırakmak.

lec.ture [lek'çır] *i., f.* konferans, belirli bir konu üzerine konuşma, genel ders. *f.* konferans vermek. *lecturer i.* konferans veren.

left [left] *s., i.* sol, solda, sola ait; *i.* sol taraf, sol kanat.

leg [leg] *i., s.* bacak, bacak görevi gören şey; mobilya ayağı, pergel ayağı.

le.gal [li'gıl] *s.* kanuna uygun, kanuna dayanan. *legal eror* adli hata.

leg.end [lec'ınd] *i.* masal, efsane, hikaye. *legendary s.* efsanevi.

lei.sure [li'jır, lej'ır] *i., s.* boş vakit, işsizlik, serbestlik. *s.* serbest, boş.

lenght [lengkth, length] *i.* uzunluk, boy; mesafe, süre.

lens [lenz] *i.* mercek; göz merce-ği. *wide angle lens* geniş açılı mercek.

less [les] *s., z., i.* daha az, daha küçük; *z.* Bir derece aşağısı . *i.* eksik bir miktar.

let [let] *f. (let, letting)* izin vermek. *let fall* düşürmek. *let fly* salıve-rip uçurmak. *let out* dışarıya bı-rakmak, kaçmasına izin vermek, gevşetmek, genişletmek.

lev.el [lev'ıl] *i.,s.,f. (-ed,-ing veya –led, -ling)* düzlük,düz yer; se-viye, derece; *f.* düzeltmek, düz yüzey haline getirmek. *s.* düz, düzlem, yatay

le.ver [lev'ır, li'vır] *i., f.* manivela, kaldıraç. *f.* manivela ile kaldır-mak.

lex.i.con [lek'sıkan] *i.* sözlük.

li.ar [lay'ır] *i.* yalancı.

lib.er.ty [lîb'ırti] *i.* hürriyet, öz-gürlük. *liberty of conscience* vicdan özgürlüğü. *liberty of speech* konuşma özgürlüğü. *liberty of the press* basın ve yayın özgürlüğü. *civil liberty* kişisel özgürlük veya dokunul-mazlık.

li.brar.i.an [laybrer'iyın] *i.* kütüp-haneci, kütüphane memuru.

li.brar.y [lay'breri, -brıri] *i.* kütüp-hane, kütüphane binası.

li.cense *İng.* **li.cence** [lay'sıns] *i.* izin, ruhsat. *driver's license* sürücü belgesi.

lick [lîk] *f.* yalamak, alev gibi yala-yıp geçmek.

lie [lay] *i., f. (-d,-lying)* yalan, ya-lan söyleme, aldatma. *f.* yalan söylemek, aldatmak.

lie [lay] *f. (lay,lain,lying)* yat-mak, uzanmak.*lie down* yatmak, uzanmak.

life [layf] *i.* (çoğ. **lives**) hayat, ömür, canlılık, can.**life belt** cankurtaran kemeri. *life buoy* cankurtaran si-midi. *life history* hayat hikayesi. *life insurance* hayat sigortası.

life.boat [layf'bot] *i.* cankurtaran sandalı.

life.less [layf'lîs] *s.* cansız, ölü, ölü gibi.

life.long [layf'lông] *s.* ömür boyu, bir ömür devam eden.

lift [lîft] *f., i.* kaldırmak, yukarı kal-dırmak; *i.* kaldırış, yükseltme.

light [layt] *i.* ışık, aydınlık; ışık veren şey. **light buoy** fener du-bası.

light [layt] *s., z.* Hafif, eksik, ince, önemsiz; *z.* hafifçe, kolayca.

light.er [lay'tır] *i.* yakan şey veya kişi, yakıcı alet. *cigarette ligh-tter* çakmak.

light.ning [layt'nîng] *i.* şimşek, yıldırım.

like [layk] *ilg.s.,i.* gibi, benzer *s.* birbirine benzer *i.* benzeri.

like [layk] *f.* hoşlanmak, sevmek.

li.lac [lay'läk] *i., s.* leylak ağacı veya çiçeği. *s.* leylak rengindeki.

lil.y [lîl'i] *i.* zambak.

lim.it.less [lîm'îtlîs] *s.* sınırsız, sayısız, son derece.

line [layn] *i.* çizgi, yol, hat; satır, mısra, sınır hattı; ekvator çizgisi, enlem veya boylam dairesi. *line up* sıraya girmek.

lin.gual [lîng'gwıl] *s., i.* dile ait. *i* dil ile okunan harf, dil ile çıkarı-lan ses.

lin.guist [lîng'gwîst] *i.* birçok dil bilen, dilbilim uzmanı.

li.on [lay'ın] *i.* aslan.

lip [lîp] *i., f. (-ped,-ping)* dudak, kenar, uç ; *f.* öpmek, dudaklarla dokunmak.

English–Turkish

lip.stick [lîp'stîk] *i.* dudak boyası, ruj.

liq.uid [lîk'wîd] *s., i.* sıvı, su gibi akan, akıcı, akışkan.*i.* mayi, sıvı.

list [lîst] *i., f.* liste, dizin, fihrist; *f.* listeye geçirmek, deftere yazmak.

lis.ten [lîs'ın] *f.* dinlemek, kulak vermek. *listen in* başkasının konuşmasını dinlemek, kulak misafiri olmak.

lit.er.a.cy [lît'ırısî] *i.* okur yazarlık.

lit.er.a.ture [lît'rıçır] *i.* edebiyat; yazılmış kitaplar, eserler.

lit.ter [lît'ır] *i., f.* döküntü, çerçöp yığıntısı; *f.* karmakarışık etmek.

live [lîv] *f.* yaşamak, sağ olmak, hayatta olmak.

live [layv] *s.* canlı, diri, zinde, hayat dolu.

liv.er [lîv'ır] *i.* karaciğer.

liv.ing [lîv'îng] *i.* yaşam, hayat tarzı; geçim, geçinme.

liv.ing [lîv'îng] *s.* yaşayan, canlı, diri.

load [lod] *i.* yük,ağırlık; fikir yorgunluğu; endişe, üzüntü, kaygı.

load [lod*] f.* yükletmek, yükünü vermek, yüklemek.

lo.cal [lo'kıl] *s., i.* yerel, mevkiî; yöresel. *i* banliyö treni.

lock [lak] *i.* kilit, silah çakmağı, kilitli şey.

lock [lak] *f.* kilitlemek, kapamak.

lock.smith [lak'smîth] *i.* çilingir.

log [lôg] *i.* kütük, ağaç gövdesi; kütük gibi şey.

lone [lon] *s.* yalnız, kimsesiz; ıssız, tenha

lone.ly [lon'li] *s.* yalnız, kimsesiz; yalnızlıktan ruhu sıkılmış, sıkıntı verici.

long [lông] *s., i.*uzun; uzun süren, yorucu, mesafece uzun

look [lûk] *f., i.* bakmak, nazar etmek, dikkatle bakmak, görmek; *i.* bakış, nazar, bakma. *look abo-ut* etrafına bakmak. *look after* bakmak, gözetmek. *look ahead* ileriye bakmak. *look back* hatırlamak. *look for* aramak. *look up* gözleri yukarı dikmek; aramak, bakmak.

loose [lus] *s., f.* gevşek, sıkı ve bağlı olmayan, başıboş;dağınık, sıkışık olmayan; *f.* gevşetmek, çözmek, açmak, salıvermek.

lor.ry [lôr'i] *i., İng.* kamyon; *A.B.D.* alçak olup yansız ve dört tekerlekli yük arabası.

lose [luz] *f.* (*lost*) kaybetmek, yitirmek; kaçırmak, elden kaçırmak.

los.er [lu'zır] *i.* kaybeden kimse; ziyan eden kimse.

lost [lôst] *s.* kaybolmuş, telef olmuş gitmiş; aklını şaşırmış, kendini kaybetmiş.

lot.ter.y [lat'ıri] *i.* piyango, kura; kader, kısmet, tesadüf.

loud [laud] *s., z.* yüksek (*ses*); gürültülü, patırtılı, abartan; *z.* yüksek sesle, gürültü ile.

love [láv] *f.* sevmek, aşık olmak.

love [láv] *i.* sevgi, aşk; sevgili, yar. *love affair* aşk macerası. *love story* aşk hikayesi. *fall in love* aşka düşmek, aşık olmak.

low [lo] *s., z.* alçak, yüksek olmayan; ufka yakın; *z.* alçak mevkide; ucuz fiyatla. *low gear* birinci vites. *low life* yoksulluk

loy.al [loy'ıl] *s.* sadık,vefalı.

luck [lak] *i.* talih, baht; uğurlu şey. *luckless* *s.* talihsiz.

luxe [lûks, láks] *i.* lüks, çok süslü şey. *de luxe* şatafatlı.

lynch [lînç] *f.* yargılamadan öl-

dürmek, linç etmek. *lynch law*
linç kanunu.
lyr.ic [lîr'îk] *s.*, *i.* lirik; *i.* gazel, lirik
şiir

M m

M,m [em] *i.* İngiliz alfabesinin on üçüncü harfi. Romen rakamlarında 1000.

mac.ad.am [mıkäd'ım] *i.* makadam, şose.

ma.chine [mışîn] *i., s., f.* makina, makine gibi çalışan herhangi bir şey; motorlu araç, araba. *s.* makine ile ilgili . *f* makine ile imal etmek *machine gun* makinalı tüfek. *machine oil* makine yağı. *machine work* makine işi.*sewing machine* dikiş makinası.

mad [mäd] *s.* deli, divane, çılgın. *mad about* fazla istekli, can atan; **madly** z.delice. *madness i.* delilik.

mag.a.zine [mägızîn'] *i.* dergi, mecmua; depo; cephane deposu; silah şarjörü.

mag.ic [mäc'îk] *i., s.* sihirbazlık, sihir, büyücülük, büyü; *s.* sihirle ilgili, sihirli, büyülü.

ma.gi.cian [mıcîş'ın] *i.* sihirbaz, büyücü, hokkabaz.

mag.net [mäg'nît] *i.* mıknatıs, mıknatıs gibi çeken şey.

maid [meyd] *i.* genç kız, kız çocuk; hizmetçi.

maid.en [meyd'ın] *i., s.* genç kız, evlenmemiş kız; *s.* evlenmemiş, bekar.

mail [meyl] *i., f.* posta, posta arabası; *f. A.B.D.* postaya vermek. *mail train* posta treni. *firstclass mail* en yüksek ücrete tabi mektup.

main [meyn] *s.* asıl, esas, başlıca.

main.te.nance [meyn'tınıns] *i.* bakım işi; iddia, teyit.

ma.jor [mey'cır] *i. ask.* binbaşı; *müz.* majör; *A.B.D.* bir üniversite öğrencisinin takip ettiği ana bilimn dalı.

make [meyk] *f. (made)* yaratmak, yapmak, meydana getirmek. *make a fire* ateş yakmak. *make for home* evin yolunu tutmak. *make good* yerine getirmek *make sure* emin olmak. *make up* tertip etmek, makyaj yapmak.

male [meyl] *s., i.* erkek.

mal.treat [mältrit'] *f.* kötü davranmak, eziyet etmek.

man [män] *i.* (*çoğ.men*) adam, erkek; erkek cinsi; insan; insan türü; erkek adam.

man.ag.er [män'îcır] *i.* yönetmen, müdür, direktör; idare memuru, yönetici.

man.hood [män'hüd] *i.* erkeklik, yiğitlik; erkeklik hali; insanlık.

M

ma.ni.ac [mey'nîyäk] *s., i.* çılgın, deli; *i.* manyak kişi, çıldırmış kişi.

man.i.fest [män'ıfest] *i.* manifesto, kaptan tarafından gümrüğe verilen mal bildirim listesi.

man.kind [män'kayndt] *i.* beşeriyet, insanlık; insanoğulları.

man.tle [män'tıl] *i.* kolsuz manto; örtü, örten şey.

man.u.al [män'yuwıl] *s., i.* ele ait, elle yapılan veya idare edilen; *i.* bir bilim ya da sanatın kuralları toplayan küçük kitap.

man.u.fac.ture [mänyıfäk'çır] *i., f.* imal, yapma, mamulat; *f.* imal etmek

man.y [men'i] *s., i. (more, most)* çok, sayıca çok.*i.* bir çoğu.

map [mäp] *i., f.* harita, plan. *f.* haritasını yapmak.

mar.ble [mar'bıl] *i.,s., f.* mermer, mermerden yapılmış sanat eseri; *s.* mermer, mermer taklidi. f. mermer taklidi boyamak.

mar.gin [mär'cîn] *i., f.* kenar, hudut; *f.* kenarına yazmak, kenar yapmak.

ma.rine [mirin'] *s., i.* denize ait, denizle ilgili; *i.* denizcilik, deniz kuvvetleri.

mark [mark] *i.* işaret, marka; damga, nişan. *a bad mark* kırık not.

mark [mark] *f.* işaretlemek, damga vurmak; mark down fiyat indirmek. *mark up* fiyat yükseltmek.

mar.ket [mar'kît] *i.* pazar, çarşı; piyasa. *market basket* pazar sepeti. *market garden* bostan. *money market* para borsası.

mar.riage [mer'îç] *i.* evlenme, evlilik; *marriage certificate* evlilik cüzdanı. *marriage portion* çeyiz.

marsh [marş] *i.* batak, bataklık.

mar.vel [mar'vıl] *i., f.* harika, mucize; *f.* hayret etmek, şaşmak.

mask [mäsk] *i.* maske, alçı ya da balmumumundan yapılmış yüz kalıbı; maskeli kimse.

mask [mäsk] *f.* maskelemek, örtmek.

master [mäs'tır] *i.* efendi, sahip, patron, amir; usta, dini lider, büyük sanatçı.

match [mäç] *i.* eş, benzer, akran, denk.

match [mäç] *f.* uymak, benzemek; eşleşmek.

match [mäç] *i.* kibrit, fitil.

mate [meyt] *i., f.* eş; karı koca; *f.* eşleşmek, evlendirmek; evlenmek.

math.e.mat.ics [mäthımät'îks] *i.* matematik. mathematician matematikçi.

mat.ter [mät'ır] *i.* özdek, madde, cevher, cisim; iş, husus, mesele; *a matter of two dollars* iki dolar meselesi. *no matter* önemi yok. *reading matter* okunacak şey.

mat.ress [mät'rıs] *i.* yatak, şilte, uzun minder.

ma.ture [mıçûr'] *s.* olgun, kemale ermiş; iyi hazırlanmış, vadesi dolmuş.

may.be [mey'bi] *z.* belki, olabilir.

May.day [mey.dey] *i.* uluslar arası radyo "imdat" işareti.

meal [mil] *i.* yemek, öğün; yemek zamanı.

mean [min] *f.* niyet etmek, niyetlenmek; ifade etmek, mana vermek.*What dou you mean by it?* Ne demek istiyorsun?

mean.ing [mi'nîng] *i.* anlam, mana; amaç, gaye; önem. *meaningful* anlamlı. *meaningless* anlamsız.

meas.ure [mej'ır] *i.*, *f.* ölçü, miktar; ölçek; herhangi bir ölçü sistemi. *full measure* tam ölçü. *liquid measure* sıvı ölçüsü. *short measure* eksik ölçü. *f.* ölçmek, tartmak, kıymet biçmek.

meat [mit] *i.* yenecek et, et; eski yemek, yiyecek şey.

me.chan.ic [mıkä'nîk] *i.*, *s.* makine, makine ustası; *s.* el sanatlarına ait, makine gibi.

med.i.cal [med'îkıl] *s.* tıbba ait, tedavi edici.

med.i.cine [med'ısın] *i.*, *f.* ilaç, deva; tıp bilimi, hekimlik; *f.* ilaç verme, ilaçla tedavi etme.

me.di.um [mi'diyım] *i.*, *s.* orta, çevre, ortam; raça, vasıta ; *s.* orta, vasat; ortalama.

meet [mit] *f.* (met) rastgelmek, karşılaşmak, tesadüf etmek, bulmak; tanışmak, buluşmak.

meet.ing [mi'tîng] *i.* toplantı, meydan toplantısı; *meeting house* toplantı evi *meeting place* toplantı yeri.

mel.on [mel'ın] *i.* kavun, karpuz.

melt [melt] *f.*, *i.* eritmek, halletmek; erimek, yumuşatmak, yumuşamak; *i.* erimiş madde.

mem.ber [mem'bır] *i.* üye, aza; organ, uzuv. *member of parliament* milletvekili. *membership* üyelik.

mem.o.ry [mem'ıri] *i.* hafıza, bellek, hatır; hatıra.

men.tal [men'tıl] *s.* zihinle ilgi, akılla ilgili; *metal age* akıl yaşı. *mental deficiency* geri zekalılık.

men.tor [men'tîr] *i.* akıllı ve güvenilir öğretmen.

mer.chant [mır'çınt] *i.*, *s.* tacir, tüccar; mağaza sahibi, dükkancı; *s.*

ticarete ait, ticarette kullanılan. **merchant marine** ticaret gemisi.

mer.maid [mır'meyd] *i.* denizkızı.

mer.ry [mer'i] *s.* şen, keyifli; neşeli. *make marry* cümbüş yapmak. *merrly* z. neşeyle. *merriness* *i.* neşe, keyif.

met.a.por [met'fôr] *i.* mecaz

meter [mi'tır] *i.*, *f.* sayaç, saat; *f.* sayaç ile ölçmek

meth.od [meth'ıd] *i.* yöntem, usul; metot, yol; tarz.

me.trop.o.lis [mıtrap'ılîs] *i.* başşehir, başkent, büyük şehir.

mi.crobe [may'krob] *i.* mikrop

mi.cro.scope [may'kroskop] *i.* mikroskop.

mid.dle [mîd'ıl] *s.*, *i.* orta, vasat; ortadaki, aradaki; *i.* orta yer, orta. *middle age* orta yaş. *Middle Ages* ortaçağ. *middle class* orta sınıf, burjuva.

midg.et [mîc'ît] *i.*, *s.* cüce, çok ufak yapılı kimse. *s.* mini.

mid.night [mîd'nayt] *i.* geceyarısı.

mid.term [mîd'tırm] *i.* sömestr ortası.

mil.i.tar.y [mî'ıteri] *s.*, *i.* askeri, askerliğe veya savaşa ait; ordu tarafından yapılan; *i.* *the ile* silahlı kuvvetler, ordu.

milk [mîlk] *i.* süt. *milk shake* dondurma ve şurupla karıştırılıp çalkalanmış süt. *milk teeth* süt dişleri.

milk [mîlk] *f.* sütünü sağmak.

milk.man [mîlk'män] *i.* sütçü.

milk.y [mîl'ki] *s.* süt gibi, süte benzer; sütlü; uysal, yumuşak. *Milky Way* astr. Samanyolu.

mill [mîl] *i.* değirmen, el değirmeni; fabrika; imalathane.

mince [mîns] *f.*, *i.* kıymak, ince ince doğramak; ufaltmak. *i.*, *İng.* kıyma.

M

mind [maynd] *i.* akıl, zihin, diğma, kafa; hafıza, hafıza kuvveti. *call to mind* hatırlamak, hatırlatmak. *change one's mind* caymak, fikir değiştirmek. *have in mind* hatırında olmak.

mine [mayn] *i.* maden, maden ocağı; lağım, hazine, kaynak; *ask.* mayın, sabit torpil.

mine [mayn] *f.* kazıp çıkarmak (kömür, maden); yeraltında kazmak. *ask.* mayın döşemek.

mine [mayn] *iyelik zam.* benim; benimki. *a friend of mine* bir dostum. *It's mine* benimdir.

min.er [mayn'ır] *i.* maden, madenci; maden işçisi; mayın dökücü asker.

min.i.mize [mîn'ımayz] *f.* mümkün olduğu kadar ufaltmak ya da azaltmak; önemsememek.

min.ing [may'nîng] *i.* madencilik; maden kazma; *ask.* mayın dökme.

min.is.try [mîn'îstri] *i.* vaizlik, papazlık; papazlar; bakanlık, vekalet. *Ministry of Agriculture* Tarım Bakanlığı.

mi.nor [may'nır] *s., f.* küçük; ikinci derecede olan, önemi az. *f.* **in** ile A.B.D.'de üniversitede ikinci dal olarak almak.

mint [mînt] *i.* nane.

mint [mînt] *i.* darphane, para basılan yer.

mint [mînt] *f.* para basmak.

min.ute [mîn'ît] *i.* dakika, an; *çoğ.* rapor, tutanak. *minute book* zabıt, tutanak defteri. *official minute book* kararname defteri.

mir.a.cle [mîr'ıkıl] *i.* mucize, harika, keramet.

mi.rage [mî'raj'] *i.* serap.

mir.ror [mîr'ır] *i., f.* ayna; *f.* ayna gibi göstermek, aksetmek.

mis- *önek* yanlış, kötü, hatalı.

mis.ad.ven.ture [mîsıdven'çır] *i.* kaza, bela; talihsizlik, felaket.

mis.cal.cu.late [mîskäl'kyıleyt] *f.* yanlış hesap etmek. *miscalcula'tion* *i.* yanlış hesaplama.

mis.count [mîskaunt'] *f., i.* yanlış saymak, yanlış hesap etmek. *i* yanlış hesap.

mi.ser [may'zır] *i.* cimri, pinti kişi.

mis.er.a.ble [mîz'ırıbıl] *s.* sefil, pek fakir; dertli, bedbaht, perişan.

mis.guide [mîsgayd'] *f.* yanlış yola sevketmek; azdırmak, baştan çıkarmak.

mis.print [*f.* mîsprît, *i.* mîs'prînt] *f.* yanlış basmak; *i.* baskı hatası.

miss.ing [mîs'îng] *s.* eksik, olmayan; kayıp.

mis.sion [mîş'ın] *i.* memuriyet; vazife, görev, hizmet.

mist [mîst] *i., f.* sis, duman; *f.* sis ile kaplamak, sisli olmak; çiselemek.

mis.take [mîsteyk'] *f.* (**-took, -ta-ken**) yanlış anlamak; başkası zannetmek; yanılmak.

mis.trust [mîstrást'] *i., f.* güvensizlik, itimatsızlık; *f.* güvenmemek, hakkında şüphe etmek.

mis.un.der.stand [mîsándırständ'] *f.* (**-stood**) yanlış anlamak, ters anlamak. *misunderstanding* *i.* yanlış anlama; anlaşmazlık.

mix [mîks] *f., i.* karıştırma, birbirine karıştırmak; karmak; katmak. *i.* karıştırma, karışma, karışım.

mix.ture [mîks'çır] *i.* karışım; katıştırma; kaynaşma.

mix.up [mîks'áp] *i.* karışık durum, anlaşmazlık.

mo.bile [mo'bıl,-bil] *s.* yer değiştirebilen, devingen, serbest hareket eden.

mod.el [mad'ıl] *i., s.* örnek, model, numune; kalıp, şekil; resim, plan; örnek tutulacak kişi. *s.* örnek veya model olan, örnek tutulmaya layık.

mod.ern [mod'ırn] *s., i.* çağdaş, yeni, asri, çağcıl; modern; *i.* modern kimse. **modernism** *i.* modernlik, çağcıllık. **modernist** *i.* modernlikten yana olan. **moder'nity** *i.* yenilik. **modernize** *f.* yenileştirmek, modernleştirmek.

mod.est [mad'îst] *s.* alçak gönüllü, mütevazi; gösterişsiz; ılımlı, tutarlı.

mod.i.fi.ca.tion [madıfıkey'şın] *i.* tadil, biraz değiştirmek, değişiklik.

moist [moyst] *s.* nemli, rurtubetli; ıslak; sulu; yaşlı (göz). **moistness** *i.* nemlilik, rutubetlilik.

mole [mol] *i.* dalgakıran, mendirek; yapay liman.

mole [mol] *i., kim. gram* molekül, herhangi bir maddenin gramla çarpılan molekül ağırlığı.

mol.e.cule [mal'ıkyul] *i.* molekül, zerre. **molecular** *s.* moleküle ait.

mol.li.fy [mal'fay] *f.* yumuşatmak, yatıştırmak; dindirmek, teskin etmek. **mollifica'tion** *i.* dindirme, yatıştırma.

mol.ten [mol'tın] *s.* erimiş; erimiş madenden yapılmış yapılmış, dökme.

mo.ment [mo'mınt] *i.* an, lahza; önem, nüfuz. *fiz.* moment, hareket oluşturma yeteneği.

mon.arch [man'ırk] *i.* kral, padişah, hükümdar.

Mon.day [mán'di, -dey] *i.* pazartesi.

mon.ey [mán'i] *i.* para, nakit; para

yerine geçen şey. **money belt** para taşımak için kuşak. **money market** para piyasası. **easy money** kolay kazanılmış para. **moneyless** parasız.

mon.i.tor [man'ıtır] *i., f.* sınıfta düzeni korumakla görevli öğrenci; öğüt veren kimse; izleme veya gözleme düzeneği. *f.* izlemek, gözlemek.

mon.o.gram [man'ıgräm] *i.* bir ismin birkaç harfinden ya da baş harlerinden meydana gelen desen.

mon.ster [man'stır] *i., s.* canavar; acayip ve doğaüstü şey; hilkat garibesi, garip yaratık. *s.* büyük, iri.

month [mánth] *i.* (takvim) ay.

month.ly [mânt'li] *s., z.* ayda bir olan, aylık; *z.* ayda bir.

mon.u.ment [man'yımınt] *i.* abide, anıt; mezar taşı; eser; tarihi yapı. **monumen'tal** *s.* anıtsal, muazzam, azametli.

moon [mun] *i.* ay, kamer, uydumuz olan gezegen.

moon.beam [mun'bim] *i.* ay ışını.

moor.land [mûr'länd] *i. ing.* kır, bozkır.

mor.al [môr'ıl] *s., i.* ahlaka ait, ahlaki; *i.* ahlak dersi. **moral principle** ahlak kuralı. **moral support** manevi destek.

more [môr] *s., z., i.* daha fazla, daha çok; *z.* daha, bir kat fazla; *i.* fazlalık.

morn.ing [môr'ning] *i., s.* sabah, sabah vakti; seher, başlangıç, başlama. *s.* sabahleyin olan, sabaha özgü. **morning star** sabah yıldızı.

mo.ron [môr'an] *i.* kısmen geri zekalı olan kimse.

mor.tal [môr'tıl] *s., i.* ölümlü, geçici, fani ; *i.* insan, ölümlü yaratık.

mort.gage [môr'giç] *i., f., huk.* İpotek, gayri menkul rehni; *f.* ipotek etmek.

mor.ti.fy [môr'tıfay] *f.* küçük düşürmek, mahçup etmek; alçaltmak.

Mos.lem [maz'lım] *s., i.* Müslüman.

mosque [mask] *i.* cami, mescit.

mos.qu.ito [mıski'to] *i.* sivrisinek.

most [most] *s., z., i.* en çok en fazla; *z.* pek, en, son derece; *i.* en fazla miktar, en büyük kısım; *mostly z.* çoğunlukla, çok kere.

moth.er [mádh'ır] *i., f.* anne, ana, valide; *f.* annesi olmak, annelik etmek; evlat edinmek. *morher country* ana vatan *Mother's Day* Anneler Günü. *mother tongue* ana dil.

moth.er.hood [mádh'ırhûd] *i.* analık, validelik; analar.

mo.tion [mo'şın] *i., f.* hareket, devinme, devinim; *f.* el ile işaret etmek. *motion picture* sinema filmi. *in motion* hareket halinde. *set in motion* harekete geçirmek. motionless herakete geçirmek.

mo.tor [mo'tır] *i., s., f.* morto, elektrik motoru; makine; *ing.* otomobil; *s.* hareket meydana getiren, motorlu; *tıb.* Hareket kaslarına ait; *f.* otomobille gitmek veya götürmek.

mo.tor.cy.cle [mo'tırsaykıl] *i.* motosiklet.

mount [maunt] *i.* dağ, tepe.

moun.tain [maun'tın] *i.* dağ, yığın, dağ kadar büyük şey; azman. *mountain chain* dağ silsilesi.

mourn.ful [môrn'ful] *s.* kederli, üzgün, mahzun.

mouse [maus] *i.* fare, sıçan.

mouse.trap [maus'träp] *i.* fare kapanı, tuzak.

mouth [mauth] *i.* ağız; ağız gibi şey; haliç, boğaz.

mov(e). able [mu'vıbıl] *s., i.* hareket edebilen, taşınabilir; *i. huk.* menkul eşya.

move [muv] *f., i.* kımıldatmaki oynatmaki hareket ettirmek *.i.* hareket, kımıldanma. **move in** eve taşınma. **move out** evden taşınma. *get a move on* başlamak, acele etmek.

mov.er [mu'vır] *i.* hareket ettiren; nakliyat firması.

mov.ie [mu'vi] *i.* sinema.

M.P. *kıs. Member of Parliament* (*isimden sonra gelir*) parlemento üyesi, milletvekili.

Mr. [mîs'tır] *i.* Bay (*soyadından önce gelir*).

Mrs. [mîs'îz] *i.* Bayan (*evli kadının soyadından önce gelir*).

much [máç] *s.* (*more, most*) *z., i.* çok fazla, hayli; *z.* çokça, fazla derecede. *i.* çok şey, çok miktarda şey.

mud [mád] *i.* çamur; *k.dili.* bir işin en kirli kısmı.

muf.fin [máf'in] *i.* pandispanya tadında ufak bir ekmek.

mug [mág] *i.* kulkplu büyük bardak; bardak dolusu.

mule [myul] *i.* katır; *A.B.D. k.dili* çok inatçı kimse; küçük lokomotif veya traktör.

multi- *önek* çok.

mul.ti.ple [mál'tıpıl] *s., i.* çok yönlü, çok kısımlı; *i. elekt.* çok evreli akım; *mat.* katsayı. *multiple choice* çoktan seçmeli test biçimi.

mum.my [mám'i] *i.* mumya.

mu.nic.i.pal [myûnîs'ıpıl] **s.** şehre ait; belediyeye ait. *municipal council* belediye meclisi. *municipal law* belediye kanunu. *municipal police* polis teşkilatı. *municipality* i. belediye.

mur.der [mır'dır] *i., f.* adam öldürme, cinayet; *k.dili* baş belası *f.* katletmek, adam öldürmek; kasten öldürmek. *murderer* i. katil. *murderess* i. kadın katil. *murdereous* s. öldürücü. *murdreously* öldürecek gibi.

mus.cle [más'ıl] *i.* kas, adale; adale kuvveti.

muse [myuz] *i.* ilham.

mu.se.um [myuzî'yım] *i.* müze.

mush.room [maş'rum] *i.* mantar; mantarımsı şey.

mu.sic [myu'zîk] *i.* müzik, musiki; ahenk, makam, nota. *music book* nota kitabı. *music box* laterna. *music hall* müzik salonu. *music stand* nota sehpası. *music stool* piyano taburesi. *vocal music* sesle söylenen müzik.

mu.si.cian [myuzîş'ın] *i.* müzisyen, çalgıcı; şarkıcı.

must [mást] yardımcı *f., i.* –meli, -malı (*gereklilik, zorunluluk*). *He must go.* gitmelidir. *He must have gone*. gitmiş olacak.

mus.tard [mástırd] *i.* hardal.

mute [myut] *s., i.* sessiz, suskun; dilsiz. *i. dilb.* sağır ses, okunmayan harf.

my.self [mayself'] *zam.* kendim, bizzat, ben. *I will come myself* kendim geleceğim.

mys.te.ri.ous [mîstîr'iyıs] *s.* gizemli, esrarengiz, akıl ermez, garip.

myth [mîth] *i.* esatir, efsane, mit; hayali kimse veya şey.

my.thol.o.gy [mîthal'ıci] *i.* mitoloji

N n

N,n (en) *i.* İngiliz alfabesinin on dördüncü harfi; *i. kim.* azotun simgesi; *mat.* belirsiz bir sayı.

nail [neyl] *i.* çivi, mıh; tırnak; hayvanlarda tırnak yerine bulunan pençe veya toynak. *nail brush* tırnak fırçası. *nail file* tırnak törpüsü. *nail polish* tırnak cilası (oje). *nail scissors* tırnak makası.

nail [neyl] *f.* mıhlamak, çivilemek; sıkı sıkı bağlamak.

na.ive [na'iv'] *s.* saf, bön, toy, deneyimsiz.

na.ked [ney'kîd] *s.* çıplak, yalın; *bot.* çıplak, örtüsüz; *huk.* ispatsız, geçersiz. *naked ape* insan. *The naked eye* çıplak göz. *nakedness* çıplaklık.

name [neym] *i., f., s.* ad, isim, nam, şöhret, ün; unvan; *f.* ad koymak. *s.* isim olan.

name.less [neym'lîs] *s.* isimsiz, adsız, adı belli olmayan.

nan.ny [nän'i] *i., İng.* dadı.

nap.kin [näp'kin] *i.* peçete, havlu; *İng.* çocuk bezi; sıhhi pamuk.

nar.ra.tive [ner'itîv] *i., s.* hikaye, fıkra; hikaye söylemem sanatı; *s.* hikaye türünden.

nar.row [ner'o] *s., i., f.* dar, ensiz; sınırlı; dar düşünceli. *i* dar geçit, çoğ. dar boğaz. *f.* daraltmak, eninden almak.

na.sal [ney'zıl] *s., i.* buruna ait; genizden ya da burundan gelen. *i. dilb.* burun sesi.

nas.ty [näs'ti] *s.* tiksindirici, iğrenç, kötü; hoşa gitmeyen; ayıp, edepsiz. *nasty sea* fırtınalı deniz. *nasty story* müstehcen hikaye. *nastiness i.* iğrençlik.

na.tion [ney'şın] *i.* millet, ulus; budun, kavim. *nation- wide* bütün ulusa ait. *maritime nation* denizci millet, denizden geçinen millet.

na.ti.on.al [näş'ınıl] *s., i.* milli, ulusal; millete ait. *i.* yurttaş, vatandaş. *national antem* milli marş. *National Assembly* Millet Meclisi. *national bank* milli banka. *national monument* milli anıt. *national park* milli park. *nationalism i.* milliyetçilik.

na.tion.al.i.ty [näşinäl'ıti] *i.* millet, milliyet; vatandaşlık, milli özellikler.

na.tive [nay'tîv] *s., i.* yerli, tabii, doğal; doğuştan; *i.* yerli mal veya hayvan. *native-born s.* doğma büyüme. *native citizen* doğuştan vatandaşlık hakkı olan kimse. *native land* anayurt, asıl memleket.

nat.u.ral [näç'ırıl] *s., i.* doğal, tabii; tabiatra uygun. *müz.* doğal, naturel. *natural color* asıl renk. *natural gas* yeraltından elde edilen metanlı gaz. *natural history* tabiat bilgisi. *natural resources* doğal kaynaklar. *naturalness i.* doğallık.

na.ture [ney'çır] *i.* huy, karakter, tabiat, mizaç. *by nature* tabiyatıyla, yaratılışta, doğuştan. *good natured* iyi huylu. *human nature* insan karakteri. *in the nature of things* durumun gerektirdiği şekilde.

naugh.ty [nô'ti] *s.* yaramaz, haylaz; serkeş.

nau.ti.cal [nô'tîkıl] *s.* denizcilğe ve denizlere ait. *nautical astronomy* gök cisimlerine göre geminin yerini belirlemekle ilgili bilgi dalı. *nautical mile* deniz mili. *nautical science* denizcilik bilimi.

na.val [ney'vıl] *s.* savaş gemilerine ait; denizsel. *naval academy* deniz harp akademisi. *naval base* deniz üssü. *naval forces* deniz kuvvetleri. *naval officer* deniz subayı.

nav.i.gate [näv'ıgeyt] *f.* gemi ile gezmek, gemi kullanmak; kaptanlık etmek, kılavuzluk etmek. *naviga'tion i.* gemi seferi; gemi rotalarını belirleme bilimi.

na.vy [ney'vi] *i.* donanma, devletin gemi kuvveti; deniz kuvvetleri. *navy blue* lacivert, koyu mavi.

near [nîr] *z., s.* edat yakın, yakında; hemen hemen, az daha, aşağı yukarı, yaklaşık olarak; *s.* yakın, teklifsiz, samimi. *z.* yanında.

near [nîr] *f.* yaklaşmak, yakına gelmek.

near.ly [nîr'li] *z.* yakından; az daha; neredeyse, hemen hemen.

neb.u.lous [neb'yılıs] *s.* bulutlu, dumanlı, bulanık; *astr.* bulutumsu. *nebulousness i.* belirsizlik.

nec.es.sar.y [nes'ıseri] *s., i.* gerekli, zorunlu, lüzumlu; *i. gen. çoğ.* gerekli şey. *necessarily z.* ister istemez; doğru, kesin, muhakkak.

neck [nek] *i.* boyun; boyun gibi şey; iki kara parçasını birleştiren dil, kıstak; boğaz. *müz.* keman sapı; elbise yakası.

need [nid] *i., f.* ihtiyaç, lüzum, gereklilik; eksiklik; yolsuzluk, fakirlik. *f.* muhtaç olmak, gereksinmek. *if need be* icabında, gerekirse.

nee.dle [nid'ıl] *i., f.* iğne, örgüğ şişi, tığ; pusula ibresi; çamlarda iğne yaprak. *f.* iğne ile dikmek, tutturmak.

neg.a.tive [neg'ıtîv] *s.* olumsuz, menfi; mat. negatif, aksi, ters. *negative evidence* olumsuz kanıt. *negative sign* eksi işareti. *negative vote* alyhte oy.

ne.go.ti.ate [nîgo'şiyeyt] *f.* anlaşmayı görüşmek, pazarlık; tertip etmek. *negotiator* arabulucu, delege.

neigh.bor , *İng. –bour* [ney'bır] *i., f.* komşu, yakın kişi; *f.* komşu olmak, yakın olmak. *good neighboor policy* iyi komşuluk siyaseti. *next door neighboor* kapı komşusu.

neph.ew [nef'yu] *i.* erkek yeğen, kardeş oğlu.

nerve [nırv] *i.* sinir, asap; kuvvet; soğukkanlılık, metanet, cesaret. *nerve fiber* sinir lifi. *nerve gas* sinir gazı. **nerve impulse** sinir akımı.

nest [nest] *i., f.* yuva, kuş yuvası; hırsız yatağı; *f.* yuva yapmak; yuvaya yerleştirmek.

net [net] *s., f.* **(-ted,-ting)** ağ, şebeke; tuzak, tel kafes. *f.* ağ veya tuzağa düşmek; ağ ile tutmak; ağ örmek.

net [net] *s., f.* **(-ted,-ting)** saf, halis, katışıksız; *f.* kazanmak, kar etmek.

net.work [net'wırk] *i.* şebeke; yayın istasyonları ağı.

neu.tral [nu'trıl] *s., f.* tarafsız, yansız; belirli bir niteliği olmayan. **neutral'ity** *i.* tarafsızlık. **ne-utrally** *z.* taraf tutmadan.

new [nu] *s.* yeni, taze; yeni çıkmış; yeni keşfolunmuş. **new moon** yeni ay. **New World** Yeni Dünya. **newness** *i.* yenilik.

news [nuz] *i.* haber, havadis. **news media** haber yayınlama araçları. **news vender** *İng.* gazeteci.

news.pa.per [nuz'peypır] *i.* gazete.

next [nekst] *s., z. edat.* en yakın, yanı başındaki; sonra gelen. *z.* sonra, ondan sonra; hemen sonra.

nice [nays] *s.* hoş, cazip; iyi mükemmel; nazik, latif. **nicely** *z.* iyi bir tarzda, güzelce. **niceness** *i.* incelik.

nick.name [nîk'neym] *i., f.* lakap, takma ad; *f.* lakap takmak.

night [nayt] *i.* gece, gece vakti; akşam, karanlık; cehalet. **night and day** gece gündüz. **night vision** gece görme özelliği. **all night long** gece boyunca. **nightly** *s., z.* gece meydana gelen. *z.* geceleyin.

night.mare [nayt'mer] *i.* kabus, karabasan.

nine [nayn] *s., i.* dokuz; *i.* dokuz sayısı.

nine.ty [nayn'ti] *s., i.* doksan. Ninetieth *s.* doksanıncı; doksanda bir.

no [no] *z., s., i.* (çoğ. **noes**) hayır, yok, değil; *s.* hiç, hiçbir; *i.* hayır kelimesi.

no.ble [no'bıl] *s., i.* asalet, soyluluk. *i.* asilzade.

no.bod.y [no'bády] *zam., i.* hiç kimse; *i.* önemsiz bir kimse.

no.how [no'hau] *z.* hiçbir biçimde, asla.

noise [noyz] *i., f.* ses, gürültü patırtı,şamata. *f.* gürültü etmek.

nois.y [noy'zi] *s.* sesli, gürültülü. **noisily** *z.* gürültülü olarak. **noi-siness** *i.* gürültülü.

non.con.form.ist [nankınfôr'mîst] *i.* topluma ayak uydurmayan kimse; *İng.* Anglikan kilisesine bağlı olmayan kimse.

none [nán] *zam., z.* hiçbiri, hiç kimse; *z.* hiç, asla, hiçbir biçimde.

non.sense [nan'sens] *i.* saça şey, boş laf; önemsiz şey.

noon [nun] *i.* öğle vakti; en parlak ve en başarılı devre, doruk. **noonday** *i., s.* öğle vakti, *s.* öğle vaktinde olan. **noon hour** öğle paydosu.

nor [nôr] *bağlaç* ne de, ne.

north [nôrth] *i., s., z.* kuzey; bir ülkenin kuzey bölümleri; *s.* kuzey; kuzeye bakan; *z.* kuzey tarafta. **northeast** *i., s.* kuzey doğu. **northeastern** *s.* kuzey doğuda olan. **North Pole** Kuzey Kutbu. **North Star** Kutupyıldızı.

nose [noz] *i., f.* burun; koklama duygusu; burun gibi olan şey; uçağın ön kısmı; *f.* kokusunu al-

mak; koklamak. **nose dive** uça-
ğın baş aşağı düşmesi. *nose
out* özellikle koklayarak araryıp
bulmak.

nos.y [no'zi] *s.* başkasının işine
burnunu sokan, meraklı.

not [nat] *z.* değil, olmayan. *not a
little* epey. *not at all* hiç, asla,
katiyen. *Not guilty* suçsuzdur.
not only this yalnız bu değil.

note [not] *i.* not, işaret, tezkere,
pusula; *müz.* nota.

noth.ing [náth'îng] *i., z.* hiçbir şey,
sıfır; önemsiz şey veya kimse;
hiç; hiçlik, yokluk; *z.* hiçbir bi-
çimde, asla.

no.vem.ber [novembır] *i.* Kasım.

now [nau] *z., bağlaç, i., s.* şimdi,
şimdiki halde; *bağlaç* mademki;
i. şimdiki zaman; *s.* argo günü-
müze uygun.

now.a.days [nau'wıdeyz] *z.* şim-
di, bugünlerde.

no.where [no'hwer] *z.* hiçbir yerde.

no.wise [no'wayz] *z.* hiçbir biçim-
de, asla.

noz.zle [naz'ıl] *i.* hortum başı; ibrik
ağzı; körük burnu; argo burun.

nu.cle.ar [nu'kliyır] *s.* çekirdeksel,
nükleer.

nu.cle.us [nu'kliyıs] *i.* öz, iç; nüve,
çekirdek; cevher, esas; *fiz.* ato-
mun merkez kısmı.

nude [nud] *s., i.* çıplak; *i.* çıplak
insan vücudu, böyle resim veya
heykel.

null [nál] *s.* hükümsüz, geçersiz;
değersiz.

num.ber [nám.'bır] *i.* sayı, adet,
numara, rakam.

num.ber [nám'bır] *f.* saymak; he-
sap etmek; numara koymak.

nurse [nırs] *i.* hastabakıcı, hemşi-
re; süt nine, dadı.

nut.shell [nát'şel] *i.* ceviz kabuğu.
in a nutshell az ve öz olarak.

O o

O,o [o] *i.* İngiliz alfabesinin on beşinci harfi. *kim.* Oksijen.

O [o] *ünlem* O! Ya! Hayret ve şaşkınlık ifadesi.

o' [o,ı] *edat,* önek *of* veya *on*'ın kısaltılmışı şekli (*bazı isimlerin başına gelen edat, o'clock gibi*)

oak [ok] *i.* meşe ağacı. *oaken* meşeden yapılmış.

o.a.sis [owey'sîs] *i.* (çoğ. o.a.ses) vaha, çöl ortasındaki sulak yer.

o.bey [obey'] *f.* itaat etmek, söz dinlemek; denileni yapmak; tabi olmak.

ob.ject [ab'cîkt, -cekt] *i.* şey, madde; görülür veya dokunlur şey, nesne. *direct object* nesne. *indirect object* tümleç.

ob.jec.tion [ıbcek'şın] *i.* itiraz etmek; uygun görmemek.

ob.jec.tive [ıbcek'tıv] *s., i.* objektif; öznel olmayan; dıştan olan; gerçek. *objectiv'ity* i. tarafsızlık.

ob.li.ga.tion [ablıgey'şın] *i.* mecburiyet; yüküm.

ob.nox.ious [ıbnak'şıs] *s.* iğrenç, tiksindirici; çirkin görünen.

ob.scure [ıbskyûr'] *s., f.* çapraşık, anlaşılması güç; belirsiz, gösterişsiz. *f.* karartmak, karanlık yapmak.

ob.ser.vant [ıbzır'vınt] *s.* dikkat eden, dikkatli; kanuna uyan.

ob.ser.va.tion [abzırvey'şın] *i.* dikkatli bakma, inceleme; gözlem.

ob.ser.va.to.ry [ıbzır'vıtôri] *i.* rasathane, gözlemevi; etrafın manzarasını görmek için yapılmış kule.

ob.tain [ıbteyn'] *f.* bulmak, almak, ele geçirmek. *obtainable* s. elde edilebilir.

ob.vi.ous [ab'viyıs] *s.* aşikar, açık, apaçık. *obviously* z. açıkça.

oc.ca.sion.al [ıkey'jinıl] *s.* ara sıra meydana gelen, fırsat düştükçe yapılan. *occasionaly* z. ara sıra, bazen.

oc.cult [ıkált'] *s.* büyü, büyü ile ilgili; esrarlı; gizli, saklı. *occult arts* büyücülük gibi faaliyetler. *occultism* i. gizli kuvvetlere inanma. *occultist* i. bu işlerle uğraşan kimse.

oc.cu.py [ak'yıpay] *f.* tutmak, zaptetmek; işgal etmek.

o.cean [o'şın] *i.* okyanus, büyük deniz, derya, umman. *ocean current* okyanus akıntısı. *ocean lane* okyanus gemilerinin sefer yolu. *ocean liner* okyanus gemisi.

o'clock [ıklak'] z. saate göre. *It's two o'clock* saat iki.

Oc.to.ber [akto'bır] i. ekim.

oc.to.pus [ak'tıpıs] i. ahtapot

oc.u.lar [ak'yılır] s., i. göze ait; gözle görülür. i. teleskop ya da mikroskobun göz merceği.

Od.ys.sey [ad'ısi] i. Homer'in Odise adlı ünlü destanı; maceralı uzun yolculuk.

of [áv, ıv] edat –nın,-nin,-li,-den. *of course* doğal, beklendiği gibi. *of late* son zamanlarda. *of note* önemli, itibarlı.

off [ôf] z., s. edat uzağa; ileriye; öteye; ötede; uzakta; s. uzak; yanlış; uygun olmayan. *off and on* ara sıra. *off chance* zayıf bir ihtimal. *be off* ayrılmak, terk etmek. *far off* çok uzak. *my off day* izin günüm. *show off* gösteriş tapmak. *take off* havalanmak.

of.fen.sive [ıfen'sîv] s., i. çirkin, iğrenç; saldırıyla ilgili. i. saldırı, hücum.

of.fer [ô'fır] f. takdim etmek, sunmak; meydana çıkmak, görünmek. *offer battle* savaş açmak. *offer of sale* satılığa çıkarmak.

of.fice [ô'fîs] i. büro, daire, yazıhane; hizmet, iş, memuriyet. *office hours* çalışma saatleri. *post office* postane.

of.fi.cer [ô'fısır] i., f. memur; subay; polis memuru; f. subayları atamak; komuta etmek. *field officer* subay. *petty officer* astsubay.

of.fi.cial [ıfîş'ıl] s., i. resmi; memuriyete ait. i. memur. *officialy* z. resmen.

off.set [ôf'set] f. (**-set**) denge meydana getirmek; ofset yöntemi ile basmak.

off.side [ôf'sayd] s. spor. ofsayt.

oil [oyl] i. yağ, sıvı yağ; petrol; zeytinyağı; yağ gibi şey; yağlıboya; yağlıboya resim. *oil field* petrol alanı. *oil pan* yağ deposu. *oil painting* yağlıboya resim. *oil tanker* petrol tankeri. *oil well* petrol kuyusu.

oil [oyl] f. yağlamak, üzerine yağ sürmek; rüşvet vermek.

oil can [oyl'kän] i. yağdanlık, yağ ibriği.

old [old] s., i. eski, ihtiyar, yaşlı; aşınmış, eskimiş; çağdışı; tecrübeli, yeti sahibi. i. eski zamanlar. *old age* ihtiyarlık. *old clothes man* eskici. *old style* eski usul. *olden* s. eski zamana ait. *oldish* s.yaşlıca, oldukça yaşlı. *oldness* ihtiyarlık.

ol.i.gar.chy [al'garki] i. oligarşi. *oligarch* oligarşi yöneticisi.

ol.ive [al'îv] i., s. zeytin, zeytin ağacı; yeşil zeytin rengi; s. zeytuni, zeytine ait.

o.men [o'mın] i., f. kehanet; f. kehanette bulunmak.

om.ni.bus [am'nıbıs] i., s. otobüs; seçmeler, antoloji; s. çok maddeli.

on [an] edat üzerinde, üstünde, üstüne; yanında, kenarında; -de ile ; esnasında, zarfında. *on the alert* tetikte, uyanık. *on Wednesday* çarşamba günü.

on [an] z., s. üzerinde, üstünde; ileride, ileriye

once [wâns] z., s., bağlaç, i. bir kere, bir defa; bir zamanlar. s. önceki. i. bir kere. *bağlaç* hemen, derhal, herhangi bir zamanda.

one [wân] s., i., zam. bir; tek; aynı; i. bir tane; biri, birisi; zam. birisi, biri, herhangi biri. *one and all*

hepsi. *one another* birbirlerini. *one-man show* bir kişinin oynadığı sahne oyunu. *oneness* i. birlik, bir olma.

one.self [wánself] *zam.* kendisi, bizzat, kendi kendine.

on.ly [on'ly] *s., z., bağlaç* bir tek, eşsiz, biricik; *z.* yalnız, ancak, başlı başına; *bağlaç* bundan başka, yalnız, fakat. *İf only* keşke.

o.pen [o'pın] *s., i.* açık, içine girilir, serbest; kabule hazır; uygun. *müz.* kısık olmayan. *dilb.* açık hece; *i., gen. the* ile açık hava, açık deniz. *open air* açık hava. *open sea* açık deniz. *openly*. *z.* açıkça. *openness* i. açıklık.

o.pen [o'pın] *f.* açmak; işe başlamak; yaymak; sermek; herkese açmak. *open in* içeriye doğru açılmak. *open out* dışarıya doğru açılmak. *open up* görüşmeye başlamak, söz açmak. *open fire* ateş açmak.

op.er.ate [ap'ıreyt] *f.* iş görmek, işlemek; etkilemek; *tıp.* ameliyat etmek.

o.pin.ion [ıpîn'yın] *i.* tahmin, fikir, oy. *in my opinion* fikrime göre.

op.po.nent [ıpo'nınt] *s., i.* karşıki, karşı; karşıt, zıt; *i.* hasım, düşman.

op.tic [ap'tîk] *s., i.* göze ve görme duyusuna ait; göz bilimine ait. *i.* göz.

op.ti.mism [ap'tımîzım] *i., fel.* Dünyada her şeyin iyiliğe hizmet ettiğini öne süren kuram. *optimist* i. iyimser. *optimistic* s. iyimser.

op.tion [ap'şın] *i.* seçme, tercih; oy; seçme hakkı.

op.ti.onal [ap'şınıl] *s.* zorunlu olmayan, isteğe bağlı.

o.ral [ôr'ıl] *s.* ağızdan söylenen, sözlü, ağza ait. *orals* sözlü sınavlar.

or.ange [ôr'înc] *i., s.* portakal; portakal rengi. *s.* portakala ait, portakal rengindeki.

or.bit [ôr'bît] *i. f.* yörünge; çember. *f.* bir gök cismi etrafında dönmek veya döndürmek.

or.der [ôr'dır] *i.* düzen, nizam, sıra ;dizi; yöntem, yol, kural. *order of business* gündem. *by order* emre göre. *out of order* bozuk.

or.di.nary [ôr'dıneri] *s., i.* adi, alışılmış; bayağı, alalade. *i.* bayağılık.

or.gan.ic [ôr'gän'ik] *s.* organik, yaşayan, canlı. *tıp.* organizmayı etkileyen hastalık.

o.ri.ent [ôr'iyınt] *i., s., f.* doğu; *s.* parıltılı; *f.* doğuya yönelmek.

o.ri.en.tal [ôriyen'tıl] *s., i.* Doğulu; Doğuya özgü; Asyalı. *Orientalist* i. Doğubilimci. *oriental rug* el dokuması şark halısı.

or.i.gin [ôr'ıcîn] *i.* asıl, köken, kaynak, başlangıç; nesil.

o.rig.i.nal [ırîc'ınıl] *s., i.* asli, esasa ait. *i.* asıl, kaynak.

or.phan [ôr'fın] *i., s., f.* yetim; öksüz kimse, kimsesiz; *f.* öksüz bırakmak.

orp.han.age [ôr'fınîc] *i.* yetimhane, öksüzler yurdu.

oth.er [adh'ır] *s., z., zam.* başka, diğer, öteki. *z.* başka biçimde. *zam.* başka birisi, başkası.

ought [ôt] *f.* –meli,-malı. *I ought to go*. gitmeliyim.

our [aur] *zam., s.* bizim.

out [out] *z., edat, i., ünlem, s., f.* dışarı, dışarıda; dışarıya; dışında. *ünlem* Dışarı! *s..* dışarıdaki. *f.* kapı dışarı etmek.

out.door [aut'door] *s.* dışarıda ya-
pılan.

out.law [aut'lô] *i., f.* kanuna karşı
gelen kimse. *f.* yasaklamak; ka-
nun dışı ilan etmek.

out.line [aut'layn] *i., f.* resim ya
da haritanın ana hatları. *f.* tasla-
ğını çizmek.

out.look [aut'lûk] *i.* görünüş, ge-
nel görünüş; manzara.

out.side [aut'sayd] *i., s., z.,* edat
dış taraf; dış görünüz. *s..* dış; en
fazla. *z.* dışarıda, dışarıya. *edat*
dışında.

ov.en [áv'ın] *i.* fırın.

o.ver [o'vır] *edat, z., s., i.* üzerinde,
üstünde, üzerine, üstüne; yuka-
rısına, yukarısında; *z.* yukarıda,
karşı tarafa, karşı tarafta; *s.* bit-
miş, son bulmuş; *i.* artan şey, ek.

o.ver.come [ovır'cám] *f.* (*came,-*
come) galip gelmek, alt etmek;
yenmek.

o.ver.flow [overflo'] *f.* taşmak, çok
bol olmak.

o.ver.flow [o'vırflo] *i.* taşma, taş-
kın şey; çok bol şey.

o.ver.land [o'vırländ] *s., z.* kara yolu
ile yapılan. *z.* karada, karadan.

o.ver.look [ovırlûk] *f.* gözden ka-
çırmak, dikkate almamak; önem
vermemek.

o.ver.time [o'vırtaym] *i., s.* iş sa-
atlerinden fazla çalışma süresi;
s. iş saatinden sonraki çalışma-
lara ait.

own [on] *s.* kendine özgün, özel,
kendinin, kendi. ***John's own***
book John'ın kendi kitabı.

own [on] *f.* malik olmak, sahip
olmak.

own.er [o'nır] *i.* sahip, mal sahibi.

ox.ide [ak'sayd] *i., kim.* oksit.

P p

P,p [pi] *i.* İngiliz alfabesinin on altıncı harfi.

pa. [pa] *i. k.dili.* baba.

pa.cif.ic [pısif'îk] *s.* uzlaştırıcı, barıştırıcı. *Pacific Ocean* Pasifik Okyanusu.

pack [päk] *i.* bohça,çıkın; paket sigara; buz kütlesi; iskambil destesi. *pak animal* yük hayvanı.

pack [päk] *f.* denk etme; bavula veya sandığa koyma. packet *s.* paketlenmiş.

pack.age [päk'îc] i. paket, çıkın, bohça.

pack.et [päk'ît] i. paket, çıkın, bohça.

pad.dock [päd'ık] *i.* ahıra yakın, etrafı çevrili çayır.

pad.lock [päd'lak] *i., f.* asma kilit. *f.* asma kilitle kilitlemek.

pa.gan [pey'gın] *i., s.* putperest kimse; *s.*putperestlikle ilgili; dinsiz.

page [peyc] *i., f.* iç oğlanı; üniformalı el ulağı; *f.* hoparlör ile çağırmak.

page [peyc] *i., f.* sayfa. F. kitap sayfalarını numaralamak.

pain [peyn] *i.* ağrı, acı, sızı; dert, keder, elem; *çoğ.* özen, ihtimam.

pain.ful [peyn'fıl] *s.* ıstırap çektiren.

painfully s. ıstırap vererek. *painfulness i.* acı, ıstırap.

paint [peynt] *i.* boya; kozmetik, allık, makyaj. *paintbox* boya kutusu. *painth brush* boya fırçası.

paint [peynt] *f.* boyamak, boya vurmak; boya ile resmini yapmak; boyayarak süslemek.

paint.er [peyn'tır] ressam; boyacı.

pal.ace [päl'ıs] *i.* saray, saray gibi olan bina; muhteşem ev. *k. dili.* lüks eğlence yeri; galeri.

palm [pam] *i.* avuç içi, aya. *palm tree* palmiye ağacı.

pan [pan] *i.* tepsi, tava; terazi kefesi.

pan.el [pän'ıl] *i.* üzerine resim yapılan ince tahta; pano, duvar panosu.

pan.ic [pän'îk] *s., i., f.* panik duygusu ile ilgili; i. panik, ürkü; *f.* paniğe kaptırmak.

pants [pänt] *i., çoğ. A.B.D.* pantolon, don, külot.

pa.pa [pa'pı, pıpa] *i.* baba. (özellikle çocuk dilinde)

pa.per [pey'pır] *i., s.* kağıt; kağıt tabakası; senet; kağıt para. paper clip ataş. *paper money* kağıt para. *paper profits* kağıt üzerineki kar. *on paper tasarı* şeklinde, henüz kağıt üzerinde olan ve uygulanmamış.

pa.rade [pıreyd'] *i.* gösteri, gösteriş, alay, tören, resmi geçit. *parade ground* tören alanı.

par.a.dise [per'days] *i.* cennet, Aden, cennet bahçesi; cennet gibi yer.

par.a.sol [per'ısôl] *i.* güneş şemsiyesi, güneşlik.

par.cel [par'sıl] *i., f., s., z.* paket, bohça, çıkın; *f.* kısım ya da hisselere ayırmak; *s., z.* kısmen. parcel post paket postası.

par.don [par'dın] *f., i.* affetmek, suçunu bağışlamak; *i.* af, suçunu bağışlama. Pardonable *s.* affolunabilir.

par.ent [per'ınt] *i.* anne veya baba, ata, ced.

par.lia.ment [par'lımınt] *i.* Parlemento; İngiltere Millet Meclisi. *parliamentar'ian* parlamenter. *parliamen'tary* s. parlamentoya ait.

par.o.dy [per'ıdi] *i., f.* edebi eserin gülünç taklidi. *f.* gülünç bir taklit eser yazmak.

par.rot [per'ıt] *i., f.* papağan; dudu kuşu. *f.* papağan gibi tekrarlamak.

part [part] *i., z.* parça, kısım; birbirine eşit olan kısımlardan her biri. *z.* kısmen.

par.tic.u.lar [pırtîk'yılır] *s., i.* belirli, muayyen, özel, hususi;kişiye özgü. *i.* madde, ayrıntının bir maddesi. **in particular** özellikle. **particular'ity** *i.* özellik. *particularly* z. özellikle.

part.ner [part'nır] *i., f.* ortak, arkadaş. *f.* oratk etmek veya olmak.

par.ty [par'ti] *i.* parti, ziyafet, toplantı; siyasi parti.

pass [päs] *i.* geçiş, geçme; paso; sınavdan geçme; boğaz, geçit, dar yol. *free pass* ücretsiz giriş sağlayan paso. *bring to pass* sonuçlandırmak.

pass [päs] *f.* üstünden, içinden veya yanından geçmek; söz vermek; huk. hüküm vermek. *pass away* ölmek; sona ermek; *pass by* yanından geçmek. *pass off* sona ermek. *pass out* dışarı çıkmak. *pass over* atlayıp geçmek. *pass upon* karar vermek.

pas.sen.ger [päs'ıncır] *i.* yolcu, gezgin.

pas.sion [päş'ın] *i.* kuvvetli his, hırs; tutku, ihtiras. *passioned* hırslı. *passionless* s. soğukkanlılık.

pas.sive [päs'îv] *s., i.* pasif, eylemsiz, etkinliği olmayan. *gram.* edilgen. *i.* edilgen fiil.

pass.port [päs'pôrt] *i.* pasaportİ bir ülkenin karasularına girmek için bir gemiye verilen geçiş belgesi.

past [päst] *s., i., z., edat.* geçmiş, geçen, olmuş; *i.* geçiş zaman, eski zaman; *z.* geçecek şekilde; *edat* –den daha ötede veya öteye.

paste [peyst] *i., f.* kola; hamur; macun, lapa. *f.* kola ile yapıştırmak.

pas.tor.al [päs'tırıl] *s., i.* çobanlara ve kırlara ait. *i.* köy veya çobanların hayatını anlatan şiir.

pas.try [peyst'ri] *i.* hamur işi, pasta.

pat.ent [pät'ınt] *i., f.* patent, ayrıcalık. *f.* patent almak.

path.find.er [päth'faynder] *i.* yol açan kişi; kaşif.

pa.tience [pey'şıns] *i.* sabır, tahammül, sebat.

pa.tri.ot [pey'triyıt] *i.* vatansever kişi. **patriot'ic** *s.* yurtsever. **patriotism** *i.* vatanseverlik.

pa.trol [pıtrol] *i., f.* (-led,-ling) karakol, askeri devriye; ileri karakol. *f.* devriye gezmek.

pat.tern [pät'ırn] *i., f.* örnek, model. *f.* bir örneği kopya etmek.

pause [pôz] *i., f.* durma; *gram.* durma işareti, nokta, ara; *müz.* bir notanın altına ya da üstüne konan uzatma işareti.. *f.* kısa bir zaman için durmak.

paw [pô] *i.* hayvan pençesi.

paw [pô] *f.* pençe atmak.

pawn [pôn] *i., satranç* piyon; bir işe alet edilen ama önemsenmeyen kimse.

pawn [pôn] *i., f.* rehin, rehine; *f.* rehine koymak.

pay [pey] *i.* ödeme, verme; ücret.

pay [pey] *f.* (paid) ödemek, karşılığını vermek.

peace [pis] *i.* huzur, sükun, rahat. *make peace with* biri ile barışmak.

peace.ful [pis'fıl] *s.* rahat, asude, sakin. *peacefully z.* uysallıkla. *peacefulness i.* sükunet, uysallık.

peach [piç] *i.* şeftali, şeftali ağacı; şeftali rengi.

peak [pik] *i.* sivri tepe, dağ zirvesi.

pea.nut [pi'nât] *i.* Amerikan fıstığı, yerfıstığı. *peanut butter* fıstık ezmesi.

pe.des.tri.an [pıdes'triyın] *i., s.* yaya, yayan giden kişi; *s.* yürümeye ait.

peep [pip] *f., i.* kapı aralığından gizlice bakmak; *i.* kaçamak bakış.

pelt [pelt] *i.* post, hayvan derisi; deriden yapılmış giysi.

pen [pen] *i., f.* (-ned,-ning) mürekkepli kalem; yazı kalemi. *penholder i.* kalem sapı. *pen point* kalem ucu. *fountain pen* dolmakalem.

pen.al.ty [pen'ılti] *i.* ceza; *spor* penaltı.

pen.cil [pen'sıl] *i., f.* (-led,-ling) kurşunkalem; renkli kalem; makyaj kalemi. *f.* kurşunkalemle yazmak.

pen.in.su.la [pınîn'sılı] *i.* yarımada.

pen.sion [pen'şın] *i., f.* emekli aylığı; emekli maaşı vermek.

pen.sion [pen'şın] *i.* pansiyon, yatılı okul.

pen.sion.er [pen'şınır] *i.* emekli aylığı alan kimse, emekli; yatılı okul öğrencisi.

peo.ple [pi'pıl] *i., f.* ahali, halk; ulus, millet; insanlar. *f.* insanla doldurmak.

pep.per [pep'ır] *i., f.* biber, biber fidanı. *f.* üzerine biber ekmek. *black pepper* karabiber. *green pepper* yeşil biber.

per.cent.age [pırsen'tîc] *i.* yüzde, yüzdelik; nispet.

per.cus.sion [pırkâş'ın] *i.* vurma, çarpma. *müz.* davul gibi bir çalgıya vurarak ses çıkarma.

per.fect [pır'fîkt] *s., i., z.* tam, mükemmel; kusursuz. *perfectly z.* tamamen; mükemmel olarak.

per.form [pırfôrm'] *f.* yapmak, uygulamak, yerine getirmek; sahnede oynamak, rolünü yapmak.

per.form.ance [pırfôr'mıns] *i.* gösteri, temsil; eğlence programı; iş, fiil.

per.fume [pır'fyum] *i.* parfüm, esans; güzel koku.

pe.ri.od [pîr'iyıd] *i.* devir, tam devir, bir devrin süresi; devre; belirli bir sürenin sonu.

pe.ri.od.ic [pîrıyad'îk] *s.* belirli aralıklarla oluşan. ***periodic table*** *kim.* periyotlar tablosu.

per.ma.nent [pır'mınınt] *s.* sürekli, daimi, aynı halde ve nitelikte kalan. ***permanently*** *z.* sürekli olarak, daima.

per.mis.sion [pırmîş'ın] *i.* izin, ruhsat.

per.mit [pır'mît] *f.* (*-ted,-ting*) izin vermek, ruhsat vermek.

per.mit [pır'mît] *i.* izin belgesi, ruhsatname, diploma.

per.pet.u.al [pırpeç'uwıl] *s.* daimi, sürekli, aralıksız.

per.se.cute [pır'sıkyut] *f.* zulmetmek, eziyet etmek; baskı yapmak, zorlamak.

per.son [pır'sın] *i.* şahıs, kişi, adam, zat. *gram.* şahıs.

per.son.al [pır'sınıl] *s., i.* şahsa ait, şahsi; *i.* belirli bir şahıs hakkında gazetede çıkan yazı. ***personel property*** şahsi eşya.

per.son.al.i.ty [pırsınäl'ıti] *i.* kişilik, şahsiyet.

pes.si.mist [pes'ımîst] *i.* kötümser kimse.

pes.si.mis.tic [pesımîs'tîk] *s.* kötümser, karamsar.

pet [pet] *i., s., f.* (*-ted,-ting*) evde beslenen hayvan; *s.* evcil; *f.* sevmek, okşamak.

pet.ty [pet'i] *s.* önemsiz; ikinci derecedeki. ***pettily*** *z.* önemsiz.

phan.tom [fän'tım] *i., s.* aslı olmayan bir şeyin görünmesi, hayal; *s.* hayalet gibi.

phar.ma.cy [far'mısi] *i.* eczacılık, eczane.

phe.nom.e.nal [fînam'ınıl] *s.* doğal olaylarla ilgili; hayret verici.

phi.lol.o.gy [fîlal'ıci] *i.* filoloji, dilbilim; klasik bilim.

phone [fon] *i., f. k.dili.* telefon; *f.* telefon etmek.

phone [fon] *i. dilb.* ses.

phrase [freyz] *i., f.* ibare, deyim, tabir. *f.* uygun cümle ya da kelimelerle ifade etmek.

phys.ic [fîz'îk] *i., f.* (*-ked,-king*) tıp bilimi, hekimlik, dahilden verilen ilaç. *f.* dahili ilaç vermek.

phys.i.cal [fîz'îkıl] *s.* maddi, maddeye ait; fiziksel, tabiat bilimine ait.

pick [pîk] *f.* seçmek; delmek, delik açmak; yolmak, koparıp tolamak; azar azar yemek. ***pick off*** koparmak. ***pick on*** seçmek. ***pick over*** ayıklamak. ***pick up*** kaldırmak, toplamak, devşirmek.

pic.nic [pîk'nîk] *i., f.* piknik; *f.* piknik yapmak.

pic.ture [pîkçır] *i., f.* resim, tasvir, suret; film; görüntü; *f.* resmetmek, tanımlamak, tasvir etmek. ***picture book*** resim kitabı. ***picture frame*** resim çerçevesi. ***picture gallery*** resim galerisi.

pie [pay] **i.** saksağan.

piece [pis] *i.* parça, kısım bölüm; dama taşı; satranç piyadeden yüksek taş. ***break to piece*** parça parça etmek. ***by the piece*** parça başına. ***go to pieces*** parçalanmak.

piece [pis] *f.* parça eklemek, yamamak. ***piece on*** eklemek, ilave etmek.

pier [pîr] *i.* iskele, rıhtım; kemer veya köprü payandası.

pig.eon [pîc'ın] *i.* güvercin. *argo* kolay aldana kimse.

pig.ment [pîg'mınt] *i.* renk maddesi, boya maddesi; toz boya.

pil.grim [pîl'grîm] *i.* hacı, kutsal yeri ziyaret eden kimse; yolcu, seyyah.

pill [pîl] *i., f.* hap; hazım veya dayanılması zor şey; *argo.* çekilmez kimse.

pil.low [pîl'o] *i., f.* yastık; yastık gibi şey. *f.* yastığa yatırmak.

pi.lot [pay'lıt] *i., f.* dümenci; pilot; rehber. *f.* kılavuzluk etmek, rehber olmak.

pin [pîn] *i., f.* toplu iğne; aski çivisi. *f.* toplu iğne ile tutturmak. *pin down* mecbur etmek. *pin up* düşmemesi için toplu iğne ile tutturmak.

pine [payn] *i.* çam, çam ağacı, fıstık çamı. *pine barren* çamlık kumsal. *pine needle* çam iğnesi.

pine [payn] *f.* (*away ile*) üzülmek, bitkin bir hale gelmek.

pink [pîngk] *i., s.* pembe renk; karanfil. *s.* pembe.

pink [pîngk] *f.* bıçaklamak, ufak delikler açmak; kenarları kertikli kesmek.

pipe [payp] *i.* boru; çubuk; kaval, düdük; bir çubukluk tütün.

pipe [payp] *f.* düdük çalmak, düdük çalarak kumanda vermek.

pipe.line [payp'line] *i.* petrol borusu hattı; gizli bilgi iletme aracı.

pi.rate [pay'rît] *i., f.* korsan, korsan gemisi. *f.* korsanlık etmek.

piss [pîs] *f., i.* kaba su dökmek, işemek. *i.* idrar, çiş.

pistol [pîs'tıl] *i.* tabanca, rovelver.

pit [pit] *i.* çukur, hendek şeklinde tuzak; horoz dövüştürülen yer; cehennem; koltuk altı. *İng.* tiyatroda orkestranın yerleştiği çukur.

pith [pîth] *i., f.* yumuşak ve süngerimsi doku. *f.* hayvanı omuriliğini keserek öldürmek.

pit.y [pîth'i] *s.* özlü; kuvvetli, etkileyici.

place [pleys] *i.* yer, mevki, mahal; semt, şehir. *give place to* öncelik tanımak. *hold a place* yeri olmak. *in place* yerinde. *out of place* yersiz, ilgisi olmayan.

plan [plän] *i., f.* plan, kroki, taslak. *f.* plan çizmek, plan kurmak.

plane [pleyn] *i., f.* rende, marangoz rendesi. *f.* rendelemek.

plane [pleyn] *s.* tamamıyla düz, dümdüz.

plan.et [plän'ît] *i.* gezegen.

plant [plänt] *i., f.* bitki, ot; fabrika, atölye; bir kurumun malı olan bina. *f.* dikmek, ekmek; kurmak, tesisi etmek.

plas.ter [pläs'tır] *i.* sıva, alçı. *tıb.* yakı.

plas.tic [pläs'tîk] *s., i.* plastik, naylon; şekil verilebilen, yoğrulabilen. *i.* plastik.

plate [pleyt] *i.* tabak, sahan; bir tabak dolusu şey; maden baskı kalıbı.

plat.form [plät'fôrm] *i.* platform, yüksekçe yer; kürsü.

pla.toon [plıtun'] *i.* askeri müfreze, takım.

play [pley] *f.* oynamak, eğlenmek, hareket etmek, sallanmak, kımıldanmak; çalgı çalmak; rol yapmak, canlandırmak.

play [pley] *i.* oyun, eğlence; sahne oyunu, piyes.

play.er [pley'ır] *i.* oyuncu, aktör; çalgı çalan kimse; kumarbaz; profesyonel oyuncu.

play.off [pley'ôf] *i., spor.* rövanş maçı.

pleas.ant [plez'ınt] *s.* hoş, güzel, latif. *pleasantly* hoşa gider şekilde.

please [pliz] *f.* sevindirmak, hoşnut etmek, memnun etmek.

pleas.ure [plej'ır] *i., f.* zevk, sefa, haz. *f.* zevk vermek, zevk almak.

plen.ty [plen'tî] *i., s., z.* bolluk. *s.* pek çok, bereketli. *z.* bol bol, kafi miktarda.

plot [plot] *i., f.* arsa, parsel; romanın konusu; fesat, entrika, suikast, gizli plan. *f.* plan veya haritasını çıkarmak.

plumb.er [plám'ır] *i.* tesisatçı, su borusu tamir eden kimse.

plus [plás] *edat., s., i.* ilavesiyle, fazlasıya. *s.* fazla,i ilave olan. *i.* art işareti, pozitif.

pneu.matic [numät'îk] *s.* hava veya diğer gazlarla ilgili; hava basıncı ile işleyen.

pock.et [pak'ît] *i.* cep, para, maddi imkan; çukur, gedik. *pocket money* cep harçlığı.

po.em [po'wım] *i.* şiir, koşuk, manzum, şairane. *prose poem* mensur şiir, şiire benzeyen düz yazı.

po.et [po'wît] *i.* şair,ozan; şairane fikir veya hayal yaratma gücüne sahip olan kimse.

po.et.ry [po'wîtri] *i.* şiir, koşuk, nazım; şiir sanatı.

point [poynt] *i.* sivri uç, burun; denize uzanan burun; sivri uçlu şey; noktalama işareti; bazı oyunlarda sayı; maksat; belirli bir yer; özel bir durum; pusulanın bölümlenmesinden biri. *four point six* dört virgül altı(4.6). *point of honor* şeref meselesi. *point of no return* dönüşü olmayan nokta. *at taht point* tam o zaman. *boiling point* kaynama noktası. *come to the point* sadede gelmek.

point [poynt] *f.* işaret etmek, göstermek; yöneltmek; hedefe nişan almak.

point.er [poyn'tır] *i.* işaret eden kimse veya şey; işaret değneği; işaret parmağı.

po.lar [po'lır] *s.* kutba ait, kutbi; kutupta ya da civarında bulunan.

pol.lute [pılût'] *f.* kirletmek, pisletmek; ırzına geçmek, iffetini bozmak.

pomp [pamp] *i.* tantana, görkem, gösteriş.

pool [pul] *i., f.* bahiste ya da kumarda ortaya konulan para. *f.* ticaret birliği kurmak için ortaya konulan para.

pop.u.lar [pap'yılır] *s.* herkes tarafından sevilen; popüler; revaçta olan. *popularity i.* herkes tarafından sevilme.

pop.u.la.tion [papyıley'şın] *i.* nüfus, şenlik; ahali.

port [pôrt] *i.* liman; liman şehri. *port authority* liman yönetimi. *port of call* *den.* uğranılacak liman. *port of entry* ithalat limanı. *free port* serbest liman. *home port* demirleme limanı.

port.a.ble [pôr'tıbıl] *s., i.* taşınabilir, nakledilmesi mümkün. *i.* portatif eşya, nakli mümkün olan şey.

por.tal [pôr'tıl] *s., i. tıb.* bağırsaklardan karaciğere kan nakleden damarlara ait.

por.tion [pôr'şın] *i., f.* kısım, parça; bir tabak yemek; hisse. *f.* hisselere ayırmak.

po.si.tion [pızîş'ın] *i., f.* yer, mevki. *f.* yerleştirmek; yerini bulmak.

pos.i.tive [paz'ıtîv] *s., i.* kesin, mutlak, olumlu; açık, sarih. *i.* olumlu derece, kesin şey.

post [post] *i., f.* kazık, destek. *f.* (*ilan*) yapıştırmak.

post [post] *i., f.* memuriyet, memurun tayin edildiği yer. *f.* koymak, yerleştirmek; tayin etmek.

post [post] *i., f., z.* posta, posta servisi, posta kutusu, postane. *f.* postaya vermek; posta ile göndermek. *z.* posta atlarıyla; süratle.

post.al [pos'tıl] *s.* posta ile ilgili.

post.pone [postpon'] *f.* ertelemek, geri bırakmak.; ikinci plana bırakmak.

pos.tu.late [pas'çilıt] *i., f. fels.* önerme, ispatına lüzum görülmeden kabul edilen konu.*f.* talep etmek, istemek, dilemek.

pot [pat] *i.* kap, toprak ya da madenden yapılmış yuvarlak kap, kavanoz; kadeh.

pot [pat] *f.* yağ ve baharatla kavanoza basmak; kavanozda korumak.

po.ten.tial [pıten'şıl] *s., i.* kuvvetli olan, muhtemel. *i.* mümkün olan şey.

pound [paund] *i., f.* ağır darbe, vuruş. *f.* vurmak, dövmek, ezmek.

pov.er.ty [pav'ırti] *i.* yoksulluk, parasızlık, fakirlik.

pow.der [pau'dır] *i.* toz, pudra, barut.

pow.er [pau'wır] *i.* yetenek, kabiliyet, iktidar, kudret, güç. *power plant* elektrik santralı. *electric power* elektrik gücü. *water power* su gücü.

prac.ti.cal [präk'tîkıl] *s.* pratik, ameli; işe gelir, kullanışlı, elverişli.

prac.tice [präk'tîs] *f.* yapmak; çalışmak; uygulamak.

prag.mat.ic [prägmät'ik] *s.* sebep ile sonuç arasındaki bağlantıyı araştıran çalışma ile ilgili.

prank [prängk] *i.* kaba şaka; oyun.

pray [prey] *f.* dua etmek; yalvarmak.

pre.cept [pri'sept] *i.* emir, hüküm; ahlaki kural; yönerge.

pre.ci.sion [prisîj'ın] *i., s.* dikkat; kesinlik. *s.* dakik.

pred.i.cate [pred'îkeyt] *f.* doğrulamak.

pre.empt [priyempt'] *f.* önceden ayırmak; herkesten önce satın alma.

pre.fer [prifîr'] *f.* yeğlemek, tercih etmek.

preg.nant [preg'nınt] *s.* gebe, hamile.

pre.lim.i.nar.y [prilîm'ıneri] *s., i.* başlangıç olan, hazırlayıcı. *i.* ön hazırlık.

prel.ude [prel'yud] *i., f.* başlangıç, giriş. *f.* bir başlangıçla açmak.

pre.mi.er [pri'mıyır] *s., i.* birinci; ilk. *i.* başbakan.

pre.mi.um [pri'miyım] *i.* prim; (*satışta*) hediye; yarışmada verilen ödül.

prep.a.ra.tion [prepırey'şın] *i.* hazırlama, hazırlık.

pre.pare [priper'] *f.* hazırlamak, düzenlemek; donatmak.

pres.ent [prez'ınt] *s.* şimdiki, hazır, mevcut.

pres.ent [prez'ınt] *i.* hediye, bahşiş.

pres.ent [priz'ent'] *f.* takdim etmek, sunmak, arz etmek.

pre.sent.a.ble [prizen'tıbıl] *s.* takdim olunabilir.

pres.en.ta.tion [prezıntey'şın] *i.* sunma, takdim.

pres.i.den.tial [prezîden'şıl] *s.* başkanlığa ait.

press [pres] *i.* basın, basılmış şeyler, özellikle gazeteler. *press conference* basın toplantısı. *go to press* matbaaya verilmek. *in pres* basılmakta. *off the pres* baskıdan çıkmış.

press [pres] *f.* basmak, sıkmak, sıkıştırmak; baskı yapmak.

pres.sure [preş'ır] *i.* baskı, basınç; basınç kuvveti.

pre.tend [prident'] *f.* yapar gibi görünmek, yalandan yapmak.

pret.ty [prît'i] *s., z.* güzel, hoş, sevimli. *z.* oldukça, epey.

pre.vi.ous [pri'vîyıs] *s.* önce, önceki, eski.

price [prays] *i., f.* fiyat, değer. *f.* fiyat koymak. *prise fixing* asgari veya azami fiyat koyma. *price list* fiyat listesi. *price war* rekabet için fiyat kırma savaşı. *cost price* maliyet fiyatı. *current price* piyasa fiyatı. *low price* düşük fiyat.

pride [prayd] *i., f.* gurur, kibir, azamet. *f.* tüylerini kabartmak (*kuş*).

pri.ma.cy [pray'mîsi] *i.* önce gelme, ileri gelme.

prime [praym] *s.* baş, birinci; ilk; asıl.

prim.er [prîm'ır] *i.* okuma kitabı; herhangi bir konu hakkında kısa ilk kitap.

prin.ci.pal [prîn'sıpıl] *i.* prensip, ilke, dürüstlük.

print [prînt] *f.* basmak; yayımlamak; küçük harfle yazmak.

print.er [prînt'ır] *i.* basımcı, matbaacı; bilgisayardan istenilen bilgiyi kağıda basan alet.

print.ing [prîn'tîng] *i.* basma, baskıcılık.

pris.on [prîz'ın] *i., f.* hapisane. *f.* hapise koymak.

pris.on.er [prîz'ınır] *i.* tutuklu kimse, esir.

pri.vate [pray'vît] *s., i.* özel, kişisel; gizli. *ask. i.* nefer, er, asker. *in private* özel olarak. *private life* özel yaşam. *private property* özel mülk.

prize [prayz] *i.* ödül, çok istenilen şey.

pro.ceed [prisid'] *f.* ileri gitmek, ilerlemek.

proc.ess [pras'es] *i., s., f.* yöntem, metot. *f.* özel işleme tabi tutmak.

prod.i.gy [prad'ıci] *i.* dahi, mucize, harika.

pro.duce [prıdus'] *f.* meydana getirmek; vermek, mahsul vermek.

pro.duc.er [prıdu'sır] *i.* üretici, fabrikatör.

prod.uct [prad'ıkt] *i.* ürün, mahsul.

pro.duc.tion [prıdak'şın] *i.* imal, üretim.

pro.fes.sion [prıfeş'ın] *i.* diploma gerektiren meslek, sanat, iş kolu.

pro.fes.si.onal [prıfeş'ınıl] *s., i.* mesleki. *i.* profesyonel kimse.

pro.file [pro'fayl] *i., f.* yüzün yandan görünüşü; kısa biyografi. *f.* profilini yapmak.

pro.it [praf'ît] *i.* kâr, kazanç; fayda.

prog.ress [prag'res] *i., f.* ilerleme, ileri gidiş. *f.* ilerlemek, ileri gitmek.

pro.hib.it [prohîb'ît] *f.* yasak etmek, engel olmak.

pro.ject [prıcekt'] *f.* ileriye doğru atmak; çıkıntılı yapmak; düşünmek; perdede göstermek.

pro.ject [prac'ekt] proje, tasarı.

prom.e.nade [pramıneyd'] *i., f.* gezme, gezinti. *f.* gezmek, gezinmek.

prom.ise [pram'îs] *i., f.* söz, vaat, vaat edilen şey. *f.* söz vermek, vaat etmek.

pro.mote [prımot'] *f.* ilerletmek, değerini arttırmak.

proof [pruf] *i., s.* kanıt, delil. *s.* dayanıklı, dirençli.

prop [prap] *f.* destek yapmak, desteklemek.

prop.er.ty [prap'ırti] *i.* mülkiyet, mal, mülk, emlak.

proph.et [praf'ît] *i.* peygamber.

pro.por.tion [prıpôr'şın] *i., f.* oran. *f.* orantı kurmak.

pro.po.sal [prıpoz'ıl] *i.* teklif; evlenme teklifi.

pros.pect [pıras'pekt] *i., f.* beklenen şey; ümit. *f.* maden araştırmak.

pro.tec.tion [prıtek'şın] *i.* koruma, muhafaza etme; sığınacak yer.

pro.test [pro'test] *i.* protesto; itiraz.

proud [praud] *s.* gururlu, mağrur, kibirli.

pro.vide [prıvayd'] *f.* tedarik etmek, saplamak.

pro.vid.er [prıvay'dır] tedarikçi; donatan kimse.

prox.i.mate [prak'simıt] *s.* en yakın, hemen yanındaki.

psy.chol.o.gy [saykal'ıci] *i.* ruhbilim.

pub [páb] *i. İng.* birahane.

pub.lic [páb'lîk] *s., i.* halka ait, genele ait. *i.* halk, ahali. **public domain** kamu arazisi. **public enemy** halk düşmanı. **public law** kamu hukuku. **public library** halk kütüphanesi. **public servant** devlet memuru. **open to the public** halka açık.

pub.li.ca.tion [páblıkey'şın] *i.* yayınlama, ilen etme.

pub.lish [páb'lîş] *f.* yayınlamak, neşretmek; basıp yaymak.

pub.lish.er [páb'lîşır] *i.* yayınevi; basımcı.

pud.ding [pûd'îng] *i.* muhallebi, puding.

pull [pûl] *f.* çekmek; koparmak; sürüklemek. **pull a long face** surat asmak. **pull apart** çekip ayırmak. **pull away** çekip ayırmak. **pull down** yıkmak; moralini bozmak. **pull for** yardım etmek. **pul out** çekip çıkarmak, ayrılmak. **pull up** ileri gitmek.

pulp [pálp] *i., f.* meyve eti, meyve özü. *f.* döverek lapa ve hamur haline getirmek.

pulse [páls] *i.* nabız.

pump [pámp] *i., f.* tulumba, pompa. *f.*tulumba ile çekmek; su çekmek.

pump.kin [pámp'kin] *i.* portakal renkli bal kabağı.

punc.tu.al [pángk'çuwıl] *s.* her şeyi dakikası dakikasına yapan.

pu.pil [pyu.pil] *i., anat.* gözbebeği.

pup.pet [páp'ît] *i.* kukla, iplerle oynatılan kukla. **puppeteer** kuklacı.

pure [pyur] *s.* saf, temiz; lekesiz; namuslu.

pur.ple [pır'pıl] *i., s., f.* mor renk; mora boyanmış bez. *s.* erguvan renkli; krala iat. *f.* erguvan rengine boyamak.

pur.pose [pır'pıs] *i.* maksat, niyet, karar.

push [pûş] *f.* itmek, dürtmek, sürmek; sıkıştırmak. **push about** öteye beriye kakmak. **push away** itip defetmek. **push back** geriye itmek. **push on** ileri sürmek. **push out** denize açılmak. **push up** yukarı sürmek.

push [pûş] *i.* itiş, kakış, dürtüş.

put [pût] *f., i., s.* koymak, yerleştirmek; belirli bir şekle sokmak. *i.* koyma, fırlatma. *s.* yerleşmiş. **put about** geminin başını çevirmek. **put across** başarıyla yap-

mak. **put away** saklamak. ***put
back*** geri koymak. ***put down***
aşağı koymak. ***put forward*** ileri
sürmek.
puz.zle [páz'ıl] i. bilmece, anlaşı-
lamayan muamma.

Q q

Q.q [kyu] *i.* İngiliz alfabesinin on yedinci harfi; "k" sesi.

quad.rant [kwad'rınt] *i.,* mat. çeyrek daire, yükseklik ölçme aleti.

quaff [kwäf] *f., i.* içmek, kana kana içmek; *i.* içim

quall [kweyl] *f.* yılmak, sinmek, ürkmek, cesaretini kaybetmek.

quake [kweyk] *f., i.* titremek; sallanmak; *i.* zelzele.

qual.i.fi.ca.tion [kwalıfıkey'şın] *i.* ehliyet, liyakat, vasıf, meziyet; koşul, şart. **She has all the qulifications.** Bütün niteliklere sahiptir.

quar.an.tine [kwôr'ıntin] i., f. karantina; f. karantinaya almak.

quar.ter [kwôr'tır] *i., s.* dörtte bir kısım; çeyrek; senenin dörtte biri; üç aylık süre; savaş veya talim zamanında askere ayrılan yer. *s.* dörtte bir, dörtte bire ait. **quarters** karargah. **quarter note** *müz.* dörtlük. **no quarter** amansız.

quar.ter [kwôr'tır] *f.* dört eşit parçaya ayırmak, dörde bölmek; askeri kışlaya yerleştirmek.

quay [ki] *i.* rıhtım, iskele.

queen [kwin] *i., f.* kraliçe, arı beyi. *f.* kraliçe yapmak.

quest [kwest] *i., f.* macera; arama, araştırma; soruşturma. *f.* araştırmak.

ques.tion [kwes'çın] *i.* soru ; sorun, konu,; sorulan şey. **question mark** soru işareti. **out of the question** imkansız, olamaz.

quick [kwîk] *s., i., z.* çabuk, seri, hızlı. *i.* duygu, his; *z.* çabucak, süratle. **as quick as I can** elimden geldiğince çabuk. **quickly** *z.*çabuk, acele. **quickness** *i.* çabukluk, sürat.

qui.et [kway'ıt] *s.* sessiz, sakin; hareketsiz; rahat, yumuşak huylu.

quit [kwît] *f.* (**-ted,-ting**) *s., i.* bırakmak, geçmek, vazgeçmek; kesilmek, durmak; işten ayrılmak; *i.* bırakma, terk etme.

quiz [kwîz] *i., f.* (**-zed,-zing**) küçük sınav, sorgu; *f.* sorguya çekmek, sınav yapmak.

quo.ta [kwô'tı] *i.* hisse, pay; belirli miktar; kontenjan, kota.

R r

R,r [ar] *i.* İngiliz alfabesinin on sekizinci harfi.

rab.bit [räb'ît] *i.* tavşan.

rab.id [räb'îd] *s.* kudurmuş, çok kızmış; bağnaz.

race [reys] *i., f.* yarış, koşu; koşuş; yaşam süresi; hareket eden bir makine parçası yatağı. *f.* koşmak, seğirtmek, yarışmak; fazla hızlı işlemek (*makine*).

ra.ci.al [rey'şıl] *s.* ırksal. *recially* ırk bakımından.

rack [räk] *i., f.* ahırda ot yemliği; parmaklıklı raf (*özellikle tren ve vapurlarda*); bedeni germek suretiyle işkence yapan alet. *f.* germek, gererek işkence etmek.

rack.et [räk'ît] *i.* gürültü, patırtı, şamata; *k.dili.* haraççılık, para sızdırma.

ra.di.al [rey'diyıl] *s.* yayılan ışınlar şeklinde; yarıçapa ait.

rad.i.cal [räd'îkıl] *s., i.* köke veya asla ait, temel; kökten, temelden, esaslı.*i.* kök, asıl.

ra.di.o [rey'diyo] *i., f., s.* radyo, telsiz telgraf veya telefon; telsiz telgraf veya telefonla gelen haber. *f.* radyo ile yayınlamak; telsiz telgrafla haberleşmek. *s.* radyo veya telsiz telgrafa ait.

ra.di.us [rey'diyıs] *i.* yarıçap.

raf.fle [räf'ıl] *i., f.* bir çeşit eşya piyangosu. *f.* (*off*) piyango çekmek.

raft [räft] *f.* sal yapmak, sal ile taşımak, sal kullanmak.

rag [räg] *i.* paçavra, çaput, eski bez parçası. ***rag doll*** kumaştan yapılmış oyuncak bebek. ***rag-man*** eskici. ***rag rug*** pala.

rage [reyc] *i., f.* şiddetli öfke, gazap, hiddet. *f.* çok öfkelenmek.

raid [reyd] *i., f.* akın, yağma, çapul. *f.* akın etmek. yağma etmek.

rail.road, rail.way [reyl'rod] *i., f.* demiryolu. *f.* demiryolu ile taşımak.

rain [reyn] *i., f.* yağmur; tropik ülkelerde yağmur mevsimi. *f.* yağmak, yağmur yağmak.

rain.bow [reyn'bo] *i.* gökkuşağı.

raise [reyz] *f.* kaldırmak, yükseltmek; ayağa kaldırmak; öldükten sonra tekrar dirilmek; bina yapmak, inşa etmek.

rake [reyk] *i., f.* tarak, tırmık. *f.* taraklamak, tırmıklamak.

ram [räm] *i., f.* koç, şahmerdan. *f.* çok kuvvetli vurmak.

ramp [rämp] *i.* eğimli yüzey veya yol, rampa.

ranch [ränç] *i., f.* büyük çiftlik, hayvan çiftliği. *f.* çiftlikte yaşamak.

range [reync] *f.* dizmek, sıralamak; sınıflandırmak, tanzim etmek, tertip etmek; otlatmak, meraya salmak.

range [reync] *i.* alan, saha; mera,çayır.

rank [rängk] *i.* sıra, dizi, saf; asker sırası.

rank [rängk] *f.* sıraya dizmek, düzenlemek; sınıflandırmak.

rant [ränt] *f., i.* ağız kalabalığı etmek; yüksekten atmak. *i.* ağız kalabalığı.

rap.id [räp'îd] *s., i.* pek çabuk, hızlı, tez. *i.* sürat yeri.

rap.port [rıpôr'] *i.* dostça münasebet, dostane ilişki.

rare [rer] *s.* nadir bulunan, nadide. *rarely* nadiren.

rash [räş] *s.* fazla aceleci, atılgan, sabırsız.

rat [rät] *i.* iri fare, sıçan; gammazlayan kimse, hain.

rate [reyt] *i., f.* oran, nispet; kıymet; fiyat, bedel. *f.* kıymet biçmek. *rate of exchange* döviz kuru. *rate of interest* faiz oranı.

rath.er [radh'ır] *z.* –den ise; tercihan; -e kalırsa; -den ziyade. *I had rather not do it.* yapmasam daha iyi.

ra.tio [rey'şo] nispet, oran.

ra.tion.al [räşın'äl] *s.* akıl sahibi, akıllı.

ra.tion.al.ism [räş'ınılîzm] *i.* usçuluk, akılcılık.

rav.age [râv'îc] *f., i.* tahrip etmek, harap etmek. *i.* harabiyet.

rav.el [räv'ıl] *f.* bükülmüş şeyi açmak; iplerini ayırmak.

ra.zor [rey'zır] *i.* ustura, tıraş ma-

kinesi. *razor blade* ustura ağzı. *safety razor* tıraş makinesi.

re.act [riyäkt'] *f.* tepki göstermek.

re.ac.tion [riyäk'şın] *i.* etki-tepki; tepkime; mukabele.

read [rid] *f., i.* okumak, anlamak, yorumlamak. *i.* okuma; okuma süresi

read.ing [ri'dîng] *i., s.* okuma, okunma, okunuş. *s.* okumaya elverişli.

read.y [red'î] *s., i., f.* hazır; amade; çabuk kavrayan. *i.* hazır olma. *f.* hazırlamak. *ready money* nakit. *readily* seve seve, gönüllü olarak.

real [ril] *s., z.* gerçek, hakiki. *z.* gerçekten çok.

re.al.ism [riyılîzm] *i.* gerçeklik.

rear [rîr] *i., s.* geri, arka.*s.* arkadaki, en geri. *rear guard* artçı. *rearmost* en arkadaki.

rear [rîr] *f.* kaldırmak, yükseltmek, dikmek.

rea.son [ri'zın] *f.* usa vurmak, yargılamak; sonuç çıkarmak.

reb.el [reb'ıl] *s., i.* asi.

re.birth [ribirth'] *i.* yeniden doğma, yeniden uyanış.

re.call [rikôl'] *f.* geri çağırmak; hatırlamak.

re.cede [rîsid'] *f.* çekilmek, geri çekilmek.

re.ceive [risiv'] *f.* almak, kabul etmek.

re.cent [ri'sınt] *s.* yeni, yeni olmuş, yakında olmuş. *recently z.* geçenlerde, son zamanlarda.

rec.i.pe [res'ıpi] *i.* yemek tarifi; reçete.

re.cip.i.ent [risîp'iyınt] *s., i.* verilen şeyi alan kimse.

re.claim [rikleym'] *f.* geri istemek veya çağırmak; tarıma elverişli hale getirmek.

rec.og.nize [rek'ıgnayz] *f.* tanımak, kabul etmek, teslim ve itiraf etmek; itibar etmek; birine söz hakkı vermek.

rec.om.mend [rekımend'] *f.* tavsiye etmek; salık vermek.

rec.om.men.da.tion[rekımndey'şın] *i.* tavsiye; bonservis.

re.con.di.tion [rikındîş'ın] *f.* tamir edip yenilemek.

re.con.si.der [rikınsîd'ır] *f.* hakkında tekrar düşünmek.

re.con.struct [rikınstrakt'] *f.* tekrar inşa etmek; yeniden yapmak; geniş bir olayın ayrıntılarına inerek kısım kısım incelemek.

re.cord [rikôrd'] *f.* yazmak, kaydetmek; deftere kaydetmek; banda, plağa kaydetmek.

re.cord [rikôrd'] *i.* kayıt, tescil; sicil.

re.cord.er [rikôrd'ır] *i.* kaydedici kimse;kayıt aleti; teyp.

re.cov.er [rikáv'ır] *f.* tekrar ele geçirmek, geri almak, bir daha bulmak; geri getirmek; işe yaramayacak madenden kıymetli maden çıkarmak.

rec.re.ate [rikriyeyt'] *f.* yeniden yaratmak, canlandırmak.

rec.re.a.tion [rekyiyey'şın] *i.* eğlence.

rec.ti.fy [rek'tıfay] *f.* düzeltmek, doğru halekoymak.

re.cur [rikır'] *f.* tekrar olmak, tekrarlamak (*olay*).

re.cy.cle [risay'kıl] *f.* kullanılmış maddeleri yeniden işleyerek kullanılır hale getirmek.

red [red] *s., i.* kırmızı, kızıl, al; *i.* kırmızı renk. **Red Crescent** Kızılay. **Red Cross** Kızılhaç. **red light** (trafikte) kırmızı ışık. **red sea** Kızıldeniz.

red.den [red'ın] *f.* kırmızılaştırmak.

red.hot [red'hat] *s.* tavlı, ateşten kıpkırmızı olmuş.

red.skin [red'skîn] *i.* kızılderili.

reed [rid] *i.*kamış; klarnet vb. çalgıların ağzında bulunan ve ses çıkarmaya yarayan kısmı.

reef [rif] *i.* resif, döküntü, kayaklık.

reel [ril] *i., f.* çıkrık iği, makara; film makarası; bant makarası.*f.* makaraya sarmak.

ref.er.ee [refıri'] hakem; tartışmalı bir sorunu çözmek için kendisine danışılan kimse.

re.fill [rifîl'] *f.* tekrar doldurmak.

re.fin.er.y [rıfaynı'ri] *i.* arıtımevi, rafineri.

re.flect [riflekt] *f.* aksetmek, yansıtmak.

re.flec.tion [riflek'şın] *i.* çarpıp geriye ya da başka yöne sekme.

re.form [rifôrm'] *f.* ıslah etmek, düzeltmek; yenileyip daha iyi hale getirmek.

ref.or.ma.tion [refırmey'şın] *i.* ıslah, düzeltme.

re.fresh [rifreş'] *f.* tazelemek, yeniden canlandırmak.

re.frig.er.a.tor [rifrîc'ıreytır] *i.* buzdolabı, soğutucu.

re.fu.el [rifyu'wıl] *f.* yakı ikmal etmek.

ref.u.gee [ref'yuci] *i.* mülteci, sığınmacı.

re.fund [rifánd'] *f., i.* alınmış parayı geri verme.*i.* ödeme, ödenen tutar.

re.fuse [rifyuz] *f.* kabul etmeme, geri çevirme; istememek; razı olmamak.

re.gard [rigard] *i.* bakış, nazar; hürmet, saygı.

re.gen.cy [ri'cınsi] *i.* krallık, hükümdarlık.

reg.i.ment [rec'ımınt] *i., f. ask.* alay. *f.* alay kurmak.

re.gion [ri'cın] *i.* diyar, ülke, memleket; mıntıka, bölge.

re.gion.al [ri'cınıl] *s.* bölgesel.

reg.is.ter [rec'îstır] *i.* defter, kütük, resmi kayıtlar defteri; sicil.

reg.is.tra.tion [recîstrey'şın] *i.* kayıt, tescil.

reg.u.lar [reg'yılır] *s., i.* düzenli, muntazam.*i.* düzen, intizam.

re.in.force [riyînfôrs'] *f.* yeniden kuvvet vermek, fazla asker veya kuvvet göndermek.

re.ject [ricekt'] *f.* kabul etmemek, reddetmek.

re.lapse [riläps'] *f.* tekrar fenalaşmak, yeniden hastalanmak.

rel.a.tive [rel'ıtîv] *s., i.* görel, bağıntılı, ilişkin, dair. *i.* akraba.

relay [riley'] *i., f.* yedek hayvan, insan veya şey. *f.* nakletmek, yedek değiştirmek yoluyla ulaştırmak.

re.lease [rilis'] *f.* tahliye etmek; temize çıkarmak; kurtarmak; serbest bırakmak.

rel.e.vant [rel'ıvınt] *s.* uygun, alakalı.

re.lief [rilif'] *i.* iç rahatlaması, ferahlama; kurtarma; yardım; imdat; çare; derman.

re.li.gion [rilîc'ın] *i.* din, iman.

re.main [rimeyn'] *f.* kalmak, durmak; geri kalmak; gitmemek.

re.main.der [rimeyn'dır] *i., f.* bakiye, kalıntı. *f.* değerini kaybetmiş (*kitap, kumaş*).

re.me.di.al [rîmı'dıyıl] *s.* bir problemi düzeltecek nitelikte olan.

re.mem.ber [rimem'bır]

re.mind [rimaynd'] *f.* hatırlatmak, hatırına getirmek.

re.mod.el [rimad'ıl] *f.* şeklini değiştirmek, yeniden tanzim etmek.

re.move [rimuv'] *f., i.* kaldırmak, deftemek, ortadan kaldırmak. *i.* uzaklaştırma.

rend [rend] *f.* yırtmak, yarmak, çekip çıkarmak.

ren.e.gade [ren'ıgeyd] *i., s.* dininden dönmüş; firari, kaçan. *s.* dininden dönen, kaçan.

re.new [rinu'] *f.* yenilemek, yenileştirmek, yeni hayat vermek; tazelemek.

re.new.al [rinu'wıl] *i.* yenileme, tamir.

rent [rent] *i., f.* kira. *f.* kira ile vermek.

re.o.pen [riyo'pın] *f.* yeniden açmak; tekrar başlamak.

re.pair [rîpır'] *f.* gitmek, çekilmek.

re.peat [ripit'] *f.* tekrarlamak, tekrar yapmak, tekrar etmek.

re.place [ripleys'] *f.* tekrar yerine koymak, yerine geçmek.

rep.li.ca [rep'lıkı] *i.* ikinci kopya; özellikle eser sahibi tarafından yapılan ikinci kopya.

re.ply [riplay'] *f., i.* cevap vermek. *i.* cevap, karşılık.

re.port [ripôrt'] *f., i.* söylemek, rapor vermek. *i.* rapor; söylenti.

re.port.er [ripôr'tır] *i.* gazete muhabiri; muhbir.

re.print [riprînt'] *f.* tekrar basmak.

re.pro.duce [riprudîs'] *f.* kopya etmek; yeniden ortaya çıkarmak; yeniden üretmek.

rep.tile [rep'tîl] *i.* sürüngen.

re.pub.lic [ripáb'lik] *i.* cumhuriyet.

rep.u.ta.tion [repyıtey'şın] *i.* ad, şöhret, ün.

res.cue [res'kyu] *f., i.* kurtarmak, imdadına yetişmek. *i.* kurtuluş.

re.serve [rizırv] *i.* yedek olarak saklanan şey; çekinip açıklamama.

re.sign [rizayn'] *s.* istifa etmek, çekilmek; el çekmek.

re.sist [rizîst'] *f.* karşı durmak, direnmek.

res.o.li.tion [rezilu'şın] *i.* çözme, çözüm.

re.solve [rizalv'] *f.* karar vermek, tasarlamak; karar vermesine sebep olmak.

re.sort [rizôrt] *i.* sık sık gidilen yer; gezinti ve dinlenme yeri.

re.source [risôrs'] *i.* kaynak, çare; dayanak.

re.spect [rispekt'] *i.* itibar, hürmet, saygı.

re.spect [rispekt'] *f.* hürmet etmek, saygı göstermek.

re.sponse [rispans'] *i.* cevap, tepki.

rest [rest] *i.* rahat, istirahat, dinlenme, yatma.

rest [rest] *f.* dinlenmek, nefes almak.

re.store [ristôr'] *f.* ifade etmek, geri vermek, eski haline koymak.

re.sult [rizált'] *f., i.* meydana gelmek. *i.* sonuç.

re.sume [rizum'] *f.* eski halini almak; yeniden başlatmak.

re.tire [ritayr] *f.* bir köşeye çekilmek; kendi köşesine çekilmek; emekliye ayırarak hizmetten almak.

re.tired [ritayrd'] *s.* emekli.

re.turn [ritırn'] *f., i.* geri dönmek, geri gelmek; eski sahibine dönmek. *i.* geri dönüş.

re.venge [rivenc'] *i., f.* öç, intikam. *f.* intikam almak.

re.verse [rivırs'] *s., f., i.* aksi, arka, ters. *f.* ters çevirmek. *i.* ters taraf; arka taraf.

re.wiev [rivyu'] *f.* yeniden incelemek; bir daha dikkatle muayene etmek.

re.vi.sion [rivîj'ın] *i.* düzeltme; düzeltilmiş baskı.

rev.o.lu.tion [revul'ışın] *i.* dönme, devir; devrim, ihtilal.

re.volv.er [rival'vır] *i.* tabanca, arka arkaya ateş eden tabanca.

re.ward [riwôrd'] *f.* ödüllendirmek.

re.wire [riwayr'] *f.* yeniden tel döşemek.

rice [rays] *i.* pirinç.

rich [rîç] *s.* zengin, varlıklı; servet sahibi.

rid.dle [rîd'ıl] *i.* muamma, bilmece.

ride [rayd] *f.* at veya başka hayvana binmek; araba ile girmek.

rider [ray'dır] *i.* sürücü, binici.

ri.dic.u.lous [rıdîk'yılıs] *s.* gülünecek, gülüç.

rig [rîg] *f., i.* donatmak, giydirmek. *İ.* donanım.

right [rayt] *s., z., i., f.* doğru, düz. *z.* doğru, adaletli olarak. *i.* adalete uygunluk. *f.* hakkını yerine getirmek.

ring [rîng] *f., i.* etrafına halka çekmek, etrafını kuşatmak. *i.* halka, daire, yüzük.

rinse [rîns] *f.* çalkalamak, durulamak.

rip.ple [rîp'ıl] *i., f.* dalgacık. *F.* ufak dalgalar meydana getirmek.

rise [rayz] *f.* çıkmak, yukarı çıkmak; ayağa kalkmak.

risk [rîsk] *i.* tehlike, risk.

road [rod] *i.* yol; demiryolu.

roast [rost] *f.* fırında kızartmak; kebap etmek.

rock [rak] *f., i.* sallamak, beşik sallamak; sallanmak. *i.* kaya, kaya parçası.

rock.er [rak'ır] *i.* beşik, salıncaklı sandalye.

roll [rol] *i., f.* yuvarlanış, yuvarlayış, tekerleme; silindir; yuvarlak. *f.* yuvarlamak, çevirmek; sarmak; açmak, oklava ile açmak.

roll.er [ra'lır] *i.* yuvarlanan şey; kumaşın sarıldığı makara.

ro.mance [romäns] *i.* aşk macerası, romantik aşk.

ro.man.tic [romän'tîk] *s.* aşk ilişkisiyle ilgili; romantik.

room [rum] *i.* oda, yer, meydan.

rose [roz] *i.* gül.

ro.tate [ro'teyt] *f.* dönmek, eksen üzerinde dönmek.

ro.ta.tion [rotey'şın] *i.* çark gibi dönme; eksen üzerinde devretme.

roy.al [roy'ıl] *s.* krala ait, krala yakışır; kral himayesinde.

roy.al.ty [roy'ılti] *i.* krallık, hükümdarlık.

rub.ber [râb'ır] *i.* kauçuk, lastik; silgi.

ruf.fle [râf'ıl] *f.* buruşturmak, kabartmak.

rule [rul] *i., f.* yönetim, kaide, kural. *f.* yönetmek, fazla etkisi olmak.

rul.er [ru'lır] *i.* yönetici, hükümdar; cetvel.

run [rân] *f., i.* koşmak, çabuk gitmek, çabuk yürümek; firar etmek.*i.* koşuş, koşu.

run.ning [rân'îng] *i.* koşuş, koşma; akıntı, akıntı miktarı.

rush [râş] *i.* koşma, acele etme; hücüm, hamle.

ruth.less [ruth'lîs] *s.* insafsız, merhametsiz.

S s

S,s [es] İngiliz alfabesinin on dokuzuncu harfi; S şeklinde boru. *kim.* kükürtün simgesi.

sab.le [sey'bıl] *i., s.* samur; samur kürkü veya derisi; matem rengi.

sab.o.tage [säb'ıtaj] *i., f.* sabotaj, baltalama. *f.* sabotaj yapmak.

sack [säk] *f., i.* yağmalamak, soyup soğana çevirmek. *i.* yağma.

sa.cred [sey'krîd] *s.* kutsal, mukaddes; dine ait; mübarek, aziz.

sac.ri.fice [säk'rifays] *i., f.* kurban, fedakarlık; zarar; feda etme; *f.* kurban etmek.

sad [säd] *s.* kederli, üzgün, mahzun, gamlı. **sadly** *z.* kederle, hüzünle. **sadness** *i.* keder, hüzün.

sad.dle [säd'ıl] *i., f.* eyer, semer; bisiklet selesi. *f.* semer vurmak.

safe [seyf] *s., i.* güvende, emniyette, emin ellerde, salim; kurtulmuş, emin. *i.* kasa, tel dolap. *safe and sound* sağ salim. *a safe bet* elde bir. *safe deposit* kıymetli eşya saklamaya yarayan emniyetli yer.

safet.ty [seyf'ti] *i., s.* emniyet, güven, asayiş. *safety belt* emniyet kemeri. *safety pin* çengelli iğne.

sa.ga [sa'gı] *i.* eski İskandinav hikaye ya da masalı; destan.

sage [seyc] *s., i.* hikmet sahibi, ağırbaşlı.*i.* bilge, hikmet sahibi kimse.

sail.or [sey'lır] *i.* gemici.

sal.a.ry [säl'ıri] *i., f.* maaş, aylık ücret. *f.* maaş vermek.

sale [seyl] *i.* satışı satım, satma, satılış. *sales clerk* satış memuru. *for sale, on sale* satılık.

sales.man [seylz'mın] *i.* satıcı, satış memuru.

sal.ly [säl'i] *i., f.* kuşatma sırasında askerin hücuma geçmesi; ani hareket ve hamle. *f.* dışarı fırlamak, hücuma geçmek.

salt [sôlt] *i., s., f.* tuz, sodyum klorür, maden tuzu. *f.* tuzlamak. *salt away veya down* tuzlayarak saklamak. *salt fish* tuzlu balık.

sal.u.tar.y [säl'yıteri] *s.* sağlığa yarayan, sağlıklı.

sa.lute [sılut'] *f., i.* selam vermek, selamlamak.*i.* selam, selam duruşu.

sal.vage [säl.vîc] *i., f.* kurtarılan mal; deniz kazasından veya yangından kurtarma ücreti. *f.* kurtarmak (*eşya*).

sal.vo [sälvo] *i.* yaylım ateşi, topçu bombardımanı.

same [seym] *s.* aynı, tıpkısı; eşit. *all*

the same bununla beraber. ***just the same*** buna rağmen. ***much the same*** hemen hemen aynı.

sam.ple [säm'pıl] *i., f.* örnek, numune, model. *f.* örnek olarak denemek.

sand [sänd] *i., f.* kum, kumluk, kumsal. *f.* üstüne kum serpmek.

sand.pa.per [sänd'peypır] *i.* zımpara.

sand.y [sän'di] *s.* kumlu, kuma benzer; kumsal, kum rengi (*saç*).

san.i.tar.y [sän'ıteri] *s.* sağlıkla ilgil, sıhhi.

sa.pi.ent [say'piyint] *s.* akıllı.

sar.cas.tic [sarkäs'tîk] *s.* iğneleyeci, alaylı.

sar.don.ic [sardan'îk] *s.* alaycı, hakaret dolu.

sat.el.ite [sät'ılayt] *i.* uydu (*uzaya gönderilmiş gözlem aracı*), bir gezegenin uydusu.

sat.ire [sät'ayr] *i.* hiciv, taşlama, yergi.

sat.is.fac.tion [sätisfäk'şın] *i.* memnuniyet, hoşnutluk, tatmin; kanaat; özür dilemek.

sat.ur.nine [sät'ırnayn] *s.* sıkıcı, kasvetli; asık yüzlü, somurtkan.

sat.yr [sät'ır] *i.* yarısı insan yarısı keçi şeklinde tanrı; bir çeşit kurşuni renkli kelebek.

sauce [sôs] *i., f.* salça, sos, terbiye; haşlanmış meyve sosu. *f.* salça eklemek, terbiye etmek, lezzet vermek.

sauce.pan [sôs'pän] *i.* uzun saplı tencere.

sau.cy [sô'si] *s.* arsız, küstah, sırnaşık.

sav.age [säv'îc] *s., i., f.* vahşi, yabani, medeniyet görmemiş. *i.* medeniyet görmemiş kimse. *f.* vahşice saldırmak.

save [seyv] *f.* kurtarmak; korumak; saklamak; idare etmek, biriktirmek. ***save face*** ayıbı yüzüne vurmamak.

sav.ior [sey'vır] *i.* İng. kurtarıcı (*lider, kahraman kişi*).

say [sey] *i., z., ünlem.* demek, söylemek; tekrarlamak; ezbere söylemek. *i.* denilen şey, söz. *z.* hemen hemen, aşağı yukarı. ***to say nothing of*** göz önüne almadan. ***I dare say*** belki.

sacf.fold [skäf'ıld] *i., f.* yapı iskelesi; darağacı; platform. *f.* yapı iskelesi kurmak.

scale [skeyl] *i., f.* terazi gözü, kefe. *f.* tartmak.

scamp [skämp] *i.* haylaz kimse.

scan [skän] *f.* inceden inceye tetkik etmek; ölçüye göre okumak; ölçü ayarı yapmak; şiirin kurallarına uymak.

scar [skar] *i.* yara izi; geçmişin bıraktığı kötü etki.

scarce [skers] *s.* nadir, seyrek, az, eksik.

scare [sker] *f., i.* korkutmak; ürkütmek. *i.* ani korku.

scarf [skarf] *i., f.* eşarp, mendi; uzun omuz atkısı; enli boyun bağı. *f.* eşarp örtmek.

scene [sin] *i.* manzara, sahne; sahne dekoru, mizansen; bir olayın geçtiği yer ve şartlar.

sched.ule [skec'ıl] *i., f.* tarife; liste. *f.* program yapmak; tarifeye geçirmek.

schol.ar [skal'ır] *i.* alim, bilgin; edebi bilimlerde araştırma yapan kimse.

schol.ar.ship [skal'ırşip] *i.* bilginlik, bilim, irfan; burs.

school [skul] *i., f.* okul, mektep; öğrenim devresi. *f.* okula göndermek, ders vermek. *school age* okul çağı. *school board* okul yönetim kurulu. *boarding school* yatılı okul. *gramer school* ilkokul; *İng.* ortaokul, lise. *trade school* meslek okulu.

school.master [skul'master] *i.* erkek öğretmen.

school.mis.tress [skul'mîstrîs] *i.* kadın öğretmen.

sci.ence [say'ıns] *i.* fen, ilim, bilim, bilgi; bilimin herhangi bir dalı. *science fiction* bilim kurgu.

sci.en.tif.ic [sayıntîf'îk] *s.* bilime ait, bilimsel.

sci.en.tist [say'ıntîst] *i.* bilim insanı, fen uzmanı.

scold [skold] *f., i.* azarlamak, paylamak. *i.* herkesi azarlayan şirret kadın.

scorch [skôrç] *f.* kavurmak, ateşe tutmak; acı eleştirilerle incitmek.

score [skôr] *i., f.* oyunda tarafların kaydettiği sayılar; puan; çetele ile tutulan hesap. *f.* çentmek, kertik açmak.

scotch [skaç] *f.* hafifçe yaralamak, tırmıklamak.

scout [skaut] *i., f.* izci, gözcü, keşif kolu. *f.* keşif yapmak.

scram.ble [skräm'bıl] *f., i.* tırmalamak, kapışmak; çırpılmış yumurtayı yağda pişirmek; itişip kakışmak. *i.* kapış, tırmanarak gitme.

scrape [skreyp] *f., i.* kazımak, kazıyarak temizlemek; kazıyıp toplamak. *i.* kazıma, sürtme.

scrawl [skrôl] *f., i.* acele ile yazmak, karalamak. *i.* acele ile yazılmış, karalanmış yazı.

scream [skrim] *f., i.* bağırmak, feryat etmek, çıplık atmak. *i.* çığlık, feryat.

screen [skrin] *i., f.* perde, kafes, paravana; sinema perdesi. *f.* perde çekmek; gizlenmek, saklamak.

screw [skru] *i., f.* vida, uskur, gemi pervanesi. *f.* vidayı çevirmek, burmak.

screw.driv.er [skru'drayvır] *i.* tornavida.

script [skrîpt] *i.* el yazısı.

scrub [skráb] *i.* çalılık, fundalık, maki; bodur ağaçlı orman.

scuff [skáf] *f.* ayağı sürterek yürümek.

scull [ıskál] *i. f.* küçük sandal, kıçtan kullanılan tek kürek. *f.* sandalı tek kürekle idare etmek.

sculp.tor [skálp'tır] *i.* heykeltıraş.

sculp.ture [skálp'çır] *i., f.* heykel, heykeller; heykelcilik, heykeltıraşlık; oyma, oyma işi. *f.* oymak, kalemle oyarak yazmak.

scur.y [skır'i] *f.* telaş etmek, kaçarcasına koşmak.

sea [si] *i.* deniz, derya, umman, okyanus; dalga. *see breeze* denizden esen rüzgar. *sea captain* kaptan, süvari. *sea food* deniz ürünü.

sea.bord [si'bord] *i., s.* sahil kıyı, yalı boyu. *s.* kıyıya yakın.

seal [sil] *i., f.* mühür, damga; teminat. *f.* mühürlemek, damga basmak.

sea.man [si'mın] *i.* denizci, gemici.

sea.port [si'pôrt] *i.* liman.

search [sırç] *f.* araştırmak, aramak; yoklamak, bakmak; dikkatle inceleyip denetlemek.

sea.son [si'zın] *i., f.* mevsim, süre, müddet, vakit, zaman. *f.* alıştırmak; alışmak; lezzet vermek.

seat [sit] *i., f.* oturulacak yer, iskemle, sandalye; insan kıçı; yer, mahal. *f.* oturtmak, yerleştirmek.

se.ces.sion [sîseş'ın] i. ayrılma.

sec.ond [sek'ınd] s., i., f. ikinci, ikinci derecede; i. ikinci gelen kimse veya şey; (oto) ikinci vites. f. yardım etmek, ilerletmek.

sec.ond.hand [sek'ındhänd] i. kullanılmış, elden düşme; dolaylı.

se.cret [si'krit] s., i. gizli, saklı. i. sır, giz.

sec.tion [sek'şın] i., f. kıta, parça, bölük, ara, kısım. f. kısımlara ayırmak.

sec.tor [sek'tır] i. daire dilimi, daire kesmesi; açılır kapanır bir gözlem aleti.

sec.u.lar [sek'yılır] s., i. dünyevi, laik, dini olamayan.

se.cure [sîk'yûr] s., f. güvenli, emin, korkusuz, tehlikeden uzak. f. korumak, emniyet altına almak.

se.cur.i.ty [sîk'yûr'iti] i. emniyet, güvenlik; güvenlik önlemleri.

sed.i.ment [sed'ımınt] i. tortu, posa, telve, çökelti.

see [si] f. görmek, anlamak, farkına varmak; bakmak, dikkat etmek; görüşmek; kabul etmek. see about icabına bakmak. see double çift görmek. see eye to eye aynı fikirde olmak. see into nüfuz etmek, kavramak. see life tecrübelerle hayatı anlamak. see red çok öfkelenmek. see to it icabına bakmak. see you later şimdilik hoşça kal. Let me see dur bakayım. Düşüneyim.

seed [sid] i. tohum, çekirdek; asıl kaynak, menşe.

seem [sim] f. görünmek, gözükmek, gibi gelmek.

seg.ment [seg'mınt] i., f. kesilmiş parça, parça, bölüm. f. kısımlara ayırmak.

seis.mic [sayz'mîk] s. depreme ait.

se.lect [sîlekt] s., f. seçme, seçilmiş, seçkin. f. seçmek, ayırmak.

self [self] i., s. kişi, öz, zat, şahıs. s. kişisel, şahsi.

self.con.scious [self'kan'şis] s. utangaç, sıkılgan; kendi halini çok fazla düşüne.

self.con.trol [self'kıntrol] i. kendine hakim olma.

self.de.ter.mi.na.tion [self'dîtırmıney'şın] i. hür irade; halkın kendi geleceğini saptaması.

self.em.ploy.ed [self'îmployd] s. serbest çalışan.

self.help [self'help'] i. kendi kendine yardım etme.

self.im.por.tance [self'împôr'tıns] i. kendine fazla önem verme.

self.ish [sel'fiş] s. egoist, bencil, hodbin.

self.made [self'meyd] s. kendi kendini yetiştirmiş; kendi kendine adam olmuş.

self.re.spect [self'rispekt] i. öz saygı, izzetinefis.

self.suf.fi.cient [self'sıfişınt] s. kendine güvenen; kendi kendine yeten.

self.sup.port [self'sıport] i. kendini geçindirme.

sell [sel] f., i. satmak, satışıyla meşgul olmak; satışını arttırmak; satılmak. i. hile, aldatma, oyun.

sell.out [sel'aut] i. elden çıkarma, elde bulunanı satma.

sem.i.co.lon [sem'ikolın] i. noktalı virgül.

sem.i.fi.nal [semifay'nıl] i. finalden önceki yarış.

send [send] f. göndermek, yollamak; fırlatmak, atmak; sağlamak, bağışlamak.

sen.sa.tion [sensey'şın] *i.* duyu, duygu, his; hassasiyet, duyarlılık.

sense [sens] *i., f.* duyu, his. *f.* kavramak, sezmek.

sen.si.ble [sen'sıbıl] *s.* makul, akla yatkın; hissedilir, sezilir.

sen.si.tive [sen'sıtiv] *s.* hassas, duygulu; içli, alıngan.

sen.tence [sen'tıns] *i.* cümle.

sen.ti.men.tal [sentımen'tıl] *s.* duygulu, duyguların etkisiyle yapılan.

sen.ti.nel [sen'tınıl] i. gözcü, nöbetçi.

sep.e.rate [sep'ıreyt] *f., s.* ayırmak, bölmek. *s.* ayrı, ayrılış; müstakil.

ser.i.al [sîr'yıl] *s.* seri halinde olan, dizi halinde.

se.ri.ous [sîr'iyıs] *s.* ağır başlı, ciddi. *seriously z.* cidden.

ser.vant [sır'vınt] *i.* uşak, hizmetçi.

serve [sırv] *f., i.* hizmet etmek, hizmetini görmek; hizmetkarı olmak; yardım etmek; kulluk etmek. *i. spor.* tenis oyununda başlangıç topuna vurma.

ser.vice [sır'vîs] *i.* hizmet, görev; iş; merasim; tören.

ser.vice [sır'vîs] *f.* bakımını sağlamak; onarmak, donatımını tamamlamak.

ses.sion [seş'ın] *i.* toplantı süresi; celse; oturum.

set [set] *f., i., s.* koymak, yerleştirmek; batmak, kaybolmak; kuluçkaya yatırmak; pekiştirmek; dondurmak; ayarlamak; kurmak; kırık veya çıkığını yerine oturtmak. *i.* takım, grup; seri; (*tiyatro*) dekor. *s.* belirli, adetlere uygun; değişmez; basmakalıp.

set.le [set'ıl] *f.* yerleştiemek, yerleşmek; düzeltmek; sakinleştirmek.

set.le.ment [set'ılmınt] *i.* yerleşme, oturma; kararlaştırma; halletme; hesap görme.

sev.er.al [sev'ırıl] *s.* birkaç, çeşitli, muhtelif, ayrı, başka.

sew.ing [so'wing] *i.* dikiş, dikilmiş ya da dikilecek şey.

shack [şäk] *i.* derme çatma kulübe.

shad.ow [şäd'o] *i.* gölge, karanlık; resmin gölgeli yeri; yansı, akis; birinin peşinden ayrılmayan kimse.

shake [şeyk] *f.* sarsmak, çalkalamak; titretmek; sallamak.

shame [şeym] *i., f.* utanç, utanacak şey. *f.* utandırmak, mahcup etmek.

shame.ful [şeym'fıl] *s.* ayıp, utanç verici, yüz karası.

shape [şeyp] *i., f.* biçim, şekil, suret; hal, durum. *f.* biçimlendirmek, şekillendirmek.

share [şer] *i., f.* hisse, pay; hisse senedi. *f.* hisselere ayırmak, taksim etmek.

shark [şark] *i., f.* köpekbalığı. *f.* dolandırıcılıkla geçinmek.

sharp [sharp] *s., i., z.* keskin, sivri; zeki, açıkgöz; istekli; çok dikkatli; pürüzsüz. *i.* diyez nota; uzun dikiş iğnesi; dolandırıcı. *f.* notayı tiz sesle söylemek.

sharp.en [şärp'ın] *f.* bilemek, keskinleştirmek, açmak, sivriltmek.

shat.ter [şät'ır] *f.* kırmak, parçalamak; darmadağın etmek, tahrip etmek; dengesini kaybettirmek.

shave [şeyv] *f.* traş etmek, kazımak; sıyırıp geçmek, sürtünür gibi geçmek.; traş olmak; rendelemek.

shed [şed] *f.* dökmek, akıtmak; saçmak, dağıtmak.

sheep [şip] *i.* koyun; koyun derisi.

sheer [şîr] *s., z.* çok ince ve şeffaf z. tamamıyla, büsbütün.

sheet [şit] *i.* çarşaf, levha, tabaka; yaprak; gazete.

shelf [şekf] *i.* coğ. denizdeki sığlık.

shell [şel] *i., f.* kabuk, istiridye kabuğu; bina iskeleti. *f.* kabuğunu soymak, kabuğunu çıkarmak.

shel.ter. [şel'tır] *i., f.* sığınak, barınak. *f.* korumak, sığınmak.

shield [şild] *i., f.* kalkan, siper; koruyucu şey. *f.* korumak, muhafaza etmek.

shine [şayn] *f., i.* parlamak, ısık saçmak; parlak olmak;üstün olmak. *i.* parlaklık, renk, canlılık.

ship [şîp] *i., f.* gemi, vapur. *f.* gemiye yüklemek, göndermek, nakletmek.

shirt [şırt] *i.* gömlek.

shock [şak] *f., i.* sarsmak, şiddetle çarpmak; nefret veya korku vermek. *i.* darbe, vuruş.

shoe [şu] *i., f.* ayakkabı, kundura, pabuç; nal. *f.* ayakkabı giydirmek; nallamak.

shoot [şut] *f.* atmak, fırlatmak, ateş etmek. **shoot at** nişan alıp ateş etmek.

shop [şap] *i., f.* dükkan, mağaza; atelye; fabrika; iş; *f.* çarşıya gitmek, alışverişe çıkmak. **shop around** alışveriş için fikir edinmek. **shop talk** iş konuşması. **set up shop** dükkan açmak. **talk shop** iş konusunda konuşmak.

shop.ing [şap'îng] *i.* çarşıya çıkma, alışveriş etme.

shore [şôr] *i.* sahil, kıyı. **in shore** kıyıya yakın. **off shore** kıyıdan uzak.

short [şôrt] *s., z., i.* kısa, kısa boylu; bodur. *z.* birdenbire; tersçe;

eksik. *i.* kısa şey; eksiklik. **short and sweet** kısa ve yerinde. **short circuit** *elekt.* kısa devre. **short commons** gıda eksikliği. **short order** çabuk ve kolay hazırlanan yemek. **short story** kısa hikaye. **be short of** eksik olmak. **cut short** birden kesmek. **for short** kısaca. **in short** kısacası.

shot [şat] *i., f.* top güllesi; tüfek saçması; atış; kurşun menzili; erim, menzil. *f.* gülle veya saçma ile doldurmak.

should [şûd] *f.* shall; a-gereklilik: *you should visit may father.* Babamı ziyaret etmen gerekir. b-şarta bağlılık: *If she should come* eğer giderse. c- şaşkınlık; d- ümit: *I sholud be be back by noon.* Öğleye kadar dönebileceğimi ümit ederim.

shoul.der [şol'dır] *i., f.* omuz; destek olan şey. *f.* omuzlamak, omuz vurmak; sorumluluğu üstlenmek.

show [şo] *f., i.* göstermek, arz etmek, göz önüne koymak; meydana çıkarmak; yarışmaya katılmak. *i.* gösteriş, görünüş, temaşa. *show bill* büyük harfli duvar afişi. *show biz* gösteri işi. *show off* gösteriş yapmak. *show room* sergi salonu. *show up* beklenilen yere gelmek, gözükmek.

show.er [şau'wır] *i., f.* sağanak, sağanağa benzer herhangi bir şey; duş. *i.* yağdırmak, sağanak halinde yağdırmak.

shrimp [şrîmp] *i.* karides.

shrub [şrab] *i.* şurup, şarap, meyve likörü.

shuf.fle [şáf'ıl] *f., i.* karıştırmak, değiştirmek; karmakarışık etmek; ayak sürümek; iskambil kağıtlarını karıştırmak. *i.* karıştırmak, hile, aldırmamak.

shut [şát] *f.* kapamak, kapatmak; yasaklamak, menetmek. ***shut down*** işi tatil etmek.shut in kapamak, engel olmak. ***shut off*** akıntısını kesmek (*gaz*).

shut.eye [şáy'ay] *argo.* Uyku.

shut.ter [şát'ır] *i., f.* kepenk, pencere kanadı. *f.* kepenk takmak, panjuru kapatmak.

shut.le [şát'ıl] *i., f.* mekik; karşılıklı yol ya da yük taşıma servisi. *f.* mekik dokumak; mekik gibi işlemek.

sick [sîk] *s.* hasta, keyifsiz; bulantılı, midesi bulanan; bezgin; hasret çeken.

sick.room [sîk'rum] *i.* hasta odası.

side [sayd] *i., s.* yan, taraf; kenar; cihet; etek. *s.* yan, yanda veya yanda olan. side by side yan yana. ***side show*** asıl temsile ek olarak gösterilen ek oyun.

side.line [sayd'layn] *i.* asıl mesleğinden ayrı uğraşı alanı.

side.step [sayd'step] *f.* kenara çekilmek; sorumluluktan kaçmak.

side.walk [sayd'wôk] *i.* yaya kaldırımı.

siege [sic] *i., f.* kuşatma; ısrarla ele geçirmeye çalışma. *f.* kuşatmak.

sift [sift] *f.* kalburdan geçirmek.

sight [sayt] *i.* görme, gözlem, müşahade; muayene. ***sight draft*** ibrazında imzalanacak poliçe. ***sight unseen*** görmeden (*satın almak*).

sight.see.ing [sayt'siying] *i.* gezme; ilginç yerleri ziyaret etme.

sign [sayn] *i., f.* işaret, alamet; nişan, belirti, iz. *f.* imzalamak; işaret etmek.

sig.nal [sîg'nal] *i.* işaret; işaretle verilen emir.

sign.board [sayn'bôrd] *i.* tabela, afiş.

sig.ny.fy [sîg'nıfay] *f.* işaretle anlatmak.

si.lence [say'lıns] *i., f.* sessizlik, sükut. *f.* susturmak, sesini kestirmek.

si.lent [say'lınt] *s.* sessiz,i sakin.

silk [sîlk] *i.* ipek; ipekli kumaş.

sil.ly [sîl'y] *s.* sersem, şaşkın; budala.

sil.ver [sîl'vır] *i.* gümüş; gümüş para; gümüş eşya.

sim.i.lar [sîm'ılır] *s., i.* benzer, birbirine yakın. *f.* benzeyen şey.

simp.le [sîm'pıl] *s.* basit, sade, süssüz.

sim.plic.i.ty [sîmplîs'iti] *i.* basitlik, sadelik.

sin [sîn] *i.* suç, günah; kusur. ***deadly sin*** büyük günah. ***live in sin*** nikahsız yaşamak.

since [sîns] *z., edat., bağlaç.* o zamandan beri, olalı; -den sonra.

sin.ful [sîn'fıl] *s.* günahkar; habis.

sing [sîng] *f.* şarkı söylemek; ıslık gibi ses çıkarmak; uğuldamak. ***sing out*** bağırmak, seslenmek.

sing.er [sîng'ır] *i.* şarkı söyleyen kimse, şarkıcı.

sin.gle [sing'gıl] *s., i.* tek, bir, yalnız; bekar. *i.* bir, tek; tek kişilik oda;

sink [sîngk] *f.* batmak, garkolmak; yıkılmak, halsizlikten düşmek; dalmak; derinlere gitmek.

sire [sayr] *i.* baba, ata.

sis.ter [sîs'tır] *i.* kızkardeş; hemşire, bacı, abla.

sit [sît] *f.* oturmak, çömelmek, tünemek; kuluçkaya yatmak. ***sit down*** oturmak. ***sit in on*** misafir sıfatıyla toplantıya katılmak. ***sit out*** sonuna kadar oturmak. ***sit up*** dik oturmak.

situation

sit.u.ation [sîçuwey'şın] *i.* yer, mevki; vaziyet, durum; görev.

size [sayz] *i., f.* büyüklük, hacim. *f.* istenilen ebatta kesip biçmek.

skate [skeyt] *i., f.* paten. *f.* patenle kaymak.

sketch [skeç] *i., f.* taslak, kabataslak resim. *f.* taslağını yapmak.

ski [ski] *i., f.* kayak. *f.* kayakla kaymak.

skin [skîn] *i., f.* deri, cilt; tulum; post. *f.* derisini soymak. *skin diving* aletli dalış. *skin game* hileli kumar oyunu. *fair skin* beyaz cilt. *under the skin* aslında, temelinde.

skip [skîp] *f.* sıçramak, sekmek.

skirt [skırt] *i., f.* etek; eteklik; kenar. *f.* eteklik ile örtmek; kenarından geçip gitmek.

sky [skay] *i., f.* gökyüzü, sema; hava. *f.* topu havaya vurmak. *Sky blue* gök mavisi.

slack [släk] *s., z., i.* gevşek; sarkık; ağır, yavaş. *z.* gevşekçe. *i.* iş olmayan dönem.

slang [släng] *i., f.* kabadayı dili, argo. *f.* argo konuşmak.

slap [släp] *f.* hafifçe vurmak; tokat atmak.

slash [släş] *f., i.* kamçılamak; yarmak; uzun yara açar gibi kesmek. *i.* uzun kesik, yara.

slave [sleyv] *i., f.* esir, köle, kul; cariye. *f.* köle gibi çalışmak.

slav.er.y [sley'vıri] *i.* kölelik, esirlik.

sleep [slip] *i.* uyku. *broken sleep* devamlı olmayan uyku. *go to slepp* uykuya dalmak. *put to sleep* uykuya yatırmak.

slice [slays] *i., f.* dilim. *f.* bir dilim kesmek.

slide [slayd] *i.* kayma; kaydırak; üstünden kayılarak gidilen yer; toprak kayması.

slim [slîm] *s.* ince, uzun yapılı.

slime [slaym] *i., f.* yapışkan ve nemli herhangi bir madde. *f.* yapışkan ve ince çamurla kaplamak.

slip [slîp] *f., i.* kaymak; eli veya ayağı kaymak; kaydırmak; geçirmek; serbest bırakmak. *f.* kayma, kayış, ayak kayması; yanlışlık, hata.

sliv.er [slîv'ır] *i., f.* kesilmiş ya da yırtılmış ince uzun parça. *f.* ince uzun parçalara kesmek.

slope [slop] *i.* eğimli yüzey veya hat; bayır, yokuş.

slov.en [släv'ın] *i.* giyim ve davranışlarında özensiz olan kimse.

slum [slám] *i.* şehrin yoksul semti.

smack [smäk] *i., f.* şapırtı; tokat, şamar. *f.* şapırtı ile tatmak; tokat atmak.

small [smôl] *s., i., z.* ufak, ufacık, küçük, mini mini; önemsiz; ahlakça zayıf olan. *i.* ufak olan şey. *z.* yavaşça, hafif hafif. *small arms* tabanca gibi küçük silah. *small change* bozuk para. *feel small* mahcup olmak.

smart [smart] *s.* açıkgöz; akıllı; usta; acı veren; keskin; şiddetli; kuvvetli.

smash [smäş] *f.* ezmek, parça parça etmek; kırıp parçalamak.

smell [smel] *f., i.* koklamak. *i.* koklama, koku.

smile [smayl] *f.* gülümsemek

smock [smak] *i., f.* gömlek, iş kıyafeti. *f.* gömlek giydirmek.

smoke [smok] *i., f.* duman, sigara. *f.* tütmek, duman çıkarmak; sigara içmek. *smoke up* dumanla doldurmak. *have a smoke* sigara içmek.

smooth [smudh] *s.* düzgün, pürüzsüz; perdahlı; engelsiz; kolay.

smudge [smác] *i., f.* is veya toz lekesi; boğucu duman. *f.* is ile kirletmek.

snack [snäk] *i., f.* kısım, hisse, pay; lokma; bir iki lokmalık yemek. *f.* (*on*) yemekler arasında atıştırmak.

snap [snäp] *f.* şakırdatmak; çatırtı ile kopmak veya koparmak; dişleriyle kapma sesi çıkarmak.

snap.shot [snäp'şat] *i.* anlık fotoğraf.

sneak [snik] *f.* sürünerek yavaşça uzaklaşmak; gizlice savuşmak.

sneeze [sniz] *f.* aksırmak, hapşırmak.

snipe [snayp] *f.* pusuya yatarak düşman askerlerini vurmak.

sniv.el [snîv'ıl] *f.* burnu akmak; burun çekerek ağlamak.

snob [snab] *i.* züppe kimse.

snort [snôrt] *f.* horlamak.

snow [sno] *i., f.* kar, kar gibi şey; kar yağışı. *f.* kar yağmak. *be snowed in* kardan mahsur kalmak.

snow.drift [sno'drift] *i.* kar yığıntısı.

snow.man [sno'män] *i.* kardan adam.

snow.storm [sno'stôrm] *i.* kar fırtınası.

snub [snáb] *f.* hiçe saymak.

snuff [snáf] *f.* buruna çekmek; koklayarak anlamak.

so [so] *z., bağlaç., ünlem., s.* böyle, şöyle, öyle, bu suretle; bu kadar; şu kadar; bu veya şu sebepten. *ünlem.* Ya! . *s.* doğru. *so far* şimdiye kadar. *so to speak* sözde. *So what? Ne fark eder? and so on* ve saire. *He said so* Öyle dedi.

soap [sop] *i.* sabun. *argo* rüşvet.

sob [sab] *f.* içini çekerek ağlamak.

so.cial [so'şıl] *s., i.* toplumsal, sosyal, toplumda yeri olan. *social security* sosyal güvenlik. *social service* toplumsal hizmet. *social work* toplumsal çalışma.

so.cial.ize [so'şılayz] *f.* kamulaştırmak, topluma mal etmek.

so.ci.e.ty [sısay'ti] *i.* toplum, cemiyet.

sock [sak] *f.* yumruklamak, sille atmak. *sock away* argo para saklamak. *socked in* hava muhalefeti nedeniyle kapalı (*havaalanı*) *sock it to him* argo. Haydi bastır!

sod.den [sad'ın] *s., f.* sırılsıklam. F. iyice ıslatmak.

soft [sôft] *s., i., f.* yumuşak, tatlı, mülayim; latif, sakin.*i.* yumuşak şey. *z.* yavaşça. *soft drink* alkolsüz içki. *soft soap* arap sabunu. *soft water* içinde maden tuzu bulunmayan su. *soft'ly z.* yavaşça.

soil [soyl] *f., i.* kirletmek, lekelemek. *i.* leke, kir.

so.lar [so'lır] *s.* güneşle ilgili, güneşe göre hesaplanan.

sol.dier [sol'cır] *i., f.* asker, nefer, er. *f.* askerlik yapmak.

sole [sol] *s.* tek, yalnız, biricik.

so.lic.i.tor [sılîs'ıtır] *i.* icracı, aracı; devlet dairesinde aracılık eden kimse.

sol.id [sal'îd] *s., i.* katı, sağlam. *i.* katı madde; üç boyutluluk.

so.lu.tion [sılu'şın] *i.* eriyik; çözüm.

som.ber [sam'bır] *s.* koyu, karanlık.

some [sám] *s., z., zam.* bazı, bir takım,birkaç, biraz, bir miktar, bir hayli. *z.* yaklaşık olarak, bazı.

some.bod.y [sám'bıdi] *zam., i.* biri, birisi, kimse. *i.* hatırı sayılır kimse.

some.how [sám'hau] *z.* bir yolunu bulup, her nasılsa.

some.time [sám'táym] *s., z.* eski, sabık. *z.* bir zaman.

some.way [sám'wey] *z.* bir yolunu bulup.

some.where [sam'wer] *z., i.* bir yere, bir yerde. *i.* bir yer.

song [sông] *i.* şarkı, türkü, nağme.

soon [sun] *z.* hemen, şimdi, derhal; çok geçmeden; çabuk, süratle.

sor.ry [sar'i] *s.* üzgün, kederli, hüzünlü; elemli.

soul [sol] *i.* ruh, can; zenci müziğinin uyandırdığı heyecan.

sound [saund] *i., f.* ses, seda, avaz. *f.* ses çıkarmak, ses vermek, yüksek sesle duyurmak.

soup [sup] *i.* çorba; et suyu.

source [sôrs] *i.* kaynak, menşe, köken; pınar; kaynak.

south [sauth] *i., f.* güney. *f.* güneye yönelmek.

space [speys] *i.* yer, alan; mesafe, ara; uzay. **space bar** klavyede aralık tuşu.

spare [sper] *s., i.* yedek, az, kıt; eli sıkı.*i.* yedek parça. **spare time** boş zaman.

spark [spark] *i.* kıvılcım, çakım.

spar.kle [spar'kıl] *f.* kıvılcımlar saçmak; pırıldamak.

spat [spät] *i. f.* şamar, sille. *f.* sille vurmak.

speak [spik] *f.* konuşmak, söz söylemek, konuşma yapmak.

speak.er [spi'kır] *i.* konuşan veya söyleyen kimse; spiker.

spe.cial [speş'ıl] *s., i.* özel, hususi, has, özgü. *i.* herhangi özel bir şey.

spe.cif.ic [spîsîf'îk] *s., i.*özgü, kendine has. *i.* özel amaç için kullanılan şey.

spec.i.men [spes'ımın] *i.* örnek, numune, model.

spec.tac.u.lar [spektäk'yılır] *s., i.* görülmeye değer. *i.* hayret verici manzara.

speech [spiç] *i.* konuşma yeteneği; söyleme yetisi.

speed [spid] *i., f.* hız, sürat, çabukluk. *f.* hızlı gitmek, çabuk gitmek.

spell [spel] *f.* hecelemek.

spend [spend] *f.* harcamak, sarf etmek; bol bol vermek.

spice [spays] *i.* bahar, baharat, baharat gibi olan şey. *f.* baharat katmak.

spin [spîn] *i.* fırıl fırıl dönmek.

spir.it [spîr'ît] *i., s.* ruh, can; insan ruhu. *s.* hayalete ait.

spit [spît] *f.* tükürmek; çiselemek; serpelenmek; atıştırmak.

splash [spläsh] *f. (üstüne)* çamur ya da su sıçratmak.

splint [splînt] *i., f.* kıymık. *f. (kırık kemik)* ince tahtalarla sarmak.

spoil [spoyl] *f.* bozmak, yıkmak; azdırmak; şımartmak.

spoke [spok] *i. f.* seyyar merdiven çubuğu. *f.* tekerleğe çomak sokmak.

sponge [spánc] *i., f.* sünger; sünger gibi emici şey. *f.* süngerle silmek veya suyunu almak.

spon.sor [span'sır] *i.* kefil; masrafları karşılayan. *f.* kefil olmak.

spoon [spun] *i., f.*kaşık, kaşık şeklinde şey. *f.* kaşıklamak.

spot [spar] *i., s.* yer, mevki; benek, nokta. *s.* yerinde olan, peşin; ara sıra.

spray [sprey] *i., f.* püskürtülen ilaç ya da sıvı. *f.* püskürtmek.

spread [spred] *f.* yaymak, sermek, açmak; dağıtmak, saçmak.

sprint [sprînt] f., i. tabana kuvvet koşmak. i. sürat koşusu.

spy [spay] i. casus, ajan.

squad [skwad] i. takım, eip, tim.

square [skwer] i. kare.

squawk [skwok] f. acı acı bağırmak.

squirt [skwırt] f. fışkırtmak.

sta.bi.li.ty [stibîl'ıti] i. olduğu yerde sağlam durma.

staff [stäf] i. değnek, sopa; personel.

stage [steyc] i. tiyatro, sahne, sahne hayatı, tiyatroculuk.

stake [steyk] i., f. kazık. F. kazığa bağlamak.

stamp [stämp] f., i. ayağını yere vurmak; basmak; damga vurmak. i. ıstampa.

stand [ständ] f. ayakta durmak; kaim olmak; ayakta kalmak; sebat etmek; tahammül etmek; dayanmak;

stand.by [stand'bay] i. yedekte bulunan kimse ya da düzenek.

stand.up [ständ'äp] s. ayakta durarak yapılan.

sta.ple [stey'pîl] i. hammadde; unsur; elyaf; içerik.

star [star] i. yıldız; yıldız şekli; mümtaz şahsiyet.

start [start] f. başlamak, harekete geçmek; yola çıkmak; başlatmak; yola koymak.

state [steyt] i., s. hal, vaziyet, durum; devlet, hükümet, eyalet. s. devlete ait.

states.man [steyts'mın] i. devlet adamı.

sta.tion [stey'şın] i., f. durak, merkez istasyon, gar. f. bir yere tayin etmek.

sta.tion.er.y [stey'şınıri] i. kırtasiye.

stat.ue [stäç'u] i. heykel.

sta.tus [stey'tıs] i. hal, durum, vaziyet; medeni hal; toplumsal durum.

stay [stey] f. durmak; kalmak; geçici olarak ikamet etmek; durdurmak; alıkoymak.

steam [stîm] i. buhar, islim, buğu.

steel [stil] i., f., s. çelik; çelikten yapılan alet. f. çelik kaplamak ya da katmak. s. çelikten yapılmış.

steep [stip] f., i. suya bastırmak, iyice ıslatmak; demlendirmek. i. demlenme.

step [step] f. ayak basmak; adım atmak; yürümek; ağır adımlarla yürümek.

stern [stırn] i. gemi veya sandal kıçı; bir şeyin arka kısmı.

stew.ard [stu'wırd] i. ambar memuru, gemi işçisi; erkek hostes.

stew.ard.ess [stu'vırdıs] i. kadın hostes.

stick [stîk] i. tahta parçası, değnek; baston, çubuk.

stiff [stif] s., i. katı, sert, pek. i. argo suç ortağı.

stim.u.lant [stîm'yılınt] s., i. uyarıcı, kışkırtıcı. i. uyarıcı ve kışkırtıcı şey.

sting [stîng] f. arı gibi sokmak; iğne gibi acıtmak; acı vermek.

stink [stîngk] f. pis kokmak; kokuşmak.

stock [stak] f. stok yapmak; mal yığmak.

stom.ach [stám'ık] i. mide, karın.

stone [ston] i., s. taş, taştan yapılmış şey; taşa benzer şey. s. taştan yapılmış.

stool [stul] i., f. iskemle, tabure; oturak, lazımlık; dışkı. f. dışkı defetmek.

stop [stap] f. durdurmak; alıkoymak; engellemek; fren yapmak; tıkamak; kapamak; tıpalamak.

stop a gap bir boşluğu doldurmak. ***stop dead*** birdenbire durmak. ***stop off*** geçici olarak durmak. ***stop up*** tıkamak.

stor.age [stôr'îc] *i.* depoya koymak, depolamak.

storm [storm] *i., f.* fırtına, bora. *f.* fırtına patlamak.

sto.ry [stor'i] *i.* hikaye, öykü, tarih; masal, efsane, roman.

stove [stov] *f.* soba, fırın, ocak.

straight [streyt] *s., i.* doğru, düz, namuslu, dürüst. *i.* doğru çizgi, düz hat.

strain [streyn] *i.* nesil, soy, aile, silsile.

strange [streync] *s., z.* görülmemiş, ilk defa görülen.

stran.ger [streyn'cır] *i.* yabancı, el; dışarıdan gelen kimse.

street [strit] *i.* sokak, cadde.

stretch [streç] *f.* uzatmak, sermek, germek, yaymak. *s.* gerilebilen, esnek.

strike [strayk] *i.* vurma, vuruş; çarpma; grev.

strip [strip] *f., i.* soymak, elbisesini çıkarmak; derisini ve kabuğunu soymak.

stroke [strok] *i.* vuruş, darbe; vuruş etkisi; darbe etkisi yapan şey.

strong [strông] *s.* kuvvetli, zorlu, güçlü.

struc.ture [strák'çır] *i., f.* yapı, bina, inşaat. *f.* bütün olarak düşünmek.

stu.di.ous [stu.diyıs] *s.* çalışkan, ödevcil, gayretli, okumayı sever.

stuff [stáf] *i., f.* madde, esas, asıl. *f.* tıka basa doldurmak, tıkıştırmak.

stunt [stánd] *f., i.* büyümesini önlemek; bodur bırakmak. *i.* büyümede duraklama.

stu.pid [stu'pid] *s.* akılsız, ahmak, budala.

style [stayl] *i., f.* tarz, üslup; usul; tip. *f.* model çizmek, yaratmak.

sub.cul.ture [sabkál'çır] *i. bio.* Bir başka besi yerinden nakledilmiş kültür. *sos.* Toplum içinde davranışlarıyla farklı bir unsur meydana getiren grup.

sub.hu.man [sábhyu'mın] *s.* insanlık aşamasına ulaşamayan.

subject [sáb'cîkt] *i.* uyruk, tebaa, kul, hedef.

sub.lime [sıblaym] *s.* yüce, ulu, asil; heybetli.

sub.ma.rine [sábmırin] *i.* denizaltı.

sub.mit [sıbmît] *f.* teslim etemek, idaresine bırakmak.

sub.nor.mal [s'abnormıl] *s., i.* normalden aşağı. *i.* zekası normalden aşağıda olan kimse.

sub.sid.i.ar.y [sınsîd'iyeri] *s., i.* yardımcı, ek; bağlı, tabi. *i.* yardımcı, muavin.

sum [sám] *i., f.* toplam, yekün; tutar; en fazla miktar. *f.* toplamak, yekün çıkarmak.

sum.mer [sám'ır] *i.* tepe, doruk, zirve.

sun [sán] *i., f.* güneş, güneş ışığı, güneşli yer. *f.* güneşlenmek, güneşlendirmek. ***sun bath*** güneş banyosu. ***sun compass*** kutuplarda kullanılan ve güneş ışığı ile çalışan pusula. ***sun dance*** güneşe tapma dansı. ***sun tan*** güneşten bronzlaşma.

sun.glass.es [san'glasiz] *i.* güneş gözlüğü.

sunk.en [sang'kın] *s.* su altına gömülmüş, batık.

sun.ny [sán'i] *s.* güneşli; güneş gibi; neşeli.

sun.rise [sán'ráyz] *i.* gün doğumu.

sun.set [sán'set] *i.* gün batımı.

sun.shine [san'şayn] i. güneş ışığı; neşelilik.

su.per [sı'pır] *i., s.* üstün kalite; iyi derece; iyi derecede olan şey.

su.pe.ri.or [sıpîr'iyır] *s., i.* daha yüksek; ala; üstün; yüce. *i.* üstünlük.

su.per.nat.u.ral [supırnäç'ırıl] *s.* olağanüstü; mucize türünden.

sup.ple [sáp'ıl] *s., f.* yumuşak, kolayca eğilip bükülebilen; esnek; uysal. *f.* yumuşatmak.

sup.ply [sıplay'] *f., i.* sağlamak, tedarik etmek. *i.* tedarik.

sup.port [sıpôrt] *f., i.* desteklemek, tahammül etmek; götürmek; dayanmak; tutmak; kaldırmak. destekleme, tutma.

sup.pose [sıpoz'] *f.* zannetmek; farz etmek; doğru olduğunu kabul etmek; tahmin etmek.

su.preme [sıprîm'] *s.* en yüksek, ulu, yüce; en yüksek aşamada. *supreme court* anayasa mahkemesi.

sure [şûr] *s., z.* muhakkak, şüphesiz; olumlu; kesin; kati; emin; sağlam. *z.* şüphesiz.

sur.face [sır'fîs] *i., f., s.* yüz, yüzey, satıh. *f.* bir şeyle kaplamak; düz yapmak. *s.* yüzeysel.

sur.geon [sır'cın] *i.* cerrah.

sur.ger.y [sır'cıri] *i.* cerrahlık, cerrahlık bilimi.

sur.plus [sır'plas] *i., f.* artan miktar; herhangi bir şeyin fazlası; yedek akçe. *s.* fazla, artık.

sur.prize [sırprayz] *i., f.* sürpriz; ansızın karşısına çıkış. *f.* hayrete düşürmek; şaşırtmak.

sur.ren.der [sıren'dır] *f.* teslim etmek veya teslim olmak; haklarından vaz geçmek.

sur.round [sıraund'] *f.* kuşatmak, çevirmek; etrafını sarmak.

sur.vey [sırvey'] *f.* bakmak, dikkatle bir şeye bakmak, gözlemlemek; yoklamak.

sur.viv.al [sırvay'vıl] *i.* kalım, başkasının ölümünden sonra hayatta kalma; modası geçmiş geleneğin hayatta kalması.

sus.pect [sıspekt'] *f.* şüphelenmek, kuşkulanmak.

sus.pen.sion [sıspen'şın] *i.* asma, asılma; geçici tatil; ödemeleri geçici olarak durdurma.

swal.low [swal'o] *f., i.* yutmak; içine çekmek; emmek. *i.* yutma, yudum.

swamp [swamp] *i., f.* batak, bataklık. *f.* bataklığa batırmak, batağa saplanmak.

swear [swer] *f.* yeminle tasdik etmek; yemin ettirmek; yeminle söz vermek; ant içmek.

sweat [swet] *i., f.* ter, terletici iş. *f.* terlemek, ter dökmek.

sweep [swip] *f.* süpürge ile temizlemek; toplamak veya götürmek; süpürüp götürmek; sürüklenmek, sürüklemek; yayılmak; süpürge gibi süpürmek; her tarafına dikkatle bakmak; salınarak hızla geçmek.

sweet [swit] *s., i., z.* tatlı, şekerli; taze, hoş. *i.* tatlı şey, bonbon, şekerleme. *z.* tatlılıkla.

swel.ter [swel'tır] *f., i.* ter dökmek, sıcaktan bayılacak hale gelmek. *i.* hararet basması.

swift [swîft] *s., z.* çabuk, hızlı, süratli. *z.* çabucak, süratle.

swim [swim] *f., i.* yüzmek, batmamak, su yüzünde durmak. *i.* yüzme.

swing [swîng] *f.* sallanmak; salın-

cakta sallanmak; eksen üzerin-
de dönmek; salınarak ilerlemek;
darağacına asılmak.
switch [swîç] *i., f.* elektrik anah-
tarı, şalter. *f.* elektrik düğmesini
çevirmek.
sword [sôrd] *i.* kılıç, pala; yetki;
kudret, hükümdarlık.
sym.bol [sîm'bıl] *i.* simge, sem-
bol; işaret; nişan.
sys.tem [sis'tım] *i.* usul, düzen ni-
zam, kural; sistem; alem, kainat.

T t

T,t [ti] *i.* İngiliz alfabesinin yirminci harfi; T şeklinde şey.

tab.by [täb'i] *i., s., f.* sokak kedisi, ev kedisi, tekir kedi. *k. dili.* dedikoducu kocamış kız. S. benekli, çizgili, tekir. *f.* ipekli kumaşa benekli ya da çizgili desen vermek.

ta.ble [tey'bıl] *i., f.* masa, sofra, sofraya konan yemek; sofraya oturanların hepsi.; düz tepe; tablo; cetvel. *f.* masaya koymak; ertelemek.

tab.let [täb'lît] *i.* yazı kağıdı destesi, bloknot; tablet, levha, kitabe, yazıt; yassı hap.

tab.loid [tab'loyd] *i., s.* küçük boy resimli gazete. *s.* sıkıştırılmış.

tac.it [täş'ît] *s.* davranışlarla anlatılan, sözsüz ifade olunan; üstü kapalı; kontratsız yapılan.

tack [täk] *i., f.* ufak çivi. *f.* çivi ile iliştirmek.

tac.ti.cal [täk'tîkıl] *s.* takstiksel; önemli, önlem veya düzenliliğe ait.

tail [teyl] *i., s., f.* kuyruk; tuğ; kuyruğa benzeyen şey; ceket ucu ya da kuyruğu. *s.* son, arka, devam eden, peşinden gelen. *f.* kuyruk yapma veya takma.

take [teyk] *f.* almak, götürmek, kapmak; yakalamak, gasp etmek; tuzağa düşürmek; kazanmak; seçmek; satın almak; kiralamak; abone olmak; karşılamak; zannetmek; saymak; anlamak; kavramak; yapmak. faydalanmak; ile gitmek. *take a back* şaşırtmak. *take a beating* dayak yemek. *take aim* nişan almak. *take a joke* şakadan anlamak. *take a miss* yanlış anlamak. *take an examination* sınava girmek. *take apart* ayırmak, koparmak. *take a picture* fotoğraf çekmek. *take away* alıp götürmek. *take back* geri almak. *take care* dikkat etmek. *take counsel* danışmak. *take down* indirmek; sökmek. *take heed* kulak asmak. *take in* içeriye almak. *take it hard* çok etkilenmek. *take off* kopya etmek; (*uçak*) kalkmak. *take on* ele almak. *take part* katılmak. *take steps* tedbir almak. *take up* yukarı çekmek.

take. down [teyk'daun] *s., i.* sökülür takılır, portatif. *i.* portatif alet.

talk [tök] *f., i.* konuşmak, söylemek; lakırdı etmek, laf etmek; müzakere etmek, görüşmek;

gammazlamak; hükmü geçmek. *i.* konuşma, laf, lakırdı söz. **talk about, talk of** hakkında konuşmak. **talk at** boşuna konuşmak. **talk back** karşılık vermek. **talk big** övünmek. **talk down** daha fazla veya daha yüksek sesle konuşarak karşıdakini susturmak. **talk out** bütün ayrıntılarıyla konuşmak. **talk sense** makul konuşmak. **talk up** överek söz etmek. **small talk** hoşbeş, sohbet.

tall [tôl] *s.* uzun boylu, uzun; yüksek; abartmalı.

tame [teym] *s., f.* evcilleştirilmiş, uysallaştırılmış; alıştırılmış. *f.* evcilleştirmek, uysallaştırmak.

tan [tän] *f.* tabaklamak, güneşe sererek karartmak; güneşte yanıp esmerleşmek.

tan.ner [tän'ır] *i.* tabakhaneci, deriyi sepileyen kimse.

tap [täp] *i., f.* musluk, tıkaç; fıçı tapası; fıçıdan alınmış içki. *f.* delip sıvıyı akıtmak; kaçak ve gizli bağlantı kurmak.

tar.get [tar'gît] *i.* hedef; nişangah; eleştiriye hedef olan kimse; yuvarlak kalkan. **on target** hedefe yönelmiş.

tar.nish [tar'nîş.] *f., i.* kirletmek, lekelemek; lekelenmek; donuklaştırmak.*i.* leke, kir; kararma, donuklaşma.

task [täsk] *i., f.* iş, görev, vazife; ödev; hizmet. *f.* iş vermek, görevlendirmek; külfet yüklemek; itham etmek, suçlamak.

taste [teyst] *i.* lezzet, tat, çeşni; tat alma duyusu; uyum; tarz; yöntem; üslup; az miktarda şey.

taste.ful [teyst'fıl] *s.* uyumlu, zarif.

taste.less [teyst'lîs] *s.* tatsız, yavan.

tast.er [teyst'ır] *i.* tadımcı, çeşnici.

tast.y [teys'ti] *s.* tatlı, lezzetli, çeşnili.

taunt [tônt] *f.* alay etmek; sataşmak; azarlamak.

tax[täks]*i.,f.*vergi,resim;külfet,yük. *f.* vergi koymak, vergi yüklemek.

tea [tî] *i., f.* çay fidanı; kuru çay yaprağı. *f.* çay içmek, çay vermek.

teach [tîç] *f.* öğretmek, eğitmek; yetiştirmek.

teach.er [ti'çır] *i.* öğretmen, hoca.

teach.ing [ti'çîng] *i.* öğretme, öğretim; öğretilen şey, aşılama.

tea.cup [ti'káp] *i.* çay fincanı.

team [tim] *i., f.* çift hayvan takımı, arabaya koşulmuş bir çift ya da fazla at; oyuncu takımı. *f.* grup meydana getirmek.

tear [tîr] *i.* gözyaşı, gözyaşına benzeyen şey.

tech.ni.cal [tek'nîkıl] *s.* sanata ait, bilimsel; fenni, mesleki.

tech.ni.cian [teknîş'ın] *i.* bilim veya fen veya sanat uzmanı.

tel.e.phone [tel'ifon] *i., f.* telefon. *f.* telefon etmek, telefonla konuşmak.

tell [tell] *f.* söylemek, nakletmek, aktarmak, hikaye etmek, anlatmak; ifade etmek, beyan etmek, açıklamak, tebliğ etmek; bildirmek; saymak; emretmek. **tell a story** masal anlatmak. **tell off** sayıp ayırmak. **tell on** yormak, bıkkınlık vermek. **tell time** saatin kaç olduğunu anlayabilmek.

tell.er [tel'ır] *i.* anlatan, söyleyen kimse; veznedar, kasa memuru; mecliste oyları sayan kimse.

tem.per [tem'pır] *f.* yumuşatmak, hafifletmek; ölçülü hale getirmek; onarmak; düzenlemek; iyileştirmek.

tem.per.ate [tem'pırît] *s.* mutedil, ılımlı, ılıman.

tem.per.a.ture [tem'pırıçır] *i.* ısı derecesi, sıcaklık. **take one's temperature** birinin ateşini ölçmek.

tem.pest [tem'pîst] *i.* fırtına, bora, özellikle şiddetli rüzgar fırtınası.

tem.ple [tem'pıl] *i.* mabet, tapınak, ibadethane.

tem.po.ral [tem'pırıl] *s., i.* zamana ait, bu dünyaya ait; geçici. *i.* dünyevi şeyler.

tem.po.rary [tem'pıreri] *s.* sürekli olamayan, geçici.

tem.po.rize [tem'pırayz] *i.* zamana uymak; başkalarının fikrine ayak uydurmak.

temp.ta.tion [temptey'şın] *i.* günaha teşvik etmek.

tend [tend] *f.* hazır bulunmak.

ten.e.ment [ten'ımınt] *i.* özellikle ucuz ve adi apartman; kiralık ev, konut, mesken.

ten.sion [ten'şın] *i.* germe, gerilme, gerilim, gerginlik.

tent [tent] *i., f.* çadır. *f.* çadır kurup oturmak.

ten.u.ous [ten'yuwıs] *s.* ince, narin; ince uzun; seyrek, hafif; yerleşmemiş, yüzeyde kalan.

term [tırm] *i.* bilim ve sanat kavramlarından birini anlatan kelime, terim.

ter.mi.nal [tır'mınıl] *s., i.* uçta veya sonda olan veya bunlara ait; dal veya sapın ucunda bulunan; demiryolunun başına ait. *i.* uç, nihayet, bağlantı.

ter.mi.nate [tır'mıneyt] *f., s.* bitirmek, son vermek, sınırlamak. *s.* sınırlanmış.

ter.race [ter'îs] *i., f.* yüzeyden yüksek yer; set; bayır üstünde sıra evler veya sokak; evlerin üzerindeki düz dam.

ter.res.tri.al [tres'triyıl] *s., i.* dünya veya karayla ilgili; karada meydana gelen; dünyevi. İ. dünyada var olan şey.

ter.ri.ble [ter'ıbıl] *s.* korkunç, dehşetli; aşırı derecede.

ter.rif.ic [tırîf'îk] *s.* korkunç, dehşetli.

ter.ri.fy [ter'ıfay] *f. i.* dehşet, korkunç şey; korku saçan şey.

ter.ror [ter'ır] *f.* çok korkutmak, dehşete düşürmek.

test [test] *i., f.* sınav, tecrübe; muayene, ölçü. *f.* tasfiye etme; denemek; sınav yapmak.

tes.ti.fy [tes'tıfay] *f.* tanıklık etmek.

tes.ty [tes'ti] *s.* ters, hırçın.

text [tekst] *i.* metin, parça; bahis konusu.

tex.tile [teks'tayl] *s., i.* dokuma, tekstil. *i.* dokuma, kumaş; dokunacak iplik ya da kumaş.

tex.ture [teks'çır] *i.* dokum, dokunuş; kumaş, teşekkül.

than [dhän] *bağlaç* –dan, -den, -e göre; hariç; başka.

thank [thängk] *f.* teşekkür etmek; mesul tutmak.

that [dhät] *zam., s.,* z. o, şu. s. o, adı geçen. z. öyle, o kadar.

the.a.ter [thi'yatr] *i.* tiyatro, tiyatro binası; alan, meydan, sahne, olay yeri.

theme [thim] *i.* mevzu, konu, madde, tem, tema; öğrenciye verilen yazı ödevi.

them.selves [themselvz'] *zam.* kendileri, kendilerini, kendilerinde, kendilerinden.

then [dhen] *z., s., i.* o zaman, o vakit; ondan sonra; derken; başka zaman; sonra; ayrıca; şu halde; öyleyse; sonuç olarak; bunun için. *s.* o zaman vaki olan. *i.* o zaman.

the.oc.ra.cy [thiyak'rısi] *i.* teokrasi, dincierki.

the.ol.o.gy [thiyal'ıci] *i.* ilahiyat; tanrıbilim.

there [dher] *z., i.,* ünlem. orada; oraya; o noktada; o derece; o konuda. *i.* o yer; ünlem İşte! Al sana! Gördün mü?

there.by [dherbay] *z.* onunla, o münasebetle; o biçimde; ona uyarak.

there.fore [dher'fôr] *z.,* bağlaç. Bu yüzden, bundan dolayı, onun için.

there.from [dherfrám'] *z.* ondan, oradan.

there.in [dherîn'] *z.* o zaman içinde; orada, onda, o konuda.

there.of [dheráv'] *z.* ondan, bu sebepten, bundan dolayı.

there.on [dheran'] *z.* onun üzerine.

there.to [dhertu'] *z.* ona, o yere, o şeye; ilaveten.

there.up.on [dherıpan] *z.* onun üzerine, onun üzerine; hemen, derhal.

there.with [dherwith'] *z.* onunla; aynı zamanda.

thick [thîk] *s., i., z.* kalın, kalınlığındaki; sık, çok, koyu, kesif; ahmak, kalın kafalı. *i.* kalınlık; bir şeyin en yoğun yeri veya zamanı.

thin [thîn] *s.* ince, seyrek; hafif; sulu; soluk; cansız; zayıf, cılız; eksik; yetersiz.

thing [thîngk] *f.* düşünmek; tefekkür etmek; mütalaa etmek; düşünüp taşınmak; niyet etmek; tasarlamak.

thirst [thırst] *s.* susuz, susamış.

this [dhîs] *zam., s., z.* bu kadar, böyle.

thought [thôt] *i.* düşünce, fikir ta-

savvur; mütalaa; düşünme; düşünüp taşınma.

thought.ful [thôt'fıl] *s.* düşünceli.

thought.less [thôt'lîs] *s.* düşüncesiz.

threat [thret] *i.* tehdit, korkutma, gözdağı.

threat.en [thret'ın] *f.* tehdit etme, korkutma, gözdağı verme.

thrill [thrîl] *f., i.* heyecan vermek, heyecanlandırmak. *i.* heyecan.

thrill.er [thrîl'ır] *i.* heyecanlı piyes veya kitap.

through, thro, thru *edat., z., s.* içinden, bir yandan öbür yana, bir başından öbür başına; başından sonuna kadar; vasıtası ile; -den, -den geçerek; her bir tarafından; her tarafına; her yerine, her yerinde; -den dolayı; yüzünden; sayesinde. *z.* yandan yana; baştan başa; başından sonuna kadar; tamamen. *s.* engelsiz, sonuna kadar giden. *get through* boşa gitmek, başarılı olamamak. *go through* gözden geçirmek. *go through with* yapmak.

throw [thro] *f., i.* atmak, fırlatmak; ipeği büküp ibrişim yapmak; düşürmek; giyivermek; arkasına alıvermek; *(hayvan)* yavrulamak; *(zar)* atmak; kolu çevirerek açmak; *(çömlek)* şekillendirmek. *throw away* atmak; vazgeçmek; kaçırmak. *throw in* ilave etmek. *throw off* üstünden atmak.

throw.away [throw'ıwey] *i.* el ilanı.

thrust [thrást'] *f., i.* itmek, dürtmek, zorla kakarak sürmek; süngülemek; saplamak. *i* dürtme, itme, hamle.

thumb.screw [thám'skru] *i., f.* parmakla döndürülen vida, kelebek başlı cıvata. Başparmağı sıkan eski işkence aleti. *f.* bu aletle işkence yapmak.

thun.der [thán'dır] *i., f.* gök gürlemesi. *f.* gümbürdemek, gürlemek.

tick [tîk] *f., i.* tıklamak, tıkırdamak; çetele çekmek; işaretle hesap tutmak; tıkırında götürmek. *i.* saat tıkırdaması, dikkat işareti.

tick.er [tîk'ır] *i.* tıkırdayan şey, şeride kaydeden cihaz.

tick.et [tîk'ît] *i., f.* bilet, etiket. *f.* etiket yapıştırmak.

tie [tay] *f.* düğümlemek, birleştirmek, bitiştirmek; izdivaçla bağlamak, evlendirmek.

tie [tay] *i.* bağ, düğüm, fiyong; kravat.

tile [tayl] *i., f.* kiremit; yassı tuğla; duvar çinisi. *f.* kiremit kaplamak.

tilt [tîlt] *f., i.* eğilmek, bir yana yatmak; eğmek; arkaya yatırmak. *i.* meyil.

tim.ber [tîm'bır] *i., ünlem.* kereste; kereste ormanı; işlenmiş iri kereste parçası. *ünlem* dikkat!

time [taym] *i.* vakit, zaman, süre, müddet, devre; saat, dakika; kere, defa. *time of day* günün belirli saati. *for the time being* şimdilik. *good times* iyi günler. *in no time* bir an önce. *lose time* vakit kaybetmek. *in time* zamanında. *tell time* saat okuyabilmek. *time is up* vakit bitti.

time.less [taym'lîs] *s.* sonsuz, ebedi.

time.ta.ble [taym'teybıl] *i.* tren, vapur ya da uçak tarifesi.

tin [tîn] *i., f., s.* kalay, teneke, teneke kutu. *f.* kalaylamak. *s.* tenekeden yapılmış.

tip [tîp] *i., f.* sadaka, bahşiş. *f.* bahşiş vermek.

tip.sy [tîp'si] *s.* sarhoş, çakırkeyf.

tire [tayr] *f.* lastik, tekerlek çemberi.

tired [tayrd] *s.* yorgun, bitkin, bitap; usanmış, bıkmış.

tis.sue [tîş'u] *i., f.* kumaş, ince tül kumaş, dokunmuş şey; ince kağıt. *f.* dokumak.

toast [tost] *i., f.* kızartılmış ekmek. *f.* ekmek kızartmak; ateşte tutup iyice ısıtmak.

to.day [tı'dey] *z., i.* bugün, bugünlerde; şimdi. *i.* bugün, şimdiki zaman.

toe [to] *i., f.* ayak parmağı, ayak ucu; kundura burnu. *f.* ayak parmakları ile vurmak.

to.get.her [tûgedh'ır] *z., s.* beraber, birlikte; hep bir yerde. *s.* argo. kendine hakim, kendine güvenen.

tol.er.a.ble [tal'ırıbıl] *s.* dayanılabilir, çekilebilir, tahammülü mümkün.

tol.er.ance [tal'ırıns] *i.* müsamaha, müsaade; hoşgörü, hoş görme.

tol.er.ant [tal'ırınt] *s.* hoşgörülü.

tol.e.rate [tal'ıreyt] *f.* tahammül etmek; hoş görmek.

tol.er.a.tion [talırey'şın] *i.* izin, müsanaha, höşgörü.

to.mor.row [tımôr'o] *z., i.* yarın.

tongue [táng] *i.* dil, lisan; dil şeklinde şey; söz, konuşma; konuşma tarzı; konuşulan dil. *sharp tongue* sert söyleme eğilimi. *give tongue* havlamak. *hold one's tongue* susmak, dilini tutmak.

to.night [tınayt'] *i., z.* içinde bulunulan gece; içinde bulunulan günün gecesi. *z.* bu akşam, bu gece.

tool [tul] *i., f.* alet, el aleti, kalem;

takım, avadanlık; bir işi görmek için gerekli olan araç. *f* aletle şekil vermek veya yapmak.

tooth [tuth] *i., f.* diş; diş gibi çıkıntı; diş şeklinde şey; diş gibi kesen şey; keskin ve içine işleyen şey. *f.* diş diş etmek; kenarına diş yapmak.

tooth.brush [tuth'bráş] *i.* diş fırçası.

top [tap] *i., s.* tepe, zirve, doruk; baş; başın tepesinde bulunan saç tutamı; *spor.* topun tepesine yapılan vuruş; birinci derecedeki. top boot uzun çizme. Top hat silindir şapka. *top'less* üstü olmayan. *go over the top* siperden çıkıp saldırmak. *off one's top* kafadan çatlak. *on top of* en tepede. *on top of that* hem de, üstelik.

torch [tôrç] *i.* meşale.

tor.ment [tôrment] *f.* işkence etmek, eziyet etmek, eza vermek, azap çektirmek.

tor.pid [tôr'pîd] *s.* uyuşmuş, uyuşuk; cansız gibi; duygusuz.

tor.rent [tôr'ınt] *i.* sel, çok hızlı akıntı.

tor.ture [tôr'çır] *i., f.* işkence, eza, eziyet; azap. *f.* işkence etmek, acı çektirmek.

to.tal [tot'ıl] *s.* bütün, tam, tamam; yekûn.

touch [táç] *f.* dokunmak, ellemek, el sürmek; temas etmek; değmek; bitişik olmak; erişmek; yaklaşmak; tesir etmek; düzeltmek; *argo* para koparmak, aldatmak; *mat.* teğet geçmek.

tour [tûr] *i., f.* devir; gezi; tur; seyahat; dünya seyahati. *f.* seyahat etmek.

tow [to] *f., i.* yedeğe alıp çekmek. *i.* yedekte çekme.

to.ward(s) [tıwôrd] *edat.* -e doğru, doğrultusunda, tarafına doğru.

tow.el [taul] *i.* havlu, silecek.

tow.er [tau'wır] *i.* kule, burç.

town [taun] *i.* kasaba, şehir; şehir halkı.

trace [treys] *i., f.* iz, eser, nişan; azıcık şey; zerre; az miktarda; işaret; kalıntı; hafif çizgi. *f.* izlemek, izini araştırıp bulmak.

track [trak] *i., f.* iz, eser, nişan; ayak veya tekerlek izi; yol; koşu yolu; *spor.* atletizm, koşma, atlama ve atma. *f.* izini aramak; takip etmek. *track down* izleyerek bulmak. *track man spor.* atlet. *keep track of* dikkatle izlemek. *lose track of* bağlantıyı koparmak. *make tracks* acele etmek. *on the right track* doğru yolda.

trade [treyd] *i., f.* alışveriş; ticaret. *f.* ticaret yapmak.

tra.di.tion [trîdiş'ın] *i.* gelenek, görenek.

tra.di.tion.al [trîdiş'ınıl] *z.* geleneksel olarak.

trail [treyl] *f.* sürüklemek; arkası sıra yerde sürüklemek; izlemek; geriden izlemek; geri kalmak; ayakla çiğneyerek yol yapmak.

train [treyn] *i., f.* tren, katar; saf; maiyetl takım; sıra. *f.* alıştırmak, öğretmek, talim ettirmek.

tram [träm] *i.* tramvay.

tramp [trämp] *f., i.* serserice dolaşmak; ağır adımlarla yürümek; yaya olarak yolculuk etmek. *i.* derbeder ve serseri kimse; avare gezme; uzun yaya gezintisi.

tran.quil [tärng'kwîl] *s.* sakin, rahat, asude, durgun.

trans.ac.tion [tränsäk'şın] *i.* iş görme, iş, muamele.

tran.script [trän'skrîpt] *i.* ikinci nüsha, kopya; bir öğrenim süresinde okunan derslerin resmi kayıtları.

trans.form [tränsfôrm'] *f.* biçim değiştirmek, dönüştürmek.

trans.form.er [tränsfôr'mır] *i.* şekil değiştirici.

tra.si.tive [tränsıtiv] *s., i.* geçme veya geçirme kabiliyeti olan. *i.* geçişli fiil.

trans.late [träns'leyt] *f.* tercüme etmek; aktarmak.

trans.parent [tränsper'ınt] *s.* şeffa, berrak, saydam, cam gibi.

trans.port [träns'port] *f.* bir yerden bir yere götürmek, taşımak; aktarmak.

trans.por.ta.tion [transpırtey'şın] *i.* nakil, bir yerden bir yere taşımak.

trap [träp] *i., f.* tuzak, kapan. *f.* tuzağa düşürmek.

trash [träş] *i.* çerçöp, süprüntü; çalı çırpı.

trav.el [träv'ıl] *f.* yolculuk etmek, seyahat etmek; gezip dolaşmak.

tread [tred] *f., i.* ayak basmak, yürümek, ayak altında çiğnemek. *i.* ayak basışı; yürüyüş; merdiven basamağının döşeme tahtası.

tread.mill [tred'mîl] *i.* ayak değirmeni; sıkıcı iş.

treas.ure [trej'ır] *i., f.* hazine, para hazinesi. *f.* hazine yığmak.

treat [trit] *f., i.* davranmak, muamele etmek; kimyevi bir tepkiye maruz bırakmak; tedavi etmek. *i.* zevk, zevk veren şey.

treat.ment [trit'mınt] *i.* muamele, davranış.

tres.pass [tres'pıs] *f., i.* başkasının mülküne hırsız olarak ayak basmak, mülke tecavüz. *i.* başkasının hakkına tecavüz.

tri.al [tray'ıl] *i.* davanın görülmesi, duruşma, yargılama.

tri.an.gle [tray'äng'gıl] *i.* üç köşeli şekil, üçgen.

trick [trîk] *i., f.* hile, oyun, desise, dolap; hokkabazlık, el çabukluğu. *f.* el çabukluğu yapmak, aldatmak, hile yapmak.

trig.ger [trîg'ır] *i., f.* tüfek tetiği.

trim [trîm] *s.* temiz ve yakışıklı, biçimli.

trip [trîp] *f.* sürçmek; çelmek; çelme takmak; hafif hafif veya sekerek yürümek; ayak takılması.

tri.umph [tray'ımf] *i., f.* zafer alayı; zafer; başarı. *f.* zafer kazanmak.

triv.i.al [trîv'ıl] *s.* saçma, abes; az; önemsiz.

troop [trup] *i., f.* küme, sürü; bölük; tabur;alay. *f.* sürü halinde toplanmak.

trop.ship [trup'şip] *i.* asker gemisi.

trop.ic [trap'îk] *i., s. coğ.* dönence, tropika; tropikal kuşak. *s.* tropikal.

troub.le [tráb'ıl] *f., i.* rahatsız etmek; tedirgin etmek; zahmet vermek; canını sıkmak. *i.* zahmet, sıkıntı, üzgü, üzüntü, ıstırap.

truck [trák] *i., f.* kamyon, yük arabası; iki tekerlekli el arabası. *f.* kamyonla yük taşımak.

true [tru] *s., z., f.* sahi, gerçek, doğru; samimi; tam; aynı; asıl. *z.* doğru olarak, hakikaten. *f.* doğrultmak, düzeltmek.

tru.ly [tru'li] *z.* hakikaten, gerçekten.

trun.cate [träng'keyt] *f.* ucunu veya tepesini kesmek.

trunk [trängk] *i., s.* gövde, beden; sandık; otomobil bagajı; ana hat. *s.* demiryolu veya telgraf ana *hattına* ait.

trust [trást] *i., f.* itimat, güven, emniyet; güvenilen şahıs. *f.* güvenmek, itimat etmek; emanet etmek; güvenerek vermek.

truth [truth] *i.* hakikat, gerçeklik, gerçek; doğruluk.

try [tray] *f., i.* uğraşmak, çalışmak, teşebbüs etmek, kalkışmak; denemek; tecrübe etmek. *i.* çalışma, uğraşma, deneme.

tube [tub] *i., f.* boru, tüp, boru şeklinde olan şey. *f.* boru döşemek.

tuft [táft] *i., f.* küme, öbek, top; tepe, sorguç. *f.* kümelenmek; demet demet yapmak.

tum.ble [täm'bıl] *f.* düşmek, yıkılmak, devrilmek; acele ve dikkatsizce yürümek; takla atmak.

tune [tun] *i., f.* beste, hava, nağme; uyum, düzen, akort. *f.* akort etmek.

tun.ic [tu'nîk] *i.* eski Yunan ve Romalıların kollu veya kolsuz yerlere kadar inen entarisi; ask. günlük asker ceketi.

tun.nel [tán'ıl] *i., f.* tünel, yer altı yolu; maden ocağının yatay yolu. *f.* tunel açmak.

tur.bu.lent [tır'byılınt] *s.* çalkantılı, dalgalı; kavgacı; şamatacı.

turf [tırf] *i.* çimen, çim; turba.

turk [tırk] *i.* Türk.

turn [tırn] *f., i.* döndürmek, çevirmek; devrettirmek; alt üst etmek; tornada biçim vermek; burkmak; biçimini değiştirmek; doğrultmak. *i.* dönüş, devir, deveran.

turn.over [tırn'ovır] *i.* devrilme, sermaye dolaşımı; sermaye ve bununla kazanılan tutar.

tu.tor [tu'tır] *i., f.* özel öğretmen. *f.* özel ders vermek.

twain [tweyn] *s.* iki kimse veya şey.

twin [twîn] *s.* ikiz, çift.

twist [twîst] *f.* bükmek, sarmak; burmak.

type [tayp] *i., f.* çeşit, sins; kategori. *f.* kopyasını ya da örneğini çıkarmak; daktiloda yazı yazmak.

typ.i.cal [tip'îkıl] *s.* işaret türünden, simge cinsinden, tipik.

ty.ro [tay'ro] *i.* acemi kimse, çırak

U u

U,u [yu] *i.* İngiliz alfabesinin yirmi birinci harfi.

ug.ly [ág'li] *s.* çirkin, iğrenç; korkunç; huysuz, aksi; nahoş; fırtınalı.

ul.ti.mate [ál'timit] *s., i.* son, nihaî; en son, en uzak; en yüksek. *i.* sonuç.

ul.tra [ál'trı] *s., i.* aşırı, fazladan; üstün. *i.* iş ve düşünüşünde aşırılığa kaçan kimse.

um.brange [ám'brîc] *i.* gücenme, alınma; gölge yapan şey.

um.brel.la [ámbrel'ı] *i., s.* şemsiye. *s.* kapsamlı, bütünü kapsayan.

un.a.ble [áney'bıl] *s.* yapamaz, -mez, iktidarsız, yoksun; beceriksiz.

un.al.loyed [ánıloyd] *s.* saf, karıştırılmamış.

un.an.swer.a.ble [ánän'sırıbıl] *s.* cevaplandırılamaz.

un.at.tached [ánıtäçt] *s.* bağlı olmayan, eşi veya nişanlısı olmayan; bekar; orduda alay ya da bölüğe ait olmayan.

un.a.ware [ánıwer] *s.* farkında olmayan, harbesiz; önemsemeyen.

un.bal.ance [ánbál'ıns] *f.* dengesini bozmak.

un.be.liev.a.ble [ánbîli'vıbıl] *s.* inanılmaz; akla sığmayan.

un.bos.om [ánbûz'ım] *f.* gizli bir şeyi açıklamak, ifşa etmek, açığa vurmak.

un.bro.ken [ánbro'kın] *s.* kırılmamış, bütün, bozulmamış.

un.bur.den [ánbır'dın] *f.* yükten kurtarmak; derdini dökmek.

un.cer.tain [ánsır'tın] *s.* tahmin olunamaz, şüpheli; güvenilemez; iyice tarif olunmamış. **un-certainly** *z.* kararsızca. **uncer-tainty** *i.* şüphe, tereddüt.

un.change.a.ble [ánçeyn'cıbıl] *s.* değişmez.

un.checked [ánçekt] *s.* kontrol edilmemiş.

un.cle [áng'kıl] *i.* amca, dayı, enişte; yaşlı adam.

un.clean [ánklin] *s.* kir, pir, murdar; ahlaksız, günahkar. **uncle-anly** *z.* pis durumda.

un.com.for.ta.ble [ánkám'fırtıbıl] *s.* rahatsız, rahatsız edici.

un.con.cern [ánkınsırın] *i.* alakasızlık, ilgisizlik; duygusuzluk, kayıtsızlık.

un.con.ven.tion.al [ánkın'venşın] *s.* göreneklere uymayan.

un.cov.er [ánkáv'ır] *f.* örtüsünü kaldırmak; açmak; örtüsünü açarak göz önüne sermek.

un.de.cid.ed [ándîsay'dîd] *s.* karar verilmemiş; sallantıda olan; karar vermemiş, tereddüt içinde olan.

un.de.fined [ándifaynd'] *s.* tarif edilmemiş.,

un.der [án'dır] *z.*, *s.* altına, altında, -den aşağı, -dan eksik; aşağısına, aşağısında; himayesinde; hükmünde; emrinde; kumandası altında; yetkisinde. *z.* arasında, altına, aşağıda; aşağı halde; daha az. *s.* alt, az.

un.der.done [án'dırdán] *s.* yeterli derecede yapılmamış.

un.der.grad.u.ate [ándırgräc'uwît] *i.*, *s.* üniversite öğrencisi. *s.* üniversite öğrencisine ait.

un.der.line [án'dırlayn] *f.* altını çizmek, önemini belirtmek.

un.der.sell [ándırsel'] *f.* fiyat kırarak satmak.

un.der.sized [ándırsayd'] *s.* normalden daha küçük, cılız.

un.der.stand [ándırständ'] *f.* anlamak, kestirmek; öğrenmek; kavramak, bilmek; haberdar olmak; mana vermek; anlam vermek; şart kabul etmek; var saymak; tatmin etmek; anlayışlı olmak; hemfikir olmak; hislerini paylaşmak.

un.der.stand.a.ble [ándırständ'ıbıl] *s.* anlaşılır, anlaşılması mümkün; kavranılır.

un.der.take [ándırteyk'] *f.* üzerine almak, yüklenmek.

un.der.take.er [ándırtey'kır] *i.* müteahhit; bir işe girişen kimse.

un.der.val.ue [ándırväl'yu] *f.* değerinden aşağı değer vermek; hafifsemek.

un.der.wear [án'dırwer] *i.* iç çamaşırı.

un.done [ándán'] *s.* yapılmamış, ihmal edilmiş; açılmış, bağı çözülmüş.

un.dress [ándres'] *f.*, *s.*, *i.* elbiselerini çıkarmak, soymak; bağlarını çıkarmak. *s.* resmi olmayan. *i.* sivil elbise.

un.due [ándu'] *s.* aşırı, kanunsuz; uygunsuz, yakışmaz.

un.earned [ánırd'] *s.* çalışarak kazanılmamış, hak edilmemiş.

un.earth [ánırth'] *f.* yeri eşip çıkarmak; kazı ile meydana çıkarmak; meydana çıkarmak.

un.eas.y [áni'zi] *s.* huzursuz, rahatsız, üzgün.

un.em.ployed [ánımployd'] *s.*, *i.* işsiz, yeterince kullanılmayan. *i.* işsiz kimse.

un.e.qual [áni'kwıl] *s.* eşitsiz, eşit olmayan.

un.fall.ing [ánfey'lîng] *s.* gevşemeyen, yorulmaz; zayıflamayan; yanılmaz; şaşmaz; güvenilir.

un.fair [ánfer'] *s.* haksız, adaletsiz. **unfairly** *z.* adalete aykırı olarak.

un.for.seen [ánfôrsîn'] *s.* beklenmedik, umulmadık.

un.for.giv.en [ánfırgîv'ın] *s.* affedilmemiş.

un.formed [ánfôrmd'] *s.* şekilsiz, biçimsiz.

un.for.tu.nate [ánfôr'çınît] *s.*, *i.* talihsiz, bahtsız, bedbaht, çaresiz, kimsesiz. *i.* şanssız kimse. *z.* yazık ki, maalesef.

un.friend.ly [ánfrend'li] *s.*, *z.* arkadaşlığa yakışmayan; dostça olmayan.

un.grate.ful [án'greyt'fıl] *s.* nankör, iyilik bilmez; hoş olmayan, tatsız.

un.hap.py [ánhäp'i] s. mutsuz, üzüntülü, kederli; talihsiz, şanssız, uğursuz.

un.healty [ánhel'thi] s. sağlıksız; sağlığı bozuk; sağlığa zararlı.

un.holy [ánholi'] s. kutsal olmayan; küfür türünden, kötü, saf olmayan.

u.ni.form [yu'nıfôrm] s., f., i. değişmez şekilli, aynı şekilde olan. i. üniforma, resmi elbise. f. üniforma giydirmek.

u.ni.fy [yu'nıfay] f. birleştirmek.

un.in.formed [ánînfôrmd] s. haberdar edilmemiş.

un.in.ter.est.ing [ánîn'tıristîng] s. çekici olmayan; ilgi uyandırmayan.

un.ion [yun'yın] i. birleşme, bağlaşma; birlik, sendika.

u.ni.que [yunik'] s. tek, yegane, bir tane, eşsiz.

u.nit [yu'nît] i. bir, birim, ünite; fert, tek bir tane.

u.ni.ted [yunay'tîd] s. birleşmiş, birleşik; birleşmiş halde.

u.ni.ver.sal [yunıvır'sıl] s., i. evrensel; dünya çapında; her yanı kaplayan. i. evrensel düşünce.

u.ni.verse [yu'nırvırs] i. evren, kainat, alem.

u.ni.ver.si.ty [yunıvır'siti] i. üniversite.

un.kind [ánkaynd'] s. şefkatsiz; gönül kıran; sert.

un.know.a.ble [án.no'wıbıl] s. bilinmeyen, bilinmeyen.

un.let.tered [ánlet'ırıd] s. okuma yazması olmayan.

un.like [ánlayk'] s. edat. birbirine benzemeyen; farklı.

un.like.ly [ánlayk'li] s. olasısız, muhtemel olmayan.

un.load [ánlod'] f. yükünü boşalt-

mak; yükünü kaldırmak.

un.luck.y [ánlák'i] s. talihsiz, şanssız; uğursuz.

un.mind.ful [ánmaynd'fıl] s. dikkatsiz, düşüncesiz.

un.nec.es.sa.ry [án.nes'ısıri] s. lüzumsuz, gereksiz, faydasız.

un.num.bered [án.nám'bırd] s. sayılmamış, sayısız; numarasız.

un.pack [ánpák] f. açmak (bavul), açıp boşaltmak.

un.pop.u.lar [ánpap'yılır] s. rağbet görmeyen, benimsenmeyen.

un.prin.ci.pled [ánprîn'sıpıld] s. karaktersiz, prensipsiz, ahlaksız.

un.qui.et [ánkway'ıt] s. rahatsız, huzursuz; huzursuzluk yaratan.

un.rea.sın.a.ble [ánri'zınıbıl] s. mantıksız; akıllıca olmayan.

un.ri.valed [ánray'vıld] s. rakipsiz, eşsiz.

un.ru.ly [ánru'li] s. kanuna boyun eğmeyen; idare olunamaz.

un.safe [ánseyf'] s. emniyetsiz, tehlikeli.

un.sat.is.fac.to.ry [ánsätîsfäk'tırî] s. memnuniyet vermeyen; tatmin etmeyen; yetersiz.

un.sea.son.a.ble [ánsi'zınıbıl] s. mevsimsiz, zamansız, vakitsiz. i. mevsimsizlik.

un.seem.ly [ánsim'li] s. yakışıksız, uygunsuz, çirkin.

un.seen [ánsin'] s. keşfedilmemiş, göze görünmeyen.

un.so.lic.it.ed [ánsilîs'îtîd] s. istenilmemiş, talep edilmemiş.

un.sound [ánsaund'] s. sağlam olmayan, sağlıksız; gerçeksiz, geçersiz; hafif (uyku).

un.stop [ánstap'] f. engelleri kaldırmak, tıpasını çıkarmak.

un.tried [ántrayd'] s. denenmemiş; düşünülmemiş.

un.true [ántru] *s.* yalan, sahte; gerçek olmayan; eğri; sadakatsiz.

un.used [ányuzd'] *s.* kullanılmamış.

un.u.su.al [ányu'jıwıl] *s.* görülmedik, nadir, seyrek; alışık olunmayan.

un.will.ing [ánwîl'îng] *s.* isteksiz, gönülsüz; zoraki yapılan veya söylenen.

un.wise [ánwayz'] *s.* akılsız, akıllıca olmayan.

un.wrap [ánráp'] *f.* çözmek, açmak; çözülmek, açılmak.

un.writ.en [ánrît'ın] *s.* yazılmamış, kitaba geçmemiş; geleneksel; yazısız.

up [áp] *z., s.,* edat., *i.* yukarı, yukarıda; yükseğe; ileriye; -e kadar; öne, ileri. *s.* yükselmiş, kalkmış, kaldırılmış; yüksek, kabarık; ilerlemiş.

up-and-down [áp'ındawn] *s.* dalgalı, alçalıp yükselen.

up.end [ápend'] *f.* dikine çevirmek; (*kadeh*) dikmek; baş aşağı etmek; boca etmek.

up.grade [ápgreyd] *f.* kalitesini yükseltmek; rütbesini yükseltmek; aşamasını arttırmak.

up.hill [áp'hill] *z., s.* yokuş yukarı. *s.* yukarıya giden.

up.hold [áphold'] *f.* yukarı kaldırmak, tutmak; tarafını tutmak.

up.keep [ap'kip] *i.* bakım, koruma.

up.lift [áp'lîft] *i. jeol.* Yeryüzü kabuğunun kabarması; yüceltme, manevi yükseliş.

up.on [ıpan'] *edat.* üztüne, üzerine, üstünde, üzerinde; -e, -de, ile; vukuunda, hususunda; şartıyla, göre; takdirde.

up.per [áp'ır] *s., i.* üstteki, üst kattaki; yukarıki, yukarıdaki; *i.*

ayakkabı yüzü. ***upper class*** üst sınıf; ekonomik ve sosyal üstünlüğü olan.

up.rise [áprayz'] *f.* kalkmak, kabarmak; yükselmek; ayaklanmak.

up.root [áprut'] *f.* kökünden sökmek, kökünden söküp çıkarmak.

up.set [ápset'] *f.* devirmek; alt üst etmek; keyfini bozmak; bozguna uğratmak; beklenmedik anda yenmek; sinirlendirmek.

up.set [ápset'] *i.* devrilmiş; düzeni bozulmuş; üzüntülü; sinirli.

up.side.down [áp'sayd.down] *s.* tepetaklak olmuş; altüst. *z.* tepetaklak.

up.stairs [áp'sterz] *z., s., i.* yukarıya, yukarıda. *s.* yukarıdaki, üst kata ait. *i.* üst kat.

up.start [áp'stard] *s.* türedi, sonradan görme, zıpçıktı.

up.take [áp'teyk'] *i.* kaldırma, yükseltme.

up.turn [áptırn'] *f.* yukarıya çevirmek veya çevrilmek.

ur.ban [ır'bın] *s.* şehre ait, şehirde bulunan.

ur.gen.cy [ır'cınsi] *i.* acele; ısrar; sıkıştırma; zorunluluk; kaçınılmazlık.

ur.gent [ur'cınt] *s.* acil, acele olan; zorunlu.

us.age [yu'sîc] *i.* kullanış, kullanma; muamele; örf ve adet, usul.

use.less [yus'lîs] *s.* faydasız, yararsız; nafile, boş.

u.su.al [yu'jıwıl] *s.* mutat, alışılmış.

u.till.i.ty [yutîl'ıti] *i.* fayda, yarar, menfaat, yararlık; kamu hizmeti; kamu hizmeti yapan şirket.

u.til.ize [yu'tılayz] *f.* yararlı kılmak, kullanmak; yararlanmak.

u.to.pi.a [yuto'piyı] *i.* ideal yer veya hal; hayat.

ut.ter.ance [át'ırıns] *i.* söyleme, okunuş; ifade.

V v

V,v [vi] *i.* İngiliz alfabesinin yirmi ikinci harfi; V şeklinde şey; Latin sistemine göre beş rakamı.

va.can.cy [vey'kınsi] *i.* boşluk; boş yer; aralık, ara.

va.cant [vey'kınt] *s.* boş,açık; işsiz, bön bakışlı.

va.cate [vey'keyt] *f.* terk etmek, bırakmak, boşaltmak; feshetmek, lağvetmek.

va.ca.tion [veykey'şın] *i.* tatil.

vac.ci.nate [väk'sıneyt] *f.* aşılamak; çiçek aşısı yapmak.

vac.ci.na.tion [väksiney'şın] *i.* aşı; aşılama.

vac.u.ous [väk'yuvıs] *s.* boş, aptal; işsiz, anlamsız.

vac.u.um [väk'yuvım] *i., s., f.* boşluk, vakum; elektrik süpürgesi. *s.* boşlukla ilgili. *f.* elektrik süpürgesi kullanmak.

vag.a.bond [väg'ıband] *s., i.* serseri, avare; derbeder kimse.

va.grant [vey'grınt] *s., i.* serseri, derbeder; dağınık; *i.* serseri, derbeder kimse.

vain [veyn] *s.* kibirli, gururlu, kendini beğenmiş; mağrur; gösterişli.

val.et [vä'ley] *i., f.* uşak, erkek oda hizmetçisi. *f.* oda hizmetçiliği etmek.

val.iant [väl'yınt] *s.* yiğit, cesur; yürekli, kuvvetli; kahramanca.

val.id [väl'îd] *s.* geçerli; doğru, sağlam. *huk.* meşru, yasal, kanuni.

va.lise [vılis] *i.* küçük el bavulu.

val.ley [väl'i] *i.* dere, koyak, vadi.

val.u.a.ble [väl'yuwıbıl] *s., i.* kıymetli, değerli. *i.* değerli, kıymetli şey.

val.ue [väl'yu] *i., f.* kıymet, değer; itibar, önem. *f.* değerini ölçmek, itibar etmek.

vamp [vämp] *i., f.* kundura veya çizme yüzü, yama. *f.* kunduraya yüz takmak.

van [vän] *i.* üstü kapalı yük arabası.

van.dal [vän'dıl] *i., s.* vandal. S. vahşi, yıkıcı.

van.ish [vän'îş] *f.* kaybolmak, yok olmak.

vap.it [väp'îd] *s.* tatsız, lezzetsiz, yavan; avanak.

va.por.ize [vey'pırayz] *f.* buharlaştırmak, buharlaşmak.

var.i.a.ble [ver'iyıbıl] *s., i.* değişir, değişken. *i.* değişken şey.

var.i.a.tion [veriyey'şın] *i.* değişme, dönme, dönüşme; değişme derecesi.

va.ri.e.ty [vıray'iti] i. değişiklik, fark-
lılık; karışım.

vase [veys] i. vazo.

vat [vät] i., f. tekne, fıçı. f. teneke-
ye koymak.

veal [vil] i. dana eti, süt danası eti.

veg.e.ta.ble [vec'ıtıbıl] i., s. sebze,
zerzevat.

ve.hi.cle [vi'yıkıl] i. vasıta, araç, taşıt.

vel.vet [vel'vît] i., s. kadife. s. ka-
dife gibi; yumuşak.

ven.geance [ven'cıns] i. intikam,
öç.

venge.ful [venc'fıl] s. öç alıcı, in-
tikam alıcı.

ven.om [ven'ım] i. yılan ve akrep
zehiri; kötülük, garez, kin.

vent [vent] i., f. delik, menfez,
ağız. f. dışarı salıverme.

ven.ti.late [ven'tıleyt] f. hava ver-
mek, havalandırmak.

ven.ture [ven'çır] i., f. risk, riziko;
şans işi. f. şansa bırakmak.

verb [vırb] i., gram. fiil. active verb
etken fiil. auxillary verb yardımcı
fiil. passive verb edilgen fiil.

verb.al [vır'bıl] s. söze ait; sözlü;
kelimesi kelimesine.

ver.ba.tim [vır'beytim] z., s. keli-
mesi kelimesine, aynen. s. keli-
mesi kelimesine yapılmış, tam.

verge [vırc] i., f. sınır, hudut; had,
kenar. f. yönelmek.

ver.i.fi.ca.tion [verîfıkey'şın] i.
gerçekleme, doğrulama.

ver.i.fy [ver'ıfay] f. gerçeklemek,
doğrulamak, onaylamak.

ver.nal [vır'nıl] s. ilkbahara ait, ilk-
baharda olan.

ver.sa.tile [vır'sıtîl] s. çok yönlü,
çeşitli yetenekleri olan; çevik ve
becerikli.

verse [vırs] i. mısra; şiir, koşuk;
nazım; beyit, kıta; ayet.

ver.sion [vır'jın,-şın] i. belirli bir
görüşe dayanan açıklama veya
tanımlama; çeviri; uyarlama.

ver.sus [vır'sıs] edat. karşı, aley-
hinde.

ver.tex [vır'teks] i. zirve, doruk,
tepe.

ver.ti.cal [vır'tîkıl] s., i. düşey, di-
key, tam tepede. i. dikey çizgi,
dikey düzlem; dikey kiriş.

ver.y [ver'i] s., z. tam, hakiki, ta
kendisi. z. pek, çok, fazlasıyla.

ves.sel [ves'ıl] i. kap, tas, tekne;
gemi. blood vessel kan damarı.

ves.ment [vest'mınt] i. giysi, res-
mi elbise; cüppe.

vet [vet] i., f. veteriner; veterinerlik
etmek.

vet.er.an [vet'ırın] s., i. kıdemli,
tecrübeli; i. emekli asker.

ve.to [vi'to] i., f. veto,yasak. f. veto
etmek, reddetmek.

vi.a [vay'ı] edat., i. yolu ile, -dan
geçerek. i. yol, kanal.

vi.a.ble [vay'bıl] s. uygulanabilir,
yapılabilir, geçerli.

vi.brant [vay'brınt] s. titrek, titre-
şimli; canlı, enerjik.

vi.bra.tion [vaybrey'şın] i. titreme,
sallanma., titreşim, sallanış.

vice [vays] i. ayıp, kusur, leke;
kötü alışkanlık.

vice [vays] s., i. muavin, yardımcı,
ikincil. i. vekil.

vi.cious [vîş'ıs] s. kötü, bedbaht;
kötücül; şiddetli, sert.

vic.tim [vîk'tîm] i. kurban; mağdur
kimse.

vic.tor [vîk'tır] s., i. galip, fatih.

vic.to.ry [vîk'tıri] i. zafer, galibiyet,
utku.

view [vyu] i., f. bakış, nazar, bak-
ma, görüş; görünüm. f. amaç,
görmek, bakmak, yoklamak.

view.point [vyu'poyn] *i.* görüş noktası; bakış açısı.

vig.or, İng. vig.our [vîg'ır] *i.* kuvvet, dinçlik, gayret, enerji.

vile [vayl] *s.* aşağı, aşağılık, değersiz; alçak, rezil.

vil.lage [vîl'îc] i. köy, köy halkı. **villager** köylü.

vine [vayn] *i.* asma, bağ kütüğü; sarılgan bitki.

vin.e.gar [vîn'ıgır] *i.* sirke, elşi olma.

vine.yard [vîn'yırd] *i.* bağ, üzüm bağı; çalışma alanı.

vin.tage [vîn'tîc] *i., s.* bağ bozumu; bir mevsimin bağ ürünü; bir mevsimde çıkarılan şarap.*s.* eski, iyi seçkin.

vi.o.lence [vay'ılıns] *i.* zor, cebir, şiddet ; tecavüz, zorlama; ırza tecavüz.

vir.tu.al [vır'çuwıl] *s.* gerçek kuvveti olan; gerçek olmayan; eylemsel; fiili.

vir.tue [vır'çu] *i.* özgülük, özellik; erdem, fazilet.

vis.age [vîz'îc] *i.* yüz, surat, çehre.

vis.i.ble [vîz'yıbıl] *s.* görülür, görünür; açık, belli.

vi.sion [vîj'ın] *i., f.* görüş, görme kuvveti; görme, önsezi; hayal, imgelem.

vis.it [vîz'ît] *f., i.* ziyaret etmek, yoklamak. *i.* ziyaret, doktorun hastasını ziyaret etmesi.

vis.i.tor [vîz'ıtır] *i.* misafir, ziyaretçi.

vis.u.al.ize [vîj'uwılayz] *f.* gözünde canlandırmak.

vi.tal [vay'tıl] *s., i.* hayata ait; hayati. *i. çoğ.* kalp ve beyin gibi hayat için esas olan organlar.

viv.id [vîv'îd] *s.* çok parlak, canlı, berrak.

vo.cab.u.lary [vokäb'yıleri] *i.* ek sözlük, lügatçe; kelime bilgisi; bir dilde bulunan bütün kelimeler.

vo.cal [vo'kıl] *s., i.* insan sesine ait, ses gibi, sesle söylenen. *i.* insan veya hayvan sesi; sesli harf.

vogue [vog] *i.* moda; rağbet, itibar.

voice [voys] *i., f.* ses, seda, söz; fikir; sözcü. *f.* söylemek, ifade etmek, ilan etmek.

vol.ley [val'i] *i., f.* yaylım ateş; küfür savurma. *f.* yaylım ateş etmek.

vol.u.ble [val'yıbıl] *s., z.* konuşkan, söz akıcılığı olan; çenebaz. **volubly** *z.* akıcı olarak.

vol.ume [val'yum] *i.* kitap cildi; bir cilt kitap; hacim, oylum.

vol.un.teer [valıntîr] *i., s., f.* gönüllü, gönüllü asker. *s.* gönüllülerden ibaret. *f.* gönüllü olmak.

vor.tex [vôr'teks] *i.* girdap, özellikle girdabın ortası; kasırga.

vote [vot] *i., f.* rey, oy; oy hakkı; oyu belirten araç. *f.* oy vermek; oyla seçmek. **vote dawn** yenilgiye uğratmak. **vote in** olumlu oy vererek kazanmasını sağlamak. **vot'er** *i.* seçmen.

vow [vau] *i., f.* ant, yemin; adak. *f.* yemin etmek; adak adamak.

vow.el [vau'vıl] *i., s.* sesli harf türünden. **vowel harmony** ses uyumu.

voy.age [voy'îc] *i., f.* yolculuk; deniz yolculuğu. *f.* yolculuk etmek.

vul.gar [vál'gır] *s.* kaba, terbiyesiz, aşağılık; bayağı, genel, adi; halk dili.

vul.ture [vál'çır] *i.* akbaba; aç gözlü kimse.

vy.ing [vay'îng] *s.* rekabet eden; çatışan.

W,w [dáb'ılyu] *i.* İngiliz alfabesinin yirmi üçüncü harfi.

wade [weyd] *f.* sığ suda oynamak; sığ su ya da çamur içinde yürümek.

waf.fle [waf'ıl] *f.* argo. Anlamsız konuşmak; kararsız olmak.

wag [wäg] *f.* sallamak, çenesi ötmek; hareket etmek; dile düşürmek.

wag.on [wäg'ın] *i.* dört tekerlekli yük arabası; dört tekerlekli açık oyuncak araba.

waif [weyf] *i.* kimsesiz çocuk; bulunmuş ve sahibi belli olmayan şey; hırsızın kaçarken düşürdüğü çalıntı eşya.

wait [weyt] *f.* beklemek; hazır olmak; bekletilmek; durmak; ertelemek; bekletmek.

wait [weyt] *i.* bekleme, bekleme süresi.

wait.er [weyt'ır]*i.* garson; bekleyen kimse. *waitress* kadın garson.

wake [weyk] *f.* uyanmak, uyandırmak.

walk [wôk] *f., i.* yürümek, yürüyerek gitmek, yaya gitmek; davranmak, hareket etmek; yürütmek; yavaş gezdirmek; beraberinde yürüyüşe çıkmak; öldükten sonra hayalet olarak dünyaya gelmek; adımlamak; adımla ölçmek; ağır bir yükü köşeleri üzerinde yürüterek taşımak. *i.* gezme, yürüme, yürüyüş; tavır; hareket; gidiş; hayat sahası; yürüyecek yer; kaldırım; yol; yaya yolu.

walk.ing [wô'king] *i.* gezme, yürüme.

walk.out [wôk'aut] *i.* işçi grevi.

walk.o.ver [wôk'ovır] *i.* kolay kazanılan at yarışı.

wall [wôl]*i., f.* duvar. *f.* etrafına duvar çevirmek.

wan [wan] *s.* solgun, soluk, benzi sararmış; hastalık veya üzüntü gösteren.

wan.der [wan'dır] *f., i.* dolaşmak, gezinmek; yolu şaşırarak dolanıp durmak; yoldan çıkmak; konudan ayrılmak; sayıklamak; abuk sabuk konuşmak.

want [wánt] *i.* yokluk; eksiklik; noksan; zorunluluk; lüzum; gereksinim; gerek; ihtiyaç; sıkıntı; yoksulluk; fakirlik; istek, arzu.

want [wánt] *f.* arzu etmek; eksiği olmak; aramak; muhtaç olmak; yoksul olmak.

want.ed [wán'tîd] *s.* istenen, aranan.

wan.ton [wan'tın] *s., i., f.* zevk veya keyif düşkünü; başıboş dolaşan; sebepsiz; kötü niyetli. *i.* şehvet düşkünü kişi. *f.* kendini ahlaksızlığa vermek.

war [wor] *i., s.* savaş, harp, muharebe; savaşta kullanılan; savaş sonucu oluşan.

war.ble [wôr'bıl] *f., i.* kuş gibi ötmek, şakımak; çağıldamak; terennüm etmek. *i.* şakıma; tatlı ses; makam; nağme.

ward.robe [wôrd'rob] *i.* bir kimsenin tüm giysileri, giyecekler; giysi dolabı.

warm [wôrm] *s.* ılık, hafif sıcak; ısıtan; sıcak tutan; hararetli; canlı; gayretli; istekli; heyecanlı; çabuk heyecanlanan; sıcakkanlı.

warm [wôrm] *f.* ısıtmak, kızdırmak; ısınmak; kızmak; özendirmek.

warn [wôrn] *f.* uyarmak; tehlikeyi haber vermek; önceden haber vermek.

warp [wôrp] *f.* eğrilmek; eğrilip çarpılmasına sebep olmak.

war.rant [wôr'ınt] *i.* tutuklama belgesi, arama tezkeresi; kefalet, teminat, garanti; ruhsat, yetki.

war.rant [wôr'ınt] *f.* sağlamak, teminat vermek, garanti etmek; korkusuzca beyan etmek.

war.ran.ty [wôr'ınti] *i. huk.* kefalet, kefaletname; garanti; yetki.

wash [wôş] *f., i., s.* yıkamak, ıslatmak; su ile silmek; yıkanmak, banyo yapmak; ince boya tabakası ile kaplamak; temizlemek. *wash away* su ile sürüklemek veya sürüklenmek. *wash off* yıkayıp temizlemek. *wash one's*

hands of a matter bir işten bıkıp elini çekmek. *wash out* içini yıkamak; yormak; bitirmek; vazgeçmek. *wash up* yıkanmak. *i.* yıkama, yıkanma; çamaşır; deniz veya nehir suyunun çalkantısı ile çıkan ses; dalga sesi; sulu mutfak artığı; losyon; tuvalet suyu. *s.* yıkanabilir.

wash.ba.sin [wôş'beyzin] *i.* lavabo.

wash.er [woş'ır] *i.* yıkayan şey veya kimse; çamaşır makinesi.

wash.out [wôş'aut] *i.* sel basması ile meydana gelen çukur; sel sularının sürüklemesi.

waste [weyst] *s., i.* atılmış, kullanılmaz; bedenden çıkarılmış; atık; ifraz edilmiş; terk edilmiş; çorak; harap. İ. israf, telef, çarçur, savurma; çöp, artık.

watch [waç] *i.* cep veya kol saati; bekçilik; gözetleme; uyanıklık; nöbetçilik; nöbet tutma; nöbetçi, bekçi, devriye; nöbet yeri veya süresi; vardiya; posta.

watch [waç] *f.* bakmak, dikkat etmek; beklemek; gözlemek; fırsat kollamak; tetikte olmak; göz kulak olmak; bekçilik etmek; gözetmek. *watch for* beklemek, yolunu gözlemek. *watch out* dikkat etmek. *watch over* korumak, bakmak.

watch.mak.er [waç'meykır] *i.* saatçi.

wa.ter [wô'tır] *i., f.* su, deniz, göl, nehir; su birikintisi; gölcük; elmasın parlaklığı; kumaşın şanjanı; mükemmellik; kalite. *coğ.* kara suları. *water bed* su yatağı. *water blister* içi suyla dolu kabarcık. *water buffalo* manda. *low water* mark suyun azaldığını belirten işaret. *soft water* tatlı su, kireçsiz su. *spring water* kaynak suyu, pınar suyu. f. sulamak, su vermek; su katmak; sulandırmak; sulanmak; su içmek (*hayvan*).

wa.ter.fall [wô'tırfôl] *i.* çağlayan, şelale.

wa.ter.me.lon [wô'tırmelın] *i.* karpuz.

wa.ter.proof [wo'tırpruf] *s., i.* su geçirmez. *i.* yağmurluk.

Wa.ter.side [wô'tırsayd] *i.* sahil, kıyı.

wa.ter.way [wô'tırwey] *i.* su yolu.

wa.ter.works [wô'tırwırks] *i.* su dağıtım düzeneği.

wave [weyv] *i.* dalga, dalgalanma; el sallama; kumaş dalgası.

wa.ver [wey'vır] *f., i.* sallanmak; titremek; sendelemek. *i.* sallanma; kararsızlık.

wax [wäks] *i., f.* mum, balmumu; balmumuna benzer şey; parafin; kırmızı balmumu.

way [wey] *i.* yol; yön; yan; taraf; cihet; yer; ara; mesafe; usul; yöntem; tarz; konu; husus, adet; alışkanlık; huy; hal; durum; gidiş; ilerleme; ileri gitme; çare; vasıta. Way back çok eskiden, uzun zaman önce. *way in* giriş, girilecek yol. *across the way* yolun karşı tarafında. *a long way off* çok uzakta. *a good way* hayli mesafe; iyi yöntem. *by the way* sırası gelmişken. *by way of* yolu ile, -den. *in a bad* way kötü durumda. *on the way* yol üstünde. *out of the way* sapa, yol üztü olmayan. *under way* hareket halinde. *the right way* doğru yol. *No way* Çare yok.

weak [wik] *s.* zayıf, kuvvetsiz,

dermansız; mecalsiz; hafif; dayanıksız; sabırsız; akılsız; şaşkın; eksik; hükümsüz.

weak.en [wi'kın] *f.* zayıf düşürmek; zayıflatmak; gücünü kesmek; kuvveti kesilmek.

wear [wer] *f.* giymek; göstermek; taşımak; kullanmak; eskitmek; aşındırmak; yıpratmak; yemek; yormak; dayanmak; eskimek; aşınmak.

wear [wer] *i.* dayanıklılık, dayanma; elbise.

weath.er [wet'ır] *f.* havaya göstermek; hava etkisiyle değişmek; rüzgar yönünden geçmek.

weave [wiv] *f., i.* dokumak, örmek. *i.* dokuma, örme.

web [web] *i., f.* ağ, örümcek ağı; dokuma, dokunmuş kumaş. *f.* etrafına ağ örmek.

wedge [wec] *i., f.* kama, çivi; takoz; kıskı. *f.* kıskı ile kesmek, ayırmak.

weed [wid] *i., f.* yabani ot, zararlı ot; değersiz hayvan; ıskarta şey. *f.* yararsız otları temizleme; zararlı şeyleri defetme.

week [wik] *i.* hafta.

week.day [wik'day] *i.* hafta arasındaki iş günü.

week.ly [wik'li] *s.* haftalık.

weep [wip] *f., i.* ağlamak, gözyaşı dökmek. *i.* ağlama, gözyaşı.

weight [weyt] *i., f.* ağırlık; tartı; ölçü. *f.* yüklemek, ağırlık vermek.

wel.come [wel'kım] *f., i., s.*, ünlem. iyi karşılamak, memnuniyetle karşılamak, hoş karşılamak; nezaket göstermek. *i.* yakın karşılama; hoş karşılama. *ünlem* Hoş geldiniz!

weld [weld] *f., i.* kızdırıp kaynak yapmak, kaynatmak (*ısı yoluyla birleştirmek*), kaynamak. *i.* kaynak yeri.

well [wel] *z., s.* iyi, güzel, hoş, ala, iyice. *s.* iti, güzel; sağlık bakımından iyi.

well [wel] *ünlem* Pekala! Ya! Hayret! Olur şey değil! Sahi ! Eh! Hadi!

west [west] *i., s., z.* batı. S. batıdaki; batıya doğru olan; batıdan gelen. *z.* batıya doğru.

wet [wet] *s. , f., i.* yaş, ıslak. F. ıslatmak, ıslanmak. *i.* nem, ıslaklık, rutubet.

what [hwát] *zam., s., ünlem.* ne, ne kadar; bir şey. s. ne , hangi. *ünlem.* Ne! Vay!.

wheel [hwil] *i., f.* tekerlek, çark, dolap. *f.* tekerlek üzerinde taşımak; döndürmek; çark gibi çevirmek; el arabası ile götürmek.

when [hwen] *z., i.* bağlaç ne zaman, ne vakit. *i.* vakit, zaman. *bağlaç.* ta ki; -e kadar; olur olmaz; halde; sırasında.

where [hwer]*z., zam., bağlaç.* nere, nerede, nereye; -da; zam. yer; *bağlaç.* (olduğu) yer. **where as** bağlaç. oysa, halbuki; şartlara göre; dayanarak. **where for** z. niçin, neden, ne sebepten. *bağlaç.* bundan dolayı. **where in** z. neyin içine, neyin içinde; hangi yönden, ne konuda. **where on** z. üstünde, bunun üzerine. **where to** z. neye. *bağlaç.* Neye, ne için.

which [hwîç] *zam., s.* hangi, hangisi, hangisini; olan; bulunan.

whirl [hwırl] *f., i.* fırıldanmak, hızla dönmek; hızla gitmek veya gelmek; dönmek; hızla çevirmek. *i.* hızla dönüş veya döndürüş; telaş; acele.

whis.per [hwis'pır] *f., i.* fısıldamak, fısıltı ile konuşmak. *i.* fısıltı,

fısıltı ile söylenen söz.

whistle [hwis'ıl] *f., i.* ıslık çalmak; ıslık gibi ötmek; ıslık gibi vızıldayarak geçmek. *i.* ıslık, düdük.

white [hwayt] *s.* beyaz, ak, renksiz; sararmış, soluk; boş; yazısız.

whole [hol] *s., i.* tam, bütün; tüm; sağlam; sağ; iyi; iyileşmiş. *i.* bütün, tüm. **whole milk** kaymaklı süt. **as a whole** tamamen. **with my whole heart** bütün kalbimle.

whol.ly [ho'li] *z.* bütün bürün; büsbütün; tamamen; sırf; salt; ancak; yalnız.

whose [huz] *zam.* kimin; ki onun.

who.so [hu'so] *zam.* her kim.

why [hway] *z., i.* ünlem. niçin, niye , neden. *i.* neden, sebep.

wide [wayd] *s., z.* geniş, açık, engin, dar olmayan. *z.* uzaklara, tamamen, iyice; açıkta, açığa.

wid.ow [wîd'o] *i.* dul kadın.

wife [wayf] *i.* eş, hanım, refika, zevce.

wild [wayld] *s.* yabani, yabanıl, vahşi.

wile [wayl] *i.* oyun, hile, düzen, desise.

will [wîl] *i.* gelecek zaman; -ecek, istek, kararlılık.

win [win] *f., i.* kazanmak, yenmek, galip gelmek. *i.* zafer, yengi, başarı.

wind [waynd] *f., i.* döndürmek, sarmak, çevirmek; kurmak (*saat*); dolaşmak; geri dönmek; gizli gizli sokulmak. *i.* dönemeç, yolun döndüğü yer.

wind [wind] *i.* rüzgar, yel; hava; kasırga; hortum; bora; havanın estiği yön.

wind.mill [wind'mîl] *i.* yel değirmeni.

win.dow [wîn'do] *i.* pencere, pencere çerçevesi.

wind.screen [wînd'skrin] *i.* oto. ön cam.

windy [wîn'di] *s.* rüzgarlı, rüzgarı çok; rüzgar gibi; değişken; fırtınalı; gaz yapan; geveze; havai.

wine [wayn] *i., f.* şarap, meyve şarabı. *f.* şarap içirmek, şarap içmek.

wink [wînk] *f., i.* göz kırpmak; göz kırparak işaret vermek. göz kırpma, göz işareti.

win.ter [wîn'tır]*i., f., s.* kış; soğuk hava; tatsız günler. *f.* kışı geçirmek, kışlamak. *s.* kışlık, kışla ilgili.

wipe [wayp] *f.* silmek, silip kurulmak. *i.* silme. *argo.* Vuruş, tokat, dayak.

wire [wayr] *i., f.* tel; telgraf teli. *f.* tel ile bağlamak; telgraf çekmek; tellemek.

wis.dom [wîz'dım] *i.* akıl, akıllılık; bilim, irfan, bilgelik.

wish [wîş] *f., i.* dilemek, istemek; arzu etmek; rağbet etmek; temenni etmek. *i.* arzu, istek, temenni.

witch [wîç] *i., f.* sihirbaz, kadın büyücü; cadı; acuze; kocakarı. *f.* büyülemek; büyü yapmak.

with [wîth] *edat* ile; -den, -e; -e rağmen; ile beraber; birlikte.

with.in [wîdhîn] *z.* edat., *i.* içeride, içeriden; dahilen; zihnen; yürekten; evde; içinde; dahilinde. *edat.* zarfında; içinde; dairesi içinde; sınırları içinde. *i.* iç.

wit.ness [wît'nîs] *i., f.,* şahit, tanık; şahitlik; tanıklık. *f.* tanıklık etmek; görmek; gözüyle görmek.

woe [wo] *i., ünlem. f.* keder, elem, acı, teessür, üzüntü. *z.* kederli.

wolf [wûlf] *i.* kurt.

wom.an [wûm'ın] *i.* kadın, kadın cinsi; kadınlık.

won.der [wân'dır] *i., f., s.* harika, mucize; alışılmamış türden; keramet; şaşkınlık. *f.* şaşmak, hayret etmek; hayran olmak; tereddüt etmek. *s.* mucize türünden.

won.der.ful [wân'dırfıl] *s.* hayret verici, harikulade; fevkalade.

wood [wûd] *i., s., f.* tahta, kereste, ağaç; odun, orman, koru. *s.* tahta, ahşap. *f.* ağaçlandırmak, orman haline getirmek; odun sağlamak.

wood.en [wûd'ın] *s.* tahtadan yapılmış; tahta, ağaç, ahşap ; odun gibi, odun kafalı; cansız; ruhsuz; etkisiz.

wood.man [wud'mın] *i.* baltacı, ormancı, orman adamı.

wool [wûl] *i.* yün, yapağı; yün gibi yumuşak ve tüylü şey; kıvırcık ve kısa saç.

word [wırd] *i., f.* söz, sözcük, kelime; lafız; lakırdı; laf; vaat; söz; haber, malumat; parola, emir; işaret; kumanda; ağız kavgası; münakaşa. *word for word* kelimesi kelimesine. *word of honor* namus sözü. *a good word* övgü, güzel söz. *eat one's words* sözünü geri almak. *in a word* bir kelimeyle. *in so many words* açıkça, kesin olarak. *mince words* kaçamaklı konuşmak.

work [wırk] *f.* çalışmak;l iş yapmak; emek vermek; uğraşmak; meşgul olmak; vazifeli olmak; işlemek; işletmek; yürümek; başarılı olmak; iyi sonuç vermek; etkilemek; tesir etmek; çalıştırmak; çözmek. *work at* çalışmak, çabalamak. *work in* araya sıkıştırmak, sokuşturmak. *work* *off* üstesinden gelmek. *work on* etkilemeye çalışmak. *work out* yerinden oynamak, çıkmak.

work.ing [wır'kîng] *s., i.* çalışan; çalışmaya ait; işe ait; işe gelir; çalışır vaziyette. *i.* çalışma.

work.man [wırk'mın] *i.* işçi.

world [wırld] *i.* dünya, cihan, alem, evren.

worm [wırm] *i.* kurt, solucan; aşağılık kimse; pısırık kimse.

worm [wırm] *f.* kurt düşürmek.

worn [wôrn] *s.* yıpranmış, zedelenmiş.

worst [wırst] *s., z., i., f.* en fenası, en kötüsü. *z.* en fena şekilde. *i.* en kötü şey. *f.* yenmek, mağlup etmek.

wran.gle [ráng'gıl] *f., i.* kavga etmek, çekişmek. *i.* kavga, çekişme.

wrap [räp] *f.* sarmak, sarmalamak; bürümek; bükmek.

wreck [rek] *i., f.* harabe, virane; harap olmuş kimse; kazazede gemi; gemi enkazı. *f.* gemiyi karaya oturtmak.

wrest.le [res'ıl] *f., i.* güreşmek, güreş etmek. *i.* güreş, mücadele.

write [rayt] *f., i.* yazı yazmak, kaleme almak; ifade etmek; kayda geçirmek; katiplik etmek. *write off* hesabı kapatmak. *write out* yazıya dökmek. *write up* hikayesini yazmak.

writ.ing [ray'tîng] *i.* yazı, el yazısı; yazı yazma; yazarlık.

wrong [rông] *s.* yanlış, haksız; ters; uygunsuz.

wry [ray] *s.* eğri, çarpık; yanlış, hatalı.

X,x [eks] *i.* İngiliz alfabesinin yirmi dördüncü harfi; Romen sistemine göre on rakamı; cebirde bilinmeyen (x) işareti; kesin olmayan sonuç; x şeklinde şey; yazı yazmayı bilmeyenin imzası; öpücük işareti; yanlış işareti.

xen.o.pho.bi.a [zenifo'biyı] *i.* yabancı düşmanlığı veya korkusu.

Xmas kıs. Christmas.

X-ray [eks'rey] *i., f.* röntgen ışını, X ışını; röntgen filmi. *f.* röntgen ışınlarıyla muayene ya da tedavi etmek.

Y y

Y,y [way] İngiliz alfabesinin yirmi beşinci harfi; cebirde bilinmeyen (y) işareti.

yacht [yat] *i., f.* yat, gezinti gemisi. *f.* yat ile gezintiye çıkmak. **yacht club** yat kulübü. **yacht race** yat yarışı.

yank [yängk] *i., f.* birden ve kuvvetle çekiş. *f.* hızla ve birden kuvvetle çekmek.

yap [yäp] *i., f.* havlama; *argo* gevezelik. *f.* kesik kesik ve yüksek sesle havlamak.

yard [yard] *i.* yarda, 0.9144 metrelik İngiliz ölçüsü.

yard [yard] *i., f.* avlu; odun deposu üstü açık işyeri; istasyon çevrelerinde trenlerin manevra yeri. *f.* avluya koymak.

yarn [yarn] *i., f.* pamuk veya yün ipliği; bükülmüş iplik. *f. k.dili.* masal anlatmak.

yawn [yôn] *f., i.* esnemek; açık ve dipsiz gibi görünmek; esneyerek söylemek. *i.* esneyiş, esneme.

yea [yey] *z., i.* evet; bundan başka, ayrıca, ilaveten. *İ.* olumlu cevap veya oy.

year [yîr] *i.* sene, yıl; bir gezegenin güneş etrafında döndüğü süre. *year after year* her sene. *year by year* seneden seneye. *light year* ışık yılı. *school year* öğretim yılı.

year.long [yîr'lông] *s.* sene boyunca devam eden.

year.ly [yîr'li] *s., z.* yılda bir olan, senelik. *z.* yılda bir.

yearn [yırn] *f.* hislenmek, etkilenmek; sempati duymak; sevgi beslemek.

yeast [yist] *i.* maya, bira mayası; coşkunluk, heyecan; köpük.

yell [yel] *f., i.* acı acı bağırmak, feryat etmek, haykırmak. *i.* bağırma, haykırış, çığlık, feryat.

yel.low [yel'o] *s., i., f.* sarı, sarı renkli; rengi sararmış; *k.dili.* korkak, alçak. *i.* sarı renk, sarı boya. *f.* sararmak, sarartmak.

yelp [yelp] *f., i.* kesik kesik ve acı acı havlamak. *i.* kesik kesik havlayış.

yes [yes] *z., i.* evet, hay hay; hatta, bile. *i.* olumlu cevap, evet cevabı.

yet [yet] *z., bağlaç.* henüz, daha, şimdiye kadar; hala; bir kat daha. *bağlaç* amma, ancak, lakin.

yield [yild] *f., i.* vermek, ödemek; ortaya çıkarmak; saygı içinde kabul etmek. *i.* ürün, mahsul, rekolte.

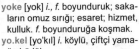

yoke [yok] *i., f.* boyunduruk; saka-
ların omuz sırığı; esaret; hizmet,
kulluk. *f.* boyunduruğa koşmak.

yo.kel [yo'kıl] *i.* köylü, çiftçi yama-
ğı; hödük.

yolk [yok, yolk] *i.* yumurta sarısı,
yapağı yağı.

yon.der [yan'dır] *s., z.* ötedeki. *z.*
orada, ötede.

you [yu] *zam.* siz, sizler, sen; sizi,
seni; size, sana.

young [yáng] *s., i.* genç, küçük. *i.*
Yavru, yavrular.

your [yûr] *zam., s.* senin, sizin.

yours [yûrs] *zam.* seninki, sizinki.

your.self [yûrself'] *zam.* kendiniz,
kendin, kendi kendinize.

youth [yuth] *i.* delikanlı,genç,
genç adam.

youth [yuth] *i.* gençlik, gençler.

yowl [yaul] *i., f.* uluma, uluyuş. *f.*
ulumak.

Yule.tide [yul'tayd] i. Noel mev-
simi.

Z z

Z,z [z] i. İngiliz alfabesinin yirmi altıncı harfi.

za.ny [zey'ni] i., s. soytarı, palyaço, maskara; aptal kimse. s. tuhaf, gülünç.

zeal [zil] i. heves, istek, şevk; hararet; coşkunluk.

zeal.ot [zel'ıt] i. gayretli kimse, aşırı partizan kimse.

zeal.ous [zel'ıs] s. gayretli, hararetli, istekli.

ze.nith [zı'nîth] i. astr. en yüksek nokta, zirve, doruk.

zeph.yr [zef'ır] i. batıdan esen hafif ılık rüzgar, imbat.

ze.ro [zîr'o] i., f. sıfır, hiç; bir ölçek üzerindeki başlangıç noktası; en aşağı nokta; hiçlik; f. aynı zamana rastlamak için ayarlamak.

zest [zest] i. tat, lezzet; çeşni veren şey; hoşlanma, zevk.

zig.zag [zîg'zäg] s., i., z., f., yılankavi, zikzak; dolambaçlı, eğri büğrü. i. zikzak yol. z. zikzak olarak. f. zikzak yapmak.

zinc [zîngk] i., f. çinko. f. çinko kaplamak, galvenizlemek.

zip [zîp] i., f. (-ped,-ping) vızıltı; k. dili. gayret. f. fermuarı kapatmak.

zo.di.ac [zo'dîyak] i., astr. burçlar kuşağı.

zone [zon] i., f. kuşak, yöre, bölge, mıntıka, daire.f. çevirmek, sarmak, kuşatmak.

zoo [zu] i. hayvanat bahçesi.

zo.ol.o.gy [zowal'ıcî] i. hayvanlar bilimi.

zoom [zum] f., i. vınlamak; bir dalıştan sonra uçağı aniden yukarı yükseltmek; dikine yükselmek. i. ani yükseliş.

Turkish–English
Dictionary

A a

aba coarse, woolen cloth *abayı yakmak* to fall in love.

abajur lampshade.

abaküs abacus.

abanmak to lean forward/against.

abartı exaggeration.

abartmak to exaggerate.

abece alphabet.

abecesel alphabetic(al).

abes unnecessary, useless; foolish; unreasonable.

abide monument, memorial.

abla elder sister.

abluka blockade. *ablukaya almak* to blockade. *abluka etmek* to blockade. *ablukayı kaldırmak* to raise the blockade.

abone subscriber; subscription. *abone olmak* to subscribe (*to*). *abone bedeli/ücreti* subscription fee.

abonman subscription; season ticket; *k. dili* bus ticket.

abstre abstract.

abuk sabuk nonsensical, incoherent. *abuk sabuk konuşmak* to talk nonsense, to babble.

abur cubur kickshaw.

acaba I wonder (*if/whether*).

acar bold, plucky, hardy; cunning, clever.

acayip strange, weird, peculiar, odd *acayibine gitmek* to seem strange (*to sb*).

acayiplik peculiarity, strangeness.

acele hurry, haste; urgent; hasty, hurried. *acele etmek* to make haste, to be in a hurry. *acele işe şeytan karışır* haste makes waste.

aceleci hasty, impatient.

aceleyle in haste, quickly.

acemi untrained, inexperienced, callow; beginner, tyro.

acemice clumsily.

acemilik inexperience, callowness. *acemilik çekmek* to suffer from inexperience.

acente agent, representative; agency.

acı bitter; biting, harsh; pain, ache; sorrow, grief. *acı çekmek* to suffer, to feel pain. *acı çektirmek* to grieve, to torment, to distress. *acı vermek* to inflict pain, to give sb pain. *acısını çıkarmak* to be/get even (*with sb*). *acısını çekmek* to pay the consequence (*for*).

acıbadem bitter almond *acıbadem kurabiyesi* almond cookie, macaroon

acıklı touching, pathetic, tragic, sad.

acıkmak to feel hungry, to be hungry.

acılaşmak to get bitter/sour.

acılı spicy; sad, grieved, mourning.

acılık bitterness, sourness.

acıma pity, mercy.

acımak to hurt, to feel pain; to feel sorry for, to have/take pity on.

acımasız pitiless, merciless.

acımasızlık pitilessness, mercilessness.

acındırmak to arouse pity for sb; to arouse sympathy.

acınmak to feel sorrow (*for*); to be regretted/pitied.

acısız painless; (*yiyecek*) not hot, without pepper.

acıtmak to hurt, to cause pain (*to*).

acil urgent, immediate, pressing. *acil servis* casualty department, casualty ward. *acil bakım* emergency maintenance. *acil şifalar dilemek* to wish sb a quick recovery.

acilen urgently, promptly.

aciz inability, helplessness, weakness.

âciz incapable, incapable; weak, helpless. *âciz kalmak* to be incapable (*of*).

âcizane humbly, modestly.

aç hungry; insatiable, greedy. *aç kalmak* to be left hungry; to be poor. *aç açına* with an hungry stomach. *aç karnına* on an empty stomach. *aç kurt gibi* hungry as a wolf. *aç susuz* without food and water. *acından ölmek* to starve to death; to starve, to be famished.

açacak opener.

açgözlü greedy, insatiable.

açgözlülük greed, avarice. *açgözlülük etmek* to act greedily.

açı angle; point of view. *dar açı* acute angle. *dik açı* right angle. *geniş açı* obtuse angle.

açık open; uncovered; clear, distinct; naked, bare; clear, cloudless; light (*colour*); vacant, unoccupied; open air; open sea; vacant position; deficit; wing; openly, frankly. *açığa çıkarmak* to bring out into the open; to remove from a government office. *açık artırma* public auction. *açık çek* blank cheque. *açık deniz* open sea; high seas. *açık fikirli* broad minded. *açık hava* open air. *açık havada* in the open air, outdoors. *açık açık* frankly. *açık alan* open space, opening. *açık eksiltme* purchase by Dutch auction. *açık elli* generous. *açık hava tiyatrosu* open-air theatre. *açık kalpli* open-hearted. *açık konuşmak* to talk frankly. *açık liman* free port. *açıkpazar* open market. *açık saçık* indecent, obscene. *açık seçik* explicit, obvious. *açık yürekle* open hearted.

açıkça frankly, openly, clearly.

açıkçası to tell the truth, frankly speaking.

açıkgöz(lü)lük cunning, slyness.

açıkgöz cunning, shrewd, sharp.

açıklama explanation. *açıklama yapmak* to make an explanation.

açıklamak to explain; to clarify.

açıklayıcı explanatory, illustrative.

açıklık openness; clearness; open space, blank space.

açıkoturum panel discussion.

açıköğretim the open university.

açıksözlü outspoken, frank, straightforward.

açıksözlülük outspokenness, frankness.

açıktan from a distance; without effort, extra. **açıktan açığa** openly, frankly.

açılır kapanır collapsible, folding.

açılış opening, inauguration.

açılmak to be opened, to open; to become clear (*weather*); to put out (*to sea*); to become relaxed, to be at ease; to overspend.

açımlamak to elucidate, to expound; to comment (*on*).

açındırmak to develop.

açınmak to develop.

açıölçer protractor.

açlık hunger; famine. **açlık grevi** hunger strike. **açlıktan ölmek** to starve. **açlık çekmek** to go hungry; to be poor.

açmak to open; to draw aside, to lift; to unfold; to clear away, to break through; to reveal (a secret); to turn on (*switch, light, radio, etc.*); to begin, to open (a *meeting/conversation*); to clear up (*weather*); to sharpen (*pencil*); to make lighter (*colour*); to bloom (*flower*).

açmaz difficult position; impasse, dilemma.

ad name; fame; *dilb.* Noun. **adı geçen/anılan** above-mentioned. **adını anmak** to mention. **ad durumu** *dilb.* Case. **ad koymak** to give a name. **ad takmak** to nickname. **ad vermek** to give a name. **adı çıkmak** to be talked about, to get a bad reputation. **adı karışmak** to be involved in. **adına** in the name of.

ada island.

adak vow, oblation. **adak adamak** to vow.

adale muscle.

adaleli muscular.

adalet justice. **Adalet Bakanı** Minister of Justice. **Adalet Bakanlığı** Ministry of Justice. **Adalet Divanı** International Court of Justice.

adaletli just, fair, equitable.

adaletsiz unjust, unfair, inequitable.

adaletsizlik injustice.

adam man; human being; person, individual; employee, servant; agent. **adam başına** a/per head, apiece. **adam olmak** to grow into manhood, to grow to be a man. **adam yerine koymak** not to disregard, to consider important. **adam almak** to recruit. **adam beğenmemek** to be over-critical. **adam etmek** to lick sb/sth into shape. **adam gibi** properly. **adam içine çıkmak** to go out in public. **adam olmaz** hopeless, incorrigible. **adam öldürme** manslaughter, homicide. **adam sarrafı** a good judge of character. **adam sen de** who cares?, never mind!. **adam tutmak** *sp.* to mark a man. **adamdan saymak** to treat with respect, to consider important. **adamına çatmak** to meet one's match.

adamakıllı thoroughly, fully.

adap customs; good manners. **adaba aykırı** contrary to the rules of accepted ways. **adap erkân** customary practices.

adaptasyon adaptation.

adapte adapted. **adapte etmek** to adapt. **adapte olmak** to be adapted.

adaptör adaptor.

adaş namesake.

adatavşanı *zool.* rabbit, cony.

aday candidate; nominee, applicant. ***aday adayı*** candidate for nomination. ***aday göstermek*** to put sb in for.

adaylık candidacy, nomination.

adçekmek to draw lots

Adem Adam.

âdemoğlu mankind.

âdet habit; custom; *hek.* periods, menstruation. ***âdet bezi*** sanitary towel/pad. ***âdet görmek*** to have one's periods, to menstruate. ***âdet çıkarmak*** to start a new custom. ***âdet edinmek/ etmek*** to get into the habit (*of*). ***âdetten kesilmek*** to reach menopause. ***âdet yerini bulsun diye*** as a matter of form, for form's sake.

adet number; piece.

adeta nearly, almost; simply, merely.

adıl *dilb.* pronoun.

adım step; pace. ***adım adım*** step by step. ***adım atmak*** to walk, to step; to take the first step, to begin. ***adım atmamak*** not to visit. ***adım başı(nda)*** at every step. ***adımlarını açmak*** to walk faster.

adımlamak to pace.

adi customary, usual; common, ordinary; base, low, mean; banal, commonplace. ***adi alacak*** unsecured claim. ***adi iflas*** nonfraudulent bankruptcy. ***adi mektup*** ordinary letter. ***adi şirket/ ortaklık*** unincorporated association.

adil just, fair, equitable.

adilane justly.

adilik vulgarity, baseness.

adlandırmak to denominate, to name.

adli juridical; judicial. ***adli tıp*** forensic medicine. ***adli hata*** legal error. ***adli sicil*** police record, record of previous convictions. ***adli takibat*** prosecution. ***adli tebligat*** summons. ***adli yıl*** legal year, court year.

adliye (administration of) justice; lawcourt. ***adliye mahkemeleri*** ordinary tribunals. ***adliye sarayı*** courthouse.

adres address. ***adres defteri*** address-book.

Adriyatik Adriatic Sea.

adsız nameless; anonymous.

aerodinamik aerodynamics; aerodynamic.

af pardon, forgiveness; amnesty; exemption. ***af dilemek*** to apologize (*to sb*), to beg pardon. ***affa uğramak*** to be pardoned.

afacan unruly, mischievous, naughty (*child*).

afalla(ş)mak to be bewildered, to be taken aback.

aferin Bravo! Well done! Good for you! ***aferin almak*** to receive a good mention/report.

afet disaster, calamity, catastrophe; *k. dili* femme fatale, siren.

afetzede disaster stricken.

affedilmek to be forgiven, to be pardoned.

affetmek to pardon, to forgive; to excuse. ***Affedersiniz!*** Excuse me! I'm sorry!

Afgan Afghan.

Afganca Pushtu.

Afganistan Afghanistan.

afiş poster, placard, bill.

afiyet good health, well-being.

Afiyet (şeker) olsun! Have a nice meal, Enjoy your meal!

aforoz excommunication *aforoz etmek to* excommunicate.

Afrika Africa.

Afrikalı African.

afsun spell, charm.

afsuncu sorcerer, witch.

afsunlamak to bewitch.

afyon opium.

afyonkeş opium addict.

agrandisman *(photo)* enlargement.

agrandisör enlarger.

ağ net; network; (trousers) crotch; web. *ağ atmak/bırakmak* to cast a net. *ağına düşürmek* to trap *ağ tabaka* retina.

ağa master, lord; landowner.

ağabey elder brother.

ağaç tree; wood, timber; wooden. *ağaç budamak* to prune trees. *ağaç işleri* woodwork. *ağaç kabuğu* bark. *ağaç kaplama* wooden wainscoting. *ağaç kovuğu* hollow of a tree. *ağaç olmak arg.* to have been waiting for ages. *Ağaç yaşken eğilir* Train the mind while it is young.

ağaçcık bush, shrub.

ağaççileği *bot.* raspberry.

ağaçkakan woodpecker.

ağaçkurdu woodworm.

ağaçlandırmak to afforest.

ağaçlamak to afforest.

ağaçlık thicket, copse, grove, *s.* wooded, woody.

ağı poison, venom. *ağı gibi* very bitter; very strong.

ağıl sheep-fold, fold.

ağılamak to poison.

ağılanmak to be poisoned.

ağılı poisonous.

ağınmak to roll on the ground (animal)

ağır heavy; difficult, hard; grave, serious *(illness)*; precious, valuable; offensive, hurtful; slow. *ağır ağır* slowly. *ağır aksak* very slowly. *ağır basmak* to be heavy; to have influence, to carry weight. *ağır ceza* severe punishment. *ağır ceza mahkemesi* criminal court. *ağır çekim* slow motion. *ağır endüstri* heavy industry. *ağır gelmek* to offend, to hurt; to find sth difficult. *ağır hapis (cezası)* solitary confinement, heavy imprisonment. *ağır işitmek* to be hard of hearing. *ağır kayıp* great losses, heavy casualties. *ağır para cezası* heavy fine. *ağır sanayi* heavy industry. *ağır sıklet* heavyweight. *ağır söz* harsh word. *ağır yaralı* seriously wounded. *ağırdan almak* to take it easy, to play for time. *ağırına gitmek* to offend, to hurt *(the feelings of)*.

ağırbaşlı serious, dignified, sedate.

ağırbaşlılık dignity.

ağırlamak to entertain, to show hospitality.

ağırlaşmak to become heavier; to become more difficult; to become slower; to become more serious *(illness)*.

ağırlık weight, heaviness; importance; severity; gravity; slowness oppressiveness; drowsiness, leth argy. *ağırlık basmak/çökmek* to come upon sb *(sleep)*; to oppress sb *(nightmare)*. *ağırlık merkezi* centre of gravity. *ağırlık olmak* to be a burden to. *ağırlık vermek* to attach importance *(to)*. *ağırlığını koymak* to use one's influences.

ağıt requiem, lament, elegy, dirge. *ağıt yakmak* to wail for, to lament.

ağız mouth; edge, blade; rim, brim snout, muzzle; opening, entrance crossroads; persuasive words local language, accent. *ağız kavgası* quarrel, battle of words. *ağzı bozuk* abusive, coarse-mouthed. *ağzı sıkı* secretive, reticent, tightlipped. *ağzından kaçırmak* to let sth slip out. *ağzını sulandırmak* to make one's mouth water. *ağzının tadını bilmek* to be a gourmet. *ağız açtırmamak* not to let sb speak *ağız alışkanlığı* manner of speech *ağız dalaşı* quarrel *ağız şakası* joke. *ağız tadı* enjoyment peace, harmony. *ağızdan ağıza dolaşmak* to be rumoured. *ağza alınmaz* unspeakable, vulgar. *ağzı (bir karış) açık kalmak* to gape with astonishment. *ağzı kokmak* to have bad breath. *ağzı kulaklarına varmak* to grin from ear to ear. *ağzı pis* foulmouthed. *ağzı sulanmak* to water (*mouth*); to be envious. *ağzı süt kokmak* to be young/inexperienced. *ağzı var dili yok* (*he is*) very silent. *ağzı yanmak* to burn one's fingers. *ağzına almamak* not to mention. *ağzına bakmak* to obey sb blind. *ağzına geleni söylemek* to say disagreeable things (*without thinking*); to scold severely. *ağzında gevelemek* to beat around the bush. *ağzından baklayı çıkarmak* to spill the beans. *ağzından bal akmak* to talk pleasantly. *ağzından çıkanı kulağı duymamak/işitmemek* not to realize what one is saying. *ağzından düşürmemek* to talk about sb/sth constantly. *ağzını açıp gözünü yummak* to let one self go, to say bitter words. *ağzını açmak* to give vent to one's feelings. *ağzını açmamak* not to open one's lips. *ağzını aramak* to sound out. *ağzını bozmak* to swear, to curse. *ağzını burnunu dağıtmak* to beat sb up. *Ağzını hayra aç!* Speak no evil! Heaven forbid! *Ağzını topla!* Mind your language! *ağzını yoklamak* to sound out. *ağzının payını almak* to be snubbed. *ağzının payını vermek* to snub sb. *ağzının tadını kaçırmak* to spoil sb's pleasure.

ağızlık cigarette holder; mouthpiece.

ağlamak to cry, to weep.

ağlamaklı ready to cry, tearful. *ağlamaklı olmak* to feel like crying.

ağlaşmak to weep together.

ağlatı tragedy.

ağlatmak to make sb cry, to reduce sb to tears.

ağrı pain, ache. *ağrı vermek* to hurt.

Ağrıdağı Mount Ararat.

ağrıkesici painkiller, analgesic.

ağrımak to ache, to hurt.

ağrıtmak to hurt, to cause pain.

ağtabaka retina.

ağustos August.

ağustosböceği cicada.

ah! Ah! Oh! Alas! *ah çekmek* to sigh, to utter a sigh. *ahı gitmiş vahı kalmış* k. dili clapped out. *ahı tutmak* (*one's curse*) to take effect.

aha here, there.

ahali inhabitants; people, population.

ahbap friend; fellow. *ahbap çavuşlar* chums, cronies. *ahbap olmak* to make friends with.

ahbaplık friendship, acquaintance.

ahçı cook.

ahçıbaşı chef, head cook.

ahçılık cooking, cookery, cuisine.

ahenk harmony.

ahenkli harmonious, in tune.

aheste slow, gentle.

ahır stable, shed, barn.

ahit oath; promise; agreement, pact, treaty.

ahize (*telephone*) receiver.

ahkâm judgements. *ahkâm kesmek* to make judgements without hesitation.

ahlak morals; ethics; manners, conduct. *ahlaka aykırı* immoral. *ahlakını bozmak* to debauch, to pervert, to deprave. *ahlakı bozuk* depraved.

ahlakbilim ethics.

ahlakçı moralist.

ahlakdışı amoral.

ahlaki moral, ethical.

ahlaklı well-behaved, decent.

ahlaksız immoral, dissolute.

ahlaksızca immorally.

ahlaksızlık immorality, depravity.

ahmak stupid, foolish; fool, idiot.

ahmaklık stupidity.

ahret afterlife, the hereafter, the next world.

ahşap wooden.

ahtapot octopus.

ahu gazelle.

ahududu raspberry.

ahval circumstances, conditions.

aidat dues, revenues.

Aids Aids. *Aids kurbanı* Aids victim. *Aids virüsü* Aids virus.

aile family. *aile bireyleri/efradı* members of a family. *aile hayatı* domesticity, family life. *aile ocağı* home. *aile planlaması* family planning. *aile reisi* head of the family, householder.

ailesel domestic, regarding the family.

ailevi domestic, regarding the family.

ait concerning; belonging (*to*) *ait olmak* to concern; to belong (*to*).

ajan agent; secret agent, spy. *ajan provokatör* agent provocateur.

ajanda date book, engagement calendar.

ajans news-agency; agency. *ajans bülteni* news-agency, bulletin.

ak white; clean; honest. *Ak akçe kara gün içindir* One must put by for a rainy day. *ak düşmek* to begin to turn white. *akla karayı seçmek* to meet a lot of difficulties; to be hard put to do sth.

akabinde immediately, afterwards.

akademi academy. *akademi üyesi* academician.

akademik academic.

akar flowing, fluid; rental property.

akarsu river, stream. *akarsu yatağı* stream bed.

akaryakıt liquid fuel. *akaryakıt tankeri* fuel tanker.

akbaba vulture.

akciğer lungs. *akciğer zarı* pleura.

akça coin, small silver coin.

akça whitish, quite white.

akçaağaç maple.

akçe coin, small silver coin.

Akdeniz the Mediterranean. *Akdeniz iklimi* Mediterranean climate.

akıbet end,consequence,outcome.

akıcı fluid, liquid; fluent.

akıcılık fluency.

akıl reason, intelligence, mind; memory; opinion, idea; advice. *akıl almaz* unimaginable, unbelievable. *akıl erdirmek* to conceive. *akıl ermez* impenetrable, incomprehesible. *akıl etmek* to think of. *akıl hastanesi* mental hospital/home. *akıl hastası* mental patient. *akıl vermek* to give sb advice. *akılda tutmak* to keep in mind. *akla yatkın* rational, advisable, plausible. *aklı başına gelmek* to come to one's senses. *aklı başında* in one's right mind, rational, sensible. *aklı ermek* to be able to understand. *aklına gelmek* to occur to, to come back (*to sb*). *aklına koymak* to take it into one's head (*to*), to have a mind. *aklında tutmak* to keep in the memory, not to forget. *aklından çıkmak* to slip one's mind. *aklını başına toplamak* to gather/collect one's wits together. *aklını oynatmak* to be out of one's senses. *Akıl akıldan üstündür ats.* It pays to ask advice. Two heads are better than one. *akıl almak* to consult. *akıl danışmak* to consult. *akıl erdirememek* not to make head or tail of sth, not to make of. *akıl hastalığı* mental illness. *akıl hocası* mentor, advisor. *Akıl yaşta değil, baştadır* Intelligence doesn't go

by age. *akıllara durgunluk vermek* to astound. *akla gelmedik* unthinkable. *aklı gitmek* to be taken (with); to be astonished, to be confused. *aklı yatmak* to be convinced. *aklına esmek* to feel like doing, to come into one's head. *aklına takılmak* to run in one's head. *aklında kalmak* not to forget, to remember. *aklından geçirmek* to happen to think (*of sth*). *aklından geçmek* to occur to sb. *aklına zoru olmak* to have sth wrong with one's mind. *aklını başından almak* to make sb unable to think, to turn one's head. *aklını bozmak* to be. **obsessed** by sth. *aklını çelmek* to dissuade (*from a good intention*). *aklını kaçırmak* to be/go out of one's mind. *aklını peynir ekmekle yemek* to lose one's senses.

akılcı rationalist.

akılcılık rationalism.

akıldışı irrational.

akıllanmak to become wiser (*by experience*).

akıllı clever, intelligent.

akıllıca cleverly, intelligently.

akıllılık cleverness, intelligence.

akılsız stupid, foolish.

akılsızlık stupidity.

akım current; movement, trend.

akın raid; run; rush. *akın etmek* to rush (into); to raid, to attack. *akın akın* in crowds.

akıntı current, stream; flow. *akıntıya kapılmak* to go adrift. *akıntıya kürek çekmek* to beat the air.

akış flow, course.

akışkan fluid.

akışkanlık fluidity.

akıtmak to make/let sth flow; to shed.

akis reflection; echo; reaction.

akkor incandescent.

aklama acquittal.

aklamak to acquit, to absolve.

aklanmak to be acquitted.

aklıselim common sense.

akmak to flow; to leak; to run down.

akordeon accordion.

akort tune; accord. *akort etmek* to tune. *akordu bozuk* out of tune. *akordu bozulmak* to go out of tune.

akraba relative, kin, kindred.

akrabalık relationship, kinship, affinity.

akran equal, peer.

akrep scorpion; hour-hand (*watch*). *Akrep burcu* Scorpio.

akrobasi acrobatics.

akrobat acrobat.

akrobatik acrobatic.

aks axle, journal.

aksaklık trouble, breakdown, hitch; limp.

aksam parts, portions, sections.

aksamak to limp, to hitch; to run wrong, not to work right.

aksan accent, stres.

aksatmak to hinder, to hamper, to paralyse, to delay.

aksesuar accessory; stage prop; spare part.

aksetmek to hinder.

aksırık sneeze.

aksırmak to sneeze.

aksi contrary, opposite; perverse; cross. *aksi gibi* k. *dili* unfortunately. *aksi halde* otherwise, if not. *aksi takdirde* or else, otherwise. *aksi tesadüf* unfortunate coincidence; unluckily.

aksilik misfortune; crossness,

obstinacy. *aksilik çıkmak* to have a difficulty come up. *aksilik etmek* to make difficulties, to be obstinate.

akşam evening; in the evening. *akşam akşam* this time of the night .*akşam gazetesi* evening paper. *akşam güneşi* yellowish pink; afternoon sun. *akşam karanlığı* dusk. *akşam namazı* evening worship. *akşam sabah* all the time, constantly. *akşam yemeği* dinner, supper. *akşama* this evening, tonight. *akşama doğru* towards evening. *akşamları* in the evening. *akşamdan akşama* every evening. *akşamdan kalma* having a hangover.

akşamcı night worker; habitual drinker.

akşamlamak to stay until evening; to stay the night.

akşamleyin in the evening.

akşamlık for an evening, evening; evening clothes.

akşamüstü at sunset, at dusk; towards evening.

akşamüzeri at sunset, at dusk; towards evening.

Akşamyıldızı evening star, Venus.

aktar seller of medicinal herbs, herbalist; haber-dasher's, herbalist's.

aktarıcı tiler; passer; transmitter.

aktarma transfer; change; quotation. *aktarma bileti* transfer ticket. *aktarma yapmak* to change (*trains, etc.*).

aktarmak to transfer; to quote; to transmit; to empty; *hek.* to transplant.

aktarmalı connecting (*train, etc.*).

aktarmasız without change, direct, through.

aktif active, assets.

aktiflik activity.

aktör actor.

aktörlük acting.

aktris actress.

aktüalite the news of the day; newsreel.

aktüel actual, present.

akustik acoustic; acoustics.

akü accumulator; battery.

akümülatör storage battery, car battery.

akvaryum aquarium.

al vermilion, crimson, scarlet; (*horse*) bay; rouge; trick, intrigue. *al basmak* to catch puerperal fever; to blush. *al kanlara boyanmak* to be wounded; to die a bloody death. *al bayrak/ sancak* The Turkish flag. *al yanaklar* rosy-cheeks.

ala variegated, pied; light brown.

âlâ very good, excellent.

alabora capsizing, overturn .*alabora etmek* to overturn. *alabora olmak* to capsize, to turn over.

alaca speckled, multicoloured, variegated. *alaca bulaca* incongruously coloured.

alacak money owed to sb, credit; *huk.* claim. *alacak davası* action of debt. *alacak senedi* note receivable, bill receivable. *alacağı olsun!* I will make him pay for it, I'll show him!

alacaklı payee, creditor *alacaklı taraf* credit side.

alafranga European, in the European style. *alafranga müzik* European music. *alafranga tuvalet* Western style toilet.

alaka interest, concern; connection, relationship; affection. *alaka duymak* to be interested

(*in*). *alaka göstermek* to take interest (*in*) *alakasını kesmek* to break off relations (*with*) *alaka uyandırmak* to arouse interest.

alakadar concerned, interested. *alakadar etmek* to concern, to interest. *alakadar olmak* to be interested (*in*).

alakalı interested, concerned.

alakasız uninterested, indifferent; unconnected.

alamet sign, mark. *alameti farika* trademark.

alan open space; area; field; clearing; (public) square. *alan araştırması* fieldwork.

alarm alarm.

alaşağı etmek to overthrow, to depose.

alaşım alloy.

alaturka in the Ottoman/Turkish style. *alaturka müzik* Turkish music. *alaturka tuvalet* squat toilet.

alay procession, parade; *ask.* regiment; crowd, troop; mockery, ridicule. *alay etmek* to make fun (*of*) *alaya almak* to make fun (*of*), to laugh (*at*) *alay alay* in large crowds. *alay konusu* object of derision. *alay konusu olmak* to become an object of derision. *alayında olmak* not to take sth seriously.

alaycı mocking; mocker, joker.

alaylı joking, mocking.

albay colonel; (navy) captain.

albeni charm, appeal, attraction.

albüm album.

alçak low; mean, vile. *alçak basınç* low pressure.

alçakça rather low; shamefully, viciously.

alçakgönüllü humble, modest.

alçakgönüllülük humility, modesty.

alçaklık lowness; meanness, baseness; cowardice.

alçalmak to decline, to descend; to lose value; to abase oneself.

alçaltmak to lower; to reduce; to abase, to humiliate.

aldanmak to be deceived; to be mistaken; to bloom early.

aldatıcı deceptive, misleading.

aldatmaca trick, deception.

aldatmak to deceive, to cheat; to be unfaithful (to).

aldırış attention, care. **aldırış etmemek** not to care, not to pay attention.

aldırmak to mind, to pay attention (to) **aldırma!** Never mind! Don't worry!

alelacele in a big hurry, hastily.

alelade ordinary, common.

âlem world, universe; state, condition; all the world, people; merrymaking, party, orgy; kingdom. **âlem yapmak** to have a rave-up, to go on a spree.

alenen openly, publicly.

aleni open, public.

alerji allergy.

alet tool, instrument; apparatus, appliance; tool, means, agent. **alet edevat** tools. **alet etmek** to make a tool of sb. **alet olmak** to be a tool.

alev flame. **alev almak** to catch fire.

Alevi partisan of the caliph Ali, shiite.

Alevilik Shiism.

alevlendirmek to set on fire, to cause to blaze; to incite, to inflame.

alevlenmek to take fire, to blaze; to become excited.

aleyhinde against sb/sth.

aleyhtar opponent; opposed to.

aleyhtarlık opposition.

alfabe alphabet.

alfabetik alphabetic(al).

algı perception.

algılamak to perceive, to sense.

algılanmak to be perceived.

alıcı buyer, customer, purchaser; receiver, addressee; movie camera. **alıcı gözüyle bakmak** to look carefully. **alıcı kuş** bird of prey. **alıcı yönetmeni** cameraman.

alık clumsy, silly.

alıkoymak to keep; to hinder, to stop; to arrest, to detain; to put aside, to reserve.

alın forehead, brow; front. **alın teri** great effort. **alın teri dökmek** to graft (away), to work like a black. **alın teriyle kazanmak** to earn by hard work. **alın yazısı** fate, destiny. **alnı açık** blameless, innocent. **alnına yazılmış olmak** to be one's destiny. **Alnını karışlarım!** I'll show you! I dare you!

alındı receipt.

alınganlık touchiness.

alınmak to take offence, to be hurt.

alış taking, buying.

alışılmamış out of the ordinary.

alışılmış usual, ordinary, customary.

alışkanlık habit, custom.

alışmak to be accustomed (to); to become familiar (with); to become addicted (to); to catch fire.

alıştırma exercise; training.

alıştırmak to accustom, to habituate, to familiarize.

alışveriş trade, business, commerce; shopping; relation. **alış-veriş etmek** to shop, to do shopping; to trade; to do dealings (with). **alışveriş yapmak** to go shopping; to have dealings (with sb). **alışverişi olmamak** not to have anything to do (with).

âlim learned, wise; scholar, scientist.

alize trade wind.

alkış applause, clapping. **alkış tutmak** to clap (for); to cheer.

alkışlamak to clap (for), to applaud.

alkol alcohol.

alkolik alcoholic.

alkolizm alcoholism.

alkollü alcoholic, spirituous. **al-kollü içki** alcoholic drink, alcohol, liquor.

alkolsüz non-alcoholic, soft.

Allah Allah, God. **Allah belanı versin!** God damn you! **Allah bilir** Only God knows. **Allah rahatlık versin!** Good night! **Allah rahmet eylesin!** God rest his soul! **Allaha bin şükür** Thank God. **Allahtan** luckily. **Allah Allah!** Goodness gracious! How strange! **Allah aşkına** for heaven's sake. **Allah bağışlasın** May God bless sb. **Allah belasını versin!** Damn him! Curse him! **Allah bir yastıkta kocatsın.** May you/they have a happy life together (to married couple). **Allah büyüktür** God is great; God will put things right. **Allah cezanı versin!** God damn you! **Allah esirgesin/saklasın** unless something goes wrong. **Allah kazadan beladan korusun/saklasın** May god protect you from all evil. **Allah korusun!**

God forbid! **Allah ömürler versin!** May god give you/him, etc. a long life! **Allah senden razı olsun!** May God be pleased with you!, Thank you. **Allahın cezası** damn, damned. **Allahını seversen** for God's sake. **Allahın kulu** person, anybody. **Allahtan bulsun** Let God punish him. **Allahtan kork!** Don't do it! You should be shamed! **Allahtan korkmaz** pitiless, cruel. **Allahtan umut kesilmez** While there is life, there is hope.

allahaısmarladık good-bye.

allahlık simpleton, nitwit.

allahsız godless, atheistic; merciless, cruel, cold-hearted.

allak bullak confused, tangled, messed-up; upside down. **allak bullak etmek** to make a mess (of), to upset; to confuse. **allak bullak olmak** to turn into a mess; to be confused.

allamak pullamak to decorate, to smarten up.

allegretto müz. allegretto.

allegro müz. allegro.

allık redness; rouge.

almak to take; to get, to obtain; to buy; to receive; to accept; to contain, to hold; to conquer; to clean, to dust, to sweep; to last, to take.

Alman German **Alman usulü** a Dutch treat. **Alman usulü yapmak** to go Dutch (with sb).

almanak almanac.

Almanca German.

Almanya Germany.

alo hallo! (on telephone).

alt bottom; underside; underneath; base; lower, inferior, under. **alt alta üst üste** rough-

and-tumble. *alt etmek* to beat, to defeat. *alt kat* downstairs; ground floor. *altını çizmek* to underline; to emphasize. *altına kaçırmak* to wet one's clothes/bed. *altında kalmak* to have no answer to. *altında kalmamak* not to be outdone. *altından girip üstünden çıkmak* to squander, to blow. *altından kalkamamak* not to be successful enough to cope with. *altını ıslatmak* to wet one's clothes/bed. *altını üstüne getirmekle* turn upside down. *alttan almak* to answer gently enough; not to make sb angrier .

alt bölüm sub-section, sub-division.

alt cins sub-genus.

alt çene lower jaw, mandible.

alt deri derma, corium.

alternatif alternative .*alternatif akım* alternative current.

alt geçit underpass; subway.

altı six.

altıgen hexagon.

altın gold; gold coin; golden. *altın bilezik* skill that will earn one's living. *altın çağı* golden age *altın kaplama* gold-plating; gold-plated. *altın sarısı* golden blond. *altın sikke* gold coin. *altın topu gibi* chubby (*baby*).

altına under, beneath.

altıncı sixth.

altında under, beneath, below.

altışar six each, six apiece.

altlık support, base; pad.

altmış sixty.

altmışıncı sixtieth.

alt sınıf sub-class.

alt takım sub-order.

alt tür sub-species.

altüst upside down, topsy-turvy. *altüst etmek* to mess up, to upset. *altüst olmak* to be in a mess, to be upset.

altyapı substructure; infrastructure.

alt yazı subtitles.

alüvyon alluvium, alluvion.

alyans wedding ring.

alyuvar red blood cell, erythrocyte.

âmâ blind.

ama but, yet, still. *aması maması yok* There are no buts about it! But me no buts!

amaç aim, goal. *amacına erişememek* to miss one's aim. *amacına ulaşmak* to achieve one's aim.

amaçlamak to aim (at); to intend.

amaçsızca aimlessly.

amade ready, prepared.

aman pardon, mercy; help! mercy! alas! *aman Allahım* oh dear!, my god!, good God! *aman dilemek* to ask for mercy. *aman vermek* to give quarter.

amatör amateur.

ambalaj packing, wrapping; package. *ambalaj kâğıdı* wrapping paper. *ambalaj yapmak* to wrap up, to pack.

ambalajlamak to wrap up, to pack.

ambar barn, granary; warehouse, storehouse; den. Hold.

ambargo embargo. *ambargo koymak* to embargo, to put an embargo. *ambargoyu kaldırmak* to lift the embargo (*from*).

amber ambergris; scent, perfume.

ambulans ambulance.

amca uncle. *amca kızı* daughter of one's paternal uncle; cousin. *amca oğlu* son of one's uncle; nephew.

amele worker, workman, labourer.

ameliyat *hek.* Operation. **ameliyat etmek** to operate (*on*). **ameliyat olmak** to be operated, to have an operation.

ameliyathane theatre, operating room.

Amerika America **Amerika Birleşik Devletleri, ABD** the United States of America, USA.

Amerikalı American.

Amerikan American **Amerikan İngilizcesi** American English.

amfi amphitheatre; lecture room.

amfibi amphibian. **amfibi tank** amphibian tank.

amfiteatr lecture hall, lecture theatre; amphitheatre.

âmin amen.

amip amoeba.

amir superior, chief; boss.

amiral admiral.

amiyane vulgar, common. **amiyane tabiriyle** in the colloquial.

amorti redemption of a bond issue; the smallest prize (*in lottery*).

amper ampere.

amperölçer ampermetre.

ampul bulb, lamp; *hek.* Ampoule.

an moment, instant; intelligence, mind.

ana mother; main, principal, basic. **ana avrat düz gitmek** to swear. **ana baba** parents. **ana baba günü** doomsday, tumult. **ana kart** *bilg.* mainboard, motherboard. **ana kuzusu** baby-inarms. **ana sütü** breast milk. **ana tarafından** on the mother's side. **ana yüreği** mother's love. **anadan doğma** stark naked; from birth, congenital. **Anan güzel mi?** I'm no fool. **anasından**

doğduğuna pişman etmek to make sb sorry he has been born. **anasından emdiği süt burnundan gelmek** to suffer extreme hardship. **anasının gözü** very cunning.

anacadde high street.

anadil primitive language.

anadili parent language, mother tongue.

anaerki matriarchy.

anaerkil matriarchal.

Anadolu Anatolia.

anahtar key; spanner, wrench.

anakara continent.

analık motherhood; adoptive mother; motherly woman.

analiz analysis **analiz etmek** to analyse.

anamal capital.

anamalcı capitalist.

anamalcılık capitalism.

ananas pineapple.

anane tradition.

ananevi traditional.

anaokulu nursery school, kindergarten.

anarşi anarchy.

anarşist anarchist.

anarşizm anarchism.

anatomi anatomy.

anatomik anatomical.

anavatan homeland, motherland.

anayasa constitution.

anayasal constitutional.

anayurt mother country, homeland.

ancak only, merely; hardly, barely; but, however; at the earliest.

andırmak to resemble, to be reminiscent.

anestezi anaesthesia.

Anglosakson Anglo-Saxon.

angut ruddy shelduck; *k. dili* fool.

anı memory.

anımsamak to remember, to recall.

anında instantly; immediately.

anıt monument.

Anıtkabir Atatürk's tomb.

anıtkabir mausoleum.

anıtsal monumental.

ani sudden, unexpected; suddenly, all at once, short.

aniden suddenly.

animasyon animation.

anket public survey, inquiry, questionnaire. **anket yapmak** to take a poll, to make a survey.

anlam meaning, sense. **anlam çıkarmak** to make sth of sb/sth. **anlamı olmak** to make sense **anlamına gelmek** to mean, to signify, to amount (to).

anlama understanding comprehension, apprehension.

anlamak to understand, to comprehend, to conceive; to find out; to appreciate.

anlamazlık lack of understanding. **anlamazlıktan gelmek** to feign ignorance.

anlambilim semantics.

anlamdaş synonymous.

anlamlandırmak to give meaning (to), to explain.

anlamlı meaningfull.

anlamsız meaningless.

anlaşılır clear, lucid, comprehensible.

anlaşılmak to be understood; to be evident.

anlaşılmaz incomprehensible, unintelligible.

anlaşma agreement, contract. **anlaşma yapmak** to contract, to make an agreement. **anlaşmayı bozmak** to break an agreement.

anlaşmak to understand one another; to reach an agreement.

anlaşmazlık disagreement; misunderstanding.

anlatı narration, narrative; short story.

anlatım exposition, expression.

anlatmak to tell; to explain, to expound; to describe.

anlayış understanding, comprehension; perceptiveness, intelligence; mind, intellect. **anlayış göstermek** to show understanding, to be tolerant.

anlayışlı understanding; intelligent.

anlayışsız inconsiderate, intolerant.

anma remembrance; commemoration. **anma töreni** commemorative ceremony.

anmak to call to mind, to remember; to mention; to commemorate.

anne mother, ma, mummy. **anneciğim** mummy, ma, mum. **Anneler Günü** Mother's Day.

anneanne grandmother.

annelik motherhood.

anonim anonymous. **anonim şirket/ortaklık** incorporated company, joint stock company.

anons announcement. **anons etmek** to announce.

anorak anorak.

anormallik abnormality.

ansızın suddenly, all of a sudden.

ansiklopedi encyclopaedia.

ansiklopedik encyclopaedic.

ant oath, pledge. **ant içmek** to take an oath. **andını bozmak** to violate an oath.

antarktik antarctic.

Antarktika Antarctica.

anten antenna, aerial; *zool.* antenna, feeler.

antepfıstığı pistachio.

antibiyotik antibiotic.

antidemokratik antidemocratic.

antik antique, ancient, archaic.

antika antique; *k. dili* odd, weird, funny. ***antika eşya*** antique.

antikacı antique dealer.

antipati antipathy.

antipatik disagreeable, unpleasant, cold.

antitez antithesis.

antlaşma pact, treaty.

antlaşmak to conclude a treaty, to sign a treaty.

antrakt (*theatre, concert*) interval, interlude; (*cinema*) interval, intermission.

antre entrance, entry.

antrenman training, exercise. ***antrenman yapmak*** to train, to work out, to exercise.

antrenör trainer, coach.

antrenörlük being a trainer/coach.

antrepo bonded warehouse.

antropolog anthropologist.

antropoloji anthropology.

Anzak Anzac.

apaçık very clear, evident.

apandisit appendicitis.

apansız(ın) unexpectedly, all of a sudden.

apar topar pell-mell, helter-skelter, at a moments notice.

apayrı quite separate, quite different.

apışmak to collapse from tiredness; to be astonished. ***apışıp kalmak*** to be nonplussed.

aptal stupid, silly.

aptallaşmak to become stupid; to be taken aback.

aptallık stupidity, foolishness.

ar are (100m²).

ar shame. ***ar damarı çatlamak*** to feel no sense of shame.

ara distance; interval; break; pause; *sp.* half-time, time out; relation. ***ara bozmak*** to destroy the friendship (*between*). ***ara bulmak*** to reconcile, to mediate. ***ara seçimi*** by-election. ***ara sıra*** now and then. ***ara vermek*** to take a break, to pause. ***arada bir*** from time to time, rarely. ***aramızda kalsın*** between you and me. ***arası açık/bozuk olmak*** to be on bad terms (*with, ile*). ***arası iyi olmak*** to be on good terms (*with*). ***arasına, arasında*** between; among. ***araya girmek*** to meddle, to interfere.

araba car, automobile; cart; wagon. ***araba gezisi*** drive. ***araba kazası*** smash, smash-up. ***araba kullanmak*** to drive a car. ***araba vapuru*** car ferry, ferryboat. ***araba yarışı*** car racing.

arabulucu mediator, peacemaker; go-between.

arabuluculuk mediation, peacemaking.

aracı mediator; middle-man, intermediary, agent.

aracılık mediation, intervention.

araç means; tool, implement, apparatus, device; vehicle.

arada in between; sometimes. ***arada bir*** (*every*) now and then, occasionally. ***arada sırada*** occasionally, now and then, now and again.

arakesit intersection.

araklamak to pilfer, to swipe, to walk of (*with*).

aralarında among, amongst.

aralık space, gap, opening; time,

moment; corridor; *fiz.* range; (*month*) December; half-open, ajar. *aralık bırakmak* to leave a space; to leave half-open. *aralık vermek* to put off sth for a time.

aralıksız continuous, uninterrupted; continuously, uninterruptedly.

arama search, searching. *arama emri* search-warrant. *arama tarama* (*police*) searching. *arama yapmak* to carry out a search.

aramak to look for, to seek; to search; to long for, to miss *arayıp taramak* to search carefully

Arap Arab; Arabian; very dark, black.

Arapça Arabic.

arapsabunu soft soap.

arapsaçı tangled affair, mess. *arapsaçına çevirmek* to tangle. *arapsaçına dönmek* to be too difficult to sort out.

araştırma research, investigation, study.

araştırmacı researcher.

araştırmak to research, to investigate; to search.

aratmamak to be a complete substitute (*for*).

araya between.

arayış searching, seeking.

arazi land *arazi olmak arg.* to sneak off. *arazi sahibi* landowner. *arazi vergisi* land tax.

arazöz street sprinkler.

ardınca behind, following.

ardışık consecutive, successive.

argo slang, cant.

arı bee *arı gibi* hard working. *arı kovanı* beehive. *arı yuvası* hornet's nest. *arıbeyi* queen-bee.

arı clean; pure; innocent.

arılaşmak to become pure.

arılık cleanliness; purity; innocence

arınmak to become clean; to be purified.

arıtımevi refinery.

arıtmak to cleanse, to purify; to refine.

arıza breakdown, fault, defect. *arıza bulucu* fault-finder; trouble-shooter. *arıza yapmak* to break down.

arızalanmak to break down.

arızalı broken-down, defective, out of order; uneven, rough, rugged.

aristokrasi aristocracy.

aristokrat aristocrat; aristocratic.

aristokratlık aristocracy.

aritmetik arithmetic; arithmetic(*al*). *aritmetik dizi* arithmetical progression. *aritmetik işlem* arithmetical operation.

Arjantin Argentina.

Arjantinli Argentinean.

ark dike, ditch; canal...

arka back; back part, rear; posterior; support, protection; supporter, backer; continuation, sequel. *arka plan* background. *arka arkaya* one after the other. *arkadan* from behind; afterwards. *arkadan vurmak* to stab sb in the back. *arkası kesilmek* to come to an end, to run out .*arkası yere gelmemek* not to be defeated, to have powerful supporters. *arkasına, arkasında* behind. *arkasına düşmek/ takılmak* to follow up (*a matter*); to follow, to pursuit, to dog. *arkasından konuşmak* to backbite. *arkasını bırakmamak* to follow up, to tag after. *arkasını getirememek* to be unable to complete. *arkasını vermek* to lean one's back (*against*); to rely (*on*).

arkada back, behind.

arkadaş friend; companion. **arkadaş canlısı** friendly, sociable, social. **arkadaş olmak** to become friends.

arkadaşlık friendship **arkadaşlık etmek** to be a friend (*of*), to rub shoulders (*with*).

arkasından after.

arkaya backwards, back, behind.

arkeolog archaeologist.

arkeoloji archaeology.

arkeolojik archaeological.

Arktik Arctic.

arlanmak to be ashamed.

arlanmaz shameless.

arma coat of arms; *den.* rigging.

armağan present, gift **armağan etmek** to present (*to*).

armatör shipowner.

armonika harmonica; accordion.

Arnavut Albanian.

Arnavutça Albanian.

aroma aroma.

arpacık sty, stye; *ask.* front sight (*of a gun*).

arsız shameless, cheeky.

arsızlaşmak to become shameless, to act shamelessly.

arsızlık shamelessness, impudence.

arslan *bkz.* **aslan.**

arş the highest heaven.

arşın Turkish yard (*approximately 68 cm.*).

arşiv archives .**arşiv filmi** library film.

art back, near, behind. **art arda** one after another. **art niyet** hidden intent. **ardı arkası gelmeyen** never-ending, endless. **ardına düşmek** to follow up, to pursue.

artı *mat.* plus; positive.

artık left, remaining; remainder, remnant; waste, rubbish.

artıkdeğer surplus value.

artırım economy, saving.

artırma increase, economizing; auction.

artırmak to increase, to expand; to save, to economize; to raise a bid (*at auction*).

artış increase, increment.

artist actor, actress. **artist gibi** beautiful; handsome.

artistik artistic. **artistik patinaj** artistic skating.

artmak to increase, to rise; to remain over.

arz the earth.

arz *tic.* supply; presentation, representation, submission. **arz etmek** to present (*a gift, a petition, one's respects*); to submit (*a proposal*); to offer (*an opinion*). **arz ve talep** supply and demand.

arzu wish, desire. **arzu etmek** to wish, to desire. **arzusunda olmak** to have a wish (*to*). **arzu üzerine** on request.

arzulamak to desire, to wish (*for*).

as ace, star performer.

as second-, vice-, sub-.

asa scepter, stick.

asabi nervous, irritable; neurotic.

asabileşmek to get nervous, to become irritated.

asabilik nervousness, irritability.

asal basic, fundamental. **asal sayı** prime number.

asalet nobility.

asansör elevator.

asap nerves. **asap bozukluğu** nervous disorder. **asabı bozulmak** to get nervous.

asayiş order, public order, public security. *asayişi bozmak* to break the peace. *asayişi korumak* to keep the peace.

asfalt asphalt; motorway. *asfalt kaplamak* to asphalt.

asgari minimum; least. *asgari ücret* minimum wage.

asıl origin, source; reality, truth; real, true; main, principal; original. *asıl sayılar* cardinal numbers. *aslı astarı olmamak* not to be true. *aslı çıkmak* to be confirmed.

asılı hanging, suspended; hanged, executed.

asılmak to hang; to be hanged/hung; to try to pick sb up; to pester, to insist.

asılsız baseless, groundless.

asır century; age, time, period.

asi rebel, insurgent; rebellious.

asil noble, aristocratic; definitively appointed, permanent.

asillik nobility.

asistan assistant; assistant to a professor; *hek.* assistant doctor, intern.

asistanlık assistantship; internship.

asker soldier; military service; troops. *asker kaçağı* absent-without-leave, deserter. *asker ocağı* place for military service. *asker olmak* to join the army. *asker tayını* soldier's rations. *askere almak* to enlist, to conscript. *askere gitmek* to join the army, to go into the army. *askeri hastane* military hospital. *askeri inzibat* military police, military policeman. *askeri lise* cadets school. *askeri mahkeme* military court, court-martial. *askeri öğrenci* cadet.

askerileştirmek to militarize.

askerlik military service. *askerlik şubesi* local draft office. *askerlik yapmak* to do one's military service. *askerlik yoklaması* rollcall.

askı hook; hanger; braces; suspenders; the posting. *askıda* in suspense. *askıya çıkarmak* to publish the banns.

asla never, in no way.

aslan lion. *aslan ağzında olmak* to be very hard to get. *aslan gibi* well-built, healthy. *aslan kesilmek* to become as brave as a lion. *aslan payı* the lion's share. *aslan sütü k. dili* raki. *aslan yürekli* lion-hearted.

aslen originally, essentially.

aslında actually, in fact.

asli fundamental, essential.

asmak to hang; *arg.* to play truant, to cut.

aspiratör aspirator.

asri modern.

assubay noncommissioned officer.

ast under, below; junior; subordinate.

astar lining; undercoat, priming.

asteğmen second lieutenant.

astroid asteroid.

astrolog astrologer.

astroloji astrology.

astronom astronomer.

astronomi astronomy.

astronomik astronomical.

astronot astronaut.

Asya Asia.

Asyalı Asiatic.

aş cooked food.

aşağı lower part, bottom; lower, inferior; common, mean; less; down; below. *aşağı görmek* to

A
Turkish–English

look down on, to despise. **aşağı inmek** to go down, to walk down, to climb down. **aşağı kalmamak** not to fall short (*of*), to be second to none. **aşağı yukarı** more or less, approximately.

aşağıda below; downstairs.

aşağıdaki following.

aşağıdan from below **aşağıdan almak** to sing another song, to sing small.

aşağılamak to lower, to reduce, to debase.

aşağılık vulgarity; lowness; base; common, inferior; coarse, vulgar **aşağılık duygusu/kompleksi** inferiority complex.

aşağısına down.

aşağısında down, below.

aşağıya down, downwards; downstairs **aşağıya doğru** downwards.

aşamalı gradual **aşamalı olarak** in echelon; by stages, gradually.

aşçı cook.

aşçılık cooking, cookery, cuisine.

aşevi restaurant; soup kitchen.

aşı inoculation; graft; vaccine. **aşı olmak** to be inoculated. **aşı yapmak** to inoculate, to vaccinate; to graft, to bud.

âşık lover, admirer; wandering minstrel, bard; in love (*with*). **âşık olmak** to fall in love (*with*), to fall for.

aşılamak hek. to vaccinate, to inoculate; to graft, to bud; to infect; to instil (*ideas*).

aşındırmak to wear out, to abrade; to eat away, to corrode.

aşınma abrasion; corrosion; erosion.

aşınmak to be. **abraded,** to be eroded.

aşırı excessive, extreme; exces-

sively, extremely; beyond, over. **aşırı gitmek** to go too far.

aşırılık excessiveness, excess.

aşırmacılık stealing; plagiarism, piracy.

aşırmak to pass over; to steal, to swipe; to plagiarize.

aşina acquaintance; acquainted, knowing.

aşinalık acquaintance, intimacy.

aşiret tribe.

aşk love; passion. **aşk macerası** love affair. **aşk yapmak** to make love. **aşka gelmek** to get excited, to be enraptured.

at horse. **at arabası** coach, cart, carriage. **at oynatmak** to ride skilfully; to compete (*with*), to vie (*with*); to go on one's way. **at yarışı** horse race. **ata binmek** to ride a horse. **attan düşmek** to fall off a horse.

ataerki patriarchy.

ataerkil patriarchal.

atama appointment.

atamak to appoint.

atanmak to be appointed (*to*).

atasözü proverb.

ataş paper clip.

Atatürkçü Kemalist.

Atatürkçülük Kemalism.

ateist atheist.

ateizm atheism.

atelye workshop; studio.

ateş fire; temperature, fever; ardour, vehemence. **ateş açmak** to open fire (*on*). **ateş almak** to catch fire. **ateş almamak** to hang fire, to misfire. **ateş altında** under fire. **ateş basmak** to feel hot .**ateş etmek** to fire (*on*), to shoot (*at*). **ateş gibi** very hot, fiery; quick, agile. **ateş pahası(na)** very expensive. **ateş püskürmek** to be furious. *ateş yakmak* to light a fire. *(kendini) ateşe atmak* to go through fire and water (*for, için*). *ateşe vermek* to set fire to. *ateşi başına vurmak* to become very excited, to blow one's cap. *ateşi çıkmak* (*one's temperature*) to rise. *ateşi düşmek* (*one's temperature*) to drop. *ateşi yükselmek* (*one's temperature*) to rise. *ateşle oynamak* to play with fire. *ateşten gömlek* ordeal.

ateşkes cease-fire, armistice.

ateşlemek to set fire (to), to ignite; to provoke.

ateşlenmek to be lit, to be ignited; to have a temperature; to get excited.

ateşli burning, fiery; passionate, fervent; *hek.* Feverish *ateşli silah* firearm.

atık waste; effluent. *atık madde* effluent. *atık su* waste water.

atılgan dashing, reckless, bold.

atılım leap, rush; development, progress.

atım range (*of a gun*).

atış throwing; firing, shooting; (*heart*) beating. *atış alanı/yeri* rifle range, artillery range.

atışmak to quarrel, to bicker.

atıştırmak to gobble, to bolt, to gulp; to spit, to drizzle.

atik alert, agile.

atkı scarf, shawl; weft; hay-fork; shoe-buckle.

atlama jumping, jump; skipping, omission *atlama beygiri* vaulting horse.

atlamak to jump; to leap; to skip, to omit; to miss (an item of news)

Atlas Okyanusu The Atlantic Ocean.

atlas satin; *coğ.* atlas; *anat.* Atlas.

atlet athlete; undershirt.

atletik athletic.

atletizm athletics.

atmak to throw; to throw away; to drop; to put into; to put out, to extend; to fire (a gun); to shoot (*an arrow, etc.*); to write (*one's signature, the date*); to expel, to dismiss; to cast, to impute; to carry to take (*sth, to a place*); to send, to post; to lie, to fib; to drink; to crack, to split; to pulsate, to beat; to land (*a blow*); (*colour*) to fade. *atıp tutmak* to run down; to talk big; to boast.

atmosfer atmosphere. *atmosfer tabakası* atmospheric layer.

atol coral island, atoll.

atom atom. *atom ağırlığı* atomic weight. *atom bombası* atom bomb. *atom çağı* atomic age. *atom çekirdeği* atomic nucleus. *atom enerjisi* atomic energy. *atom reaktörü* nuclear reactor. *atom sayısı* atomic number.

atomal atomic.

atölye workshop; studio, atelier.

av hunting, shooting, fishing; game, prey. *av hayvanı* game animal. *av köpeği* hunting dog, hound. *ava çıkmak* to go out hunting. *Ava giden avlanır ats.* The biter is sometimes bit.

avam the public, the common people *Avam Kamarası* the House of Commons, the Commons.

avanak gull, boob, mug; gullible.

avans advance (*of money*). *avans almak* to get an advance. *avans vermek* to advance money.

avantaj advantage.

avantajlı advantageous.

avare vagabond, good-for-nothing.

avcı hunter, huntsman. *avcı mangası* skirmishers. *avcı uçağı* fighter plane, fighter.

avcılık huntsmanship, shooting, hunting.

avlamak to hunt, to shoot; to entice, to deceive.

avlanmak to be hunted; to go out hunting.

avlu courtyard.

Avrasya Eurasia.

Avrupa Europe. *Avrupa Birliği* European Union.

Avrupai European (*manner/style*).

Avrupalı European.

avuç the hallow of the hand; handful. *avuç açmak* to beg. *avuç dolusu* handful; plenty of. *avuç içi* palm (*of the hand*). *avucunun içi gibi bilmek* to know (*a place*) like the palm of one's hand. *avucunu yalamak* to go away empty-handed.

avukat lawyer, barrister, solicitor.

avukatlık profession/work of a barrister; loquacity.

avunmak to be consoled; to be distracted.

avuntu consolation; distraction.

Avustralya Australia.

Avustralyalı Australian.

Avusturya Austria.

Avusturyalı Austrian.

avutmak to console, to comfort; to delude; to attract and amuse

ay moon; month. *ay başı* first days of a month. *ay ışığı* moonlight. *ay takvimi* lunar calendar. *ay tutulması* lunar eclipse. *ay yıldız* star and crescent (*on the Turkish flag*). *ayda yılda bir* rarely, once in a blue moon. *aydan aya* once a month, monthly. *Ayın kaçı?* What is the date?

ayak foot; leg; pedal (*of a machine*); treadle (of a sewing machine); rung (*of a ladder*); rhyme. *ayağa kalkmak* to stand up; to get better, to recover. *ayağı alışmak* to frequent (*a place*) *ayağına bağ olmak* to hinder. *ayağına dolanmak/dolaşmak* to be in the way. *ayağına getirmek* to have sth/sb brought to one. *ayağına gitmek* to visit sb personally. *ayağını çabuk tutmak* to hurry. *ayağını giymek* to put on one's shoes. *ayağını çıkarmak* to take off one's shoes. *ayağını denk almak* to watch one's step. *ayağını kaydırmak* to supplant, to oust. *ayağının altına almak* to thrash, to beat; to violate, to ignore. *ayak bağı* hindrance, impediment. *ayak basmak* to set foot in, to arrive at. *ayak bileği* ankle. *ayak diremek* to put one's foot down, to insist. *ayak izi* footprint, footstep. *ayak parmağı* toe. *ayak sesi* step, footstep. *ayak yapmak* to assume a deceptive air. *ayaklar altına almak* to disregard. *ayakta kalmak* to be left without a seat; to remain standing. *ayakta* on foot, standing; excited, worried. *ayakta durmak* to stand. *ayakta uyumak* to be excessively tired; not to know what is going on.

ayakkabı footwear, shoe. *ayakkabı bağı* shoelace, shoestring. *ayakkabı boyacısı* bootblack, shoeshine boy. *ayakkabı boyası* shoe polish. *ayakkabı çekeceği* shoehorn.

ayakkabıcı shoe-maker; shoe-seller; cobbler.

ayakkabıcılık shoemaking; shoe trade.

ayaklandırmak to make revolt, to cause to revolt; to arouse, to provoke.

ayaklanma rebel, rebellion, uprising, revolt, mutiny.

ayaklanmak (child) to begin to walk; (*patient*) to be able to walk; to rebel, to revolt.

ayaktakımı rabble, mob.

ayaküstü without sitting down, in haste.

ayakyolu water-closet, lavatory.

ayar adjustment, setting; standard (*of fineness*); carat; quality, character. *ayar etmek* to regulate, to adjust. *ayarı bozuk* out of order.

ayarlamak to adjust, to regulate, to fix, to test, to gauge, to assay; to arrange.

ayarlı adjusted, tuned, regulated; adjustable.

ayarsız not regulated.

ayaz dry cold (*daytime*); frost (*at night*).

aydın educated, enlightened; bright; intellectual.

aydınlanmak to become bright, to brighten up; to become informed, to be enlightened.

aydınlatıcı illuminating; informative, enlightening.

aydınlatmak to light up, to illuminate; to enlighten, to elucidate.

aydınlık light; bright, lighted.

aygıt apparatus, instrument, tool; *biy.* System.

ayı bear *ayı gibi* bearish; huge.

ayıklamak to clean, to pick, to sort (*rice, vegetables*); to shell (*peas, beans, nuts*) *Ayıkla şimdi pirincin taşını!* Here's a nice/ pretty kettle of fish!

ayıp shame; defect, fault; shameful; shame on you! *ayıp etmek* to behave shamefully. *ayıptır söylemesi* without wishing to boast.

ayıplamak to find fault with, to censure, to blame.

ayırmak to separate; to disconnect, to detach; to select, to choose, to pick; to divide; to save, to reserve; to distinguish.

ayırtmak to reserve, to book.

ayin rite; ceremony

aylak unemployed, idle *aylak aylak* idly.

aylık monthly salary; monthly; ... months old; lasting ... months.

aylıkçı salaried employee.

aylıklı salaried.

ayna mirror, looking-glass.

aynen without change, exactly.

ayran drink made with yoghurt and water.

ayrı separate, apart; different, distinct; exceptional *ayrı tutmak* to make a distinction.

ayrıca separately, specially; in addition, moreover, also.

ayrıcalık privilege, concession.

ayrıcalıklı privileged; preferential.

ayrılık separation; difference; deviation.

ayrılmak to separate from one another, to part; to leave, to depart from; to be distinguished; to be divorced.

ayrım distinction; difference; disparity; part, chapter.

ayrıntı detail.

ayrıntılı detailed, comprehensive *ayrıntılı olarak* in detail.

ayrışmak to be decomposed.

ayrıştırmak to decompose.

aysberg iceberg

ayyaş drunkard, alcoholic.

ayyaşlık alcoholism, drunkenness.

az little, few; little; seldom. *az bir şey* only a little. *az buçuk* a little, somewhat; slight. *az bulmak* to consider insufficient. *Az buz şey değil* It's no small matter. *az çok* more or less. *az daha* almost, nearly. *az gelmek* to be insufficient. *az kaldı/kalsın* almost, nearly. *az sonra* soon, shortly.

aza member; limps, organs.

azalmak to become less, to be reduced, to diminish.

azaltmak to lessen, to decrease, to diminish, to lower.

azametli magnificent, grand; conceited, ostentatious.

azami maximum, greatest, utmost *azami hız* maximum speed.

azar azar little by little, inch by inch, bit by bit.

azar scolding, reproach *azar işitmek* to be scolded, to get a rocket.

azarlamak to give sb a rocket, to tell off, to scold.

Azerbaycan Azerbaijan.

Azerbaycanlı Azerbaijani.

Azeri Azerbaijani.

Azerice Azerbaijani, Azeri.

azgelişmiş underdeveloped *azgelişmiş ülke* underdeveloped country.

azgelişmişlik underdevelopment.

azgın furious, mad, wild, fierce; tender, sensitive (*skin*); mischievous, naughty (*child*); oversexed, lustful; wild, strong (*wind*); very rough (*sea*).

azıcık very little, very few; little; for a moment.

azıdişi molar tooth.

azılı ferocious, savage.

azınlık minority *azınlıkta kalmak* to be in the minority.

azim resolution, determination.

azimli resolute, determined.

azletmek to dismiss.

azmak to become depraved; to be sexually excited; to get wild, to become furious; to get rough (*sea*); to get inflamed (*wound*); to be a hybrid; (*river*) to be in flood.

azman monstrous, enormous.

azmetmek to resolve (*upon*), to be determined (*to*).

B b

baba father; *den.* bollard; newel post. **baba tarafı** the father's side. **babadan kalma** inherited from one's father .

babaanne (paternal) grandmother.

babacan good-natured, fatherly.

babalık fatherhood; stepfather; ton. father-in-law.

babayiğit brave, virile.

baca chimney; *den.* funnel.

bacak leg; jack, knave. **bacak kadar** tiny, shorty.

badana whitewash, limewash. **badana etmek/vurmak** to whitewash.

badanacı whitewasher.

badanalamak to whitewash.

badem almond.

badire (*unexpected*) calamity, difficult situation.

bagaj luggage, baggage; boot, trunk.

bağ tie, string, cord; bandage; bunch, bundle; relation, link; *anat.* ligament; vineyard; garden, orchard.

bağbozumu vintage.

bağcı grape grower.

bağcılık viniculture.

bağıl relative.

bağım dependence.

bağımlı dependent.

bağımlılık dependence.

bağımsız independent.

bağımsızlık independence.

bağıntı relation.

bağıntılı relative.

bağır breast, bosom; viscera. **bağrı yanık** heartsick, distressed. **bağrına basmak** to embrace; to protect, to shelter. **bağrına taş basmak** to suffer patiently.

bağırmak to shout, to yell. **bağırıp çağırmak** to make a big fuss, to make a lot of noise.

bağış donation, grant.

bağışık immune.

bağışıklık immunity.

bağışlamak to donate; to forgive, to pardon.

bağlaç *dilb.* conjunction.

bağlama a plucked string instrument; crossbar.

bağlamak to tie, to fasten, to connect; to bandage; to form; to hinder, to obstruct, to appropriate, to assign.

bağlanmak to be tied, to be connected; to fall for.

bağlantı tie, connection.

bağlayıcı connecting; obliging; binding; conjunctive.

bağlı bound, tied, connected, fastened, connected; dependent; faithful.

bağlılık dependence; devotion, loyalty, fidelity.

bağnaz fanatical.

bağnazlık fanaticism.

bahane excuse, pretext. *bahane aramak* to seek a pretext. *bahane bulmak* to find a pretext. *bahane etmek* to plead; to allege.

bahar spring.

baharat spices.

baharatçı spice-seller.

baharatlı spicy.

bahçe garden.

bahçıvan gardener.

bahçıvanlık gardening.

bahriye navy.

bahriyeli sailor; naval officer.

bahsetmek to mention, to speak of, to talk about.

bahşiş tip *bahşiş vermek* to tip.

baht fortune, luck *bahtı açık* lucky, fortunate *bahtı kara* unlucky, unfortunate.

bahtiyar lucky, fortunate.

bahtsız unfortunate, unlucky, hapless.

bakan minister.

bakanlık ministry.

bakıcı attendant, guard; nurse.

bakım care; attention, upkeep; point of view.

bakımevi dispensary.

bakınmak to look around.

bakır copper.

bakış glance, look.

bakışımlı symmetric.

bakışımsız asymmetric.

bakışımsızlık asymmetry.

bakışmak to look at one another.

bakir virgin, untouched.

bakire virgin, maiden.

bakiye remainder.

bakkal grocer; grocery *bakkal dükkânı* grocery.

bakkaliye groceries; grocery shop.

baklagiller leguminous plants.

baklava finely layered pastry filled with nuts and steeped in syrup.

bakmak to look; to look for; to face; to look after; to see to; to treat; to be in charge (*of*); to depend (*on*); (*waiter*) to serve. *bakarız* we'll see. *bakar mısınız* excuse me.

bakteri bacterium.

bakteriyolog bacteriologist.

bakteriyoloji bacteriology.

bal honey *bal gibi* like honey; certainly.

balata brake lining.

balayı honeymoon *halayına çıkmak* to go on a honeymoon.

balçık clay, mud.

bale ballet.

balerin ballerina.

balık fish; Pisces. *balık ağı* fishing net. *balık avlamak/tutmak* to fish. *balık etinde* attractively fleshy/plump. *balığa çıkmak* to go (*out*) fishing. *balık oltası* fishing line. *balık pazarı* fish market. *balık yumurtası* hard roe, spawn.

balıkadam skin diver.

balıkçı fisherman; fishmonger *balıkçı yaka* turtleneck, poloneck; turtlenecked.

balıkçılık fishery, fishing.

balıkyağı fish oil; cod-liver oil.

balina whale.

balistik ballistics; ballistic.

Balkanlar the Balkans.

balkon balcony.

ballı containing honey, honeyed; *k. dili* unusually lucky.

balmumu wax.
balo ball, dance.
balon balloon.
balözü nectar.
balta axe, hatchet *balta girmemiş orman* virgin forest.
baltalama sabotage, blow.
baltalamak to sabotage, to block, to paralyze; to hack (*with an axe*).
Baltık Denizi the Baltic Sea.
Baltık the Baltic.
balya bale.
bambaşka utterly different.
bana (*to*) me *Bana bak!* Look here! *Bana bakma* Don't count on me. *Bana göre hava hoş* It doesn't make any difference (*to me*). *Bana kalırsa* as far as I'm concerned. *bana mısın dememek* to show no reaction to; to have no effect.
bandaj bandage.
bandıra flag, colours.
bandırmak to dip (*into*).
bandrol monopoly tax label.
bangır bangır too loudly *bangır bangır bağırmak* to shout loudly.
bank bench.
banka bank. *banka cüzdanı* bank book, passbook. *banka çeki* bank cheque. *banka hesabı* bank account. *banka kartı* bank card. *banka kredisi* bank credit. *banka müdürü* bank manager. *banka soygunu* bank robbery. *banka şubesi* branch bank. *bankaya yatırmak* to deposit (*in a bank*), to bank.
bankacı banker; bank employee.
bankacılık banking.
bankamatik cash dispenser, cashomat.
banker banker; stockbroker.
banknot banknote, bill.

banko bench; counter.
banliyö suburb *banliyö treni* suburban train.
bant band; tape; hairband *banda almak* to record on tape.
banyo bath; bathroom; (*film*) development. *banyo yapmak* to have a bath; (*film*) to develop.
baraj dam; (*football*) wall *barajı aşmak* to pass (*the examination*).
baraka hut, shed.
barbar barbarian; barbarous.
barbarlık barbarism.
bardak glass. *bardağı taşıran son damla* the last straw. *bardaktan boşanırcasına yağmur yağmak* to rain cats and dogs.
barem a scale of official salaries.
barınak shelter.
barındırmak to give shelter, to shelter, to harbor.
barınmak to take shelter (*in*).
barış peace. *barış antlaşması* peace treaty. *barış yapmak* to bury the hatchet, to make peace.
barışçı peace-loving, pacific.
barışçıl peace-loving, pacific.
barışçılık pacifism.
barışık at peace, reconciled.
barışmak to make peace (*with*), to be reconciled, to bury the hatchet.
barışsever pacific, peaceful.
barıştırmak to reconcile, to conciliate.
barikat barricade.
bariyer safety fence.
barmen barman, bartender.
barut gunpowder. *barut gibi* too sour, too hot; hot-tempered, irritable. *barut kesilmek* to fly into a rage.

basamak step, stair; *mat.* order, degree. **basamak basamak** step by step.

basamaklı having steps.

basbayağı quite common, ordinary.

basık low, squat; compressed.

basılı printed; pressed.

basım printing, impression.

basımcı printer.

basımevi printing house, press.

basın press, newspapers. **basın ataşesi** press attaché. **basın toplantısı** press conference.

basınç pressure.

basınçölçer barometer.

basit simple, plain, easy; common, ordinary.

basitlik simplicity.

basket *k. dili* basketball. **basket atmak** to make/shoot a basket.

basketbol basketball.

basketçi basketballer, basketball player.

baskı press; constraint, oppression; edition; (*newspaper*) circulation. **baskı altında tutmak to oppress,** to suppress. **baskı yapmak** to bring pressure on, to put pressure on.

baskın sudden attack, raid; *k. dili* unexpected visit; overpowering, superior. **baskın çıkmak** to get the upper hand, to surpass. **baskın yapmak** to swoop down on. **baskına uğramak** to be raided; to be caught redhanded; to be flooded.

baskıncı raider.

baskül weigh-bridge, scales.

basma printed cotton.

basmak to press, to weigh down; (*age*) to enter; to print; to step (*on*).

baston walking-stick, cane.

baş head; leader, chief; beginning; main, chief. **baş ağrısı** headache; trouble. **baş aşağı** upside down. **baş başa kalmak** to stay alone (*with*). **baş başa vermek** to collaborate, to put their heads together. **baş başa** face to face. **baş belası** trouble, nuisance. **baş döndürücü** astounding; stupefying. **baş dönmesi** dizziness, vertigo. **baş edememek** to be unable to cope with. **baş göstermek** to break out, to arise. **baş göz etmek** to give in marriage, to marry. **baş göz olmak** to marry. **baş kaldırmak** to rebel. **baş koymak** to risk one's life. **baş tacı** crown; a greatly respected and loved person. **Baş üstüne!** With pleasure! **başa çıkmak** to cope with, to handle. **Başa gelen çekilir** One has to take what comes. **başa gelmek** (*something bad*) to happen to. **başı ağrımak** to have got a head *k. dili.* **başı bağlı** fastened by the head; married. **başı belada** in trouble. **başı dönmek** to feel dizzy. **başı sıkıya gelmek** to be in trouble. **başı üstünde yeri olmak** to be highly respected-loved, to be welcome. **başına bir hal gelmek** to get into hot water, to have a misfortune. **başına buyruk** independent. **başına dert açmak** to cause trouble to. **başına devlet kuşu konmak** to have a stroke of luck. **başına ekşimek** to be a burden (*to*) .**başına geçmek** to become the chief of. **başına gelmek** to happen (*to*) **başına iş açmak** to cause trouble (**to**).

başına iş çıkarmak to cause sb to see to a burden. *başına kakmak* to hurt by reminding him of a favour done to him. *başına patlamak* (*undesirable thing*) to fall to one's lot, to befall. *başına yıkmak* to throw a burden on sb. *başında beklemek/durmak* to watch over, to watch by. *başından aşağı kaynar sular dökülmek* to have a nasty shock, to be shocked. *başından aşkın* (*work*) too much for sb. *başından atmak* to get rid. *başından beri* all along *başından büyük işlere girişmek* to bite off more than one can chew *başından geçmek* to happen (*to*), to experience. *başından savmak* to get rid (*of*). *başını ağrıtmak* to bother, to annoy. *başını belaya sokmak* to bring trouble (*to*). *başını boş bırakmak* to leave alone; to leave without control. *başını derde sokmak* to get oneself into trouble; to get sb into trouble. *başını dinlemek* to rest. *başını kaldır(a)mamak* to be engrossed in. *başını ütülemek* to nag, to badger. *başını yakmak* to get sb into trouble. *başının altından çıkmak* to be hatched out in sb's head. *başının çaresine bakmak* to see to one's own affairs oneself. *başının derdine düşmek* to be too involved in his own affairs not to be interested in anything else. *başının etini yemek* to nag. *başta gelmek* to be first. *baştan aşağı* throughout, from head to foot. *baştan başa* from end to end. *baştan çıkarmak* to lead astray, to seduce. *baştan*

çıkmak to be led astray, to be corrupted. *baştan savma* carelessly, improperly.

başarı success *başarı göstermek* to show success.

başarılı successful.

başarısız unsuccessful *başarısız olmak* to fail.

başarısızlık failure.

başarmak to succeed, to achieve.

başbakan prime minister, premier.

başbakanlık prime ministry, premiership.

başçavuş sergeant major.

başhekim head doctor.

başhemşire head nurse.

başıboş untied, free; untamed; neglected, unattended. *başıboş bırakmak* to leave uncontrolled, to leave to oneself. *başıboş kalmak* to run wild.

başıbozuk irregular, undisciplined.

başka other, another, different. (*-den*) *başka* apart from, except. *başka başka* separately, one by one; different. *başka bir deyişle* in other words. *başka bir zaman* another time. *başka biri* someone else; another person, another. *başka yer(d)e* elsewhere.

başkaca besides, furthermore, otherwise.

başkaları others.

başkaldırı rebellion, revolt.

başkaldırmak to rebel, to revolt.

başkalık difference; alteration, change.

başkan president, chief, chairman.

başkanlık presidency, chairmanship.

başkası another, someone else.

başkent capital.

başkomutan commander-in-chief.

başkomutanlık supreme military command.

başkonsolos consul general.

başkonsolosluk consulate general.

başlamak to begin, to start, to commence.

başlangıç beginning, start; foreword **başlangıç noktası** starting point.

başlatmak to make (*let*) begin, to start; to cause sb to swear.

başlıca main, principal.

başlık cowl, cap, headgear; title, headline; caption; money paid by the bridegroom to the bride's family.

başmakale leading article, editorial.

başmüfettiş chief inspector.

başöğretmen (*school*) principal.

başparmak thumb; big toe.

başrol leading part, lead.

başsavcı attorney-general.

başsız headless.

başşehir capital.

baştanbaşa entirely.

başvurmak to apply (*to*); to resort to.

başvuru application. **başvuru formu** application form. **başvuru kitabı** reference book. **başvuruda bulunmak** to make an application.

başvurucu applicant.

başyapıt masterpiece.

başyazar editorial writer, editor.

başyazı leading article, editorial.

batak marsh, swamp; marshy, swampy.

bataklık marsh, swamp.

batarya battery.

bateri *müz.* drums.

baterist drummer.

batı west; the West; western.

batıl superstitious, false **batıl itikat** superstition.

batılı western; Westerner.

batılılaşma westernization.

batılılaşmak to become westernized.

batırmak to sink, to submerge; to dip, to plunge; to stick; to dirty, to ruin; to run down, to disparage.

batmak to sink; to set (*sun, etc*) to; hurt, to prick; to go bankrupt; to be lost, to perish; to irk, to hurt.

battaniye blanket.

bavul suitcase, case.

bay gentleman; Mr.

bayağı ordinary, common; mean, vulgar, coarse; quite.

bayağılaşmak to become vulgar.

bayan lady, madam; Mrs, Miss, Ms.

bayat stale; trite, insipid.

bayatlamak to get stale.

baygınlık faintness **baygınlık geçirmek** to feel faint, to have a blackout.

bayılmak to faint, to swoon; to be fond of; *arg.* to shell out, to pay.

bayıltmak to make swoon, to cause to faint; to anaesthetize.

bayındır prosperous, developed.

bayındırlık prosperity; public works.

bayır slope, ascent.

bayi vendor, seller, dealer.

baykuş owl.

bayrak flag **bayrak çekmek** to hoist the flag. **bayrak dikmek** to plant the flag. **bayrak direği** flag-pole.

baytar veterinary surgeon.

bazen sometimes.

bazı some, certain.

bebe baby.

bebek baby; doll. **bebek bekle-mek** to be pregnant. **bebek bezi** nappy.

bebeklik babyhood.

beceri skill.

becerikli skillful, capable.

beceriklilik skill, dexterity.

beceriksiz unskillful, incapable.

beceriksizlik clumsiness, inca-pability.

bedava free, for nothing.

bedavacı freeloader, sponger.

bedel equivalent; worth, value; price; substitute.

beden body **beden eğitimi** phys-ical education, gym.

bedenen physically.

bedensel bodily, physical.

beğeni taste, liking, gusto.

beğenilmek to win approval.

beğenmek to like, to admire; to choose, to prefer.

beğenmemek to disapprove (of).

beğenmezlik disapproval.

bek (football) back; gas burner.

bekâr unmarried, single, bach-elor.

bekâret virginity.

bekârlık bachelorhood, celibacy.

bekçi (night) watchman; guard, sentry.

bekleme waiting **bekleme salo-nu/odası** waiting room.

beklemek to wait (for); to expect; to watch, to attend.

beklenmedik unexpected.

beklenmek to be expected.

beklenti expectation.

bekletmek to make sb wait, to keep sb waiting; to delay, to postpone.

Bektaşi dervish of the Bektashi order.

Bektaşilik the Bektashi order.

bel waist, loins; mountain pass, notch; den. midship body; sperm, come; spade. **bel ağrı-sı** lumbago. **bel bağlamak** to rely on. **belini doğrultmak** to recover.

bela trouble, misfortune, calamity. **bela aramak** to ask for trouble. **bela çıkarmak** to stir up trouble. **bela okumak** to curse. **belasını bulmak** to get one's desert. **be-laya girmek/çatmak** to run into trouble. **belaya sokmak** to get sb into trouble.

belediye municipality. **belediye başkanı** mayor. **belediye bina-sı** town hall. **belediye meclisi** town council.

belediyeci municipal employee.

beleş free, buckshee **beleşe kon-mak** to get on the gravy train.

beleşçi free-loader, sponger.

beleşten for nothing, buckshee.

belge document, certificate **bel-ge almak** to be expelled from school.

belgelemek to document, to con-firm.

belgeli dismissed from school.

belgesel documentary **belgesel film** documentary film.

belgisiz dilb. indefinite. **belgisiz adıl** indefinite pronoun. **belgisiz sıfat** nonrestrictive adjective. **belgisiz tanımlık** indefinite ar-ticle.

belirgin clear, manifest.

belirginleşmek to become clear.

belirginlik clarity.

belirlemek to determine, to fix.

belirli determined, definite **belirli belirsiz** dim, indistinct.

belirmek to appear, to come into sight.

belirsiz undetermined, indefinite, uncertain; imperceptible.

belirsizlik uncertainty, indefiniteness.

belirteç *dilb.* adverb.

belirti sign, mark, indication; symptom.

belirtili defined, qualified.

belirtisiz undefined, unqualified.

belirtmek to state, to specify; to determine.

belkemiği backbone, spine.

belki perhaps, maybe.

bellek memory **belleğini yitirmek** to lose one's memory.

belli clear, evident; certain, definite. **belli başlı** main, chief; definite, proper. **belli belirsiz** hardly visible. **belli etmek** to show, to reveal. **belli olmak** to become perceptible, to become clear. *Belli olmaz* One never knows; It all depends.

bembeyaz snow-white, pure white.

ben I, me; ego; mole; beauty-spot.

bence in my opinion, as for me, I think...

bencil selfish.

bencileyin like me.

bencilleşmek to be selfish.

bencillik egotism; solipsism.

beni me.

benim my.

benimki mine.

benimsemek to adopt, to appropriate to oneself, to identify oneself with.

beniz colour of the face, complexion. **benzi atmak** to grow pale. **benzi soluk** pale.

benlik personality, ego; egotism; conceit.

benzemek to look like, to resemble.

benzer similar, like.

benzerlik similarity, resemblance.

benzersiz unique.

benzeşmek to resemble each other.

benzetme imitation; *yaz.* Simile.

benzeyiş resemblance, similarity

benzin petrol, gasoline. **benzin almak** to tank up. **benzin deposu** petrol tank, gas tank. **benzin istasyonu** petrol station, filling station.

benzinci filling station, petrol station, service station.

beraber together. **berabere bitmek** *sp.* to finish in a dead heat. **berabere kalmak** *sp.* to draw, to tie. **bununla beraber** nevertheless, however. **olmakla beraber** although, though.

berabere drawn.

beraberlik draw, tie; cooperation, unity.

berbat very bad, terrible, awful; ruined, spoilt; filthy, dirty. **berbat etmek** to ruin.

berber barber; hairdresser; hairdresser's. **berber dükkânı** barbershop.

berduş vagabond, tramp.

bereket abundance, fruitfulness; rain; blessing; fortunately, luckily. *Bereket versin!* God bless you! Thank you!; fortunately, thank God.

bereketli abundant, fruitful.

bereketsiz unfruitful, scanty.

beri the near side, this side, here; since.

berrak clear.

berraklaşmak to become clear.

berraklık clearness.

besbelli very clear, evident.

besili (*animal*) well-fed, fleshy, fat.

besin nourishment, food. ***besin maddesi*** foodstuff.

besleme feeding, nourishing; girl servant brought up in the household.

beslemek to feed, to nourish; to rear (*animal*); to support, to keep.

beslenmek to be nourished.

besleyici nutritious, nutritive, nourishing.

beste *müz.* composition, tune.

besteci composer.

bestekâr composer.

bestelemek to compose.

beş five. ***beş para etmez*** worthless. ***deş parasız*** penniless.

beşeriyet mankind, humanity.

beşgen pentagon.

beşinci fifth.

beter worse. ***beterin beteri*** the worst.

betimleme description.

betimlemek to describe.

beton concrete.

betonarme reinforced concrete.

betonyer cement mixer.

bey gentleman, sir; Mr; ruler, head; *k. dili* husband, hubby; ace.

beyanname written statement, declaration.

beyaz white ***Beyaz Saray*** the White House.

beyazımsı whitish.

beyazımtırak whitish.

beyazlaşmak to get white.

beyazlatmak to whiten.

beyazlık whiteness.

beyazperde movie screen; the cinema, the movies.

beyazpeynir white cheese, Turkish cottage cheese.

beyefendi sir; Mr.

beygir horse, packhorse, carthorse.

beygirgücü horsepower.

beyin brain ***beyin göçü*** brain drain. ***beyin kanaması*** cerebral hemorrhage. ***beyin yıkama*** brain washing. ***beyin yıkamak*** to brainwash. ***beyninden vurulmuşa dönmek*** to be greatly shocked.

beyinsiz brainless, stupid.

beysbol baseball.

bez cloth, dustcloth; *anat.* Gland.

bezdirmek to sicken, to disgust, to annoy.

bezemek to adorn, to deck.

bezgin disgusted, wearied, depressed.

bezginlik weariness, lethargy.

bıçak knife. ***bıçak altına yatmak*** to have an operation. ***bıçak kemiğe dayanmak*** to become unbearable.

bıçaklamak to stab, to knife.

bıçkın rascal, rowdy, bully.

bıkmak to get tired (*with*), to get tired (*of*).

bıktırıcı tiresome, boring.

bıktırmak to bore, to annoy.

bırakmak to leave; to give up, to quit; to release, to allow, to let; to put off, to postpone; to set free, to let go.

bıyık moustache; *zool.* whiskers. ***bıyık altından gülmek*** to laugh up one's sleeve. ***bıyık bırakmak*** to grow a moustache. ***bıyık burmak*** to twist the moustache; to show off, to swagger.

bıyıklı moustached.

biber pepper ***biber gibi*** very sharp/hot.

biberli peppered, peppery.

biberon feeding bottle.

bibliyografi bibliography.

biçare poor, helpless.

biçerdöver combine (*-harvester*).

biçimlendirmek to shape, to form, to give shape to.

biçimli well-shaped, shapely.

biçimsiz ill-shaped, ugly; improper, awkward.

biçki cutting out (*clothes*). *biçki dikiş yurdu* tailoring school.

biçme cutting; mowing; *mat.* Prism.

biçmek to cut; to mow, to reap.

bidon can, drum, barrel.

biftek beefsteak, steak.

bilakis on the contrary.

bilanço balance (*sheet*).

bilardo billiards.

bildiri announcement, notice.

bildirim announcement, declaration, notice.

bildirme announcing, informing. *bildirme kipi dilb.* indicative mood.

bildirmek to tell, to notify, to inform.

bile even; already.

bileğitaşı whetstone.

bilek wrist. *bileğine güvenmek* to trust to one's fists. *bileğinin hakkı ile* purely by one's own hard working.

bilerek purposely, knowingly, deliberately.

bileşen component.

bileşik compound. *bileşik faiz* compound interest. *bileşik kesir* compound fraction. *bileşik sözcük* compound word.

bileşim composition.

bileştirmek to compound, to combine.

bilet ticket *bilet gişesi* box office, ticket window.

biletçi ticket seller; ticket collec-

tor, conductor.

bileyici knife-grinder.

bilezik bracelet; metal ring.

bilge learned, wise.

bilgelik sagacity, wisdom.

bilgi knowledge; information. *bilgi almak* to get information. *bilgi edinmek* to obtain information. *bilgi kuramı* epistemology. *bilgi vermek* to give information, to inform, to enlighten.

bilgiç pedant; pedantic.

bilgiçlik pedantry. *bilgiçlik taslamak* to pretend to know a lot.

bilgili learned, well-informed.

bilgin scholar; scientist.

bilgisayar computer.

bilgisiz ignorant.

bilgisizlik ignorance.

bilim science. *bilim adamı* scientist.

bilimkurgu science fiction.

bilimsel scientific.

bilinç the conscious. *bilincinde olmak* to be conscious of.

bilinçaltı the subconscious.

bilinçdışı the unconscious

bilinçlenmek to become conscious.

bilinçli conscious.

bilinçsiz unconscious, insensible.

bilinçsizce unconsciously.

bilinçsizlik unconsciousness.

bilinen known.

bilinmedik unknown.

bilinmek to be known.

bilinmeyen unknown.

bilinmez unknown; unidentified.

bilirkişi expert *bilirkişi raporu* expertise.

bilişim data processing.

billur crystal. *billur gibi* very clear.

billurlaşmak to crystallize.

bilmece riddle, puzzle.
bilmek to know; to understand; to think, to guess; to learn, to hear; to experience. *bildiğim kadarıyla* as far as I know, for all I know. *bildiğini okumak/ yapmak* to go/take one's own way. *bile bile, bilerek* on purpose, intentionally, purposely. *bilmeden* unintentionally.
bilumum in general, all.
bilye marble; ball.
bilyeli having a ball.
bilyon a thousand million.
bin thousand. *bin bir* great many, all kinds of. *bin dereden su getirmek* to beat about the bush. *bin pişman olmak* to regret greatly. *bin tarakta bezi olmak* to have too many irons in the fire. *binde bir* scarcely, very rarely.
bina building; construction. *bina etmek* to build, to construct *bina vergisi* building tax.
binbaşı major; commander; squadron leader.
bindirmek to cause to mount; to run into, to collide; to overlap.
binek mount. *binek atı* saddle horse.
binici rider, horseman.
binicilik horse-riding.
bininci thousandth.
binlerce thousands of.
binmek to get on, to get into, to board, to mount; to ride; to overlap.
bir one; a, an; the same; equal; unique. *bir ağızdan* with one voice. *bir an* for a moment. *bir an önce* as soon as possible. *bir ara* for a moment. *bir araya gelmek* to come together. *bir*

avuç a handful. *bir bakıma* in a sense, in a way. *bir baltaya sap olmak* to find a job, to be employed. *bir başına* all alone. *bir bir* one by one. *bir çırpıda* at once. *Bir çiçekle yaz olmaz* ats. One swallow does not make a summer. *bir çift sözü olmak* to have a word or two to say. *bir daha* one more; again. *bir dakika* a minute; just a minute. *bir de* in addition, also. *bir dediği bir dediğini tutmamak* to contradict oneself. *bir defa* once. *Bir elin nesi var, iki elin sesi var* ats. United we stand, divided we fall. *bir hoş olmak* to have a strange feeling, to feel sad. *bir içim su* very beautiful (*woman*). *bir kapıya çıkmak* to come to the same thing. *bir kere* once; for once. *bir kerecik* just once. *bir kulağından girip (öbür) kulağından çıkmak* to go in at one ear and out at the other. *bir miktar* a little, some. *bir nebze* a little bit. *bir olmak* to collaborate, to unite. *bir parça* a little, one piece. *bir saniye* one second! just a moment!, just a second! *bir süre* awhile, for a time. *bir sürü* lots of. *bir şey değil* You are welcome Don't mention it Not at all. *bir şey* something. *bir şeyler olmak* to behave strangely, to give oneself airs. *bir taşla iki kuş vurmak* to kill two birds with one stone *bir türlü* somehow, in a way or another. *bir varmış bir yokmuş* once upon a time. *bir yana* apart from. *bir yastığa baş koymak* to be husband and wife. *bir zamanlar* at one time **bire bin katmak** to exaggerate.

bira beer.

birader brother; fellow, buddy.

birahane pub, beer-house.

biraz a little, some. **biraz sonra** a little later, soon.

birazcık a little bit.

birazdan a little later.

birbiri each other, one another. **birbiri ardınca** one after the other. **birbirine düşmek** to start quarrelling. **birbirine düşürmek** to set at loggerheads. **birbirine girmek** to start quarrelling. **birbirini yemek** to be constantly quarreling.

birçoğu most (of them).

birçok a lot of, lots of, many.

birden suddenly; at a time, in one lot.

birdenbire all of a sudden, suddenly.

birdirbir leapfrog **birdirbir oynamak** to play leapfrog.

birebir the most effective (remedy).

birer one each, one apiece. **birer birer** one by one.

birey individual.

bireyci individualist.

bireycilik individualism.

bireysel individual.

biri someone, somebody; one of them.

biricik unique, sole, only.

birikim accumulation, buildup.

birikinti accumulation, heap.

birikmek to come together, to accumulate, to collect.

biriktirmek to gather, to assemble; to save up; to collect.

birileri some people.

birim unit.

birinci first; first-class. **birinci elden** at first hand. **birinci gelmek** to be first. **birinci mevki** first class (in a train, bus), cabin class (on a ship). **birinci olmak** to be first. **birinci sınıf** first class; first rate, excellent; first grade (at school).

birincil primary.

birincilik first rank, championship.

birisi someone, somebody; one of them.

birkaç some, a few, several.

birleşik united, joint; compound, composite.

birleşim session, sitting; union.

birleşmek to unite; to meet; to agree.

birleşmiş united **Birleşmiş Milletler** the United Nations.

birleştirmek to unite, to connect, to joint.

birlik unity; union, association, corporation; sameness; ask. unit.

birlikte together.

birtakım some, a certain number of.

bisiklet bicycle, cycle, bike. **bisiklete binmek** to bicycle, to bike k. dili.

bisküvi biscuit.

bisturi lancet.

bit louse. **bit kadar** tiny, very small.

bitim ending, end.

bitirmek to finish, to complete; to exhaust, to destroy.

bitiş ending, end; finish.

bitişik contiguous, adjacent, joining, neighbouring; next door.

bitişmek to be contiguous, to adhere, to join.

bitiştirmek to join, to attach.

bitki plant. **bitki örtüsü** plant cover.

bitkin exhausted, worn out. *bitkin düşmek* to collapse from exhaustion.

bitkinlik exhaustion.

bitkisel vegetal, vegetable. *bitkisel hayat* cabbage/vegetable existence.

bitmek to finish, to end; to be exhausted; to be fond of, to fall for; to grow, to sprout. *bitmez tükenmez* never ending.

bitpazarı flea market.

biyolog biologist.

biyoloji biology.

biyolojik biological.

biyonik bionic.

biyosfer biosphere.

biz we; awl. *biz bize* by ourselves, without outsiders. *bizce* in our opinion, according to us. *bizden* from us.

bize (*to*) us.

bizi us.

bizim our; ours.

bizimki ours; my wife, my husband.

bizzat personally, in person.

blok block; writing pad.

blokaj blockage; covering.

bloke blocked. *bloke etmek* to close, to stop.

bloknot writing pad.

bobin reel, spool; coil.

bocalamak to falter, to reel; *den.* to veer.

bodrum cellar, dungeon. *bodrum katı* basement.

bodur dumpy, squat.

boğa bull. *boğa güreşi* bullfight. *boğa güreşçisi* bullfighter, toreador, matador.

boğaz throat; (bottle) neck; defile, pass; strait. *boğaz ağrısı* sore throat. *boğaz boğaza gelmek* to be at daggers drawn, to quarrel fiercely. *boğaz tokluğuna çalışmak* to work for one's food only. *boğazı ağrımak* to have a sore throat. *boğazına düşkün* gourmet, glutton. *boğazına kadar borç içinde olmak* to be in debt up to one's neck. *boğazına sarılmak* to seize sb by the throat, to choke. *boğazında kalmak* to stick in one's throat.

Boğaziçi the Bosphorus.

boğazlamak to strangle, to slaughter.

boğmak to choke, to strangle, to suffocate; to drown; to overwhelm, to heap.

boğucu suffocating, sultry.

boğuk hoarse, raucous.

boğulmak to be suffocated, to be strangled; to be drowned; (*engine*) to be flooded.

boğuşmak to fight, to scuffle; to struggle, to tussle.

bohça bundle, package.

bok *arg.* excrement, shit, dung, feces. *bok atmak* to defame, to throw mud on. *boku bokuna* for nothing, in vain. *bok etmek* to spoil. *boktan* worthless.

boks box. *boks yapmak* to box.

boksör boxer.

bol loose, wide; abundant, plentiful *bol bol* abundantly, generously. *bol keseden atmak* to be free with, to scatter promises around.

bollanmak to loosen, to widen; to become abundant.

bollaşmak to loosen, to widen; to become abundant.

bolluk looseness, wideness; plenty, abundance.

bomba bomb.

B

bombalamak to bomb.

bombardıman bombardment. *bombardıman etmek* to bombard. *bombardıman uçağı* bomber.

bomboş quite empty.

bonbon candy.

boncuk bead.

bone bonnet; bathing cap.

bonfile sirloin (*steak*), sirloin steak.

bora squall, tempest.

borazan trumpet.

borç debt, loan; duty. *borca girmek* to go into debt. *borcu olmak* to owe. *borcunu kapatmak* to pay one's debt. *borç almak* to borrow (*money*). *borç etmek/yapmak* to get into debt. *borç harç* on loan. *borç para* loan. *borç vermek* to lend (*money*) *borçtan kurtulmak* to get out of debt.

borçlanmak to get into debt.

borçlu debtor; obliged, grateful. *borçlu olmak* to owe.

bordro payroll; docket, list.

bornoz bathrobe.

borsa stock-exchange, exchange, market. *borsa tellalı* stockbroker, broker.

boru tube, pipe; trumpet, horn. *borusu ötmek k. dili* to be in authority, to be domineering.

bostan vegetable garden, kitchen garden. *bostan korkuluğu* scarecrow; figure-head, puppet.

boş empty; vacant; unemployed; free; vain, futile. *boş bulunmak* to be taken unawares. *boş durmak* to do nothing, not to be working. *boş gezenin boş kalfası* loafer, idler. *boş laf* wind, claptrap, hot air, gas *hkr. boş*

oturmak to be unemployed, to do nothing. *boş söz* empty words, vain promises. *boş vakit* spare time, leisure. *boş ver* Never mind *k. dili.* *boş vermek* not to worry, not to give a damn. *boş yere* in vain, uselessly. *boş zaman* spare time; idle time. *boşa gitmek* to come to nothing, to be in vain. *boşta gezmek* to be unemployed. *boşta* unemployed. *boşu boşuna* in vain, uselessly.

boşalmak to be emptied; to become vacant.

boşaltmak to empty, to pour out; to unload, to unship, to discharge.

boşamak to divorce.

boşanma divorce. *boşanma davası* divorce case

boşanmak to be divorced; to get loose.

boşboğaz indiscrete.

boşluk empty space; blank; emptiness; cavity; vacuum.

boşuna in vain.

bot boat, dinghy; boot.

bovling bowling.

boy length; size; height; tribe. *boy atmak* to grow tall. *boy aynası* full-length mirror. *boy bos* stature, figure. *boy boy* of different sizes. *boy göstermek* to show oneself. *boy ölçüşmek* to compete with. *boy vermek* to show how deep the water is. *boya çekmek* (*child*) to shoot up. *boydan boya* from end to end. *boyu boşu yerinde* tall, well-proportioned. *boyu kısa* short. *boyunun ölçüsünü almak* to get one's deserts, to learn one's lesson.

boya paint, dye *boya vurmak/ çekmek* to paint.

boyacı dyer; housepainter; shoe-black, bootblack.

boyamak to paint, to dye, to colour; (*shoes*) to polish, to black.

boykot boycott *.boykot etmek* to boycott.

boylam longitude.

boylu tall. *boylu boyunca* at full length; from end to end.

boynuz horn; antler.

boysuz short, not tall.

boyun neck. *boynu bükük* unhappy, sad, disappointed. *boynu tutulmak* to have a stiff neck. *boynuna sarılmak* to embrace. *boynunu bükmek* to become very saddisappointed. *boyun atkısı* scarf. *boyun borcu* incumbent duty. *boyun eğmek* to submit, to yield.

boyunbağı necktie.

boyunca along; throughout; during: lengthwise.

boyunduruk yoke; bondage; *sp.* Headlock. *boyunduruk altına almak* to put under the yoke, to enslave.

boyut dimension.

boz grey, gray.

boza thick fermented grain drink.

bozarmak to turn pale; to become grey brown bear

bozdurmak to have changed; to cash, to change.

bozgun rout, defeat. *bozguna uğramak* to be routed. *bozguna uğratmak* to rout.

bozguncu defeatist.

bozkır steppe.

bozmak to spoil, to ruin, to destroy; to change, to cash; to upset, to foil, to baffle; to break, to cancel; to be crazy about; to violate, to deflower; (*weather*) to become worse. *ağzını bozmak* to swear, to abuse. *kafasını bozmak* to rub sb the wrong way.

bozuk spoilt, destroyed, ruined; broken; out of order, on the bum; corrupt, depraved; (*weather*) bad *bozuk para* small money.

bozukluk defect, trouble; corruption, disorder; small change.

bozulmak to be spoilt; to degenerate; to break down; to be humiliated, to resent.

böbrek kidney.

böbürlenmek to boast, to crow.

böcek insect; bug, beetle; louse. *böcek ilacı* insecticide.

böğürmek to bellow, to low.

böğürtlen blackberry, bramble.

bölen *mat.* Divisor. *ortak bölen* common divisor. *en büyük ortak bölen* greatest common divisor.

bölge region, district, zone, section.

bölgesel regional.

bölme division; compartment; *den.* bulkhead.

bölmek to divide (*into*); to separate.

bölü *mat.* divided by.

bölücü separationist, intriguer.

bölücülük divisive behavior.

bölüm part, chapter; portion, division; *mat.* quotient; department.

bölümlemek to classify.

bölünmek to be divided; to break up, to split.

bölüşmek to share out.

bölüştürmek to distribute, to share out.

börek pastry, pie.

böyle so, such, thus, like this, in this way. **bundan böyle** from this time on, henceforth. **böyle olunca** in that case, then. **Böyle gelmiş böyle gider** That's life; It's inevitable.

böylece then, so.

böylelikle in this way, thus.

böylesi such a, this kind of.

böylesine as ... as this, such.

branş branch, department.

bravo! Bravo! Well done!

Brezilya Brazil.

Brezilyalı Brazilian.

briç bridge.

briket briquette, briquette.

Britanya Britain, Great Britain.

Britanyalı Briton, Englishman.

bronzlaşmak to bronze, to get brown.

broşür brochure, booklet.

bröve certificate, diploma.

brülör burner.

brüt gross.

bu this. **bu akşam** this evening, tonight .**bu arada** meanwhile. **bu bakımdan** from this point of view. **bu defa** this time. **bu gece** tonight. **bu gibi** of this kind, such. **bu kadar** this much, such, this. **bu nedenle** therefore, so, consequently, hence. **bu yana** since. **bu yüzden** accordingly, so, therefore, that's why. **buna rağmen** still, notwithstanding. **bundan sonra** from now on, in future. **bunun gibi** suchlike.

buçuk half.

budala silly, foolish, imbecile; crazy about.

budalalık stupidity, foolishness. **budalalık etmek** to behave foolishly, to be silly.

Budist Buddhist.

Budizm Buddhism.

budun tribe, people, nation.

budunbetim ethnography.

budunbilim ethnology.

bugün today. **bugün yarın** soon. **bugünden tezi yok** right now. **bugüne bugün** unquestionably, sure enough. **bugünlerde** in these days, nowadays, recently.

bugünkü of today, today's, present.

bugünlük for today.

buğday wheat.

buğu vapour, steam, fog.

buğulanmak to be steamed up, to mist over.

buğulu steamy, misty, fogged.

buhar steam, vapour.

buharlaşmak to vapourize, to evaporate.

buharlı steamy, vaporous.

buhran crisis.

buji spark plug.

buket bunch of flowers, bouquet.

bukle haircurl, lock.

bukleli curly.

bulandırmak to muddy, to soil; (*stomach*) to turn, to nauseate.

bulanık turbid, muddy; cloudy, overcast. **bulanık suda balık avlamak** to fish in troubled waters.

bulanmak to become turbid, to get muddy; to be smeared; to be dimmed; (*stomach*) to be upset.

bulaşıcı infectious, contagious.

bulaşık dirty dishes; smeared, bedaubed; infected, contagious. **bulaşık bezi** dishcloth. **bulaşık makinesi** dishwasher.**bulaşık suyu** dishwater. **bulaşık yıkamak** to wash the dishes.

bulaşıkçı dishwasher (*person*).

Bulgar Bulgarian.

Bulgarca Bulgarian.

Bulgaristan Bulgaria.

bulgu discovery; invention, finding.

bulgur boiled and pounded wheat. *bulgur pilavı* cracked wheat cooked with tomatoes.

bulmaca crossword puzzle.

bulmak to find; to discover; to invent; to amount to.

buluğ puberty. *buluğa ermek* to reach puberty.

bulunmak to be found; to be discovered; to be present; to be located; to participate, to attend. *(bir) ricada bulunmak* to make a request.

buluş invention; discovery; original thought, idea.

buluşma meeting.

buluşmak to meet, to come together.

bulut cloud. *bulut gibi (sarhoş)* **dead drunk** *buluttan nem kapmak* to be very touchy]suspicious.

bulutlanmak to get cloudy.

bulutlu cloudy.

bulutsuz cloudless.

bulvar boulevard, avenue.

bunak senile, dotard.

bunaklık senility, dotage.

bunalım crisis; depression.

bunalmak to feel suffocated; to get bored; to be depressed.

bunaltmak to suffocate; to bore, to weary.

bunamak to become senile, to dote.

bundan from this, about this. *bundan başka* besides, furthermore, in addition. *bundan böyle* from now on, henceforth; after this *bundan dolayı* for this reason, therefore.

bunlar these.

bunun of this. *bunun üzerine* thereupon. *bununla birlikte* **however,** nevertheless.

bura this place, this spot.

burada here.

buradan from here.

buralarda hereabout, about.

buraları these places.

buralı native of this place.

burası here.

buraya here.

burç tower; zodiacal constellation, sign of the zodiac.

burgaç vortex, whirlwind.

burgu corkscrew; auger, gimlet.

burjuva bourgeois.

burjuvazi bourgeoisie.

burkulmak to be twisted, to be sprained.

burs scholarship, bursary.

buruk acrid, astringent, pucker.

burulmak to be twisted.

burun nose; beak, bill; *coğ.* cape, headland. *burun buruna* very close. *burun buruna gelmek* almost to collide with; to come face to face. *burun kanaması* nosebleed. *burun deliği* nostril. *burnu büyük* conceited, arrogant. *burnu büyümek* to become conceited, to have a swollen head. *burnu havada* conceited. *burnu kanamak* to bleed at the nose. *burnunda tütmek* to long for. *burnundan gelmek* to suffer so much after having. *sth good burnunu kıvırmak* to turn one's nose up. *burnunu silmek* to blow one's nose. *burnunu sokmak* to poke one's nose into, to nose into. *burnunun dibinde* under sb's very nose. *burnunun doğrusu-*

na gitmek to follow one's nose. **burnunun ucunu görememek** to be dead drunk.

buruşmak to be wrinkled, to be crumpled.

buruşturmak to wrinkle, to crumple, to pucker.

buruşuk wrinkled, crumpled, puckered.

but thigh; rump.

butik boutique.

buyruk order, command. **kendi başına buyruk olmak** to be one's own master.

buyurmak to order, to decree; to command.

buz ice. **buz gibi** very cold, icy. **buz kesilmek** to freeze; to be stunned. **buz kesmek** to freeze, to feel very cold. **buz tutmak** to ice up/over, to freeze (over).

buzdağı iceberg.

buzdolabı refrigerator, fridge.

buzlanmak to get icy; to ice up-over.

buzlu icy, iced; (glass) translucent, frosted.

buzlucam frosted glass.

buzluk icebox.

buzul glacier. **buzul çağı** ice age.

büfe sideboard; refreshment stall, buffet; kiosk.

bükmek to twist, to wrench; to bend, to flex; to spin.

bükülgen flexible.

bülten bulletin.

büro office, bureau.

bürokrasi bureaucracy, red tape.

bürokrat bureaucrat.

bürokratik bureaucratic.

büsbütün completely, entirely, wholly.

bütçe budget.

bütün bütün entirely.

bütün whole, entire, complete; the whole, all.

bütünleme completion.

bütünlemek to complete, to integrate.

bütünleşmek to become integrated.

bütünlük wholeness, completeness, integrity.

bütünüyle completely, entirely, fully.

büyü magic, spell. **büyü yapmak** to cast a spell on.

büyücü witch; magician, sorcerer.

büyücülük sorcery, witchcraft.

büyük big, large; great, grand; older, elder; important, serious. **büyük aptes yapmak** to defecate. **büyük defter** ledger. **büyük harf** capital letter. **büyük ikramiye** first prize. **Büyük Millet Meclisi** the Grand National Assembly (of Turkey). **büyük olasılıkla** probably. **büyük ölçüde** on a large scale. **büyük (söz) söylemek** to talk big.

büyükanne grandmother.

büyükbaba grandfather.

büyükbaş cattle.

büyükçe somewhat large.

büyükelçi ambassador.

büyükelçilik embassy.

büyüklük largeness, bigness; greatness; size.

büyülemek to bewitch; to fascinate, to charm.

büyüleyici fascinating, charming.

büyülü bewitched, charmed, magic.

büyümek to grow (up); to become large. **büyümüş de küçülmüş** (child) precocious.

büyüteç magnifying glass.

büyütmek to make bigger; to enlarge; to bring up, to rear; to exaggerate; (*business*) to extend.
büzmek to constrict, to pucker, to contract.
büzülmek to shrink, to contract; to crouch, to cower.

C c

caba gratis, free.

cabadan for nothing, free.

cacık a dish made of chopped cucumber and garlic flavoured yoghurt.

cadaloz shrew, hag, vixen.

cadde street, main road.

cadı witch, hag, shrew.

cahil ignorant, uneducated, illiterate; inexperienced, greenhorn.

cahillik ignorance, inexperience. *cahillik etmek* to act foolishly.

caka show-off, swagger, ostentation. *caka satmak* to show off, to swagger.

cakalı showy, swaggering.

cam glass, pane.

cambaz rope dancer, acrobat, swindler, juggler.

cambazlık acrobatism; cunning, trick.

camcı glazier.

camekân shop window, showcase.

cami mosque.

camia community.

can soul, spirit; life; person, soul; darling, love; energy, zeal, vigour. *can alıcı (nokta)* crucial (*point*). *can atmak* to starve for, to crave, to desire. *can çekişmek* to be at one's last gasp. *can damarı* vital point. *can damarına basmak* to touch sb on the raw. *can düşmanı* mortal enemy. *can evi* the vital spot. *can havliyle* desperately. *can korkusu* fear of death. *can kulağı ile dinlemek* to be all ears. *can sıkıcı* annoying, dull, boring. *can sıkıntısı* annoyance, boredom. *can sıkıntısından patlamak* to get bored to death. *can vermek* to die, to pass away. *cana can katmak* to delight greatly, to refresh. *cana yakın* friendly. *canı acımak* to feel pain. *Canı cehenneme!* To hell with him! *canı çekmek* to long for. *canı çıkmak* to die; to get very tired. *canı istemek* to feel like (*doing sth*). *canı sıkılmak* to be bored. *canı tez* impatient. *canı yanmak* to feel pain. *canım* dear, my darling. *canımın içi* my darling. *canın isterse* As you like, I don't care. *Canın sağ olsun!* Never mind! It doesn't matter. *canına değmek* to hit/touch the spot. *canına kıymak* to kill oneself; to kill. *canına okumak* to destroy; to harass. *canına susamak* to want to die. *canına tak demek* to get to be intolerable. *canın-dan bezmek (bıkmak]usanmak)* to be tired of living. *canını almak* to take one's life. *canını acıtmak* to hurt *canını bağışlamak* to spare sb's life. *canını çıkarmak* to wear out, to tire out. *canını sıkmak* to annoy, to bother. *canını vermek* to sacrifice oneself. *canını yakmak* to cause pain (to). *canla başla* with heart and soul.

canavar monster, brute. *canavar düdüğü* siren.

canciğer intimate.

candan sincere, hearty.

cani criminal, murderer.

cankurtaran ambulance; lifesaver. *cankurtaran simidi* life buoy. *cankurtaran yeleği* life jacket.

canlandırmak to animate, to revive; to impersonate, to perform.

canlanmak to come to life, to revive; (business) to boom.

canlı alive, living; active, lively. *canlı yayın* live broadcast.

canlılar the living.

cansız lifeless, dead; weak, feeble; slack, still; dull.

cari current; valid, effective. *cari hesap* current account.

casus spy, agent.

casusluk espionage. *casusluk etmek* to spy.

caydırmak to dissuade, to disincline, to deter.

cayırtı creak, rattle, crash.

caymak to back out of, to give up, to go back on, to renounce.

caz jazz.

cazcı jazz musician.

cazibe attraction, charm.

cazibeli attractive, charming.

cazip attractive, charming.

cebir algebra.

Cebrail the Archangel Gabriel.

cebren by force.

cefa suffering, pain; ill-treatment, cruelty. *cefa çekmek* to suffer.

cefakâr who has suffered much.

cehalet ignorance.

cehennem hell, inferno. *cehennem azabı* hellish torture. *cehennem gibi* like hell, hellish. *Cehennem ol!* Go to hell! *cehennem zebanisi* devil, demon. *cehenneme kadar yolu olmak* to go to hell. *cehennemin dibine gitmek* to get the hell out, to go away.

cehennemi infernal.

cehennemlik deserving of hell.

ceket jacket, coat.

celep cattle-dealer, drover.

cellat executioner.

celse session; hearing, sitting.

cemaat congregation, community.

cemiyet society; assembly, union.

cemre increase of warmth in February.

cenah wing.

cenaze corpse; funeral .*cenaze alayı* funeral procession.

cengâver warlike.

cenin foetus, embryo.

cenk combat, battle, war, fight.

cennet paradise, heaven.

cennetkuşu bird of paradise.

cennetlik deserving of heaven.

centilmen gentleman.

centilmence in a gentlemanlike way.

centilmenlik gentlemanliness.

cep pocket *cebi delik* penniless, broke. *cebinden çıkarmak* to outdo (sb), to excel. *cebine indirmek* to pocket. *cebini dol-*

durmak to fill one's pockets. **cep feneri** torch. **cep harçlığı** pocket money. **cep saati** pocket watch. **cep telefonu** mobile phone. **cep sözlüğü** pocket dictionary. **cepten vermek** to pay (money) out of one's own pocket.

cephane ammunition, munitions.

cephanelik ammunition store, arsenal.

cephe front. **cephe almak** to take sides (against).

cereme penalty, fine. **ceremesini çekmek** to pay the penalty of.

cereyan current; draught. **cereyan etmek** to take place, to happen, to occur.

cerrah surgeon.

cerrahi surgical.

cerrahlık surgery.

cesaret courage, bravery. **cesaret almak/bulmak** to take courage (from). **cesaret etmek** to dare, to venture. **cesaret göstermek** to show courage. **cesaretini kırmak** to discourage. **cesaret vermek** to encourage.

cesaretlendirmek to encourage.

cesaretlenmek to gather one's courage.

cesaretli courageous, brave.

cesaretsiz cowardly, timid.

ceset corpse, dead body.

cesur courageous, brave.

cesurluk courage, bravery.

cetvel ruler; list, schedule, table.

cevaben in reply (to).

cevahir jewellery.

cevap answer, reply. **cevap almak** to receive an answer. **cevap vermek** to answer, to reply.

cevaplandırmak to answer, to reply.

cevapsız unanswered.

cevher jewel, gem; ore; ability, capacity; substance, essence.

ceviz walnut.

ceylan gazelle, antelope. **ceylan bakışlı** having alluring eyes. **ceylan gibi** shapely and agile.

ceza punishment, penalty; fine. **ceza almak** to be punished. **ceza çekmek** to serve a sentence. **ceza hukuku** criminal law. **ceza kesmek/yazmak** to fine. **ceza mahkemesi** criminal court. **ceza sahası** sp. penalty area. **ceza vermek** to punish; to fine. **ceza vuruşu** sp. penalty kick. **ceza yemek** to be punished; to be fined. **cezasını bulmak** to get one's deserts. **cezasını çekmek** to serve a sentence; to suffer for. **cezaya çarptırılmak** to be fined; to be punished. **cezaya çarptırmak** to punish; to fine.

cezaevi prison.

cezalandırmak to punish; to fine.

cezalı punished; fined.

cezve coffee-pot.

cıgara cigarette.

cılız puny, thin, undersized.

cımbız tweezers.

cırıldamak to chirr.

cırlak strident, shrill; cricket.

cıvata bolt.

cıvık sticky, greasy, wet, viscid; impertinent, saucy.

cıvıl cıvıl twittering.

cıvıldamak to twitter, to chirp.

cıvıldaşmak to chirp together.

cıvımak to become soft and sticky; to become impertinent.

cıvıtmak to make soft and sticky; to become impertinent.

cıyak cıyak with a shrill voice.

cız sizzling sound; fire.

cızırdamak to sizzle; to creak.
cızırtı sizzling or creaking sound.
cibinlik mosquito net.
cici good, pretty, nice. **cici bici**
trinket, gimcrack.
cicianne granma.
cicili bicili gaudy, glaring, fussy.
cidden seriously, really.
ciddi serious, earnest; real, true;
important. **ciddiye almak** to
take seriously.
ciddileşmek to become serious.
ciddilik seriousness, gravity, so-
lemnity.
ciddiyet seriousness; importance.
ciğer liver, lungs; heart. **ciğeri
beş para etmez** despicable. **ci-
ğerine işlemek** to hurt deeply.
ciğeri sızlamak to feel greet
compassion.
cihan world; universe.
cihat holy war.
cihaz apparatus, equipment;
anat. System.
cila polish, varnish .**cila vurmak**
to polish, to varnish.
cilalamak to polish, to varnish.
cilalı polished, varnished.
cilasız unpolished, unvarnished.
cilt skin, complexion; binding, vol-
ume.
ciltçi bookbinder.
ciltçilik bookbindery.
ciltlemek (*book*) to bind.
ciltli bound.
ciltsiz unbound.
cimnastik gymnastics, gym.
cimri mean, stingy, miserly; miser,
niggard.
cimrilik stinginess, meanness.
cimrilik etmek to be stingy.
cin genie, demon, sprite. **cin çarp-
mak** to be struck by an evil spirit.
cin çarpmışa dönmek to be

bogged down by one's troubles.
cin fikirli shrewd, crafty. **cin gibi**
very clever, cunning. **cinleri ba-
şına çıkmak** to get furious.
cinai criminal.
cinayet crime, murder. **cinayet
işlemek** to commit murder.
cins kind, sort, type, variety; spe-
cies, genus; breed, race; *dilb.*
gender; *arg.* queer, weird.
cinsellik sexuality.
cinsi sexual, carnal.
cinsiyet sex; sexuality.
ciro endorsement. **ciro etmek** to
endorse.
cisim substance, body, matter.
civar neighbourhood, environments,
vicinity; neighbouring.
civarında near; about, approxi-
mately.
civciv chick.
coğrafi geographical.
coğrafya geography.
coğrafyacı geographer.
conta gasket.
cop truncheon, cosh.
coplamak to truncheon.
coşku enthusiasm, vigour.
coşkulu enthusiastic, vigorous,
exuberant.
coşkun enthusiastic, vigorous,
exuberant, ebullient.
coşkunluk enthusiasm, ebullience,
exuberance.
coşmak to become enthusiastic,
to get carried away, to effervesce.
coşturmak to excite, to stimulate,
to incite.
cömert generous.
cömertlik generosity, liberality.
cuma Friday.
cumartesi Saturday.
cumhurbaşkanı president (*of a
republic*).

cumhuriyet republic.

cumhuriyetçi republican.

cumhuriyetçilik republicanism.

cunta junta.

curcuna uproar, carousal, hullabaloo. *curcunaya çevirmek* to raise an uproar (*in a place*).

cümbür cemaat the whole lot, the whole caboodle.

cümle sentence; whole, all. *cümle alem* all the world, everybody. *cümlemiz* all of us, we all.

cümlecik *dilb.* clause.

cüret boldness, impudence, audacity. *cüret etmek* to dare, to venture.

cüretkâr courageous, brave; bold, impudent.

cüretli courageous, brave; bold, impudent.

cürüm crime, felony, offence. *cürüm işlemek* to commit a crime.

cüsse body, bulk.

cüsseli big-bodied, huge.

cüzam leprosy.

cüzamlı leprous.

cüzdan wallet, purse; account-book; portfolio.

Ç ç

çaba effort, exertion. **çaba gös-termek** to make an effort to, to strive.

çabalamak to strive, to struggle, to strain.

çabucak quickly, in a flash.

çabuk quick, fast, swift; quickly, soon. **çabuk çabuk** quickly. **Çabuk ol!** Be quick! Hurry up! **çabuk olmak** to hurry.

çabuklaşmak to gain speed, to quicken.

çabuklaştırmak to accelerate, to speed.

çabukluk quickness, rapidness.

çadır tent. **çadır bezi** tent canvas. **çadır direği** tent pole. **çadır kurmak** to pitch a tent.

çağ time; age; period; era, epoch. **çağ açmak** to open a period.

çağcıl modern.

çağdaş contemporary; modern, up-to-date.

çağdaşlaş(tır)mak to modernize.

çağdışı outdated, antiquated, old-fashioned.

çağırmak to call; to invite; to send for, to call in.

çağlamak to burble, to murmur, to babble.

çağlayan waterfall, cascade.

çağrı call, invitation.

çağrılı invited person.

çağrışım association.

çağrıştırmak to associate.

çakal jackal.

çakı pocket-knife.

çakıl pebble, gravel.

çakıllı pebbly, graveled.

çakıltaşı rounded pebble.

çakırkeyf slightly drunk, tipsy, happy.

çakışmak to coincide; to fit into one another; *mat.* to be congruent.

çakmak lighter.

çakmak to nail; to pound; to light; to strike; to notice, to twig; (*exam*) to fail, to pip, to muff.

çakmaktaşı flint.

çaktırmadan on the sly, stealthily.

çaktırmak *arg.* to let be noticed; to cause to fail (*an exam*), to pluck.

çalar saat alarm clock.

çalçene chatterbox, chatterer.

çalgı musical instrument.

çalgıcı musician.

çalı bush, shrub. **çalı çırpı** brush-wood.

çalılık thicket, bushes, brushwood.

çalım swagger, swank, dash; *sp.*

dribble. **çalımından geçilme-mek** to swagger unbearably. **ça-lım satmak** to swagger, to show off, to swank.

çalıntı stolen; stolen goods.

çalışkan hard-working, diligent, studious.

çalışkanlık diligence, industri-ous-ness.

çalışma work, study. **Çalışma Bakanlığı** Ministry of Labour. **çalışma koşulları** working con-ditions. **çalışma saatleri** work-ing hours.

çalışmak to work; to study; to strive, to try; to work, to run.

çalıştırmak to employ, to run, to work, to operate.

çalka(la)mak to shake, to agitate; (egg) to beat, to whip.

çalka(la)nmak to be shaken; (sea) to be rough; to be talked everywhere.

çalmak to steal; to lift; to play; to ring; to knock; to strike.

çam pine. **çam devirmek** to drop a brick/clanger. **çam yarması gibi** (person) gigantic, huge.

çamaşır underwear; laundry. **ça-maşır asmak** to hang out the laundry. **çamaşır değiştirmek** to change one's underwear. **ça-maşır ipi** clothes line. **çamaşır makinesi** washing machine. **ça-maşır mandalı** clothes-peg. **ça-maşır sepeti** clothes basket, lin-en basket. **çamaşır suyu** bleach. **çamaşır tozu** washing powder. **çamaşır yıkamak** to wash the clothes, to do the washing.

çamaşırcı washerwoman, laun-dry-man.

çamaşırhane laundry.

çamlık pine grove.

çamsakızı pine resin **çamsakızı çoban armağanı** small present

çamur mud; aggressive, obtru-sive, importunate. **çamur at-mak** to throw mud at, to slander. **çamur sıçratmak** to splash with mud, to spatter. **çamurdan çe-kip çıkarmak** to raise sb from the dunghill.

çamurlu muddy, miry.

çamurluk wing, mudguard, fend-er; muddy place.

çan bell; gong.

çanak pot; bot. calyx. **çanak çömlek** pots and pats. **çanak tutmak** to ask for (trouble) **ça-nak yalamak** to bootlick.

Çanakkale Boğazı the Darda-nelles.

çanta bag; handbag; purse; suit-case, case; rucksack, knapsack. **çantada keklik** in the bag, in hand.

çap diameter; ask. calibre; size, scale. **çaptan düşmek to go** downhill, to decline.

çapa hoe, mattock; den. anchor.

çapalamak to hoe.

çapari trawl, trotline.

çapkın womanizer, casanova; coquettish, sensual.

çapkınlık debauchery, profligacy. **çapkınlık etmek/yapmak** to have one's fling, to go on the loose.

çapraşık complicated, entangled.

çapraz crosswise, diagonal, trans-versal; crosswise, diagonally, transversely.

çaprazlama crosswise, diagonally, transversely.

çapulcu plunderer, looter.

çaput rag; cloth.

çar czar, tzar.

çarçabuk very quickly.

Turkish-English

çarçur extravagance. **çarçur et-mek** to squander, to waste. **çarçur olmak** to be squandered.

çare remedy, cure; way, means. **çare bulmak** to find a way, to remedy. **çaresine bakmak** to see to, to settle.

çaresiz incurable; helpless; inevitably. **çaresiz kalmak** to be helpless.

çaresizlik incurability; helplessness; poverty.

çark wheel. **çark etmek** to turn, to wheel.

çarkçı engineer, mechanic; knife-grinder.

çarmıh cross, crucifix. **çarmıha germek** to crucify.

çarpan mat. Multiplier. **çarpanlara ayırmak** to factor.

çarpı *mat.* multiplication sign; multiplied by, times.

çarpıcı striking, impressive, dramatic.

çarpım *mat.* Product. **çarpım tablosu** multiplication table.

çarpışma collision, smash; fight, clash, conflict.

çarpışmak to collide; to fight, to clash.

çarpma bump, blow, stroke; *mat.* Multiplication.

çarpmak to strike; to hit; to run into, to dash, to bump; (*heart*) to beat; (*evil spirit*) to distort, to paralyze, to strike; *mat.* to multiply; (*drink*) to go to one's head.

çarşaf sheet .**çarşaf gibi** (*sea*) very calm.

çarşamba Wednesday.

çarşı market, bazaar, downtown, shopping centre. **çarşıya çıkmak** to go shopping.

çatal fork; forked, bifurcated. **ça-tal bıçak** knives and forks, silver.

çatı roof; framework, skeleton; *dilb.* voice. **çatı arası** attic **çatı katı** attic, penthouse.

çatık frowning, sulky; (*rifles*) stacked. **çatık kaşlı** beetle-browed, frowning.

çatırdamak to creak, to crackle; to chatter.

çatırtı crack, crash, snap; (*teeth*) chattering.

çatışma *ask.* skirmish, short fight; conflict, clash.

çatışmak to collide, to clash; to contradict; to have a quarrel.

çatlak cracked; off one's head, crazy; mad; crack, fissure.

çatlaklık crack; *k. dili* stupidity.

çatmak (*arms*) to stack, to pile; to baste together, to tack; to attack, to tilt at, to pick a quarrel with; to come up, to meet; to wrinkle, to knit.

çavlan waterfall.

çavuş sergeant.

çay tea; stream, brook. **çay bahçesi** tea-garden. **çay demlemek** to steep tea. **çay demliği** teapot. **çay fincanı** teacup. **çay kaşığı** teaspoon.

çaycı keeper of a tea-shop; seller of tea.

çaydanlık teapot.

çayevi tea-shop, tea-room.

çayhane tea-shop, tea-room.

çayır meadow, pasture.

çehre face, countenance; aspect, appearance.

çekap check-up.

çekememek to be unable to stand; to be jealous of.

çekememezlik jealousy, envy.

çekici attractive, charming.

çekicilik attractiveness, charm.

Ç
Turkish–English

çekiç hammer.
çekidüzen tidiness, orderliness **çekidüzen vermek** to tidy up.
çekiliş draw (*for a lottery*).
çekilme *ask.* withdrawal; resignation.
çekilmek to be pulled; to draw back, to withdraw; to resign; to shrink, to contract.
çekilmez unbearable, intolerable.
çekim attraction; shooting; filming; *dilb.* conjugation, inflection, declination. **çekim eki** ending, termination.
çekimser abstainer.
çekimserlik abstention.
çekince drawback; risk, danger.
çekingen timid, shy, hesitant.
çekingenlik timidity, shyness.
çekinmek to avoid, to abstain; to beware of, to shrink.
çekirdek seed, stone; nucleus. **çekirdek kahve** coffee beans. **çekirdekten yetişme** trained from the cradle.
çekişme argument, quarrel; competition.
çekişmek to argue, to quarrel; to pull in opposite directions; to compete, to contest.
çekişmeli contentious.
çekmece drawer; till.
çekmek to pull; to draw; to withdraw; to attract, to draw; to pull out, to extract; to bear, to suffer; to take, to last; to contract, to shrink; to take after, to resemble; to copy; *dilb.* to inflect, to conjugate, to decline. **Çek arabanı!** Off with you!, Clear out! **Çek git!** Shove off!, Buzz off! **çekip çevirmek** to manage, to run. **çekip çıkarmak** to pull out. **çekip gitmek** to go away.

Çekoslovak Czechoslovakian.
Çekoslovakya Czechoslovakia.
çelebi gentleman, educated person; well-mannered.
çelenk wreathe, garland.
çelik steel; cutting, slip.
çelimsiz puny, frail.
çelişik contradictory.
çelişki contradiction.
çelişkili contradictory.
çelme trip. **çelme takmak** to trip up.
çeltik rice in the husk.
çember *mat.* circle; ring, belt; hoop. **çember sakal** round trimmed beard.
çene chin, jaw; talkativeness, gab. **çene çalmak** to chatter. **çene yarıştırmak** to talk incessantly. **çene yormak** to talk in vain. **çenesi düşük** chatterbox, garrulous. **çenesi kuvvetli olmak** to have the gift of the gab. **çenesini bıçak açmamak** to be silent. because of sorrow. **çenesini tutmak** to hold one's tongue.
çenebaz talkative, garrulous.
çengel hook.
çengelli hooked.
çentik notch; notched.
çentiklemek to notch, to nick.
çentikli notched.
çep(e)çevre all around.
çeper membrane.
çerçeve frame; window frame; limitation.
çerçevelemek to frame.
çerçeveli framed.
çerçöp twigs; sweepings. **çerden çöpten** jerry-built, flimsy.
çerez hors d'oeuvres, appetizers; snack, nuts.
çeşit kind, sort, variety; sample. **çeşit çeşit** assorted, various.

çeşitleme *müz.* variation.
çeşitli different, various.
çeşitlilik variety, variation.
çeşme fountain.
çeşni flavour, taste.
çeşnici taster.
çete band, gang; guerilla.
çetin hard, difficult. *çetin ceviz* a hard nut to crack.
çetrefil complicated, confusing.
çevik agile, swift.
çeviklik agility.
çeviri translation.
çevirmek to turn; to rotate, to spin; to translate; to convert, to change; to surround, to encircle; to hold up, to stop.
çevirmen translator.
çevre surroundings; environment; circumference, periphery. *çevre kirlenmesi* environmental pollution. *çevre kirliliği* environmental pollution.
çevrebilim ecology.
çevrebilimci ecologist.
çevresin(d)e about, around, round.
çevrili surrounded.
çevrim cycle.
çevrimdışı offline.
çevrimiçi online.
çevrimsel cyclic
çevriyazı transcription.
çeyrek quarter. *çeyrek final* quarter final.
çıban abscess, boil. *çıban başı* head of a boil; delicate matter.
çığ avalanche. *çığ gibi büyümek* to snowball.
çığlık scream, cry, shriek. *çığlık atmak* to scream, to shriek. *çığlık çığlığa* with shrieks and cries.
çıkar benefit, advantage, profit; self-interest. *çıkar sağlamak* to profit by. *çıkar yol* way out.

çıkarcı self-seeking, selfish.
çıkarcılık opportunism, avarice.
çıkarım deduction.
çıkarma *mat.* subtraction; *ask.* Landing.
çıkarmak to take out, to get out, to pull out; to remove; (*garment*) to take off; to produce, to bring out; to publish; to strike out, to omit; to throw out, to oust; to subtract; (*food*) to vomit; to make out, to figure out; (*telephone*) to get through.
çıkartma decal, transfer, sticker.
çıkıntı projecting part; marginal note; promontory.
çıkış exit; *ask.* sortie; *sp.* start.
çıkışma scolding, rebuke.
çıkışmak to scold, to rebuke; to be enough, to suffice.
çıkma going out; projection, promontory; bow-window, bay window; marginal note.
çıkmak to go out, to come out; to depart, to leave; to go up, to climb up; to move out (*of a house*); to graduate; to set off, to start on; to come up, to appear; to break out; to arise, to spring; (*sun, moon*) to come out, to rise; to turn out to be, to prove; to lead (*to*); (*rumour*) to get about, to be issued; (*winter, month*) to be over.
çıkmaz blind alley, cul-de-sac; impasse, deadlock. *çıkmaz ayın son çarşambası* at Greek Kalends. *çıkmaz sokak* blind alley. *çıkmaza girmek* to come to an impasse.
çıkrık spinning wheel.
çıktı output.
çıldırmak to go mad, to lose one's mind.

çıldırtmak to drive mad, to make wild.

çılgın mad, crazy, insane, frenzied. **çılgına dönmek** to have a fit, to throw a fit.

çılgınca madly.

çılgınlık madness.

çınar plane tree.

çıngırak small bell; rattle.

çıngırtı tinkle.

çınlamak to tinkle, to ring; to echo.

çıplak naked, nude; bare. **çıplaklar kampı** nudist camp.

çıplaklık nakedness, nudity.

çır(ıl)çıplak naked, nude; in the nude.

çıra resinous wood.

çırak apprentice; pupil, novice.

çıraklık apprenticeship.

çırpı dry twigs, chip.

çırpınmak to flutter, to struggle, to flop about; to be all in a fluster, to bustle about.

çırpmak to beat, to flutter; (*hands*) to clap; (*laundry*) to rinse.

çıta lath, narrow strip of wood.

çıtçıt snap fastener, press-button.

çıtı pıtı small and lovely, dainty.

çıtır çıtır with a crackling sound. **çıtır çıtır etmek** to crackle **çıtır çıtır yemek** to crunch.

çıtırdamak to crackle.

çıtırtı crackle.

çıtkırıldım overdelicate, fragile; effeminate, dandy.

çıtlatmak to crack; to drop a hint, to break.

çiçek flower; bloom, blossom; *nek.* small-pox. **çiçek açmak** to bloom, to blossom. **çiçek gibi** very clean. **çiçek çıkarmak** to have smallpox. **çiçeği burnunda** quite fresh, brand new.

çiçekçi florist.

çiçeklenmek to blossom, to flower, to bloom.

çiçekli in flower, in bloom; ornamented with flowers.

çiçeklik flower garden; vase.

çiçektozu pollen.

çift pair, couple; double; *mat.* even. **çift çift** in pairs, two by two. **çift koşmak** to harness to the plough. **çift sürmek** to plough.

çiftçi farmer.

çiftçilik farming, agriculture.

çifter çifter in pairs.

çiftlik farm, ranch.

çiftsayı even number.

çiğ raw; crude; immature, rough; dew. **çiğ köfte** a dish made of minced meat, pounded wheat and chilli pepper.

çiğnemek to chew; to run over; to tread, to crush; to disobey, to violate.

çiklet chewing-gum. **çiklet çiğnemek** to chew (*a gum*).

çikolata chocolate.

çil freckle, speckle.

çile ordeal, sufferance; hank, skein. **çile çekmek** to suffer greatly. **çileden çıkarmak** to infuriate, to exasperate. **çileden çıkmak** to be in a rage, to lose one's temper.

çilek strawberry.

çileli suffering; enduring.

çilingir locksmith.

çim grass, lawn.

çimdik pinch. **çimdik atmak** to pinch.

çimdiklemek to pinch.

çimen grass, meadow, lawn.

çimenlik meadow, lawn; grassy.

çimento cement.

çimlendirmek to grass over.
çimlenmek to germinate, to sprout; to become grassy.
Çin China.
Çince Chinese.
çini tile; porcelain, china. *çini mürekkebi* India ink.
çinicilik the art of tile-making.
Çinli Chinese.
çirkin ugly; unbecoming, unseemly, disgusting.
çirkinleşmek to become ugly.
çirkinleştirmek to make ugly.
çirkinlik ugliness.
çiselemek to drizzle.
çisenti drizzle.
çiş urine, piss. *çiş etmek k. dili* to wee, to piss, to piddle *arg. çiş yapmak* to wee, to wee-wee.
çit fence, hedge.
çitilemek to rub (clothes) together while washing.
çivi nail; peg, pin. *çivi çakmak* to drive a nail. *çivi gibi* healthy, strong; very cold. *çivi kesmek* to feel very cold, to freeze.
çivileme feet-first jump; *sp.* smash.
çivilemek to nail.
çivit indigo, blue dye. *çivit mavisi* indigo.
çiviyazısı cuneiform.
çizelge list, table.
çizgi line; stripe, band; dash. *çizgi çizmek* to draw a line. *çizgi film* (*animated*) cartoon. *çizgi roman* comics.
çizgili marked with lines; striped, banded.
çizik line; scratch.
çiziktirmek to scribble, to scrawl.
çizim drawing.
çizme (*top*) boot *.çizmeden yukarı çıkmak* to meddle with things one should not to.

çizmek to draw; to cross out, to cancel; to scratch.
çoban shepherd, herdsman *çoban köpeği* sheepdog.
Çobanyıldızı Venus.
çocuk child, infant; boy, kid. *çocuğu olmak* to have a child. *çocuk aldırmak* to have one's child aborted. *çocuk arabası* baby carriage, pram. *çocuk bahçesi* children's ark, playground. *çocuk bakıcısı* nurse, baby-minder, babysitter. *çocuk bakımı* child care. *çocuk bezi* diaper, nappy. *çocuk büyütmek* to bring up children. *çocuk doğurmak* to give birth to a child. *çocuk doktoru* pediatrician. *çocuk düşürmek* to have an abortion, to abort. *çocuk gibi* childlike. *çocuk işi* child's play, pushover. *çocuk mahkemesi* juvenile court. *çocuk maması* baby food. *çocuk oyuncağı* toy; child's play, pushover. *çocuk yuvası* nursery school. *çocuk zammı* child allowance. *çocuğu olmak* to have a child
çocukbilim pedagogy.
çocukça childish; childishly.
çocuklaşmak to become childish, to act childishly.
çocukluk childhood; childishness.
çocuksu childish.
çoğalmak to increase, to multiply.
çoğaltmak to increase, to augment; to reproduce.
çoğu most (of); mostly. *çoğu zaman* usually.
çoğul plural.
çoğun often.
çoğunluk majority.
çoğunlukla with a majority of votes; usually.

çok very; a lot of, many, much; too; too much, too many. **çoktan beri** for a long time. **çok çok** at (the) most. **çok fazla** too much. **çok geçmeden** before long. **çok görmek** to grudge, to begrudge. **çok olmak** to go too far. **Çok şükür!** Thank God! **Çok yaşa!** Long live! God bless you!

çokeşlilik polygamy.

çokgen polygon.

çokkarılılık polygyny.

çokkocalı polyandrous.

çokkocalılık polyandry.

çokluk abundance; majority; often.

çoksesli *müz.* polyphonic.

çokseslilik polyphony.

çoktan long time ago; already.

çoktanrıcılık polytheism.

çoktanrılı polytheist.

çokuluslu multinational.

Çolpan Venus.

çomar watchdog, mastiff.

çorak barren, arid; brackish, bitter.

çoraklaşmakta become arid.

çoraklık aridity; brackishness.

çorap stocking, sock, hose. **çorap kaçığı** ladder, run. **çorap söküğü gibi** in rapid succession, easily and quickly.

çorba soup; mess. **çorba gibi** in a mess, confused. **çorba kaşığı** tablespoon. **çorbaya döndürmek** to make a mess of. **çorbaya dönmek** to become a mess.

çökmek to collapse, to fall in; to fall down, to sink; to kneel down; (*darkness*) to fall; (*health*) to break down; to precipitate, to subside; (*sorrow*) to descend upon one.

çöküntü wreckage, debris; sinking, collapse; depression.

çöküş collapse; decline.

çöl desert.

çömez disciple.

çömlek earthenware pot.

çömlekçi potter.

çöp garbage, rubbish, litter; small stick, chip; (*fruit*) stalk. **çöp arabası** garbage truck. **çöp gibi** very thin, skinny. **çöp kebabı** pieces of grilled meat on a stick. **çöp kutusu** dustbin BE, garbage can. **çöp tenekesi** garbage can, dustbin, trash-can. **çöpe dönmek** to get very thin.

çöpçü dustman; garbage collector.

çöplük dump, rubbish heap.

çörek bun.

çöreklenmek to coil oneself up.

çözelti (*liquid*) solution.

çözgü warp.

çözmek to unfasten, to untie; to solve; to unravel, to crack.

çözücü solvent.

çözüm solution.

çözümleme analysis.

çözümlemek to analyze.

çözünmek to dissolve.

çözünürlük solubility.

çözüşmek to dissociate.

çubuk rod, stick, bar; shoot, twig; pipe, stripe. **çubuk aşısı** grafting. **çubuk kraker** pretzel.

çukur hole, hollow, pit; dimple; sunk, hollow. **çukur kazmak** to dig a hole. **çukurunu kazmak** to plot against sb.

çullanmak to swoop on; to fall upon.

çulsuz poor, penniless.

çuval sack. **çuval gibi** loose, untidy. **bir çuval inciri berbat etmek** to upset the applecart.

çuvaldız packing needle.

çuvallamak *arg.* to fail, to flunk.

çünkü because, for.

çürük rotten, decayed, spoilt; unsound, sandy; untenable, worthless; *ask.* disabled; bruise, black-and-blue spot. *çürük çarık* rotten, worn out, useless. *çürüğe çıkarmak ask.* to invalid out. *çürük çıkmak* to turn out rotten; to prove to be untrue. *çürük tahtaya basmak* to fall into a trap.

çürümek to rot, to decay; to be bruised; to be refuted.

çürütmek to make decay; to bruise, to contuse; to refute, to explode.

D d

da also, too; and; so

-da at, on, in

dadanmak to frequent, to haunt; to acquire a taste for, to want to have.

dadı nurse, nanny.

dağ mountain *dağ başı* mountain top, summit; wild and remote place. *dağ eteği* lower slopes of a mountain. *dağ gibi* mountainous. *dağ(lar) kadar* enormous. *dağ sırtı* mountain ridge. *dağ silsilesi* mountain range. *dağdan gelip bağdakini kovmak* to be an upstart who does not like the old times.

dağarcık knowledge; repertoire.

dağcı mountain climber, mountaineer.

dağcılık mountaineering, mountain climbing.

dağılmak to scatter, to disperse; to break up, to disintegrate; to fall to pieces.

dağınık scattered, dispersed; untidy.

dağınıklık untidiness, disorder.

dağıtıcı distributor.

dağıtım distribution.

dağıtmak to scatter, to disperse; to deliver, to distribute; to disorder, to mess up; to dissolve; to break to pieces.

dağlık mountainous.

daha more, further; yet, still; plu. *daha az* less *daha çok* more. *daha iyi* better. *Daha iyisi can sağlığı* Nothing could be better. *daha kötü* worse. *Daha neler!* What next! How absurd! *daha önce* before. *daha sonra* later, afterwards.

dahası what's more *Dahası var* That's not all.

dahi also, too, even.

dâhi genius.

dahil including, included; the interior, inside. *dahil etmek* to include, to insert *dahil olmak* to be included (*in*), to be inserted.

dahili internal, interior, inner.

daima always.

daimi constant, permanent.

dair about, concerning.

daire circle; department, office; flat.

dakik punctual, exact; minute, accurate, precise.

dakika minute. *dakikası dakikasına* punctually, on time.

daktilo typewriter. *daktilo etmek* to type. *daktilo makinesi* typewriter.

daktilograf typist.

daktilografi typewriting.

dal back, shoulder. **dalına basmak** to tread on sb's corns, to annoy.

dal branch, bough; subdivision, branch. **dal budak salmak to** shoot out branches, to spread. **daldan dala konmak** to jump from one thing to the other.

dalavere trick, intrigue, plot. **dalavere çevirmek** *to* intrigue, to plot.

dalavereci trickster, intriguer.

daldırma dipping, immersion.

daldırmak to plunge, to dip; (*shoot*) to layer.

dalga wave; ripple; undulation; *arg.* trick, intrigue; *arg.* gadget, jigger; *arg.* affair, sweetie **dalga dalga** in waves. **dalga geçmek** to make fun of, to kid; not to pay attention, to be woolgathering. **dalgaya getirmek** to pull the wool over sb's eyes.

dalgacı *arg.* daydreamer, woolgatherer; shirker, slacker.

dalgakıran breakwater.

dalgalanmak to wave, to undulate; to fluctuate.

dalgalı (*sea*) rough, wavy; (*silk*) watered; (*metal*) corrugated.

dalgıç diver. **oksijen tüpü** aqualung.

dalgıçlık diving.

dalgın absent-minded, abstracted.

dalgınlık abstractedness, absent-mindedness.

dalkavuk flatterer, bootlicker, toady.

dalkavukluk flattery, toadyism. **dalkavukluk etmek** to flatter, to blandish.

dalmak to dive, to plunge; to drop off, to doze off; to be lost in thought, to be absorbed in

dalyan fishpond, fishgarth. **dalyan gibi** well-built, strapping.

dam roof; stable; lady partner; (*cards*) queen **damdan düşer gibi** out of the blue, bluntly.

damar blood vessel, vein; bad temper. **damarına basmak** to tread on one's corns, to exasperate. **damar sertliği** arteriosclerosis. **damar tıkanıklığı** embolism.

damat bridegroom; son-in-law.

damga stamp; mark, brand. **damga basmak** to stamp. **damga pulu** revenue stamp.

damgalamak to stamp, to brand, to stigmatize.

damıtık distilled.

damıtmak to distil.

damla drop, bead; medicine dropper; *hek.* Gout. **damla damla** drop by drop.

damlamak to drop, to drip; to turn up, to pop in.

damlatmak to drip, to drop, to dribble.

damper dumper (*truck*).

-dan from; out of; than; because of; through, via.

dana calf. **dana eti** veal.

dangalak *arg.* blockhead, dumb, boor.

danışma information; inquiry.

danışmak to consult, to confer.

danışman adviser, counselor.

danışmanlık counseling.

Danıştay Council of State.

dank etmek (*kafasına*) to dawn upon.

dans dance. **dans etmek** to dance.

dansçı dancer.

dansor dancer (*man*).

dansöz dancer (*woman*).
dantel lace, lacework.
dapdaracık very narrow/tight.
dar narrow, tight; scanty; scant; difficulty, straits; narrowly, barely. *dar açı* acute angle. *dar boğaz* bottleneck. *dar darına* narrowly, hardly, barely. *dar gelirli* of small income. *dar görüşlü* narrow-minded. *dar kafalı* old-fashioned. *dara düşmek* to be in a difficulty. *darda kalmak* to be short of money; to feel the pinch.
daracık quite narrow.
darağacı gallows, scaffold.
daralmak to narrow, to shrink; to become scanty.
daraltmak to narrow; to take in.
darbe blow, stroke.
dargın cross, offended, angry.
dargınlık irritability, anger, falling-out.
darılmak to take offence; to get angry, to fall out with. *Darılmaca yok!* No offence.
darıltmak to give offence, to offend.
darlaşmak to get narrow; to get tight; to decrease, to get scanty.
darülaceze poorhouse, almshouse.
dava lawsuit, suit, case, action; claim, assertion; thesis, problem, cause. *dava açmak/etmek* to sue, to bring a suit. *davaya bakmak* to hear a case. *davanın düşmesi* discontinuance of action. *davadan vazgeçmek* to give up a claim.
davacı plaintiff, litigant.
davalı defendant; contested, in dispute; pretentious.
davavekili lawyer, barrister.

davet invitation; party, reception. *davet etmek* to invite.
davetiye invitation card.
davetkâr inviting.
davetli (person) invited, guest.
davetsiz uninvited. *davetsiz misafir* intruder.
davranış behaviour, attitude.
davul drum. *davul çalmak* to drum, to beat the drum. *davul gibi* bloated.
davulcu drummer.
dayak beating, hiding, thrashing; support, prop. *dayak atmak* to give a thrashing, to beat. *dayak yemek* to get a thrashing. *dayağı hak etmek* to deserve a whacking.
dayamak to lean against, to rest.
dayanak support, prop.
dayandırmak to base on, to ground on.
dayanıklı strong, lasting, enduring; resistant, tough.
dayanıklılık endurance, resistance.
dayanıksız not lasting, weak, flimsy.
dayanışma solidarity.
dayanmak to lean against; to be based on; to endure, to last; to tolerate, to bear; to rely on, to be backed (*by*). *dayanacak gücü kalmamak* to be at the end of one's tether.
dayı mother's brother, maternal uncle; protector, backer.
dayılık being an uncle; protection, nepotism; *arg.* bullying.
dayıoğlu cousin.
dazlak bald.
dazlaklık baldness.
de also, too; and; so.
-de at, on, in.
debdebeli magnificent, splendid, showy

debriyaj clutch. *debriyaj pedalı* clutch pedal.

dede grandfather.

dedektif detective.

dedektör detector.

dedikodu gossip. *dedikodu yapmak* to gossip.

dedikoducu gossip, gossiper.

defa time, turn. *bir defa* once. *bir defa daha* once again, once more. *bir iki defa* once or twice. *birkaç defa* several times. *bu defa* this time. *çok defa* often. *iki defa* twice. *üç defa* three times. *defalarca* again and again, repeatedly.

defetmek to drive away, to repel; to expel, to eject.

defile fashion show.

defin burial.

define treasure.

defnetmek to bury, to inter.

defo flaw.

defolu having a flaw, faulty.

deforme deformed.

defter notebook, copybook; register; (*account*) book. *defterini dürmek* to finish off, to kill. *deftere geçirmek* to enter in the book. *defteri kapamak* to close a subject, to give up. *defteri kebir* ledger. *defterden silmek* to finish with sb. *defter tutma* bookkeeping. *defter tutmak* to keep the books.

defterdar head of the financial department (*of a province*).

defterdarlık financial office.

değdirmek to touch.

değer value, worth; price. *değer biçmek* to evaluate, to value. *değerden düşmek* to lose its value. *değeri düşmek* to go down in value. *değer vermek* to esteem, to appreciate.

değerlendirmek to put to good use, to turn to account, to utilize; to evaluate, to appraise.

değerlenmek to increase in value, to gain value.

değerli valuable, precious; worthy, estimable. *değerli taş* gem, jewel.

değersiz worthless.

değil not.

değin until, till.

değinmek to touch on, to mention.

değirmen mill; grinder.

değirmenci miller.

değirmentaşı millstone.

değiş exchange. *değiş etmek* to exchange. *değiş tokuş* exchange, barter. *değiş tokuş etmek* to exchange, to barter.

değişik changed, different; various, varied; novel, original. *değişik olmak* to vary, to differ.

değişiklik change, variation.

değişim change.

değişken changeable, variable.

değişme change; exchange.

değişmez unchangeable.

değiştirmek to change, to alter, to convert; to exchange.

değmek to touch; to reach, to attain; to be worth.

değnek stick, rod, cane.

deha genius.

dehliz entrance-hall, vestibule, corridor.

dehşet horror, terror, dread; marvelous. *dehşete kapılmak* to be horrified. *dehşet saçmak* to spread terror.

dehşetli terrible, dreadful.

dejenere degenerate. *dejenere olmak* to degenerate.

deklanşör shutter release.

dekolte low-cut.

dekont statement of account, deduction.

dekor scenery; set, setting; decoration.

dekorasyon decoration.

dekoratif decorative.

dekoratör set-designer; internal decorator.

dekore decorated. *dekore etmek* to decorate.

delgeç punch.

delgi drill, gimlet.

deli mad, insane, crazy, lunatic, loony; crazy about, fond of; madman, madwoman. *deli divane olmak* to be wild about. *deli etmek* to drive sb mad. *deli gibi* madly; recklessly. *deli olmak* to go mad; to be crazy about. *Deli olmak işten değil* It drives one crazy. *deliye dönmek* to go crazy.

delice madly, crazily.

delicesine madly.

delidolu thoughtless, reckless, rash.

delik hole, opening, orifice; *arg.* prison, clink; pierced, bored. *deliğe tıkmak arg.* to put into jail. *delik açmak* to make a hole, to drill, to bore. *delik deşik* full of holes. *delik deşik etmek* to riddle. *delik deşik olmak* to be riddled.

delikanlı young man, youth.

deliksiz without a hole; (*sleep*) sound.

delil proof, evidence. *delil göstermek* to adduce proofs.

delilik madness; foolishness. *delilik etmek* to act foolishly. *deliliğe vurmak* to pretend to be mad.

delinmek to be pierced, to burst.

delirmek to go mad, to flip.

delirtmek to drive mad, to craze.

delmek to pierce, to drill, to bore.

dem moment, time; (*tea*) being steeped *dem vurmak* to talk about.

demeç speech, statement. *demeç vermek* to make a statement.

demek to say; to call, to name; to mean. *Deme!* You don't say so! *demeğe gelmek* to come to mean, to add up to. *demek istemek* to mean. *demeye getirmek* to imply. *demeye kalmadan* no sooner than. *deyip geçmek* to underrate.

demet bunch, bouquet; bundle.

demir iron; anchor; bar. *demir almak* to weigh anchor. *demir atmak* to cast anchor. *demir gibi* strong, tough. *demir leblebi* a hard nut to crack. *Demir tavında dövülür* Strike while the iron's hot.

demirbaş inventory, furnishings.

demirci blacksmith, smith.

demirlemek to cast anchor, to anchor.

demiryolu railway, railroad.

demlemek to steep, to brew.

demlik tea-pot.

demokrasi democracy.

demokrat democrat; democratic.

demokratik democratic.

demokratlaş(tır)mak to democratize.

deneme test, trial; attempt, try; essay.

denemeci essayist.

denemek to try, to test; to attempt, to essay.

denet control, supervision

denetçi supervisor, controller.

denetici controlling device.

denetim control, supervision, check; censure.

denetimli controlled.

denetimsiz uncontrolled.

denetleme control, inspection. *denetleme kurulu* censor board.

deney experiment. *deney yapmak* to experiment.

deneyim experience.

deneyimli experienced.

deneyimsiz inexperienced.

deneysel experimental.

denge balance, equilibrium.

dengelemek to balance.

dengeli balanced.

dengesiz unbalanced.

deniz sea, ocean; maritime, marine, naval, nautical. *deniz kazası* shipwreck. *deniz kenarı* sea coast, seaside. *deniz kuvvetleri* naval forces. *deniz mili* nautical mile. *deniz nakliyat şirketi* shipping company. *deniz tutmak* to get seasick. *deniz tutması* seasickness. *deniz üssü* naval base. *deniz yolculuğu* voyage, sail. *deniz yolları* maritime lines. *deniz yoluyla* by sea. *deniz yosunu* seaweed. *denizden çıkmış balığa dönmek* to feel like a fish out of water. *denize açılmak* to put out to sea. *Denize düşen yılana sarılır* A drowning man will clutch at a straw. *denize girmek* to go swimming, to have a swim. *denize indirmek* to launch.

denizaltı submarine.

denizaşırı oversea.

denizbilim oceanography.

denizci seaman, sailor.

denizcilik seamanship; navigation, sailing.

denizdibi submarine.

denizkızı mermaid.

denkleştirmek to balance.

densiz tactless.

depar *sp.* start.

depo depot; warehouse. *depo etmek* to store.

derbeder untidy, slovenly.

dere brook, stream, rivulet. *dere tepe düz gitmek* to go up hill and down dale. *dereden tepeden konuşmak* to have a small talk. *dereyi görmeden paçaları sıvamak* to count one's chickens before they are hatched.

derebeyi feudal lord.

derebeylik feudalism.

derece degree, grade, rank; thermometer. *bir dereceye kadar* to a certain degree. *derece almak* to place (*in a competition*). *son derece* utterly, extremely.

dergi magazine, review, periodical.

derhal at once, immediately.

deri skin; leather; peel. *derisini yüzmek* to skin, to flay; to strip, to rob; to torture to dead.

derialtı subcutaneous.

derici leather dealer.

derin deep. *derin derin* deeply. *derin derin düşünmek* to think deeply. *derin dondurucu* deep freeze. *derinlere dalmak* to be plunged in thought.

derinlemesine in depth, deeply.

derinleşmek to become deep.

derinlik depth.

derleme collecting, compiling; collected, selected.

derlemek to collect, to compile. *derleyip toplamak* to tidy up.

derleyici compiler.

derli toplu tidy, in order.

dermek to collect, to pick, to gather.

dernek association, club, society.

ders lesson, lecture, class; warning, example, lesson. *ders almak* to take lessons from. *ders çalışmak* to study. *ders kitabı* textbook. *ders programı* timetable, schedule. *ders vermek* to give a lesson. *dersi asmak* to play truant, to cut a class. *dersini yapmak* to prepare one's lesson, to do one's homework.

dershane classroom; private school offering specialized courses.

derslik classroom.

dert trouble, worry, sorrow; suffering, pain; nuisance, bother; disease. *derde girmek* to get into trouble. *derdine düşmek* to be deeply occupied with. *derdini dökmek* to pour out one's troubles. *dert çekmek* to suffer. *Dert değil* It's no trouble. *dert dökmek* to unbosom oneself. *dert olmak* to become a worry to. *dert ortağı* fellow sufferer. *dert yanmak* to complain.

derviş dervish; humble, tolerant.

derya sea, ocean. *derya gibi* lots of, abundant.

desen design; drawing.

desenli figured.

desensiz without designs/patterns.

desinatör designer, stylist.

destan epic, legend. *destan gibi* very long. *dillere destan olmak* to become very famous.

deste bunch, packet.

destek support, prop, shore. *destek olmak* to support. *destek vurmak* to put a prop to.

destekleme support. *destekleme alımı* support buying.

desteklemek to support.

detay detail.

detaylı detailed.

detektif detective.

deterjan detergent.

dev giant; gigantic. *dev gibi* huge, enormous.

deva cure, remedy.

devalüasyon devaluation.

devam continuation; attendance. *devam etmek* to continue, to go on; to attend. *devamı var* to be continued.

devamlı continuous, lasting; regular, assiduous.

devamsız without continuity; irregular.

devamsızlık lack of continuity; irregular attendance, absenteeism.

deve camel. *deve gibi* huge and awkward. *devede kulak* a drop in the bucket. *Devenin başı!* Stuff and nonsense!, Incredible!

devimsel kinetic.

devingen dynamic.

devinim motion.

devinmek to move.

devir period, epoch; rotation, turn, tour; transfer.

devirli periodic.

devlet state; government. *devlet adamı* statesman. *devlet bakanı* state minister. *devlet başkanı* head of the state, president. *devlet hazinesi* state treasury. *devlet hizmeti* public service, government service. *devlet kuşu* windfall, godsend. *devlet memuru* civil servant. *devlet tahvilleri* state bonds.

devletlerarası international.

devletleştirmek to nationalize.

devralmak to take over.

devre period, term; circuit; *sp.* half time. ***devre mülk*** time sharing.

devren by cession, by transfer.

devretmek to turn over, to transfer; to sublet.

devrilmek to overturn, to upset; to capsize; to be overthrown.

devrim revolution; reform.

devrimci revolutionist; revolutionary.

devriye patrol. ***devriye gezmek*** to patrol. ***devriye polisi*** patrolman.

deyim idiom.

deyiş style of speech; folk poem, song.

dezavantaj disadvantage.

dezenfekte disinfected. ***dezenfekte etmek*** to disinfect.

dış outside, exterior; outer, external; foreign. ***dış gebelik*** ectopic pregnancy. ***dış hat*** external line; international line. ***dış pazar*** foreign market. ***dış ticaret*** foreign trade.

dışadönük extroverted.

dışalım importation; import(s).

dışarı out; outside, exterior; outdoor; abroad. ***dışarı atmak*** to throw out, to eject, to expel. ***dışarı çıkmak*** to go out, to pop out. ***dışarı gitmek*** to go out; to go abroad. ***dışarı vurmak*** to show, to manifest.

dışarıda outside, outdoors, out; abroad.

dışarıya out, outside, outwards; abroad. ***dışarıya çıkmak*** to go out; to take the air.

dışavurumcu expressionist

dışavurumculuk expressionism.

dışbükey convex.

dışına outside.

dışında outside; except, exclusive of, with the exception of.

dışişleri foreign affairs. ***Dışişleri Bakanı*** Minister of Foreign Affairs. ***Dışişleri Bakanlığı*** Ministry of Foreign Affairs.

dışlamak to exclude.

dışsatım exportation; export.

didaktik didactic; didactics.

diğer other; different; another.

dijital digital.

dik perpendicular, vertical; erect, upright; *mat.* right; steep. ***dik açı*** right angle. ***dik başlı/kafalı*** pigheaded, obstinate. ***dik dik bakmak*** to stare (*angrily*). ***dik durmak*** to stand upright. ***dik üçgen*** right triangle.

dikdörtgen rectangle.

diken thorn; spine. ***diken üstünde oturmak*** to be on tenterhooks.

dikenli thorny, prickly.

dikensiz without thorns.

dikey vertical, perpendicular.

dikilmek to be planted; to be erected; to be sewn; to stand; (*eyes*) to be fixed on.

dikimevi sewing workshop.

dikine vertically.

dikiş sewing; planting; stitch. ***dikiş dikmek*** to sew. ***dikiş iğnesi*** sewing needle. ***dikiş makinesi*** sewing machine.

dikiz peeping, peeking. ***dikiz aynası*** rear view mirror. ***dikiz etmek*** to peep.

dikizlemek to peep, to peek.

dikkat attention, care ***Dikkat!*** Look out!, Watch out! ***dikkate almak*** to take into consideration. ***dikkat çekmek*** to attract attention.

dikkatini çekmek to call sb's attention (*to*). **dikkat etmek** to pay attention (*to*); to be careful.

dikkatle carefully.

dikkatli careful.

dikkatsiz careless.

dikkatsizlik carelessness.

dikme sewing; planting; *mat.* perpendicular; seedling.

dikmek to sew, to stitch; to plant; to erect; (*eyes*) to stare; (*ears*) to prick up; to drink off, to drain.

diksiyon diction.

diktatör dictator.

diktatörlük dictatorship.

dikte dictation **dikte etmek** to dictate.

dil language; tongue; *coğ.* promontory, spit. **dil çıkarmak** to put out the tongue. **dil dökmek** to talk sb round/over, to flatter. **dil uzatmak** to talk against, to defame. **dile gelmek** to start to talk. **dile getirmek** to express, to depict. **dile kolay** easier said than done, easy to say. **dili çözülmek** to start to talk. **dili dolaşmak** to splutter, to mumble. **Dili kurusun!** Curse his tongue! **dili tutuk** tongue-tied. **dili tutulmak** to be tongue-tied. **dili varmamak** not to be willing to say. **dilinde tüy bitmek** to be tired of repeating. **dilinden düşürmemek** to keep on saying, to harp on. **dilini tutmak** to hold one's tongue. **dilini yutmak** to have lost one's tongue. **dilinin altında bir şey olmak** to seem to be hiding sth. **dilinin ucunda olmak** to be on the tip of one's tongue. **dillerde dolaşmak** to be in the limelight. **dillere destan olmak** to be on everybody's tongue. **dillere düşmek** to become a subject of gossip.

dilbaz eloquent, glib, talkative.

dilber beautiful, attractive.

dilbilgisel grammatical.

dilbilgisi grammar.

dilbilim linguistics.

dilbilimci linguist.

dilbilimsel linguistic.

dilci linguist.

dilek wish, desire. **dilek dilemek** to make a wish. **dilek kipi** dilb. optative mood. **dilekte bulunmak** to make a wish.

dilekçe petition. **dilekçe vermek** to make a petition, to petition.

dilemek to wish (*for*), to desire; to ask (*for*), to beg.

dilenci beggar.

dilenmek to beg.

dilim slice. **dilim dilim** in slices.

dilimlemek to slice.

dilmek to slice.

dilsel linguistic.

din religion. **dinden imandan çıkarmak** to be enough to make a saint swear. **dini bütün** pious, religious. **Dini imanı para** All he/she thinks of is money.

dinamik dynamic; dynamics.

dinamit dynamite.

dinamizm dynamism.

dinçlik robustness.

dindar religious, pious, faithful.

dindarlık devotion, piety.

dindirmek to stop; to slake, to satisfy.

dini religious.

dinlemek to listen (*to*); to obey, to follow; *hek.* to auscultate.

dinlence holiday, vacation.

dinlendirmek (*to allow*) to rest.

dinlenmek to be listened (*to*); to rest, to relax.

dinleti concert.

dinleyici listener.

dinleyiciler the audience.

dinsel religious.

dinsiz irreligious, godless; atheist, pagan.

dinsizlik irreligion, atheism.

dip bottom *dibine darı ekmek* to use up.

dipçik butt (*of a rifle*).

dipfriz deep freeze, freezer.

diploma diploma, degree.

diplomasi diplomacy.

diplomat diplomat.

diplomatik diplomatic.

dipnot footnote.

direk pole, post.

direksiyon steering-wheel.

direkt direct; directly.

direktif directive, instructions.

direnç resistance.

direniş resistance, opposition.

direnmek to insist (*on*); to hold out, to resist.

diri alive, living; fresh; energetic, lively.

dirlik peace; affluence. *dirlik düzenlik* peace and harmony.

dirsek elbow. *dirsek çevirmek* to turn one's back on, to drop. *dirsek çürütmek* to study long and hard.

disiplinsiz undisciplined.

disket disk, diskette.

diş tooth; clove; cog; thread. *diş ağrısı* toothache. *diş bilemek* to nurse a grudge. *diş çekmek* to pull out a tooth. *diş çıkarmak* to cut one's tooth. *diş fırçası* toothbrush. *diş geçirmek* to be able to influence. *diş gıcırdatmak* to gnash one's teeth. *diş göstermek* to show one's teeth. *diş hekimi* dentist. *diş hekimliği* dentistry.

diş macunu toothpaste. *dişini sıkmak* to set one's teeth, to endure. *dişinden tırnağından artırmak* to pinch and save. *dişini tırnağına takmak* to work tooth and nail. *dişlerini fırçalamak* to brush one's teeth, to do one's teeth.

dişçi dentist.

dişçilik dentistry.

dişi female, she.

dişil *dilb.* feminine.

dişlemek to bite, to nibble.

dişli toothed, serrated, notched, jogged; influential, formidable; cogwheel, gea.

divan sofa, couch; council of state.

divanıharp court martial, military court.

diyalektik dialectic; dialectics.

diyanet piety; religion.

diyar country, land.

diz knee *diz çökmek* to kneel (*down*). *dizini dövmek* to repent bitterly. *dize gelmek to* give up, to surrender. *dize getirmek* to bring sb to his knees, to bring to heel. *dizlerine kapanmak* to fall at sb's feet. *dizlerinin bağı çözülmek* to give way at the knees.

dize *yaz.* Line.

dizgi composition, typesetting.

dizgici typesetter, compositor.

dizginlemek to bridle; to restrain, to curb.

dizi line, row; series; string; serial; *mat.* progression.

dizin index.

dizkapağı kneecap.

dizlik knee pad.

dizmek to arrange in a row, to line up, to array; to string; to set up, to compose.

dizüstü bilgisayar laptop computer.

do *müz.* do.

dobra blunt, frank. **dobra dobra** bluntly, frankly.

doçent assistant professor, lecturer.

dogma dogma.

dogmatik dogmatic.

doğa nature. **doğa bilgisi** natural history. **doğa bilimleri** natural sciences.

doğal natural. **doğal gaz** natural gas. **doğal kaynaklar** natural resources. **doğal olarak** naturally.

doğan falcon.

doğmak to be born; (*sun*) to rise; to happen, to arise, to spring.

doğramacı carpenter, joiner.

doğru straight; true, right; honest; truth; *mat.* line. **doğru bulmak** *to* approve. **doğru çıkmak** *to* come true. **doğrudan doğruya** directly. **doğru durmak** *to* behave oneself, to sit still. **doğru dürüst** proper; properly. **doğru söylemek** *to* speak the truth.

doğruca directly.

doğrudan directly.

doğrulamak to confirm, to verify.

doğruluk straightness; rightness; honesty; truth.

doğrusu the truth of the matter; to speak honestly. **doğrusunu isterseniz** *to* tell the truth. **daha doğrusu** to be more exact.

doğu east; eastern.

doğum birth. **doğum günü** birthday. **doğum kontrolü** birth control. **doğum sancısı** labour pain. **doğum yapmak** *to* give birth (*to*). **doğum yeri** birthplace. **doğumevi** maternity hospital.

doğumlu born in (*the year of*).

doğurmak to give birth to, to bear; to bring about, to produce.

doğuştan by birth; inborn.

doksan ninety.

doksanıncı ninetieth.

doktor doctor, physician.

doku tissue; texture.

dokuma weaving; woven.

dokumacı weaver.

dokumacılık textile industry.

dokumak to weave.

dokunaklı touching, pathetic.

dokunmak to be woven; to touch; to upset, to harm; to concern.

dokunulmazlık immunity.

dokuz nine. **dokuz doğurmak** to be on pins and needles.

dokuzuncu ninth.

doküman document.

dolambaçlı sinuous, winding; complicated.

dolandırıcı swindler, crook, cheat.

dolandırıcılık swindle, cheat, fraud.

dolandırmak to swindle, to cheat, to nick.

dolanmak to be wrapped (*around*); to go round, to circulate; to rove, to hang about, to stroll.

dolap cupboard, wardrobe; plot, trick. **dolap çevirmek** to pull a trick, to plot.

dolaşım circulation.

dolayısıyla consequently; on account of, because of.

dolaylı indirect; indirectly.

dolaysız direct; directly.

doldurmak to fill; to load; (*battery*) to charge.

dolgu filling **dolgu yaptırmak** to have a tooth filled.

dolgun plump, buxom; full, filled; (*wages*) high.

dolma stuffed vegetables; stuffed.

dolmak to become full; to be packed; (*period*) to expire.

dolmakalem fountain-pen.

dolu full; loaded; charged.
dolu hail. *dolu yağmak* to hail.
dolunay full moon.
domuz pig, swine. *domuz gibi* sturdy; obstinate. *domuz eti* pork.
don frost; underpants.
donanım *den.* rigging.
donanma fleet, navy; illumination.
donatım equipment.
donatmak to deck out, to ornament; to equip; to illuminate.
dondurma ice-cream.
dondurmak to freeze.
donmak to freeze; (*cement*) to set, to harden; to curdle.
donuk frozen; dull.
doping doping. *doping yapmak* to dope.
doruk summit, peak.
dosdoğru straight (*ahead*).
dost friend; lover, mistress, steady. *dost edinmek* to make (*one's*) friends. *dost olmak* to become friends.
dostça friendly; in a friendly way.
dostluk friendship.
dosya file, dossier.
dosyalamak to file.
doymak to be full up, to be satiated.
doyurmak to fill up, to satisfy, to satiate; to saturate.
doyurucu satisfying.
doz dose. *dozunu kaçırmak* to overdo.
dökme poured; (*metal*) cast.
dökmek to pour, to empty, to spill; to cast; to shed.
döküm casting; enumeration; fall.
dökümcü founder.
dökümevi foundry.
döküntü remains, remnants, remainder; debris; rubbish, trash.

döl seed, germ, sperm; young, offspring; race, stock.
döndürmek to turn round, to spin, to rotate.
dönek fickle, untrustworthy.
dönem period; term.
dönemeç bend, curve.
dönence tropic.
dönmek to turn, to revolve, to rotate; to return; to swim; to whirl; to break one's promise; to be converted, to apostatize.
dönüş rotation, turn; return, comeback.
dönüşlü *dilb.* reflexive.
dönüşmek to be transformed into, to change.
dönüştürmek to transform, to change.
dönüşüm transformation.
dördüncü fourth
dört four. *dört ayak üstüne düşmek* to fall on all fours, to land on one's feet. *dört dönmek* to search everywhere. *dört elle sarılmak* to stick hard and soul, to work wholeheartedly. *dört gözle beklemek* to look forward to. *dört köşeli* fourcornered, foursided.
dörtgen quadrangle.
dörtlü (*cards*) four; quartet.
dörtlük *yaz.* quatrain; *müz.* quarter note.
dörtnal gallop. *dörtnala gitmek* to go at a gallop.
dörtyol crossroads. *dörtyol ağzı* crossroads, intersection.
döşek mattress, bed.
döşeli furnished.
döşeme floor; upholstery; furniture.
döşemeci upholsterer.
döşemek to furnish; to lay down, to spread; to pave, to floor.

döviz foreign exchange, foreign currency; motto, slogan. **döviz kuru** exchange rate, rate of exchange.

dövme beating; tattoo; forging.

dövmek to beat, to thrash; to hammer, to forge; to bombard.

dövüş fight.

dövüşçü fighter.

dövüşken combative, bellicose.

dövüşmek to fight; to box.

draje sugar-coated pill; dragee.

dram drama; tragedy.

dramatik dramatic; tragic.

dramatize etmek to dramatize.

drenaj drainage.

dua prayer **dua etmek** to pray.

duba pontoon, barge.

dublaj dubbing. **dublaj yapmak** to dub.

duble double.

dublör stunt-man.

dudak lip. **dudak boyası** lipstick. **dudak bükmek** to curl ones lip. **dudak ısırmak** to bite one's lip.

dul widow; widower; widowed.

duman smoke; mist, fog.

dumanlanmak to get smoky.

dumanlı smoky; misty, foggy.

dumansız smokeless.

durağan stable, fixed.

durak stop; break, pause; station.

duraklama pause; hesitation.

duraksamak to hesitate

durdurmak to stop.

durgun calm, quiet; stationary, stagnant.

durgunlaşmak to get calm.

durgunluk calmness; stagnation.

durmak to stop, to cease; to remain, to stay; to stand; to wait.

duru clear, limpid.

durulamak to rinse.

durum condition, situation, state; position; *dilb.* case.

duruş position, pose, posture.

duruşma trial, hearing.

duş shower.**duş yapmak/almak** to have a shower.

duvak bridal veil.

duvar wall. **duvar ilanı** poster. **duvar kâğıdı** wallpaper. **duvar saati** clock.

duvarcı bricklayer, mason.

duyarlı sensible, sensitive.

duyarlık sensibility, sensitivity.

duyarsız insensitive.

duygu feeling; sensation, sense.

duygulandırmak to affect, to move.

duygulanmak to be affected, to be moved.

duygulu sensitive, emotional.

duygusal emotional, sentimental.

duygusallık sensibility, sensuality, sentimentality.

duygusuz insensitive, hardhearted, unfeeling.

duygusuzluk insensitivity, heartlessness, apathy.

duymak to hear; to feel, to sense. **duymazlıktan gelmek** to pretend not to have heard.

duyu sense.

duyum sensation.

duyurmak to announce.

duyuru announcement.

düdük whistle, pipe **düdük çalmak** to whistle.

düğme button; switch.

düğmelemek to button up.

düğümlemek to knot.

düğümlenmek to become knotted.

düğün wedding (*feast*). **düğün alayı** wedding procession. **düğün etmek** to rejoice, to exult. **düğün yapmak** to hold a wedding.

dükkân shop. *dükkân açmak* to set up business, to open a shop.

dükkâncı shopkeeper.

dülger carpenter; builder.

dülgerlik carpentry.

dümdüz perfectly smooth; straight ahead.

dümen rudder, helm; *arg.* trick. *dümen kırmak* to change course, to veer, to swerve. *dümen çevirmek* to play tricks, to trick. *dümen kullanmak* to steer.

dümenci helmsman, steersman.

dün yesterday. *dün akşam* yesterday evening. *dün değil evvelsi gün* the day before yesterday. *dün gece* last night. *dünden hazır/razı* very eager. *dünkü* of yesterday, yesterday's.

dünür the father-in-law or mother-in-law of one's child.

dünya world, earth; everybody. *dünya âlem* all the world, everybody. *dünya durdukça* for ever and ever. *dünya evine girmek* to get married. *dünya gözü ile görmek* to see (*sb/sth*) before one dies. *dünya kadar* a world of, lots of. *dünya rekoru* world record. *dünya şampiyonu* world champion. *Dünya varmış!* How wonderful! What a relief! *Dünya yıkılsa umurunda değil!* He doesn't give a damn. *dünya zindan olmak* to be in great distress, to lead a dog's life. *dünyadan elini eteğini çekmek* to give up all worldly things. *dünyadan haberi olmamak* to be unaware of what is going on around one. *dünyanın kaç bucak olduğunu göstermek* to teach sb a lesson. *dünyanın parası* a lot of money. *dünyaya gelmek* to be born. *dünyaya getirmek* to bring into the world, to bear. *dünyaya gözlerini kapamak* to pass away. *dünyayı tozpembe görmek* to see things through rosecoloured glasses. *dünyayı zindan etmek* to lead sb a dog's life.

dünyevi worldly.

dürbün binoculars, field glasses.

dürtmek to prod, to goad; to stimulate, to incite.

dürtü drive, motive.

dürtüklemek to nudge.

dürüm roll, fold.

dürüst honest, upright, straight.

dürüstlük honesty, uprightness.

düş dream. *düş görmek* to have a dream. *düş kırıklığı* disappointment. *düş kurmak* to daydream.

düşey vertical.

düşkün down-and-out, poor; fond of, addicted to, devoted to; devotee, addict, buff, bug. *düşkün olmak* to be keen on, to be attached (*to*), to be addicted (*to*).

düşkünlük addiction, fondness; poverty, adversity.

düşman enemy, foe.

düşmanlık hostility, enmity.

düşmek to fall; to drop; (*child*) to be born dead; to subtract, to deduct; to fall on hard times; to end up, to wind up, to land up.

düşünce thought, idea; anxiety, worry. *düşünceye dalmak* to be lost in thought.

düşünceli thoughtful; considerate.

düşüncesiz thoughtless, inconsiderate.

düşündürmek to make (*sb*) think, to worry.

düşünmek to think, to think of, to think about. *düşünüp taşınmak to* think over.

düşünür thinker.

düşüş fall, falling.

düz smooth, even, flat; straight.

düzelmek to improve, to get better: to be put in order; to be straightened.

düzeltme proofreading.

düzeltmek to correct, to improve; to put in order, to straighten.

düzeltmen proofreader.

düzen order, regularity; regime; *müz.* tuning; trick, ruse. *düzene koymak/sokmak* to put in order.

düzenbaz trickster, cheat; tricky.

düzenleme arrangement.

düzenlemek to arrange, to organize; to put in order.

düzenleyici regulator; organizer.

düzenli tidy, in order; systematic; regular.

düzensiz untidy, out of order; unsystematic, irregular.

düzensizlik disorder.

düzey level.

düzgünlük regularity, order.

düzlem *mat.* plane.

düzlük smoothness, levelness; straightness; level place, plain.

düzyazı prose.

E e

ebat dimensions.

ebe midwife; (*game*) it.

ebedi eternal.

ebediyen eternally, forever.

ebediyet eternity.

ebeveyn parents.

ebru marbling, watering.

ecdat ancestors.

ece queen.

ecel time of death, death. *ecel teri dökmek* to be in mortal fear. *eceli gelmek* (*the term of one's life*) to expire. *eceline susamak* to run into the jaws of death, to be daredevil. *eceliyle ölmek* to die a natural death.

ecnebi foreign; foreigner.

ecza drugs, chemicals.

eczacı chemist, druggist.

eczacılık pharmacy.

eczane chemist's (*shop*), drugstore.

edat *dilb.* preposition.

edebi literary.

edebiyat literature.

edebiyatçı man of letters.

edepli well-behaved, polite.

edepsiz ill-mannered, rude.

eder price, cost.

edilgen passive. *edilgen çatı dilb.* passive voice.

edinmek to acquire, to obtain, to get.

edip man of letters.

editör editor, publisher.

efekt (*theatrical*) effect(s).

efendi gentleman; master, Mr; gentlemanly, polite.

efendim sir!, madam!; yes!; pardon?, sorry?

efkârlanmak to become worried.

efkârlı worried, anxious.

eflatun lilac-coloured, lilac.

efsane myth, legend.

efsaneleşmek to become legendary.

efsanevi legendary, mythical.

efsun spell, charm.

Ege Aegean. *Ege Denizi* the Aegean Sea.

egemen sovereign, dominant.

egemenlik sovereignty, domination.

egoist egoist.

egoizm egoism.

egzersiz exercise. *egzersiz yapmakta* do exercise, to exercise.

eğe file.

eğelemek to file.

eğer if.

eğilim tendency; inclination. *eğilimi olmak* to have a leaning (*towards*), to incline.

eğim slope, declivity.

eğirmek to spin.
eğitbilim pedagogy.
eğitici pedagogue; instructive.
eğitim education, training.
eğitimci educator, pedagogue.
eğitimli educated.
eğitimsiz untrained; uneducated.
eğitmek to educate, to train.
eğitsel educational.
eğlence amusement, entertainment.
eğlenceli amusing, entertaining.
eğlencelik tidbits, appetizers.
eğlendirmek to amuse, to entertain.
eğlenmek to have a good time, to enjoy oneself; to make fun of; to delay, to dawdle.
eğlenti party, feast, jollity.
eğreti borrowed; temporary; artificial, false. *eğreti almak* to borrow. *eğreti vermek* to lend.
eğri crooked, bent; awry. *eğri büğrü* contorted, twisted.
eğrilik crookedness.
eğriltmek to bend, to twist.
eh well, all right, well enough.
ehemmiyet importance.
ehlileştirmek to tame, to domesticate.
ehliyet efficiency, capacity; driving licence.
ehliyetli capable, qualified.
ehliyetsiz incapable, unqualified.
ejderha dragon.
ek addition; appendix; joint, patch; *dilb.* affix; additional, supplementary *ek olarak* in addition (*to*).
ekili sown, planted.
ekim sowing, planting; October.
ekin crop; culture. *ekin biçmek* to harvest, to reap.
ekip team, group.
eklem joint, articulation.

eklemek to add; to join together.
eklenmek to be added; to be joined.
eklenti addition.
ekmek bread; food; living, job. *ekmek kapısı* a place where one earns his livelihood. *ekmek elden su gölden* living on others. *ekmek parası* modest livelihood, living. *ekmeğine yağ sürmek* to play into sb's hands. *ekmeğini çıkarmak* to make a living. *ekmeğini eline almak* to have a job. *ekmeğini taştan çıkarmak* to make a living under difficult conditions. *ekmeğiyle oynamak* to threaten (one's) job.
ekmek to sow, to plant; to spread, to sprinkle; *arg.* to give sb the slip, to drop, to ditch.
ekoloji ecology.
ekolojik ecological.
ekonomi economy; economics.
ekonomik economic; economical.
ekonomist economist.
ekran screen.
ekseriya usually.
ekseriyet majority.
ekseriyetle generally, usually.
eksi minus; negative.
eksik lacking, missing, absent; defective, incomplete; less (*than*); deficiency, lack, defect. *eksik çıkmak* to be lacking. *eksik doldurmak* to fill the gap. *eksik etmemek* to have always in stock. *eksik gedik* small necessities. *Eksik olma!* Thank you! *eksik olmamak* always to turn up.
eksiklik lack, absence, deficiency.
eksiksiz complete, perfect; completely, perfectly.
eksiltme reduction; putting up to tender.

eksiltmek to reduce, to decrease.
ekşi sour, acid **ekşi yüzlü/suratlı**
sour-faced.

ekşilik sourness, acidity

ekşimek to sour; to ferment; (*stom-ach*) to be upset.

ekşimsi sourish.

ekşitmek to make sour.

ekvator equator.

el hand; forefoot; handle; dis-charge, shot; times; possession;
(*cards*) deal. **el altında** handy,
on hand, ready. **el altından** un-derhandedly, secretly. **el arabası**
wheelbarrow. **el atmak** to lay
hands upon, to seize; to attempt.
el ayak çekilmek to be deserted
and quiet. **el bebek gül bebek**
spoiled, coy. **el bezi** hand towel.
el bombası hand grenade. **el
çantası** handbag, pursue. **el
çekmek** to give up, to relinquish.
el değiştirmek to change hands.
el ele tutuşmak to take each
other by the hand. **el ele vermek**
to cooperate. **el ele** hand in hand.
el etmek to wave (*to sb*). **el fene-ri** flashlight. **el freni** hand brake.
el ilanı handbill. **el işi** handwork;
handmade. **el kaldırmak** to
raise one's hand to (*sb*). **el ka-pısı** another's house. **el kitabı**
handbook, manual. **el koymak**
to seize, to confiscate. **el öpmek**
to kiss sb's hand (*in respect*). **el
sallamak** to wave (*one's hand*).
el sürmek to handle, to touch. **el
sürmemek** not to touch; not to
begin. **el şakası** practical joke
played on sb using the hand. **el
üstünde tutmak** to treat with
honour, to cherish. **el yazısı**
handwriting. **elde etmek** to get,
to obtain. **elden çıkarmak** to sell

off, to dispose of. **elden düşme**
secondhand. **elden ele** from
hand to hand. **elden geçirmekte**
overhaul, to go over. **ele alınır**
in good condition. **ele almak** to
take up, to deal with. **ele avuca
sığmaz** out of hand, mischievous.
ele geçirmek to take possession
(*of sth*), to secure. **ele geçmek** to
be caught. **ele vermek** to inform,
to betray. **eli açık** generous. **eli
ağır** slow-working. **eli alışmak** to
become skilful; to get used to. **eli
ayağı buz kesilmek** to be very
cold. **eli ayağı düzgün** lacking in
bodily defects. **eli boş dönmek**
to return empty-handed. **eli ek-mek tutmak** to earn one's bread.
eli kulağında about to happen,
impending. **eli sıkı** close-fisted,
stingy. **eli uzun** thievish. **eli yüzü
düzgün** presentable. **elinde kal-mak** to remain unsold. **elinde
olmak** to be in one's power. **elin-de tutmak** to monopolize; not to.
sell **elinden bir şey gelmemek**
not to be in a position to do sth.
elinden geleni yapmak to do
one's best. **elinden gelmek** to
be able to. **elinden kaçırmak** to
slip through one's fingers. **elin-den kurtulmak** to manage to es-cape from (*sb*). **elinden tutmak**
to help. **eline bakmak** to depend
on (for **a** living) **eline düşmek** to
be caught; to need sb; to meet,
to come across. **eline geçmek** to
earn; to find; to catch. **elini
ayağını kesmek** to stop going
(*to*). **elini çabuk tutmak** to hurry
up. **elini eteğini çekmek** to with-draw. **elini sıcak sudan soğuk
suya sokmamak** not to do any
housework, to lead a comfortable

life. *eliyle koymuş gibi bulmak* to find very easily. *Eller yukarı!* Hands up!

el stranger; people; country. *ele güne karşı* in the eyes of everybody. *eloğlu* stranger, outsider.

elalem all the world, everybody.

elastiki elastic, flexible.

elastikiyet elasticity.

elbet of course, certainly.

elbette of course, certainly.

elbise clothes, garments, dress.

elçi ambassador; envoy.

elçilik embassy.

elden by hand.

eldiven glove.

elebaşı ringleader, chief.

elektrik electricity. *elektrik akımı* electric current .*elektrik düğmesi* switch. *elektrik kesintisi* power cut. *elektrik mühendisi* electrical engineer. *elektrik süpürgesi* vacuum cleaner, hoover *k. dili.*

elektrikçi electrician; electrician's.

elektrikli electric; (*wire*) live.

elektromanyetik electromagnetic.

elektronik electronic; electronics.

eleman staff member, worker; element.

eleme elimination; selected, sifted *eleme sınavı* preliminary examination.

elemek to sieve; to eliminate, to select.

eleştiri criticism.

eleştirici critic.

eleştirmek to criticize.

eleştirmen critic.

elişi handwork; hand-made.

elkitabi handbook, manual.

elle manually.

ellemek to touch with the hand, to handle.

elli fifty.

ellinci fiftieth.

elma apple.

elmas diamond.

elti sister-in-law.

elveda farewell, goodbye.

elverişli convenient, suitable.

elverişsiz inconvenient, unsuitable.

elyaf fibres.

emanet trust, deposit; left luggage office, cloakroom. *emanet etmek* to commend, to entrust *emanete vermek* to check.

emanetçi depository.

emaneten on deposit.

emek labour, work; pains, effort. *emek vermek* to take pains with, to labour. *emeği geçmek* to contribute efforts.

emekçi proletarian, labourer.

emekli retired; pensioner. *emekli aylığı* pension, retirement pay. *emekli olmak* to retire.

emeklilik retirement.

emektar old and faithful.

emici absorbent.

emin confident, sure; safe, secure; trustworthy. *emin olmak* to be sure; to make certain.

emir order, command. *emir almak* to receive orders. *emir eri* ask. Orderly. *emir subayı* ask. Adjutant. *emir vermek* to order, to command. *emre amade* at one's service, ready. *emre yazılı senet* promissory note.

emlak real estate, property. *emlak komisyoncusu* estate agent. *emlak vergisi* property tax.

emlakçı real estate agent.

emniyet safety, security; the police. *emniyet altına almak* to make safe, to secure. *emniyet amiri* chief of police. *emniyet etmek* to trust; to entrust. *emniyet kemeri* safety belt. *emniyet somunu* lock nut. *emniyet supabı* safety valve. *emniyet tedbiri* security measure.

emniyetli safe, secure.

emniyetsiz unsafe, insecure.

emperyalist imperialist; imperialistic.

emperyalizm imperialism.

emretmek to order, to command.

emsal similars, equals; peer, compeer

emtia goods, merchandise.

emzik nipple; (*baby's*) feeding bottle.

emzirmek to breast-feed, to suckle.

en most. *en aşağı* at least. *en az* minimum, least; at least. *en azından* at least, fully. *en başından* from the very beginning. *en çok* at (*the*) most. *en düşük* minimum, least. *en geç* at the latest. *en iyi* best. *en kötü* worst. *en küçük* least, minimal. *en önce* first of all. *en sonra* last of all. *en sonunda* at last, at long last, finally, eventually. *en yüksek* maximum, highest.

en width, breadth.

enayi fool, gull, suckle, goof.

enayilik foolishness.

endam shape, figure, stature.

endamlı well-proportioned, shapely.

ender rare; rarely.

endişe anxiety, worry, care. *endişe etmek* to be anxious.

endişelenmek to be anxious, to be worried (*about*).

endişeli anxious, thoughtful.

endişesiz unworried, carefree.

endüstri industry.

endüstrileşmek to be industrialized.

endüstriyel industrial.

enerji energy.

enerjik energetic.

enfes delicious, excellent.

enflasyon inflation.

enfraruj infrared.

engebe rough ground, unevenness.

engebeli uneven, rough, broken.

engel obstacle, hindrance, barrier. *engel olmak* to prevent, to stop, to obstruct. *engelli koşu* hurdle race.

engellemek to impede, to hinder, to obstruct.

engin vast, wide, boundless.

enikonu thoroughly, fully

eninde sonunda in the end.

enişte sister's or aunt's husband.

enjekte etmek to inject.

enkaz ruins; wreckage.

enlem latitude.

enli wide, broad.

enselemek *arg.* to nab, to nick.

ensiz narrow.

enstantane snapshot.

enstrüman instrument.

entari loose robe, dress.

entelektüel intellectual.

enteresan interesting.

entrika intrigue. *entrika çevirmek* to intrigue, to plot.

envanter inventory.

epey rather, quite, fairly; a great deal of, a lot of.

epeyce rather, quite, fairly, pretty.

epilasyon removal of unwanted hair.

e-posta e-mail.

er early; soon. *er geç* sooner or later.

er man, male; private (*soldier*); manly man.

erbap expert, master.

erbaş non-com.

erdem virtue.

erdemli virtuous.

erek aim, goal

ergen adolescent; unmarried.

ergenlik adolescence; youthful acne.

ergime melting, fusion.

ergimek to melt, to fuse.

erguvani purple.

erik plum.

eril masculine.

erim reach, range.

erimek to melt, to fuse, to dissolve, to thaw.

erinç peace, rest.

erişim access.

erişmek to arrive, to reach; to mature, to ripen.

eritmek to melt, to dissolve.

eriyik solution.

erk power.

erkek man, male; manly, virile, honest. **erkek arkadaş** boyfriend. **erkek çocuk** boy. **erkek gibi** mannish.

erkekçe manly; manfully.

erkeklik masculinity; manliness, courage; male sexual potency, virility.

erken early.

erkenci early riser.

ermek to reach, to attain; to ripen, to mature.

erozyon erosion.

ertelemek to postpone, to delay, to put off.

ertesi next, following. **ertesi gün** the next/following day.

erzak provisions.

es müz. rest. **es geçmek** to pass over, to skip.

esans perfume.

esaret slavery.

esas foundation, basis, base; fundamental, essential, basic. **esasen** fundamentally, essentially.

esaslı based, founded; principal, basic, main; true, solid.

esen healthy, sound.

esenlik health, soundness.

eser work (*of art*); sign, mark, trace.

esin inspiration.

esinlemek to inspire.

esinlenmek to be inspired.

esinti breeze.

esir slave; prisoner of war, captive. **esir almak** to hold sb captive, to capture; k. dili to buttonhole, to latch on to sb k. dili. **esir düşmek** to be taken prisoner. **esir ticareti** slave trade.

esirlik slavery, captivity.

eski old; ancient; secondhand; old-fashioned; former, ex. **Eski çamlar bardak oldu** A lot of water has flowed under the bridge. **eski eserler** antiques, antiquities. **eskisi gibi** the way it used to be, as before. **eski kafalı** (*person*) old-fashioned. **eski püskü** shabby, tattered. **eski zaman** antiquity; old days.

eskici ragman, ragpicker; cobbler.

eskiçağ prehistoric period.

eskiden in the past, formerly. **eskiden kalma** handed down, passed down.

eskimek to wear out, to become old; to get old in the service.

eskitmek to wear sth out, to age.

eskiz sketch.

esmek (*wind*) to blow; to come to one's mind.

esmer dark, brown, brunette.

esmerleşmek to get brown, to tan.

esmerlik darkness, brownness.

esnaf tradesman, artisan.

esnasında during, while.

esnek elastic, flexible.

esneklik elasticity.

esnemek to yawn; to stretch, to bend.

espri wit, joke, crack, quip. *espri yapmak* to make a wisecrack; to crack a joke.

esrarengiz mysterious.

esrarlı mysterious; containing hashish.

estetik aesthetic; aesthetics. *estetik cerrahi* plastic surgery.

eş match, counterpart; partner; mate; spouse, consort. *eş dost* friends and acquaintances.

eşanlamlı synonymous. *eşanlamlı sözcük* synonym.

eşantiyon sample, model.

eşarp scarf.

eşdeğer equivalence.

eşdeğerli equivalent.

eşek donkey, ass; stupid, ass. *eşekten düşmüş karpuza dönmek* to be shocked. *Eşek hoşaftan ne anlar* It's like casting pearls before swine. *eşek sudan gelinceye kadar dövmek* to give sb a good thrashing. *eşek şakası* coarse practical joke.

eşekarısı wasp, hornet.

eşeklik assinity, stupidity.

eşelemek to scratch, to paw.

eşgüdüm coordination.

eşik threshold.

eşinmek to scratch the soil.

eşit equal.

eşitlik equality.

eşkâl forms, figures.

eşkenar equilateral.

eşkıya bandit, brigand.

eşlik accompaniment. *eşlik etmek* to accompany, to escort.

eşofman tracksuit.

eşsesli homophone.

eşsiz matchless, peerless.

eşya things, objects; furniture; luggage, belongings.

eşzamanlı synchronic.

et meat; flesh; pulp. *et suyu* broth. *etine dolgun* plump.

etajer whatnot.

etap stage, lap.

etçil carnivorous.

etek skirt; bottom; fool. *etekleri tutuşmak* to be exceedingly alarmed .*etekleri zil çalmak* to walk on air.

eteklik skirt.

etiket label, tag, sticker.

etiketlemek to label.

etken factor; *dilb.* active.

etki effect, influence; impression.

etkilemek to effect, to influence, to impress.

etkileşim interaction.

etkileyici impressive.

etkili effective, effectual; impressive, touching.

etkin effective, active.

etkinlik activity.

etkisiz ineffective, ineffectual.

etmek to make, to do; to cost, to be worth.

etmen factor.

etnik ethnic.

etobur carnivorous; carnivore.

etraf surroundings, environment; sides. *etrafına, etrafında* around, round. *etrafına bakınmak* to look around.

etraflı detailed, exhaustive.

etraflıca in detail, fully.

ettirgen *dilb.* causative.

etüt study, research. *etüt etmek* to study, to investigate.

ev house; home; household, family. **ev bark** household. **ev bark sahibi** family man. **ev halkı** household, family. **ev hayvanı** domestic animal. **ev idaresi** housekeeping. **ev işi** housework. **ev kadını** housewife. **ev kirası** (*house*) rent. **ev ödevi** homework. **ev sahibesi** hostess. **ev sahibi** host; landlord. **ev tutmak** to rent a house. **evde kalmak** (*girl*) not to be able to get married; to have been left on the shelf.

evcek with the whole family.

evci weekly boarder.

evcil domestic.

evcilleştirmek to domesticate.

evermek to marry off.

evet yes.

evlat son, daughter, child. **evlat edinmek** to adopt a child.

evlatlık adopted child. **evlatlıktan reddetmek** to disown.

evlendirmek to give in marriage, to marry (*off*).

evlenmek to get married, to marry.

evli married, hitched.

evlilik marriage.

evrak documents, papers.

evre phase.

evren universe; cosmos.

evrensel universal.

evrim evolution.

evrimsel evolutionary.

evsaf qualities.

evvel ago, before, earlier; the first part, beginning. **evvel zaman içinde** once upon a time.

evvela in the first place, first of all.

evvelden previously, formerly .

evvelki the previous. **evvelki gün** the day before yesterday .

eyalet province.

eylem action; *dilb.* verb.

eylül September.

ezber learning by heart, memorizing.

ezberci (*a student*) who learns parrot fashion.

ezbercilik learning parrot fashion.

ezbere by heart; without knowing. **ezbere konuşmak** to talk without knowing it .

ezberlemek to learn by heart, to memorize.

ezel past eternity.

ezeli eternal. **ezeli ve ebedi** without beginning or end, eternal.

ezgi tune, melody, song.

ezik crushed, squashed.

eziklik worry, depression

ezilmek to be crushed; to be run over.

eziyet torment, torture. **eziyet çekmek** to suffer pain. **eziyet etmek** to torment, to torture.

eziyetli painful, fatiguing, hard.

ezme crushing; puree, paste; crushed, mashed.

ezmek to crush, to squash, to mash; to run over; to tread, to trample; to overwhelm, to suppress; to trounce.

F f

fa *müz.* fa.
faal active.
faaliyet activity.
fabrika factory, plant.
fabrikasyon fabrication.
fabrikatör factory owner.
facia disaster, calamity.
fagot *müz.* bassoon.
fahiş excessive, exorbitant.
fahrenhayt Fahrenheit.
fahri honorary.
fail author, agent; *dilb.* subject.
faiz interest. *faiz oranı* the rate of interest. *faize vermek* to lend (*money*) at interest. *faize yatırmak* to put out at interest.
faizci usurer, moneylender.
faizcilik usury.
faizli interest-bearing, at interest.
faizsiz free of interest.
fakat but.
fakir poor. *fakir fukara* the poor.
fakirleşmek to become poor.
fakirlik poverty.
faks fax, facsimile.
fakslamak to fax.
faktör factor.
fakülte faculty.
fal fortune. *fal bakmak* to tell fortunes. *falına baktırmak* to have one's fortune told.

falaka bastinado.
falan such and such, so and so. *falan filan* and so on.
falcı fortune-teller.
falso blunder, error. *müz.* false note.
falsolu faulty.
familya *biy.* Family.
fanatik fanatic.
fani mortal, transient.
fanila flannel, vest.
fantezi fancy; fantasy.
fanus lantern; lamp glass.
far headlight; eye shadow.
faraş dustpan.
fare mouse.
fark difference. *fark etmek* to notice, to realize; to differ. *fark etmez* It doesn't make any difference. *fark gözetmek* to treat differently. *farkına varmak* to realize, to notice. *farkında olmak* to be aware of.
farkında conscious, aware (*of*).
farklı different.
farklılık difference.
farksız same, identical.
fars farce.
Farsça Persian.
farz religious precept; obligation; supposition.
Fas Morocco.

fasarya empty talk, nonsense.

fasıl chapter, section.

fasıla interval.

fasikül fascicle.

fasulye bean.

faşist fascist.

faşizm fascism.

fatih conqueror.

fatura invoice, bill.

faul foul. *faul yapmak sp.* to foul.

favori whiskers; favourite.

fay *coğ.* Fault.

fayans faience.

fayda use, profit, advantage, benefit. *faydalı olmak* to help. *fayda etmemek* to cut no ice.

faydalanmak to make use of.

faydalı useful.

faydasız useless.

fayton phaeton.

fazilet virtue.

faziletli virtuous.

fazla excess, spare; excessive, extra; too much. *fazla gelmek* to be too much. *Fazla mal göz çıkarmaz* Store is no sore. *fazla mesai* overtime. *fazla mesai yapmak* to work overtime.

fazlalaşmak to increase.

fazlalık excess, superfluity.

fazlasıyla abundantly.

feci tragic, terrible.

feda sacrifice. *feda etmek* to sacrifice.

fedai bodyguard, bouncer.

fedakâr self-sacrificing.

fedakârlık sacrifice.

federal federal.

federasyon federation.

felaket disaster, calamity, misfortune. *felakete uğramak* to meet with a disaster.

felaketzede victim.

felç paralysis, apoplexy. *felce uğramak* to be paralysed. *felce uğratmak* to paralyse.

felçli paralytic, paralysed.

felek fate, destiny. *feleğin çemberinden geçmek* to go through the mill. *felekten bir gün çalmak* to have a very enjoyable time.

felsefe philosophy.

felsefi philosophical.

feminist feminist.

feminizm feminism.

fen science.

fena bad. *fena değil* not bad, all right, okay *k. dili. fena halde* badly. *fena olmak* to feel bad.

fenalaşmak to grow worse; to feel faint.

fenalık evil, mischief; harm; fainting. *fenalık geçirmek to* feel faint.

fener lantern; lighthouse.

feodal feudal.

feodalite feudalism.

ferah roomy, spacious; relieved.

ferahlamak to feel relieved.

ferahlatmak to relieve.

ferahlık spaciousness, roominess; relief.

ferdi individual.

feribot ferryboat.

ferman decree, command.

fermantasyon fermentation.

fermuar zipper.

fersah league, five kilometers.

fersiz lustreless, dull.

fert individual.

feryat cry scream. *feryat etmek* to cry out, to scream.

fes fez.

fesat faction, conspiracy, intrigue, malice.

fesatçı mischief-maker.

feshetmek to abolish, to cancel.

fesih abolition.

festival festival.
fethetmek to conquer.
fetih conquest.
fettan seducing, cunning.
feveran effervescence, ebullition.
fevk upper part, top.
fevkalade extraordinary.
fıçı barrel, cask. *fıçı birası* draught beer.
fıkırdak coquettish.
fıkırdamak to bubble; to giggle, to flirt.
fıkırtı bubbling noise.
fıkra anecdote, joke; column; paragraph.
fındık hazel-nut.
fındıkkıran nutcrackers.
Fırat the Euphrates.
fırça brush. *fırça atmak* to give sb a rocket. *fırça çekmek* to scold, to rebuke.
fırçalamak to brush.
fırıldak weather-cock; windmill; intrigue, trick. *fırıldak çevirmek* to intrigue.
fırın oven; furnace; bakery.
fırıncı baker.
fırınlamak to bake.
fırlama bastard.
fırlamak to rush out, to fly off; to protrude, to stick out.
fırlatmak to fling, to launch.
fırsat opportunity, chance, occasion. *fırsat aramak* to seek an opportunity. *fırsat beklemek* to wait for an opportunity. *fırsat bulmak* to find an opportunity. *fırsat düşkünü* opportunist. *fırsat kollamak* to watch for an opportunity. *fırsat vermek* to give an opportunity. *fırsatı kaçırmak* to miss an opportunity. *fırsattan yararlanmak* to take advantage of an opportunity.

fırsatçı opportunist *hkr.*, pusher *hkr.*
fırtına storm, tempest. *fırtınaya yakalanmak* to be caught in a storm.
fırtınalı stormy, tempestuous.
fısıldamak to whisper.
fısıldaşmak to whisper to each other.
fısıltı whisper.
fıskiye jet, fountain
fıstık peanut, pistachio nut; *arg.* real looker, bundle. *fıstık gibi* very beautiful; very good.
fısırtı a rustling noise.
fışkırmak to gush out, to squirt.
fışkırtmak to spout, to spurt.
fiberglas fibreglass.
fidan sapling, shoot.
fide seedling.
fidye ransom.
figan wail, lamentation.
figür figure.
figüran walk-on, extra.
fihrist index; catalogue, list.
fiil act, action; *dilb.* verb, predicate.
fikir idea, thought, opinion. *fikir edinmek* to form an opinion about. *fikir yürütmek* to put forward an idea. *fikrinde olmak* to be of the opinion. *fikrini almak* to ask sb's opinion. *fikrini söylemek* to state one's opinion.
fikstür fixture.
fil elephant.
filarmonik philharmonic.
filatelist philatelist.
fildişi ivory.
file string bag; netting.
filika ship's boat.
filinta carbine.
Filipin Philippine. *Filipin Adaları* Philippine Islands.
Filipinli Filipino.

Filistin Palestine.
Filistinli Palestinian.
filiz ore.
filiz young shoot; bud, sprout.
filizlenmek to sprout.
film film. *film çekmek* to film; to take an X-ray. *film çevirmek* to make a film, to act in a film; to be up to no good. *film yıldızı* film star. *filme almak/çekmek* to film. *filmini çekmek* to film; to x-ray.
filmci film maker.
filmcilik film industry.
filo fleet.
filoloji philology.
filozof philosopher.
filtre filter.
Fin Finn; Finnish.
final sp. final. *finale kalmak* to be left in the final. *finale katılmak* to take part in the finals.
finalist finalist.
finans finance. *finanse etmek* to finance.
finansman financing.
fincan cup.
Finlandiya Finland.
Finli Finn.
firar running away, flight *firar etmek* to run away, to flee
Firavun Pharaoh
fire loss, diminution *fire vermek* to suffer wastage, to diminish
firkete hairpin
firma firm.
firuze turquoise.
fiske flick, flip. *fiske vurmak* to flick.
fiskos whispering; gossip. *fiskos etmek* to whisper; to gossip.
fistan dress.
fiş card, slip; plug; counter, token.
fişek cartridge.
fit instigation, provocation. *fit vermek* to instigate, to incite.

fit quit.s *fit olmak* to be quits.
fitil wick; *ask.* fuse; *hek.* Suppository. *fitil gibi sarhoş* blind drunk.
fitlemek to incite, to instigate, to denounce. **fitne** instigation, mischiefmaking. **fitneci** mischiefmaker, instigator. **fitnelemek** to denounce, to inform. **fitre** alms.
fiyaka showing-off, ostentation. *fiyaka yapmak* to swank, to show off.
fiyakacı swaggerer.
fiyakalı showy, ostentatious.
fiyasko fiasco, failure.
fiyat price.
fiyonk bow-tie.
fiyort *coğ.* Fiord.
fizik physics; physique.
fizikçi physicist.
fiziki physical.
fiziksel physical.
fizyoloji physiology.
fizyolojik physiological.
flama signal flag, pennant.
flaş flash.
floresan fluorescent,fluorescence.
floş floss silk; flush.
flört flirt. *flört etmek* to flirt.
flu blurred.
flüt flute.
flütçü flutist.
fobi phobia.
fodulluk vanity.
fok seal.
fokurdamak to bubble noisily.
fokurtu bubbling noise.
fol nest egg.
folklor folklore.
folklorcu folklorist.
folluk egg nest.
fon fund; background.
fondöten liquid make-up, foundation cream.

fonetik phonetics; phonetic.
fonksiyon function.
form form.
forma uniform; colours; sheet of 16 pages.
formalite formality.
formasyon formation.
formül formula.
forsa galley-slave, convict.
forslu influential.
forum forum.
forvet *sp.* forward.
fos false. *fos çıkmak* to fizzle out.
fosforlu phosphorous, phosphoric.
fosil fosil.
fosilleşmek to fossilize.
fosseptik septic tank.
fosurdatmak to puff.
foto photo.
fotoğraf photograph. *fotoğraf çekmek* to take a photograph. *fotoğraf çektirmek* to have one's photo taken. *fotoğraf makinesi* camera.
fotoğrafçı photographer.
fotoğrafçılık photography.
fotojenik photogenic.
fotokopi photocopy. *fotokopi makinesi* photo-copier. *fotokopi çekmek* to photocopy, to Xerox. *fotokopi yapmak* to photocopy.
fotomontaj photomontage.
fotoroman photo-story.
fotosentez *bot.* Photosynthesis.
foya foil; fraud, eyewash. *foyası meydana çıkmak* to give oneself away. *foyasını meydana çıkarmak* to debunk.
fötr felt. *fötr şapka* felt hat.
francala fine white bread.
Fransa France.
Fransız Frenchman; French.
Fransızca French.

frekans frequency.
fren brake. *fren yapmak* to brake.
frenküzümü redcurrant.
frenlemek to brake; to restrain, to hold back.
fresk fresco.
freze milling cutter.
frigorifik refrigerated.
frikik free kick.
fuar fair.
fuaye *(theatre)* foyer.
fueloyl fuel-oil.
fuhuş prostitution. *fuhuş yapmak* to act as a prostitute.
fukara poor.
fukaralık poverty.
fular foulard.
funda heath.
fundalık shrubbery.
furya glut, rush.
futbol football. *futbol sahası* football field. *futbol sezonu* football season. *futbol takımı* football team.
futbolcu football player, footballer.
fuzuli unnecessary.
füze missile, rocket.

G g

gabardin gabardine.

gacır gucur creakily.

gacırdamak to creak.

gacırtı creak.

gaddar cruel, pitiless.

gaddarlık cruelty.

gaf gaffe, blunder. **gaf yapmak** to blunder.

gafil inattentive, unwary. **gafil avlamak** to catch unawares. **gafil avlanmak** to be caught unawares.

gaflet inattention, headlessness. **gaflete düşmek** to be unaware, to be careless.

gaga beak, bill.

gaip absent, invisible; the invisible world. **gaipten haber vermek** to foretell the future.

gaklamak to croak.

gala gala, festivity.

galaksi gala

galeri gallery.

galeta hard biscuit, cracker; dried bread, rusk.

galeyan excitement, rage, agitation. **galeyana gelmek** to get worked up.

galiba probably, I think (so); apparently, seemingly

galibiyet victory.

galip winner, victor; victorious.

galip gelmek to win, to be victorious.

galvanizlemek to galvanize.

gam care, worry, sadness.

gam *müz.* scale.

gama **gamma gama ışınları** gamma rays.

gamlı sad, gloomy.

gammaz talebearer, informer.

gammazlamak to inform, to tell on.

gamze dimple.

gangster gangster.

gangsterlik gangsterism

gani abundant, plentiful.

ganimet booty, loot.

ganyan (horse) winner; winning ticket.

gar railway station.

garaj garage.

garanti guarantee. **garanti etmek** to guarantee.

garantilemek to guarantee; to make sure, to cinch.

garantili guaranteed.

garantör guarantor.

garaz rancour, grudge. **garaz bağlamak** to bear a grudge.

gardırop wardrobe.

gardiyan prison guard.

garez rancour, grudge. **garez bağlamak** to bear a grudge.

gariban miserable.

garip odd, queer, strange; needy, poor. *garibine gitmek* to seem odd.

gariplik strangeness; poverty.

garipsemek to feel out of place; to find strange.

garnitür garnish, trimmings.

garp west.

garson waiter.

garsoniyer bachelor's flat.

gasp usurpation. *gasp etmek* to usurp, to extort.

gâvur unbeliever, atheist.

gayda bagpipe.

gaye aim, goal, purpose.

gayet extremely, quite.

gayret effort, endeavour. *gayret etmek* to exert oneself, to strive.

gayretli persevering, zealous.

gayri other than, besides. *gayri ihtiyari* involuntary; involuntarily. *gayri menkul* real estate. *gayri meşru* illegal. *gayri resmi* unofficial, informal *gayri safi* gross. *gayri tabii* unnatural.

gayzer geyser.

gaz kerosene; *fiz.* gas. *gaz bombası* gas bomb. *gaz lambası* oil lamp. *gaz maskesi* gas mask. *gaz pedalı* accelerator pedal. *gaz sobası* gas stove. *gaza basmak* (*car*) to step on the gas.

gaza holy war.

gazal *zool.* gazelle.

gazap wrath, fury.

gazel *yaz.* lyric poem.

gazete newspaper, paper.

gazeteci journalist.

gazetecilik journalism.

gazi ghazi, war veteran.

gazino musichall.

gazlamak to gas; (*car*) to speed up; *arg.* to run away.

gazlı gaseous.

gazoz fizzy lemonade, pop.

gazyağı kerosene.

gebe pregnant. *gebe kalmak* to fall pregnant.

gebelik pregnancy. *gebelik önleyici* contraceptive.

gebermek to die, to peg out.

gebertmek to kill, to croak.

gece night. *gece bekçisi* night watchman. *gece gündüz* day and night. *gece kulübü* nightclub. *gece yarısı* midnight. *gece yatısına kalmak* to stay the night.

gececi night worker.

gecekondu shanty, squatter's house.

gecelemek to spend the night. *geceleyin* at night.

gecelik nightdress, nightie.

gecikme delay.

gecikmek to be late, to delay.

geciktirmek to delay, to hold up.

geç late. *geç kalmak* to be late.

geçe past.

geçen last. *geçen gün* the other day. *geçen hafta* last week.

geçenlerde recently, lately.

geçer current; valid; passing.

geçerli current, valid.

geçerlik validity, currency.

geçersiz invalid.

geçici temporary; infectious.

geçim living, livelihood, subsistence.

geçimsiz difficult to get on with.

geçimsizlik inability to get on with others, incompatibility.

geçindirmek to support, to maintain.

geçinmek to live on, to subsist; to get along/on well with others; to pretend to be. *geçinip gitmek* to scrape along, to keep the pot boiling.

geçirgen permeable.

geçirmek to pass; (*time*) to spend; to undergo, to experience; (*disease*) to get over; (*disease*) to pass on, to infect; to cure; to see off (*a person*)

geçiş passing; transition. *geçiş üstünlüğü* right of way.

geçişli *dilb.* transitive.

geçişsiz *dilb.* intransitive.

geçiştirmek to avoid, to weather; to evade, to parry.

geçit passage; mountain pass; parade. *geçit resmi* parade.

geçkin elderly; overripe.

geçmek to pass; to expire, to lapse; to surpass, to exceed; to be valid; to blow over; to happen, to take place; to skip, to omit; (*disease*) to be transmitted; to transfer. *geçip gitmek* to go by. *geçmek bilmemek* to drag on.

geçmiş past.

geçmişte in the past.

gedik breach, gap.

geğirmek to belch.

geğirti belch.

gelecek future; coming. *gelecek zaman* *dilb.* future tense.

gelecekte in the future.

gelenek tradition.

gelenekçi traditionalist.

gelenekçilik traditionalism.

geleneksel traditional.

gelgelelim however, but.

gelgit tides.

gelin bride; daughter-in-law. *gelin alayı* bridal procession.

gelinlik wedding-dress; marriageable.

gelir income, revenue. *gelir vergisi* income tax.

gelişigüzel casual; casually.

gelişim development, progress.

gelişmek to develop, to progress.

gelişmiş developed.

geliştirmek to develop, to improve.

gelmek to come; to seem, to appear; to cost. *gelip geçici* passing, transient.

gemi ship, boat. *gemiye binmek* to go on board. *gemi mürettebatı* crew.

gemici sailor.

gemicilik navigation; seamanship.

gencecik very young.

genç young; young man.

gençleşmek to become youthful.

gençleştirmek to rejuvenate.

gençlik youth. *gençliğine doyamamak* to die young.

gene again; still, yet. *gene de* all the same, yet.

genel general. *genel grev* general strike. *genel kurul* general meeting. *genel müdür* general director. *genel olarak* in general, by and large. *genel sekreter* secretary general.

genelge circular, notice.

genelkurmay General Staff.

genelleme generalization.

genellemek to generalize.

genellikle generally.

general general.

genetik genetics; genetic. *genetik mühendisliği* genetic engineering.

geniş broad, wide; spacious, vast. *geniş fikirli* broad-minded. *geniş ölçüde* on a large scale.

genişlemek to broaden, to widen; to expand.

genişletmek to widen, to enlarge; to expand.

genişlik breadth, width.

geniz nasal fossae. **genizden konuşmak** to speak through the nose.

genleşmek to expand.

genlik amplitude.

gensoru interpellation.

geometri geometry.

geometrik geometrical.

gerçek true, real; truth, reality. **gerçeği söylemek** to tell the truth.

gerçekçi realist; realistic.

gerçekçilik realism.

gerçekdışı unreal

gerçekleşmek to come true, to be realized.

gerçekleştirmek to realize.

gerçeklik reality.

gerçekte in reality.

gerçekten in fact, indeed.

gerçeküstü surrealist.

gerçeküstücülük surrealism.

gerçi although, though.

gerdanlık necklace.

gereç material, equipment.

gereğince according to.

gerek necessary, requisite; necessity.

gerek whether... or.

gerekçe reason, justification.

gerekirse if necessary.

gerekli necessary.

gereklik necessity.

gerekmek to be necessary, to be needed.

gereksinim need, necessity.

gereksinmek to need, to feel the necessity (of)

gereksiz unnecessary. **gereksiz yere** unnecessarily.

gerektirmek to necessitate, to require, to involve.

gergedan rhinoceros.

gergin stretched, tight, tense.

gerginleşmek to become tense.

gerginlik tension, tightness.

geri back; backward; (watch) slow. **geri almak** to take back; to put back. **geri çekilmek** to withdraw. **geri çekmek** to draw back, to withdraw. **geri çevirmek** to send back. **geri dönmek** to return. **geri gelmek** to come back. **geri gitmek** to go back. **geri göndermek** to send back. **geri kafalı** reactionary, old-fashioned; fuddy-duddy. **geri kalmak** to stay behind; (saat) to be slow. **geri tepmek** to kick back, to recoil. **geri vermek** to give back. **geri vites** oto. reverse, reverse gear. **geri zekâlı** mentally retarded. **geride bırakmak** to leave behind, to pass; to overtake; to surpass, to outdistance.

gerici reactionary.

gericilik reaction.

geride behind.

gerilemek to draw back, to recede; to retrograde.

gerilim tension, stress; voltage.

gerilla guerilla.

gerilmek to be stretched.

gerinmek to stretch oneself.

geriye back, backward(s).

germek to stretch, to tense.

getirmek to bring.

geveze talkative, chatty; chatterbox, chatterer.

gevezelik babbling, chattering. **gevezelik etmek** to babble, to chatter.

gevrek crisp, brittle.

gevremek to become brittle.

gevşek loose, slack.

gevşeklik looseness, slackness.

gevşemek to become slack, to loosen; to relax, to slacken.

gevşetmek to loosen, to slacken.

geyik deer.

gezdirmek to take sb for a walk, to walk, to show around.

gezegen planet.

gezgin traveler.

gezi excursion, trip.

gezici itinerant, peripatetic.

gezinmek to go for a walk, to stroll.

gezinti walk, stroll.

gezmek to go about, to walk about; to visit, to tour (round) *gezmeğe gitmek* to go for a walk.

gıcır gıcır very clean; brand-new.

gıcırdamak to creak, to squeak.

gıcırdatmak to make creak.

gıcırtı creak.

gıda food, nourishment.

gıdaklamak to cackle.

gıdıklamak to tickle.

gıdıklanmak to feel ticklish.

gına satiety, disgust. *gına gelmek* to be sick (of), to be fed up (with).

gıpta envy. *gıpta etmek* to envy.

gırgır fun, teasing; carpet sweeper. *gırgır geçmek* to make fun (of).

gırtlak windpipe, larynx, throat. *gırtlağına kadar borç içinde olmak* to be in debt up to one's neck.

gırtlaklamak to strangle.

gibi like. *gibi gelmek* to seem, to appear. *gibi görünmek* to look like, to appear.

gider expense, expenditure.

giderayak just before leaving.

giderek gradually.

gidermek to remove; to quench, to satisfy.

gidiş going, departure. *gidiş dönüş* return *gidiş dönüş bileti* return ticket .

girdap whirlpool, vortex.

girdi input. *girdisini çıktısını bilmek* to have sth at one's fingertips, to know what's what.

girgin go-ahead, pushing, bold.

girinti recess, indentation. *girintili çıkıntılı* serrated, indented.

giriş entering; entrance; introduction; *müz.* prelude.

girişim enterprise.

girişimci entrepreneur, contractor.

girişken enterprising, pushful.

girişmek to attempt, to undertake.

Girit *coğ.* Crete.

girmek to go in, to enter. *Girilmez!* No entrance!

gişe box office, ticket-office. *gişe rekoru kırmak* to be a box-office success.

gitar guitar.

gitarist guitarist.

gitmek to go; to suffice, to last.

gittikçe gradually.

giydirmek to dress, to clothe.

giyecek clothing, dress, garment, clothes.

giyim clothing, dress, attire. *giyim kuşam* clothes, attire.

giyinmek to dress oneself, to put on one's clothes. *giyinip kuşanmak* to dress oneself up, to prink oneself up.

giymek to put on, to wear.

giyotin guillotine.

giysi clothes, garments, dress.

giz secret; mystery.

gizem mystery.

gizemli mysterious.

gizlemek to hide, to secrete, to veil.

gizlenmek to hide oneself, to be hidden.

gizli secret, hidden. *gizli ajan* secret agent. *gizli kapaklı* very secret, suspicious. *gizli oturum* secret session. *gizli oy* secret vote *gizli tutmak* to keep secret.

gizlice secretly.

gizlilik secrecy.

gladyatör gladiator.

gocuk sheepskin cloak.

gofret chocolate water biscuit.

gol goal. *gol atmak* to score a goal.

golcü *sp.* Scorer.

golf golf.

Golfstrim *coğ.* Gulf Stream.

gondol gondola.

gonk gong.

goril gorilla.

gotik Gothic.

göbek navel; belly; centre, heart. *göbek atmak* to dance a bellydance. *göbek bağı* umbilical cord. *göbek bağlamak* to become paunchy. *göbek dansı* bellydance.

göbekli paunchy, pot-bellied

göç emigration, immigration *göç etmek* to migrate, to emigrate, to immigrate.

göçebe nomad; nomadic.

göçebelik nomadism.

göçer nomadic, migratory.

göçmek to migrate; to fall down; to die.

göçmen emigrant, immigrant; migratory. *göçmen kuş* migratory bird.

göçmenlik migration.

göçük landslide, landslip.

göğüs chest, breast, bosom. *göğüs germek* to face, to stand up to. *göğsü kabarmak* to swell with pride.

göğüslük bib, apron, pinafore.

gök sky. *gök gürlemek* to thunder.

gök *gürültüsü* thunder. *gök mavisi* sky blue. *göklere çıkarmakta* exalt, to extol.

gökada galaxy.

gökbilim astronomy.

gökbilimci astronomer.

gökcismi celestial body.

gökdelen skyscraper.

gökkubbesi celestial vault.

gökkuşağı rainbow.

gökküresi celestial sphere.

göktaşı meteor.

gökyüzü sky, firmament.

göl lake.

gölcük pond.

gölge shadow, shade. *gölge etmek* to cast a shadow (*upon*).

gölgelemek to overshadow.

gölgeli shadowy, shady.

gölgelik shady spot.

gömlek shirt.

gömlekçi shirt-maker or seller.

gömme burial; let-in, recessed, inset.

gömmek to bury; to set in, to build in.

gömü treasure.

gönder flag-staff, pole.

gönderen sender.

gönderme sending; reference.

göndermek to send; to transmit; to refer.

gönlünce after one's heart.

gönül heart, feelings; inclination, desire. *gönül almak* to placate, to please. *gönül bağlamak* to set one's heart on. *gönül eğlencesi* toy of love. *gönül eğlendirmek* to amuse oneself, to dally. *gönül kırmak* to hurt the feelings. *gönül vermek* to lose one's heart to, to fall for. *gönlü olmak* to be willing; to be in love with. *gönlünü almak* to placate, to make up to. **gönlünü etmek** to prevail on, to coax. **gönlünü kırmak** to hurt the feelings of.

gönüllü volunteer; willing.

gönülsüz unwilling.

gönye square, setsquare.

göre according to, as to.

görecilik relativism.

göreli relative.

görelilik relativity.

görenek custom, usage.

göreneksel customary.

görev duty, task; mission. **görevden almak** to dismiss, to relieve of duty.

görevlendirmek to charge, to entrust.

görevli in charge (of).

görgü good manners. **görgü kuralları** rules of good manners. **görgü tanığı** eyewitness.

görgülü having good manners.

görgüsüz unmannerly, ill-bred.

görgüsüzlük unmanneriness.

görkem splendour, magnificence.

görkemli splendid, magnificent.

görmek to see; to notice, to recognize. **göresi gelmek** to miss. **görüp geçirmek** to go through, to experience.

görmemezlik connivance. **görmemezlikten gelmek** to pretend not to see, to cut, to ignore.

görsel visual.

görülmemiş unseen, unprecedented.

görünmek to show oneself, to be visible; to appear, to seem.

görünmez invisible.

görüntü image, picture.

görünüm appearance; aspect.

görünürde apparently.

görünüş appearance; aspect. **görünüşe göre** apparently.

görüş sight, view; viewpoint, opinion.

görüşme talk, conversation, discussion; interview.

görüşmek to talk; to have an interview, to confer with.

gösterge indicator; sign.

gösteri show; demonstration. **gösteri yapmak** to demonstrate.

gösterici demonstrator.

gösterim (film) projection.

gösteriş showing-off, ostentation. **gösteriş yapmak** to splurge, to show off.

gösterişçi ostentatious.

gösterişli imposing, showy.

gösterişsiz modest, simple.

göstermek to show.

götürmek to take with, to take to; to take away, to carry off; to lead (to); to accompany.

gövde body, trunk. **gövde gösterisi** show of strength.

göz eye; drawer; cell; spring, source. **göz açıp kapayıncaya kadar** in the twinkling of an eye. **göz alıcı** striking, eye-catching. **göz almak** to dazzle, to blind. **göz aşinalığı** bowing acquaintance, knowing sb by sight. **göz atmak** to glance at. **göz aydına gitmek** to pay a visit of congratulation. **göz banyosu** free show. **göz boyamak** to hoodwink. **göz dikmek** to long to possess, to covet. **göz doktoru** oculist, ophthalmologist. **göz etmek** to wink at. **göz göre göre** openly, publicly. **göz kamaştırmak** to dazzle, to blind. **göz kırpmadan** without batting an eyelid, pitilessly. **göz kırpmak** to wink, to blink. **göz koymak** to covet, to lust after. **göz kulak olmak** to look after, to watch over. *göz nuru* eye-straining work. *göz önünde tutmak* to take into consideration. *göz önüne almak* to allow for sb/sth, to take *sth* into account. *göz ucuyla bakmak* to look out of the corner of one's eye. *göz yummak* to close one's eyes (*to*). *gözden çıkarmak* to sacrifice. *gözden düşmek* to fail from favour. *gözden geçirmek* to look over, to review. *gözden kaçırmak* to overlook. *gözden kaçmak* to escape notice. *gözden kaybolmak* to disappear. *göze almak* to venture, to risk, to chance *k. dili.* *göze batmak* to be very inappropriate. *göze çarpmak* to strike the eye. *göze gelmek* to be coveted. *gözleri fal taşı gibi açılmak* to be moon-eyed. *gözleri yollarda kalmak* to have been waiting for a long time. *gözü açık* shrewd. *gözü doymak* to be quite satisfied. *gözü gönlü açılmak* to be cheered up. *gözü ısırmak* to seem to know sb *.gözü ilişmek* to catch one's eye. *gözü kalmak* to hanker after. *gözü korkmak* to show the white feather. *gözü olmak* to have one's eyes on sth. *gözü pek* plucky, bold. *gözü tutmak* to take a fancy to. *gözünde tütmek* to long for. *gözünden uyku akmak* to feel very sleepy. *gözüne girmek* to find favour in sb's eyes, to win sb's favour. *gözüne ilişmek* to glimpse. *gözüne kestirmek* to feel oneself capable of. *gözünü boyamak* to throw dust in sb's eyes. *gözünü dikmek* to stare fixedly. *gözünü*

dört açmak to keep one's eyes skinned. *gözünü kan bürümek* to see red. *gözünü korkutmak* to intimidate, to daunt. *gözünün içine bakmak* to fuss over sb, to cherish dearly. *gözünün yaşına bakmamak* to have no pity (*on*). *gözüyle bakmak* to regard as, to consider.

gözaltı custody, surveillance. *gözaltına almak* to take into custody.

gözbağı magic, spell.

gözbebeği pupil; the apple of one's eye.

gözcü watchman.

gözdağı intimidation, threat. *gözdağı vermek* to intimidate, to threaten.

gözde in favour, favourite.

gözenek pore.

gözenekli porous.

gözetim custody, care.

gözetleme observation.

gözetlemek to watch secretly, to observe.

gözetmek to take care, to protect.

gözlem observation.

gözlemci observer.

gözlemek to watch (*for*), to wait (*for*).

gözlemevi observatory.

gözlük spectacles, glasses. *gözlük takmak to* wear glasses.

gözlükçü optician.

gözükmek to show oneself, to become visible.

gözyaşı tear. *gözyaşı dökmek* to shed tears, to weep.

grafik graph; graphics.

grafit graphite.

gram gram.

gramer grammar.

gramofon gramophone.

granit granite.

gravür engraving.

Grek Greek.

Grekçe Greek.

grekoromen Greco-Roman. *grekoromen güreş* Greco-Roman wrestling.

grev strike. *grev yapmak* to go on strike, to be on strike.

grevci striker.

greyder grader.

gri grey.

grip influenza, flu. *grip olmak* to have influenza.

grizu firedamp.

grup group.

gruplandırmak to group, to classify.

gruplaşmak to group.

gudubet ugly, hideous.

gurbet absence from one's home; foreign land.

gurbetçi one who lives away from home.

gurbette away from home.

gurur pride. *gurur duymak* to feel proud of.

gururlanmak to be proud of.

gururlu proud.

gübre dung, manure.

gübrelemek to manure, to dung.

gücendirmek to offend, to hurt.

gücenmek to be offended, to be hurt.

güç difficult, hard.

güç strength, force; power. *gücüne gitmek* to offend sb's feelings. *gücü yetmek* to afford.

güçlendirmek to strengthen, to fortify.

güçlenmek to be strengthened, to grow stronger.

güçleşmek to grow difficult.

güçlü strong, powerful.

güçlük difficulty, trouble. *güçlük çekmek* to have difficulty in. *güçlük çıkarmak* to make difficulties.

güçlükle with great difficulty, hardly.

güçlülük strength, power.

güçsüz weak, feeble.

güçsüzlük weakness, feebleness, powerlessness.

güderi chamois (*leather*).

güdü *ruhb.* motive, drive.

güdük tailless; incomplete, deficient. *güdük kalmak* to be stunted.

güğüm copper jug with a handle.

gül rose. *gül gibi* swimmingly. *gül gibi geçinmek* to get along quite well.

güldürmek to make laugh.

güldürü comedy.

güle güle goodbye! bye-bye!

güleç smiling, merry.

güler yüzlü cheerful, friendly.

gülle cannon ball, shell; *sp.* shot, weight. *gülle atmak sp.* to put the shot.

gülmece humour.

gülmek to laugh. *gülmekten katılmak/kırılmak* to split one's sides, to be doubled up with laughter. *gülmekten kırmak* to make sb split his sides.

gülsuyu rose water.

gülücük smile, chuckle.

gülümseme smile.

gülümsemek to smile.

gülünç funny, ridiculous.

gülüş laughter.

gülüşmek to laugh together.

gümbürdemek to boom, to roar.

gümbürtü booming, roar.

gümrük customs; tariff, duty. *gümrüğe tâbi* dutiable. *gümrük beyannamesi* customs declaration **gümrük dairesi** customs house. **gümrük komisyoncusu** customs broker. **gümrük kontrolü** customs control. **gümrük memuru** customs officer **gümrük vergisi** customs duty. **gümrükçü** customs officer. **gümrükten muaf** duty-free.

gümrüksüz duty-free.

gümüş silver. **gümüş kaplama** silver plating; silver-plated.

gümüşbalığı silversides, atherine.

gün day; time, period; lady's at-home day. **gün ağarmak** (*day*) to dawn. **gün batışı** sunset. **gün doğmak** (*sun, morning*) to rise, to dawn. **gün görmek** to live happily. **gün ışığı** daylight. **gün ışığına çıkarmak** to bring to light. **günlerce** day after day, for days. **günlerden bir gün** once upon a time. **günden güne** from day to day, gradually. **günü geçmiş** (*bill*) overdue. **günü gelmek** (*bill*) to fall due. **günü gününe** punctually. **günün birinde** one day, some day. **gününü gün etmek** to enjoy oneself.

günah sin. **günah çıkartmak** to confess **günaha girmek** to sin. **günaha sokmak** to tempt. **günahına girmek** to accuse wrongly **günah işlemek** to commit a sin.

günahkâr sinner; sinful.

günahsız sinless, innocent.

günaşırı every other day, on alternate days.

Günaydın! Good morning!

günbegün from day to day.

güncel actual, current.

güncelleştirmek to update.

güncellik actuality.

gündelik daily; daily wages **günde-**

likle çalışmak to work by the day.

gündelikçi day-labourer.

gündem agenda.

gündönümü solstice.

gündüz daytime.

gündüzleri in the daytime.

gündüzlü day student.

güneş sun, sunshine. **güneş açmak** to become sunny. **güneş banyosu yapmak** to sunbathe. **güneş banyosu** sun bath. **güneş çarpmak** to get/have sunstroke. **güneş çarpması** sunstroke **güneş enerjisi** solar energy. **güneş görmek** (*a place*) to be light and sunny. **güneş gözlüğü** shades, sunglasses. **güneş ışığı** sunlight, sunshine. **güneş ışını** sunbeam, sun ray. **güneş sistemi** solar system. **güneş tutulması** solar eclipse. **güneş yanığı** sunburn, tan. **güneşte yanmak** to be sunburnt. **güneşte** in the sun.

güneşlenmek to sun oneself, to sunbathe.

güneşli sunny.

güneşlik sunshade; sunny place; sun-hat.

güney south; southern. **Güney Kutbu** South Pole.

güneybatı southwest; southwestern.

güneydoğu southeast; southeastern.

güneyli Southerner.

günlük daily; diary **günlük güneşlik** sunny.

günübirlik a day visit **günübirliğine gitmek** to make a day visit.

güpegündüz in broad daylight.

gür abundant, dense, thick.

gürbüz robust, sturdy.

gürbüzlük sturdiness.

güreş wrestling.

güreşçi wrestler.
güreşmek to wrestle.
gürlemek to thunder, to roar.
güruh gang, mob.
gürül gürül akmak to flow with a gurgling sound.
gürüldemek to burble; to thunder.
gürültü noise. *gürültü çıkarmak* to kick up a row. *gürültü yapmak* to make a noise.
gürültücü noisy.
gürültülü noisy.
gürültüsüz noiseless, quiet.
gürültüsüzce noiselessly.
gürz iron club, mace.
gütmek to drive, to pursue; to nourish, to nurse.
güven confidence, trust. *güveni olmak* to have confidence in.
güvence guarantee. *güvence vermek* to guarantee.
güvenç trust.
güvenilir reliable.
güvenilirlik reliability, trustworthiness, credibility.
güvenilmez unreliable, insecure.
güvenli safe.
güvenlik security.
güvenmek to rely on, to trust in.
güvenoyu vote of confidence.
güvensiz distrustful.
güvensizlik distrust.
güvercin pigeon.
güverte deck.
güz autumn, fall.
güzel pretty, beautiful, nice. *güzel güzel* calmly, meekly. *güzel sanatlar* fine arts.
güzelleşmek to become beautiful, to grow handsomer.
güzelleştirmek to beautify.
güzellik beauty. *güzellik enstitüsü* beauty parlour.
güzellikle gently, softly.

güzergâh route.
güzide distinguished, select.
güzün in autumn.

H h

ha I see! Oh yes!; What!; either ... or. *ha babam* all the time, continuously. *ha bire* continuously. *ha bugün ha yarın* soon, in a short time *Ha şöyle* That's better.

haber news, information, message. *haber ajansı* news agency. *haber alma* intelligence. *haber almak* to receive information. *haber göndermek* to send a message. *haber toplamak* to gather news *haber vermek* to inform, to report, to tell *haberi olmak* to know, to have heard (*of/about*). *haberini almak* to hear, to learn.

haberci messenger, forerunner.

haberdar informed. *haberdar etmek to* inform sb of sth.

haberleşme communication.

haberleşmek to communicate.

haberli informed, knowing, having knowledge about.

habersiz uninformed; not knowing; without warning.

hac pilgrimage (*to Mecca*). *hacca gitmek* to go on a pilgrimage to Mecca.

hacı pilgrim, hadji.

hacim volume.

haciz sequestration, seizure.

hacizli distrained.

haczetmek to distrain.

haç cross. *haça germek to* crucify.

Haçlılar the Crusaders.

had limit, boundary. *haddini aşmak* to go too far. *haddini bildirmek* to put sb in his place. *haddini bilmek* to know one's place. *haddini bilmez* presumptuous. *haddinden fazla* excessive; excessively. *haddi zatında* in itself, essentially.

hadde rolling mill.

hademe servant, janitor.

hadi come on! *hadi bakalım!* Come on then! *hadi ordan!* Be off!, Clear out!

hadise event, incident. *hadise çıkarmak* to provoke an incident.

hafıza memory.

hafif light, slight; easy. *hafif müzik* light music. *hafife almak* to make light of.

hafifçe lightly.

hafiflemek to get lighter; to subside; to be relieved, to feel relieved.

hafifleşmek to become lightly.

hafifletici extenuating.

hafifletmek to lighten.
hafiflik lightness, slightness.
hafifsıklet light-weight.
hafiye detective.
hafriyat excavation(s).
hafta week. **haftalarca** for weeks. **haftaya** next week. **hafta sonu** weekend.
haftalık weekly; weekly wages. **haftalık almak** to be paid by the week.
haftaym half-time.
hain traitor; ungrateful.
hainlik treachery.
Hak God. **Hakkın rahmetine kavuşmak** to die.
hak right. **hak etmek** to deserve. **hak sahibi** holder of a right. **hak vermek** to acknowledge to be right. **hak yemek** to be unjust. **hakkından gelmek** to get the better of. **hakkını vermek** to give sb his due.
hakan khan, sultan.
hakaret insult. **hakaret etmek** to insult. **hakarete uğramak** to be insulted.
hakça justly, rightly.
hakem referee, (*tennis*) umpire.
hakikat truth, reality.
hakikaten really, actually.
hakikatli faithful.
hakiki true, real; genuine.
hâkim dominating, ruling; overlooking. **hâkim olmak** to dominate; to overlook.
hâkim judge.
hâkimiyet sovereignty.
hakir despicable, mean. **hakir görmek** to despise.
hakkaniyet justice, equity.
hakkaniyetli just, equitable.
hakkaniyetsiz unjust.
hakkında about, on.

haklamak to beat, to defeat; to kill.
haklı right. **haklı çıkarmak** to justify. **haklı çıkmak** to be justified.
haksız unjust, unfair. **haksız çıkarmak** to put sb in the wrong. **haksız çıkmak** to turn out to be in the wrong.
haksızlık injustice, unfairness. **haksızlık etmek** to act unjustly.
hal condition, state, circumstance, situation; strength, energy. **hal hatır sormak** to inquire after sb's health. **halden anlamak** to be understanding. **hali kalmamak** to have no strength left. **hali vakti yerinde** well off.
hal market-place.
hala aunt.
hâlâ still, yet.
halat rope.
halbuki whereas.
halef successor.
halen at present.
halı carpet, rug.
halıcı carpet maker; carpet seller.
haliç estuary, bay.
Haliç the Golden Horn.
halife caliph.
halifelik caliphate.
halis pure, genuine.
halk people. **halk edebiyatı** folk literature. **halk kütüphanesi** public library. **halk müziği** folk music. **halk oyunu** folk dance. **halk ozanı** folk poet. **halk türküsü** folk song. **halkla ilişkiler** public relations.
halka ring, hoop; circle.
halkbilim folklore.
halkbilimci folklorist.
halkçı populist, democrat.
halkoylaması referendum.
halkoyu people's vote.

H

halletmek to solve, to settle.

halsiz exhausted, weary.

halsizlik weakness.

halter *sp.* weight lifting; dumbbell, barbell.

halterci weight lifter.

ham crude, raw; unripe, green. *ham petrol* crude oil.

hamak hammock.

hamal porter, carrier.

hamaliye porterage.

hamam (*Turkish*) bath; bathroom. *hamam gibi* very hot.

hamarat hardworking, diligent.

hamburger hamburger.

hamile pregnant. *hamile kalmak* to become pregnant.

hamilelik pregnancy.

haminne granny.

hamle attack, rush; (*chess*) move, turn. *hamle yapmak* to make an attack, to dash.

hamlık crudeness; unripeness, greenness.

hammadde raw material.

hamsi anchovy.

hamule cargo.

hamur dough, paste; half-baked. *hamur açmak* to roll out dough. *hamur işi* pastry. *hamur yoğurmak* to knead dough.

han inn; large commercial building.

hançer dagger.

handikap handicap.

hane house, building; *mat.* column.

hanedan dynasty.

hanedanlık nobility.

hangar hangar.

hangi which, what.

hangisi Which one.

hanım woman, lady; wife. *hanım evladı* milksop, mollycoddle.

hanımefendi lady.

hani where?

hantal clumsy, awkward.

hap pill. *hapı yutmak* to be in the soup.

hapis imprisonment; prison. *hapis yatmak* to be in prison, to serve time. *hapse atmak* to put in jail.

hapishane prison. *hapishaneyi boylamak* to end up in jail.

hapsetmek to put in prison.

hapşırmak to sneeze.

harabe ruin.

haraç tribute. *haraç yemek* to sponge on sb. *haraca bağlamak* to lay sb under tribute.

haraççı extortionist, racketeer.

haram forbidden by religion; unlawful. *haram etmek* to forbid the use/enjoyment of.

harap ruined. *harap etmek* to ruin, to destroy. *harap olmak* to fall into ruin.

hararet heat, warmth; thirst. *hararet basmak* to feel thirsty.

hararetli ardent, fervent; vehement, heated.

harbi ramrod; straight, trustworthy, outspoken.

harcama expenditure.

harcamak to spend; to expend, to use; to sacrifice.

harç expenditure; charge, cost; mortar, plaster.

harçlık pocket-money.

hardal mustard.

harekât operation(s).

hareket movement; action, behaviour; departure. *hareket etmek* to move; to act, to behave; to depart, to leave. *hareket ettirmek* to move *harekete geçmek* to start action.

hareketlendirmek to put into motion.

hareketli active, lively.
hareketsiz motionless, inactive.
harf letter.
harfiyen word for word.
haricen externally.
harici external.
hariciye external diseases.
hariciyeci specialist in external diseases; diplomat.
hariç except; exterior, outside.
harika marvellous, wonderful; wonder, miracle.
harikulade marvellous, wonderful.
haris ambitious, greedy.
harita map.
harman harvest; blend, mixture. *harman dövmek* to thresh. *harman makinesi* threshing machine.
harp war; *müz.* harp.
has peculiar to; pure.
hasar damage. *hasara uğramak* to suffer damage.
hasat harvest. *hasat etmek* to reap.
haset jealousy, envy. *haset etmek* to envy. *hasetten çatlamak* to be consumed with jealousy.
hâsılat returns, revenue; products.
hasım opponent; enemy.
hasımlık antagonism; enmity.
hasır rush mat, matting.
hasis stingy, mean.
hasislik stinginess, meanness.
haslet virtue, merit.
hasret longing, homesickness. *hasret çekmek* to long for, to yearn for.
hasretlik separation, nostalgia.
hasretmek to devote, to dedicate.
hassas sensitive.
hassasiyet sensitivity.
hasta sick, ill; patient. *hasta etmek* to make ill. *hasta olmak* to become ill, to get sick. *-in hastası olmak* to be a fan of sth.
hastabakıcı nurse.
hastabakıcılık nursing.
hastalanmak to become ill.
hastalık disease; sickness; passion, addiction.
hastalıklı diseased, morbid.
hastane hospital. *hastaneye kaldırmak* to take to hospital. *hastaneye yatırmak* to hospitalize.
haşarat insects.
haşarı naughty, mischievous.
haşat *arg.* very bad, worn out.
haşere insect.
haşin harsh, rude.
haşinlik harshness.
haşlama boiled.
haşlamak to boil; to scold, to reprimand.
haşmet majesty.
haşmetli majestic.
hat line; handwriting, calligraphy.
hata fault, error, mistake. *hata etmek/yapmak* to make a mistake.
hatalı erroneous, faulty, wrong.
hatasız faultless, perfect, irreproachable.
hatır memory, mind; consideration, influence; one's feelings, heart. *hatır senedi* accommodation bill. *hatıra gelmek* to come to mind. *hatırda kalmak* to be remembered. *hatırda tutmak* to bear in mind. *hatırı için* for the sake of. *hatırı sayılır* remarkable, considerable; respected. *hatırı sayılmak* to have influence. *hatırım için* for my sake. *hatırına gelmek* to occur to one. *hatırına getirmek* to remind sb of sth. *hatırından*

çıkmak to pass out of one's mind. *hatırını kırmak* to hurt the feelings of. *hatırını sormak* to inquire after sb's health.

hatıra memory, reminiscence; souvenir. *hatıra defteri* diary.

hatırlamak to remember, to recall, to recollect.

hatırlatmak to remind.

hatta even, in fact.

hattat calligrapher.

hattatlık calligraphy.

hatun woman.

hava weather; air, atmosphere; climate; tune, air. *hava akımı* draught. *hava akını air* raid. *hava almak* to go for a walk in the fresh air; *arg.* to get nothing, to draw a blank. *hava atmak* to show off, to cut a dash. *hava basıncı* atmospheric pressure. *hava boşluğu* atmospheric vacuum. *hava durumu* weather condition. *hava geçmez* airtight. *hava kabarcığı* bubble. *hava kararmak* to get dark. *hava kirlenmesi* air pollution. *hava kirliliği* air pollution.*hava koridoru* air corridor. *hava kuvvetleri* air forces. *hava otobüsü* airbus. *hava raporu* weather report. *hava üssü* air base. *hava yolları* airlines. *havaya uçurmak* to blow up.

havaalanı airfield.

havacı aviator.

havacılık aviation.

havadan for nothing, out of the blue.

havadar airy.

havadis news.

havagazı coal gas.

havai aerial; flighty, frivolous.

havalandırma ventilation, airing; air-conditioning.

havalandırmak to air.

havalanmak to take off, to fly; to be aired.

havale transfer; assignment; money order; *hek.* Eclampsia. *havale etmek* to transfer; to assign; to refer. *havale göndermek* to send a money order.

havalı airy; attractive, ostentatious; pneumatic.

havalimanı airport.

havan mortar. *havan topu* howitzer.

havari apostle.

havasız airless, stuffy.

havayolu airline, airway.

havlu towel.

havsala comprehension; pelvis. *havsalası almamak* to be unable to comprehend.

havuç carrot.

havuz pond, pool.

Havva Eve.

havyar caviar.

havza *coğ.* river-basin.

hayal image; fancy, imagination; phantom, spectre. *hayal etmek* to imagine, to picture. *hayal kurmak* to dream. *hayal kırıklığı* disappointment, letdown. *hayal kırıklığına uğramak* to be disappointed. *hayal kırıklığına uğratmak* to disappoint. *hayale dalmak* to fall into a reverie. *hayal meyal* faint, indistinct.

hayalci daydreamer.

hayalet ghost.

hayali imaginary.

hayalperest dreamer.

hayat life *hayat kadını* prostitute. *hayat memat meselesi* a matter of life and death. *hayat sigortası* life insurance. *hayata atılmak* to begin to work. *hayatını kazan-*

mak to earn one's living. *hayatta kalmak* to survive.

hayati vital.

haydut bandit, robber, highwayman.

hayhay! All right! Certainly! With pleasure!

hayıflanmak to bemoan, to lament.

hayır goodness; benefaction, charity. *hayır işlemek* to do good. *hayır kurumu* charity, charitable institution. *hayır sahibi* benefactor, donor. *hayra alamet değil* it augurs no good. *hayra yormak* to interpret favourably. *hayrını görmek* to enjoy the advantage of.

hayır no.

hayırlı auspicious, blessed. *hayırlısı olsun* let's hope for the best. *Hayırlı yolculuklar!* Bon voyage! Have a good trip!

hayırsever benevolent, charitable.

hayırsız useless, good-for-nothing; unfaithful.

haykırış shouting, cry.

haykırmak to cry out, to shout.

haylaz lazy, idle.

hayli a good deal (*of*); fairly, pretty.

hayran admirer, lover, fan. *hayran bırakmak* to strike with admiration. *hayran olmak* to admire.

hayrat pious foundations.

hayret astonishment, amazement. *hayret etmek* to be astonished.

haysiyet dignity, honour.

haysiyetli dignified, honourable.

haysiyetsiz undignified, dishonourable.

hayvan animal. *hayvanat bahçesi* zoo.

hayvanbilim zoology.

hayvansal animal.

haz pleasure, delight. *haz duymak* to feel pleasure.

Hazar Denizi Caspian Sea.

hazım digestion.

hazımsızlık indigestion.

hazır ready. *hazır bulunmak* to be present. *hazır etmek* to get ready. *Hazır ol!* Attention! *hazır olmak* to prepare oneself; to be prepared; to be present (*at*). *hazır para* ready money, cash.

hazırcevap quick-witted, witty.

hazırlamak to prepare.

hazırlanmak to prepare, to get ready; to be prepared.

hazırlık preparation. *hazırlık yapmak* to make preparations.

hazırlıklı prepared.

hazırlıksız unprepared.

hazin sad, pathetic.

hazine treasure; treasury.

haziran June.

hazmetmek to digest.

hazne storehouse; (*gun*) chamber.

hece syllable.

hecelemek to syllable.

hedef target. *hedef olmak* to come under sth.

hediye present, gift. *hediye etmek* to give as a gift.

hekim physician, doctor.

hekimlik medical science, medicine.

hela water-closet, toilet.

helal lawful, legitimate. *helal etmek* to give up sth to sb.

hele especially, above all. *hele şükür* thank God!

helikopter helicopter.

hem and also; both ... and. *hem de nasıl* and how *k. dili.* *hem ... hem de* both ... and.

hemen at once, immediately *hemen hemen* nearly, almost.

hemencecik right away.
hemfikir like-minded.
hemşeri fellow countryman, townsman.
hemşerilik citizenship.
hemşire nurse.
hemzemin geçit level crossing.
hendek ditch, trench.
henüz yet, still, just.
hep all, whole; always. *hep beraber* all together.
hepsi all of it; all of them.
hepten entirely, completely.
her even, each. *her an* (*at*) any moment. *her bir* every, each. *her biri* every one, each one, each. *her günkü* everyday. *her halde* in any case. *her iki* both. *her kim* whoever. *her nasılsa* somehow. *her ne* whatever. *her ne ise* anyway, anyhow; whatever it is. *her ne kadar* although. *her ne pahasına olursa olsun* at all costs. *her ne zaman* whenever. *her nedense* for some reason or other. *her nerede* wherever. *her nereye* wherever. *her neyse* anyway, anyhow. *her şey* everything. *her şeyden önce* to start with, above all. *her şeye rağmen* after all. *her tarafta* everywhere. *her taraftan* from everywhere. *her yerde/yere* everywhere. *her yerinde* all over. *her zaman* always.
hergele scoundrel, rake.
herhalde probably.
herhangi whoever, whatever, whichever. *herhangi bir şey* anything. *herhangi bir yer(d)e* anywhere. *herhangi bir* any. *herhangi birisi* anyone, anybody.
herif fellow, guy, bloke.
herifçioğlu fellow, guy.

herkes everybody, everyone.
hesap calculation; bill; account. *hesaba katmak* to take into consideration, to make allowances for, to reckon with. *hesabı kapamak* to close the account. *hesabına gelmek to suit hesap açmak* to open an account. *hesap cetveli* slide rule. *hesap cüzdanı* bank book, passbook. *hesap defteri* account book. *hesap etmek* to calculate. *hesap görmek* to pay the bill, to settle accounts. *hesap makinesi* calculator, calculating machine. *hesap pusulası* bill. *hesap sormak* to call to account. *hesap vermek* to account for.
hesaplamak to calculate.
hesaplaşmak to settle accounts mutually.
hesaplı economical.
hesapsız countless, innumerable; unplanned.
heves desire, inclination. *heves etmek* to have a fancy for.
hevesli desirous, keen.
heybe saddle-bag.
heybet majesty, grandeur.
heybetli majestic, grand.
heyecan excitement.
heyecanlandırmak to excite.
heyecanlanmak to get excited.
heyecanlı exciting; excited.
heyecansız unexciting; unexcited.
heyelan landslide.
heyet commission, committee; board
heykel statue.
heykeltıraş sculptor.
heykeltıraşlık sculpture.
hıçkırmak to hiccup; to sob.
hımbıl slothful, slack, bone-lazy.
hınç rancour, hatred. *hıncını al-*

mak to revenge.
hırçın ill-tempered, peevish, cross.
hırçınlaşmak to become cross.
hırçınlık bad temper, peevishness.
hırdavat hardware.
hırgür squabble.
Hıristiyan Christian.
Hıristiyanlık Christianity.
hırka cardigan.
hırpani ragged, tattered.
hırs ambition, greed; anger, rage. **hırsını alamamak** to be unable to vent one's anger. **hırsından çatlamak** to be ready to burst with anger. **hırsını çıkarmak** to vent one's spleen (on). **hırsını -dan almak** to wreak one's wrath on sb.
hırsız thief, burglar, robber.
hırsızlık theft, burglary. **hırsızlık etmek** to steal, to burgle.
hırslanmak to get angry.
hırslı ambitious, avaricious; angry, furious.
hısım relative, kin. **hısım akraba** kith and kin.
hısımlık relationship, kinship.
hıyar cucumber; duffer, blockhead, dolt.
hız speed. **hız göstergesi** speedometer. **hız yapmak** to speed. **hızını alamamak** to be unable to slow down.
hızar large saw.
hızlandırmak to accelerate.
hızlanmak to gain speed, to accelerate, to speed up.
hızlı quick, fast, rapid; rapidly, speedily, fast.
hibe donation. **hibe etmek** to donate.
hiciv satire.
hicvetmek to satirize.
hicviye satirical poem.

hiç no, none; not at all; ever; never; nothing. **hiç de** at all **hiç değilse** at least. **hiçe saymak** to disregard **hiç kimse** nobody, no one. **hiç olmazsa** at least **hiç yoktan** for no reason.
hiçbir no. **hiçbiri** none. **hiçbir şekilde** in no way. **hiçbir şey** nothing. **hiçbir yerde/yere** nowhere. **hiçbir zaman** never.
hiddet anger, rage.
hiddetlenmek to become angry.
hiddetli angry.
hidroelektrik hydroelectric.
hidrofor air pressure tank.
hidrojen hydrogen. **hidrojen bombası** hydrogen bomb.
hidrolik hydraulic; hydraulics.
hidroterapi hek. Hydrotherapy.
hikâye story, tale. **hikâye anlatmak** to tell a story; mec. to spin a yarn.
hikayeci short story writer.
hilal crescent.
hile trick, ruse, shift. **hile yapmak** to swindle. **-e hile karıştırmakta** rig.
hileci deceitful, tricky.
hilekârlık deceit, guile.
hileli tricky, crooked, false.
hilesiz genuine, pure.
himaye protection. **himaye etmek** to protect. **himayesine almak** to patronize.
hindi turkey.
Hindistan India.
hindistancevizi coconut.
Hindistanlı Indian.
Hint Okyanusu Indian Ocean.
hintfıstığı physic nut.
hintkamışı bamboo.
hintyağı castor oil.
hipertansiyon hypertension.
hipnotize hypnotized. **hipnotize**

etmek to hypnotize.
hipnoz hypnosis.
hipodrom hippodrome.
hipotez hypothesis.
hippi hippie, hippy.
his feeling, sensation; sense. *his-lerine kapılmak* to be carried away by one's feelings.
hisar castle, fort.
hisli sensitive.
hisse share. *hisse senedi* share, stock share.
hissedar shareholder.
hissetmek to feel.
hissi sentimental.
hissiz insensitive, unfeeling.
hitabe address, speech.
hitap addressing. *hitap etmek* to address.
Hitit Hittite.
hiyerarşi hierarchy.
hiyerarşik hierarchical.
hizmet service. *hizmet etmek* to serve.
hizmetçi servant.
hizmetkâr servant.
hobi hobby.
hoca hodja; teacher.
hokey hockey.
hokka inkpot.
hokkabaz juggler, conjurer.
hokkabazlık jugglery, trickery.
holding *tic.* holding company.
Hollanda Holland, the Netherlands.
Hollandaca Dutch.
Hollandalı Dutchman, Hollander.
homurdanmak to grumble, to grouch.
homurtu grumbling, muttering.
hoparlör loudspeaker.
horlamak to ill-treat, to despise.
horlamak to snore.
horoz cock, rooster. *horoz do-*

ğuşu cockfight.
horozlanmak to strut about, to bluster.
hortlak ghost.
hortum hose; whirlwind; trunk.
horuldamak to snore.
horultu snore, snoring.
hostes stewardess, air hostess.
hoş pleasant, nice. *Hoş geldiniz!* Welcome! *hoş görmek* to tolerate, to allow. *hoş görmemek* to disapprove. *hoş karşılamak* to approve, to connive. *hoşa gitmek* to be liked. *hoşuna gitmek* to appeal (to sb), to relish, to please. *Hoşça kalın!* Goodbye!
hoşbeş chat.
hoşgörü tolerance.
hoşgörülü tolerant.
hoşgörülülük tolerance.
hoşgörüsüz intolerant.
hoşgörüsüzlük intolerance.
hoşlanmak to enjoy, to like.
hoşlanmamak to dislike.
hoşnut contented, pleased.
hoşnutluk contentment.
hoşnutsuz discontented.
hoşnutsuzluk discontent.
hoşsohbet conversationalist, good company.
hoyrat rough, coarse.
hödük boor, bumpkin, hick.
hörgüç hump.
hörgüçlü humped.
höyük mound, tumulus.
hububat grain, cereals.
hudut border, boundary; limit.
hudutsuz boundless, unlimited.
hukuk law *Hukuk Fakültesi* the Law Faculty. *hukuk müşaviri* legal adviser.
hukukçu jurist.
hukuki legal.

hulya daydream, fancy.
hunhar bloodthirsty.
huni funnel.
hurafe superstition.
hurda scrap, junk. *hurda demir* scrap iron. *hurda fiyatına* for its scrap value. *hurdaya çıkarmak* to scrap, to junk.
hurdacı scrap dealer, junkman.
husumet hostility.
husus matter, subject; point, respect.
hususi special, private, personal.
hususiyet particularity, peculiarity.
huy temper, temperament; habit. *huy edinmek* to form the habit of.
huysuz bad tempered, cross, peevish.
huysuzlanmak to fret, to become bad-tempered.
huysuzluk bad temper, snappish-ness.
huzur peace, comfort. *huzurunu kaçırmak* to unsettle.
huzurevi old age asylum.
huzurlu at ease, in peace.
huzursuz uneasy, unquiet.
hücre cell.
hücum attack, assault. *hücum etmek* to attack, to assail.
hücumbot assault boat.
hükmetmek to rule, to command; to sentence, to judge.
hüküm rule, authority; command; sentence, judgement; importance, effect. *hüküm giymek* to be condemned. *hüküm sürmek* to reign, to rule. *hüküm vermek* to adjudicate, to decide.
hükümdar monarch, ruler.
hükümdarlık sovereignty; kingdom.
hükümet government. *hükümet darbesi* coup d'etat. *hükümet konağı* government office.
hükümlü sentenced, condemned.
hümanist humanist.
hümanizm humanism.
hüner skill.
hünerli skilful.
hünersiz unskilled.
hür free, independent.
hürmet respect. *hürmet etmek to* respect.
hürmetsizlik disrespect.
hürriyet freedom, liberty.
hüsran disappointment *hüsrana uğramak* to be disappointed.
hüviyet identity *hüviyet cüzdanı* identity card.
hüzün sadness, sorrow, grief.
hüzünlenmek to feel sad.
hüzünlü sad, sorrowful, gloomy.

ıhlamur lime tree, linden tree; linden flower tea.

ılıca hot spring, spa.

ılık lukewarm.

ılıklaşmak to become lukewarm.

ılıklık lukewarmness.

ılım moderation.

ılıman mild, temperate.

ılımlı moderate, equable, temperate.

ılımlılık moderation.

ılıştırmak to make tepid.

ıpıslak very wet, soaked.

ıra character.

ırak distant, far.

Irak Iraq.

Iraklı Iraqi, Iraki.

ıraksak divergent.

ırgalamak to shake; *arg.* to concern, to interest.

ırgat day labourer, workman; capstan.

ırk race.

ırkçı racialist.

ırkçılık racialism.

ırmak river.

ırz chastity. *ırz düşmanı* rapist. *ırza tecavüz* rape, violation. *ırzına geçmek* to violate, to rape.

ısı heat. *ısıya dayanıklı* heat resistant, heat resisting.

ısıl thermal, thermic.

ısın calorie.

ısındırmak to break in, to cause to like.

ısınma heating, warming up.

ısınmak to warm; to warm oneself; *sp.* to warm up.

ısıölçer calorimeter.

ısırık bite, sting.

ısırmak to bite.

ısıtıcı heater.

ısıtmak to heat, to warm.

ıska miss. *ıska geçmek* to miss; *arg.* to disregard, to ignore.

ıskalamak to miss.

ıskarta discard, scrap; discarded. *ıskartaya çıkarmak* to discard, to scrap, to junk

ıskonto discount *ıskonto etmek* to discount.

ıslah improvement, reform. *ıslah etmek* to improve. *ıslah olmak* to improve one's conduct. *ıslah olmaz* incorrigible.

ıslahat reforms, improvements. *ıslahat yapmak* to make reforms.

ıslahatçı reformer.

ıslahevi reformatory.

ıslak wet.

ıslaklık wetness.

ıslanmak to get wet, to.

Turkish–English

ıslatmak to wet.

ıslık whistle. *ıslık çalmak* to whistle.

ısmarlama order; ordered, made to order.

ısmarlamak to order.

ıspanak spinach.

ısrar insistence. *ısrar etmek* to insist.

ısrarla insistently.

ısrarlı insistent.

ıssız lonely, deserted.

ıssızlık loneliness.

ıstakoz lobster.

ıstampa inkpad.

ıstırap suffering, pain. *ıstırap çekmek* to suffer.

ışık light; lamp. *ışık tutmak* to shed light (*on*); to light the way (*for*).

ışıklandırmak to illuminate.

ışıklı illuminated, lighted. *ışıklı reklam* neon sign.

ışıl ışıl sparklingly, glitteringly.

ışıldak searchlight, projector.

ışıldamak to sparkle, to twinkle.

ışıltı glitter, twinkle.

ışıltılı glittering.

ışımak to glow, to radiate.

ışın ray. *ışın demeti* ray beam.

ışınım radiation.

ışınır radiant.

ışınlamak to radiate.

ışınölçer radiometer.

ıtır perfume, aroma *ıtır çiçeği* geranium.

ıtırlı aromatic, perfumed.

ıtriyat perfumes.

ıvır zıvır trifles, baubles, bunkum.

ızbandut hulk, colossus *ızbandut gibi* giantlike.

ızgara grill, gridiron; grating; grilled. *ızgara köfte* grilled meatballs. *ızgara yapmak* to gril.

iade giving back. *iade etmek* to give back, to return. *iadeli taahhütlü* registered and reply paid.

iaşe subsistence, feeding.

ibadet worship. *ibadet etmek* to worship.

ibadethane house of God, temple.

ibaret consisting of, composed of. *ibaret olmak to* consist (*of*), to be made up (*of*).

iblis Satan, the Devil.

İbrani Hebrew.

ibranice Hebrew.

ibre needle, pointer.

ibret lesson, example. *ibret almak* to draw a lesson (*from.*) *ibret olmak* to be a lesson to.

ibrik ewer.

ibrişim silk thread.

icap requirement, necessity. *icap etmek* to be necessary. *icabına bakmak* to see to *icabında* if needed, if need be, if necessary.

icat invention. *icat etmek* to invent.

icra execution; performance. *icra etmek* to execute, to perform. *icra memuru* bailiff, executive officer. *icraya vermek* to refer to the court bailiff.

icraat activities, performances.

icracı performer.

iç inside, interior; heart, mind; stomach, intestines; kernel; interior, internal, inner. *iç açıcı* cheering, pleasant. *iç çamaşırı* underclothing. *iç çekmek* to sigh. *İç etmek* to appropriate, to pocket. *iç hastalıkları* internal diseases. *iç içe* one within the other. *iç lastik* inner tube. *iç savaş* civil war. *iç sıkıcı* boring. *iç sıkıntısı* boredom. *İç ticaret* home trade. *İç tüketim* home consumption. *iç tüzük* house regulations. *İçi açılmak* to be cheered up. *içi cız etmek* to be deeply moved. *içi dışı bir* sincere. *içi geçmek* to doze off. *içi gitmek* to desire strongly. *içi içine sığmamak* to be unable to contain oneself. *içi içini yemek* to fret about. *içi kan ağlamak* to be in deep sorrow. *içi parçalanmak* to be cut to the heart. *içinden geçirmek* to think. *içinden gelmek* to feel like. *içinden okumak* to read to oneself. *içine almak* to contain. *içine dert olmak* to be a thorn in one's flesh. *içine doğmak* to have a hunch. **içine etmek** to spoil. **içine koymak** to enclose, to embed, to insert. **içine kurt düşmek** to feel suspicious. **içini açmak** to unburden one's heart. **içini çekmek** to sigh. **içini dökmek** to pour out one's heart, to get *sth* off one's chest.

içbükey concave.

içderi endoderm.

içecek drink, beverage.

içedönük introvert.

içekapanık autistic.

içerde inside.

içeri inside, interior; in. **içeri almak** to admit, to let sb/sth in, to show in. **içeri girmek** to go in, to enter.

içerik content.

içeriye in, inwards, inside.

içermek to contain, to include, to comprise.

içgöç internal migration.

içgüdü instinct.

içgüdüsel instinctive.

içilir drinkable.

içilmez undrinkable.

içim draught, sip.

için for.

içinde in; inside.

içindekiler contents.

içinden from the inside.

içine into; aboard. **içine almak** to include, to embrace. **içine koymak** to enclose, to embed.

içişleri internal affairs. **İçişleri Bakanlığı** Ministry of the Interior. **İçişleri Bakanı** Interior Minister.

içki drink. **içki âlemi** drinking bout, binge. **içki içmek** to drink, to tipple. **içkiye düşkün** addicted to drink. **içkiyi fazla kaçırmak** to have taken a drop too much.

içkici drinker.

içkili drunk.

ickulak inner ear.

içli sensitive; sad, touching.

içlidışlı familiar, intimate.

içme drinking; mineral spring. **içme suyu** drinking water.

içmek to drink; to smoke.

içmimar interior decorator.

içmimarlık interior decoration.

içten sincere; from within.

içtenlik sincerity.

içtenlikle sincerely.

içtima meeting.

içtimai social.

idam capital punishment, execution. **idam etmek** to execute.

idame continuance.

idare management, administration; economy, thrift. **idare etmek** to administer, to manage; to economize. **idare etmez** it doesn't pay. **idare heyeti** board of directors.

idareci manager, administrator.

idarecilik administration.

idareli economical, thrifty. **idareli kullanmak** to use economically.

idari administrative.

iddia claim; bet, wager. **iddia etmek** to claim; to pretend, to purport. **iddiaya girmek/tutuşmak** to bet.

iddiacı assertive, persistent.

iddialı pretentious.

iddianame indictment.

iddiasız unpretentious.

ideal ideal.

idealist idealist; idealistic.

idealize etmek to idealize.

idealizm idealism.

ideoloji ideology.

ideolojik ideological.

idman workout, training. **idman yapmak** to work out, to practise, to practice.

idrar urine. *idrar torbası* urinary bladder.

ifade expression; deposition, statement. *ifade etmek* to express, to signify, to state. *ifade vermek* to give evidence, to testify. *ifadesini almak* to question, to interrogate.

iflah salvation. *iflah olmaz* incorrigible. *iflahı kesilmek* to be exhausted. *iflahını kesmek* to exhaust.

iflas bankruptcy. *iflas etmek* to go bankrupt. *iflas ettirmek* to bankrupt.

ifşa divulgation, disclosure. *ifşa etmek* to divulge, to disclose.

ifşaat revelations.

iftihar pride. *iftihar etmek* to be proud of.

iftira slander. *iftira atmak* to cast aspersions (*on*), to slander. *iftira etmek* to slander.

iftiracı slanderer.

iğ spindle.

iğfal rape. *İğfal etmek* *to* rape.

İğne needle, pin; fish hook; syringe; biting word, pinprick. *iğne deliği* the eye of a needle. *iğne olmak* to have an injection. *iğne yapmak* to give an injection. *iğne ipliğe dönmek* *to* become skin and bones. *iğneye iplik geçirmek* *to* thread a needle.

iğnelemek to pin, to prick; to hurt with words.

iğneleyici pricking; biting.

iğneli having a pin; biting.

iğrenç disgusting, loathsome, abhorrent.

iğrençlik repulsiveness.

iğrendirmek to disgust.

iğrenmek to loathe, to abhor.

iğreti borrowed.

ihale adjudication, awarding. *ihale etmek* *to* adjudicate, to award. *ihaleye çıkarmak* to put out to tender.

ihanet treachery, betrayal. *ihanet etmek* to betray.

ihbar denunciation. *ihbar etmek* to denounce.

ihbarname notice, warning.

ihlal disobeying, violation. *ihlal etmek* to break, to violate.

ihmal negligence. *ihmal etmek* to neglect.

ihracat exports. *ihracat yapmak* to export.

ihracatçı exporter.

ihraç exportation; expulsion. *ihraç etmek* *to* export; to expel.

ihtar warning. *ihtar etmek* *to* warn.

ihtilaf dispute, conflict.

ihtilaflı controversial.

ihtilal revolution.

ihtilalci revolutionary.

ihtimal probability; probably. *ihtimal vermek* to deem likely.

ihtiras passion.

ihtiraslı passionate.

ihtisas specialization. *ihtisas yapmak* *to* specialize in.

ihtişam magnificence, splendor.

ihtiyaç necessity, need. *ihtiyacı olmak* to need.

ihtiyar choice, option.

ihtiyar old, aged.

ihtiyari optional.

ihtiyarlamak to grow old.

ihtiyarlık oldness, old age.

ihtiyat precaution; *ask.* reserves. *ihtiyat akçesi tic.* reserve fund. *ihtiyat kuvvetleri ask.* reserve forces.

ihya vivification, revitalizatio. *ihya etmek* to vivify, to revitalize.

ikamet dwelling, residing. *ikamet etmek* to dwell, to reside.

ikametgâh residence.

ikaz warning. *ikaz etmek* to warn.

iken while, when.

iki two *iki ayağını bir pabuca sokmak* to hustle. *iki dirhem bir çekirdek* dressed up to kill. *iki eli kanda olsa* no matter how busy he is. *iki kat* doubled; twice. *iki kere* twice. *iki nokta üst üste* colon. *iki yakası bir araya gelmemek* to be unable to make two ends meet. *ikide bir* now and then.

ikidilli bilingual.

ikilem dilemma.

ikili bilateral; (*cards*) two.

ikinci second.

ikincil secondary.

ikindi afternoon.

ikindiüstü in the afternoon.

ikircikli hesitant.

ikişer two each, two at a time. *ikişer ikişer* two by two, in twos.

ikiyüzlü hypocritical, twofaced; hypocrite.

ikiyüzlülük hypocrisy.

ikiz twin.

ikizkenar *mat.* isosceles. *ikizkenar üçgen* isosceles triangle.

iklim climate.

ikmal completing, finishing; *ask.* supply, reinforcement; (*exam*) condition, make-up. *ikmal etmek* to complete, to finish. *ikmale kalmak* to have to repeat an examination.

ikna persuasion *ikna etmek* to persuade, to convince.

ikram honouring; discount. *ikram etmek* to show honour to; to offer, to treat to; to discount.

ikramiye bonus; prize. *ikramiye kazanmak* to win a prize.

iktidar power. *iktidar partisi* the party in power. *iktidara gelmek* to come to power. *iktidarda olmak* to be in power.

iktidarsız impotent.

iktidarsızlık impotence.

iktisaden economically.

iktisadi economic.

iktisat economy; economics. *İktisat Fakültesi* the School of Economics.

iktisatçı economist.

il province; country, nation.

ila to, up to; until.

ilaç medicine.

ilaçlamak to medicate.

ilaçlı medicated.

ilah god.

ilahe goddess.

ilahi divine, heavenly.

ilahi hymn, psalm, anthem.

ilahiyat theology. *İlahiyat Fakültesi* the School of Theology.

ilahiyatçı theologian.

ilan announcement, declaration; advertisement. *ilan etmek* to declare, to announce; to advertise.

ilave addition; additional. *ilave etmek* to add.

ilçe county, district.

ile with; by; and. *ile beraber/birlikte* along with, together with.

ilelebet for ever.

ilerde in the future; ahead.

ileri forward part, front; future; advanced; forward, ahead. *ileri almak* to take forward, to bring forward; (*saat*) to put *sth* forward. *ileri atılmak* to spring forward, to rush forward. *ileri gelenler* notables. *ileri gitmek* to go forward; to go too far. *ileri sürmek* to put forward, to bring forward. *ileriyi görmek* to foresee.

ilerici progressive.

ileride in the future; ahead.

ilerisi the farther part; the future.

ileriye forward.

ilerlemek to go forward, to proceed; to progress, to advance; (*time*) to pass away.

iletim transmission; *fiz.* Conduction.

iletişim communication.

iletken conductor.

iletkenlik conductivity.

iletki protractor.

iletmek to transmit, to carry; to conduct, to convey.

ilgi interest; relation, connection. *ilgi duymak* to be interested (*in*), to take interest in. *ilgi göstermek* to show interest. *ilgi uyandırmak* to arouse sb's interest.

ilgilendirmek to interest, to concern.

ilgilenmek to be interested (*in, ile*).

ilgili interested; relevant.

ilginç interesting.

ilgisiz indifferent, unconcerned.

ilgisizlik indifference, unconcern.

ilham inspiration.

ilik buttonhole.

ilim science.

ilinti connection.

ilişik attached; connection, relation. *ilişiğini kesmek* to sever one's connection with; to discharge.

ilişki relation, connection; affinity, bond. *ilişki kurmak* to get in touch with; to have an affair (*with*).

ilişkili connected, relevant.

ilişkin concerning, regarding, relating to.

ilişmek to touch.

iliştirmek to attach, to fasten.

ilk first; initial. *ilk defa* for the first time. *ilk fırsatta* at the first opportunity. *ilk göz ağrısı* first child; first love.

ilkbahar spring.

ilkçağ antiquity.

ilke principle, basis.

ilkel primitive.

ilkellik primitiveness.

ilkin first, in the first place; at first, at the beginning.

ilkokul primary school.

ilköğretim primary education.

ilkönce first of all.

ilkyardım first aid.

illaki whatever happens, come what may.

ille by all means; especially.

illüstrasyon illustration.

ilmek loop; noose.

ilmi scientific.

ilmik loop, bow; noose, running knot.

iltica taking refuge *iltica etmek* to take refuge in.

iltifat compliment *iltifat etmek* to pay a compliment.

iltihap inflammation.

iltihaplanmak to become inflamed.

iltimas favouritism, protection. *iltimas etmek* to favour, to protect.

iltimasçı protector, patron.

ima allusion, hint *ima etmek* to hint at, to allude to.

imaj image.

imal manufacture. *imal etmek* to manufacture, to produce.

imalat products.

imalatçı manufacturer.

imalathane workshop, small factory.

iman faith, belief. *iman etmek* to

have faith in Allah (*God*). *imana gelmek* to be converted to Islam; to see reason. *imanı gevremek* to suffer a lot; to be exhausted.

imanlı believing, religious.

imansız unbelieving; cruel; unbeliever.

imar improvement, public works. *imar etmek* to improve, to render prosperous.

imbat daytime summer sea breeze.

imdat help.

imece doing a work together for one of the members of the community.

imge image.

imgelem imagination.

imgelemek to imagine.

imha destruction. *imha etmek* to destroy.

imkân possibility, means.

imkânsız impossible.

imla spelling, orthography.

imleç *bilg.* cursor.

imparator emperor.

imparatoriçe empress.

imparatorluk empire.

imtihan examination. *imtihan olmak* to take an examination.

imtiyaz privilege, distinction.

imtiyazlı privileged.

imza signature. *imza etmek* to sign. *İmza sahibi* signer, signatory.

imzalamak to sign.

imzalı signed.

imzasız unsigned.

inan belief.

inanç belief; confidence.

inançlı believer; believing.

inançsız unbelieving, skeptical.

inandırıcı persuasive.

inandırmak to convince.

inanılmaz unbelievable, incredible.

inanış belief, faith.

inanmak to believe; to trust.

inat obstinacy. *inat etmek* to be obstinate. *inadı tutmak* to have a fit of obstinacy.

inatçı stubborn, obstinate.

inatçılık obstinacy.

ince thin; subtle; slim. *inceden inceye* minutely. *ince eleyip sık dokumak* to split hairs.

inceleme research, study.

incelemek to examine, to study.

incelik thinness; subtlety; slimness.

incelmek to become thin.

inceltmek to thin, to make thin.

inci pearl.

İncil the New Testament; the Gospel.

incinmek to be hurt/injured/bruised/sprained.

incitmek to hurt.

indeks index.

indirgeme reduction.

indirgemek to reduce.

indirim reduction, discount.

indirimli reduced in price. *indirimli satış* sale.

indirmek to take down, to lower; to bring down, to reduce.

inek cow; *arg.* swot, grind.

ineklemek *arg.* to swot, to grind.

infaz execution *infaz etmek* to execute.

infilak explosion. *infilak etmek* to explode.

İngiliz English; Englishman. *İngiliz anahtarı* monkey wrench.

İngilizce English.

İngiltere England.

inilti moan, groan.

inisiyatif initiative.

iniş downward slope, descent,

downhill. *iniş aşağı* downhill, downwards. *iniş çıkış* descent and ascent.

inkâr denial, refusal *inkâr etmek* to deny, to gainsay.

inkılap revolution.

inkıta interruption. *inkıtaa uğramak* to be interrupted, to cease.

inkişaf development. *inkişaf etmek* to develop.

inme stroke, apoplexy, paralysis. *inme inmek* to have a stroke.

inmek to descend; to alight, to dismount; (*plane*) to land; (*prices*) to fall.

inmeli paralysed.

insaf justice, fairness; Have a heart! *insaf etmek* to take pity (*on*). *insafa gelmek* to show mercy.

insaflı just, fair.

insafsız unjust, unfairly.

insafsızlık injustice, unfairness.

insan human being, human. *insan hakları* human rights. *insan içine çıkmak* to go out in public.

insanbilim anthropology.

insanbilimci anthropologist.

insanca properly, decently.

insancıl humanitarian.

insani human, humanely.

insaniyet humanity, mankind; humaneness, kindness.

insanlık humanity, mankind; humaneness.

insanoğlu man, mankind.

insanüstü superhuman.

inşa building. *inşa etmek* to build.

inşaat constructions, buildings. *inşaat mühendisi* civil engineer.

inşaatçı builder, constructor.

integrasyon *mat.* integration.

internet internet. *inernet kafe* internet café. *inernette* on the internet.

intiba impression.

intibak adaptation *intibak etmek* to adjust oneself to.

intihar suicide. *intihar etmek* to commit suicide.

intikal transition; perception. *intikal etmek* to be inherited.

intikam revenge. *intikam almak* to revenge, to avenge.

intizam order, tidiness.

intizamlı tidy, neat.

intizamsız untidy, irregular.

inzibat discipline; military policeman.

inziva seclusion.n *inzivaya çekilmek* to seclude oneself.

ip rope, string. *ip atlamak* to skip rope. *ipe çekmek* to hang. *ipe sapa gelmez* irrelevant, nonsensical. *ipin ucunu kaçırmak* to lose control of. *iple çekmek* to look forward to.

ipek silk *ipek gibi* silken, silky.

ipekböcegi silkworm.

ipince very thin.

iplik thread.

ipnotizma hypnotism.

ipnotizmacı hypnotizer.

ipnoz hypnosis.

ipotek mortgage. *ipotek etmek* to mortgage.

ipotekli mortgaged.

ipsiz vagabond.

iptal cancellation, annulment. *iptal etmek* to cancel, to annual.

iptidai primitive.

ipucu clue. *ipucu vermek* to give a clue.

irade will, volition; command, decree.

iradedışı involuntary.

iradeli strongwilled.
iradesiz irresolute, weak.
İran Iran, Persia.
İranlı Iranian, Persian.
irdeleme examination.
irdelemek to examine, to scrutinize, to discuss.
irfan knowledge.
iri large, huge.
irice largish.
irikıyım huge; large chopped.
irili ufaklı large and small.
irilik largeness.
irin pus.
iriyarı huge, burly.
irkilmek to be startled.
İrlanda Ireland.
İrlandalı Irish.
irmik semolina. *irmik helvası* semolina halva.
irsaliye waybill, shipping papers..
irtibat connection; communication. *irtibat kurmak* to get in touch (with). *irtibat subayı* liaison officer.
irtica (*social*) reaction.
irtifa altitude.
İsa Jesus Christ.
isabet hitting (*the mark*); saying/doing exactly the right thing; falling by chance to. *isabet etmek* to hit the mark; to say/do just the right thing; (*prize, etc.*) to fall to, to win.
isabetli right, exact.
isabetsiz inexact, improper.
ise if. *ise de* even if, although.
isim name; noun; title. *isim takmak* to nickname. *isim vermek* to give a name, to name.
isimsiz anonymous, innominate.
iskân settling. *iskân etmek* to house; to settle.
İskandinavya Scandinavia.

İskandinavyalı Scandinavian.
iskarpin shoe.
iskele landing-place, wharf, quay, pier; scaffolding; seaport. *iskele kurmak* to erect scaffolding.
iskelet skeleton; framework.
iskemle chair.
İskoç Scotch.
İskoçya Scotland.
İskoçyalı Scotsman, Scot; Scottish.
iskonto discount .*iskonto etmek* to discount.
İslam Islam.
İslami Islamic.
İslamiyet Islamism.
İslamlaştırmakta Islamize.
İslav Slav; Slavic.
islemek to soot.
isli sooty.
ismen by name.
İspanya Spain.
İspanyol Spaniard; Spanish.
İspanyolca Spanish.
ispat proof. *ispat etmek* to prove.
ispatlamak to prove.
ispirto alcohol.
ispiyon informer, snitcher.
ispiyonlamak to inform on, to sneak, to snitch.
israf squandering, waste. *israf etmek* to squander, to waste.
İsrail Israel; Israeli.
istasyon station.
istatistik statistics; statistic.
istavroz cross; crucifix.
istek desire, wish; request. *istek duymak* to want, to feel a desire for.
istekli desirous, willing.
isteksiz unwilling, reluctant.
isteksizlik reluctance, unwillingness.

istem request, demand; *ruhb.* volition.

istemek to want, to desire, to wish; to ask for; to need, to want. *istemeyerek* unwillingly, reluctantly. *istemeye istemeye* unwillingly. *ister istemez* willy-nilly. *isteyerek* freely, willingly, readily.

istemli voluntary.

istemsiz involuntary.

isterik hysterical

istiap capacity *istiap haddi* maximum capacity.

istidatlı talented.

istif storage, stacking. *istif etmek* to stow. *istifini bozmamak* to keep up appearances.

istifa resignation. *istifa etmek* to resign.

istifade profit, advantage.

istifadeli profitable.

istifçi packer, stevedore.

istifçilik packing, stowage.

istiflemek to stow, to pack.

istihbarat information, intelligence. *istihbarat bürosu* information office. *istihbarat dairesi* intelligence department.

istihdam employment. *istihdam etmek* to employ.

istihkak merit, deserts; ration.

istihkâm fortification; *ask.* military engineering. *istihkâm subayı* engineer officer.

istikamet direction.

istikbal future.

istiklal independence. *İstiklal Marşı* the Turkish National Anthem. *İstiklal Savaşı* the War of Independence.

istikrar stabilization.

istikrarlı stabilized, settled.

istikrarsız unstable, unsteady.

istikrarsızlık instability.

istila invasion. *istila etmek* to invade.

istilacı invader.

istimlak expropriation. *istimlak etmek* to expropriate.

istirahat rest, repose. *istirahat etmek* to rest, to repose.

istirham imploring, requesting. *istirham etmek* to implore, to plead.

istismar exploiting. *istismar etmek* to exploit.

istismarcı exploiter.

istisna exception.

istisnai exceptional.

istisnasız without exception.

İsveç Sweden.

İsveçli Swedish.

İsviçre Switzerland.

İsviçreli Swiss.

isyan rebellion, revolt, mutiny. *isyan etmek* to rebel, to revolt.

isyancı rebel, mutineer.

isyankâr rebellious, mutinous.

iş work; job, occupation; business; affair, matter; service. *iş başında* at work. *iş bitirmek* to finish a job, to conclude. *iş bölümü* division of labour. *iş çıkarmak* to raise difficulties. *iş görmek* to do a job, to work. *iş güç* occupation, business. *iş günü* working day. *iş güvenliği* security of work. *iş hukuku* labour legislation. *iş işten geçti!* It's too late! *iş kazası* industrial accident. *iş olacağına varır* what will be will be. *iş olsun diye* just for the sake of doing sth. *iş sözleşmesi* labour contract. *iş ve işçi bulma kurumu* employment exchange. *iş vermek* to employ. *işe girmek* to get a job. **işe yaramak** to be of use, to work. **işe yaramaz** useless, dud, good-for-nothing. **işi azıtmak** to go too far **işi. başından aşkın olmak** to be up to one's ears in work. **işi bitmek** to finish. **işi oluruna bırakmak** to let things take their own course. **işi sağlama bağlamak** to make sure of. **İşi yüzüne gözüne bulaştırmak** to make a mess of things. **işin içinde iş var** there are wheels within wheels. **işin içinden çıkamamak** to be unable to settle sth. **işin içinden çıkmak** to get out of a difficulty. **işin içyüzü** the inside story, the real truth. **işinden olmak** to lose one's job. **işine gelmek** to suit one's book. **işine yaramak** to serve. **İşini bitirmek** to finish one's work; to finish sb off. **işten çıkarmak** to dismiss, to sack.

işadamı businessman.

işaret sign, mark; signal. **işaret etmek** to point, to point out, to indicate; to make a mark. **işaret sıfatı** demonstrative adjective **işaret zamiri** demonstrative pronoun.

işaretlemek to mark.

işaretparmağı forefinger, index finger.

işbaşı hour at which work begins. **işbaşı yapmak** to start work, to clock in.

işbirliği collaboration. **işbirliği yapmak** to collaborate, to play ball *k. dili.*

işbirlikçi collaborator.

işçi worker, labourer. **işçi sınıfı** working class.

işçilik workmanship; work, effort.

işemek to urinate, to piss.

işgal occupation. **işgal altında** under military occupation. **işgal etmek** to occupy.

işgücü working power, laborer-power.

işgünü workday, working day, weekday.

işgüzar officious.

işgüzarlık officiousness.

işitmek to hear. **işitmemezlikten gelmek** to pretend not to hear.

işitsel auditory.

işkadını businesswoman.

işkence torture. **işkence etmek** to torture.

işlek busy.

işlem procedure; *mat.* operation.

işleme handwork, embroidery.

işlemek to work, to run, to operate; (*a subject*) to treat of, to deal with; to embroider; to carve.

işlemeli embroidered.

işlenmemiş raw, unprocessed.

işlenmiş processed.

işletme enterprise; running, working; exploitation. **İşletme Fakültesi** School of Business Administration. **işletme müdürü** managing director.

işletmeci administrator, manager.

işletmecilik business administration, management.

işletmek to operate, to run; to exploit, to work; to have sb on, to hoax.

işlev function.

işlevsel functional.

işlik workshop.

işporta pedlar's pushcart. **işporta malı** shoddy goods.

işportacı pedlar, peddler.

işportacılık peddling.

işsiz unemployed.

işsizlik unemployment. **işsizlik**

sigortası unemployment insurance.

iştah appetite. **iştah açıcı** appetizing. **iştah açmak** to whet the appetite.

iştahlı having an appetite.

iştahsız having no appetite.

iştahsızlık lack of appetite.

işte Here! Here it is!; Look! See! **işte böyle** Such is the matter.

iştirak participation. **iştirak etmek** to participate (in).

işveren employer.

iş yeri office, workplace.

it dog. **itoğlu it** son of a bitch.

itaat obedience. **itaat etmek** to obey.

itaatsizlik disobedience.

italik italic.

İtalya Italy.

İtalyan Italian.

İtalyanca Italian.

itfaiye fire brigade. **itfaiye arabası** fire engine.

itfaiyeci fireman.

ithaf dedication. **ithaf etmek** to dedicate.

ithal import, importation. **ithal etmek** to import. **ithal malı** imported goods.

ithalat imports.

ithalatçı importer.

itibar esteem, prestige, regard. **itibar etmek** to esteem, to consider. **itibar görmek** to be respected.

itibarlı esteemed; influential.

itici pushing, driving, repulsive; *mec.* off-putting, cold, standoffish.

itilaf entente, agreement.

itimat confidence, trust. **itimat etmek** to have confidence in, to trust.

itimatname credentials.

itina care. **itina etmek** to take great

pains with, to give close attention to. **itina göstermek** to give close attention to. **itina ile** carefully.

itinalı careful, attentive.

itinasız careless, inattentive.

itiraf confession, admission. **itiraf etmek** to confess, to admit, to avow, to concede.

itiraz objection. **itiraz etmek** to object.

itirazcı objector.

itirazsız without any objection.

itmek to push. **itip kakmak** to push and shove.

ittifak alliance, agreement.

ittifakla unanimously.

ittihat union.

ivedi haste, hurry; urgent.

ivedilik urgency.

ivedilikle urgently, hurriedly.

ivme acceleration.

iyelik possession. **iyelik adılı (zamiri)** possessive pronoun.

iyi good; well. **iyi akşamlar** good evening. **iyi etmek** to cure; to do well. **iyi gelmek** to do good, to benefit. **iyi gitmek** to go well. **iyi gün dostu** fair weather friend. **iyi hal kâğıdı** certificate of good conduct. **iyi kalpli** kind-hearted. **iyi ki** luckily, fortunately. **iyi kötü** somehow, more or less. **iyi niyetli** well-intentioned. **iyi olmak** to recover, to get better. **iyisi mi** the best thing to do is ...

iyice pretty well, rather good, thoroughly, completely.

iyileşmek to get better, to improve; to recover.

iyileştirmek to make better, to cure, to improve.

iyilik goodness; favour. **iyilik etmek** to do good.

iyilikbilir grateful.

iyilikbilmez ungrateful.

iyiliksever benevolent.

iyimser optimist; optimistic.

iyimserlik optimism.

iz trace, track. *iz sürmek* to trace, to trail.

izafi relative.

izafiyet relativity.

izah explanation. *izah etmek* to explain.

izahat explanations.

izale removing. *izale etmek* to remove.

izci scout, boy scout.

izdiham crowd.

izin permission; licence. *izin almak* to get permission. *izin vermek* to permit, to give permission.

izinli on leave; on vacation.

izinsiz without permission.

İzlanda Iceland.

İzlandalı Icelander.

izlemek to follow, to trace; to watch.

izlenim impression.

izleyici spectator.

izmarit sea bream; cigarette butt, stub.

izolasyon isolation.

izolatör isolator.

izole insulated. *izole bant* insulating tape. *izole etmek* to isolate, to insulate.

izoterm isotherm.

izotop isotope.

izzet might, honour.

izzetinefis self-respect.

J j

jaguar jaguar.
jakuzi Jacuzzi.
jale dew.
jambon ham.
jandarma police soldier, gendarme; gendarmerie.
jant rim.
Japon Japanese.
Japonca Japanese.
japongülü camellia.
Japonya Japan.
jartiyer garter.
jelatin gelatin.
jelatinli gelatinous.
jeneratör generator.
jenerik (*film*) credits.
jeofizik geophysics.
jeolog geologist.
jeoloji geology.
jeolojik geologic.
jeopolitik geopolitics; geopolitical.
jeotermal geothermal.
jeotermik geothermic.
jest gesture.
jet jet (*plane*) *jet gibi* double-quick.
jeton token.
jikle choke.
jilet safety-razor.
jimnastik gymnastic.
jimnastikçi gymnast.

jip jeep.
joker joker.
jokey jockey.
jöle jelly.
jön juvenile; handsome/young man.
judo judo.
judocu judoist.
jul joule.
jumbo jet jumbo jet.
jurnal denunciation, report *jurnal etmek* to denounce, to report.
jurnalci denouncer, informer
jübile jubilee.
Jüpiter Jupiter.
jüri jury. *jüri üyesi* juror.

K k

kaba rough. *kaba et* buttocks. *kaba saba* common, coarse. *kaba söz* vulgar expression.

kabaca roughly; biggish.

kabadayı bully, tough guy, roughneck.

kabadayılık bravado. *kabadayılık taslamak* to play the tough, to bluster.

kabahat fault, offence. *kabahat bulmak* to find fault with. *kabahati birinin üzerine atmak* to lay the blame on sb.

kabahatli faulty, guilty.

kabahatsiz innocent, faultless.

kabak squash, pumpkin, gourd; bald, bare; (*watermelon*) unripe. *kabak çekirdeği* pumpkin seed. *kabak kafalı* baldheaded. *kabak başına patlamak* to carry the can. *kabak çıkmak* to turn out to be tasteless. *kabak tadı vermek* to pall, to cloy. *kabak tatlısı* pumpkin with syrup and walnuts.

kabakulak *hek.* Mumps. *kabakulak olmak* to have the mumps.

kabalaşmak to become impolite.

kabalık roughness, coarseness *kabalık etmek* to behave rudely.

kaban hooded overcoat.

kabare cabaret.

kabarık swollen, puffy.

kabarıklık swelling, puffiness.

kabartma relief; in relief.

kabartmak to cause to swell; to blister; to puff out; to emboss.

kabataslak roughly drawn; in outline.

Kabe the Kaaba.

kabız constipation; constipated. *kabız olmak* to be constipated.

kabızlık constipation.

kabile tribe, clan.

kabiliyet ability, talent.

kabiliyetli talented, capable.

kabiliyetsiz incapable, untalented.

kabine cabinet; small room.

kabir grave, tomb.

kablo cable. *kablo döşemek* to lay a cable.

kablolu televizyon cable television.

kabotaj cabotage.

kabristan cemetery, graveyard.

kabuk (*fruit, vegetable*) peel, skin, jacket, shuck; (*animal, nut, egg*) shell; (*bean, pea*) pod; (*tree*) bark; (*wound*) scab *kabuk bağlamak* to form a crust *kabuğuna çekilmek* to withdraw into one's shell *kabuğunu soymak* to peel, to skin, to husk.

kabuklu having a shell, barky. *kabuklu deniz hayvanı* shellfish.

kabuksuz without bark; shelled, peeled.

kabul acceptance; reception. **kabul etmek** to accept; to receive. **kabul salonu** reception-room.

kabullenmek to accept; to appropriate.

kaburga rib.

kâbus nightmare. **kâbus görmek** to have a nightmare.

kabza handle, butt.

kaç how many, how much? **kaç tane** how many.

kaça What is the price?, How much is it?

kaçak fugitive, escapee; (*liquid gas*) escape, leakage; smuggled, contraband.

kaçakçı smuggler.

kaçakçılık smuggling. **kaçakçılık yapmak** to smuggle.

kaçamak subterfuge, evasion, shift; evasive.

kaçar How many each? How much each?

kaçık crazy; cracked, nuts.

kaçıklık craziness.

kaçıncı which (*in order*).

kaçınılmaz inevitable.

kaçınmak to avoid, to shun, to evade, to abstain, to refrain.

kaçırmak to kidnap, to abduct, to elope; to hijack, to skyjack; to miss; to drive away, to frighten away.

kaçış escape, flight.

kaçmak to run away, to flee, to escape; (*stocking*) to ladder, to run; (*dust, insect etc.*) to get into, to slip into **to avoid, to** spare; to verge on.

kadar until, till, up to; as ... as; about.

kadastro land survey; cadastral.

kadavra corpse, cadaver, carcass.

kadeh glass, cup, wineglass. **kadeh kaldırmak** to propose a toast. **kadeh tokuşturmak** to clink glasses.

kademe grade, degree; *ask.* echelon.

kader destiny, fate, fortune. **kaderi ilahi** divine providence. **kaderin cilvesi** irony of fate.

kaderci fatalist.

kadercilik fatalism.

kadın woman. **kadın berberi** hairdresser. **kadın doktoru** gynaecologist. **kadın hastalıkları** gynaecological diseases. **kadın peşinde koşmak** to run after women, to philander. **kadın terzisi** dressmaker.

kadınlık womanhood.

kadınsı womanish, effeminate.

kadırga galley.

kadife velvet. **kadife gibi** soft and bright, velvety.

kadir value, worth. **Kadir Gecesi** the Night of Power. **Kadir Gecesi doğmak** to be born under a lucky star. **kadrini bilmek** to appreciate, to know the value of.

kadran dial, face.

kadro staff, personnel.

kadrolu on the permanent staff.

kafa head; mind, brain. **kafa dengi** like-minded. **kafa kâğıdı** *k. dili* official identity card. **kafa patlatmak** to rack one's brains, to cudgel one's brains. **kafa şişirmek** to bore. **kafa tutmak** to oppose, to resist. **kafa vurmak** to head. **kafadan** ad lib *k. dili*, off the cuff. **kafadan atmak** to talk through one's hat **kafası almamak** to be unable to take in. **kafası çalışmak** to have a quick mind. **kafası işlemek** to have a quick mind. **kafası kızmak** to fly into a temper. **kafasına dank etmek** to dawn on sb. **kafasına koymak** to make up one's mind. **kafasına sokmak** to din into sb. **kafasına takmak** to keep one's mind (*on*), to turn one's mind. (*to*) *kafayı çekmek* to drink heavily, to booze. *kafayı yemek* k. *dili* to go off the rails.

kafadar intimate friend, buddy, chum.

kafasız stupid, thickheaded.

kafasızlık stupidity.

kafatası skull, cranium.

kafe caffe, café.

kafein caffeine.

kafes cage.

kafeterya cafeteria.

kâfi enough. *kâfi derecede* sufficiently. *kâfi gelmek* to be enough.

kafile convoy, procession.

kafiye rhyme.

kafiyeli rhyming.

kafiyesiz rhymeless.

Kafkasya Caucasia.

Kafkasyalı Caucasian.

kaftan robe, caftan.

kagir built of stone or brick.

kâğıt paper; playing card; of paper. *kâğıt dağıtmak* to deal (*out*) cards. *kâğıt helvası* pastry wafers. *kâğıt kaplamak* to paper. *kâğıt mendil* tissue, paper hanky *kâğıt oynamak* to play cards. *kâğıt para* note, bill. *kâğıt sepeti* wastepaper basket.

kâh sometimes *kâh ... kâh* now ... now.

kâhin soothsayer.

kahkaha loud laughter. *kahkaha atmak* to laugh loudly. *kahkahayı basmak* to burst into laughter.

kahpe prostitute; perfidious, fickle.

kahraman hero.

kahramanca heroically.

kahramanlık heroic deed; heroism, bravery.

kahretmek to overpower, to overwhelm damned, blasted

kahrolmak to be depressed.

kahrolsun! kahretsin Damn it! Down with!

kahvaltı breakfast *kahvaltı etmek* to have breakfast.

kahve coffee; cafe, coffee house. *kahve cezvesi* coffeepot. *kahve değirmeni* coffee mill. *kahve fincanı* coffee cup. *kahve kaşığı* coffee spoon. *kahve telvesi* coffee grounds. *kahve yapmak* to make coffee.

kahveci keeper of a coffee-house.

kahvehane coffee house, coffee shop.

kahverengi brown.

kâhya steward, majordomo.

kaide rule; base.

kâinat universe.

kaka faeces, big one; poop. *kaka yapmak* to poo-poo, to defecate.

kakao cocoa.

kakmak to push, to prod; to drive in, to nail.

kaktüs cactus.

kalabalık crowd; crowded.

kalan remaining; remainder.

kalantor well-to-do man.

kalas beam, plank.

kalaylamak to tin.

kalaylı tinned.

kalaysız untinned.

kalben cordially, heartily.

kalbur sieve, riddle. *kalbura çevirmek* to riddle. *kalbura dönmek* to be riddled.

kalburüstü select, elite.

kaldıraç crank, lever.

kaldırım pavement. *kaldırım kenarı* curb. *kaldırım mühendisi* loafer.

kaldırmak to lift, to raise, to erect; to wake, to rouse; to bear, to tolerate; to abolish, to repeal

kale fortress, castle; *sp.* goal post.

kaleci *sp.* goalkeeper, goalie.

kalem pencil, pen. *kalem açmak* to sharpen a pencil. *kaleme al-*

mak to draw up. *kalem aşısı* graft
kalem kutusu pencil box.

kalemtıraş pencil sharpener.

kalender carefree, easygoing, un-
conventional.

kalfa assistant master, qualified
workman.

kalıcı lasting, permanent.

kalın thick; coarse. *kalın kafalı*
thick headed.

kalınbağırsak large intestine.

kalınlaşmak to thicken.

kalınlık thickness.

kalıntı remnant; ruin, ruins; resi-
due; mark, trace.

kalıp mould; cake, bar; shape, form;
pattern. *kalıba dökmek* to cast, to
mould. *kalıbını basmak k. dili* to
be dead certain about.

kalıplaşmak to take a fixed form;
to become stereotyped.

kalıplaşmış stereotyped.

kalıtım *biy.* heritage, heredity.

kalıtımsal hereditary.

kalıtsal hereditary.

kalibre caliber.

kalifiye qualified.

kaligrafi calligraphy.

kalite quality.

kaliteli of good quality, high-quality.

kalitesiz of poor quality, shoddy.

kalkan shield, buckler; *zool.* turbot.

kalkındırmak to develop.

kalkınma development, progress.

kalkınmak to develop, to make
progress.

kalkış departure.

kalkışmak to attempt, to try, to dare.

kalkmak to get up; to leave, to de-
part; to become erect; to disap-
pear, to lift; (*custom*) to fall into
disuse; to be abolished. *kalk bo-
rusu ask.* reveille. *kalk borusu
çalmak* to sound the reveille.

kalleş untrustworthy, unreliable,
deceitful.

kalleşlik deceit, treachery. *kalleş-
lik etmek* to play a dirty trick on.

kalmak to remain; to be left; to stay,
to dwell; to fail (*a class*); to be inher-
ited, to pass. *kala kala* there only
remains. *kalacak yer* accommoda-
tion. *kaldı ki* moreover, besides.

kalori calorie, calory.

kalorifer central heating.

kalp heart; centre. *kalp ağrısı*
heartache. *kalp atışı* heartbeat.
kalp krizi heart attack. *kalp para*
counterfeit money. *kalbi atmak* to
pulsate, to beat. *kalbi çarpmak* to
palpitate, to throb. *kalbini kırmak*
to break sb's heart.

kalpazan counterfeiter.

kalpazanlık counterfeiting.

kalyon galleon.

kama dagger.

kamara (*ship*) cabin.

kamarot steward, cabin boy.

kambiyo foreign exchange. *kam-
biyo kuru* rate of exchange, ex-
change rate.

kambur hump, hunch; humpbacked,
hunchbacked. *kamburu çıkmak*
to become hunchbacked. *kambu-
runu çıkarmak* to arch, to stoop.

kamçı whip, scourge.

kamera camera.

kameraman cameraman.

kamp camp *kamp kurmak* to pitch
camp. *kamp yeri* campground,
campsite. *kampa çıkmak* to go
camping. *kampa girmek sp.* to go
into camp.

kampana bell.

kampanya campaign.

kamping campground, campsite.

kampüs campus.

kamu the public. *kamu düzeni* public order/safety. *kamu giderleri* public expenditure. *kamu hakları* public rights. *kamu hizmeti* public service, civil service. *kamu hukuku* public law, civil law. *kamu kesimi* public sector. *kamu personeli* civil servant. *kamu sağlığı* public health. *kamu yararı* public interest.

kamuflaj camouflage.

kamufle camouflaged *kamufle etmek* to camouflage.

kamulaştırma nationalization.

kamulaştırmak to nationalize.

kamuoyu public opinion. *kamuoyu araştırması* Gallup poll.

kamyon lorry, truck.

kamyoncu lorry driver, truck driver.

kamyonet pickup (*truck*).

kan blood. *kan ağlamak* to shed tears of blood. *kan akıtmak* to shed blood. *kan almak* to bleed. *kan bankası* blood bank. *kan basıncı* blood pressure. *kan çıbanı* furuncle, boil. *kan damarı* blood vessel. *kan damlası* drop of blood. *kan davası* blood feud, vendetta. *kan dolaşımı* circulation (*of blood*). *kan grubu* blood group, blood type. *kan kardeşi* blood brother. *kan nakli* blood transfusion. *kan sayımı* blood count. *kan tahlili* blood test, blood analysis. *kan vermek* to donate blood. *kana kana* to one's heart's content. *kana susamış* bloodthirsty. *kanı dindirmek* to stanch blood. *kanı kaynamak* to take to sb.

kanaat conviction, opinion; contentment, satisfaction. *kanaat etmek* to be satisfied. *kanaat getirmek* to be convinced, to satisfy oneself.

Kanada Canada.

Kanadalı Canadian.

kanal canal, waterway; channel.

kanalizasyon sewerage, drainage.

kanama bleeding.

kanamak to bleed.

kanarya canary. *Kanarya Adaları* Canary Islands.

kanat wing.

kanatçık winglet.

kanatlanmak to take wing, to fly away.

kanatlı winged.

kanatsız wingless.

kanca hook. *kancayı takmak* to get one's knife into, to set one's cap at.

kancalı hooked. *kancalı iğne* safety pin.

kandırmak to convince, to persuade; to seduce, to cheat.

kandil oil lamp.

kanepe sofa, couch.

kangal coil, skein.

kangren gangrene.

kanguru zool. Kangaroo.

kanı conviction, opinion. *kanımca* in my opinion. *kanısında olmak* be of the opinion that.

kanıt proof.

kanıtlamak to prove.

kaniş poodle.

kanlanmak to be stained with blood.

kanlı bloody.

kanmak to be persuaded, to believe; to be seduced, to be duped; to be satisfied.

kano canoe.

kanser cancer.

kanserli cancerous.

kansız bloodless.

kansızlık anaemia.

kantar steelyard; weighing-machine.

kantin canteen.

kanun law. *kanun hükmünde olmak* to have the force of law. *kanun koymak* to make a law, to legislate. *kanun koyucu* legislator. *kanun na-*

mına in the name of the law. *kanun tasarısı* bill, draft of a law. *kanun tasarısını kabul etmek* to pass a bill. *kanun tasarısını reddetmek* to throw out a bill. *kanun yapmak* to legislate. *kanuna aykırı* unlawful, illegal.

kanun *müz.* zither.

kanundışı illegal.

kanunen by law, according to the law.

kanuni legal, lawful.

kanunlaşmak to become a law.

kanunsuz lawless, illegal.

kanyon canyon.

kaos chaos.

kap vessel, container. *kap kaçak* pots and pans.

kapak lid, cover.

kapaklanmak to fall flat on one's face.

kapalı shut, closed; covered; overcast. *kapalı çarşı* covered market. *kapalı devre* closed circuit. *kapalı gişe oynamak* to play to a full house *kapalı spor salonu* arena. *kapalı tribün* covered grandstand. *kapalı zarf usulüyle* by sealed tender.

kapamak to shut, to close; to turn off.

kapan trap. *kapan kurmak* to set a trap. *kapana kısılmak* to be caught in a trap.

kapanık confined, shut in; cloudy, dark.

kapanış closure; (*radio, TV*) close down.

kapanmak to shut, to close; to confine oneself in, to shut oneself up; (*weather*) to become overcast.

kaparo earnest money, key money. *kaparo vermek* to deposi.

kapasite capacity.

kapatmak to close, to shut; to turn off.

kapı door, gate. *kapı dışarı etmek* to throw out, to dismiss. *kapı gibi* large. *kapı kapı dolaşmak* to go from door to door. *kapı tokmağı* knocker. *kapıya bakmak* to answer the door. *kapıyı çalmak* to knock at/on the door.

kapıcı doorkeeper, caretaker, janitor, porter.

kapılanmak to secure a job.

kapılmak to be carried away, to yield to, to abandon oneself to.

kapışmak to snatch (*at*); to scramble (*for*); to get to grips with sb.

kapital capital, funds.

kapitalist capitalist; capitalistic.

kapitalizm capitalism.

kapitülasyon capitulation.

kaplam extension.

kaplama coat, plate; coating, plating; coated, plated.

kaplamak to cover; to overlay, to plate, to coat.

kaplan tiger.

kaplıca thermal spring, hot spring.

kaplumbağa tortoise, turtle.

kapmak to snatch, to seize, to grasp; to learn quickly, to pick up.

kaporta bonnet, *Al.* hood

kapris caprice, fancy, whim.

kaprisli capricious, whimsical.

kapsam scope, coverage, range.

kapsamlı comprehensive, overall.

kapsül capsule.

kaptan captain.

kaput military cloak, greatcoat; condom, rubber; bonnet, hood.

kâr profit, gain. *kâr bırakmak* to yield a profit. *kâr etmek* to make a profit. *kâr getirmek* to bring profit. *kâr haddi* profit limit. *kâr kalmak* to remain as profit. *kâr oranı* rate of profit. **kâr ve zarar** profit and loss.

kar snow **kar gibi** snow-white **kar fırtınası** snowstorm **kar tanesi** snow flake **kar temizleme makinesi** snow plough **kar topu** snowball; white and round **kar topu oynamak** to play snowball. **kar tutmak** (snow) to stick, to lie. **Kar yağıyor** It is snowing. **kar yağmak** (snow) to fall, to snow. **kardan adam** snowman.

kara black; bad, unlucky. **kara cahil** utterly ignorant. **kara çalmak** to calumniate, to slander. **kara gün dostu** a friend in need. **kara düşünmek** to brood over. **kara kutu** flight recorder. **kara listeye almak** to blacklist. **kara mizah** black humour.

kara land, shore; territorial. **kara kuvvetleri** land forces **karaya ayak basmak** to land, to disembark. **karaya çıkmak** to land, to disembark, to go ashore. **karaya oturmak** (ship) to run aground.

karabasan nightmare.

karabiber black pepper.

karaborsa black market. **karaborsadan almak** to buy on the black market.

karaborsacı black marketer.

karacı officer or soldier in land office.

karaciğer liver.

Karadeniz the Black Sea.

karafatma cockroach.

karagöz Turkish shadow show; zool. sargo, sea bream.

karakalem charcoal pencil.

karakış severe winter, midwinter.

karakol police station; patrol.

karakter character. **karakter oyuncusu** character actor. **karakter sahibi** person of firm character.

karakteristik characteristic.

karaktersiz characterless.

karalamak to blacken; to draft, to scribble; to backbite.

karaltı blur, silhouette.

karamela caramel.

karamsar pessimistic.

karamsarlık pessimism.

karanlık dark, darkness; obscure, dark. **karanlık basmak** (night) to fall **karanlık oda** darkroom.

karanlıkta in the dark.

karantina quarantine. **karantinaya almak** to put in quarantine.

karar decision, resolution; judgement; constancy, stability. **karar almak** to take a decision. **karar vermek** to decide. **karara varmak** to come to a decision, to reach a decision.

karargâh headquarters.

kararlaştırmak to decide, to arrange, to fix.

kararlı decided, determined; stable, fixed.

kararlılık determination.

kararmak to grow dark, to darken.

kararname written decree, decision or agreement.

kararsız irresolute, undecided; unstable.

kararsızlık indecision, hesitation.

karartma blackout.

karartmak to darken, to darken, to dim; to black out.

karasevda melancholy.

karasevdalı melancholic.

karasinek common housefly.

karasuları territorial water.

karatahta blackboard.

karate karate.

karateci karateist.

karavan caravan.

karavana mess-tin; mess.

karayel northwest wind.

karayolu highway, main road.

karbondioksit carbon-dioxide.

karbonhidrat carbohydrate.

karbüratör carburetor.

kardeş brother, sister.

kardeşlik brotherhood, sisterhood.

kardinal cardinal.

kare square *karesini almak mat.* to square.

karekök square root. *karekökünü almak mat.* to extract the square root of.

kareli chequered, squared.

karga crow, raven.

kargaşa confusion, disorder, tumult.

kargo cargo.

karı wife; woman. *karı koca* husband and wife.

karın belly, abdomen; stomach; abdominal. *karın ağrısı* stomachache; pain in the neck, pain. *karnı acıkmak* to be hungry. *karnı ağrımak* to have stomachache. *karnım tok* I am full. *karnını doyurmak* to eat one's fill. *karnı zil çalmak* to feel puckish.

karınca ant.

karış span, hand span. *karış karış* inch by inch, every inch of. *karış karış bilmek* to know every inch of (*a place*).

karışık mixed; complicated, complex; miscellaneous, assorted.

karışıklık disorder, confusion. *karışıklık çıkarmak* to stir up trouble, to kick up a row.

karışım mixture.

karışlamak to measure by the span.

karışmak to mix, to mingle; to interfere, to meddle; to be involved in.

karıştırıcı mixer.

karıştırmak to mix, to blend; to confuse, to mix up; to fumble about in, to rummage about.

karides shrimp.

karikatür cartoon; caricature.

karikatürcü caricaturist.

kariyer career.

kârlı profitable, fruitful.

karlı snowy.

karma mixed. *karma öğretim* co-education.

karmak to mix, to blend; (*playing cards*) to shuffle.

karmakarışık in a mess, in utter disorder.

karmaşa disorder; complex.

karmaşık complex.

karnaval carnival.

karne report card, school report; ration card.

karo (*playing cards*) diamond.

karoser (*car*) body.

karpuz watermelon; globe.

kârsız profitless.

karşı opposite; against; toward, towards. *karşı karşıya gelmek* to come face to face with. *(karşıdan) karşıya geçmek* to cross over. *karşı çıkmak* to oppose; to object. *karşı gelmek* to oppose, to buck. *karşı koymak* to resist, to withstand. *karşı olmak* to be against; to face. *karşı casusluk* counterespionage.

karşılamak (to go) to meet, to welcome; to receive, to greet; to meet, to cover.

karşılaşma encounter; confrontation; meeting; *sp.* match, game, event.

karşılaşmak to meet, to confront.

karşılaştırma comparison.

karşılaştırmak to compare, to contrast.

karşılaştırmalı comparative.

karşılık answer, reply; equivalent; return, recompense. *karşılık vermek* to answer back.

karşılıklı mutual, reciprocal *karşılıklı olarak* mutually, reciprocally.

karşılıksız unreturned, unanswered. ***karşılıksız çıkmak*** (*cheque*) to bounce.

karşın in spite of, despite.

karşısında opposite, facing; in the face of.

karşıt opposite, contrary.

karşıtanlamlı antonymous.

karşıtlık contrast.

kart card; postcard.

kart tough, hard; old.

kartal eagle.

kartel cartel.

karton cardboard, pasteboard.

kartonpiyer papier-mâché.

kartotek card catalogue, card index.

kartpostal postcard.

kartuş cartridge.

kartvizit visiting card, card.

karyola bed, bedstead.

kas muscle.

kasa safe, strongbox; till; cash; case, box; (*car*) body. ***kasa açığı*** cash deficit. ***kasa defteri*** cash book. ***kasa hesabı*** cash account.

kasaba small town. ***kasaba halkı*** townsfolk, townspeople.

kasabalı townsman, townswoman.

kasadar cashier.

kasap butcher; butcher's shop.

kasatura bayonet.

kâse bowl.

kaset cassette.

kasetçalar tape recorder.

kasılmak to contract; to give oneself airs, to swank, to swagger.

kasım November.

kasıntı swagger, swank.

kasırga whirlwind, cyclone.

kasıt intention, purpose.

kasıtlı intentional, deliberate.

kasıtsız inadvertent, unwitting.

kasiyer cashier.

kask crash helmet, helmet.

kaskatı very hard, rigid.

kasket cap.

kasko automobile insurance.

kaslı muscular.

kasmak to stretch tight; (*garment*) to take in. ***kasıp kavurmak*** to terrorize, to tyrannize.

kasten on purpose, intentionally.

kastetmek to mean.

kasti deliberate, intentional.

kaş eyebrow ***kaş(larını) çatmak*** to knit one's brows, to frown. ***kaş göz etmek*** to wink at. ***kaşla göz arasında*** in the twinkling of an eye. ***kaş yapayım derken göz çıkarmak*** to make matters worse (*while trying to be helpful*).

kaşar a kind of yellow cheese made of sheep's milk.

kaşe cachet.

kaşık spoon.

kaşıklamak to spoon up.

kaşımak to scratch.

kaşındırmak to irritate.

kaşınmak to itch; to scratch oneself; to ask for a beating.

kaşıntı itching, irritation.

kâşif explorer, discoverer.

kaşkol scarf, neckerchief.

kat storey, floor; layer, stratum; coat, coating; times. ***kat kat*** in layers; much more, by far. ***kat mülkiyeti*** ownership of a flat, condominium.

katalog catalogue.

katar file; train.

katedral cathedral.

kategori category.

katetmek to travel, to cover.

katı hard, rigid, stiff; (*egg*) hard-boiled. ***katı yürekli*** hard hearted.

katıksız pure, unmixed.

katılaşmak to harden.

katılık hardness, rigidness, stiffness.

katılım participation, joining in.

katılmak to be added, to be mixed; to participate, to join (*in*); to agree with; to get out of breath (*from laughing*).

katır mule.

katışık mixed.

katışıksız pure.

kati decisive, definite, final.

katil murderer, killer.

kâtip clerk, secretary.

katiyen definitely, absolutely.

katiyet definiteness.

katkı contribution, addition. *katkıda bulunmak* to contribute to.

katlamak to fold, to pleat.

katlanır folding, collapsible.

katlanmak to put up with, to bear, to stand.

katletmek to kill, to murder.

katliam massacre, slaughter.

katma added, additional. *katma bütçe* supplementary budget. *katma değer vergisi, KDV* value added tax, VAT.

katmak to add, to join.

katman layer, stratum.

katmerli in layers, manifold, multiplied.

Katolik Catholic.

Katoliklik Catholicism.

katot cathode. *katot ışınları* cathode rays.

katran tar.

katranlamak to tar.

katranlı tarred.

katsayı *mat.* coefficient.

kauçuk rubber.

kavaf dealer in ready-made shoes.

kavalkemiği fibula.

kavalye escort, partner.

kavanoz jar, pot.

kavga quarrel, brawl, fight. *kavga çıkarmak* to kick up a row. *kavga etmek* to quarrel, to fight.

kavgacı quarrelsome.

kavgalı quarrelled, angry.

kavim ethny, tribe.

kavis bend, curve.

kavram concept, notion.

kavrama comprehension; coupling, clutch. *kavrama pedalı* clutch pedal.

kavramak to grab, to seize, to clutch; to comprehend, to grasp, to understand.

kavrayış comprehension, conception.

kavrayışlı quick-witted.

kavrayışsız thick-witted.

kavşak junction, crossroads.

kavun melon.

kavuniçi light yellow colour.

kavurma fried meat; fried.

kavurmak to fry, to roast.

kavuşmak to meet; to reach, to attain.

kavuşturmak to bring together, to unite.

kaya rock. *kaya gibi* rocky. *kayalara bindirmek* to run on the rocks.

kayak ski. *kayak yapmak* to ski. *kayakçı* skier.

kayakçılık skiing.

kayalık rocky.

kaybetmek to lose.

kaybolmak to be lost; to disappear.

kaydetmek to enrol, to register; to note down.

kaydırak hopscotch; slide; flat round stone.

kaydırmak to slide, to skid.

kaydolmak to enrol, to enroll.

kaygan slippery.

kayganlık slipperiness.

kaygı worry, anxiety.

kaygılandırmak to worry, to make anxious.

kaygılanmak to worry, to feel anxious.

K

kaygılı worried, anxious.

kaygısız carefree, jaunty.

kayık boat, rowboat.

kayıkçı boatman.

kayıkhane boathouse.

kayınbaba father-in-law.

kayınbirader brother-in-law.

kayınpeder father-in-law.

kayınvalide mother-in-law.

kayıp loss; casualties; lost. *kayıp eşya* lost property. *kayıplara karışmak* to disappear, to vanish.

kayısı apricot.

kayış strap, belt.

kayıt enrolment, registration. *kayda değer* noteworthy. *kayda geçirmek* to register. *kaydını silmek* to delete the record of. *kayıt defteri* register. *kayıt yaptırmak* to check in (*at*), to check into.

kayıtlı registered, recorded.

kayıtsız unregistered; indifferent, unconcerned. *kayıtsız kalmak* to be indifferent (*to*) *kayıtsız şartsız* unconditionally.

kaymak cream.

kaymak to slip, to slide, to skate.

kaymakam head official of a district.

kaymaklı creamy.

kaynak spring, fountain; source. *kaynak suyu* spring water.

kaynak weld, welding. *kaynak çubuğu* welding bar. *kaynak yapmak* to weld.

kaynakça bibliography.

kaynakçı welder.

kaynama boiling. *kaynama noktası* boiling point.

kaynamak to boil; to swarm, to crawl with.

kaynana mother-in-law.

kaynarca spring; hot spring.

kaynaşmak to unite, to coalesce; to be welded; to swarm, to mill around.

kaynatmak to boil.

kaypak slippery, shifty.

kaz goose. *kaz adımı* goosestep. *kaz kafalı* stupid, thickheaded.

kaza (*administrative*) district.

kaza accident, mishap, crash. *kaza sigortası* accident insurance. *kaza yapmak* to have an accident. *kazaen, kaza ile* by accident, by chance. *kazaya uğramak* to have an accident.

kazak pullover, jersey; (*husband*) despotic, dominating.

kazanç profit, earnings; benefit, gain. *kazanç getirmek* to bring (*sb*) in sth.

kazançlı gainful, lucrative; advantageous.

kazanmak to win; to acquire, to obtain.

kazara by chance, by accident.

kazazede wrecked, ruined, victim.

kazı excavation.

kazıbilim archaeology.

kazıbilimci archaeologist.

kazık stake, pale; trick, cheat, overcharge; exorbitant. *kazık atmak* to overcharge, to stick, to soak. *kazık yemek* k. dili to be cheated, to pay through the nose k. dili.

kazıkçı trickster, extortioner, extortionist.

kazıklamak to overcharge; to swindle.

kazıklanmak to be overcharged, to pay through the nose.

kazımak to scrape.

kazma pickaxe, mattock.

kazmak to dig, to excavate.

kebap roasted meat, roast meat, kebap.

keçi goat; obstinate. *keçileri kaçırmak* to go out of one's mind.

Turkish–English

keçiyolu path.

keder grief, sorrow.

kederlenmek to become sorrowful.

kederli grieved, sorrowful.

kedi cat.

kedigözü rear reflector.

kefalet bail *kefalet senedi* surety bond.

kefe (*balance*) scale.

kefen shroud. *kefeni yırtmak* to cheat death.

kefil guarantor, sponsor. *kefil olmak* to stand as surety.

kefillik guarantee, security.

kehanet soothsaying, prediction. *kehanette bulunmak* to predict, to prophesy.

kek cake.

kekelemek to stutter, to stammer.

kekeme stutterer, stammerer.

kekemelik stuttering, stammer.

kel bald. *kel olmak* to become bald-headed.

kelebek butterfly; throttle.

kelepçe handcuffs; pipe clip. *kelepçe takmak* to put handcuffs on sb.

kelepçelemek to handcuff.

kelepir bargain, buy. *kelepire konmak* to get a bargain.

kelepirci bargain hunter.

keleş brave; beautiful, handsome; hairless.

kelime word. *kelimesi kelimesine* word for word.

kelle head, bean. *kellesini uçurmak* to decapitate, to behead.

kellik baldness.

Kemalist Kemalist.

Kemalizm Kemalism.

keman violin.

kemancı violinist.

kement lasso. *kement atmak* to throw a lasso at.

kemer belt, girdle; arch. *kemerini sıkmak* to tighten one's belt.

kemik bone *kemik çıkmak* (*bone*) to be dislocated. *kemik gibi* as hard as a bone; bone-dry. *kemik veremi* tuberculosis of the bones.

kemikli bony, large boned; having bones.

kemiksiz boneless, without bones.

kemirmek to gnaw, to nibble.

kenar edge, border, brink. *kenar mahalle* slums, outskirts. *kenara çekilmek* to get out of the way, to step aside. *kenara kaldırmak* to put aside.

kendi self; own. *kendi âleminde yaşamak* to live in one's own world. *kendi başına* on one's own, by himself. *kendi derdine düşmek* to be preoccupied with one's own troubles. *kendi düşen ağlamaz* as you make your bed, so you must lie in it. *kendi halinde* harmless. quiet *kendi kazdığı kuyuya kendi düşmek* to be hoist with one's own petard. *kendi kendime* by myself, to myself. *kendi kendine* by oneself, on one's own; automatically. *kendi kendine gelin güvey olmak* to reckon without one's host. *kendi kendisine* by himself, to himself. *kendi yağıyla kavrulmak* to stand on one's own feet. *kendileri* themselves. *kendiliğinden* by oneself, automatically. *kendim* myself. *kendimiz* ourselves. *kendinde olmamak* to be unconscious. *kendinden geçmek* to lose one's self-control; to lose consciousness. *kendinden pay biçmek* to live and let live. *kendine ... süsü vermek* to pretend to be. *kendine dikkat etmek* to take care of oneself. *Kendine gel!* Pull yourself together!

kendine gelmek to come round, to come to oneself again. **kendine güvenmek** to be sure of oneself. **kendine yedirememek** to be unable to bring oneself to. **kendini ...ye vermek** to devote oneself to, to give oneself. **over** to. **kendini beğenmek** to be full of oneself. **kendini beğenmiş** self-satisfied, conceited. **kendini beğenmişlik** conceitedness. **kendini bilmez** presumptuous, impertinent. **kendini bir şey sanmak** to think oneself important. **kendini fasulye gibi nimetten saymak** to think no small beer of oneself. **kendini toparlamak** to pull oneself together. **kendini tutmak** to refrain, to hold oneself back. **kendini vermek** to devote oneself to. **kendiniz** yourself; yourselves. **kendisi** herself, himself.

kene tick.

kenef water-closed.

kent city, town.

kentleşme urbanization.

kentleşmek to be urbanized.

kentsoylu bourgeois.

kepaze vile, contemptible, ridiculous. **kepaze etmek** to disgrace, to dishonor. **kepaze olmak** to disgrace oneself, to be humiliated.

kepçe ladle, scoop.

kepek bran; dandruff (*in the hair*), scurf.

kepeklenmek to become scurfy.

kepekli containing bran; scurfy.

kepenk pull-down shutter.

keramet miracle.

kere time(s).

kereste timber, lumber. *arg.* lout, boor.

keresteci lumberman, timber merchant.

keriz *arg.* sucker, dupe.

kermes fair, kermis, flea market.

kerpeten pincers.

kerpiç sun-dried brick, adobe.

kerrat cetveli multiplication table degree, point

kerteriz bearing

kertik notch, tally.

kertikli notched.

kertmek to notch, to gash.

kervan caravan.

kesat slackness; stagnant, slack.

kese purse; pouch; coarse bath glove; cyst. **kesenin ağzını açmak** to loosen one's purse strings.

kesekâğıdı paper bag.

keselemek to rub the body with a bath glove.

keser adze.

kesici cutting, incisive; cutter.

kesif dense, thick.

kesik cut, broken. **kesik kesik** brokenly.

kesilmek to be cut; to be interrupted; to cease, to stop; to pretend to be.

kesin definite, certain. **kesin olarak** for certain, certainly.

kesinkes decisive, definite; decisively, definitely.

kesinleşmek to become definite.

kesinlik decisiveness, certainty.

kesinlikle definitely, definitively.

kesinti deduction; interruption.

kesintili interrupted, discontinuous.

kesintisiz uninterrupted, continuous; without deductions. **kesintisiz güç kaynağı** uninterruptible power supply.

kesişmek to intersect, to cross.

kesit section, cross-section.

keskin sharp. **keskin nişancı** sharp shooter, marksman. **keskin viraj** hairpin bend. **keskin zekâlı** sharp-witted.

keskinleştirmek to sharpen.

keskinlik sharpness.

kesme cutting; *mat.* sector. **kesme almak** to pinch one's cheek.

kesmek to cut; to interrupt; to stop, to kill; *arg.* to shut up, to cut the cackle; *arg.* to ogle at (*a girl*) **kesip atmak** to settle once and for all.

kesmeşeker lump sugar.

kestane chestnut. **kestane kebabı** roasted chestnuts.

kestaneşekeri candied chestnuts.

kestirme direct, decisive. **kestirme yol** short cut. **kestirmeden gitmek** to take a short cut.

keşfetmek to discover, to explore.

keşif discovery, exploration; *ask.* reconnaissance.

keşişleme southeast wind.

keşke I wish, if only.

keşkül milk pudding with coconut.

ketçap ketchup, catchup.

kevgir colander, skimmer.

keyfi arbitrary.

keyfiyet quality; state of affairs, circumstance.

keyif pleasure, enjoyment, joy; disposition, inclination, humour. **keyif çatmak** to enjoy oneself. **keyif için** for fun, for pleasure. **keyif sürmek** to lead a life of pleasure. **keyif vermek** to intoxicate. **keyfi gelmek** to feel in a good humour. **keyfi kaçmak** to be out of spirits, to be annoyed. **keyfi olmamak** to be out of sorts. **keyfi yerinde olmak** to be in high spirits. **keyfine bakmak** to take one's ease. **keyfini çıkarmak** to get a kick out to to, to enjoy. **keyfini kaçırmak** to dispirit.

keyiflenmek to become merry.

keyifli in high spirits, merry.

keyifsiz out of sorts, unwell.

keyifsizlik indisposition, ailment.

kez time.

keza also, too; likewise.

kezzap nitric acid, aqua fortis.

Kıbrıs Cyprus.

Kıbrıslı Cypriot.

kıç buttock, behind, bottom.

kıdemli senior.

kıdemsiz junior.

kıkırdak cartilage.

kıl hair; bristle. **kıl payı** by a neck. **kıl payı kaybetmek** to lose by a hair's breadth. **kıl payı kurtulmak** to escape by a hair's breadth. **kıl testere** fretsaw. **kılı kırk yarmak** to split hairs. **kılına dokunmamak** not to lay a finger on sb. **kılını bile kıpırdatmamak** not to turn a hair.

kılavuz guide; leader.

kılcal capillary. **kılcal boru** capillary (*tube*). **kılcal damar** capillary vessel.

kılçık fishbone.

kılçıklı bony.

kılçıksız without bones.

kılıç sword. **kılıç çekmek** to draw the. **sword kılıçtan geçirmek to** put to the sword.

kılıçbalığı swordfish.

kılık appearance, shape. **kılık değiştirmek** to disguise oneself. **kılık kıyafet** attire, dress. **kılığında** in the guise of.

kıllı hairy.

kılsız hairless.

kımıldamak to move, to stir.

kımıldatmak to move, to budge.

kın sheath, scabbard. **kınına koymak** to sheathe. **kınından çıkarmak** unsheathe.

kına henna. **kına sürmek** to dye with henna.

kınakına cinchona tree.

kınamak to condemn, to blame.
kıpırdamak to move, to quiver, to budge.
kıpırdatmak to move, to budge.
kıpırtı stirring, quiver.
kıpkırmızı crimson, very red. *kıpkırmızı olmak* (face) to glow.
kır country, countryside. *kır çiçeği* wildflower. *kır koşusu* cross-country run.
kır grey, gray. *kır düşmek* to turn grey. *kır saçlı* grey haired.
kıraathane coffee house.
kıracak nutcrackers.
kırağı hoarfrost .*kırağı çalmak* to become frostbitten.
kırbaç whip.
kırbaçlamak to whip.
kırçıl grizzled.
kırgın offended, hurt, resentful.
kırgınlık offence, resentment.
kırıcı offensive.
kırık broken; break, fracture; (school) bad mark. *kırık dökük* in pieces.
kırıklık fatigue, indisposition.
kırılgan brittle, fragile.
kırılmak to be broken; to take offence.
Kırım Crimea.
kırım slaughter, massacre.
kırıntı fragment; crumb.
kırışık wrinkle; wrinkled.
kırışmak to become wrinkled; to divide among/between themselves.
kırıştırmak to wrinkle; to carry on with, to flirt with.
kırk forty. *kırk yılda bir* once in a blue moon.
kırkıncı fortieth.
kırlangıç swallow.
kırmak to break, to fracture; to fold, to pleat; to offend, to hurt; (price) to lower. *kırıp dökmek* to destroy. *kırıp geçirmek* to tyrannize, to,rage.
kırmızı red. *kırmızı balık* goldfish.
kırmızıbiber red pepper, cayenne pepper.
kırmızılaşmak to redden.
kırmızılık redness.
kırmızımsı reddish.
kıro bumpkin, yokel, yahoo.
kırpmak to clip, to shear; (eye) to wink.
kırsal rural.
kırtasiye stationery.
kırtasiyeci stationer; bureaucrat.
kırtasiyecilik bureaucracy, red tape; the stationery business.
kısa short. *kısa çorap* sock. *kısa dalga* short wave. *kısa devre* short circuit. *kısa kesmek* to cut shor. *kısa pantolon* shorts. *kısa sürmek* to take a short time.
kısaca shortly.
kısacık very short.
kısalık shortness.
kısalmak to become short, to shorten; to shrink.
kısaltma abbreviation.
kısaltmak to shorten; to abbreviate.
kısas retaliation, reprisal *kısasa kısas* an eye for an eye.
kısım part, portion; section.
kısıntı restriction, curtailment.
kısır sterile, barren.
kısırdöngü vicious circle.
kısırlık sterility, barrenness.
kısıtlama restriction.
kısıtlamak to restrict.
kısıtlayıcı restrictive.
kısıtlı restricted.
kıskaç pincers, pliers; tek. Grips.
kıskanç jealous.
kıskançlık jealousy.
kıskandırmak to make jealous.

kıskanmak to be jealous of, to envy.

kıskıvrak tightly.

kısmak to reduce, to cut down; (radio, lamp) to turn down; (eyes) to narrow.

kısmen partly, partially.

kısmet destiny, lot, fortune, chance. *kısmet olmamak* not to be possible. *kısmeti açık* fortunate, lucky. *kısmeti açılmak* to be in luck; (girl) to receive a marriage proposal.

kısmetli lucky.

kısmetsiz unlucky.

kısmi partial.

kıstas criterion.

kıstırmak to pinch, to corner.

kış winter. *kış kıyamet* severe winter weather. *kış uykusu* zool. hibernation. *kışı çıkarmak* to spend the whole winter. *kışı geçirmek* to spend the winter. *kışta kıyamette* in the depth of winter.

kışın in (the) winter.

kışkırtıcı provocative; instigator, provoker

kışkırtıcılık provocation.

kışkırtmak to incite, to provoke.

kışla barracks.

kışlamak (winter) to set in; to winter.

kışlık wintery, hibernal.

kıt scarce, scanty. *kıt kanaat geçinmek* to live from hand to mouth, to make both ends meet.

kıta continent; stanza; ask. detachment .*kıta sahanlığı* continental shelf.

kıtalararası intercontinental.

kıtlaşmak to become scarce.

kıtlık scarcity; famine.

kıvanç pleasure, joy; pride. *kıvanç duymak* to feel proud of.

kıvançlı joyful; proud.

kıvılcım spark.

kıvırcık curly, frizzy. *kıvırcık salata* cabbage lettuce; head lettuce.

kıvırmak (hair) to curl, to frizz; to twist, to bend; to pull off, to bring off; to make up, to invent.

kıvranmak to writhe, to squirm.

kıvrık curled; bent, crooked.

kıvrılmak to be curled; to coil up, to curl up; to twist.

kıvrım curl, twist.

kıyafet dress, costume, attire, clothes. *kıyafet balosu* fancy dress ball.

kıyamet doomsday; tumult, uproar. *kıyamet gibi* heaps of. *kıyamet günü* day of judgement. *kıyameti koparmak* to make a row, to raise hell/the roof.

kıyaslamak to compare.

kıyı edge, border; shore, coast.

kıyıcı cruel.

kıyım mincing, cutting; wrongdoing.

kıyma minced meat.

kıymak to mince, to chop up fine; not to spare, to sacrifice.

kıymet value, worth. *kıymet biçmek* to evaluate, to value. *kıymet vermek* to esteem, to appreciate. *kıymet takdir etmek* to value. *kıymetini bilmek* to appreciate. *kıymetten düşmek* to depreciate.

kıymetli valuable.

kıymetsiz valueless.

kıymık splinter.

kız girl; maiden, virgin; (cards) queen. *kız arkadaş* girlfriend. *kız evlat* daughter. *kız gibi* new; girlish. *kız kaçırmak* to kidnap a girl. *kız kardeş* sister. *kız kurusu* old maid, spinster *kız tarafı* the bride's relatives. *kız oğlan kız* virgin.

kızak sledge, sled. *kızak kaymak*

to sledge. **kızağa çekmek** to lay on the stocks. **kızaktan indirmek** (*ship*) to launch.

kızarmak to turn red; to blush. **kızarıp bozarmak** to change colour.

kızarmış fried, roasted, toasted; reddened. **kızarmış ekmek** toast.

kızartma fried, roasted.

kızartmak to make red; to fry, to grill, to roast, to toast.

kızdırmak to make angry, to annoy.

kızgın hot; angry, furious.

kızgınlık hotness; anger, fury.

kızıl red, scarlet; scarlet fever; communist. **Kızıl Deniz** the Red Sea. **kızıl saçlı** red haired.

Kızılay Red Crescent.

Kızılderili American Indian.

Kızılhaç Red Cross.

kızıllık redness.

kızılötesi infrared.

kızmak to get angry; to get hot.

ki who, which, that.

kibar polite, refined.

kibarca politely.

kibarlaşmak to become polite.

kibarlık politeness, refinement. **kibarlık taslamak** to play the fine gentleman.

kibir pride, conceit.

kibirlenmek to become haughty.

kibirli haughty, conceited.

kibrit match. **kibrit çakmak** to strike a match. **kibrit çöpü** match stick. **kibrit kutusu** match box.

kil clay, argil.

kiler larder, pantry.

kilim rug, kilim.

kilise church.

kilit lock, padlock. **kilit açmak** to unlock. **kilit noktası** key position. **kilit vurmak** to lock.

kilitlemek to lock.

kilitli locked.

kilo kilo. **kilo almak** to put on weight. **kilo vermek** to lose weight.

kilogram kilogramme.

kilometre kilometer. **kilometre kare** square kilometer.

kim who **Kim bilir?** Who knows? **Kim o?** Who is it?

kime to whom, for whom, whom, who?

kimi some **kimi zaman** sometimes.

kimi whom, who.

kimin whose?

kimlik identity (*card*) kimlik **belgesi/kartı** identity card.

kimse somebody, someone; anyone; nobody, no one. **Kimsecikler yok.** There is not a soul here.

kimsesiz without relations/friends; empty, forlorn.

kimsesizlik destitution.

kimya chemistry. **kimya mühendisi** chemical engineer. **kimya mühendisliği** chemical engineering.

kimyacı chemist; teacher of chemistry.

kimyager chemist.

kimyasal chemical. **kimyasal maddeler** chemicals.

kin grudge, hatred. **kin beslemek** *to* bear a grudge.

kinaye allusion, innuendo.

kinci vindictive.

kinetik kinetics; kinetic.

kip mood.

kir dirt, filth.

kira hire, rent. **kira ile tutmak** to hire, to rent, to tenant. **kira kontratı** lease, rental contract. **kira müddeti** lease, tenancy. **kira sözleşmesi** lease, rental contract. **kira getirmek** to rent **kiraya vermek** to let, to rent, to lease, to rent out.

kiracı tenant, leaseholder. **kiracıyı çıkartmak** to evict.

kiralamak to hire, to rent, to tenant.
kiralayan lessee.
kiralık for hire, to let. *kiralık ev* house to let. *kiralık katil* hired killer.
kiraz cherry.
kireç lime, chalk. *kireç gibi* very white. *kireç kuyusu* lime pit. *kireç ocağı* limestone quarry.
kireçli calcareous, limy.
kiremit tile. *kiremit kaplamak to* tile.
kirlenmek to become dirty/filthy.
kirletmek to make dirty, to dirty, to pollute.
kirli dirty, filthy, foul. *kirli çamaşır* dirty linen. *kirli çamaşırlarını ortaya çıkarmak* to wash one's dirty linen in public.
kirlilik dirtiness, filthiness.
kirpik eyelash.
kişi person, individual.
kişileştirmek to personify.
kişilik personality.
kişilikli having a strong personality.
kişiliksiz characterless.
kişisel personal.
kişnemek to neigh, to whinny.
kitabe inscription, epitaph.
kitabevi bookshop, bookstore.
kitap book.
kitapçı bookseller; publisher.
kitaplık library; bookcase.
kitapsever bibliophile.
kitle mass. *kitle iletişim araçları* mass media.
klakson horn. *klakson çalmak* to honk.
klarnet clarinet.
klasik classic; classical.
klasör file.
klavye keyboard.
klima air-conditioner.
klimalı air-conditioned.

klinik clinic; clinical.
klişe cliche; trite.
kloş bell-shaped, flared.
koalisyon coalition.
kobay guinea pig.
kobra cobra.
koca husband. *koca bulmak* to find a hubby. *kocaya kaçmak* to elope. *kocaya vermek* to marry off.
koca large, huge.
kocakarı old woman, crone.
kocalı having a husband.
kocalık husbandhood.
kocamak to grow old, to age.
kocaman huge, large, enormous.
kocasız unmarried; widow.
koç ram.
kod code.
kodaman magnate, big pot, big shot.
kodeks codex.
kodes jail, clink, jug.
kodlamak to codify.
kof hollow.
koğuş ward; dormitory.
kokarca polecat, skunk.
koklamak to smell, to sniff.
koklatmak to cause to smell, to let smell; to give a very tiny bit of.
kokmak to smell; to go bad.
kokmuş rotten, spoiled, putrid.
kokteyl cocktail.
koku smell, scent; perfume. *kokusunu almak* to scent, to pick up the scene of.
kokulu fragrant, perfumed, odorous.
kokusuz scentless.
kokuşmak to go bad, to putrefy.
kokutmak to stink out, to smell up.
kol arm; sleeve; handle, bar; patrol; column. *kol düğmesi* cuff-link. *kol gezmek* to go the rounds, to patrol. *kol kola* arm in arm. *kol*

saati wrist watch. ***koluna girmek*** to take sb by the arm.

kola cola.

kolay easy. ***Kolay gelsin!*** May it be easy! ***kolay iş*** easy job, cushy. ***kolayını bulmak*** to find an easy way.

kolayca easily.

kolaylamak to break the back of.

kolaylaşmak to become easier.

kolaylaştırmak to facilitate, to make easy.

kolaylık easiness; facility, means.

kolaylıkla easily.

kolej private high school.

kolejli student at a private high school.

koleksiyon collection.

koleksiyoncu collector.

kolektif collective, joint. ***kolektif ortaklık*** general partnership.

kolera cholera.

koli parcel, packet.

kollamak to watch for; to protect, to look after.

Kolombiya Colombia.

kolon column.

koloni colony.

kolonya cologne.

kolordu army corps.

koltuk armchair; armpit; protection. ***koltuk altı*** armpit. ***koltuk değneği*** crutch. ***koltukları kabarmak*** to swell with pride.

kolye necklace, chain.

koma coma. ***koma halinde*** comatose. ***komaya girmek*** to go into a coma.

komandit limited partnership.

komando commando.

kombine combined.

kombinezon slip.

komedi comedy.

komedyen comedian.

komi bellboy.

komik funny.

komiser superintendent of police.

komisyon commission.

komisyoncu commission agent.

komite committee.

komodin commode, bedside table.

kompartıman compartment.

kompas caliper rule.

komple full, complete.

kompleks complex.

kompliman compliment. ***kompliman yapmak*** to pay compliments to.

komplo plot, conspiracy. ***komplo kurmak*** to conspire.

komposto compote.

kompozisyon composition.

kompozitör composer.

komprador comprador.

kompresör compressor.

komşu neighbour; neighbouring. ***komşu açı*** adjacent angle.

komşuluk neighbourhood.

komut order, command.

komuta command.

komutan commander.

komutanlık commandership.

komünist communist.

komünistlik communism.

komünizm communism.

konak mansion.

konaklamak to stay for the night.

konçerto *müz.* concerto.

kondisyon condition, form.

kondurmak to put on.

konfeksiyon ready-made clothes.

konfeksiyoncu ready-made seller.

konferans lecture. ***konferans vermek*** to give a lecture.

konferansçı lecturer.

konfor comfort, ease.

konforlu comfortable, comfy.

kongre congress.

koni cone.

konik conic, conical.

konkordato concordat.

konmak to settle on, to alight.

konsantre concentrated. **konsantre olmak** to concentrate (*on*).

konser concert **konser vermek** to give a concert.

konservatuvar conservatoire, conservatory.

konserve tinned food; preserved, tinned.

konsey council.

konsol chest of drawers.

konsolos consul.

konsolosluk consulate.

konsültasyon medical consultation

kont count, earl.

kontak short circuit; ignition. **kontak açmak** to turn on the engine. **kontak anahtarı** car key. **kontak kapamak** to turn off the engine.

kontaklens contact lens.

kontenjan quota; contingent.

kontes countess.

kontrat contract.

kontrbas contrabass

kontrol control. **kontrol etmek** to control.

kontrolör controller.

konu komşu the neighbours.

konu subject, topic.

konuk guest, visitor.

konukevi guest house.

konuksever hospitable.

konukseverlik hospitality.

konum position, location.

konuşkan talkative.

konuşkanlık talkativeness.

konuşma talk, conversation; speech. **konuşma kılavuzu** phrasebook. **konuşma yapmak** to speak.

konuşmacı speaker.

konuşmak to talk, to speak.

konut house, residence.

konvoy convoy.

kooperatif cooperative.

koordinasyon coordination.

koparmak to pluck, to pick; to break off; to extort, to wangle.

kopça hook and eye.

kopçalamak to hook.

kopmak to break, to snap; to break out, to burst.

kopuk broken; *k. dili* hobo, bum.

kopya copy; cheating. **kopya çekmek** to cheat, to crib from. **kopya etmek** to copy, to duplicate, to replicate, to trace. **kopya kâğıdı** carbon paper.

kopyacı copyist; cribber, cheater.

kor ember.

koramiral vice-admiral.

kordiplomatik diplomatic corps.

kordon cordon.

Kore Korea.

Koreli Korean.

koreografi choreography.

koridor corridor.

korkak cowardly; coward.

korkaklık cowardice.

korkmak to be afraid (*of*), to be scared.

korku fear, dread, scare. **korku salmak** to spread terror. **korkuya kapılmak** to be seized with tear.

korkuluk scarecrow; balustrade, banister.

korkunç terrible, dreadful, awful.

korkusuz fearless, undaunted.

korkusuzca fearlessly.

korkusuzluk fearlessness.

korkutmak to frighten, to scare, to daunt.

korna horn. **korna çalmak** to honk the horn.

korner corner. **korner atışı** corner kick.

K

koro chorus. **koro halinde** in chorus.

korsan pirate, hijacker.

kort tennis court, court.

koru grove, copse.

korucu forest watchman.

korugan blockhouse.

koruma protection, defence, guard; conservation.

korumak to protect, to defend.

korunma defence.

korunmak to defend oneself.

koruyucu protective, preventive; protector.

koskoca enormous, huge.

koskocaman colossal, huge.

kostüm costume.

koşmak to run.

koşturmak to cause to run; to buzz about, to scurry.

koşu race, running. **koşu alanı** hippodrome. **koşu atı** racehorse.

koşucu runner.

koşul condition.

koşum harness.

koşuşmak to run about.

kot jeans.

kota quota.

kotarmak to dish up; to complete, to fulfil.

kotra cutter.

kova bucket **Kova burcu** Aquarius.

kovalamak to run after, to chase.

kovan hive; cartridge case.

kovboy cowboy. **kovboy filmi** western.

kovmak to drive away, to expel, to discharge.

kovuşturma prosecution. **kovuşturma açmak** to start a prosecution.

kovuşturmak to prosecute.

koy(u)vermek to let go, to release.

koy bay, inlet.

koymak to put, to place; *arg.* to upset, to move, to affect.

koyu thick, dense; (*colour*) dark; extreme, fanatic.

koyulaşmak to become dense; to become dark.

koyulaştırmak to thicken; to darken.

koyulmak (*work*) to set to; to become dense/dark.

koyultmak to darken; to thicken.

koyuluk density; (*colour*) depth.

koyun bosom, breast. **koynuna girmek** to go to bed with sb.

koyun sheep. **koyun eti** mutton.

koz (*cards*) trump; walnut. **kozunu oynamak** to play one's trump card. **kozunu paylaşmak** to settle accounts (*with*).

koza cocoon.

kozmetik cosmetic.

kozmopolit cosmopolitan.

köfte meatball.

köfteci seller of meatballs.

köftehor rascal, son of a gun.

köhne old, ramshackle, dilapidated.

kök root; origin. **kök işareti** radical sign. **kök salmak** to take root. **kökünden sökmek** eradicate.

köken origin, source.

kökenbilim etymology.

kökleşmek to take root.

köklü rooted.

köksüz rootless.

kökten radical.

köktenci radical.

köktencilik radicalism.

köle slave.

kölelik slavery.

kömür charcoal; coal. **kömür gibi** as black as coal. **kömür kovası** coal scuttle. **kömür ocağı** coal mine.

kömürcü coal dealer.

kömürleşmek to become carbonized.

kömürlük coalhole.

köpek dog.
köpekbalığı shark, dogfish.
köpekdişi canine tooth.
köprü bridge. *köprü kurmak* to build a bridge; *(wrestling)* to bridge.
köprücük collar bone, clavicle
köpük foam, froth.
köpüklü frothy, foamy.
köpürmek to froth, to foam; *(soap)* to lather.
köpürtmek to froth up.
kör blind; *(knife, etc.)* blunt. *kör dövüşü* muddle. *kör kütük* blind drunk *kör olası(ca)* cursed, damned; bloody. *kör şeytan* evil destiny. *kör talih* bad luck. *kör topal* after a fashion, perfunctorily. *körü körüne* blindly. *körler alfabesi* Braille alphabet.
kördüğüm Gordian knot.
körebe blind man's buff.
körelmek to become blunt; to atrophy; to become extinct.
körfez gulf, bay.
körletmek to blunt; to deaden, to damp.
körlük blindness; bluntness.
körpe fresh, tender.
körük bellows.
körüklemek to fan with bellows; to incite, to fan.
körüklü having bellows.
kösele stout leather.
köstebek mole.
kösteklemek to fetter; to hobble; to foil, to hinder.
köşe corner. *köşe atışı* corner-kick *köşe başı* street-corner. *köşe bucak* even nook and cranny. *köşe kapmaca* puss-in-the-corner. *köşeyi dönmek* to strike it rich.
köşebent angle iron.
köşegen diagonal.

köşeli cornered, angled.
köşk villa, summer-house.
kötü bad, evil. *kötü kadın* prostitute. *kötüye kullanmak* to abuse, to misuse. *kötü yola düşmek* to be on the streets. *kötü niyetli* evil-minded, malicious.
kötülemek to speak ill of, to run down.
kötüleşmek to grow worse, to worsen.
kötüleştirmek to worsen, to exacerbate, to aggravate.
kötülük wickedness, badness; harm, wrong. *kötülük etmek* to do sb harm.
kötümsemek to think ill of, to disparage.
kötümser pessimist; pessimistic.
kötümserlik pessimism.
kötürüm crippled; cripple. *kötürüm olmak* to be paralysed.
köy village. *köy muhtarı* village headman
köylü villager, peasant.
közlemek to barbecue.
kraker cracker.
kral king; tycoon. *kral naibi* regent.
kralcı royalist.
kralcılık royalism.
kraliçe queen.
kraliyet kingdom, royalty.
krallık kingdom, royalty.
kramp cramp. *kramp girmek* to have cramp.
krampon crampon, cleat.
krater crater.
kravat necktie, tie.
kredi credit. *kredi açmak* to give credit. *kredi ile almak* to buy sth on credit. *kredi kartı* credit card. *kredi mektubu* letter of credit. *kredili satış* sale on credit.
krem cream. *krem rengi* cream. *krem şanti* whipped cream.

krema cream.

kremalı creamy.

kreş nursery.

kriket cricket.

kriko jack.

kriminoloji criminology.

kristal crystal.

kriter criterion.

kritik critical.

kriz crisis; heart attack. *kriz ge-çirmek to* have a fit of hysterics.

kroki sketch.

kromozom chromosome.

kronik chronic.

kronoloji chronology.

kronolojik chronological.

kronometre chronometer.

kros cross-country race.

kroşe (*boxing*) hook.

kruvaze double-breasted.

kruvazör cruiser.

kuaför hairdresser, coiffeur.

kubbe dome, cupola.

kubbeli domed.

kucak lap, embrace. *kucak açmak* to receive with open arms. *kucağı-na almak* to take on one's lap. *ku-cağına oturmak* to sit on sb's lap.

kucaklamak to embrace, to hug.

kucaklaşmak to embrace one another.

kudret power, strength.

kudretli powerful.

kudretsiz powerless.

kudurmuş mad; rabid, furious.

kudurtmak to enrage, to infuriate.

Kudüs Jerusalem.

kuğu swan.

kukla puppet.

kukuleta hood, cowl.

kukumav little owl. *kukumav gibi* alı alone.

kul slave; human being, man. *kul köle olmak* to be at sb's back and call.

kulaç fathom; *sp.* stroke.

kulak ear. *kulak ağrısı* earache. *kulak ardı etmek* to turn a deaf ear. *kulak asmak* to pay attention. *kulak dolgunluğu* knowledge picked up here and there. *kulak iltihabı* otitis. *kulak kabartmak* **to** prick up one's ears. *kulak kesilmek* to be all ears. *kulak misafiri olmak* to overhear. *ku-lak vermek* to give ear, to listen. *kulağı ağır işitmek* to be hard of hearing. *kulağı ağrımak* to have an earache. *kulağına çalınmak* to come to one's ears. *kulağına söylemek* **to** whisper in sb's ear. *kulağını açmak* to open one's ears. *kulağını çekmek* to pull sb's ears. *Kulakları çınlasın!* I hope his ears are burning! *Kulaklarıma inanamadım!* I couldn't believe my ears! *kulaktan kapmak* to pick up a language. *kulaktan kulağa* on the grapevine.

kulakkepçesi earlap.

kulaklık headphone, earphone; hearing aid.

kulakmemesi earlobe.

kule tower.

kulis back stage, wing.

kullanılmış used, second hand.

kullanım use, usage.

kullanış use, usage.

kullanışlı handy, practical.

kullanışsız unhandy.

kullanmak to use, to employ.

kulluk slavery; worship.

kulp handle. *kulp takmak* to in-vent a pretext.

kuluçka broody hen. *kuluçka dö-nemi* incubation period. *kuluçka makinesi* incubator. *kuluçkaya yatmak* to brood.

kulübe hut, shed.

kulüp club.
kulvar track, course.
kum sand. **kum fırtınası** sandstorm. **kum saati** hourglass.
kumanda command. **kumanda etmek** to command.
kumandan commander.
kumanya portable rations.
kumar gambling, gamble. **kumar oynamak** to gamble.
kumarbaz gambler.
kumarbazlık gambling.
kumarcı gambler.
kumarhane casino, gambling house.
kumaş cloth, fabric.
kumbara moneybox.
kumlu sandy.
kumluk sandy place.
kumpanya company; troupe.
kumpas plot, conspiracy. **kumpas kurmak** to conspire.
kumral light brown.
kumsal beach, sands.
kundak swaddling clothes.
kundakçı incendiary, arsonist.
kundakçılık arson.
kundaklamak to swaddle; to set fire (to).
kundura shoe.
kunduracı shoemaker.
kunduz beaver.
kupa cup; (cards) hearts.
kupkuru bone-dry.
kur rate of exchange; course (of studies).
kura drawing of lots; lot. **kura çekmek** to draw lots.
kurabiye cookie, cooky.
kurak arid, dry.
kuraklık drought.
kural rule.
kuralcı normative, prescriptive.
kuraldışı exceptional.
kurallı regular.

kuralsız irregular.
kuram theory.
kuramsal theoretical.
Kuran the Koran.
kurbağa frog, toad.
kurbağalama breaststroke, frogstyle.
kurban sacrifice, offering; victim. **Kurban Bayramı** the Moslem Festival of Sacrifices. **kurban kesmek** to kill as a sacrifice. **kurban olmak** to be a victim. **kurban vermek** to lose as casualties.
kurbanlık sacrificial.
kurdele ribbon.
kurgu montage, editing.
kurmak to set up, to establish, to found; to make up, to form; to set, to lay; to wind (up).
kurnaz sly, cunning, foxy.
kurnazlık slyness, cunning, foxiness.
kurs course. **kurs görmek** to take a course.
kurs disc, disk.
kursak crop, craw.
kurşun lead; bullet. **kurşun geçirmez** bullet-proof. **kurşuna dizmek** to execute by shooting.
kurşuni grey, leaden.
kurşunkalem pencil.
kurşunlamak to shoot.
kurşunlu leaden.
kurşunsuz without lead. **kurşunsuz benzin** lead-free petrol, unleaded gas.
kurt wolf; worm. **kurt gibi aç** ravenous. **kurt dökmek** to pass a worm. **kurtlarını dökmek** to have one's fling. **kurt köpeği** wolf dog, wolfhound.
kurtarıcı liberator.
kurtarma saving, rescue. **kurtarma ekibi** rescue party.

kurtarmak to save, to rescue.
kurtçuk larva.
kurtulmak to escape; to be saved: to get rid of.
kurtuluş escape, liberation, independence. *Kurtuluş Savaşı* Turkish War of Independence.
kuru dry; dried. *kuru fasulye* haricot bean(s). *kuru gürültü* much ado about nothing. *kuru hava* dry weather. *kuru iftira* sheer calumny. *kuru incir* dried fig. *kuru kalabalık* useless crowd. *kuru pil* dry cell. *kuru temizleme* dry cleaning. *kuru temizleyici* dry cleaner's. *kuru üzüm* raisin.
kurucu founder. *kurucu meclis* constituent assembly.
kurukafa skull.
kurukahve (*roasted and ground*) coffee.
kurul committee, council.
kurulamak to dry.
kurulmak to be set up; to nestle down; to swagger, to pose.
kurultay congress, assembly.
kuruluk dryness.
kurulum *bilg.* installation, setup.
kuruluş organization, establishment, foundation; *dilb.* construction.
kurum institution, association, foundation; swagger, swank; soot. *kurum kurum kurulmak* to be stuck-up. *kurum satmak* to put on airs, to swagger.
kurumak to get dry, to dry.
kurumlu sooty; conceited.
kuruntu delusion, fancy, illusion.
kuruntulu suspicious, hypochondriac.
kurusıkı blank (*shot*); bluff.
kurutma drying. *kurutma kâğıdı* blotting paper.
kurutmak to dry.

kuruyemiş dried fruit/nuts.
kurye courier.
kuskus couscous.
kusmak to vomit; to throw up.
kusur defect, fault, flaw. *kusur bulmak* to find fault with. *Kusura bakma!* I beg your pardon!, Excuse me! *kusura bakmamak* to overlook, to excuse.
kusurlu defective, faulty.
kusursuz perfect, faultless.
kuş bird. *kuş beyinli* bird-brained. *kuş kafesi* bird cage. *kuş uçmaz kervan geçmez* out-of-the-way, desolate. *kuş uçurtmamak* to keep a sharp lookout. *kuşa benzetmek* to mess up, to spoil.
kuşak sash, girdle; generation; zone.
kuşatma *ask.* siege.
kuşatmak to surround, to besiege.
kuşbakışı bird's-eye view.
kuşbaşı in small chunks; in big flakes.
kuşekâğıdı glazed paper.
kuşet couchette, berth.
kuşku suspicion, doubt. *kuşku duymak* to feel suspicious.
kuşkucu suspicious.
kuşkulanmak to suspect.
kuşkulu suspicious, doubtful.
kuşkusuz of course, certainly.
kuşsütü any nonexistent thing. *kuşsütüyle beslemek* to cherish, to pamper.
kuştüyü down. *kuştüyü yatak* feather bed.
kutlama celebration; congratulation.
kutlamak to celebrate; to congratulate.
kutsal sacred, holy.
kutsallık sacredness, holiness.
kutsama sanctification.
kutsamak to sanctify.

kutu box, case.
kutulamak to box.
kutup pole.
Kutupyıldızı the North Star, Polaris.
kuvars quartz.
kuvvet strength, power. **kuvvetten düşmek** to lose strength.
kuvvetle strongly.
kuvvetlendirmek to strengthen, to reinforce.
kuvvetlenmek to become strong, to strengthen.
kuvvetli strong, powerful.
kuvvetsiz weak.
kuyruk tail; queue. **kuyruğa girmek** to join the queue, to queue. **kuyruğu kapana kısılmak** to have one's back against the wall. **kuyruk olmak** to queue up **kuyruk sallamak** to wag the tail; to play up to, to cringe.
kuyruklu tailed. **kuyruklu piyano** grand piano. **kuyruklu yalan** whopper, big lie.
kuyrukluyıldız comet.
kuytu snug; out-of-the-way, cosy.
kuyumcu jeweler. **kuyumcu dükkânı** jeweller's shop.
kuzen cousin.
kuzey north; northern. **kuzey kutbu** northpole.
kuzeybatı northwest.
kuzeydoğu northeast.
kuzeyli northern.
kuzin (*female*) cousin.
kuzu lamb. **kuzu gibi** as meek as a lamb.
kuzudişi milk tooth.
kuzugöbeği *bot.* button mushroom.
kuzukulağı sheep's sorrel.
kuzulamak to lamb.
Küba Cuba.
kübik cubic.

kübizm cubism.
küçücük tiny, wee.
küçük small, little; child. **küçük aptes** urination. **küçük dilini yutmak** to fall off one's chair. **küçük düşmek** to lose face. **küçük düşürmek** to humiliate, to abase. **küçük düşürücü** humiliating. **küçük görmek** to disdain, to belittle. **küçük harf** minuscule, lower case. **küçük ilanlar** classified advertisements, classified ads. **küçük parmak** little finger/toe. **küçük su dökmek** to urinate, to make water, to piss.
küçüklük smallness, littleness; childhood.
küçülmek to become small; to be humiliated.
küçültmek to make smaller, to diminish; to belittle, to humiliate.
küçültücü humiliating.
küçümsemek to belittle, to look down on, to scorn.
küfelik basketful; dead drunk. **küfelik olmak** to be blind drunk.
küflenmek to mould, to mildew.
küflü mouldy, musty.
küfretmek to curse, to swear.
küfür oath, bad language, cursing; blasphemy. **küfürü basmak** to swear, to cuss. **küfür etmek** to abuse, to curse.
küfürbaz foul-mouthed.
küfürlü foul-mouthed.
kükremek to roar.
kül ash **kül etmek** to ruin. **kül olmak** to be reduced to ashes. **kül tablası** ashtray. **kül yutmak** to be sucked, to be duped.
külah conical hat; cone, cornet. **külah giydirmek** to play a trick on sb. **Külahıma anlat!** Tell me another! **külahları değişmek** to fall out with.

külçe ingot.

külfetsiz easy, painless.

külliyat complete works.

küllü ashy.

küllük ashtray.

külot *(men's)* underpants, briefs, undershorts; *(women's)* panties.

külotlu çorap tights.

külrengi ashy, grey.

kültür culture.

kültürel cultural.

kültürlü cultured.

kültürsüz uncultured.

külüstür ramshackle, dilapidated, shabby; beat-up. *külüstür otomobil* jalopy, rattletrap.

küme heap, pile; group; sp. league.

kümes coop. *kümes hayvanları* poultry.

künk water pipe.

künye personal data; identification bracelet, identification tag.

küp cube. *küp kök* cube root.

küp large earthenware jar. *küplere binmek* to fly into a rage. *küpünü doldurmak to* feather one's nest.

küpe earring. *küpe takmak* to wear earrings.

küpeşte gunwale, bulwark.

kür health cure.

kürdan toothpick.

küre globe, sphere.

kürek shovel; oar. *kürek çekmek to* row.

küremek to shovel up.

küresel spherical.

kürk fur.

kürkçü furrier. *kürkçü dükkânı* furrier's shop.

kürkçülük furriery, furring.

kürsü podium, pulpit, rostrum; professorship, chair. *kürsü başkanı* chairman.

kürtaj curetting, curettage.

küs offended, peeved.

küskü crowbar.

küskünlük sulk, vexation.

küsmek to be offended, to sulk, to miff.

küstah insolent, impertinent.

küstahça insolently.

küstahlaşmak to start behaving insolently.

küstahlık insolence, impertinence. *küstahlık etmek* to act insolently.

küsur remainder, odd.

küsüşmek not to be on speaking terms.

kütle mass.

kütük trunk; stump, stub; ledger, register. *kütüğe kaydetmek* to enrol in the register. *kütük gibi* greatly swollen; dead drunk.

kütüphane library; bookcase.

kütüphaneci librarian.

küvet bath-tub; washbasin, sink.

L l

labada *bot.* patience dock.
labirent labyrinth.
laborant laboratory assistant.
laboratuvar laboratory, lab.
lacivert navy blue, dark blue.
laçka slack. *laçka olmak* to get slack.
lades a bet with a wishbone. *lades kemiği* wishbone. *lades tutuşmak* to make a bet by pulling a wishbone.
ladin spruce.
laf word; talk, chat; empty words. *laf dinlemek* to listen to advice. *laf etmek* to gossip. *lafa dalmak* to be lost in conversation. *lafını etmek* to talk about, to mention. *lafını kesmek* to interrupt sb. *laf altında kalmamak* to be quick to retort. *laf anlamaz* thickheaded, obstinate. *laf aramızda* between us. *laf atmak* to make passes at (*a girl*), to molest. *laf ebesi* chatterbox. *laf işitmek* to be told off. *Laf ola beri gele!* Stuff and nonsense! *laf olsun diye* just for the sake of conversation. *laf taşımak* to be a talebearer. *lafa karışmak* to interrupt, to chime in. *lafa tutmak* to buttonhole. *lafı ağ-*

zından almak to take the words out of sb's mouth. *lafı ağzına tıkamak* to shut sb up. *lafı çevirmek* to change the subject. *lafı ağzında gevelemek* to beat about the bush. *Lafı mı olur?* It is not worth mentioning. *lafını bilmek* to weigh one's words. *lafını esirgememek* not to mince one's words. *lafla peynir gemisi yürümez* fine words butter no parsnips.
lafazan talkative, windy.
laflamak to chat away.
lağım sewer, drain.
lağımcı sewerman.
lağvetmek to cancel.
lağvolmak to be cancelled.
lahana cabbage. *lahana turşusu* pickled cabbage.
lahit tomb, sarcophagus.
lahmacun pancake with spicy meat filling.
laik secular.
laikleştirmek to secularize.
laiklik secularism, laicism.
lakap nickname. *lakap takmak* to give a nickname (*to*).
lakayt indifferent, unconcerned. *lakayt kalmak* to be indifferent (*to*).

lakaytlık indifference, unconcern.
lake lacquer; lacquered.
lakırdı word, talk. *lakırdı etmek* to talk.
lakin but, however.
laklak chatter, clatter.
lale tulip.
lalettayin whatsoever, any; at random, indiscriminately.
lam microscope slide.
lama *zool.* lama; Lama, the Buddhist monk.
lamba lamp.
lamine laminated.
lan bud, buddy, man.
lanet curse, damnation; cursed, damned. *lanet etmek* to curse, to damn. *Lanet olsun!* Damn it!
lanetlemek to curse, to damn.
lanetli cursed.
lanse launched. *lanse etmek* to launch, to introduce.
lapa porridge, mushy. *lapa gibi* soft, mushy. *lapa lapa* in large flakes.
lappadak with a plop.
larva larva.
lastik rubber; tyre, tire. *lastiği patlamak* to have a blowout.
laterna *müz.* barrel organ.
latife joke, leg-pull. *latife etmek* to joke.
latifeci joker.
latilokum Turkish delight.
Latin Latin. *Latin harfleri* Latin characters.
Latince Latin language, Latin.
laubali saucy, pert, free and easy.
laubalileşmek to become saucy.
laubalilik sauciness, pertness.
lav lava.
lavabo washbasin.
lavanta lavender water.
lavantaçiçeği lavender.

layık worthy of, deserving. *layık olmak* to deserve. *layığını bulmak* to get one's deserts.
layıkıyla properly, duly.
lazer laser.
lazım necessary. *lazım olmak* to be necessary.
lazımlık chamber pot.
leblebi roasted chickpeas.
leğen basin; *anat.* Pelvis.
leh benefit. *lehimde* in my favour. *lehinde* in favour of him (*her*). *lehinde lehine* in one's favour. *karar vermek* to decide in favour of.
Leh Pole; Polish.
lehçe dialect.
lehim solder.
lehimlemek to solder.
lehimli soldered.
lejyon legion.
leke stain, blot. *leke çıkarıcı* stain removing; stain remover. *leke çıkarmak* to remove stain. *leke yapmak* to stain. *leke etmek* to stain. *leke olmak* to become stained. *leke sürmek* to besmirch.
lekelemek to stain, to soil; to blemish, to taint.
lekeli stained, spotted.
lekesiz spotless, stainless.
lens lens.
leopar leopard.
lepiska flaxen, fair.
leş carcass. *leş gibi* foul-smelling, putrid, stinking. *leş gibi kokmak* to stink, to reek.
leşkargası hooded crow.
levazım supplies, provisions. *levazım subayı* commissary officer.
levha sign, signboard.
levrek sea bass.
levye lever; crank.
leylak lilac.

leylek stork.
leziz delicious.
lezzet taste, flavor. *lezzet almak* to find pleasure in.
lezzetlenmek to become tasty.
lezzetli tasty, savoury.
lezzetsiz tasteless.
lıkırdamak to gurgle.
tıkırtı gurgle.
liberal liberal.
liberalizm liberalism.
libero sweeper.
Libya Libya.
Libyalı Libyan.
lider leader.
liderlik leadership.
lif fibre; loofah.
lifli fibrous.
lig league.
likör liqueur.
liman harbour, seaport.
limanlamak to anchor in a harbor.
lime strip. *lime lime* in strips.
limit *mat.* limit.
limitet şirket limited company.
limon lemon. *limon gibi olmak* to turn pale.
limonata lemonade.
limoni pale yellow; touchy; bad, sour.
limonlu lemon-flavoured.
limonluk greenhouse; lemon squeezer.
limontuzu citric acid.
limuzin limousine.
linç lynching. *linç etmek* to lynch.
linotip linotype.
linyit lignite.
lir lyre.
lira lira, pound.
lirik lyrical.
lirizm lyricism.
lisan language.
lisans bachelor's degree; licence.

lisansüstü postgraduate.
lise high school, lycee. *lise mezunu* high-school graduate.
liseli high school student.
liste list.
literatür literature.
litografya lithography.
litre litre, liter.
liyakat merit, capacity.
liyakatli capable, efficient.
liyakatsiz incapable, inefficient.
lobi lobby.
loca (*theatre*) box; masonic lodge.
lodos southwest wind.
logaritma logarithm.
logaritmik logarithmic.
loğusa woman in child-bed.
loğusalık lying-in, confinement.
lojistik logistic; logistics.
lojman flat/house (*provided to employees/workers*).
lokal club; local.
lokanta restaurant.
lokantacı restaurateur.
lokavt lockout.
lokma morsel.
lokmanruhu ether.
lokomotif locomotive.
lokum Turkish delight.
lombar *den.* Port.
lomboz port-hole.
lonca guild.
Londra London.
Londralı Londoner.
lop round and soft. *lop et* boneless meat. *lop yumurta* hard-boiled egg.
lort lord.
lostra shoe polish. *lostra salonu* shoeshine shop.
losyon lotion.
loş dim, murky, dark.
lotus lotus.
lökosit leucocyte.

lunapark amusement park.
Lübnan Lebanon.
Lübnanlı Lebanese.
lüfer bluefish.
lügat dictionary. *lügat paralamak* to use a pompous language.
lüks luxury; luxurious. *lüks mevki* de luxe class.
lüle curl, ringlet, fold; spout.
lületaşı meerschaum.
lüp windfall. *lüp diye yutmak* to gulp down.
lüpçü sponger, moocher.
lütfen please.
lütfetmek to be so kind as to, to deign, to condescend.
lütuf favour, kindness.
lütufkâr gracious, kind.
lüzum necessity. *lüzum görmek* to deem necessary.
lüzumlu necessary.
lüzumsuz unnecessary, needless.

M m

maalesef unfortunately.

maarif education, instruction.

maaş salary. *maaş almak* to receive a salary. *maaş günü* payday.

maaşlı salaried.

mabet temple.

Macar Hungarian.

Macarca Hungarian language.

Macaristan Hungary.

macera adventure. *macera aramak* to seek adventure. *macera romanı* adventure novel.

maceracı adventurer.

maceralı adventurous.

maç match, game, bout.

madalya medal.

madalyon medallion.

madam madam.

madde matter, substance; article, clause, paragraph.

maddeci materialist.

maddecilik materialism.

maddesel material.

maddi material, physical, corporal.

maddiyat material things.

madem since, as, now that.

mademki since, as, now that.

maden mine, mineral; metal. *maden işçisi* miner. *maden cevheri* mineral ore. *maden*

mühendisi mining engineer. *maden ocağı* mine. *maden yatağı* ore-bed.

madenci miner.

madencilik mining.

madeni mineral, inorganic; metallic. *madeni para* coin, piece.

madenkömürü coal.

madensel mineral; metallic.

madensuyu mineral water.

madrabaz middleman; cheat, crook.

madrabazlık cheating, trickery.

maestro *müz.* maestro.

mafsal articulation, joint.

mafya Mafia, Maffia.

maganda *arg.* lout, yokel, hick.

magazin magazine.

magma magma.

magnezyum magnesium.

mağara cave. *mağara adamı* caveman.

mağaza large store.

mağdur wronged; victim, dupe.

mağduriyet unjust treatment.

mağlubiyet defeat.

mağlup defeated, overcome. *mağlup etmek* to defeat, to overcome. *mağlup olmak* to be defeated.

mahal place, spot. *mahal verme-*

mek not to give occasion for *mahallinde* on the spot.

mahalle quarter, district.

mahalli local.

maharet skill, dexterity.

maharetli skilful, dexterous.

maharetsiz unskillful.

mahcubiyet shyness.

mahcup shy, ashamed. *mahcup etmek* to shame, to mortify. *mahcup olmak* to be ashamed, to be embarrassed.

mahiyet nature, character.

mahkeme court. *mahkeme kararı* sentence, verdict.

mahkum sentenced, condemned; convict. *mahkûm olmak* to be sentenced, to be condemned. *mahkûm etmek* to condemn, to sentence.

mahkûmiyet sentence, condemnation.

mahluk creature.

mahmur sleepy, drowsy.

mahmurluk sleepiness, drowsiness.

mahmuz spur.

mahmuzlamak to spur.

mahpus prisoner; imprisoned.

mahpushane prison.

mahrem secret, private, intimate.

mahremiyet privacy, intimacy.

mahrum deprived. *mahrum etmek* to deprive of.

mahrumiyet deprivation. *mahrumiyet bölgesi* hardship area. *mahrumiyet içinde yaşamak* to lead a life of privation, to rough it.

mahsul crop, produce; product.

mahsur confined, cut off; stuck. *mahsur kalmak* to be stuck (*in*).

mahsus special, peculiar to; on purpose, deliberately.

mahşer the place where people will gather on the Day of Judgement.

mahvetmek to destroy.

mahvolmak to be destroyed.

mahzen cellar, granary.

mahzun sad, gloomy.

mahzur drawback, objection.

mahzurlu disadvantageous, objectionable.

majeste majesty.

majör *müz.* major.

makale article.

makam position, office; tune.

makara bobbin, reel, spool. *makaraya sarmak* to spool; *mec.* to poke fun at sb, to have *sb* on. *makaraya almak* to make fun (*of*).

makarna macaroni.

makas scissors, shears. *makas almak to* pinch sb's cheek.

makaslamak to scissor; to pinch sb's cheek; to censor (*films*).

makber grave.

makbul acceptable, welcome. *makbule geçmek* to be welcome.

makbuz receipt.

Makedonya Macedonia.

Makedonyalı Macedonian.

maket model.

maki bush, scrub.

makine machine. *makine mühendisi* mechanical engineer. *makine dairesi* engine room.

makineci mechanic.

makineleştirmek to mechanize.

makineli having a machine. *makineli tüfek* machine-gun.

makineyağı lubricating oil, machine oil.

makinist engine-driver; mechanic.

makro macro.

maksat purpose, intention.

maksatlı purposeful.

maksatsız purposeless.

maksi maxi.

maksimum maximum.

maktul killed, murdered.

makul reasonable, sensible.

makyaj make-up *makyaj yap-mak* to make up.

mal goods, merchandise; prop-erty; wealth; cattle; hash, heroin; loose woman. *mal mülk* prop-erty, goods. *mal olmak* to cost .*mal sahibi* owner. *mal bildiri-mi* declaration of property. *mal canlısı* avaricious. *mal etmek* to appropriate for oneself; to produce at. *mal müdürü* head of the finance office. *malın gözü* tricky, sly; (*woman*) loose.

mala trowel.

malak buffalo calf.

malarya malaria.

Malezya Malaysia.

mali financial, fiscal. *mali yıl* fis-cal year.

malik owning, possessing; owner, possessor. *malik olmak* to have, to own.

malikâne large estate, stately home.

maliye finance. *Maliye Bakanı* Minister of Finance. *Maliye Ba-kanlığı* Ministry of Finance.

maliyeci financier.

maliyet cost. *maliyet fiyatı* cost price.

Malta Malta.

malul invalid, disabled.

maluliyet disablement.

malum known. *malum olmak* to sense, to surmise

malumat information. *malumat vermek* to inform. *malumatı ol-mak* to know about.

malzeme material, necessaries.

mama baby's food.

mamafih however, yet.

mamul manufactured.

mamulat manufactures.

mamur prosperous.

mana meaning. *mana vermek* to interpret.

manalı meaningful.

manasız meaningless.

manastır monastery.

manav greengrocer, fruiteror; greengrocer's.

mancınık catapult.

manda mandate.

manda water buffalo.

mandal clothes-peg, clothespin; latch, tumbler.

mandalina mandarin, tangerine.

mandıra dairy farm.

mandolin mandolin.

manevi moral, spiritual. *manevi evlat* adopted child.

maneviyat morale. *maneviyatı bozulmak* to lose morale.

manevra manoeuvres. *manevra yapmak* to manoeuvre. *manev-ra fişeği ask.* blank cartridge.

manga *ask.* Squad.

mangal brazier. *mangal kömürü* charcoal.

mangır money, dough.

mâni hindrance, impediment, ob-stacle. *mâni olmak* to prevent, to hinder, to obstruct.

mania obstacle, barrier.

manifatura drapery, textiles.

manifaturacı draper.

manifesto manifest.

manikür manicure. *manikür yap-mak* to manicure.

manikürcü manicurist.

manita girlfriend, bird. Chick.

manivela lever, crank.

manken model.
mankenlik modeling.
mansiyon honourable mention.
Manş Denizi the English Channel.
manşet head-line; cuff.
mantar mushroom; fungus; cork.
mantar gibi yerden bitmek to mushroom.
mantık logic. *mantığa aykırı* against logic.
mantıkçı logician.
mantıkdışı alogical.
mantıki logical, reasonable.
mantıklı logical, reasonable.
mantıksal logical, reasonable.
mantıksız illogical, unreasonable.
mantıksızlık illogicality, unreasonableness.
manto coat.
manyak maniac.
manyakça maniacal; maniacally.
manyetik magnetic. *manyetik alan* magnetic field. *manyetik bant* magnetic tape. *manyetik kutup* magnetic pole.
manyetizma megnetism.
manzara view, landscape, panorama.
manzaralı having a fine view, scenic.
manzum in verse.
manzume poem.
marangoz joiner, carpenter.
marangozluk joinery, carpentry.
maraton marathon.
maraz disease, illness.
margarin margarine.
marifet skill.
marifetli skilled.
marizlemek to beat, to thrash.
marj margin.
marka make, mark, brand; ticket, counter.
markaj (*football*) marking.

markalamak to mark.
markalı marked.
marke etmek (*football*) to mark.
market grocery, grocer's; supermarket.
marki marquis, marquess.
markiz marchioness.
marley vinyl floor covering.
marmelat marmalade.
maroken morocco (*leather*).
marpuç tube of a water-pipe.
mars gammon. *mars etmek* to gammon, to skunk.
Mars Mars.
marş starter; march; Forward march! *marşa basmak* to press the starter. *Marş marş!* ask. Run!; *k. dili* Get going!
marşandiz goods train.
mart March.
martaval bunkum, hot air, humbug, baloney. *martaval atmak/ okumak* to spin a yarn.
martavalcı liar, bullshitter.
martı sea-gull.
marul cos lettuce, cos.
maruz exposed to. *maruz bırakmak* to expose (*to*) *maruz kalmak* to experience, to be exposed to.
masa table; desk. *masa örtüsü* table cloth.
masaj massage. *masaj yapmak* to massage.
masajcı masseur, masseuse.
masal tale, story; lie, yarn. *masal okumak* to spin a yarn. *masal anlatmak* to tell a tale.
masalcı story teller.
masatenisi table tennis, ping pong.
masif massive.
mask mask.
maskara buffoon, clown; mascara; frisky, playful. *maskara etmek* to

make a laughing-stock *maskara-ya çevirmek* to make a fool of.
maske mask. *maskesi düşmek* to show one's true colours.
maskelemek to mask.
maskeli masked. *maskeli balo* masked ball.
maskot mascot.
masmavi very blue.
mason freemason, mason.
masonluk **freemason.**
masör masseur.
masraf expense, expenditure, cost. *masraf etmek* to go to expense. *masrafa girmek* to put oneself to expense. *masrafa sokmak* to put sb to expense. *masrafı çekmek* to bear the expense. *masrafı karşılamak* to cover expenses. *masrafını çıkarmak* to pay for itself. *masraftan kaçmak* to avoid expense. *masraftan kaçmamak* to spare no expense.
masraflı expensive.
masrafsız without expense.
mastar infinitive.
masum innocent.
masumiyet innocence.
masura bobbin.
maşa tongs; cat's-paw, tool. *maşa gibi kullanmak* to use sb as a tool. *maşası olmak* to be sb's pawn.
maşrapa mug.
mat checkmate. *mat olmak* to be checkmated. *mat etmek* to checkmate.
mat dull, mat.
matador matador, bullfighter.
matara canteen, waterbottle.
matbaa printing-press, press.
matbaacı printer.
matbaacılık printing.

matbuat the Press.
matem mourning. *matem tutmak* to mourn.
matematik mathematics, maths.
matematikçi mathematician; mathematics teacher.
materyal material.
materyalist materialist.
materyalizm materialism.
matine matinee.
matkap drill, gimlet; auger.
matmazel mademoiselle, Miss.
matrah tax assessment.
matrak joke, fun; droll, funny. *matrağa almak* to make fun of. *matrak geçmek* to rib, to tease.
matris matrix.
maval story, yarn, lie. *maval okumak* to tell lies.
mavi blue.
mavilik blueness.
mavimsi bluish.
mavna barge, lighter.
mavzer Mauser rifle.
maya ferment, yeast, leaven.
mayalamak to ferment, to leaven.
mayalanma fermentation.
mayalanmak to ferment.
mayalı fermented.
mayasıl hemorrhoids, piles.
maydanoz parsley.
mayhoş sourish, tart.
mayhoşluk tartness.
mayın *ask.* Min.e *mayın detektörü* mine detector. *mayın gemisi* mine-layer. *mayın taramak* to sweep mines *mayın tarama gemisi* mine-sweeper *mayın tarlası* mine-field.
mayınlamak to mine.
mayıs May.
mayi liquid, fluid.
maymun monkey, ape. *maymun iştahlı* capricious, inconstant.

mayo bathing suit, trunks.

mayonez mayonnaise.

mayonezli dressed with mayonnaise.

maytap fireworks.

mazeret excuse, apology. *mazeret beyan etmek* to make excuses.

mazeretli excused.

mazeretsiz unexcused.

mazgal embrasure.

mazgallı embrasured.

mazi past, bygone. *maziye karışmak* to belong to past days.

mazot diesel oil, fuel oil.

mebus deputy, member of Parliament.

mecazi figurative, metaphorical.

mecbur compelled, forced, bound. *mecbur etmek* to compel, to force. *mecbur olmak* to be compelled.

mecburen compulsorily.

mecburi compulsory, obligatory. *mecburi hizmet* compulsory service, conscription. *mecburi iniş* forced landing. *mecburi istikamet* one way.

mecburiyet compulsion, obligation. *mecburiyetinde kalmak* to be obliged to, to have to.

meclis assembly, council.

mecmua magazine.

Mecusi Zoroastrian, Mazdean.

Mecusilik Zoroastrianism.

meçhul unknown.

medeni civilized, civil. *medeni hal* marital status. *medeni cesaret* moral courage. *medeni haklar* civil rights. *medeni kanun* civil code, civil law.

medenileşmek to become civilized.

medenileştirmek to civilize.

medeniyet civilization.

medeniyetsiz uncivilized.

meditasyon meditation.

medya media, mass-media, mass communications.

medyum fortune teller; medium.

mefkure ideal.

mefruşat furnishings; fabrics.

mega mega.

megafon megaphone.

megaton megaton.

megavat *fiz.* megawatt.

meğer but, however.

mehtap moonlight.

mekân place; residence, abode; space.

mekanik mechanics; mechanical.

mekanize mechanized.

mekanizm *fel.* Mechanism.

mekanizma mechanism.

mekik shuttle. *mekik dokumak* to shuttle.

mektep school.

mektup letter.

mektuplaşma correspondence.

mektuplaşmak to correspond.

melek angel. *melek gibi* angelic.

meleke faculty, aptitude, bent, knack.

melez cross-bred, hybrid.

melezlemek to cross.

melezleşmek to become crossed.

melodi melody.

melodram melodrama.

melodramatik melodramatic.

melon bowler-hat.

meltem breeze.

memba spring, fountain. *memba suyu* spring water.

meme breast, nipple, boobs. *memeden kesmek* to wean. *meme emmek* to suckle. *meme vermek* to suckle.

memeli mammiferous. *memeli hayvanlar* mammals.

memleket country.

memnun glad, happy, pleased. *memnun etmek* to please, to satisfy. *memnun olmak* to be pleased.

memnuniyet pleasure, gladness, satisfaction.

memnuniyetle gladly, eagerly, willingly.

memnunluk gladness, pleasure.

memorandum memorandum.

memur official, employee. *memur etmek* to appoint, to commission.

memuriyet government job, official post, charge.

memurluk official post, charge.

menajer manager.

menderes meander.

mendil handkerchief. *mendil açmak* to beg.

mendirek breakwater, mole.

menecer manager.

menekşe violet.

menfaat interest, advantage.

menfaatçi self-seeking.

menfi negative.

menkıbe legend.

menkul movable, transferable. *menkul değerler* stocks and bonds. *menkul mallar* movable goods.

mensubiyet relationship.

mensucat textiles.

mensup belonging to; member.

menşe origin.

menteşe hinge.

menteşeli hinged.

mentollü mentholated.

menü menu.

menzil range.

mera pasture.

merak curiosity; worry, anxiety; hobby, whim, bug. *merak etmek*

to worry, to be curious about sth. *Merak etme!* Don't worry' *merak sarmak* to develop a passion for. *merakta bırakmak* to keep sb in suspense.

meraklandırmak to make anxious, to worry; to make *sb* curious.

meraklanmak to worry, to be anxious.

meraklı curious, inquisitive; fond of, devotee, bug, hound.

meram intention, aim. *meramını anlatmak* to explain oneself.

merasim ceremony. *merasim kıtası* guard of honour, honour guard.

mercan coral.

mercanada atoll.

mercek lens.

mercimek lentil. *mercimeği fırına vermek to* fall in love with.

merdane cylinder, roller.

merdiven stairs; steps; ladder. *merdiven basamağı* step, stair. *merdiven parmaklığı* balustrade. *merdiven sahanlığı* landing.

merhaba Hello! Hi! *merhabayı kesmek* to break off with sb.

merhabalaşmak to greet one another.

merhale stage, phase.

merhamet pity, mercy. *merhamet etmek* to pity. *merhamete gelmek* to become merciful.

merhametli pitiful, merciful.

merhametsiz merciless, pitiless.

merhametsizlik mercilessness, cruelty.

merhem ointment, salve.

merhum deceased, the late.

meridyen meridian.

Merih Mars.

merinos merino.

merkep donkey, ass.

merkez centre, center; headquarters; police station. ***Merkez Bankası*** Central Bank.

merkezci centralist.

merkezcilik centralism.

merkeziyetçi centralist

merkeziyetçilik centralism.

merkezkaç centrifugal.

Merkür Mercury.

mermer marble.

mermi bullet, projectile.

mersi thank you.

mersiye elegy.

mert brave, manly.

mertçe bravely.

mertebe rank, grade.

mertlik bravery.

Meryem Ana the Virgin Mary.

mesafe distance.

mesai efforts, work. ***mesai saatleri*** working hours. ***mesaiye kalmak*** to work overtime.

mesaj message.

mesane bladder.

mescit small mosque.

mesel proverb, parable.

mesela for example, for instance.

mesele problem; matter. ***mesele çıkarmak*** to make a fuss. ***mesele yapmak*** to make a to-do about sth.

Mesih Messiah.

mesire promenade.

mesken dwelling, house.

meslek profession, career. ***meslek okulu*** technical school.

mesleki professional.

meslektaş colleague.

mesnet support, prop.

mest drunk; enchanted. ***mest olmak*** to be intoxicated; to be enraptured. ***mest etmek*** to intoxi-cate; to enrapture.

mesul responsible.

mesuliyet responsibility.

mesuliyetli responsible.

mesut happy.

meşakkat trouble, hardship.

meşakkatli troublesome, difficult.

meşale torch.

meşe oak.

meşgale occupation, activity.

meşgul busy. ***meşgul etmek*** to keep busy. ***meşgul olmak*** to be busy (*with*).

meşguliyet occupation, activity.

meşhur famous. ***meşhur olmak*** to become famous.

meşin leather.

meşru legitimate, lawful. ***meşru müdafaa*** self-defence.

meşrubat beverage, drinks.

meşrutiyet constitutional gov-ernment.

meta merchandise.

metabolizma *biy.* Metabolism.

metafizik metaphysics; meta-physical.

metal metal.

metanet firmness, fortitude. ***metanet göstermek*** to show firm-ness.

metanetli firm, steady.

metanetsiz spineless, yielding, weak.

metelik red cent, bean. ***meteli-ğe kurşun atmak*** to be stony broke. ***metelik vermemek*** not to care a fig.

meteliksiz stony broke, penniless.

meteor meteor.

meteoroloji meteorology.

meteorolojik meteorological.

methiye eulogy, panegyric.

metin firm, solid.

metin text.

metodoloji methodology.

metot method.

metotlu methodic.

metotsuz unmethodical.

metre metre, meter. *metre kare* square metre. *metre küp* cubic metre.

metrik metric. *metrik sistem* metric system.

metro underground, tube, subway.

metronom *müz.* metronome.

metropol metropolis.

metropolit metropolitan.

metruk abandoned, deserted.

mevcudiyet existence; presence.

mevcut existent, existing. *mevcut olmak* to exist, to be present.

mevduat deposits. *mevduat hesabı* deposit account.

mevsim season.

mevsimlik seasonal.

mevsimsiz unseasonable, untimely.

mevzi place, position. *mevzi almak ask.* to take up a position.

mevzu subject, topic.

mevzuat the laws, the regulations.

meydan square, open space. *meydana atılmak* to come forward, to offer oneself. *meydana atmak* to put forward, to suggest. *meydana çıkarmak* to bring out, to bring to light; to reveal, to disclose. *meydana çıkmak* to come into view, to appear; to come out, to be reveiled. *meydana gelmek* to happen, to occur; to come into existence. *meydana getirmek* to bring into being, to produce. *meydanda* clear, obvious. *meydanı boş bulmak* to do what ever he wants in the absence of rivals.

meydan muharebesi pitched battle *meydan okumak* to challenge. *meydan vermek* to give an opportunity. *meydan vermemek* to avoid, to prevent.

meyhane bar, saloon, pub.

meyhaneci barkeep, barkeeper.

meyil slope, slant; inclination, tendency. *meyil vermek* to fall in love with.

meyilli sloping, slanting; inclined.

meyve fruit. *meyve bahçesi* orchard. *meyve suyu* fruit juice. *meyve vermek* to fruit.

meyveli fruitful, fruited.

meyvesiz fruitless.

mezar grave, tomb. *mezarlık* cemetery, graveyard.

mezat auction. *mezata çıkarmak* to put up for auction. *mezat malı* cheap, ordinary merchandise.

mezatçı auctioneer.

mezbaha slaughterhouse.

meze appetizer, snack, hors d'oeu-vre.

mezhep creed, denomination.

meziyet virtue, merit.

meziyetli virtuous, meritorious.

mezozoik *coğ.* Mesozoic.

mezun graduated from; graduate. *mezun olmak* to graduate.

mezuniyet graduation.

mezura tape-measure.

mıh nail, stud.

mıhlamak to nail.

mıhlanmak to be nailed; to be nailed to the spot.

mıknatıs magnet.

mıknatıslamak to magnetize.

mıknatıslı magnetic.

mıntıka district, zone.

mırıldanmak to murmur, to mutter.

mırnav miaow.

Mısır Egypt.

mısır maize, corn. *mısır koçanı* corncob. *mısır patlatmak* to pop corn. *mısır tarlası* cornfield.

Mısırlı Egyptian.

mısıryağı corn oil.

mısra line (*of poetry*).

mışıl mışıl soundly. *mışıl mışıl uyumak* to sleep soundly.

mıymıntı sluggish, slack.

mızıka military band.

mızıkçı spoilsport, killjoy, wet blanket.

mızıkçılık spoilsport, killjoy. *mızıkçılık etmek* not to play the game.

mızrak lance, spear.

miço cabin boy.

mide stomach. *mide bozukluğu* stomach upset. *mide bulantısı* nausea. *mide bulandırmak* to turn one's stomach. *mide iltihabı* gastritis. *mide kanaması* gastric bleeding. *midesi bulanmak* to feel sick. *mideye oturmak* to lie heavy on the stomach.

midesiz having bad taste; eating anything.

midi midi.

midilli pony.

midye mussel.

miğfer helmet.

mihmandar host, hostess.

mihrace maharaja, maharajah.

mika mica.

mikado Mikado.

mikro- micro.

mikrobik microbic.

mikrobiyoloji microbiology.

mikrofilm microfilm.

mikrofon microphone.

mikrofonik microphonic.

mikroorganizma microorganism.

mikrop microbe, germ.

mikroplu microbic.

mikropsuz sterilized.

mikroskop microscope.

mikroskopik microscopic.

mikser mixer.

miktar quantity, amount.

mil mile.

mil pivot, axle, axis.

miladi of the Christian era. *miladi takvim* the Gregorian calendar.

milat birth of Christ. *milattan önce, MÖ.* before Christ, B.C. *milattan sonra, MS.* after Christ, İ.D.

milim millimeter. *milimi milimine* exactly.

milimetre milimetre.

milis militia.

militan militant.

millet nation, people. *Millet Meclisi* the National Assembly.

milletlerarası international.

milletvekili deputy. *milletvekili dokunulmazlığı* parliamentary immunity.

milli national. *Milli Eğitim Bakanlığı* the Ministry of Education. *milli gelir* national income. *milli marş* national anthem. *Milli Savunma Bakanlığı* the Ministry of Defence. *milli takım* national team.

millileştirmek to nationalize.

milliyet nationality.

milliyetçi nationalist..

milliyetçilik nationalism.

milyar milliard, billion.

milyarder billionaire.

milyon million.

milyoner millionaire.

mimar architect.

mimari architectural; architecture.

mimarlık architecture.

minare minaret.

minber pulpit (*in a mosque*).

minder mattress, cushion; wrestling mat.
mineral mineral.
mini mini. *mini etek* miniskirt.
minibüs minibus.
minicik tiny, wee.
minik small and nice.
minimal minimal.
minimini teensy-weensy, tiny.
minimum minimum.
minnacık teeny-weeny.
minnet gratitude, indebtedness. *minnet altında kalmak* to be under obligation. *minnet altında kalmamak* to repay a favour. *minnet etmek* to ask a favour, to plead.
minnettar grateful, indebted.
minnettarlık gratitude, indebtedness.
minnoş little darling.
minyatür miniature.
minyon petite, slender, small.
miraç the Prophet Mohammed's ascent to heaven.
miras inheritance, heritage. *miras bırakmak* to bequeath *mirasa konmak* to inherit.
mirasçı heir, inheritor.
mirasyedi (*one*) who has inherited a fortune; spendthrift, prodigal.
mis musk. *mis gibi* fragrant; excellent, proper.
misafir guest, visitor. *misafir ağırlamak* to entertain a guest. *misafir etmek* to put sb up. *misafir odası* guestroom. *misafireten* as a guest.
misafirhane guesthouse.
misafirlik visit. *misafirliğe gitmek* to pay a visit to; to go on a visit to.
misafirperver hospitable.

misafirperverlik hospitality.
misal example.
misilleme retaliation. *misillemede bulunmak* to retaliate. *misilleme olarak* as a reprisal.
misina fishline.
misket marble.
miskin indolent, bone-lazy, supine.
miskinleşmek to become indolent.
miskinlik indolence, sluggishness.
mistik mystic, mystical.
misyon mission.
misyoner missionary.
mit myth.
miting meeting, demonstration. *miting yapmak* to hold a public demonstration.
mitoloji mythology.
mitolojik mythological.
mitralyoz machine gun.
miyavlamak to miaow, to meow.
miyop nearsighted, shortsighted.
miyopluk shortsightedness, myopia.
mizaç temperament, nature.
mizah humour. *mizah dergisi* humour magazine.
mizahçı humorist.
mizahi humorous.
mizanpaj page-setting, layout.
mizanpli (*hair*) set.
mizansen mise-en-scene.
mobilya furniture.
mobilyacı maker/seller of furniture; furniture shop.
mobilyalı furnished.
moda fashion *moda(da)* in fashion. *moda olmak* to be in fashion. *modası geçmek* to be out of fashion. *modası geçmiş* old-fashioned, out of date. *modaya uygun* fashionable .*modayı iz-*

lemek to follow the fashion.
modacı fashion designer, modiste.
model model.
modellik modeling.
modern modern.
modernize modernized.
modernleşmek to become modern.
modernleştirmek to modernize.
modernlik modernity.
modül module.
Moğol Mongol; Mongolian.
Moğolistan Mongolia.
mokasen moccasin.
mola pause, break. *mola vermek* to halt, to take a break.
molekül molecule.
moleküler molecular.
molotof kokteyli Molotov cocktail.
moloz rubble, debris; *arg.* good-for-nothing.
moment momentum.
monarşi monarchy.
monarşik monarchic.
monarşist monarchist.
monarşizm monarchism.
monitör monitor.
monolog monologue.
monopol monopoly.
monoton monotonous.
monotonluk monotony.
mont coat, jacket.
montaj mounting, assembly.
montajcı assembler.
monte etmek to mount, to assemble, to put together.
mor violet, purple.
moral morale. *moral vermek* to cheer sb up, to reassure. *morali bozulmak* to become low-spirited. *morali bozuk* depressed, despondent, in the doldrums. *mo-*

rali düzelmek to recover one's morale. *moralini bozmak* to get sb down, to demoralize.
morartı bruise.
moratoryum moratorium.
morg morgue.
morötesi ultraviolet.
Mors Morse. *Mors alfabesi* Morse Alphabet.
morto dead. *mortoyu çekmek* to kick the bucket, to die.
moruk *arg.* old man.
mosmor deep purple; black and blue all over. *mosmor kesilmek* to turn red in the face.
motel motel.
motif motif.
motivasyon motivation.
motor engine, motor; motorboat; motorcycle.
motorbot motorboat.
motorize motorized.
motorlu motorized. *motorlu taşıt* motor vehicle.
motorsuz motorless.
motosiklet motorcycle.
mozaik mosaic.
möble furniture.
möbleli furnished.
möblesiz unfurnished.
mönü menu.
mösyö Monsieur.
muaf exempt, freed. *muaf tutmak* to exempt (*from*).
muafiyet exemption.
muallak suspended. *muallakta* in suspense, in abeyance. *muallakta kalmak* to remain in suspense.
muamele treatment, conduct; transaction, procedure. *muamele etmek* to treat.
muamma enigma, mystery.
muavin helper, assistant.

muayene examination. *muayene etmek* to examine.

muayenehane consulting room, surgery.

muazzam enormous, tremendous.

mucit inventor.

mucize miracle. *mucizeler yaratmak* to work miracles.

mucizevi miraculous.

muğlak abstruse, recondite, obscure.

muhabbet affection, love. *muhabbet etmek* to have a friendly chat. *muhabbet tellalı* procurer, pimp.

muhabbetkuşu lovebird, budgerigar.

muhabere correspondence, communication. *muhabere sınıfı ask.* signal corps.

muhabir correspondent.

muhafaza protection. *muhafaza altına almak* to guard, to protect. *muhafaza etmek* to keep, to protect, to preserve.

muhafazakâr conservative.

muhafazakârlık conservatism.

muhafız guard, defender. *muhafız alayı* troop of guardsmen.

muhakeme trial; reasoning. *muhakeme etmek* to hear a cause, to judge; to reason.

muhakkak certain, sure; certainly.

muhalefet opposition. *muhalefet etmek* to oppose. *muhalefet partisi* the opposition party.

muhalif opponent.

muhallebi milk pudding. *muhallebi çocuğu* milksop, namby-pamby.

muharebe battle, war. *muharebe meydanı* battlefield.

muharip combatant, belligerent.

muhasebe accountancy, bookkeeping.

muhasebeci accountant.

muhatap one spoken to; *tic.* Drawee.

muhayyile imagination.

muhbir informer.

muhit surroundings, environment.

muhtaç needy, dependent, destitute. *muhtaç olmak* to be in need of.

muhtar autonomous; headman, chief.

muhtelif various.

muhtemel probable, likely.

muhtemelen probably.

muhterem respected.

muhteşem magnificent, splendid.

muhtıra memorandum.

mukabele retaliation, retort, response. *mukabelede bulunmak* to return, to repay. *mukabele etmek* to retaliate, to reciprocate.

mukaddes holy, sacred.

mukavele agreement, contract. *mukavele yapmak* to make a contract.

mukavemet resistance. *mukavemet etmek* to resist. *mukavemet göstermek* to show resistance. *mukavemet koşusu* long distance race.

mukavemetli resisting, strong.

mukavemetsiz resistless.

mukavva cardboard.

mukayese comparison. *mukayese etmek* to compare.

mum candle; wax. *mumla aramak* to crave for, to hanker for.

mumlu waxed. *mumlu kâğıt* stencil.

mumya mummy.

mumyalamak to mummify.

muntazam regular; regularly.

muntazaman regularly.

M

Turkish–English

Musa Moses.

musallat worrying, pestering. *musallat olmak* to worry, to pester.

Musevi Jew; Jewish.

Mushaf the Koran.

musiki music.

musluk tap, faucet.

muslukçu plumber.

muson monsoon.

mustarip suffering. *mustarip olmak* to suffer.

muşamba oilcloth, oilskin.

muşta brass knuckles.

mutaassıp fanatical.

mutabakat agreement, conformity.

mutabık conforming, agreeing. *mutabık kalmak* to agree upon.

mutasyon mutation.

muteber esteemed, respected; trustworthy; valid.

mutemet fiduciary, paymaster, trustee.

mutena select, choice, elaborate.

mutfak kitchen. *mutfak takımı* set of kitchen utensils.

mutlak absolute; absolutely.

mutlaka absolutely, certainly.

mutlakıyet absolutism; autocracy.

mutlu happy, lucky. *mutlu etmek* to please, to gladden. *mutlu yıllar* happy birthday.

mutluluk happiness.

mutsuz unhappy.

mutsuzluk unhappiness.

muvafakat consent. *muvafakat etmek* to agree, to consent.

muvaffak successful.

muvaffakiyet success.

muvazzaf *ask.* regular. *muvazzaf hizmet ask.* active service. *muvazzaf subay* active officer.

muz banana.

muzaffer victorious.

muzır harmful, detrimental; mischievous.

muzip teasing, tormenting; mischievous.

mübadele exchange.

mübalağa exaggeration. *mübalağa etmek* to exaggerate.

mübalağacı exaggerator.

mübalağalı exaggerated.

mübarek holy, sacred; fertile, bountiful; auspicious.

mübaşir usher.

mücadele struggle, fight, combat. *mücadele etmek* to struggle, to fight.

mücadeleci combative.

mücahit combatant, fighter.

mücellit bookbinder.

mücevher jewel.

mücevherat jewellery.

mücevherci jeweler.

müdafaa defence. *müdafaa etmek* to defend.

müdafaasız defenceless.

müdafi defender.

müdahale interference, intervention. *müdahale etmek* to interfere, to intervene.

müdavim habitue, frequenter.

müddet period, duration.

müdire directress, manageress.

müdür director, manager; headmaster, principal.

müdürlük directorate; directorship.

müdüriyet directorate; directorship.

müebbet perpetual, eternal; lifelong. *müebbet hapis* life imprisonment.

müessese establishment, institution, foundation.

müezzin muezzin.

müfettiş inspector.

müfettişlik inspectorship.

müflis bankrupt.

müfredat details. *müfredat programı* curriculum.

müfreze *ask.* detachment.

mühendis engineer.

mühendislik engineering.

mühim important.

mühimmat amunitions.

mühlet delay, respite, term.

mühür seal. *mühür basmak* to seal.

mühürlemek to seal.

mühürlü sealed.

mühürsüz unsealed.

müjde good news.

müjdeci herald, harbinger.

müjdelemek to give a piece of good news.

mükâfat reward.

mükâfatlandırmak to give a reward.

mükellefiyet obligation, liability

mükemmelen perfectly

mükemmeliyet perfection.

mükemmellik perfection, excellence.

mülayim mild, gentle.

mülk property, real estate. *mülk sahibi* property owner, landowner.

mülkiyet possession, ownership.

mülteci refugee.

mümessil representative, agent.

mümessillik agency.

mümin believer.

mümkün possible.

mümtaz distinguished.

münafık hypocrite, double-dealer.

münakaşa argument, dispute. *münakaşa etmek* to argue, to dispute.

münasebet relation, connection.

münasebetsiz improper, unseem-

ly; inconsiderate, tactless, impertinent.

münasebetsizlik impertinence.

münasip suitable, proper. *münasip görmek* to see fit, to approve.

münazara debate, discussion.

müneccim astrologer.

münevver enlightened, intellectual.

münzevi reclusive, hermitic.

müptela addicted to. *müptela olmak* to be addicted to.

müracaat application; information desk *müracaat etmek* to apply (*to*), to consult

müracaatçı applicant.

mürebbiye governess.

mürekkep ink.

mürekkepbalığı cuttlefish.

mürekkepli inky, having ink. *mürekkepli kalem* fountain pen.

mürettebat crew.

mürüvvet joy felt by parents when they see their child get married, be circumcised etc. *mürüvvetini görmek* to live to see one's children grow up and get married.

müsaade permission. *müsaade etmek* to permit, to allow.

müsabaka competition, contest.

müsait suitable, convenient.

müsamaha indulgence, tolerance. *müsamaha etmek* to indulge, to tolerate.

müsamahakâr indulgent, tolerant.

müsamahalı indulgent, tolerant.

müsamahasız intolerant.

müsamere (*school*) show.

müshil purgative, laxative.

Müslüman Moslem, Muslim; pious, religious.

Müslümanlık Islam.

müspet positive.

müsrif spendthrift, prodigal.

müsriflik extravagance.

müstahdem employee, servant.

müstahzar preparation.

müstakbel future, prospective.

müstakil independent.

müstehcen obscene, smutty, pornographic.

müstehcenlik obscenity.

müstesna exceptional, extraordinary; except, excluding.

müsteşar undersecretary.

müsteşarlık undersecretaryship.

müsvedde rough copy, draft. *müsvedde defteri* notebook, exercise book.

müşahede observation. *müşahede altına almak* to place under observation. *müşahede etmek* to observe.

müşavir adviser, consultant.

müşerref honoured. *müşerref olmak* to be honoured.

müşfik kind, tender, compassionate.

müşkül difficult, hard.

müşkülat difficulties *müşkülat çıkarmak* to raise difficulties.

müştemilat annexes, outhouses.

müşterek common, collective, joint. *müşterek bahis* parimutuel.

müşteri customer, buyer, purchaser, client.

mütalaa observation, comment, opinion. *mütalaa etmek* to examine, to scrutinize.

mütareke armistice, truce.

müteahhit (*building*) contractor.

müteakiben subsequently.

müteakip following, subsequent.

mütecaviz aggressor.

müteessir grieved, sorry. *müte-essir olmak* to be grieved, to be sorry.

mütehassıs specialist.

mütemadiyen continually, continuously.

mütercim translator.

müteselsil uninterrupted; *huk.* joint. *müteselsil alacaklılar* joint creditors. *müteselsil borçlular* joint debtors. *müteselsil mesuliyet* joint liability.

müteşebbis enterprising.

müteşekkil composed (*of*).

müteşekkir thankful, grateful.

mütevazı humble, modest.

müteveffa the deceased.

mütevekkil resigned.

mütevelli trustee. *mütevelli heyeti* board of trustees.

müthiş extraordinary, terrible, awful, fearful, amazing, super, terrific.

müttefik allied; ally.

müvekkil client.

müzakere discussion, deliberation, consultation; oral exam. *müzakere etmek* to discuss, to debate, to talk over.

müzayede auction.

müze museum.

müzeci museum curator.

müzecilik museology.

müzelik worth putting in a museum; *k. dili* ramshackle, ancient.

müzik music.

müzikal musical.

müzikbilim musicology.

müzikbilimci musicologist.

müzikçi musician; teacher of music.

müzikhol music hall.

müzikli musical.

müzikolog musicologist.

muzikoloji musicology.

müziksever music lover.

müzisyen musician.

müzmin chronic. *müzmin bekâr*
confirmed bachelor.
müzminleşmek to become chronic.

N n

na There it is.

naaş corpse.

nabız pulse. *nabzı atmak* to pulsate. *nabzına bakmak* to feel sb's pulse. *nabzına göre şerbet vermek* to handle sb with tact. *nabzını yoklamak* to put out a feeler, to sound sb out.

nacak hatchet.

naçar helpless.

naçiz worthless, insignificant.

naçizane humbly.

nadas fallowing. *nadasa bırakmak* to fallow.

nadide rare, curious.

nadir rare, scarce; rarely.

nadiren rarely, seldom.

nafaka *huk.* alimony; subsistence, livelihood.

nafile in vain, useless. *nafile yere* in vain, uselessly.

nağme tune, melody.

nah There it is.

nahoş unpleasant.

nail who attains/gains/obtains. *nail olmak* to attain, to gain.

nakarat refrain.

nakavt knock-out.

nakden in cash.

nakış embroidery. *nakış işlemek* to embroider.

nakil transport, transfer; transplanting; narration. *nakil vasıtaları* means of transport.

nakit ready money, cash.

naklen live. *naklen yayın* live broadcast.

nakletmek to transport, to convey, to transfer; to narrate, to relate.

nakliyat transport, freighting, forwarding.

nakliyatçı freighter, shipper.

nakliye transport, shipping; transport expenses, freight.

nakliyeci freighter, shipper.

nakşetmek to imprint, to engrave.

nal horseshoe. *nalları dikmek* to peg out, to croak.

nalbant horseshoer, farrier.

nalbur hardware dealer, ironmonger; hardware store.

nalça iron tip (*on a boot*).

nallamak to shoe; *arg.* to kill, to croak.

nam name; fame, reputation. *nam kazanmak* to become famous.

namağlup undefeated.

namaz ritual worship, prayer, namaz. *namaz kılmak* to perform the namaz *namaz vakti* prayer time.

name (*love*) letter.

namına on behalf of, in sb's name.
namında called, named.
namlu (*gun*) barrel.
namus honour, chastity; honesty.
namuslu honourable, chaste, honest.
namussuz dishonourable, unchaste; dishonest.
namussuzca dishonestly.
namussuzluk dishonesty, deceit, unchasteness.
namzet candidate. *namzet göstermek* to nominate.
nanay *arg.* there isn't.
nane mint, peppermint. *nane yemek* to make a blunder.
naneli (pepper) minty.
naneruhu oil of peppermint.
naneşekeri peppermint.
nanik yapmak to cock a snook at, to make a long nose.
nankör ungrateful, unthankful.
nankörlük ungratefulness, ingratitude. *nankörlük etmek* to show ingratitude.
nar pomegranate. *nar gibi* well toasted/roasted.
nara cry, shout. *nara atmak* to shout out, to yell.
narenciye citrus fruits.
nargile water-pipe, hubble bubble, narghile.
narin slender, slim; delicate, fragile.
narinlik slimness, slenderness; delicacy.
narkotik narcotic.
narkoz narcosis. *narkoz vermek* to narcotize.
narsisizm narcissism.
nasıl how. *nasıl olsa* somehow or other, sooner or later. *nasıl gidiyor* how's things? *nasıl olur* how come? *nasılsınız* how are you?

nasılsa in any case, somehow or other.
nasır corn, callus. *nasır bağlamak* to become calloused.
nasihat advice, counsel. *nasihat etmek/vermek* to advise. *nasihat tutmak* to follow sb's advice.
nasip portion, share; destiny, luck. *nasip etmek* to vouchsafe. *nasip olmak* to be vouchsafed. *nasibini almak* to enjoy.
naturalist naturalist; naturalistic.
natüralizm naturalism.
natürel natural.
natürist naturist.
natürizm naturism.
natürmort still life.
navlun freight charge for cargo.
naz coquetry, whims; disdain, coyness. *naz etmek/yapmak* to feign reluctance. *nazı geçmek* to have influence (*over*). *nazını çekmek* to put up with sb's whims.
nazar look, glance; the evil eye; opinion. *nazara almak* to take into account. *nazar boncuğu* blue bead (*worn to avert the evil eye*). *nazar değmek* to be affected by the evil eye. *Nazar değmesin!* Touch wood! *nazarı dikkatini çekmek* to attract sb's attention into consideration. *nazarıyla bakmak* to consider, to regard as.
nazaran in comparison to; according to.
nazarımda in my opinion.
nazari theoretical.
nazariye theory.
nazarlık amulet, charm.
nazım verse.
nazik kind, polite; delicate, ticklish.
nazikane politely.

nazikleşmek to become delicate.
naziklik politeness; delicacy.
nazlanmak to behave coquettishly; to feign reluctance.
nazlı spoilt, petted; coquettish, coy.
ne what? *ne alemde?* How? *ne biçim?* what kind of? *ne çare!* It can't be helped! *ne çıkar?* so what? *ne de olsa* after all *ne demek* what does it mean?; Not at all! *ne demeye?* why (*on earth*)? *ne denli* how *ne diye?* why (*on earth*)? *Ne ekersen onu biçersin* As you sow, so shall you reap, *ne gibi?* what sort? *ne güzel!* How nice! *ne haber?* what's the news? *ne haddine?* how would he dare? *Ne hali varsa görsün!* Let him stew in his own juice! *ne hikmetse* heaven knows why *ne için?* what for? why? *ne kadar?* how much?; how *Ne münasebet!* Not by a long chalk! Of course not! *ne ... ne de ...* neither ... nor ... *ne oldum delisi* parvenu *Ne olur!* Please *ne olur ne olmaz* just in case *ne olursa olsun* in any case, not on any account, on no account *ne oluyor* What's up? *k. dili ne pahasına olursa olsun* at any cost, at all costs *ne var?* what's the matter? *ne var ki* but *ne var ne yok?* what's the news? *ne vakit?* when? *ne yazık* What a pity *ne yazık ki* unfortunately *ne zaman?* when?
nebat plant.
nebati vegetable, botanical. *nebati yağ* vegetable oil.
nebze particle, bit, trace.
nece what language.
neci of what trade?

neden cause, reason; why? what for? *neden olmak* to cause. *nedenini açıklamak* to account for sth.
nedeniyle because of, due to.
nedenli having a reason.
nedense for some reason or other.
nedensiz without a reason, causeless.
nefaset excellence, exquisiteness.
nefer *ask.* Private.
nefes breath. *nefes aldırmamak to* give no rest. *nefes almak* to breathe; to catch one's breath. *nefes borusu anat.* Trachea. *nefes darlığı* asthma. *nefesi daralmak* to be short of breath. *nefesi kesilmek* to be out of breath. *nefesini kesmek* to take sb's breath away. *nefes nefese* out of breath. *nefes nefese kalmak to* get out of breath. *nefes vermek* to breathe out.
nefesli (*çalgılar*) wind instruments.
nefis exquisite, delicious.
nefis self, essence; one's desires, concupiscence. *nefsine düşkün* self indulgent. *nefsine uymak* to yield to the flesh, to sin. *nefsine yedirememek* to be unable to bring oneself to do sth. *nefsini köreltmek* to take the edge off one's desire.
nefret hatred, abhorrence, hate. *nefret etmek* to hate, to abhor, to loathe. *nefret uyandırmak* to arouse hatred.
nefretle with hatred.
neft naphtha.
negatif negative.
nehir river. *nehir ağzı* mouth of a river. *nehir kenarı* riverside. *nehir kıyısı* bank. *nehir yatağı* riverbed, channel.

nekes stingy, mean.

nektar nectar.

nem moisture, damp.

nemlendirici moisturizing, humidifying; moisturizer.

nemlenmek to become damp.

nemli moist, damp, humid.

nemrut cruel, grim, obstinate.

nene granny.

neon *kim.* neon **neon lambası** neon lamp.

Neptün Neptune.

nerde where?

nerdeyse almost, nearly.

nere what place, what part, whatsoever place?

nerede where? **nerede ise** before long, soon.

nereden from where, whence?

neredeyse almost, nearly.

nereli where from? **Nerelisiniz?** Where are you from?, Where do you come from?

neresi what place, what part?

nereye where, to what place?

nesil generation.

nesir prose.

nesne thing, object.

nesnel objective.

nesnellik objectivity.

neşe gaiety, joy. **neşesi yerinde olmak** to be in high spirits.

neşelendirmek to cheer up, to make cheerful.

neşelenmek to grow merry, to cheer up.

neşeli cheerful, merry, joyful.

neşesiz in low spirits, joyless.

neşretmek to spread; to publish.

neşriyat publications.

neşter lancet.

net clear; net .**net ağırlık** net weight **net gelir** net income.

netice result, outcome.

neticelendirmek to bring to an end.

neticelenmek to result in, to come to a conclusion.

neticesiz fruitless, useless.

nevale food, chow.

nevi kind, sort. **nevi şahsına münhasır** the only one of its kind.

nevresim sheet of a quilt.

nevroloji neurology.

ney reed flute.

neyse anyway. **neyse ki** luckily, fortunately.

neyzen flute player.

nezaket politeness.

nezaketli polite.

nezaketsiz impolite.

nezaketsizlik impoliteness.

nezaret surveillance, custody; insection. **nezaret altına almak** to take under surveillance. **nezaret etmek** to superintend, to inspect.

nezarethane custodial prison.

nezih pure, clean.

nezle cold, common cold, catarrh. **nezle olmak** to catch (a) cold.

nice how many, many a...! **nice nice** a great many.

nicel quantitative.

nicelik quantity.

niçin why, what for?

nihai final, ultimate.

nihayet end; at last, finally.

nihayetsiz endless, infinite.

nikâh marriage. **nikâh dairesi** marriage office. **nikâh düşmek** (marriage) to be legally possible. **nikâh kıymak** to perform a marriage ceremony.

nikâhlı married.

nikâhsız unmarried, out of wedlock. **nikâhsız yaşamak** to cohabit.

nikotin nicotine.

nisan April.

nispet proportion, ratio. *nispet vermek/yapmak* to say sth out of spite.

nispeten comparatively, relatively.

nispetle in comparison (*with*).

nispetli proportional.

nispetsiz disproportional.

nispi proportional; relative. *nispi temsil* proportional representation.

nişan mark, sign; engagement, betrothal; decoration, order; target. *nişan almak* to take aim at. *nişan koymak* to make a mark. *nişan yapmak* to arrange an engagement. *nişan yüzüğü* engagement ring. *nişanı bozmak* to break off an engagement.

nişanlamak to engage, to betroth; to take aim at.

nişanlanmak to get engaged (*to*).

nişanlı engaged; fiance, fiancée.

nişasta starch.

nitekim just as, besides.

niteleme qualification. *niteleme sıfatı* descriptive adjective.

nitelemek to qualify.

nitelendirmek to qualify.

nitelik quality.

nitelikli qualified.

niteliksiz unqualified.

nitrik nitric. *nitrik asit* nitric acid.

nitrojen nitrogen.

niye why?

niyet intention, intent, purpose. *niyet etmek* to intend. *niyeti bozuk* having an evil intention.

niyetiyle with the intention of.

niyetli who has an intention; fasting.

nizam order, regularity; law, regulation.

nizami regular; legal.

nizamiye the regular army. *nizamiye kapısı* the main entrance. (*to a barracks or garrison*).

nizamlı regular; legal.

nizamname regulation.

nizamsız irregular; illegal.

Noel Christmas. *Noel ağacı* Christmas tree. *Noel arifesi* Christmas Eve. *Noel Baba* Father Christmas, Santa (*Claus*).

nohut chickpea.

noksan deficiency, defect, want; deficient, defective, wanting, lacking.

noksanlık deficiency, lack.

noksansız complete, perfect.

nokta dot, point; speck, spot; full stop, period.

noktalama punctuation. *noktalama işareti* punctuation mark.

noktalamak to punctuate; to finish.

noktalı punctuated; dotted. *noktalı virgül* semicolon.

noktasız undotted.

normal normal. *normal benzin* two-star petrol, regular gas. *normal olarak* normally.

normalleşmek to normalize.

normallik normality, normalcy.

Norveç Norway.

Norveççe Norwegian.

Norveçli Norwegian.

nostalji nostalgia.

not note; (*school*) mark, grade. *not almak* to take a note/message; to get a mark. *not defteri* note-book, pocketbook, jotter. *not etmek* to note down. *not tutmak* to take notes. *not vermek* to give marks to; to size up.

nota *rnüz.* note; (*diplomatic*) note.

noter notary (*public*).

nöbet turn; guard, watch; fit, attack. *nöbet beklemek/tutmak* stand guard.

nöbetçi sentry, watchman; on duty, on guard. *nöbetçi doktor* doctor on call. *nöbetçi eczane* pharmacy on duty. *nöbetçi subayı* duty officer.

nöbetleşe in turns.

nöbetleşmek to take turns.

nöron *biy.* neuron.

nötr neutral.

nötrleşmek to be neutralized.

nötrlük neutrality.

nötron neutron.

Nuh Noah. *Nuh'un gemisi* Noah's Ark.

numara number; size, number; trick, blind, stall. *numara yapmak* to act, to pretend.

numaracı faker, phony.

numaralamak to number.

numaralı numbered.

numarasız unnumbered.

numune sample, model.

numunelik sample.

nur light, brilliance. *Nur içinde yatsın!* May he rest in peace! *Nur ol!* Bravo! *nur topu gibi* (*baby*) healthy and beautiful.

nurlu shining, bright.

nutuk speech, oration. *nutuk atmak/çekmek* to sermonize. *nutuk vermek* to make a speech.

nüfus population, inhabitants. *nüfus kâğıdı* identity card, identity certificate. *nüfus kütüğü* state register of persons. *nüfus memurluğu* Registry of Births. *nüfus patlaması* population explosion. *nüfus planlaması* family planning. *nüfus sayımı* census. *nüfus yoğunluğu* population density.

nüfusbilim demography.

nüfuz influence, hold; penetration. *nüfuz etmek* to penetrate; to influence. *nüfuz sahibi* influential.

nüfuzlu influential

nükleer nuclear. *nükleer enerji* nuclear energy. *nükleer reaktör* nuclear reactor, atomic reactor. *nükleer santral* nuclear power station. *nükleer savaş* nuclear war. *nükleer silahlar* nuclear arms, nuclear weapons.

nükleon nucleon.

nüksetmek to relapse, to recur.

nükte witticism. *nükte yapmak* to make witty remarks.

nükteci witty.

nükteli witty.

nüsha copy.

nüve nucleus.

O o

o he; she; it. *o anda* at that moment. *o gün bugün(dür)* since that day. *o halde* then, in that case. *o kadar* so ..., so much; that's all. *o taktirde* in that case *o taraflı olmamak* to take no notice of. *o zaman* then. *o zamandan beri* ever since.

oba large nomad tent; nomad group.

obje object, thing.

obuacı oboist.

obur gluttonous, greedy.

oburca greedily.

oburlaşmak to become gluttonous.

oburluk gluttony, greediness.

obüs howitzer.

ocak cooker, range, oven; fireplace, hearth; quarry, mine. *ocağına düşmek* to be at the mercy of. *ocağına incir dikmek* to ruin sb's family, to destroy the family of.

Ocak January.

ocakçı chimney sweep; stoker.

oda room; chamber. *oda hizmetçisi* chamber maid. *oda müziği* chamber music. *oda orkestrası* chamber orchestra.

odacı janitor, servant.

odak focus, focal point.

odaklamak to focus.

odaklanmak to be focused.

odun firewood, log.

oduncu woodcutter, seller of firewood.

odunkömürü charcoal.

odunluk woodshed.

ofis office.

oflamak to breathe a sigh.

ofsayt *sp.* offside.

ofset offset (*printing*). *ofset baskı* offset printing.

oğlak kid. *Oğlak burcu* Capricorn. *Oğlak dönencesi* tropic of Capricorn.

oğlan boy; (*cards*) jack, knave; queen, catamite.

oğmak to rub.

oğul son; swarm of bees.

oğulcuk little son; *biy.* Embryo.

oğulluk sonship; adopted son. *oğulotu* balm.

oğuşturmak to rub.

oh ah! good! *oh çekmek* to gloat over another's misfortunes. *oh demek* to have a breather.

oha stop! whoa!

oje nail polish.

ok arrow. *ok atmak* to shoot arrows.

okaliptüs eucalyptus.

okçu archer.

okey okay. *k. dili,* OK *k. dili.*

okkalı heavy; large, big.

oklava rolling-pin.

okluk quiver.

oksijen oxygen. *oksijen çadırı* oxygen tent. *oksijen maskesi* oxygen mask.

oksijenli oxygenic, oxygenous.

oksit oxide.

oksitlemek to oxidize.

okşamak to caress, to pat, to pet; to beat, to trash.

oktan octane.

oktav octave.

okul school. *okul arkadaşı* schoolmate, schoolfellow. *okul harcı* tuition. *okul kaçağı* truant, hooky. *okul müdürü* headmaster, principal. *okuldan kaçmak* to play truant. *okulu asmak* to cut classes. *okulu bırakmak* to drop out. *okulu kırmak arg.* to cut classes.

okulöncesi preschool time; preschool.

okulsonrası post-school time; postschool.

okuma reading. *okuma yazma* reading and writing.

okumak to read; to sing.

okumamış uneducated.

okumuş educated, well-read, learned.

okunaklı legible.

okunaksız illegible.

okunuş way of reading; pronunciation.

okur reader.

okuryazar literate.

okuryazarlık literacy.

okutmak to teach, to instruct; *arg.* to dispose of, to sell, to fob off on.

okutman lecturer.

okutmanlık lectureship.

okuyucu reader.

okyanus ocean.

olabilir possible.

olabilirlik possibility.

olacak suitable; reasonable; something inevitable. *Olacak gibi değil* It's impossible. *Olacak iş (şey) değil* It's incredible.

olagelmek to go on, to continue.

olağan usual, ordinary, common.

olağandışı unusual, abnormal.

olağanüstü extraordinary; unusual.

olamaz impossible.

olanak possibility, chance. *olanak vermek* to enable.

olanaklı possible.

olanaksız impossible.

olanaksızlık impossibility.

olanca utmost, all of.

olarak being, as.

olası probable, likely, possible.

olasılık probability.

olay event, incident, case. *olay çıkarmak* to kick up a fuss/row *olay yeri* scene.

olaylı eventful.

olaysız uneventful.

oldu all right! okay!

oldubitti fait accompli. *oldubittiye getirmek* to confront sb with a fait accompli.

oldukça rather, fairly.

olgu fact, event.

olgucu positivist; positivistic.

olguculuk *fel.* Positivism.

olgun ripe; mature.

olgunlaşmak to become ripe; to become mature.

olgunlaştırmakta ripen; to mature.

olgunluk ripeness; maturity.

oligarşi oligarchy.

olimpiyat Olympiad. *olimpiyat oyunları (the)* Olympic games.

olmadık unusual; impossible, unreasonable.

olmak to be; to become, to get, to grow; to happen, to take place. *olanlar* happenings. *olan oldu* what's done is done, it's too late now.

olmamış unripe.

olmaz no, impossible.

olmuş ripe, mature.

olsa olsa at most.

olsun let it be; never mind! *olsun olsun* at most. *olup bitenler* events, happenings.

olta fishing-line. *olta iğnesi* fish hook. *olta yemi* bait.

oluk gutter, pipe; groove.

oluklu grooved.

olumlu positive, affirmative.

olumsuz negative.

olumsuzluk negativeness, negativity.

olur possible; all right, okay, OK. *olur şey değil* It's incredible. *olur olmaz* whatever, any; whoever, anybody. *oluruna bırakmak k. dili* to let sth ride.

oluş state of being or becoming.

oluşma formation.

oluşmak to come into existence/being; to be formed; to take shape.

oluşturmak to form, to constitute.

oluşum formation.

omlet omelette.

omur *anat.* vertebra.

omurga spine, backbone.

omurgalılar *zool.* vertebrates.

omurgasızlar *zool.* Invertebrates.

omurilik *anat.* spinal cord.

omuz shoulder. *omuz omuza* shoulder to shoulder. *omuz silkmek* to shrug one's shoulders. *omuza vurmak* to shoulder. *omuzuna almak* to shoulder.

omuzlamak to shoulder.

omuzluk epaulette.

on ten. *on altı* sixteen. *on altıncı* sixteenth. *on beş* fifteen. *on beşinci* fifteenth. *on bir* eleven. *on birinci* eleventh. *on dokuz* nineteen. *on dokuzuncu* nineteenth. *on dört* fourteen. *on dördüncü* fourteenth. *on sekiz* eighteen. *on sekizinci* eighteenth. *on üç* thirteen. *on üçüncü* thirteenth. *on yedi* seventeen. *on yedinci* seventeenth. *on para etmez* worthless.

ona (*to*) him; (*to*) her; (*to*) it.

onamak to approve.

onar ten each. *onar onar* ten by ten.

onarım repair.

onarımcı repairman.

onarmak to repair, to mend.

onay approval, consent, okay, OK.

onaylamak to approve, to certify.

onaylı approved. *onaylı suret* certified copy.

onbaşı corporal.

onca in his/her opinion, according to him/her; so much, so many.

ondalık a tenth; decimal. *ondalık hanesi* decimal place. *ondalık kesir* decimal fraction. *ondalık sayı* decimal number. *ondalık sistem* decimal system. *ondalık virgülü* decimal point.

ondan for that reason; from him/her/it. *ondan sonra* then, thereafter.

ongun productive; prosperous; happy; totem.

onlar they.

onlara (*to*) them.

onları them.

onlu (*cards*) the ten.

onmak to heal, to recover; to be happy.

onmaz incurable.
onsuz without him/her/it.
onu him, her, it.
onulmaz incurable.
onun his, her, its. *onun için* for that reason, that's why.
onunki his, hers.
onur honour; self respect, pride. *onur vermek* to honour.
onurlandırmak to honour.
onurlanmak to be honoured.
onurlu self respecting, dignified, proud.
onursal honorary.
onursuz dishonourable, undignified.
onursuzluk dishonour
onuruna in honour of. *onuruna dokunmak* to hurt sb's pride. *onuruna yedirememek* not to be able to stomach.
opera opera.
operasyon operation.
operatör surgeon; operator.
optik optics optical.
optimum optimum.
ora that place.
oracıkta just over there.
orada there. *orada burada* here and there.
orak sickle.
oraları those places.
oralı of that place .*oralı olmamak* to pay no attention.
oramiral vice-admiral.
oran proportion, ratio, rate.
orangutan orangutan, orangoutang.
oranla in proportion (*to*).
oranlamak to measure, to calculate; to estimate; to compare.
oranlı proportioned.
oransız badly proportioned.
orantı proportion.

orantılı proportional.
orası that place.
oraya there.
ordonat *ask.* Ordnance.
ordövr hors d'oeuvre, appetizer.
ordu army; crowd.
orduevi officer's club.
ordugâh military camp.
organ organ, member. *organ nakli* transplantation.
organik organic.
organizasyon organization.
organizatör organizer.
organize organized. *organize etmek* to organize.
orijinal original.
orijinallik originality.
orkestra orchestra. *orkestra şefi* conductor, maestro.
orkide *bot.* Orchid.
orkinos tuna fish.
orlon orlon.
orman forest, wood. *orman bekçisi* ranger. *Orman Fakültesi* School of Forestry.
ormancı forester.
ormancılık forestry.
ormanlık wooded, covered with trees. *ormanlık arazi* timberland.
orta middle, centre; average, medium; intermediate. *orta boy* middle size. *orta dalga* mediumwave. *orta direk* mainmast; *k. dili* middleclass. *orta halli* of moderate means. *orta karar* moderate. *orta malı* common to all; prostitute. *orta sınıf* middle class. *orta yaşlı* middle aged. *ortada bırakmak* to leave sb in the lurch. *ortada* in the middle; clear, obvious, apparent. *ortada kalmak* to be in a fix. *ortadan kaldırmak* to destroy, to remove. *ortadan kaybolmak*

to disappear. **ortaya atılmak** to come forward, to offer oneself; to be put forward. **ortaya atmak** to put forward, to bring up, to throw up, to suggest. **ortaya çıkarmak** to bring to light; to discover. **ortaya çıkmak** to show oneself, to appear; to come out, to be revealed. **ortaya koymak** to put forward, to expose.

ortaç *dilb.* participle.

ortaçağ the Middle Ages; medieval.

ortadamar median vein.

ortaderi mesoderm.

Ortadoğu the Middle East.

ortaelçi minister plenipotentiary, minister.

ortak partner, associate; common, joint. **ortak çarpan** *mat.* ratio of a geometrical progression. **ortak olmak** to become a partner (*with*); to share.

ortaklaşa in common, collectively.

ortaklık partnership; company, firm. **ortaklık sözleşmesi** deed of partnership.

ortakyapım joint production, co-production.

ortakyaşama symbiosis.

ortakyönetim coalition.

ortalama average. **ortalama olarak** on an average.

ortalamak to centre.

ortalık surroundings, the world around. **ortalığı birbirine katmak** to turn the place upside down. **ortalığı toplamak** to tidy up. **ortalık ağarmak** (*dawn*) to break **ortalık kararmak** (*night*) to close in **ortalık karışmak** to be upside down. **ortalıktan kaybolmak** to disappear.

ortalıkta in sight, around.

ortam environment, surroundings; atmosphere.

ortanca middle, middling; middle child of three.

ortaokul secondary school, middle school, junior high school.

ortaöğretim secondary education.

ortaparmak middle finger.

ortasiklet middleweight.

ortasında midway, amid, amidst.

Ortodoks Orthodox.

Ortodoksluk Orthodoxy.

ortopedi orthopaedics.

ortopedik orthopaedic.

oruç fast, fasting. **oruç bozmak** to break the fast. **oruç tutmak** to fast. **oruç yemek** not to observe the fast.

oryantal oriental.

Osmanlı Ottoman. **Osmanlı İmparatorluğu** the Ottoman Empire.

Osmanlıca the Ottoman Turkish language.

ot grass, herb.

otağ pavilion.

otak pavilion.

otel hotel.

otelci hotel-keeper.

otlak pasture, grassland.

otlakçı sponger, parasite.

otlakçılık sponging, freeloading. **otlakçılık etmek** to sponge on.

otlamak to graze, to pasture; to sponge.

otluk haystack.

oto auto, car.

oto- auto

otoban motorway, expressway, freeway.

otobiyografi autobiography.

otobur *zool.* herbivorous.

otobüs bus; coach. **otobüs durağı** bus stop.

otogar coach station, bus terminal.

otokrasi autocracy.

otokritik self-criticism.

otomasyon automation.

otomat automaton.

otomatik automatic. **otomatik olarak** automatically.

otomatikleştirmek to automatize.

otomatikman automatically.

otomobil car, auto, motorcar, automobile. **otomobil tamircisi** car mechanic.

otomotiv automotive.

otonom autonomous.

otonomi autonomy.

otopark car park, parking lot.

otopsi autopsy.

otorite authority.

otoriter authoritarian.

otostop hitchhiking. **otostop yapmak** to hitchhike.

otostopçu hitchhiker.

otoyol motorway, expressway.

oturacak seat.

oturak seat; chamber pot.

oturaklı well settled, foursquare; sober, dignified; well-chosen, timely.

oturma sitting. **oturma odası** living room, sitting room.

oturmak to sit; to live, to stay; to settle.

oturtmak to seat, to place.

oturum session, sitting.

otuz thirty.

otuzar thirty each.

otuzuncu thirtieth.

ova plain.

oval oval.

ovalamak to massage, to knead.

ovalık grass land.

ovmak to rub with the hand, to massage.

ovuşturmak to massage, to rub, to knead.

oy vote. **oy çokluğuyla** by a large majority. **oy pusulası** ballot-paper. **oy sandığı** ballot box. **oy vermek** to vote. **oya koymak** to put sth to the vote.

oya pinking, embroidery.

oyalamak to put sb off, to stall; to amuse, to divert.

oyalanmak to dally, to linger, to loiter.

oyalı pinked.

oybirliği unanimity.

oybirliğiyle by a unanimous vote.

oylama voting.

oylamak to put sth to the vote.

oyluk thigh.

oyma carving, engraving; carved, engraved.

oymacı carver, engraver.

oymak to carve, to engrave; to bore; *arg.* to punish, to beat, to tell off.

oymak tribe, clan; troop of boy-scouts.

oymalı caned engraved.

oynak playful, frisky; fickle, flirtatious; loose, shifting.

oynamak to play; to dance; to fiddle with, to trifle; to move; to be loose; (*film, play*) to be on.

oynaş lover, lovelorne.

oynaşmak to play with one another; to carry on a love affair.

oynatmak (*to cause*) to play; (*to cause*) to dance; to move, to stir; to lose one's mind.

oysa yet, but, however, whereas.

oysaki yet, but, however, whereas.

oyuk hollowed out; cavity, hollow.

oyun play, game; performance; trick; gamble. **oyun etmek** to play a trick on sb, to play a joke on sb. *oyun kâğıdı* card, playing card(s). *oyun oynamak* to play a trick on, to deceive. *oyun yazarı* playwright. *oyuna gelmek* to be deceived.

oyunbaz playful, frisky.

oyunbozan spoilsport, killjoy.

oyunbozanlık being a killjoy. *oyunbozanlık etmek* to be a killjoy.

oyuncak toy, plaything; laughingstock, plaything; child's play, cinch.

oyuncakçı toy maker, toy seller; toyshop, toy store.

oyuncu player; actor, actress; dancer.

oyunculuk acting.

oyunlaştırmak to dramatize.

ozalit blueprint.

ozan poet.

ozon *kim.* ozone.

Ö ö

öbek heap, group. **öbek öbek** in groups.

öbür the other. **öbür dünya** the other world. **öbür gün** the day after tomorrow.

öbürkü the other one.

öbürleri the other ones.

öbürü the other one.

öcü ogre, bogyman.

öç revenge. **öç almak** to take revenge on. **öcünü almak** to revenge.

öd gall, bile. **ödü kopmak/patlamak** to be frightened to death. **ödünü koparmak/patlatmak** to frighten sb out of his wits.

ödeme payment. **ödeme emri** order of payment. **ödeme gücü** solvency. **ödemeli (teslim)** cash on delivery (C.O.D.).

ödemek to pay.

ödemeli cash on-delivery, C.O.D.

ödenek appropriation, allowance. **ödenek ayırmak** to appropriate funds (for).

ödenti subscription, fee.

ödeşmek to settle accounts (with one another).

ödev duty; homework.

ödkesesi gallbladder.

ödlek cowardly, timid.

ödleklik cowardice.

ödül prize, award, reward. **ödül kazanmak** to win a prize.

ödüllendirmek to reward.

ödün concession, compensation. **ödün vermek** to make concessions.

ödünç loan; borrowed. **ödünç almak** to borrow. **ödünç alan** borrower. **ödünç veren** lender. **ödünç vermek** to lend, to loan.

ödünleme compensation.

ödünlemek to compensate.

öfke anger, fury, rage.

öfkelendirmek to anger, to make angry.

öfkelenmek to get angry.

öfkeli choleric, hot tempered; angry, furious.

öğe element.

öğle noon, midday. **öğle üstü** around noon. **öğle yemeği** lunch. **öğle yemeği yemek** to have lunch, to lunch. **öğleden önce** in the forenoon. **öğleden sonra** in the afternoon.

öğlen meridian; k. dili noon, midday; k. dili at noon. **öğlende** at noon.

öğleyin at noon.

öğrenci student, pupil. **öğrenci yurdu** students' hostel.

öğrenim education, study. *öğrenim görmek* to receive education.

öğrenmek to learn.

öğreti doctrine.

öğretici instructive, didactic.

öğretim instruction, education. *öğretim görevlisi* lecturer. *öğretim üyesi* professor, assistant professor, lecturer. *öğretim yılı* academic year, school year.

öğretmek to teach, to instruct.

öğretmen teacher, instructor, tutor. *öğretmen okulu* teacher's training school.

öğretmenlik teacher's profession, teaching.

öğün meal.

öğünmek to boast, to brag.

öğürmek to retch; to bellow.

öğürtü retching.

öğüt advice. *öğüt vermek* to give advice.

öğütlemek to advise, to recommend.

öğütmek to grind, to mill.

ökçe heel.

ökçeli heeled.

öksürmek to cough.

öksürük cough.

öksüz orphan, motherless. *öksüz kalmak* to be orphaned.

öksüzlük orphanage.

öküz ox; lout, oat, stupid person. *öküz gibi bakmak* to stare like a fool.

ölçek measure, scale.

ölçme measuring.

ölçmek to measure. *ölçüp biçmek* to consider carefully.

ölçü measure; measurement; moderation; (*poetry*) metre. *ölçüsünü almak* to take the measurements of. *ölçüyü kaçırmak* to pass the limit, to overdo.

ölçülü measured; moderate.

ölçüm measure; measurement.

ölçüsüz unmeasured; immoderate.

ölçüt criterion.

öldüresiye to death, ruthlessly.

öldürmek to kill, to murder.

öldürücü mortal, deadly.

ölesiye excessively.

ölgün faded, withered.

ölmek to die.

ölmez immortal, eternal.

ölmüş dead, lifeless.

ölü dead; dead body, corpse.

ölüm death *ölüm cezası* capital punishment, death-penalty. *ölüm kalım meselesi* a matter of life or death. *ölüm döşeğinde olmak* to be on one's deathbed. *ölümü göze almak* to risk one's life. *ölümüne susamak* to run into the jaws of death.

ölümcül deadly, mortal.

ölümlü mortal, transitory.

ölümsüz immortal.

ölümsüzleştirmek to immortalize.

ölümsüzlük immortality.

ömür life, existence. *ömür boyu* for life; lifelong, lifetime. *ömür boyu maaş* pension for life. *ömür boyu hapis* life imprisonment, life sentence. *ömür çürütmek* to waste one's life. *ömrü vefa etmemek* not to live long enough to.

ömürsüz short-lived.

ön front *ön ayak olmak* to pioneer, to lead. *önde* ahead. *önde gelmek* to be in the most important place. *önden* from the front. *önden çekişti* (*car*) front-wheel drive. *öne* to the front. *öne geçmek* to go to the fore. *öne sürmek* to put forward, to bring forward. **önü alınmak** to be prevented. **önümüzdeki** next. **önünde** in front of. **önüne düşmek** to show sb the way. **önüne gelen** anyone, everybody. **önünü kesmek** to waylay.

önce before, ago; first, at first.

önceden beforehand, in advance.

önceki the former.

önceleri previously, formerly.

öncelik priority.

öncelikle first of all.

öncü avant-garde; *ask.* vanguard.

öncül premise, premiss.

öncülük pioneering. **öncülük etmek** to pioneer.

önder leader, chief.

önderlik leadership.

öndeyiş *yaz.* Prologue.

önek prefix.

önem importance. **önem vermek** to attach importance to.

önemli important. **önemli değil** not at all.

önemsemek to care (*about*), to mind.

önemsiz unimportant.

önerge motion, proposal. **önerge vermek** to make a motion.

öneri proposal, suggestion. **öneride bulunmak** to propose, to suggest.

önerme proposition.

önermek to propose, to suggest, to offer.

önerti antecedent.

öngörmek to anticipate, to foresee.

öngörü foresight, prudence.

öngörülü farseeing, prudent.

önlem measure, precaution. **önlem almak** to take measures.

önlemek to prevent.

önleyici preventive.

önseçim primary election.

önsezi presentiment, intuition.

önsöz preface, foreword.

önsözleşme preliminary agreement.

önyargı prejudice.

önyargılı prejudiced.

önyüzbaşı lieutenant commander, senior captain.

öpmek to kiss, to smooch.

öpücük kiss, smooch. **öpücük göndermek** to kiss one's hand to sb.

öpüşmek to kiss (*each other*).

ördek duck.

ören ruin.

örf custom, convention. **örf ve âdet** usage and custom.

örfi customary, conventiona.l **örfi idare** martial law, state of siege.

örgü knitting; plait, braid. **örgü örmek** to knit.

örgülü plaited, braided.

örgüt organization.

örgütlemek to organize.

örgütlenmek to be organized.

örgütlü organized.

örgütsel organizational.

örme knitting; knitted.

örmek to knit, to plait.

örneğin for example, for instance.

örnek sample, pattern, model; example; exemplary. **örnek almak** to take sb/sth as one's model. **örnek olmak** to be a model, to set an example.

örnekle(ndir)mek to give an example of, to illustrate.

örs anvil.

örselemek to spoil, to batter, to rumple.

örtbas hushing up. **örtbas etmek** to hush up, to suppress, to conceal.

örtmek to cover.

örtü cover, wrap.

örtülü covered; shut, closed.

örtünmek to cover oneself.

örümcek spider. *örümcek ağı* spider's web, cobweb. *örümcek bağlamak* to be covered with cobwebs. *örümcek kafalı* old-fashioned, square.

öte the farther side; farther, further. *öte yandan* on the other hand.

öteberi this and that, various things.

ötede over there. *ötede beride* here and there.

öteden from the other side. *öteden beri* for a long time.

öteki the other. *öteki beriki* anybody and everybody.

ötesinde beyond.

ötesine beyond.

öteye farther on, over there, beyond.

ötmek to sing, to warble.

öttürmek to sound, to blow.

ötücü singing. *ötücü kuş* singing bird, songbird.

ötürü because of.

övgü praise, panegyric. *övgüye değer* praiseworthy.

övmek to praise, to extol. *övülmeye değer* praiseworthy.

övülmek to be praised. *övülmeye değer* praiseworthy.

övünç pride, self-respect.

övüngen boastful, bragging; boaster, braggart.

övünmek to boast, to brag, to blow. *Övünmek gibi olmasın* I don't mean to boast, but...

öykü story.

öykücü (*short*) story writer.

öykülemek to narrate.

öykünmek to imitate.

öyle such; so *öyle ... ki* such ... that *öyle mi?* Is that so? *öyle olsun!* So be it! *öyle ya* Of course! *öyle yağma yok* Not on your life!

öyleyse if so, then.

öz self; essence, kernel; essential, real. *öz anne* one's own mother. *öz kardeş* full brother/sister. *öz Türkçe* pure Turkish.

Özbek Uzbek.

Özbekistan Uzbekistan.

özdenetim *ruhb.* Selfcontrol.

özdeş identical.

özdeşleşme identification.

özdeşleşmek to identify oneself with.

özdeşleştirmek to identify.

özdeşlik identity.

özdevim automation.

özdevinim automatism.

özdeyiş aphorism.

özdirenç resistivity.

özek centre

özel private; personal; special. *özel ad dilb.* proper noun. *özel ders* private lesson. *özel dedektif* private detective. *özel hastane* private hospital. *özel hayat* private life. *özel mülkiyet* private property. *özel okul* private school. *özel sekreter* private secretary. *özel uçak* private plane. *özel ulak* express delivery.

özeleştiri self-criticism.

özellik peculiarity, property, characteristic.

özellikle especially, particularly.

özen care, pains. *özen göstermek* to take pains. *özene bezene* painstakingly.

özendirmek to encourage, to tempt.

özenli painstaking, careful.
özenmek to take pains; to ape, to imitate. *özenip bezenmek* to take great pains.
özensiz careless.
özensizlik carelessness.
özenti affectation, emulation.
özentili affected.
özentisiz genuine.
özerk autonomous.
özerklik autonomy.
özet summary, outline, synopsis.
özetle in brief, briefly.
özetlemek to summarize.
özezerlik *ruhb.* Masochism.
özgeçmiş autobiography, curriculum vitae, CV.
özgü peculiar to, proper to.
özgül specific. *özgül ağırlık* specific gravity. *özgül ısı* specific heat.
özgün original; authentic, genuine.
özgünlük originality
özgür free.
özgürce freely.
özgürlük freedom, liberty.
özgürlükçü liberalist; liberalistic.
özgüven self-confidence.
özlem longing, yearning; aspiration, desire.
özlemek to long for, to miss, to yearn for.
özleştirmek to purify.
özlü sappy, juicy; pithy, concise, terse.
özlük essence, nature; individual, person. *özlük işleri* personnel affairs.
özne subject.
öznel subjective.
öznellik subjectivity.
özsaygı self-respect.
özseverlik narcissism.
özsu juice, sap.

özümleme assimilation.
özümlemek to assimilate.
özümsemek to assimilate.
özür excuse, apology, put-off; defect. *özür dilemek* to apologize. *özürü kabahatinden büyük* his excuse is worse than his fault.
özürlü having an excuse; defective.
özürsüz inexcusable; nondefective.
özveren self-sacrificing.
özveri self-denial, self-sacrifice.
özverili self-denying, self-sacrificing.
özyaşamöyküsü autobiography.

P p

pabuç shoe. **pabuç bırakmamak** not to be discouraged by. **pabucu dama atılmak** to fall into discredit.

paça lower part of the trouser leg; trotters. **paçaları sıvamak** to gird up one's loins. **paçaları tutuşmak** to be in a stew. **paçasını kurtarmak** to evade, to elude.

paçavra rag. **paçavraya çevirmek** to make a mess of, to botch.

padişah (*Ottoman*) ruler, sultan.

padişahlık sultanate; reign.

pafta section of a large map.

pagan pagan.

paganizm paganism.

paha price, value. **paha biçilmez** priceless. **paha biçmek** to estimate a price. **pahadan düşmek** to fall in price.

pahalanmak to become (*more*) expensive.

pahalı expensive, dear.

pahalılaşmak to become (*more*) expensive.

pahalılık expensiveness.

paket package, parcel. **paket etmek** to parcel up, to pack up.

paketlemek to parcel up, to pack up.

Pakistan Pakistan.

Pakistanlı Pakistani.

paklamak to clean.

pakt pact.

palabıyık long thick and curved moustache.

palanga tackle, pulley-block.

palas sumptuous building, palace. **palas pandıras** helter-skelter.

palaska cartridge belt, bandolier.

palavra bunk, baloney, humbug. **palavra atmak** to shoot the bull, to swagger.

palavracı braggart, boaster, blow-hard.

palazlanmak to grow fat; (*child*) to grow up.

paldır küldür headlong, pell-mell.

palet palette; *den.* flippers; caterpiller tread.

palmiye palm-tree, palm.

palto overcoat.

palyaço clown, buffoon.

pamuk cotton. **pamuk gibi** very soft.

pamukçuk *hek.* aphtha, thrush.

pamuklu of cotton; cotton cloth.

pamuktaş travertine.

Panama Panama.

Panamalı Panamanian.

panayır fair, market. **panayır yeri** fairground.

pancar beet, beetroot. *pancar gibi olmak, pancar kesilmek* to turn as red as a beetroot. *pancar şekeri* beet sugar.

panda *zool.* panda.

pandispanya sponge cake.

pandomima pantomime.

panel panel discussion.

panik panic. *paniğe kapılmak* to be seized with panic. *panik yaratmak* to cause a panic.

Panislavizm Panslavizm.

panjur shutter.

pano panel, notice board.

panorama panorama.

pansiyon boarding-house, pension.

pansiyoncu boarding-house keeper.

pansiyoner boarder, lodger.

pansuman dressing. *pansuman yapmak* to dress (*a wound*).

panteizm *fel.* Pantheism.

panter panther, leopard.

pantolon trousers.

panzehir antidote.

panzer panzer.

papa Pope.

papağan parrot.

papalık papacy.

papatya daisy.

papaz priest, monk; (*cards*) king. *papaza dönmek* (*one's hair*) to be too long (*and untidy*). *papaza kızıp oruç (perhiz) bozmak* to cut off one's nose to spite one's face.

papazlık priesthood.

papirüs papyrus.

papyon bow-tie.

para money. *para babası* moneybags. *para basmak* to mint. *para biriktirmek* to save money. *para birimi* monetary unit. *para bozdurmak* to change money. *para cezası* fine, penalty. *para cüzdanı* wallet, purse. *para çantası* purse. *para çekmek* to draw money. *para çıkarmak* to issue money. *para çıkışmamak* (*money*) not to suffice. *para darlığı* deflation. *para dökmek* to spend a lot of money. *para etmek* to be worth; to tell, to work. *para getirmek* to bring in money. *para harcamak* to spend money. *para ile değil* very cheap. *para kazanmak* to earn money. *para kesmek* to mint; to rake in money. *para kırmak* to rake in money. *para saymak* to pay. *para sızdırmak* to squeeze money out of sb. *para tutmak* to save money. *para yapmak* to earn money. *para yatırmak* to invest. *para yedirmek* to bribe. *para yemek* to play ducks and drakes with money; to accept a bribe. *paranın üstü* change. *parasını sokağa atmak* to throw one's money away. *para parayı çeker* money begets money. *parasını yemek* to live at sb's expense. *paraya çevirmek* to cash in. *paraya kıymak* to spare no expense. *parayı bayılmak/sökülmek* to shell out. *parayı denize atmak* to waste money. *Parayı veren düdüğü çalar* he who pays the piper calls the tune.

paradoks paradox.

paragöz money-grubber.

paralamak to tear to pieces.

paralanmak to be broken to pieces; to strain every nerve; to become rich.

paralelkenar parallelogram.

paramparça all in pieces. ***paramparça etmek*** to break to pieces. ***paramparça olmak*** to be broken to pieces.

parantez parenthesis.

parasal monetary.

parasız penniless, broke; free, gratis.

parasızlık pennilessness.

paraşüt parachute.

paraşütçü parachutist, paratrooper.

paratoner lightning conductor.

paravan (*folding*) screen.

parazit parasite; atmospherics, interference.

parça piece. ***parça başına*** per piece. ***parça mal*** piece goods. ***parça parça*** in pieces. ***parça parça etmek*** to break to pieces. ***parça parça olmak*** to be broken to pieces.

parçalamak to break into pieces, to shatter.

parçalanmak to break into pieces, to break up, to smash, to disintegrate.

parçalı in parts, pieced.

pardon pardon me, excuse me.

pardösü light overcoat.

parfüm perfume.

parfümeri perfumery.

parıl parıl brilliantly, glitteringly. ***parıl parıl parlamak*** to shine brightly.

parıldamak to gleam, to glitter, to sparkle.

parıltı gleam, glitter, sparkle.

parıltılı gleaming, glittering, sparkling.

park park; car park, parking lot **park etmek** to park.

parka parka.

parke parquet, parquetry.

parkur course, track.

parlak bright, shining, brilliant.

parlaklık brightness, brilliance.

parlamak to shine, to beam; to flare up; to gain distinction, to shine.

parlamenter member of parliament, parliamentary.

parlamento parliament.

parlatmak to polish; to shine, to brighten (*up*).

parmak finger. ***parmak atmak*** arg. to goose sb. ***parmak basmak*** to draw attention (*to*). ***parmak hesabı*** counting on the fingers. ***parmak ısırtmak*** to astonish. ***parmak izi*** fingerprint. ***parmak izini almak*** to fingerprint. ***sb parmak kaldırmak*** to raise the hand. ***parmağı olmak*** to have a finger in. ***parmağında oynatmak*** to twist sb round one's little finger. ***parmağını bile kıpırdatmamak*** not to move a finger. ***parmakla göstermek*** to point at. ***parmakla gösterilmek*** to be pointed at.

parmaklamak to finger.

parmaklık railing, balustrade.

parodi parody.

parola password, watchword.

parsel plot, parcel.

parsellemek to divide into parcels.

parşömen parchment.

partal worn out, shabby.

parti party; (*goods*) consignment. ***parti vermek*** to give a party. ***partiyi kaybetmek*** to lose the game.

partici partisan.

particilik partisanship.

partizan partisan.

partizanlık partisanship.

parttaym part-time.

pas rust, tarnish. **pas tutmak** to rust.

pas sp. pass. **pas vermek sp.** to pass; (woman) to give (sb) the glad eye.

pasaj arcade; passage.

pasak dirt, filth.

pasaklı slovenly, dowdy, slipshod.

pasaport passport.

pasif passive; tic. liabilities.

paslanmak to rust.

paslanmaz rustless.

paslaşmak sp. to pass the ball to each other; arg. to give each other the glad eye.

paslı rusty.

paso pass.

paspal slovenly, untidy.

paspas doormat.

pasta cake, pastry, tart.

pastane pastry shop.

pastel pastel colours/crayons, pastel.

pastırma pastrami, preserve of dried meat. **pastırmasını çıkarmak** to give a good beating (to). **pastırma yazı** Indian Summer.

pastil lozenge, pastille.

pastoral pastoral.

pastörize pasteurized.

paşa pasha, general.

pat thud! whop! **pat diye** with a thud.

patates potato. **patates kızartması** chips, french fries **patates tava** fried potatoes.

patavatsız indiscreet, tactless.

paten skate.

patent patent, licence.

patentli patented.

patırtı noise, clatter, patter; tumult, row. **patırtı çıkarmak** to kick up a row. **patırtıya vermek** to put into confusion.

patırtılı noisy, tumultuous.

patik bootee.

patika path, track.

patinaj ice skating; skidding. **patinaj yapmak** to skid, to slip. **patinaj zinciri** antiskid chain.

patlak burst; puncture. **patlak gözlü** goggle-eyed, pop eyed. **patlak vermek** to break out.

patlama explosion.

patlamak to burst, to explode.

patlatmak to blow up, to blast, to burst; (blow) to land, to slap.

patlayıcı explosive.

patlıcan egg-plant, aubergine.

patrik patriarch.

patrikhane patriarchate.

patron boss, employer.

pattadak all of a sudden, suddenly.

pavyon night club; pavilion.

pay share, lot, portion. **pay bırakmak** to leave a margin. **pay biçmek** to take as an example. **pay etmek** to share out. **payını almak** to get one's share.

payanda prop, support.

payda denominator.

paydaş partner, shareholder.

paydos break, rest. **paydos etmek** to stop working, to knock off.

paye rank, grade.

paylamak to scold.

paylaşmak to share.

paylaştırmak to portion sth out, to share, to divide.

payton phaeton.

pazar market, marketplace. **pazara çıkarmak** to put on sale **pazar kurmak** to set up an open market.

pazar Sunday.

pazarcı seller in a market.

pazarlama marketing..

pazarlamacı marketing expert.

pazarlamak to market.

pazarlık bargaining. **pazarlık et-mek** to bargain.

pazartesi Monday.

pazaryeri market-place.

pazıbent armlet.

peçe veil.

peçeli veiled.

peçete napkin.

ped pad.

pedal pedal.

peder father.

pederşahi *topb.* Patriarchal.

pedikür pedicure.

pehlivan wrestler.

pejmürde shabby, ragged.

pek very; hard, firm. **pek çok** very much.

pekâlâ very good; all right! okay!

peki all right! okay!

pekişmek to harden.

pekiştirmek to harden, to stiffen.

peklik constipation. **peklik çek-mek** to suffer from constipation.

pekmez grape-molasses.

peksimet hardtack, ship biscuit.

pelerin cape, cloak.

pelesenk balsam, balm.

pelikan *zool.* pelican.

pelte jelly.

peltek lisping. **peltek konuşmak** to lisp.

pelteklik lisp.

pelteleşmek to jelly.

pelüş plush.

pembe pink.

pembeleşmek to turn pink.

pembelik rosiness.

pembemsi pinkish.

penaltı *sp.* penalty.

pencere window.

pençe paw, claw; (*shoe*) sole. **pen-çe atmak** to paw, to claw. **pençe vurmak, pençelemek** to claw, to paw; to sole (*a shoe*).

pençeleşmek to grapple (*with*), to struggle.

penguen penguin.

peni penny, pence.

penisilin penicillin.

pens pliers; (*dress*) pleat.

pense pliers.

pentatlon *sp.* Pentathlon.

pepe stammering.

pepelemek to stammer, to stutter.

perakende retail. **perakende fiya-tı** retail price. **perakende satın al-mak** to buy sth retail. **perakende satmak** to retail.

perakendeci retailer.

perçem tuft of hair.

perçin clinch bolt, rivet.

perçinlemek to rivet, to clench.

perçinli riveted, clenched.

perdah sheen, finish.

perdahlı polished.

perdahsız unpolished.

perde curtain; screen; (*play*) act. **perde inmek** (*eye*) to have cata-ract. **perdeyi kapamak** to draw the curtain.

perdelemek to curtain, to veil; to conceal.

perdeli curtained, veiled.

performans performance.

pergel pair of compasses. **pergel-leri açmak** to take long steps.

perhiz diet. **perhiz yapmak** to diet.

perhizli on a diet.

peri fairy. **peri gibi** fairylike.

peribacası fairy chimney, earth pyramid, earth pillar.

perili haunted.

periskop periscope.

perişan perturbed, miserable, ru-ined; scattered, disordered. **pe-rişan etmek** to perturb, to ruin; to scatter **perişan olmak** to be-come miserable, to be wretched;

to be scattered.

perişanlık misery, wretchedness; state of disorder.

periyodik periodic; periodical.

peron platform.

personel personnel, staff.

perspektif perspective.

perşembe Thursday.

peruk wig.

peruka wig.

perukalı wigged.

peruklu wigged.

pervane propeller, screw.

pervasız fearless.

pervasızca fearlessly.

pervaz cornice, fringe.

pes (voice) low, soft. *pes demek* to give in, to say uncle. *pes etmek* to cry small, to give in. *pes doğrusu* that beats all!

pesek (*tooth*) tartar.

pespaye vulgar, common.

pespembe very pink.

pestil dried fruit pulp. *pestile çevirmek* to tire out. *pestili çıkmak* to be tired out. *pestilini çıkarmak* to beat sb to a jelly.

peş back *peş peşe* one after the other. *peşi sıra* behind him, following him. *peşinde dolaşmak* to go around with sb. *peşinde koşmak* to run after. *peşinden gitmek* to go after. *peşine düşmek* to pursue. *peşine takılmak* to tail after. *peşini bırakmak* to stop following.

peşin paid in advance, ready; in advance, beforehand. *peşin almak* to buy for cash. *peşin fiyat* cash price. *peşin hüküm* prejudice. *peşin para* ready money, cash. *peşin satış* cash sale. *peşin söylemek* to tell in advance. *peşin yargı* prejudice.

peşinat advance payment.

peşinde in pursuit of sb/sth.

peşinden after.

peşinen in advance, beforehand.

peşkir napkin; towel.

peşrev overture, prelude.

peştemal cloth worn around the waist.

petek honeycomb.

petrol petroleum, oil. *petrol boru hattı* pipeline. *petrol bulmak* to strike oil. *petrol kuyusu* oil well. *petrol rafinerisi* oil refinery. *petrol tankeri* oil tanker.

pey earnest money, deposit. *pey akçesi* earnest money, deposit. *pey sürmek* to make a bid.

peyda manifest, visible. *peyda etmek* to beget, to create. *peyda olmak* to appear, to spring up.

peydahlamak to procure.

peygamber prophet.

peygamberlik prophethood, prophecy.

peyk satellite.

peynir cheese.

peynirli containing cheese.

peyzaj landscape.

pıhtı clot, coagulum.

pıhtılaşmak to clot, to coagulate.

pılı pırtı junk, traps; belongings.

pınar spring.

pırasa leek.

pırıl pırıl glittering, sparkling; brand-new; very clean.

pırıldamak to glitter, to gleam.

pırıltı glitter, gleam, sparkle.

pırlamak (*bird*) to flutter; to take to one's heels.

pırlanta brilliant.

pısırık diffident, pusillanimous.

pısırıklık diffidence.

pıtrak burr.

piç bastard. *piç kurusu* brat.

pide fat bread.
pijama pyjamas.
pik cast iron. *pik boru* cast iron pipe.
pikap record player; pick-up.
pike nosedive. *pike yapmak* to nosedive.
piknik picnic. *piknik yapmak* to picnic, to have a picnic.
pil battery.
pilav pilaf, rice.
piliç chicken.
pilot pilot.
pilotluk pilotage.
pineklemek to doze, to slumber.
pingpong ping-pong.
pinti miserly, stingy.
pintileşmek to become stingy.
pintilik miserliness, stinginess.
pipo pipe. *pipo içmek* to smoke a pipe.
piramit pyramid.
pire flea. *pire gibi* very agile. *pire için yorgan yakmak* to cut off one's nose to spite one's face. *pireyi deve yapmak* to make a mountain out of a molehill.
pirelendirmek to make suspicious.
pirelenmek to become flea-ridden; to smell a rat.
pirinç brass.
pirinç rice.
pirzola cutlet, chop.
pis dirty, filthy. *pisi pisine* for nothing, in vain. *pis pis bakmak* to leer (*at*). *pis pis gülmek* to grin, to chuckle.
pisboğaz greedy.
pisi pussy-cat.
piskopos bishop.
pislemek to dirty, to soil.
pislenmek to get dirty, to foul, to dirty.
pisletmek to dirty, to soil.

pislik dirt, filth; dirtiness, filthiness.
pist running track; dance floor; runway.
piston piston.
pişik prickly heat, heat rash.
pişirmek to cook, to bake.
pişkin well-cooked, well-done; experienced, hardened.
pişkinlik being well-cooked; experience, maturity.
pişman regretful, penitent, sorry. *pişman etmek* to make sb feel sorry *pişman olmak* to feel sorry, to repent.
pişmanlık regret, penitence.
pişmek to be cooked; to become experienced, to toughen. *pişmiş kelle gibi sırıtmak* to grin like a Cheshire cat.
pişti a card game.
pitoresk picturesque.
piyade infantry, infantryman.
piyango lottery. *piyango bileti* lottery ticket. *piyango çıkmak* to win a lottery.
piyanist pianist.
piyano piano.
piyasa market. *piyasa fiyatı* market price. *piyasaya çıkarmak* to put on the market. *piyasaya çıkmak* to come on the market; to show oneself, to appear *piyasaya sürmek* to throw on the market.
piyaz bean salad.
piyes play.
piyon pawn.
pizza pizza.
plaj beach.
plak record.
plaka number plate. *plaka numarası* registration number.
plaket plate, plaque.

plan plan. **plan yapmak** to make a plan. **plan kurmak** to plan.

planet planet.

plankton plankton.

planlamak to plan.

planlı planned.

planör glider.

plaster plaster.

plastik plastic. **plastik ameliyat** plastic surgery. **plastik sanatlar** the plastic arts.

platform platform.

platin platinum.

plato plateau.

platonik platonic.

pli pleat, fold.

podyum podium, dais.

pofurdamak to snort, to puff. **pofur pofur** in great puffs.

poğaça flaky pastry.

pohpoh flattery.

pohpohçu flatterer.

pohpohlamak to flatter.

polemik polemic.

polen pollen.

poligon gunnery range, artillery range; polygon.

poliklinik polyclinic.

polis police; policeman. **polis memuru** constable, police constable.

Polonya Poland.

Polonyalı Polish, Pole.

pompa pump.

pompalamak to pump.

popo buttocks, butt, bum.

popüler popular.

porselen porcelain.

porsiyon portion, helping.

porsuk badger.

portakal orange.

portakalrengi orange

portatif portable, movable.

Portekiz Portugal; Portuguese.

Portekizce Portuguese.

Portekizli Portuguese.

portföy wallet, purse.

portmanto coat-stand, hallstand.

portre portrait.

posa sediment, dregs. **posasını çıkarmak** to squeeze almost to death.

posbıyık having a bushy moustache.

post skin, hide. **postu deldirmek** to be shot, to be killed. **postu kurtarmak** to save one's skin. **postu sermek** to outstay one's welcome.

posta post, mail; postal service. **posta çeki** postal cheque. **posta havalesi** postal order, money order. **posta kartı** postcard. **posta kodu** postcode, postal code, Zip code. **posta koymak** to cow, to intimidate. **posta kutusu** post box. **posta pulu** postage stamp. **postaya atmak** to post. **postayla göndermek** to post.

postacı postman.

postal combat boot, half boot.

postalamak to post.

postane post office.

poster poster.

poşet small bag.

pot crease, pucker; blunder, boner, howler. **pot kırmak** to drop a brick, to put one's foot in it.

potin boot.

potpuri *müz.* potpourri.

pound pound.

poyraz northeast wind.

poz pose; exposure. **poz vermek** to pose for.

pozisyon position.

pozitif positive.

pöf ugh!

pörsük shrivelled up, wizened.

pörsümek to shrivel up, to be wizened.

pösteki sheepskin. ***pösteki saydırmak*** to make sb do a tiresome job. ***pöstekisini sermek*** to beat sb all to pieces.

pranga shackles, fetters. ***prangaya vurmak*** to shackle, to fetter.

pratik practical; practice.

prelüd prelude.

prens prince.

prenses princess.

prensip principle.

prenslik principality; princedom.

prevantoryum sanatorium for the early stages of tuberculosis.

prezantabl presentable.

prim premium; bonus.

printer printer.

priz socket, wall-plug.

problemli having a problem, having many problems.

prodüksiyon production.

prodüktivite productivity.

prodüktör producer.

profesör professor.

profesörlük professorship.

profesyonel professional.

profesyonellik professionalism.

profil profile.

program programme, program.

programcı programmer.

programlamak to program.

programlı systematical, programmed.

proje project.

projeksiyon projection.

projektör projector

proletarya proletariat.

proleter proletarian.

promosyon promotion.

propaganda propaganda. ***propaganda yapmak*** to propagandize.

protein protein.

proteinli proteinaceous.

Protestan Protestant.

Protestanlık Protestantism.

protesto protest. ***protesto çekmek*** to make a formal protest. ***protesto etmek*** to protest.

protez prosthesis.

protokol protocol.

prova fitting; rehearsal; proof. ***prova etmek*** (*dress*) to try on.

provizyon provision.

provokasyon provocation.

provokatör provocateur.

pruva *den.* bow, head.

psikiyatr psychiatrist.

psikiyatri psychiatry.

psikolog psychologist.

psikoloji psychology.

psikolojik psychological.

psikopat psychopath.

psikoterapi psychotherapy.

puan point. ***puan almak*** to score.

puanlamak to grade (*a test*).

puding pudding.

pudra powder.

pudralı powdered.

pudralık compact, powderbox.

pudraşeker castor sugar.

puflamak to puff, to blow.

pul stamp; (*fish*) scale; washer, nut.

pulcu seller of stamps; philatelist.

pulculuk philately.

pullamak to stamp; to ornament with spangles.

pullu stamped; scaly.

pulsuz unstamped.

punto size (*of type*).

pupa stern. ***pupa yelken gitmek*** to go in full sail.

pus haze, mist; (*on fruit*) bloom.

puslanmak to become misty, to get cloudy.

puslu hazy, misty.

pusu ambush. *pusu kurmak* to lay in ambush. *pusuya düşürmek* to trap. *pusuya yatmak* to lie in wait

pusula compass. *pusulayı şaşırmak to* lose one's bearings.

pusula note, memorandum.

put idol; cross. *put gibi* as still as a statue. *put kesilmek* to be petrified.

putperest idolater.

putperestlik idolatry.

püf puff. *püf noktası* the weak spot (*of sth*).

püflemek to blow out, to blow on.

püfür püfür gently and coolingly. *püfür püfür esmek* to blow gently.

püre puree, purée.

pürtük knob, protuberance. *pürtük pürtük* full of knobs.

pürtüklü knobby, rough.

pürüz roughness, unevenness; difficulty, hitch.

pürüzlü rough, uneven; difficult, knotty.

pürüzsüz smooth, even; without a hitch.

püskül tassel.

püsküllü tasseled *püsküllü bela* a great nuisance.

püskürme eruption.

püskürmek to spray from one's mouth; (*volcano*) to erupt.

püskürteç atomizer, spray.

püskürtmek to spray, to belch; to repulse, to repel.

pütür small protuberance, knob. *pütür pütür* full of small protuberances, rough; chapped, cracked.

Rr

Rab God.

rabıta relation, connection, tie.

rabıtalı coherent; regular.

rabıtasız incoherent; irregular.

raca rajah, raja.

racon way, method, procedure; showing off, swagger. *racon kesmek* to show off, to swagger.

radar radar.

radde degree, point.

radikal radical.

radikalizm radicalism.

radyasyon radiation.

radyatör radiator.

radyo radio.

radyoaktif radioactive.

radyoaktivite radioactivity.

radyoevi broadcasting studio] house.

radyografi radiography.

radyolog radiologist

radyoloji radiology.

radyoskopi radioscopy.

radyoskopik radioscopic.

radyoterapi radiotherapy.

raf shelf. *rafa koymak/kaldırmak* to shelve, to postpone.

rafadan (*egg*) soft-boiled.

rafine refined, purified.

rafineri refinery.

rağbet demand; popular approval, popularity. *rağbet etmek* to demand, to like. *rağbet görmek* to be in demand. *rağbetten düşmek* to be no longer in demand.

rağmen in spite of, despite.

rahat comfort, peace; comfortable; at ease! *rahat bırakmak* to leave so in peace. *rahat durmak* to behave oneself. *rahat etmek* to be at ease. *rahat vermemek* to bother, to pester. *rahat yüzü görmemek* to have no peace. *rahatına bakmakta* mind one's own comfort, to see to one's pleasures.

rahatça comfortably.

rahatlamak to feel relieved.

rahatlatmak to relieve, to reassure, to relax.

rahatlık comfort, quiet.

rahatlıkla easily.

rahatsız uncomfortable; ill, unwell; uneasy, anxious. *rahatsız etmek* to disturb, to bother, to annoy. *rahatsız olmak* to be disturbed; to feel under the weather. *rahatsız olmayın!* Don't trouble yourself!

rahatsızlanmak to become ill, to fall ill.

rahatsızlık discomfort, illness.

rahatsızlık vermek to disturb, to bother.

rahibe nun.

rahim uterus, womb.

rahip monk; priest.

rahle low reading-de.

rahmet God's compassion, clemency; rain.

rahmetli the deceased, the late.

rahvan ambling; amble.

rakam figure, number.

raket (*in tennis*) racket; (*in table tennis*) bat.

rakı (*Turkish*) raki, arrack.

rakım altitude.

rakip rival.

rakipsiz unrivalled.

rakkas pendulum.

ralli rally.

ramak kalmak almost to happen.

ramazan Ramadan, Ramazan.

rampa incline, slope, grade.

randevu appointment, date *randevu almak* to get an appointment (*from/with*). *randevu vermek* to make an appointment (*with*) *randevusu olmak* to have an appointment (*with, ile*).

randıman output, yield.

randımanlı productive.

ranza bunk, berth.

rapor report. *rapor vermek* to make a report. *rapor yazmak* to draw up a report.

raportör reporter.

rapsodi *müz.* rhapsody.

raptetmek to attach, to fasten.

raptiye drawing pin, thumbtack.

raptiyelemek to thumbtack.

rasathane observatory.

rasgele at random, casually. *Rasgele!* Good luck!

raspa scraper.

raspalamak to scrape.

rast encounter. *rast gelmek* to meet by chance, to run into; to find. *rast getirmek to* choose the right time, to watch for the best time; (*God*) to allow to succeed. *rast gitmek* to come across, to run into, to encounter.

rastlamak to meet by chance, to come across, to run into, to encounter; to coincide with, to fall on.

rastlantı chance, encounter, coincadence.

rastlaşmak to chance upon each other.

rasyonalist rationalist; rationalistic.

rasyonalizm rationalism.

rasyonel rational.

ray rail, track. *raydan çıkmak* to go off the rails. *rayına oturmak* to set to rights. *rayına girmek to* begin to go smoothly.

rayiç market price, current value.

razı contented, willing. *razı etmek* to persuade, to satisfy. *razı olmak to* consent, to agree to.

reaksiyon reaction.

reaktör reactor.

realist realist.

realizm realism.

reçel jam.

reçete prescription; recipe.

reçine resin.

reçineli resinous.

redaksiyon redaction.

redaktör redactor, editor.

reddetmek to refuse, to reject, to turn down.

redingot frock coat.

refakat accompaniment; companionship. *refakat etmek* to accompany.

refakatçi companion.

referandum referendum.
referans reference.
refleks reflex.
reflektör reflector.
reform reform.
reformcu reformer, reformist.
regülatör regulator.
rehabilitasyon rehabilitation.
rehavet slackness, languor. *rehavet çökmek* to feel sluggish.
rehber guide; guide book.
rehberlik guidance. *rehberlik etmek* to guide.
rehin pledge, pawn. *rehine koymak* to pawn, to pledge. *rehine vermek* to pawn.
rehinci pawnbroker.
rehine hostage. *rehine olarak tutmak* to hold as a hostage.
reis chief, head.
rejim regime; diet. *rejim yapmak* to diet.
rejisör director.
rekabet rivalry. *rekabet etmek* to rival, to compete.
reklam advertisement. *reklam ajansı* advertising agency. *reklamını yapmak* to advertise, to boom.
reklamcı advertiser.
reklamcılık advertising.
rekolte harvest, crop.
rekor record. *rekor kırmak* to break a record.
rekortmen record-holder.
rektör rector, president.
rektörlük presidency, rectorship.
rencide hurt, injured. *rencide etmek* to hurt.
rençper farm-hand; farmer.
rende (*carpenter's*) plane; grater.
rendelemek to plane; to grate.
rengârenk multicoloured.
rengeyiği reindeer.
renk colour. *renk atmak* to lose colour, to fade. *rengi atmak* to turn pale. *renk körlüğü* colour blindness. *renkten renge girmek* to go all shades of red, to change colour. *renk vermemek* not to show one's colours.
renklendirmek to add colour; to liven up, to enliven.
renklenmek to become colourful; to become more amusing/interesting.
renkli coloured; colourful.
renksiz colourless; nondescript, dull.
reorganizasyon reorganization.
repertuar repertoire, repertory.
replik (*theatre*) cue.
resepsiyon reception.
reseptör receiver
resif reef.
resim picture, photograph, drawing, painting; due, duty. *resim çekmek* to take a photograph. *resim yapmak* to draw, to paint. *resmini çekmek* to take a photograph of.
resimlemek to illustrate.
resimli illustrated, pictorial *resimli roman* comic (*strip*).
resmen officially, formally; *k. dili* openly, publicly.
resmetmek to draw, to picture; to describe, to depict.
resmi official; formal. *resmi elbise* uniform *resmi gazete* official gazette.
resmiyet formality, ceremony; officialism, officiality *resmiyete dökmek* to officialize; to become official in one's tone.
ressam artist, painter.
ressamlık painting.
restoran restaurant.
restorasyon restoration.

restore etmek to restore.

reşit adult, major.

ret refusal, denial.

retorik rhetoric.

reva suitable. *reva görmek* to deem proper.

revaç demand, request.

revaçta in demand. *revaçta olmak* to be in demand.

revak porch, colonnade.

reverans courtesy.

revir infirmary; *den.* sickbay.

revizyon revision. *revizyondan geçirmek* to overhaul.

revü revue

rey vote.

reyon department.

rezalet scandal, disgrace. *rezalet çıkarmak* to cause a scandal.

rezerv reserve.

rezervasyon reservation.

rezil vile, scandalous, disgraceful. *rezil etmek* to disgrace. *rezil olmak* to be disgraced.

rezillik disgrace, scandal.

rezistans resistance.

rezonans resonance.

rıhtım quay, wharf.

rıza consent, approval. *rıza göstermek* to consent.

rızk one's daily bread, food. *rızkını çıkarmak to* earn daily bread.

rica request. *rica etmek* to ask, to request.

rimel mascara.

ring ring.

risk risk. *riske girmek* to take a risk, to run a risk.

riskli risky.

ritim rhythm.

ritmik rhythmic.

rivayet rumour, hearsay. *rivayete göre* rumour has it that. *rivayet olunmak* to be rumoured.

riyakâr hypocritical.

riyakârlık hypocrisy.

riziko risk.

rizikolu risky.

robot robot.

Rodos Rhodes.

roket rocket. *roket atmak* to launch a rocket.

rol role, part *rol almak* to have a part (*in*). *rol oynamak, rolü olmak* to play a part in. *rolünü oynamak* to act, to play the part of *rol yapmak* to act.

Roma Rome.

Romalı Roman.

roman novel.

romancı novelist.

romans romance.

romantik romantic.

romantizm romanticism.

Romanya Romania.

romatizma rheumatism.

romatizmalı rheumatic.

Romen Roman. *Romen rakamları* Roman numerals.

rosto roast meat.

rot rod.

rota ship's course.

rotasyon rotation.

rozet badge, rosette.

rölanti (*engine*) idling. *rölantide çalışmak* to idle. *rölantiye almak* to idle.

rölativite relativity.

röle relay.

rölyef relief.

römork trailer.

römorkör tugboat.

Rönesans Renaissance.

röntgen X-ray; *arg.* peeping. *röntgenini çekmek* to X-ray.

röntgenci X-ray specialist; *arg.* peeper.

röportaj interview, reporting. *rö-

portaj yapmak to interview.
röportajcı interviewer, reporter.
röprodüksiyon reproduction.
rötar delay.
rötarlı delayed.
rötuş retouch. ***rötuş etmek*** to retouch.
rövanş return match ***rövanş maçı*** return game, return match.
ruble rouble, ruble.
ruh soul, spirit; essence; energy. ***ruh çağırma*** necromancy. ***ruh haleti*** the psychological condition, mood. ***ruh hastası*** psychopath ***ruh hekimi*** psychiatrist. ***ruh hekimliği*** psychiatry. ***ruhu şad olsun*** May his soul be happy.
ruhani spiritual.
ruhban clergy.
ruhbilim psychology.
ruhbilimci psychologist.
ruhbilimsel psychological.
ruhi psychological.
ruhsal psychological.
ruhsat licence. ***ruhsat vermek*** to license.
ruhsatlı licensed.
ruhsatname permit, licence.
ruhsatsız unlicensed.
ruhsuz inanimate, lifeless, spiritless.
ruj lipstick.
rulman bearing.
rulo roll, rouleau.
Rumca modern Greek.
Rumeli European Turkey, Roumelia, Rumelia.
Rumen Romanian, Roumanian, Rumanian.
Rumence Romanian.
rumuz symbol.
Rus Russian.
Rusça Russian.
Rusya Russia.

rutubet humidity, dampness.
rutubetlenmek to become damp.
rutubetli damp, humid.
rüçhan priority, preference. ***rüçhan hakkı*** precedence, priority.
rüküş comically dressed.
rüşt majority.
rüşvet bribe, pay-off. ***rüşvet almak*** to accept a bribe. ***rüşvet vermek*** to bribe.
rüşvetçilik bribery.
rütbe rank. ***rütbe almak*** to rise in rank.
rüya dream. ***rüya görmek*** to dream, to have a dream. ***rüya tabiri*** interpretation of dreams. ***rüya gibi*** dreamlike.
rüzgâr wind, breeze. ***Rüzgâr eken fırtına biçer*** ats. Sow the wind and reap the whirlwind.
rüzgârgülü compass rose.
rüzgârlı windy, breezy.
rüzgârsız windless, still, calm.
rüzgârüstü *den.* windward side.

S s

saadet happiness.

saat hour; watch, clock; meter. *saat gibi işlemek* to run smoothly. *saat kaç?* what's the time? what time is it? *saat kaçta?* at what time? *saat kulesi* clock tower. *saat tutmak* (*a race*) to time. *saati kurmak* to wind a watch. *saati saatine* punctually.

saatçi maker/seller of watches/clocks, watchmaker, watchseller.

saatli bomba time bomb.

sabah morning; in the morning. *sabah akşam* all the time. *sabah sabah* early in the morning. *sabahın köründe* early in the morning.

sabahçı early riser.

sabahki morning's.

sabahlamak to sit up all night.

sabahları in the morning; every morning.

sabahleyin in the morning.

sabahlık dressing gown.

sabık former, previous, ex.

sabıka previous conviction.

sabıkalı previously convicted.

sabır patience. *sabrını taşırmak* to put sb out of patience.

sabırla patiently.

sabırlı patient.

sabırsız impatient.

sabırsızlanmak to grow impatient, to champ.

sabırsızlık impatience.

sabırsızlıkla impatiently.

sabit fixed, stationary. *sabit fikir* fixed idea. *sabit fikirli* intransigent, hidebound *hkr.* *sabit olmak* to be fixed; to be confirmed.

sabitleştirmek to fix.

sabitlik fixity.

sabotaj sabotage. *sabotaj yapmak* to sabotage.

sabotajcı saboteur.

sabote etmek to sabotage.

sabretmek to show patience, to be patient. *Sabreden derviş muradına ermiş* Everything comes to him who waits.

sabun soap.

sabunlamak to soap.

sabunlanmak to soap oneself.

sabunlu soapy.

sac sheet iron.

sacayağı trivet.

saç hair. *saç bağı* hair-band. *saç boyası* hair dye. *saç fırçası* hairbrush. *saç filesi* hair-net. *saç kremi* hair cream. *saç kurutma makinesi* hair drier. *saç

örgüsü plait. *saç saça baş başa gelmek* to come to blows. *saç tokası* hairgrip. *saçı başı ağarmak* to grow old. *saçına ak düşmek* (*hair*) to turn grey. *saçını başını yolmak* to tear out ones hair. *saçını kestirmek* to have one's hair cut. *saçını süpürge etmek* (*woman*) to exert oneself. *saçları dökülmek* to lose one's hair.

saçak eaves (*of a house*); fringe.

saçakbulut cirrus.

saçaklı eaved; fringed

saçkıran alopecia, ringworm.

saçma scattering; nonsense, bilge, piffle; buckshot, pellet; nonsensical. *saçma sapan* nonsensical, foolish. *saçma sapan konuşmak* to talk nonsense.

saçmak to scatter, to strew. *saçıp savurmak* to play ducks and drakes with (*money*), to squander.

saçmalamak to talk nonsense, to piffle.

saçmalık nonsense, drivel.

sadaka alms.

sadakat faithfulness, loyalty. *sadakat göstermek* to show loyalty.

sadakatli faithful, loyal.

sadakatsiz unfaithful, disloyal.

sade simple, plain.

sadece only, simply.

sadeleşmek to become simple.

sadeleştirmek to simplify.

sadelik simplicity, plainness.

sadet point, subject *sadede gelmek* to come to the point.

sadeyağ clarified butter, run butter.

sadık loyal, faithful; true, accurate.

sadist sadist; sadistic.

sadizm sadism.

sadrazam Grand Vizier.

saf pure, unmixed; ingenuous, naive, gullible.

saf row, line. *saf saf* in rows.

safa bkz. sefa.

safari safari.

safha phase.

safkan purebred, thoroughbred.

saflık purity; ingenuousness.

safra bile, gall.

safran *bot.* saffron.

safsata sophistry, casuistry.

safsatacı sophist, casuist.

sağ alive. *sağ kalanlar* the survivors. *sağ kalmak* to remain alive, to survive. *sağ kurtulmak* to save one's skin. *sağ ol* Thank you! *sağ olmak* to be alive. *sağ salim* safe and sound.

sağ right. *sağ yapmak* (*auto*) to pull over to the right. *sağa* to the right. *sağa dönmek* to turn right. *sağda* on the right. *sağda solda* right and left, everywhere. *sağdan* from the right. *sağdan gidiniz!* Keep to the right! *sağına soluna bakmak* to look about one. *sağı solu olmamak* to chop and change. *sağlı sollu* right and left, on both sides.

sağanak downpour.

sağcı rightist.

sağcılık rightism.

sağdıç (*bridegroom's*) best man.

sağduyu common sense.

sağım milking; milk-giving animal.

sağımlı milch.

sağır deaf. *sağır etmek* to deafen.

sağırlaşmak to grow deaf.

sağırlık deafness.

sağlam strong, solid, firm; secure, safe, sound; healthy. *sağlama bağlamak* to make sure.

sağlama *mat.* check, proof.
sağlamak to supply, to obtain, to get.
sağlamlaşmakta become sound.
sağlamlaştırmak to strengthen, to consolidate.
sağlamlık solidity, firmness; safety.
sağlık health. **sağlık görevlisi** government health official. **sağlık ocağı** village clinic. **Sağlık olsun!** Never mind! **sağlık sigortası** health insurance. **sağlığında** while he was alive. **Sağlığınıza** To your health! Cheers!
sağlıkbilgisi hygiene.
sağlıklı healthy.
sağlıksız unhealthy.
sağmal milk-giving, milch.
saha area, field.
sahaf dealer in old books.
sahan shallow cooking pan.
sahanlık lending; platform.
sahi really, truly.
sahibe female owner.
sahici genuine, real.
sahiden really, truly.
sahil coast, shore.
sahip owner; master. **sahip çıkmak** to claim. **sahip olmak** to have (*got*), to own, to possess.
sahiplik ownership
sahipsiz ownerless; unprotected
sahne stage; scene. **sahneye çıkmak** to appear **sahneye koymak** to stage
sahra desert, wilderness. **sahra topu** *ask.* field-gun.
sahte false, counterfeit, forged, sham, phoney.
sahtekâr forger, counterfeiter.
sahtekârlık forgery, counterfeiting.
sahur meal before dawn.

sair other.
saka goldfinch; water-carrier. **saka kuşu** goldfinch.
sakal beard. **sakal bırakmak** to grow a beard. **sakalı ele vermek** to allow oneself to be led by the nose.
sakallı bearded.
sakalsız beardless.
sakar butterfingered, clumsy, awkward.
sakarin saccharine.
sakarlık clumsiness.
sakaroz saccharose.
sakat disabled, invalid, crippled; unsound, defective.
sakatlamak to damage, to maim, to cripple.
sakatlık impairment, disability, handicap.
sakın Mind! Beware! Don't do it!.
sakınca drawback, objection.
sakıncalı objectionable.
sakıngan cautious, prudent.
sakınmak to avoid, to abstain (*from*), to beware (*of*).
sakız mastic, chewing gum. **sakız çiğnemek** to chew gum.
sakin calm, quiet; inhabitant. **sakin olmak** to calm down.
sakinleşmek to calm down.
sakinleştirmek to calm down, to soothe.
sakinlik calmness, coolness, self-possession.
saklamak to hide, to conceal; to mask, to disguise.
saklambaç hide-and-seek.
saklanmak to hide.
saklı hidden; secret.
saksağan magpie.
saksı flowerpot, vase.
saksofon *müz.* saxophone.
saksofoncu saxophonist.

sal raft.

salak silly, foolish.

salaklık silliness.

salam salami.

salamura brine, pickle; pickled.

salata salad.

salatalık cucumber.

salça tomato sauce.

saldırgan aggressive; attacker, aggressor.

saldırganlık aggressiveness.

saldırı aggression, attack.

saldırmak to attack.

saldırmazlık nonaggression. *saldırmazlık antlaşması* nonaggression agreement.

salep salep.

salgı secretion.

salgılamak to secrete.

salgın epidemic.

salhane slaughterhouse.

salı Tuesday.

salık advice. *salık vermek* to recommend, to advise.

salıncak swing.

salınım oscillation.

salınmak to sway; to oscillate.

salıvermek to let go, to release.

salimen safe and sound, safely.

salkım bunch, cluster. *salkım saçak* hanging down in rags.

sallamak to swing, to rock; to shake, to wag, to whisk.

sallanmak to swing, to sway, to bob; to linger over, to loiter.

sallantı swinging, rocking. *sallantıda bırakmak* to leave up in the air.

sallapati tactless; tactlessly, carelessly.

salmak to let go, to loose, to release.

salon parlour, hall; sitting room.

salt mere; merely, solely. *salt ço-*

ğunluk absolute majority.

saltanat sovereignty, reign. *saltanat sürmek* to reign; to live in great splendor.

saman straw. *saman altından su yürütmek* to act on the sly, to do sth secretly. *saman gibi* insipid *saman nezlesi* hay fever.

samankâğıdı tracing paper.

samanlık hayloft, barn.

samanrengi straw yellow.

Samanyolu the Milky Way.

samba samba.

Sami Semitic.

samimi sincere.

samimiyet sincerity.

samimiyetle sincerely.

samimiyetsiz insincere.

samimiyetsizlik insincerity.

samur sable. *samur kürk* sable skin coat.

samyeli samiel, simoom.

sana to you, for you *sana ne?* What's that to you?

sanal virtual. *sanal âlem* cyberspace.

sanat art; trade, craft. *sanat eseri* work of art.

sanatçı artist.

sanatkâr artist; artisan, craftsman.

sanatoryum sanatorium.

sanatsal artistic.

sanayi industry. *sanayi devrimi* industrial revolution.

sanayici industrialist.

sanayileşme industrialization.

sanayileşmek to industrialize.

sancak flag, standard; starboard side.

sancı pain, grips, stitch.

sancılanmak to have a pain.

sancımak to ache.

sandal rowboat.

sandalcı boatman.

sandalet sandal.

sandalye chair.

sandık chest, box, coffer.

sandviç sandwich.

sanı supposition.

sanık accused.

saniye second sanki as if, as though.

sanlı famous.

sanmak to think, to suppose.

sanrı hallucination.

sansasyon sensation. **sansasyon yaratmak** to cause a sensation.

sansasyonel sensational.

Sanskrit Sanskrit; Sanskritic.

sansür censorship. **sansürden geçirmek** to censor, to bluepencil.

sansürcü censor.

sansürlemek to censor.

santigrat centigrade.

santilitre centiliter.

santim centimeter.

santimetre centimeter. **santimetre kare** square centimeter. **santimetre küp** cubic centimeter.

santra (football) centre spot.

santral telephone exchange, switchboard.

santrfor (football) centreforward.

santrifüj centrifugal.

sap handle; stem, stalk. **sapına kadar** to the core, utterly.

sapa out-of-the-way, secluded.

sapak turnoff, turning.

sapan sling; catapult.

sapasağlam in the pink; quite healthy.

sapık perverted; pervert.

sapıklık perversion.

sapınç deviation; aberration.

sapır sapır dökülmek to fall abundantly and continuously.

sapıtmak to go off one's head; to drivel, to rave.

sapkın perverse, astray.

saplama thrusting; stud.

saplamak to thrust into, to plunge into.

saplanmak to sink into, to be stuck in, to lodge.

saplantı fixed idea.

sapma deviation.

sapmak to turn off into, to swing into; to deviate, to digress.

sapsarı yellow; very pale. **sapsarı kesilmek** to turn pale.

saptamak to fix, to determine.

saptırmak to turn; to deviate.

sara epilepsy. **sarası tutmak** to have an epileptic fit.

saraç saddler.

sararmak to turn yellow, to turn pale.

saray palace; government house.

sardalye sardine, pilchard.

sardunya geranium.

sarf expenditure. **sarf etmek** to spend, to expend; to use, to exert.

sarfiyat expenses, expenditure.

sargı bandage. **sargı bezi** absorbent gauze. **sargı sarmak** to bandage.

sarhoş drunk; boozer. **sarhoş etmek** to make drunk, to intoxicate. **sarhoş olmak** to get drunk.

sarhoşluk drunkenness; mec. exhiliration, intoxication.

sarı yellow.

sarık turban.

sarılık yellowness; hek. Jaundice.

sarılmak to embrace, to hug; to be surrounded; to be bandaged.

sarımsı yellowish.

sarımtırak yellowish.

sarınmak to wrap oneself in.

sarışın blond, blonde.

sarih clear, evident.

sarkaç pendulum.

sarkık hanging, pendulous, flabby.

sarkıntılık molestation. **sarkıntı-lık etmek** to molest.

sarkıt stalactite.

sarkmak to hang down, to dangle, to droop.

sarmak to wrap up, to muffle up, to lap; to wind ... round, to wrap ... around; to appeal to, to interest.

sarmal spiral.

sarman enormous; yellow cat.

sarmaş dolaş in a close embrace. **sarmaş dolaş olmak** to be locked in a close embrace.

sarmaşık ivy.

sarmısak garlic.

sarnıç cistern.

sarp arduous, precipitous. **sarpa sarmak** to become complicated.

sarpa sea-bream.

sarplaşmak to become steep.

sarraf money-changer.

sarsak shaky, tottery.

sarsılmak to be shaken; to be shocked; to be enfeebled.

sarsıntı shake, jolt; earthquake; hek. concussion; ruhb. Shock.

sarsıntılı shaky, jolty.

sarsıntısız smooth.

sarsmak to shake, to jolt; to shock, to shake.

sataşmak to tease, to annoy, to taunt; to ask for trouble; to molest.

satıcı seller, salesman.

satıcılık salesmanship.

satıh surface.

satılık for sale, on sale. **satılığa çıkarmak** to put up for sale.

satılmak to be sold, to sell.

satım sale.

satın almak to buy.

satır line; meat cleaver.

satırbaşı paragraph indentation.

satış safe. **satışa çıkarmak** to put up for sale.

satmak to sell. **satıp savmak** to sell all one has.

satranç chess. **satranç tahtası** chessboard. **satranç taşı** piece.

Satürn Saturn.

sauna sauna.

sav assertion, thesis.

savaş war, battle.

savaşçı combatant, fighter.

savaşım struggle. **savaşım vermek** to struggle.

savaşkan bellicose, warlike.

savaşmak to fight, to struggle, to combat.

savcı public prosecutor.

savcılık attorney generalship.

savmak to drive away, to dismiss; to escape from, to avoid.

savruk untidy, slapdash, messy.

savrulmak to stand aside, to get out of the way.

savsaklamak to neglect.

savulmak to stand aside. **Savulun!** Get out of the way!

savunma defence, defense.

savunmak to defend; to advocate, to champion, to maintain.

savunmasız defenceless.

savurgan prodigal, extravagant.

savurganlık prodigality, extravagance.

savurmak to throw, to scatter, to hurl, to fling.

savuşmak to slip away, to sneak off.

savuşturmak to fend off; to avoid, to escape, to evade.

sayaç counter, meter.

saydam transparent.

saydamlık transparency.

saye protection, assistance. *sa-yesinde* thanks to, owing to.

sayfa page.

sayfiye summer house.

saygı respect, esteem, regard. *saygı duymak* to respect. *saygı göstermek* to show respect. *saygılarımla* yours respectfully.

saygıdeğer estimable, respected.

saygılı respectful.

saygın respected, esteemed.

saygınlık esteem, prestige, credit.

saygısız disrespectful.

saygısızca disrespectfully.

saygısızlık disrespect, disregard.

sayı number; issue, number. *sayı saymak* to count.

sayıboncuğu abacus.

sayıklamak to talk in one's sleep, to rave.

sayılı counted; numbered; limited; top-notch.

sayım enumeration; census.

sayın esteemed, honourable; dear.

sayısal numerical.

sayısız innumerable, countless.

sayışmak to settle accounts with one another.

Sayıştay the Government Accounting Bureau.

saymak to count; to respect; to consider, to regard. *sayıp dökmek* to enumerate.

sayman accountant.

saymanlık accountancy.

sayrı sick, ill.

sayrılık sickness, disease.

saz rush, reed.

saz Turkish guitar; musical instrument. *saz şairi* minstrel.

seans sitting, session.

sebat perseverance. *sebat etmek* to persevere.

sebatkâr persevering.

sebatsız inconstant, fickle.

sebebiyle because of, owing to.

sebep cause, reason. *sebep olmak* to cause.

sebeplenmek to get a share of the pie.

sebepsiz without any reason.

sebil public fountain; free distribution of water.

sebze vegetable.

sebzeci greengrocer.

seccade prayer rug.

secde prostrating oneself (*while performing the namaz*).

seçenek alternative.

seçici selector.

seçim election; choice, preference. *seçimini yapmak* to make one's choice.

seçimle by election.

seçkin distinguished, select, choice.

seçme choice; select, choice.

seçmece by choice, for choice.

seçmek to choose, to select, to elect; to distinguish, to discern, to spot.

seçmeli elective, optional. *seçmeli ders* optional subject, option, elective.

seçmen elector, voter. *seçmen kütüğü* electoral roll, register of electors.

seda sound, voice.

sedef mother-of-pearl, nacre. *sedef hastalığı* psoriasis.

sedir divan, sofa.

sedye stretcher.

sefa enjoyment, pleasure. *sefa bulduk* Thank you! (*said in reply to 'welcome!'*) *sefa geldin(iz)*

Welcome! sefa geldine gitmek to visit sb in order to welcome him. **sefa sürmek** to enjoy oneself, to have a good time. **sefasını sürmek** to enjoy sth to the utmost.

sefahat dissipation, debauch.

sefalet misery, poverty. **sefalet çekmek** to suffer privation.

sefaret embassy.

sefer expedition, journey; time **sefere çıkmak** den. to set sail

seferber mobilized for war. **seferber etmek** to mobilize. **seferber olmak** to be mobilized.

seferberlik mobilization.

seferi expeditionary.

sefertası travelling food box.

sefil miserable, poor.

sefir ambassador.

sefire ambassadress.

seğirmek to flicker, to twitch.

seğirtmek to run, to rush.

seher daybreak, dawn.

sehpa coffee table, end table; easel.

seki tenace, bench, shelf.

sekiz eight.

sekizer eight each.

sekizinci eighth.

sekmek to hop; to ricochet, to skim.

sekreter secretary.

sekreterlik secretariat, secretaryship.

seksek hopscotch.

seksen eighty.

seksener eighty each.

sekseninci eightieth.

seksüel sexual

sekte stoppage, interruption. **sekte vurmak** to interrupt, to impede.

sektör sector.

sel flood. **sel basmak** to flood.

selam greeting, salutation. **Selam dur!** Present arms! **selam göndermek** to send one's compliments. **selamı sabahı kesmek** to break with. **selam söylemek** to give one's kind regards to. **selam vermek** to greet, to salute.

selamet safety, security; healthiness, soundness. **selamete çıkmak** to reach safety.

selamlamak to greet, to salute.

selamlaşmak to greet each other.

Selanik Salonica.

Selçuklu Seljuk, Seljukian.

sele flatfish basket; saddle.

selef predecessor.

selektör selector.

selfservis self-servic

selüloz cellulose.

selvi cypress.

sema sky.

semaver samovar.

sembol symbol.

sembolik symbolic, symbolical.

semer packsaddle; pad, stout. **semer vurmak** to put a packsaddle (on).

semere fruit. **semeresini vermek** to prove fruitful.

seminer seminar.

semirmek to grow fat.

semirtmek to fatten.

semiz fat, sleek.

semizotu purslane.

sempati attraction, liking. **sempati duymak** to take to, to like.

sempatik likable, congenial; anaf. Sympathetic. **sempatik sinir sistemi** sympathetic nervous system.

sempatizan sympathizer.

sempozyum symposium.

semt neighbourhood, quarter.

semtine uğramamak to stop going.

sen you.

senarist scenarist.

senaryo scenario, script.

senato senate.

senatör senator.

sence in your opinion.

sendelemek to totter, to stagger, to stumble.

senden from you.

sendika trade union, labour union.

sendikacı trade unionist.

sendikacılık trade unionism.

sene year.

senelik yearly, annual.

senet voucher, security; promissory note. *senet vermek* to give sb written certification; to guarantee.

senetli certified.

senetsiz uncertified.

senfoni *müz.* symphony. *senfoni orkestrası* symphony orchestra.

senfonik symphonic.

seni you.

senin your.

seninki yours.

sentez synthesis.

sepet basket. *sepet havası çalmak* to give sb the boot.

sepetlemek to get rid of, to fire, to sack.

sera greenhouse.

seramik ceramic; ceramics.

serap mirage.

serbest free. *serbest bırakmak* to set free. *serbest bölge* free zone. *serbest güreş* catch-as-catch-can (*wrestling*). *serbest meslek sahibi* selfemployed person. *serbest nazım* free verse. *serbest stil* freestyle. *serbest vuruş* (*football*) free kick.

serbestçe freely.

serbesti freedom.

serbestlik freedom.

serçe sparrow.

serçeparmak little finger.

sere serpe yatmak to sprawl out.

serenat serenade.

sergi exhibition.

sergilemek to exhibit.

seri series. *seri halinde* in series. *seri imalat* mass production. *seri numarası* serial number.

seri swift, rapid.

serifgrafi serigraphy, silk screen.

serin cool.

serinkanlı cool-headed.

serinlemek to become cool.

serinletmek to cool.

serinlik coolness.

serkeş rebellious.

serkeşlik rebelliousness.

sermaye capital; riches, wealth; prostitute. *sermaye koymak* to invest capital.

sermayeci capitalist.

sermayedar capitalist.

sermayeli having a capital.

sermayesiz without capital.

sermek to spread, to lay; to beat down to the ground; to neglect.

serpelemek to sprinkle down, to drizzle.

serpilmek to be sprinkled; to grow.

serpinti drizzle, sprinkle.

serpiştirmek (*rain*) to drizzle, to mizzle; (*snow*) to spit down; to sprinkle, to scatter.

serpmek to sprinkle, to scatter, to strew.

sersem stupid, silly; stunned, dazed.

sersemlemek to be stunned.

sersemletmek to daze, to stun.

sersemlik daze, stupefaction, stupor; confusion; stupidity.

serseri tramp, vagabond, vagrant; stray.

serserilik vagabondage, vagrancy.

sert hard, tough; severe, harsh.

sertifika certificate.

sertleşmek to become hard.

sertleştirmek to harden.

sertlik hardness, toughness; severity, harshness.

serum serum.

serüven adventure.

serüvenci adventurous; adventurer.

serüvenli adventurous.

servet riches, wealth.

servi cypress.

servis service. **servis yapmak** to serve food (to); sp. to serve the ball.

serzeniş reproach. **serzenişte bulunmak** to reproach.

ses sound, voice; noise. **ses çıkarmamak** to shut up. **sesini çıkarmamak** to say nothing. **sesini kesmek** to shut up. **sesini kısmak** to turn down **ses dalgası** sonic wave.

sesbilgisi phonetics.

sesbilim phonology.

sesgeçirmez soundproof.

seslendirmek to dub.

seslenmek to call out.

sesli voiced; aloud. **sesli harf** vowel. **sesli okumak** to read aloud.

sessiz soundless, voiceless; silent, quiet, meek. **sessiz harf** consonant.

sessizce silently.

sessizlik silence.

set barrier, dam; sp. set. **set çekmek** to dike; to hinder, to barricade.

sevap good deed. **sevaba girmek** to acquire merit in God's sight. **sevap işlemek** to acquire merit.

sevda love, passion. **sevda çekmek** to be passionately in love.

sevdalanmak to fall in love (with), to lose one's heart (to).

sevdalı in love.

sevecen compassionate, kind.

sevgi love.

sevgili darling, lover, sweetie.

sevgilim darling, honey.

sevi love.

sevimli lovable, congenial, charming.

sevimsiz unlikeable, unattractive, charmless.

sevinç joy, delight. **sevincinden uçmak** to exult, to walk on air.

sevinçli joyful, glad.

sevindirmek to gladden, to delight, to please.

sevinmek to be pleased, to rejoice.

seviye level.

sevk sending, consignment, dispatch; inciting, urging. **sevk etmek** to send, to consign, to dispatch; to incite, to urge.

sevkiyat consignments; ask. dispatch of troops.

sevmek to love. **seve seve** with pleasure, willingly.

seyahat travel, journey, voyage. **seyahat acentası** travel agency. **seyahat çeki** traveller's cheque. **seyahat etmek** to travel. **seyahat rehberi** phrasebook.

seyahatname book of travels.

seyir course, progress; looking at, watching; cruising. **seyir defteri** logbook.

seyirci spectator, onlooker. **se-**

yirci kalmak not to be involved in, to be a mere spectator. *seyirciler* audience.

seyis groom.

seyrek wide apart; rare; rarely.

seyretmek to watch, to see; to move, to sail, to cruise.

seyyah traveler.

seyyar travelling, itinerant; movable. *seyyar satıcı* street hawker, pedlar.

sezaryen caesarean operation. *sezaryenle doğmak* to be born by caesarean section.

sezgi intuition.

sezgili intuitive.

sezi intuition.

sezinlemek to sense, to feel.

sezmek to perceive, to sense, to discern.

sezon season.

sıcacık cosy, cozy.

sıcak hot, warm. *sıcak hava* hot air. *sıcak renkler* warm colours. *sıcak su* hot water. *sıcak tutmak* to keep warm. *sıcağı sıcağına* while the iron is hot.

sıcakkanlı warm blooded; friendly, warm-hearted.

sıcaklık heat, warmth.

sıçan rat, mouse.

sıçankuyruğu rat-tailed file.

sıçmak to defecate, to shit.

sıçrama jumping. *sıçrama tahtası* springboard.

sıçramak to jump, to spring, to leap.

sıçratmak to splash, to spatter.

sıfat capacity, position; *dilb.* adjective.

sıfatıyla in the capacity of.

sıfır zero, nought, nil. *sıfırdan başlamak* to start from zero.

sığ shallow.

sığa capacity.

sığdırmak to cram in, to jam in, to thrust in.

sığınak shelter.

sığınık refugee.

sığınmak to take shelter, to shelter.

sığıntı person whose presence is unwanted, intruder, sponger.

sığır cattle. *sığır eti* beef.

sığırtmaç herdsman, drover.

sığışmak to squeeze into.

sığmak to go into, to fit into.

sıhhat health. *Sıhhatinize!* To your health!, Cheers! *Sıhhatler olsun!* Good health to you!

sıhhatli healthy.

sıhhi hygienic.

sıhhiye sanitary matters.

sık close, dense, thick. *sık sık* often, frequently.

sıkacak squeezer.

sıkboğaz etmek to keep on at, to rush sb, to importune sb.

sıkı fıkı intimate. *sıkı fıkı olmak* to be on intimate terms (*with*).

sıkı tight, firm; strict, rigorous; stingy; trouble, straits. *sıkı çalışmak* to work hard. *sıkı durmak* to hold fast. *sıkı tutmak* to hold tight; to control firmly.

sıkıca firmly, tightly.

sıkıcı boring, dull.

sıkıdenetim censorship.

sıkıdüzen discipline.

sıkılgan shy, bashful.

sıkılganlık shyness.

sıkılık tightness, firmness.

sıkılmak to be pressed; to be ashamed; to be bored; to be in straits.

sıkılmaz shameless.

sıkınmak to constrain oneself.

sıkıntı boredom; bother, hardship,

trouble, distress. **sıkıntı çek-mek** to have troubles. **sıkıntıda olmak** to be in straits. **sıkıntı vermek** to annoy, to bother. **sı-kıntıya düşmek** to be hard up. **sıkıntıya geleme mek** to be unable to stand the gaff.

sıkıntılı troublesome, trying, uneasy.

sıkışık tight; close, serried, crowded. **sıkışık durumda olmak** to be hardpressed.

sıkışmak to be jammed in, to squeeze into; to be in straits; to be taken short; to stick.

sıkıştırmak to press, to squeeze.

sıkıyönetim martial law.

sıkkın annoyed.

sıklaşmak to become frequent.

sıklet weight.

sıklık density; frequency.

sıkmak to press, to squeeze; to tighten; to annoy, to bother; to put pressure on.

sıla (one's) home, homeplace; reunion **sılaya gitmek** to go home.

sımsıkı very tight; tightly.

sınai industrial.

sınamak to try, to test.

sınav examination, exam. **sınav olmak** to have an exam. **sınav vermek** to pass an exam. **sına-va girmek** to take an exam. **sı-navda kalmak** to fail in an exam, to flunk.

sınıf class; category; classroom. **sınıf arkadaşı** classmate. **sı-nıfta çakmak** to flunk. **sınıfta kalmak** to fail.

sınıflamak to classify, to categorize, to grade.

sınıflandırma classification.

sınıflandırmak to classify.

sınır frontier, border. **sınır dışı**

etmek to deport. **sınır koymak** to limit. **sınırı geçmek** to cross the frontier.

sınırdaş bordering.

sınırlama limitation.

sınırlamak to border, to limit.

sınırlı limited.

sınırsız limitless.

sıpa donkey foal.

sır glaze.

sır secret, mystery. **sır saklamak/ tutmak** to keep (a) secret. **sır vermek** to betray a secret. **sırra kadem basmak** to vanish into thin air.

sıra desk; row; line; turn. **sıra bek-lemek** to await one's turn. **sıra olmak** to be lined up. **sıra sıra** in rows. **sırası gelmişken** by the way **sırasını savmak** to have done one's turn. **sıraya girmek** to line up. **sıraya koymak** to put in order.

sıradağ mountain range.

sıradan ordinary.

sıralamak to set up in order.

sıralı in due order.

sırasında when necessary.

sırasız untimely, inconvenient, inopportune.

Sırbistan Serbia.

sırdaş confidant.

sırf pure, mere, sheer.

sırık pole. **sırıkla atlama** sp. pole vault.

sırıtkan given to grinning.

sırıtmak to grin; (a defect) to show up.

sırlamak to glaze; to silver.

sırlı glazed.

sırma silver thread. **sırma saçlı** golden haired.

sırnaşık pestering, importunate, saucy.

sırnaşmak to pester, to importune.
Sırp Serb; Serbian.
Sırpça Serbian.
sırsıklam soaked to the skin. *sırsıklam âşık* head over heels in love.
sırt back. *sırt çantası* rucksack, knapsack, backpack. *sırt çevirmek* to turn one's back on. *sırtından geçinmek* to live at sb's expense. *sırtını yere getirmek* to overcome. *sırtı yere gelmek* to be overcome. *sırt sırta* back to back.
sırtüstü on one's back. *sırtüstü gelmek* to lie on one's back.
sıska puny, skinny.
sıtma malaria. *sıtmaya tutulmak* to get malaria.
sıtmalı malarial.
sıva plaster. *sıva vurmak* to plaster.
sıvacı plasterer.
sıvalı plastered.
sıvamak to plaster; to roll up, to tuck up.
sıvazlamak to stroke, to caress.
sıvı liquid, fluid.
sıvışmak to slip away, to sneak away.
sıyırmak to skin, to graze, to scrape.
sıyrık scrape, graze; scraped, grazed.
sıyrılmak to be skinned; to get out of, to squeak through, to wriggle out ot.
sıyrıntı scrapings; scratch.
sızdırmak to cause to ooze out; to squeeze (*money*) out of.
sızı ache, pain.
sızıltı complaint.
sızıntı leakage, ooze.
sızlamak to smart, to ache.

sızlanmak to complain, to lament; to groan.
sızmak to leak, to ooze; to drop into a drunken slumber.
sicil register. *sicile kaydetmek* to enter into the register.
sicilli registered.
Sicilya Sicily.
Sicilyalı Sicilian.
sicim string.
sidik urine.
sifon siphon; flush tank. *sifonu çekmek* to pull the chain, to flush the toilet.
siftah first sale of the day, handsel. *siftah etmek* to make the first sale of the day.
sigara cigarette. *sigara içmek* to smoke (*a cigarette*). *Sigara içilmez!* No smoking! *sigara sarmak* to roll a cigarette.
sigorta insurance; fuse. *sigorta atmak* (*fuse*) to blow. *sigortayı attırmak* to blow the fuses. *sigorta etmek* to insure. *sigorta poliçesi* insurance policy. *sigorta primi* insurance premium.
sigortacı insurer.
sigortalamak to insure.
sigortalı insured.
sigortasız uninsured.
siğil wart.
sihir magic, sorcery.
sihirbaz magician, sorcerer.
sihirbazlık magic, sorcery.
sihirli bewitched, enchanted; bewitching, enchanting.
silah weapon, arm. *silah altına almak* to call to arms. *Silah başına!* To arms! *silah çatmak* to pile arms. *silah kaçakçısı* gunrunner.
silahlandırmak to arm.

silahlanma armament. **silahlanma yarışı** arms race.

silahlanmak to arm oneself.

silahlı armed. **silahlı kuvvetler** armed forces.

silahsız unarmed.

silahsızlandırma disarmament.

silahsızlandırmak to disarm.

silahşor musketeer, warrior.

silecek bath towel; windscreen wiper.

silgi duster; eraser, rubber.

silik rubbed out; indistinct, insignificant.

silikon silicone.

silindir cylinder; roller. **silindir şapka** top hat.

silinmek to wipe oneself dry; to wear away.

silinmez indelible.

silinti erasure.

silkelemek to shake off.

silkinmek to shake oneself.

silkmek to shake (out).

sille slap, box.

silme wiping; full to the brim, brimful.

silmek to rub off, to erase, to expunge; to wipe.

silo silo.

silsile chain, series.

siluet silhouette.

sima face; personage, figure.

simge symbol.

simgelemek to symbolize.

simgesel symbolic, symbolical.

simit ring-shaped roll of bread covered with sesame seeds; life buoy.

simsar broker; middleman.

simsarlık brokerage.

simsiyah jet-black.

simya alchemy.

simyacı alchemist.

sin grave, tomb.

sinagog synagogue.

sincap squirrel.

sindirim digestion.

sindirmek to digest; to cow, to daunt.

sine breast, bosom. **sineye çekmek** to take sth lying down.

sinek fly; (cards) clubs. **sinek avlamak** (shopkeeper) to sit idly (because of no customers).

sinekkapan flycatcher.

sinekkaydı (shave) very close.

sineklik fly-whisk.

sineksiklet (boxing) feather weight.

sinema cinema, movies.

sinemaskop cinemascope.

sini round metal or wooden tray.

sinik cynical; cynic.

sinir nerve; sinew. **sinir argınlığı** neurasthenia. **sinir harbi** war of nerves. **sinir hastalığı** neuropathy. **sinir hücresi** nerve cell. **sinir kesilmek** to become all nerves. **sinir krizi** attack of nerves, fit of hysterics. **sinir olmak** to chafe. **sinir sistemi** nervous system. **siniri tutmak** to have a fit of nerves. **sinirine dokunmak** to get on sb's nerves. **sinirleri altüst olmak** to be very upset. **sinirleri bozmak** to get on sb's nerves. **sinirlerini bozmak** to get on sb's nerves.

sinirkanatlılar neuroptera, ant lions.

sinirsel neural, nervous.

sinmek to crouch down, to cower; to sink into, to penetrate.

sinsi stealthy, sneaky.

sinsice stealthily.

sinsilik stealthiness.

sinyal signal. **sinyal lambası** oto. turn indicator.

sipahi cavalry soldier.
sipariş order. **sipariş almak** to receive an order. **sipariş etmek/ vermek** to order.
siper shelter, shield; *ask.* trench.
sipsivri very sharp.
siren siren.
sirk circus.
sirke vinegar.
sirkülasyon circulation.
sirküler circular.
sis fog, mist.
sisli foggy, misty.
sismograf seismograph.
sistem system.
sistematik systematic.
sistemleştirmek to systematize.
sistemli systematical.
sistemsiz unsystematic.
site housing estate; city-state.
sitem reproach. **sitem etmek to** reproach.
sitil style.
sivil civilian, civil. **sivil polis** plainclothes policeman.
sivilce pimple
sivilceli pimpled, pimply.
sivri pointed, sharp. **sivri akıllı** eccentric.
sivribiber long green pepper.
sivrilmek to become pointed; to come into prominence, to distinguish oneself.
sivriltmek to make pointed, to sharpen.
sivrisinek mosquito.
siyah black.
siyahımsı blackish.
siyahi black, negro.
siyahlık blackness.
siyasa diplomacy, politics.
siyasal political.
siyaset politics.
siyasetçi politician.

siyasi political, diplomatic.
Siyonizm Zionism.
siz you. **siz bilirsiniz** it's up to you, as you like.
size to you, for you.
sizi you.
sizin your.
sizinki yours.
skandal scandal.
skeç sketch.
Skoç Scotch. **skoç viski** scotch.
skorbord scoreboard.
Slav Slav; Slavic
slayt slide.
slogan slogan.
smokin dinner jacket, tuxedo.
soba stove.
soda soda water.
sodyum sodium.
sofa hall, anteroom.
sofizm sophism.
sofra (*dining*) table. **sofra başında** at the tabl.e **sofra örtüsü** tablecloth. **sofra takımı** table service. **sofraya oturmak** to sit down to a meal. **sofrayı kaldırmak** to clear away. **sofrayı kurmak to** lay the table.
soğan onion; bulb.
soğancık *anat.* medulla oblongata.
soğuk cold. **soğuk almak** to catch. **cold soğuk algınlığı** cold. **soğuk damga** embossed stamp. **soğuk davranmak** to give sb the cold shoulder. **soğuk espri** joke in bad taste. **soğuk savaş** cold war **soğuktan donmak** to be frozen to death.
soğukkanlı cool-headed, calm.
soğukkanlılık coolheadedness, calmness.
soğukluk coldness; *ruhb.* frigidity; cold sweet, compote.

soğumak to get cold, to cool; to take a dislike to, to go off.

soğurmak to absorb.

soğutmak to cool, to chill; to alienate, to put off.

soğutucu cooling, refrigerative.

sohbet chat, conversation. **sohbet etmek** to have a chat.

sokak road, street. **sokak çocuğu** street Arab, street urchin. **sokak kadını** street walker. **sokak lambası** street lamp.

sokmak to introduce, to put in, to insert; to let in, to admit; to sting, to bite.

sokulgan sociable, friendly, folksy.

sokulmak to be inserted in; to insinuate oneself (*into*), to snuggle up.

sol left. **sol yapmak** to steer to the left. **sola dön** turn left. **solda** on the left. **solda sıfır** a mere cipher.

solaçık sp. left-winger, outside left.

solak left-handed.

solaryum solarium.

solcu leftist.

solculuk leftism.

soldurmak to fade, to discolour.

solgun pale, faded.

solgunluk paleness, pallor.

solist soloist.

sollamak to overtake.

solmak to fade, to wither.

solmaz (*colour*) fast, fadeless.

solo *müz.* solo. **solo yapmak** to solo.

solucan worm.

soluk breath. **soluğu kesilmek** to be out of breath. **soluk aldırmamak** to give no respite. **soluk almak** to breathe; to have a rest. **soluk borusu** trachea, wind-

pipe. **soluk kesici** breathtaking. **soluk soluğa** out of breath. **soluk vermek** to breathe out, to expire.

soluk pale; faded.

soluklanmak to take a breather.

solumak to pant, to snort.

solungaç gill.

solunum respiration **solunum aygıtı/sistemi** respiratory system

somun loaf (*of bread*).

somun nut.

somurtkan sulky, sullen.

somurtmak to pout, to sulk.

somut concrete.

somutlaştırmakta concretize.

somya spring mattress.

son end; last, final. **son bulmak** to come to an end, to end. **son defa** (*for*) the last time. **son derece** extremely. **son kozunu oynamak** to play one's last card. **son nefes** one's last breath. **son olarak** lastly; once and for all. **son vermek** to put an end to, to terminate. **sona ermek** to end, to be over. **Sona kalan dona kalır** The early bird catches the worm. **sondan bir önceki** next to the last. **sonuna kadar** to the last, till the last. **sonunu düşünmek** to think of the consequences.

sonat *müz.* sonata

sonbahar autumn, *Al.* fall

sonda probe, sound; drill.

sondaj test bore; sounding. **sondaj yapmak** *to* bore; to sound.

sondalamak to sound; to bore.

sone *yaz.* sonnet.

sonra after; then, later, afterwards.

sonradan later, afterwards. **sonradan görme** parvenu, upstart.

sonraki following, subsequent.

sonrasız eternal.

sonsuz endless, infinite.

sonsuzlaştırmak to eternalize.

sonsuzluk infinity, eternity.

sonuç result, outcome, consequence. **sonuç çıkarmak** to draw a conclusion. **sonuç olarak** consequently, eventually.

sonuçlandırmak to conclude, to bring to a conclusion.

sonuçlanmak to come to a conclusion, to conclude; to result (in, ile).

sonuçsuz fruitless, vain.

sonuçta all in all.

sonuncu last, final.

sonunda in the end, finally.

sopa stick, cudgel; beating. **sopa atmak** to give a beating (to). **sopa çekmek** to beat sb up, to give sb a hiding ton.; to chastise. **sopa yemek** to get a beating.

sorguç crest.

sorgulamak to interrogate.

sormak to ask.

soru question. **soru işareti** question mark.

sorumak to suck.

sorumlu responsible (for, -den). **sorumlu olmak** to be in charge (of sb/sth), to answer for.

sorumluluk responsibility.

sorumsuz irresponsible.

sorumsuzluk irresponsibility.

sorun problem, question, matter.

soruşturma investigation.

soruşturmak to investigate.

sos sauce.

sosis sausage.

sosyal social. **sosyal bilimler** social sciences. **sosyal demokrat** social democrat. **sosyal sigorta** social security.

sosyalist socialist.

sosyalizm socialism.

sosyalleşme socialization.

sosyete the upper classes, society.

sosyetik society, fashionable.

sosyoekonomik socioeconomic.

sosyokültürel sociocultural.

sosyolog sociologist.

sosyoloji sociology.

sosyolojik sociological.

Sovyet Soviet.

soy lineage, descent, family; ancestors. **soy sop** family, relations. **soya çekmek** to take after one's family.

soya soybean.

soyaçekim heredity.

soyadı family name, surname.

soyağacı family tree, genealogical tree.

soydaş of the same race.

soygun robbery.

soyguncu robber.

soygunculuk robbery.

soykırımı genocide.

soylu noble.

soyluluk nobility.

soymak to undress; to rob; to shell, to peel, to shuc.k **soyup soğana çevirmek** to clean out, to rifle.

soysuz of bad race; ignoble.

soysuzlaşmak to degenerate.

soytarı clown, buffoon.

soyunma undressing oneself. **soyunma odası** changing room.

soyunmak to undress oneself.

soyut abstract.

soyutlamak to abstract.

söğüş boiled meat.

söğüt willow.

sökmek to pull up, to uproot; to take to pieces, to tear ... down;

to unsew, to unravel; *arg.* to work, to tell.

sökük unravelled, unstitched; rent, tear.

sökülmek to come unstitched; to be uprooted; *arg.* to pay up, to shell out.

sömestr semester.

sömürge colony.

sömürgeci colonist.

sömürgecilik colonialism.

sömürgeleştirmek to colonize.

sömürmek to exploit.

sömürü exploitation.

söndürmek to put out, to extinguish; to turn off, to switch off; to deflate.

sönmek to go out.

sönük extinguished; dull, lifeless; deflated.

sörf surfing. *sörf yapmak* to surf, to go surfing.

sövgü swearword.

sövmek to swear, to curse. *sövüp saymak* to curse and swear.

söylem discourse.

söylemek to say, to tell; to pronounce.

söylence myth.

söyleniş pronunciation.

söylenmek to be said; to be told; to be pronounced; to grumble, to mutter.

söylenti rumour.

söyleşi conversation, chat.

söyleşmek to chat, to converse.

söylev speech *söylev vermek* to give a speech.

söz remark, word; rumour, gossip; promise. *söz almak* to begin to speak; to obtain a promise. *söz altında kalmamak* to give as good as one gets, to be quick to retort. *söz anlamak* to

be reasonable .*söz aramızda* between you and me *söz dinlemek* to listen to advice, to obey. *söz etmek* to talk about, to mention. *söz geçirmek* to make oneself listened to. *söz götürmez* beyond doubt, indisputable. *söz işitmek* to be told off. *söz kesmek* to agree to give in marriage. *söz konusu* in question. *söz olmak* to be the subject of gossip. *söz vermek* to promise. *söze karışmak* to interrupt by speaking. *sözü ağzına tıkamak* to shut sb up. *sözü ağzında gevelemek* mince one's words. *sözü çevirmek* to change the subject. *sözü geçmek* to be talked about; to be influential. *sözü uzatmak* to be wordy. *sözün kısası* in short. *sözünde durmak* to keep one's word. *sözünde durmamak* to break one's word. *sözünden dönmek* to go back on one's word. *sözünü esirgememek* not to mince one's words. *sözünü geri almak* to retract. *sözünü kesmek* to cut in (*on sb/sth*), to interrupt. *sözünü tutmak* to keep one's word. *sözünün eri* a man of his word.

sözbirliği unanimity. *sözbirliği etmek* to agree to say/do the same thing, to be unanimous in.

sözbölükleri *dilb.* parts of speech.

sözcü spokesman.

sözcük word.

sözde so-called, alleged, would-be.

sözgelimi for example.

sözgelişi for example.

sözleşme agreement, contract.

sözleşmek to agree mutually; to make an appointment.

sözleşmeli contractual.
sözlü oral, verbal; engaged; fiance, fiancée. *sözlü sınav* oral exam.
sözlük dictionary.
sözlükçü lexicographer.
sözlükçülük lexicography.
sözümona so-called, alleged.
spagetti spaghetti.
spazm spasm.
spekülasyon speculation.
spekülatif speculative.
spekülatör speculator.
spiker announcer.
spor *biy.* Spore.
spor sport; sports. *spor araba* sports car. *spor yapmak* to play sports.
sporcu sportsman.
sporsever sports fan.
sportif sports; sportmanlike.
sportmen sportsmansportsmanlike.
sportoto football pools, pools.
sprey spray; sprayer.
stadyum stadium.
staj apprenticeship, training. *staj görmek to* be under training.
stajyer trainee, probationer, intern.
standart standard.
stat stadium.
statik static.
statü status; statute.
statüko status quo.
steno shorthand, stenography; stenographer.
stenograf stenographer.
stenografi stenography.
stepne spare tyre.
stereo stereo.
steril sterile.
sterilizasyon sterilization.
sterilize sterilized. *sterilize et-*

mek to sterilize.
sterlin sterling.
stetoskop stethoscope.
steyşın station wagon. *steyşın araba* hatchback, station wagon.
stilist clothes designer, dress designer.
stok stock. *stok etmek to* stock.
stokçu hoarder, stockiest.
stop stop. *stop etmek* to stop. *stop lambası* stop lamp.
stopaj stoppage at source.
strateji strategy.
stratejik strategical.
stratosfer stratosphere.
stres *hek.* stress.
stüdyo studio.
su water; broth; juice. *su almak* (*boat*) to make water, to leak. *su baskını* flood. *su basmak* to flood. *su cenderesi* hydraulic press. *su çekmek* to draw water. *su değirmeni* water mill. *su deposu* water reservoir. *su dökmek* to make water, to urinate. *su geçirmez* waterproof. *su gibi bilmek* to know perfectly. *su gibi para harcamak* to spend money like water. *so götürmez* incontestable, indisputable. *su götürür* disputable. *su koyuvermek* to overstep the mark, to back on one's word. *su perisi* nymph *su sayacı* water meter. *su tesisatı* waterworks. *su toplamak* to blister. *su vermek* to water; (*steel*) to temper. *su yüzüne çıkmak* to come to light. *sudan çıkmış balığa dönmek* to be like a fish out of water. *sudan ucuz* very cheap. *sularında* about, around. *suya düşmek* to fall to the ground, to fizzle out, to miscarry. *suya*

sabuna dokunmamak to avoid meddling. **suyunca gitmek** to rub sb the right way. **suyunu çekmek** to run out.

sual question.

sualtı underwater.

suare evening performance.

subay officer.

sucu water seller.

sucuk sausage. **sucuğunu çıkarmak** to give a good beating; to tire out. **sucuk gibi** wringing, wringing, wet **sucuk gibi ıslanmak** to be wet through.

suç offence, crime. **suç işlemek** to commit an offence. **suçu bağışlamak** to forgive an offence, to pardon.

suçlamak to accuse.

suçlu guilty. **suçlu bulmak** to find guilty, to convict. **suçlu bulunmak** to be found guilty.

suçluluk guilt.

suçortağı accomplice.

suçsuz innocent.

suçsuzluk innocence.

suçüstü in flagrante delicto, red-handed. **suçüstü yakalamak to** catch sb red-handed.

sudan flimsy, trivial, lame.

Sudan the Sudan.

Sudanlı Sudanese.

suflör prompter.

sugeçirmez waterproof, water-tight.

suiistimal abuse, misuse. **suiistimal etmek** to abuse, to misuse.

suikast conspiracy. **suikastta bulunmak** to conspire; to assassinate.

suikastçı conspirator.

sukamışı *bot.* reedmace.

sukut fall.

sulak watery.

sulama watering; irrigation.

sulamak to water; to irrigate.

sulandırmak to dilute with water.

sulanmak to be irrigated; to become watery; to water; *arg.* to get fresh with.

sulh peace. **sulh hâkimi** judge of the peace. **sulh mahkemesi** court of first instance, minor court.

sultan sultan, sultana.

sulu watery; juicy; importunate, saucy.

suluboya water colour.

sulusepken sleet.

sunak altar.

sundurma shed, penthouse.

suni artificial.

sunmak to present, to offer; to perform, to play, to sing.

sunturlu severe, awful.

sunu offer. **sunu ve istem** *tic.* offer and demand.

sunucu compere, emcee.

sunuculuk compering, emceeing

sur city wall, rampart.

surat face. **surat asmak** to make a sour face. **suratından düşen bin parça olmak** to pull a long face. **suratını buruşturmak** to grimace. **surat mahkeme duvarı** brazenfaced, sulky.

suratsız sulky; ugly.

suret copy; form, shape; manner, way. **suret çıkarmak** to make a copy.

Suriye Syria.

Suriyeli Syrian.

susak thirsty.

susam sesame.

susamak to be thirsty; to thirst for.

susamış thirsty.

suskun taciturn, quiet.

suskunluk quietness, taciturnity.

susmak to hold one's tongue, to hush, to be quiet. *suspus olmak* to keep silent, to be silenced.

susta safety catch.

sustalı clasp knife, flick knife. *sustalı çakı* flick knife, switchblade.

susturmak to silence, to hush, to shut up; to gag, to muzzle.

susturucu silencer, muffler.

susuz thirsty; waterless, arid, dry.

susuzluk thirst; waterlessness.

sutopu water polo.

suvarmak to water (*animals*).

suyolu waterline; watermark.

sübjektif subjective.

süklüm püklüm with one's tail between one's legs, sheepishly.

sükse success, hit. *sükse yapmak* to make a splash.

sükûn calm, quiet.

sükûnet calm, quiet.

sükût silence. *sükût ikrardan gelir* silence gives consent.

sülale family line, lineage.

sülük leech *sülük gibi yapışmak* to cling like a leech.

Sümer Sumerian.

sümkürmek to blow one's nose.

sümük mucus, snot.

sümüklü mucous, snotty; sniveling.

sümüklüböcek slug.

sümüksü mucous.

sünepe sluggish, slovenly.

sünger sponge. *(üzerine) sünger çekmek* to pass the sponge over sth. *sünger gibi* spongy.

süngü bayonet.

süngülemek to bayonet.

sünnet circumcision. *sünnet düğünü* circumcision feast. *sünnet etmek* to circumcise. *sünnet olmak* to be circumcised.

sünnetli circumcised.

sünnetsiz uncircumcised.

Sünnilik Sunnism.

süper super. *süper benzin* highoctane gasoline.

süpermarket supermarket.

süprüntü sweepings.

süpürge broom.

süpürgelik baseboard, mopboard.

süpürmek to sweep.

sürahi jug, decanter, pitcher.

sürat speed.

süratle quickly.

süratli quick, rapid.

sürçmek to stumble, to slip; to make a mistake.

sürdürmek to keep up, to continue.

süre time, period. *süresi sona ermek* to expire.

süreaşımı prescription, limitation.

süreç process.

süregelen lasting, continual.

süregelmek to continue.

sürek duration; drove. *sürek avı* drive.

sürekli continuous, permanent.

süreklilik continuity.

süreksiz transitory, transient.

süreli periodical.

süresince throughout.

süresiz for an indefinite period of time, indefinitely. *süresiz olarak* indefinitely.

sürgü bolt; bedpan; harrow.

sürgülemek to bolt; to harrow.

sürgülü bolted; sliding. *sürgülü cetvel* slide rule.

sürgün exile; *hek.* diarrhoea; *bot.* shoot. *sürgün etmek* to banish, to exile. *sürgüne göndermek* to send into exile.

sürme kohl. *sürme çekmek* to tinge with kohl.

sürmek to continue, to last; to drive; to exile; to lay on, to spread, to smear; to plough; (*life*) to lead.

sürmelemek to bolt (*a door*); to tinge with kohl.

sürmenaj exhaustion (*from overwork*).

sürpriz surprise. ***sürpriz yapmak*** to surprise (*sb*).

sürrealizm surrealism.

sürtmek to rub (*against*); to loiter.

sürtünmek to rub oneself (*against*); to seek a quarrel.

sürtüşme conflict, disagreement.

sürtüşmek to rub against each other; to disagree, to dispute.

sürü herd, flock.

sürücü driver; drover.

sürüklemek to drag, to trail; to carry with one, to absorb.

sürüklenmekte be dragged; to drift.

sürükleyici absorbing, engrossing.

sürüm demand, sale.

sürümek to drag along.

sürümlü in great demand.

sürünceme delay. ***sürüncemede bırakmak*** to drag out. ***sürüncemede kalmak*** to be left hanging in the air, to drag on.

süründürmek to make crawl; to lead sb a dog's life.

sürüngen reptile.

sürünmek to creep, to crawl; to rub against; to rub on, to rub in; to vegetate, to rough it, to lead a dog's life.

süs ornament, decoration. ***süsü vermek*** to pose as, to pretend to, to pass oneself off as.

süslemek to adorn, to decorate, to ornament. ***süsleyip püslemek*** to smarten up.

süslenmek to be decorated; to deck oneself out. ***süslenip püslenmek*** to smarten oneself up, to primp, to prink.

süslü ornamented, decorated.

süssüz unadorned, plain.

süt milk. ***süt çocuğu*** suckling. ***süt dökmüş kedi gibi*** with his tail between his legs. ***süt gibi*** white and clean. ***süt kuzusu*** suckling lamb, suckling. ***süt sağmak*** to milk. ***Sütten ağzı yanan yoğurdu üfleyerek yer ats.*** Once bitten, twice shy. ***sütü bozuk*** base, ignoble. ***süt vermek*** to suckle, to nurse; (*cow*) to milk.

sütana wet nurse.

sütanne wet nurse.

sütbaba fosterfather.

sütbaşı cream.

sütbeyaz milk-white.

sütçü milkman.

sütdişi milk tooth, baby tooth.

sütkardeş foster brother, foster sister.

sütlaç rice pudding.

sütleğen *bot.* spurge.

sütliman dead calm.

sütlü milky. ***sütlü kahve*** coffee with milk; white coffee.

sütnine wet nurse.

sütoğul foster son.

sütsüz without milk; untrustworthy, base.

süttozu milkpowde.r

sütun column.

süvari rider; cavalryman.

süveter sweater.

Süveyş Suez. ***Süveyş Kanalı*** the Suez Canal.

süzek sprayhead, rose.

süzgeç strainer, filter.

süzgün languid, languorous.

süzmek to strain, to filter; to eye

from head to foot, to look atten-
tively.
süzülmek to be filtered; to flow,
to run; to get thin; to slip into, to
creep in.

Ş ş

şablon pattern.

şadırvan water tank with a fountain.

şafak dawn, daybreak. **şafak atmak** to dawn on sb. **şafak sökmek** (*dawn*) to break.

şaft shaft.

şah (*horse*) rearing. **şaha kalkmak** (*horse*) to rear.

şah shah, king; (*chess*) king.

şahadet witnessing; martyrdom.

şahadetname diploma, certificate.

şahane magnificent, wonderful.

şahdamarı aorta.

şaheser masterpiece, masterwork.

şahıs person, individual; *yaz.* character.

şahin *zool.* falcon.

şahit witness. **şahit olmak** to witness.

şahitlik witnessing, testifying.

şahlanmak (*horse*) to rear; to fly into a passion.

şahmerdan battering-ram.

şahsen in person; personally; by sight.

şahsi personal, private.

şahsiyet personality; individuality.

şahsiyetli having a strong personality.

şahsiyetsiz characterless.

şair poet.

şairane poetic, poetical.

şaka joke, jest, fun. **şaka bir yana** joking apart. **şaka değil** it's no joke. **şaka etmek** to joke. **şaka götürmemek** not to be a joking matter. **şaka kaldırmak** to be able to take a joke. **şaka olarak söylemek** to say sth in jest. **şaka söylemek** to joke. **şaka yapmak** to play a joke on sb **şakaya bozmak/dökmek** to turn sth into a joke. **şakaya vurmak** to laugh sth off.

şakacı joker, person given to joking.

şakacıktan as a joke.

şakak *anat.* Temple.

şakalaşmak to joke with one another.

şakırdamak to clank, to jingle, to rattle.

şakırdatmak to clank, to rattle, to jingle.

şakır şakır pelting, pouring, easily, fluently. **şakır şakır yağmak** to rain cats and dogs, to rain buckets.

şakırtı clatter, rattle.

şakkadak unexpectedly, all of a sudden.

şaklaban buffoon, jester.

şaklamak to crack, to snap.

şaklatmak to crack, to snap.

şakrak jovial, lively, mirthful.

şakşak slap-stick; applause.

şakşakçı toady.

şal shawl.

şalgam turnip.

şalter power switch; circuit breaker.

şalvar baggy trousers.

şamandıra buoy, float.

Şamanizm Shamanism.

şamar slap, box on the ear. *şamar atmak* to slap. *şamar oğlanı* scapegoat.

şamata commotion, hubbub, uproar.

şamatacı noisy, boisterous.

şamatalı noisy.

şamdan candlestick.

şamfıstığı pistachio nut.

şampanya champagne.

şampiyon champion.

şampiyona championship. *şampiyonluk* championship, title.

şampuan shampoo.

şampuanlamak to shampoo.

şan glory, fame, reputation. *şanına yakışmak* to befit one's dignity.

şangırdamak to clink, to crash. *şangır şungur* with a crash.

şangırtı crash.

şanlı glorious, great.

şans chance. *şans dilemek* to wish sb well. *şans eseri* by chance. *şans tanımak* to give sb a break. *şansı olmak* to have a chance. *şansı ters gitmek* to have a run of bad luck. *şansı yaver gitmek* to be lucky. *şansını denemek* to take one's chance.

şanslı lucky.

şanssız unlucky. *şanssız olmak* to be out of luck.

şanssızlık misfortune, bad luck.

şantaj blackmail, racket, shakedown. *şantaj yapmak* to blackmail.

şantajcı blackmailer, racketeer.

şantiye shipyard; building-site.

şantör male singer.

şapırtı smack.

şapka hat.

şaplak smack, slap. *şaplak atmak* to give a smack.

şaplamak to make a smacking noise, to smack.

şappadak all of a sudden.

şapşal silly, stupid; slovenly, untidy.

şarampol shoulder (*of a road*).

şarap wine.

şarapnel shrapnel.

şarbon anthrax.

şarıldamak to flow with a splashing noise.

şarıltı splash, splashing sound.

şarj charge. *şarj etmek* to charge.

şarjör clip.

şarkı song. *şarkı söylemek* to sing (*a song*).

şarkıcı singer.

şarküteri delicatessen.

şarlatan charlatan, quack.

şarlatanlık charlatanism, quackery.

şart condition, stipulation. *şart koşmak* to stipulate. *şart olmak* to become inevitable. *şartıyla* on condition that.

şartlandırmak to condition.

şartlı conditional, conditioned.

şartsız unconditional, unconditioned.

şasi chassis.

şaşakalmak to be taken aback.

şaşalamak to be bewildered.
şaşı cross-eyed, squinting. **şaşı bakmak** to squint.
şaşılası surprising, weird.
şaşılık crosseye, squint.
şaşırmak to be surprised; to be confused. **şaşırıp kalmak** to be at a loss.
şaşırtıcı amazing, surprising.
şaşırtmak to amaze, to astonish, to surprise; to confuse, to baffle, to floor.
şaşkın bewildered, confused, blank; stupid. **şaşkına dönmek** to be stupefied. **şaşkına çevirmek** to stupefy.
şaşkınlık confusion, astonishment, perplexity.
şaşmak to be surprised; to deviate.
şatafat ostentation, pomp.
şatafatlı ostentatious, pompous.
şato castle, chateau.
şayet if.
şebek baboon.
şebeke network; (*student's*) pass.
şebnem dew.
şecere genealogical tree.
şef chief, leader. **şef garson** head-waiter
şefaat intercession **şefaat etmek** to intercede.
şeffaf transparent.
şefkat compassion, affection.
şefkatli compassionate, affectionate.
şefkatsiz without affection.
şeftali peach.
şehir city, town.
şehirlerarası interurban; longdistance (*telephone call*).
şehirli city dweller, townsman.
şehit martyr. **şehit düşmek** to die for one's fatherland; to die for Islam.

şehvet sexual desire, lust.
şehvetli lustful, sensual.
şehzade sultan's son, prince.
şeker sugar; sweet, candy; *hek.* Diabetes. **Şeker Bayramı** the Ramadan holiday, the Lesser Bairam. **şeker gibi** sweet **şeker hastalığı** diabetes. **şeker hastası** diabetic.
şekerci confectioner; candyseller; candymaker.
şekerkamışı *bot.* sugar cane.
şekerleme candy, goody; nap, doze. **şekerleme yapmak** to have a nap.
şekerlemek to sugar.
şekerleşmek to sugar.
şekerli sugared; diabetic.
şekerlik sugar bowl.
şekerpancarı sugar beet.
şekersiz unsugared, unsweetened.
şekil form, shape; diagram, illustration. **şekil almak** to take shape. **şekil vermek** to give a form.
şekilci formalist.
şekilcilik formalism.
şekillendirmek to shape, to form.
şekillenmek to take shape.
şekilsiz shapeless.
şeklen in form.
şelale waterfall.
şelf shelf.
şema diagram, plan.
şematik diagrammatic.
şempanze chimpanzee.
şemsiye umbrella, parasol.
şen cheerful, joyful, merry.
şenlendirmek to cheer, to enliven.
şenlenmek to become cheerful, to cheer up; to be populated.
şenlik cheerfulness, merriment; festival.
şer evil, wickedness.
şerbet sweet drink, sherbet.

şeref honour. **şeref vermek** to honour, to grace.

şerefe Cheerio! Cheers!

şerefine in honour of.

şereflendirmek to honour, to grace.

şerefli honoured, esteemed

şerefsiz dishonest, honourless.

şerefsizlik dishonor.

şerh explanation.

şeriat Islamic law, canonical law.

şerif sheriff.

şerit ribbon, tape.

şeş six. **şeş; beş görmek** to get confused.

şevkli eager.

şey thing.

şeyh sheik(h).

şeytan Satan, devil. **şeytan aldatmak** to have nocturnal emissions. **şeytan diyor ki** I have a good/half a mind to ... **şeytan gibi** as cunning as a fox. **Şeytan kulağına kurşun** Touch wood! **şeytan tüyü olmak** to have an attractive personality. **şeytana uymak** to yield to temptation. **şeytanın bacağını kırmak** to get the show on the road at last.

şeytanca devilish; devilishly.

şeytani devilish, diabolical.

şeytanlık devilment; mischief, trick.

şezlong deck chair, chaise longue.

şık alternative.

şık smart, elegant, chic, high-hat.

şıkır şıkır with a clinking noise.

şıkırdamak to clink, to jingle.

şıkırdatmak to clink, to jingle.

şıkırtı clink, jingle.

şıllık gaudily dressed woman.

şımarık spoiled, saucy.

şımarıklık sauciness, impertinence.

şımarmak to get spoilt.

şımartmak to spoil, to pamper.

şıngırdamak to clink, to rattle.

şıngırtı clink, rattle.

şıp diye quickly, unexpectedly.

şıpıdık heelless slipper.

şıpırtı splash.

şıpsevdi susceptible.

şıra grape juice, must.

şırıldamak to splash, to babble.

şırıltı splashing, babble.

şırınga syringe.

şiddet violence; intensity, strength. **şiddete başvurmak** to resort to violence. **şiddet kullanmak to** use violence.

şiddetlendirmek to intensify.

şiddetlenmek to become violent; to become intensified.

şiddetli violent, impetuous, severe; hard, strong.

şifa recovery. **şifa bulmak** to recover health. **şifa vermek** to restore to health. **şifayı kapmak** to fall ill.

şifahi oral, verbal.

şifalı healing, curative.

şifon chiffon.

şifoniyer chiffonier, chest of drawers.

şifre code, cipher.

şifrelemek to cipher. **şifreyi çözmek** to decipher, to decode.

şifreli in cipher.

Şii Shiite.

Şiilik Shiism.

şiir poem.

şikâyet complaint, grouch. **şikâyet etmek** to complain, to grouch.

şikâyetçi complainant.

şike sp. rigging (a game / match / race).

şikeli sp. rigged.

şilep cargo vessel, freighter.

Şili Chile.
Şilili Chilean.
şilin Shilling.
şilt shield.
şilte mattress.
şimdi now, at present. *şimdiye kadar* until now, up to now.
şimdiden from now on.
şimdiki the present.
şimdilik for the present, for the time being.
şimşek lightning. *şimşek çakmak* (*lightning*) to flash. *şimşek gibi* like lightning.
şimşir boxwood.
şipşak quickly, in a flash.
şiraze headband.
şirin charming, pretty, lovely.
şirket company, firm.
şirret bad-tempered, malicious, fractious, quarrelsome.
şiş spit, skewer; knitting-needle. *şiş kebap* shish kebab; roasted meat on skewers.
şiş swelling; swollen.
şişe bottle.
şişelemek to bottle.
şişinmek to puff oneself up, to swell with importance.
şişirmek to swell, to bloat, to inflate; to exaggerate; to knock off, to scamp, to skimp.
şişkin swollen, puffy.
şişkinlik swelling, puffiness.
şişko fat, fatty.
şişlemek to skewer, to spit; *arg.* to stab.
şişlik swelling, bulge.
şişman fat, obese.
şişmanlamak to grow fat, to fatten.
şişmanlık fatness, obesity.
şişmek to swell, to be inflated, to be distended.

şive accent.
şizofren schizophrenic.
şizofreni schizophrenia.
şofben gas heater, geyser.
şoför driver; chauffeur. *şoför ehliyetnamesi* driving licence.
şok shock.
şoke shocked. *şoke olmak* to be shocked, to be appalled.
şort shorts.
şose paved road.
şov show.
şoven chauvinist; chauvinistic.
şovenizm chauvinism.
şöhret fame, reputation, renown.
şöhretli famous, renowned.
şölen feast, banquet.
şömine fireplace.
şövale easel.
şövalye knight.
şövalyelik chivalry.
şöyle in this way, like this, like that, thus; this kind of, that kind of, such. *şöyle böyle* so so. *şöyle dursun* let alone. *şöyle ki* in such a way that; as follows. *şöylece* in this way, thus.
şu that, this. *şu anda* just now, as present, at the moment. *şu günlerde* in these days. *şu halde* in that case, then. *şu var ki* however, only. *şundan bundan konuşmak* to talk of this and that. *şunu bunu bilmem* I'm not accepting any excuses! But me no buts! *şunun şurasında* just, only.
şua ray.
şubat February.
şube branch; department, section.
şuh coquettish, pert.
şunlar those.
şûra council.
şura that place, this place.

şurada there. **_şurada burada_** here and there.
şuralarda in these parts.
şuraları these places.
şurup syrup.
şut (_football_) shoot. **_şut çekmek_** to shoot.
şuur the conscious, consciousness.
şuuraltı subconscious.
şuurlu conscious.
şuursuz unconscious.
şükran gratitude, thanks.
şükretmek to thank God; to give thanks (_to_).
şükür gratitude.
şüphe doubt, suspicion; uncertainty. **_şüphe etmek_** to doubt, to suspect. **_şüphe uyandırmak_** to cause suspicion.
şüpheci sceptic, suspicious.
şüphelendirmek to make ... suspicious.
şüphelenmek to doubt, to suspect.
şüpheli suspicious; doubtful; uncertain.
şüphesiz doubtless, certain; certainly, of course! no doubt!

T t

ta even until, even as far as. **ta ki** so that, even.

taahhüt undertaking, commitment. **taahhüt etmek** to undertake.

taahhütlü (*letter, etc.*) registered.

taahhütname written contract.

taammüden *huk.* with premeditation, intentionally.

taammüt *huk.* premeditation.

taarruz attack, assault. **taarruz etmek** to attack, to assault.

taassup fanaticism.

tab printing.

tabak plate, dish.

tabaka layer, stratum; (*of paper*) sheet; class, group.

tabakhane tannery.

tabaklamak to tan, to curry.

taban sole; base; floor. **taban fiyat** the lowest price, minimum price. **taban tabana zıt** diametrically opposite, antipodal. **taban tepmek** to walk a long way. **tabanları yağlamak** to take to one's heels.

tabanca pistol, gun. **tabanca çekmek** to draw one's gun.

tabansız soleless; cowardly.

tabanvayla on foot. **tabanvayla gitmek** to go on foot, to walk ela

sign, signboard; list of food; car of treatment.

tabelacı sign-painter.

tabetmek to print.

tabi subject, dependent. **tabi olmak** to be dependent on. **tabi tutulmak** to be subjected to.

tabiat nature; character, temperament. **tabiatıyla** naturally. **tabiat bilgisi** nature study. **tabiat kanunu** law of nature.

tabiatüstü supernatural.

tabii natural; naturally, of course.

tabiiyet nationality.

tabip doctor, physician.

tabir expression, idiom, phrase; (*of a dream*) interpretation. **tabir caizse** if I may put in this way. **tabir etmek** to express; to interpret (*a dream*).

tabla ashtray; circular tray.

tabldot table d'hote.

tablet tablet.

tablo painting, picture.

tabu taboo.

tabur *ask.* battalion; line, row, file.

taburcu discharged from a hospital. **taburcu etmek** to discharge. **taburcu olmak** to be discharged.

tabure stool, footstool.

tabut coffin.

tabya *ask.* bastion, redoubt.

tacir merchant.

taciz annoyance, disturbing, harassment. *taciz etmek* to annoy, to bother, to harass.

taç crown; corolla; *sp.* touchdown. *taç giymek* to be crowned.

taçlandırmak to crown.

taçlı crowned.

taçsız uncrowned.

taçyaprağı petal.

tadım taste, small amount tasted; the sense of taste.

tadımlık just enough to taste.

tadil modification. *tadil etmek* to modify, to amend.

tadilat modifications.

tafra conceit, pride.

tafsilat details.

tafsilatlı detailed.

tahakkuk realization; verification. *tahakkuk etmek* to be realized, to come true.

tahakküm domination, oppression. *tahakküm etmek* to dominate, to oppress, to tyrannize.

tahammül endurance, patience. *tahammül etmek* to put up with, to endure, to stand.

taharet cleanliness; canonical purification.

tahayyül imagination, fancy. *tahayyül etmek* to imagine, to fancy.

tahdit limitation. *tahdit etmek* to limit.

tahıl grain; cereal.

tahin sesame oil.

tahkikat investigations, inquiries.

tahkim strengthening, fortification. *tahkim etmek* to strengthen, to fortify.

tahkir insult, affront. *tahkir etmek* to insult, to affront.

tahlil analysis. *tahlil etmek* to analyse.

tahliye evacuation, vacating; release; (*cargo*) discharge, unloading. *tahliye etmek* to evacuate, to vacate; to release, to discharge; (*cargo*) to discharge, to unload.

tahmin estimate, guess. *tahmin etmek* to estimate, to guess.

tahminen approximately.

tahmini approximate.

tahribat destruction, devastation.

tahrif falsification, distortion. *tahrif etmek* to falsify, to distort.

tahrifat falsification, alterations.

tahrik provocation, incitement, excitation. *tahrik etmek* to provoke, to incite, to excite. *tahrik edici* provocative.

tahrip destruction, devastation, ruining. *tahrip etmek* to destroy, to devastate, to ruin.

tahriş irritation. *tahriş etmek* to irritate.

tahsil education, study; (*money*) collection. *tahsil etmek* (*money, taxes*) to collect; to study. *tahsil görmek* to receive an education.

tahsilat collection of revenues.

tahsildar tax-collector.

tahsilli educated.

tahsis assignment, allocation, allotment. *tahsis etmek* to assign, to allot, to allocate.

tahsisat allowance, fund.

taht throne. *tahta çıkmak* to ascend the throne. *tahta geçirmek* to enthrone. *tahttan indirmek* to dethrone.

tahta board, plank, wood; wooden. *tahtadan* wooden. *tahtası eksik* having a screw loose, screwy.

tahtaya kaldırmak to call (*a student*) to the blackboard.

tahtakurdu woodworm.

tahtakurusu bug, bedbug.

tahtalı boarded, planked. **tahtalı köy** *arg.* cemetery. **tahtalı köyü boylamak** *arg.* to kick the bucket, to die.

tahvil debenture, bond.

tak arch.

tak knock. **tak tak vurmak** to knock repeatedly.

takas clearing; exchange, barter. **takas etmek** to clear; to exchange, to barter.

takat strength. **takati kalmamak** to be exhausted.

takatsiz exhausted, weak.

takdim presentation; introduction. **takdim etmek** to present, to offer; to introduce.

takdir appreciation; predestination, fate. **takdir etmek** to appreciate. **takdirini kazanmak** to win sb's approval.

takdirde in the event of, if.

takdirname letter of appreciation.

takdis sanctification. **takdis etmek** to sanctify.

takı wedding present; jewellery, ornament; *dilb.* case ending.

takılmak to kid, to josh; to be afixed; to get stuck on, to get snagged on; *arg.* to frequent, to visit.

takım team; gang, band, crew; set, service; suit; *ask.* platoon. **takım taklavat** sag and baggage, the whole push.

takımada archipelago.

takımyıldız constellation.

takınmak to put on, to wear; to assume, to affect.

takıntı relation, affair; small debt; subject which a student has

flunked; condition.

takırdamak to clatter, to rattle. **takırtı** clatter, rattle.

takibat *huk.* prosecution.

takip following, pursuit. **takip etmek** to follow, to pursue.

takipçi follower, pursuer.

takla somersault. **takla atmak** to turn a somersault.

taklit imitation; counterfeit; imitated, counterfeit, sham. **taklit etmek** to imitate; to counterfeit.

taklitçi imitator; mimic.

takma attaching; attached; false. **takma ad** nickname. **takma diş** false teeth **takma saç** false hair, wig.

takmak to affix, to attach, to fix; to wear, to put on; *arg.* to fail, to flunk. **takıp takıştırmak** to put on one's best bib and tucker.

takmamak *arg.* to have no regard for, not to give a damn.

takoz wooden wedge, chock. **takoz koymak** to put a wedge.

takriben approximately, about. **takribi** approximate.

taksi taxi, cab **taksi tutmak** to take a taxi.

taksim division. **taksim etmek** to divide.

taksimetre taximeter.

taksit instalment.

taksitle by instalments. **taksitle almak** to buy on hire-purchase terms. **taksitle satış** instalment sale.

taktik tactics.

takunya clog, patten.

takvim calendar.

takviye reinforcement. **takviye etmek** to reinforce.

talan pillage, plunder. **talan etmek** to pillage, to plunder.

talaş wood shavings; sawdust.

talebe student, pupil.

talep demand. **talep etmek** to demand, to request.

tali secondary, subordinate.

talih luck, good fortune. **talih kuşu** good luck. **talihi yaver gitmek** to be lucky. **talihine küsmek** to curse one's fate.

talihli lucky, fortunate.

talihsiz luckless, unlucky.

talihsizlik bad luck.

talim teaching; practice, exercise. **talim etmek** to have to eat (the same food).

talimat instructions. **talimat vermek** to give instructions.

talimatname regulations.

talimname field manual.

talip desirous, seeking. **talip olmak** to put oneself in for, to desire, to seek.

talk talc. **talk pudrası** talcum powder.

taltif gratifying; rewarding. **taltif etmek** to gratify; to reward.

tam complete, entire, whole; exact, precise, perfect. **tam adamına düşmek** to find the very man. **tam gelmek** to fit well. **tamı tamına** just, exactly. **tam üstüne basmak** to hit the nail on the head. **tam vaktinde** just in time. **tam yetki** full authority. **tam yol** full speed.

tamam complete, ready; finished, over; correct, right; all right! OK! **tamam olmak** to end, to be over.

tamamen completely, entirely, fully.

tamamıyla completely, entirely, fully.

tamamlamak to complete, to finish.

tamamlayıcı complementary, supplementary.

tambur a stringed instrument similar to the mandolin.

tamir repair. **tamir etmek** to repair, to mend.

tamirat repairs.

tamirci repairman.

tamirhane repair shop.

tamlama noun phrase, prepositional phrase.

tampon bumper, buffer; hek. wad, plug. **tampon devlet** buffer state.

tamsayı mat. whole number, integer.

tamtakır completely empty.

tamtam tom-tom.

tan dawn. **tan ağarmak** (day) to break, to dawn.

tane grain, seed, pip; piece. **tane tane** piece by piece. **tane tane konuşmak** to speak distinctly, to articulate.

tanecik granule.

tanelemek to granulate.

tangırdamak to clang.

tangırtı clang, clatter.

tango tango.

tanı diagnosis.

tanıdık acquaintance.

tanık witness tanık olmak to witness.

tanıklık testimony, witness. **tanıklık etmek** to give evidence.

tanım definition.

tanımak to know; to recognize, to acknowledge. **tanımazlıktan gelmek** to pretend not to know.

tanımlama definition.

tanımlamak to define.

tanınmak to be known; to be recognized.

tanınmış well-known, famous.

tanışmak to get acquainted (with), to know one another, to meet.

tanıştırmak to introduce.

tanıtıcı introductory, promotional.

tanıtım introduction, presentation; *tic.* promotion.

tanıtmak to introduce, to represent; to advertise, to promote.

tank tank.

tanker tanker.

tanksavar antitank.

Tanrı God. *Tanrı misafiri* unexpected gues. *Tanrı vergisi* gift, talent. *Tanrı'nın günü* even blessed day.

Tanrıbilim theology.

Tanrıbilimci theologian.

tanrıça goddess.

tanrılaşmak to be deified.

tanrılaştırmak to deify.

tanrısal divine.

tanrıtanımaz atheistic; atheist.

tanrıtanımazlık atheism.

tansiyon blood pressure. *tansiyon düşüklüğü* hypotension. *tansiyon yüksekliği* hypertension.

tantana pomp, display.

tantanalı pompous.

tanyeli zephyr, dawn breeze.

tanyeri daybreak, dawn.

tanzim putting in order, arrangement; organizing. *tanzim etmek* to put in order; to arrange; to organize *tanzim satışı* sale of foodstuffs by a municipality so as to regulate the prices.

tanzimat reforms.

Tanzimat the political reforms made in the Ottoman State in 1839.

tapa stopper, plug; fuse.

tapınak temple.

tapıncak fetish.

tapınmak to worship, to adore.

tapmak to worship, to adore.

taptaze very fresh.

tapu title-deed.

tapulamak to register with a title-deed.

taraça terrace.

taraf side; place, site. *tarafa çıkmak* to take the part (*of*) to support. *taraf tutmak* to take sides.

tarafından by; a kind of.

taraflı having sides; supporter.

tarafsız impartial.

tarafsızlık impartiality.

taraftar partisan, supporter. *taraftar olmak* to be in favour of.

taraftarlık partisanship, partiality.

tarak comb; harrow, rake.

taraklamak to comb; to harrow, to rake.

taramak to comb; to harrow, to rake; to search thoroughly, to comb; to scan, to rake.

taranmak to be combed; to be raked; to comb oneself.

tarçın cinnamon.

taret *ask.* turret.

tarh flower-bed; imposition (*of a tax*).

tarım agriculture.

tarımcı agriculturist.

tarımsal agricultural.

tarif definition; description; recipe. *tarif etmek to* describe; to define.

tarife tariff; time-table; recipe.

tarih history; date. *tarih atmak* to date. *tarihe geçmek* to make history. *tarihe karışmak* to be a thing of the past, to vanish.

tarihçe short history.

tarihçi historian.

tarihi historic; historical.

tarihli dated.

tarihöncesi prehistory.

tarihsel historic; historical.

tarihsiz undated.

tarikat religious order.

tarla field.

tartaklamak to manhandle, to harass.

tartı weight; weighing; scale, balance. **tartıya vurmak** to weigh.

tartılı weighed; balanced.

tartılmak to be weighed; to weigh oneself.

tartışılmaz indisputable.

tartışma discussion; argument, dispute.

tartışmacı debater.

tartışmak to discuss; to argue, to dispute.

tartışmalı argumentative, controversial.

tartmak to weigh; to balance.

tarz manner, way, style.

tas bowl, cup. **tası tarağı toplamak** to pack bag and baggage.

tasa worry, anxiety. **tasa çekmek/ etmek** to worry. **Tasası sana mı düştü?** It's none of your business! Mind your own business!

tasalanmak to worry.

tasalı anxious.

tasar plan.

tasarı project; draft taw, bill.

tasarım imagination, envisagement; design.

tasarlamak to plan, to project, to contrive.

tasarruf saving, thrift, economy. **tasarruf etmek** to save, to economize.

tasarruflu economical, thrifty.

tasasız carefree, lighthearted.

tasavvuf Islamic mysticism, Sufism.

tasavvufi mystical, Sufic.

tasavvur imagination; idea. **tasavvur etmek** to imagine.

tasdik affirmation, confirmation; approval, ratification. **tasdik etmek** to affirm, to confirm; to ratify.

tasdikname certificate.

tasdiksiz uncertified.

tasfiye purification, cleaning; discharge (of the employees); tic. liquidation. **tasfiye etmek** to purify, to refine; to discharge; to liquidate.

tashih correction.

taslak draft, sketch. **taslak halinde** in draft.

taslamak to pretend to, to feign, to fake.

tasma collar.

tasnif classification. **tasnif etmek** to classify.

tastamam absolutely complete.

tasvip approval. **tasvip etmek** to approve. **tasvip etmemek** to disapprove.

tasvir description, depiction. **tasvir etmek** to describe, to depict.

taş stone. **taş atmak** to make an allusion at sb. **taş çıkartmak** to make rings round sb, to surpass. **taş devri** stone age. **taş gibi** very hard, stony. **taş kesilmek** to be petrified. **taş taş üstünde bırakmamak** to level with the ground. **taşa tutmak** to stone. **taşı gediğine koymak** to hit the nail on the head.

taşbaskı lithography.

taşbasması lithography.

taşbebek doll.

taşımacı transporter.

taşımacılık transport.

taşımak to carry; to transport, to convey.

taşınır movable.

taşınmak to be carried, to be transported; to move (out); to move (to); to move (in).

taşınmaz immovable.
taşırmak (to cause) to overflow.
taşıt vehicle, conveyance.
taşıyıcı carrier; porter.
taşkın overflowing; exuberant, rowdy; flood.
taşkınlık exuberance, rowdiness.
taşkömürü coal.
taşküre lithosphere.
taşlama stoning; grinding; *yaz.* satire.
taşlaşmak to be petrified.
taşlı stony.
taşmak to overflow, to flood; to boil over, to run over.
taşocağı stone quarry.
taşpamuğu asbestos.
taşra the provinces.
taşralı provincial.
taşyuvarı lithosphere.
taşyürekli stony-hearted, hardhearted.
tat taste. **tat almak** to taste; to enjoy. **tat vermek** to flavor. **tadı damağında kalmak** to be unable to forget the delicious flavour of. **tadı kaçmak** to lose its taste, to pall. **tadı tuzu yok** tasteless. **tadına bakmak** to taste. **tadında bırakmak** not to overdo. **tadını almak** to taste, to enjoy. **tadını çıkarmak** to enjoy fully. **tadını kaçırmak** to mar, to spoil, to go too far.
Tatar Tartar, Tatar.
tatbik application. **tatbik etmek** to apply. **tatbik sahasına koymak** to put into practice.
tatbikat applications; *ask.* manoeuvres.
tatbikatta in practice.
tatbiki applied.
tatil holiday, vacation. **tatil etmek** to close temporarily. **tatil olmak** to be closed (*for a holiday*). **tatil yapmak** to take a holiday. **tatile çıkmak** to go on a holiday.
tatlandırmak to sweeten; to flavor.
tatlanmak to sweeten.
tatlı sweet. **tatlı bela** sweet curse. **tatlı dil** soft words. **tatlı dilli** softspoken. **tatlı su** fresh water. **tatlıya bağlamak** to settle amicably.
tatlılık sweetness; pleasantness.
tatlılıkla kindly, gently.
tatmak to taste; to experience.
tatmin satisfaction. **tatmin etmek** to satisfy. **tatmin olmak** to be satisfied.
tatminkâr satisfactory.
tatsız tasteless.
tatsızlık insipidity, unpleasantness, disagreeableness.
tav proper heat; right moment. **tav vermek** to dampen. **tavına getirmek** to bring to the right condition.
tava frying pan.
tavan ceiling. **tavan arası** attic. **tavan fiyatı** maximum price, ceiling price.
taverna tavern.
tavır manner, attitude. **tavır takınmak** to assume an attitude.
taviz concession; compensation. **taviz vermek** to compensate.
tavla backgammon; stable.
tavlamak to anneal; to cheat, to hoodwink; to pick up, to seduce.
tavsiye recommendation. **tavsiye etmek** to recommend, to advise. **tavsiye mektubu** letter of recommendation.
tavşan hare, rabbit.
tavuk hen.
tavukkarası night blindness.
tavus peacock.
tay colt, foal.

tay counterpoise; equal, peer. *tay durmak* (*baby*) to stand up.

tayf spectrum.

tayfa crew.

tayfun typhoon.

tayın ration.

tayin appointment; designation. *tayin etmek* to appoint; to designate.

tayyör tailor-made costume.

taze fresh; new, recent. *taze fasulye* green beans. *taze kan* fresh blood.

tazelemek to freshen, to renew.

tazelik freshness.

tazı greyhound.

taziye condolence.

tazmin indemnification. *tazmin etmek* to indemnify.

tazminat indemnity, compensation. *tazminat davası* action for damages.

tazyik pressure.

tebdil change, alteration. *tebdili kıyafet* disguise.

tebessüm smile. *tebessüm etmek* to smile.

tebeşir chalk.

tebligat notification.

tebliğ notification, communiqué. *tebliğ etmek* to notify, to communicate.

tebrik congratulation. *tebrik etmek* to congratulate. *tebrikler* Congratulations!

tecavüz attack, aggression; transgression, violation. *tecavüz etmek* to attack; to transgress.

tecelli manifestation; destiny. *tecelli etmek* to be manifested, to appear.

tecil delay, postponement. *tecil etmek* to postpone.

tecrit separation, isolation. *tecrit etmek* to separate, to isolate.

tecrübe trial, test; experience. *tecrübe etmek* to try, to test.

tecrübeli experienced.

tecrübesiz inexperienced.

teçhiz equipping. *teçhiz etmek* to equip.

teçhizat equipment.

tedarik procurement, preparation. *tedarik etmek* to procure, to provide, to prepare.

tedarikli prepared.

tedariksiz unprepared.

tedavi (*medical*) treatment. *tedavi etmek* to treat.

tedavül circulation; currency. *tedavülde olmak* to circulate. *tedavülden kalkmak* to be taken out of circulation. *tedavüle çıkarmak* to put into circulation.

tedbir measure, step, precaution. *tedbir almak* to take measures.

tedbirli prudent, cautious.

tedbirsiz improvident, incautious.

tedhiş terror.

tedirgin uneasy, restless. *tedirgin etmek* to discompose, to disquiet.

tedirginlik uneasiness.

teessüf regret. *teessüf etmek* to regret.

teessür sadness, sorrow.

tef tambourine.

tefeci usurer.

tefecilik usury.

teferruat details.

teferruatlı detailed, exhaustive.

teftiş inspection. *teftiş etmek* to inspect.

teğet tangent.

teğmen lieutenant.

teğmenlik lieutenancy.

tehdit threat, menace. *tehdit etmek* to threaten, to menace.

tehir delay, postponement. **tehir etmek** to delay, to postpone, to put off.

tehlike danger. **tehlikeye atılmak** to court danger. **tehlikeye atmak** to risk. **tehlikeye sokmak** to endanger.

tehlikeli dangerous.

tehlikesiz without danger.

tehlikesizce safely.

tek single; alone; only; unique; (number) odd. **tek başına** alone. **tek mi çift mi?** odd or even? **tek taraflı/yanlı** unilateral, one-sided. **tek tek, teker teker** one by one. **tek tük** only a few.

tekdüze monotonous.

tekdüzelik monotony.

teke male goat, he-goat.

tekel monopoly. **tekel bayii** off-license, package store. **tekeli altına almak** to monopolize.

tekelci monopolist.

tekelcilik monopolism.

teker wheel.

tekerkçi monarchist.

tekerlek wheel.

tekerleme rigmarole.

tekerlemek to roll.

tekerlenmek to roll round; to topple over.

tekeşlilik monogamy.

tekhücreli unicellular.

tekil dilb. singular.

tekin deserted, empty; auspicious.

tekir (kedi) tabby; (balık) red mullet.

tekke dervish lodge.

teklemek to thin out; (piston of the engine) to work singly; arg. to stammer, to stutter.

teklif proposal, offer. **teklif etmek** to propose, to offer.

teklifsiz unceremonious, familiar.

teklik oneness.

tekme kick. **tekme atmak** to give a kick. **tekme yemek** to get a kick.

tekmelemek to kick.

tekmil the whole, all.

tekne trough; vessel, craft.

teknik technique; technical.

teknikçi technician.

tekniker technician.

teknikokul technical school.

tekniköğretim technical training.

teknisyen technician.

teknokrasi technocracy.

teknoloji technology.

teknolojik technological.

tekrar repetition; again. **tekrar etmek** to repeat. **tekrar tekrar** again and again.

tekrarlamak to repeat.

tekrarlanmak to be repeated.

teksif concentration, condensation. **teksif etmek** to concentrate, to condense.

teksir multiplication; duplication. **teksir etmek** to multiply; to duplicate. **teksir makinesi** duplicator, mimeograph.

tekstil textile.

tektanrıcı monotheist; monotheistic.

tektanrıcılık monotheism.

tektonik tectonics; tectonic.

tekzip contradiction, denial. **tekzip etmek** to contradict, to deny.

tel wire; string; fibre; telegram, cable. **tel çekmek** to enclose with wire; to send a wire, to cable. **tel örgü** wire fence. **tel şehriye** vermicelle.

telaffuz pronunciation. **telaffuz etmek** to pronounce.

telafi compensation. **telafi etmek** to compensate.

telaş hurry, flurry. **telaş etmek** to bustle, to be flustered. **telaşa**

düşmek to get flurried, to take alarm.

telaşçı restless, nervous.

telaşlandırmak to fluster, to trouble, to alarm, to confuse, to worry.

telaşlanmak to get flurried.

telaşlı flurried, agitated.

telaşsız unagitated, calm.

telef destruction; waste. *telef olmak* to be destroyed, to perish.

teleferik cable railway.

telefon telephone, phone. *telefon etmek* to telephone, to phone, to call (*up*), to ring (*up*). *telefon kartı* phonecard. *telefon kulübesi* telephone booth. *telefon rehberi* telephone directory. *telefon*

telekomünikasyon telecommunication.

teleks telex.

teleobjektif teleobjective, telelens.

telesekreter answerphone.

teleskop telescope.

teleteks teletext.

televizyon television. *televizyonda göstermek* to show on television, to televise.

telgraf telegram, telegraph. *telgraf çekmek* to send a telegram, to telegraph.

telif compilation. *telif hakkı* copyright. *telif hakkı ücreti* royalty.

telkin inspiration, suggestion. *telkin etmek* to inspire, to inculcate.

tellak bath attendant.

tellemek to send a telegram, to wire.

tellendirmek to smoke.

telli wired. *telli çalgılar müz.* stringed musical instruments.

telsiz wireless. *telsiz telgraf* wireless telegraph.

telsizci wireless operator.

telve coffee-grounds.

tema theme.

temas contact. *temas etmek* to touch. *temas kurmak* to get on to sb, to contact. *temasa geçmek* to get in touch (*with, ile*).

temaşa show, spectacle.

tembel lazy.

tembelleşmek to grow lazy.

tembellik laziness. *tembellik etmek* to laze (*about/around*), to fool around/about.

tembih warning. *tembih etmek* to warn.

temel foundation, base; main, chief; basic, fundamental *temel atmak* to lay a foundation. *temel taşı* foundation stone, cornerstone.

temelli having a foundation; well-founded; permanently, for good.

temelsiz without foundation; unfounded, groundless.

temenni wish, desire. *temenni etmek* to wish, to desire.

temin assurance; procurement. *temin etmek* to assure, to ensure; to procure, to provide.

teminat guarantee; security. *teminat akçesi* guarantee fund.

teminatlı guaranteed, secured.

teminatsız insecure, unsecured.

temiz clean; virtuous; clear, net. *temiz bir dayak atmak* to give a good thrashing. *temize çekmek* to make a fair copy. *temize çıkarmak* to clear, to acquit. *temiz raporu* certificate of good health.

temizlemek to clean; to eat up, to polish off, to finish off; *arg.* to kill, to bump off, to rub out.

temizlik cleanliness. *temizlik yap-mak* to do cleaning.

temizlikçi cleaner, charwoman, charlady.

temkin self-possession, poise.

temkinli self-possessed, poised.

temmuz july.

tempo time, tempo. *tempo tut-mak* to keep time.

temsil representation; performance. *temsil etmek* to represent; (*play*) to present; to symbolize.

temsilci representative, agent.

temyiz discernment; *huk.* appeal. *temyiz etmek* to discern; to appeal. *temyiz mahkemesi* court of appeal.

ten complexion; flesh, skin.

tencere saucepan. *Tencere yu-varlanmış kapağını bulmuş ats.* Birds of a feather flock together.

teneffüs respiration; recess, break. *teneffüs etmek* to breathe.

teneke tin.

teneşir the bench on which the corpse is washed.

tenezzül deigning, condescension, lowering oneself. *tenezzül etmek* to condescend, to deign.

tenha uncrowded, lonely, solitary.

tenis tennis. *tenis kortu* tennis court.

tenisçi *sp.* tennis player.

tenkit criticism *tenkit etmek* to criticize.

tente awning.

tentene lace.

tentürdiyot tincture of iodine.

tenzilat reduction of prices.

tenzilatlı reduced in price. *tenzi-latlı satış* sale.

teokrasi theocracy.

teoloji theology.

teorem theorem.

teori theory.

tepe hill; peak, top. *tepeden bakmak* to look down on. *te-peden tırnağa* from top to toe. *tepesi atmak* to fly into a rage. *tepesinin tası atmak* to fly into a rage. *tepe(si) üstü* head first, headlong.

tepelemek to tread; to defeat; to give a severe thrashing.

tepetaklak headlong, headfirst.

tepinmek to kick and stamp.

tepişmek to kick one another; to push and shove one another.

tepki reaction. *tepki göstermek* to react.

tepkime reaction.

tepkimek to react.

tepmek to kick; (*illness*) to relapse; to spurn, to scorn.

tepsi tray.

ter sweat, perspiration. *ter bas-mak* to break out into a sweat. *ter boşanmak* to perspire suddenly. *ter dökmek* to sweat.

teras terrace.

Terazi (burcu) libra, Balance.

terazi balance, scales.

terazilemek to balance.

terbiye education; training; good manners; seasoning. *terbiye etmek* to bring up, to educate, to train; to season. *terbiye gör-mek* to be trained *terbiyesini bozmak* to be rude.

terbiyeli good-mannered, polite; flavoured (*with a sauce etc.*).

terbiyesiz ill-mannered, rude.

terbiyesizce rudely, impolitely.

terbiyesizlik rudeness .*terbiye-sizlik etmek* to behave rudely.

tercih preference. *tercih etmek* to prefer.

tercihen preferably.

tercihli preferential.

tercüman translator, interpreter.

tercümanlık work of interpreter. *tercümanlık etmek* to act. as translator]interpreter.

tercüme translation. *tercüme etmek* to translate (*into*).

tereddüt hesitation. *tereddüt etmek* to hesitate.

tereyağı butter. *tereyağından kıl çeker gibi* very easily.

terfi promotion. *terfi etmek* to be promoted. *terfi ettirmek* to promote.

terhis *ask.* discharge, demobilization. *terhis etmek* to discharge, to demobilize. *terhis olmak* to be discharged. *terhis tezkeresi* discharge papers.

terim term.

terk abandonment. *terk etmek* to abandon, to leave.

terkip composition, compound. *terkip etmek* to compose, to compound.

terlemek to sweat, to perspire.

terli sweaty, perspire.y

terlik slippers.

termal thermal.

termik thermic.

terminal terminal.

termometre thermometer.

termonükleer thermonuclear.

termos thermos bottle, flask.

termosifon hot-water heater; ther-mosiphon.

terör terror.

terörist terrorist.

terörizm terrorism.

ters reverse; opposite; awkward; inverted; upside down; backwards; sharp, curt; sharply, curtly; excrement, feces. *ters anlamak* to misunderstand. *ters çevirmek* to reverse. *ters gitmek* to go wrong. *ters tarafından kalkmak* to get out of the wrong side. *ters ters bakmak* to look daggers at.

tersane dockyard.

tersine on the contrary. *tersine çevirmek* to turn inside out.

terslemek to bite sb's head off, to snap at, to snub.

terslik contrariness, setback; peevishness, awkwardness.

tersyüz turning inside out. *tersyüz etmek* to turn inside out. *tersyüz geri dönmek* to return empty-handed. *tersyüzüne çevirmek* to send back. *tersyüzüne dönmek* to turn back.

tertemiz absolutely clean.

tertip arrangement, setup; composition; plot, trick. *tertip etmek* to arrange; to organize.

tertiplemek to organize, to arrange.

tertipli well-organized; tidy, neat.

tertipsiz disarranged, disorderly, untidy.

terzi tailor, dressmaker; tailor's shop.

tesadüf chance, coincidence, encounter. *tesadüf etmek* to meet by chance, to come across; to coincide with.

tesadüfen by chance, by accident.

tesadüfi fortuitous, casual, accidental.

tescil registration.

tescilli registered.

tescilsiz unregistered.

teselli consolation, comfort *teselli bulmak* to console oneself. *teselli etmek* to console, to comfort. *teselli mükâfatı* consolation prize.

tesir effect, influence. **tesir etmek** to act, to affect; to influence, to impress.

tesirli effective; impressive.

tesirsiz ineffective.

tesis establishment, foundation. **tesis etmek** to found, to establish.

tesisat installation.

tesisatçı installer.

teskin soothing, tranquilization. **teskin etmek** to soothe, to calm, to pacify.

teslim delivery; surrender, submission. **teslim almak** to take delivery of, to collect. **teslim bayrağı çekmek** to strike one's flag, to yield. **teslim etmek** to deliver; to admit, to concede. **teslim olmak** to surrender, to submit.

teslimiyet submission.

tespit fixing **tespit etmek** to fix

test test

testere saw.

testi pitcher, jug.

tesviye levelling, smoothing. **tesviye etmek** to level, to smooth.

tesviyeci fitter.

tesviyecilik fitting.

teşbih simile. **teşbihte hata olmaz** let it not be misunderstood.

teşebbüs attempt; enterprise. **teşebbüs etmek** to attempt.

teşekkül formation; organization. **teşekkül etmek** to be formed; to consist (of, -den).

teşekkür (giving) thanks. **teşekkür etmek** to thank. **teşekkür ederim!** Thank you!

teşekkürler thanks.

teşhir exhibition, display. **teşhir etmek** to exhibit, to display. **teşhir salonu** showroom.

teşhis identification, recognition;

hek. Diagnosis. **teşhis etmek** to identify, to recognize; hek. to diagnose.

teşkil formation. **teşkil etmek** to form, to constitute.

teşkilat organization.

teşkilatçı organizer.

teşkilatlandırmak to organize.

teşkilatlanmak to be organized.

teşkilatlı organized.

teşkilatsız unorganized.

teşrif honouring; visit, arrival. **teşrif etmek** to honour.

teşrifat protocol.

teşvik encouragement. **teşvik etmek** to encourage. **teşvik edici** encouraging.

tetik trigger; alert, vigilant. **tetikte beklemek** to be on the alert.

tetkik study, examination. **tetkik etmek** to study, to examine.

tevazu humility, modesty.

teveccüh turning towards; favour, kindness. **teveccüh göstermek** to show favour, to be kind (to).

Tevrat Pentateuch Torah.

teyel tacking, basting.

teyellemek to tack, to baste.

teyp tape recorder. **teybe almak** to tape-record, to tape.

teyze (maternal) aunt.

tez quick, prompt; quickly, promptly. **tez canlı** hustling, impetuous, impatient. **tez elden** without delay.

tez thesis.

tezahür appearing. **tezahür etmek** to appear.

tezat contrast, contradiction. **tezata düşmek** to contradict oneself.

tezek dried dung.

tezgâh counter, workbench; loom.

tezgâhlamak to concoct, to hatch.

tezgâhtar shop assistant, salesman, saleswoman; sales clerk, salesgirl.

tezgâhtarlık salesmanship.

tıbben medically.

tıbbi medical.

tıbbiye medical school.

tıbbiyeli medical student.

tığ crochet-needle. *tığ gibi* wiry.

tıka basa crammed full. *tıka basa doldurmak* to cram full, to stuff *tıka basa yemek* to make a pig of oneself.

tıkaç plug, stopper.

tıkaçlamak to plug.

tıkalı stopped up.

tıkamak to stop up, to plug, to stuff; to obstruct, to block.

tıkanık stopped up.

tıkanıklık stoppage; (*traffic*) bottleneck, jam.

tıkanmak to be stopped up; to lose one's breath.

tıkınmak to gorge (*oneself*) (*on/ with sth*), to tuck in.

tıkırdamak to rattle.

tıkırtı rattle, clatter.

tıklatmak to tap.

tıklım tıklım chock-a-block.

tıkmak to cram, to jam.

tıknaz plumpish, dumpy.

tıknefes short-winded, pursy.

tıksırık sneeze (*with the mouth shut*).

tıksırmak to sneeze.

tılsım talisman, charm.

tılsımlı enchanted.

tımar grooming. *tımar etmek* to groom.

tımarhane insane asylum, mental hospital. *tımarhane kaçkını* nutty, crazy.

tıngırtı clang, rattle.

tınlamak to ring, to resound.

tınmak to make a sound.

tınmamak to take no notice.

tıp medicine.

tıpa plug, stopper.

tıpatıp exactly.

tıpırdamak to patter.

tıpırtı patter.

tıpış tıpış patteringly. *tıpış tıpış gitmek* to patter, to toddle; to go willy-nilly.

tıpkı exactly like, just like.

tırabzan handrail, banister.

tıraş shaving; haircut; *arg.* boring talk, bragging. *tıraş bıçağı* razor blade. *tıraş etmek* to shave; to cut. *tıraş fırçası* shaving-brush. *tıraş macunu* shaving cream. *tıraş makinesi* safety razor; electric shaver. *tıraş olmak* to shave (*oneself*); to have a haircut.

tıraşlı shaved.

tıraşsız unshaved.

tırmalamak to scratch.

tırmanmak to climb.

tırmık scratch; harrow, rake.

tırmıklamak to scratch; to claw.

tırnak fingernail, toenail; claw, hoof. *tırnak boyası* nail varnish, nail polish. *tırnak işareti* inverted commas, quotation marks. *tırnak makası* nail clippers. *tırnaklarını yemek* to bite one's nails.

tırnaklamak to scratch; to harrow, to rake.

tırpan scythe.

tırtık nick, notch.

tırtıl *zool.* caterpillar; caterpillar tread.

ticaret trade, commerce. *ticaret filosu* merchant marine. *ticaret gemisi* trader, merchantman. *ticaret mahkemesi* commercial court. *ticareti yapmak* to deal in. *ticaret merkezi* commercial centre. *Ticaret Odası* Chamber of Commerce. *ticaret yapmak* to trade. *ticaret yasası* commercial law.

ticarethane business, firm.

ticari commercial.

tiftik mohair.

tiksindirici loathsome, disgusting.

tiksindirmek to sicken, to disgust.

tiksinmek to loathe, to abhor.

tiksinti disgust, loathing.

tilki fox.

tim team.

timsah crocodile, alligator.

tin soul, spirit.

tiner thinner.

tinsel spiritual.

tip type.

tipi blizzard, snowstorm.

tipik typical.

tir tir titremek to shake like a leaf.

tiraj (*of a newspaper*) circulation.

tirbuşon corkscrew.

tiryaki addict. *tiryakisi olmak* to be addicted to.

tişört T-shirt.

titiz fussy, fastidious, particular.

titizlik fussiness, fastidiousness.

titizlikle fastidiously.

titrek shaky, tremulous.

titremek to tremble, to shiver, to quiver.

titreşim vibration.

titreşmek to tremble, to quake; to vibrate.

tiyatro theatre.

tiz high-pitched, sharp.

tohum seed.

tok full; (*cloth*) thick, close; (*voice*) deep *tok karnına* on a full stomach. *tok olmak* to be full.

toka buckle.

toka shaking hands. *toka etmek* to shake hands.

tokalaşmak to shake hands.

tokat blow, slap, cuff. *tokat atmak* to slap, to cuff. *tokat yemek* to be slapped.

tokatlamak to slap, to cuff.

tokgözlü contented, satiated.

tokmak mallet, beetle; doorknocker.

toksözlü outspoken.

tokurdamak to bubble.

tokurtu bubble.

tokuşmak to collide.

tokuşturmak to clink glasses.

tolerans tolerance.

toleranslı tolerant.

toleranssız intolerant.

tomar roll.

tombala lotto.

tombalak plump, rounded.

tombul plump.

tomruk heavy log.

tomurcuk bud.

ton ton; tone.

tonaj tonnage.

tonoz vault.

tonton darling, dear.

top ball *top oynamak* to play football. *top sürmek* to dribble. *topa tutmak* to bombard. *topu atmak* to go bankrupt. *topu topu* in all, altogether.

topaç top, teetotum. *topaç çevirmek* to spin a top.

topal lame, crippled.

topallamak to limp.

topallık lameness.

toparlak round.

toparlamak to collect (*together*); to tidy; to summarize.

toparlanmak to be collected (*together*); to recover oneself; to pull oneself together.

topçu artilleryman.
topçuluk gunnery.
toplam total.
toplama addition. *toplama kampı* concentration camp.
toplamak to collect, to gather; to pick, to pluck; to convene, to convoke; to sum up; to tidy up.
toplanmak to be collected; to gather, to assemble.
toplantı meeting.
toplaşmak to gather together.
toplu collected; plump; tidy; collective. *toplu konut* housing estate.
topluiğne pin.
topluluk community; group.
toplum society.
toplumbilim sociology.
toplumbilimci sociologist.
toplumsal social. *toplumsal ayrım* social discrimination. *toplumsal baskı* social repression. *toplumsal ilerleme* social progress.
toplusözleşme collective agreement.
toplutaşıma mass transport.
topografya topography.
toprak earth, soil; land; country. *toprağa vermek* to bury. *toprak kayması* landslide, landslip.
toptan wholesale; collectively. *toptan satış* wholesale trade.
toptancı wholesale.r
topuk heel.
topuklu high-heeled.
topuz (*hair*) knob, bun.
topyekûn total; totally.
toraman robust, sturdy.
torba bag. *torbada keklik* It's in the bag.
tornavida screwdriver.
tornistan *den.* stern-way. *tornistan etmek den.* to go astern.

torpido torpedo boat. *torpido gözü oto.* glove compartment.
torpil torpedo; *k. dili* pull, influence, backer, supporter. *torpil yaptırmak* to pull strings.
torpilli having a backer.
tortu sediment, dregs, residue.
torun grandchild.
tos butt. *tos vurmak* to butt.
tosbağa tortoise.
toslamak to butt; to bump, to ram; *arg.* to pay, to shell out.
tost toast. *tost yapmak* to toast.
tostoparlak quite round.
tosun young bull, bullock.
totaliter totalitarian.
totem totem.
toy inexperienced, raw.
toynak hoof.
toz dust; powder. *toz almak* to dust. *toz bezi* dustcloth. *toz bulutu* cloud of dust. *toz kondurmamak* not to allow anything to be said against. *toz koparmak* to raise the dust. *toz olmak arg.* to run away. *tozu dumana katmak* to rise clouds of dust; to kick up a dust. *tozunu silkmek* to beat out the dust.
tozlanmak to become dusty.
tozlu dusty.
tozluk gaiter.
tozşeker granulated sugar.
tozutmak to raise a dust.
tökezlemek to stumble.
töre custom, usage.
tören ceremony.
törensel ceremonial.
törpü file, rasp.
törpülemek to tile, to rasp.
tövbe penitence, repentance. *tövbe etmek* to forswear, to repent.
tövbekar penitent, repentant.
tövbeli penitent, repentant.

trafik traffic. **trafik ışığı** traffic light. **trafik işaretleri** traffic signs. **trafik polisi** traffic policeman. **trafik sıkışıklığı** bottleneck, jam.

trafo transformer.

trajedi tragedy.

traktör tractor.

Trakya Thrace.

trampa barter, exchange. **trampa etmek** to barter, to exchange.

trampet side drum, snare drum.

trampetçi drummer.

tramplen springboard.

tramvay streetcar, tram, trolley.

transfer transfer. **transfer etmek** sp. to transfer.

transformasyon transformation.

transformatör transformer.

transit transit.

trapez trapeze.

travma hek. trauma.

tren train. **trene binmek** to get on the train. **trenden inmek** to get off the train. **treni kaçırmak** to miss the train; mec. to miss the bus.

trençkot trench coat.

treyler trailer.

tribün grandstand.

trigonometri trigonometry

triko knitted fabric, tricot.

trikotaj knitting.

tulumpeyniri cheese encased in a skin.

Tuna the Danube.

tunç bronze.

Tunus Tunisia.

tur tour; round. **tur atmak** to take a stroll.

turfanda early (vegetables, fruit).

turist tourist. **turist rehberi** tourist guide.

turistik touristic(al).

turizm tourism. **turizm acentesi** tourist agency.

turne tour. **turneye çıkmak** to go on tour.

turnuva tournament, tourney.

turp radish. **turp gibi** hale and hearty, robust.

turşu pickle. **turşu gibi** worn-out, exhausted. **turşu kurmak** to pickle. **turşusu çıkmak** to be worn-out, to be exhausted.

turuncu orange (colour).

turunçgiller bot. citrus fruits.

tuş key (of a piano, etc.).

tutacak pot holder.

tutam pinch.

tutamak handle, grip.

tutanak minutes, record.

tutar sum, total.

tutarlı coherent, consistent.

tutarlık coherence, consistency.

tutarsız incoherent, inconsistent.

tutarsızlık incoherence, inconsistency.

tutkal glue, size.

tutkallamak to glue, to size.

tutku passion.

tutkulu passionate.

tutkun in love, smitten with, nuts over. **tutkun olmak** to be addicted (to sth).

tutkunluk passion, love, admiration.

tutmak to hold; to restrain, to bridle; to keep, to retain; to engage, to hire; to back up, to support; to amount; to tally, to agree with.

tutsak prisoner, captive.

tutsaklık captivity.

tutturmak to cause to hold; to insist.

tutucu conservative.

tutuculuk conservatism.

tutuk tongue-tied, stuttering; shy, timid.

tutuklamak to arrest.

tutuklu arrested; prisoner.

tutukluluk detention, imprisonment.

tutulmak to be held; to be eclipsed; to fall in love with, to fall for; to catch on, to succeed, to click with.

tutum conduct, attitude; thrift, economy.

tutumlu thrifty, economical.

tutumsuz thriftless, spendthrift.

tutunmak to take a hold, to cling; to resist, to hold out.

tutuşmak to catch fire, to ignite.

tutuşturmak to set on fire, to ignite.

tuval canvas.

tuvalet water closet, lavatory, toilet; evening dress, toilet. *tuvalet kâğıdı* toilet paper. *tuvalet masası* dressing table.

tuz salt. *tuz ekmek* to salt. *tuzla buz etmek* to smash to smithereens. *tuzla buz olmak* to be smashed to smithereens. *tuzu kuru olmak* to have nothing to worry about, to sit pretty.

tuzak trap. *tuzağa düşürmek* to entrap. *tuzağa düşmek* to fall into a trap. *tuzak kurmak* to lay a trap.

tuzla saltpan.

tuzlamak to salt.

tuzlu salted, salty; expensive.

tuzluk saltcellar, saltshaker.

tuzsuz unsalted.

tüccar merchant.

tüfek rifle, gun. *tüfek atmak* to fire a rifle. *tüfek çatmak* to stack arms.

tükenmek to be used up, to run out; to become exhausted.

tükenmez inexhaustible.

tükenmezkalem ball-point pen.

tüketici consumer.

tüketim consumption.

tüketmek to use up, to consume; to exhaust, to tire out.

tükürmek to spit.

tükürük spit, spittle. *tükürük bezleri* salivary glands.

tüm whole.

tümce sentence.

tümdengelim *fel.* Deduction.

tümel universal.

tümen *ask.* division.

tümlemek to complete.

tümör tumour.

tümsek small mound; protuberance.

tünek perch.

tüneklemek to perch.

tünel tunnel.

tünemek to perch.

tüp tube. *tüp bebek* test-tube baby.

tür kind, sort; species.

türbe shrine, tomb.

türemek to spring up, to appear.

türetmek to originate, to produce; to derive.

Türk Turk; Turkish.

Türkçe Turkish.

Türkçülük Turkism.

Türkistan Türkistan.

Türkiye Turkey. *Türkiye Cumhuriyeti* the Turkish Republic.

Türkmen Turkoman.

Türkoloji Turcology.

türkü folk song .*türkü çağırmak/ söylemek* to sing a song.

türlü various, diverse; meat and vegetable stew. *türlü türlü* all sorts of.

tütmek to smoke, to fume.

tütsü incense; smoke.

tütsülemek to cense; to smoke.

tüttürmek to smoke.

tütün tobacco. ***tütün içmek*** to smoke (*tobacco*).

tüy feather, down; hair. ***tüy gibi*** as light as a feather. ***tüyleri diken diken olmak*** (*hair*) to stand on end, to get goose bumps. ***tüyler ürpertici*** hair-raising, horrifying.

tüylenmek to grow feathers; to become rich.

tüylü feathered.

tüymek *arg.* to scram, to flee, to slip away.

tüysıklet featherweight.

tüysüz unfeathered; beardless, young.

tüzel legal; judicial.

tüzelkişi corporate body, juristic person.

tüzük regulations, statutes.

tvist twist.

U u

ucube freak, monstrosity.

ucuz cheap, inexpensive. *ucuz atlatmak/kurtulmak* to get off cheap. *ucuza* on the cheap. *ucuza almak to* get sth on the cheap.

ucuzlamak to become cheap.

ucuzlatmak to lower the price of.

ucuzluk cheapness.

uç point, tip; end. *uç uca* end to end. *uç uca gelmek* to be just enough. *ucu bucağı olmamak* to be endless. *ucunu kaçırmak* to lose the thread of.

uçak aeroplane, airplane, plane. *uçak bileti* flight ticket. *uçak kaçırmak* to skyjack. *uçak korsanı* sky-jacker.

uçakla by plane; by airmail.

uçaksavar antiaircraft weapon.

uçarı unruly, incorrigible.

uçmak to fly; to evaporate; (*colour*) to fade; to vanish, to disappear.

uçsuz pointless. *uçsuz bucaksız* immense, vast.

uçucu flying; volatile.

uçuk pale, faded; *hek*. blain, bleb; herpes.

uçurmak to fly; (wind) to blow; to blow up.

uçurtma kite. *uçurtma uçurmak* to fly a kite.

uçurum precipice, abyss.

uçuş flight, flying.

uçuşmak to fly about.

udi lute player.

ufacık tiny, minute. *ufacık tefecik* tiny.

ufak small. *ufak çapta* on a small scale. *ufak para* small change. *ufak tefek* (*person*) small and short; unimportant *ufak ufak* in small pieces; *arg*. slowly.

ufaklık smallness; small change; kid, boy.

ufalamak to break up, to crumble.

ufalmak to become smaller; to shorten, to shrink.

ufarak somewhat small, smallish.

ufuk horizon.

uğrak much frequented place, resort.

uğramak to drop in, to stop by, to stop off; to call, to call at, to call in; to experience, to undergo.

uğraş occupation, job; struggle.

uğraşı occupation.

uğraşmak to strive, to struggle.

uğraştırmak to make sb struggle (*with*), to raise difficulties.

uğuldamak to hum, to buzz.

uğultu hum, buzz.

uğur good luck. *uğur getirmek*

to bring good luck. *uğurlar ol-sun!* Have a good trip!

uğur purpose, aim. *uğruna* for the sake of.

uğurlamak to see sb off.

uğurlu lucky, auspicious.

uğursuz inauspicious, ill-omened.

uğursuzluk bad luck, ill-omen. *uğursuzluk getirmek* to jinx *k. dili.*

ukala wiseacre, know-it-all.

ukalalık cockiness, bigheaded-ness, arrogance.

ulak courier, messenger.

ulam category.

ulamak to join, to add.

ulaşım communication, transport. *ulaşım aracı* means of transport.

ulaşmak to reach.

ulaştırma communication. *Ulaş-tırma Bakanlığı* Ministry of Communications.

ulaştırmak to communicate, to transport.

ulema theological scholars.

ulu great.

ululamak to extol, to exalt.

ulumak to howl.

uluorta rashly, recklessly.

ulus nation, people.

ulusal national.

ulusallaştırmak to nationalize.

ulusçu nationalist.

ulusçuluk nationalism.

uluslararası international.

umacı ogre, bugaboo.

ummadık unexpected.

ummak to hope; to expect, to count on.

umuduyla in the hope of.

umulmadık unexpected.

umum the public; general, univer-sal.

umumi general, public.

umumiyet generality.

umumiyetle in general.

umur concern, minding. *umu-rumda değil!* I don't care! I don't give a damn!

umursamak to care, to heed.

umursamamak not to care, to be indifferent to.

umursamaz indifferent.

umursamazlık indifference.

umut hope, expectation. *umut et-mek* to hope. *umudunu kesmek* to give up hope of. *umut vermek* to give hope to. *umudunu kır-mak* to destroy a person's hopes, to frustrate, to disappoint

umutlandırmak to give hope, to encourage.

umutlanmak to be hopeful.

umutlu hopeful.

umutsuz hopeless.

umutsuzluk hopelessness, de-spair. *umutsuzluğa düşmek* to sink into despair. *umutsuzluğa düşürmek* to drive to despair. *umutsuzluğa kapılmak* to aban-don oneself to despair.

un flour *un ufak olmak* to be bro-ken into pieces.

unlamak to flour.

unlu floury.

unsur element.

unutkan forgetful.

unutkanlık forgetfulness.

unutmak to forget.

unutulmaz unforgettable.

unvan title.

upuzun very long, very tall.

ur tumour.

Uranüs Uranus.

uranyum uranium.

urgan rope.

us reason, intelligence. *usa vur-mak* to reason.

usanç boredom. **usanç getirmek** to be bored. **usanç vermek** to bore, to disgust.

usandırmak to bore, to sicken.

usanmak to become bored, to be fed up (*with*).

usare sap, juice.

usçu rationalist; rationalistic.

usdışı irrational.

uskur propeller, screw.

uslanmak to become sensible, to listen to reason

uslu well-behaved, docile, sensible. **uslu durmak** to keep quiet **uslu oturmak** to sit still.

ussal rational.

usta master workman; foreman; clever, skilful.

ustabaşı foreman.

ustaca skilfully, cunningly.

ustalık mastery, skill.

ustura razor.

usul method, system; procedure. **usul usul** slowly, gently.

usulsüz unmethodical; irregular.

usulsüzlük irregularity.

uşak male servant; boy, child.

utanç shame. **utancından yerin dibine geçmek** to feel cheap, to feel like 30 cents. **utanç verici** shameful, discreditable.

utandırmak to make ashamed, to embarrass, to wither.

utangaç shy, timid.

utangaçlık shyness.

utanmak to be ashamed, to feel ashamed; to blush.

utanmaz shameless, impudent.

utanmazlık shamelessness, impudence.

utku victory, triumph.

uyak rhyme.

uyandırmak to awake, to wake; to arouse, to excite.

uyanık awake; wide awake, sharp.

uyanmak to wake up; to be aroused.

uyaran stimulant.

uyarı warning.

uyarınca in accordance with.

uyarlama adaptation.

uyarlamak to adapt.

uyarmak to warn; to stimulate; to excite.

uydu satellite.

uydurma making up, fabrication; made-up, invented.

uydurmak to invent, to fabricate.

uydurmasyon invention, fable; made-up, invented.

uyduruk made-up, invented.

uygar civilized.

uygarlaşmak to be civilized.

uygarlık civilization.

uygulama application; practice. **uygulamaya koymak** to put into practice.

uygulamak to apply.

uygulamalı applied, practical.

uygun appropriate, fit; suitable; proper; (*fiyat*) reasonable. **uygun bulmak/görmek** to see fit (*to*). **uygun gelmek** to suit. **uygun olmak** to suit, to correspond.

uygunluk suitability, fitness.

uygunsuz inappropriate, unsuitable; improper, indecorous.

uygunsuzluk unsuitability, unfitness; impropriety.

uyku sleep. **uyku basmak** to feel very sleepy. **uyku gözünden akmak** to be very sleepy. **uyku hapı** sleeping pill. **uyku sersemliği** drowsiness. **uyku tulumu** sleeping bag. **uyku tutmamak** to be unable to get to sleep. **uykusu açılmak** (*one's sleepiness*) to pass off. **uykusu ağır** heavy sleeper. *uykusu gelmek* to feel sleepy. *uykusu hafif* light sleeper. *uykusu kaçmak* to lose one's sleep. *uykusunu almak* to sleep the night through. *uykuya dalmak* to fall asleep.

uykucu late riser, sleepyhead.

uykulu sleepy, drowsy.

uykusuz sleepless.

uykusuzluk sleeplessness, insomnia.

uymak to fit, to suit; to agree with, to hew, to harmonize; to adapt oneself, to suit oneself; to follow, to listen to.

uyruk subject, citizen.

uyrukluk citizenship, nationality.

uysal docile, easygoing, compliant, flexible.

uysallık docility, compliance.

uyuklamak to doze, to drowse, to slumber.

uyum harmony; accord. *uyum sağlamak to* be attuned to.

uyumak to sleep, to kip.

uyumlu harmonious.

uyumluluk harmony.

uyumsuz inharmonious.

uyumsuzluk disharmony, discord, discordance.

uyuntu indolent, lazy.

uyurgezer sleepwalker, somnambulist.

uyurgezerlik somnambulism.

uyuşmak to become numb; to reach an agreement, to come to terms.

uyuşmazlık disagreement.

uyuşturmak to numb; to deaden; to anaesthetize.

uyuşturucu narcotic. *uyuşturucu madde* narcotic drug.

uyuşuk numb, insensible; indolent, bovine.

uyuşukluk numbness; indolence.

uyutmak to send to sleep; to deceive, to fool.

uyuz scabies, itch; mangy, scabby; sluggish, indolent. *uyuz etmek* to irritate. *uyuz olmak* to have the itch; to become irritated.

uzağa away, far.

uzak far, distant, remote, off; distant place. *uzağı görmek* to have foresight. *uzak akraba* distant relative. *uzak durmak* to keep away from.

Uzakdoğu Far East.

uzaklaşmak to go away.

uzaklaştırmak to take away, to send away.

uzaklık distance; remoteness.

uzakta far, afar, away, distant.

uzaktan from afar. *Uzaktan davulun sesi hoş gelir* Distance lends enchantment to the view. *uzaktan kumanda* remote control. *uzaktan kumandalı* remote controlled.

uzamak to grow longer, to lengthen.

uzanmak to stretch oneself out; to extend, to stretch.

uzantı extension, prolongation.

uzatma extension, prolongation; lengthening, protraction.

uzatmak to extend, to stretch, to prolong; to lengthen, to elongate, to protract. *uzatmayalım* in short.

uzay space. *uzay elbisesi* space suit. *uzay geometri* solid geometry. *uzay kapsülü* space capsule. *uzay mekiği* space shuttle.

uzayadamı spaceman, astronaut.

uzaygemisi spaceship, spacecraft.

uzlaşma agreement, understanding.

uzlaşmak to come to an agreement, to come to terms.
uzlaşmaz intransigent.
uzlaşmazlık intransigence, disagreement.
uzlaştırma conciliation. *uzlaştırma kurulu* conciliation commission.
uzlaştırmak to reconcile, to conciliate.
uzluk skill, ability.
uzman specialist, expert.
uzmanlaşmak to specialize (*in*).
uzmanlık speciality, expertness.
uzun long. *uzun araç* long vehicle. *uzun atlama* long jump. *uzun boylu* tall *uzun çizgi* dash (-). *uzun dalga* long wave. *uzun hikâye* long story. *uzun sözün kısası* in short. *uzun uzadıya* in great detail. *uzun uzun* at length.
uzunçalar long play.
uzuneşek leapfrog.
uzunluk length.
uzuv organ, limb.

Ü ü

ücra out-of-the-way, remote.
ücret pay, wage; fee, charge; cost, price.
ücretli paid, salaried.
ücretsiz unpaid; free.
üç three. *üç aşağı beş yukarı* approximately. *üç buçuk atmak* to shake in one's shoes.
üçboyutlu three dimensional.
üçdüzlemli trihedral.
üçer three each, three at a time.
üçgen triangle.
üçkâğıt swindling, trick. *üçkâğıda getirmek* to deceive, to dupe.
üçkâğıtçı crook, swindler.
üçlü (*playing card*) the three; *müz.* trio; ternary.
üçüncü third. *Üçüncü Dünya Ülkeleri* Third World.
üçüncül tertiary.
üçüz triplet.
üflemek to blow; to blow out.
üfürmek to blow, to puff.
üfürük exhaled breath.
üfürükçü quack who claims to cure by breathing.
üleşmek to go shares, to divide.
üleştirmek to share out, to distribute.
ülke country; kingdom.
ülkü ideal.

ülkücü idealist.
ülkücülük idealism.
ülküleştirmek to idealize.
ültimatom ultimatum.
ümit hope. *ümit etmek* to hope. *ümit vermek* to give hope. *ümidini kesmek* to give up hope of.
ümitlendirmek to fill with hope.
ümitlenmek to be hopeful.
ümitli hopeful.
ümitsiz hopeless.
ümitsizlik hopelessness, despair. *ümitsizliğe kapılmak* to give way to despair.
ümmet community, people. *ümmeti Muhammet* the Moslems.
ün fame, reputation, renown *ün. kazanmak/salmak* to become famous; to acquire fame.
üniforma uniform.
ünite unit.
üniversite university. *üniversite mezunu* graduate, bachelor.
ünlem interjection. *ünlem işareti* exclamation mark, exclamation point.
ünlemek to cry out.
ünlü famous; *dilb.* vowel.
ünsüz unknown; *dilb.* consonant.
Ürdün Jordan.
Ürdünlü Jordanian.

üreme reproduction. *üreme organları* genitals.

üremek to reproduce; to multiply, to increase.

üremi uremia.

üreteç generator.

üretici producer; productive.

üretim production. *üretim araçları* means of production.

üretken productive.

üretkenlik productiveness.

üretmek to produce; to breed, to raise.

ürkek timid, fearful. *ürkek ürkek* timidly.

ürkeklik timidity, tearfulness.

ürkmek to be scared, to start, to flinch, to wince.

ürküntü sudden fright, panic.

ürkütmek to frighten.

ürpermek to shudder, to shiver.

ürperti shudder, shiver.

ürün product.

üs base; *mat.* exponent.

üslup style, manner.

üst upper part, top; outside surface; clothing, dress; body; (*money*) remainder, change; upper, uppermost. *üst baş* clothes. *üst kat* upstairs. *üst üste* one on the top of the other; one after the other, successively. *üste vermek* to give in addition. *üste* in addition. *üstesinden gelmek* to overcome, to cope with. *üstü kalsın!* Keep the change! *üstü kapalı söylemek to* hint. *üstü kapalı* covert, veiled. *Üstüme iyilik sağlık!* Good heavens! *üstünde* on, over. *üstünden atmak* not to take over the the duty, to get rid of. *üstüne almak* to lay the blame on. *üstüne basmak* to emphasize, to hit the nail on the head. *üstüne bir bardak soğuk su iç!* You can whistle for it! *üstüne düşmek* to be very interested in. *üstüne gitmek* to force, to press (*sb to do sth*) *üstüne kalmak* to be saddled with. *üstüne oturmak* to appropriate, to pocket. *üstüne titremek* to fuss over. *üstüne toz kondurmamak* to consider above blame. *üstüne tuz biber ekmek* to rub salt in the wound, to be the last straw. *üstüne varmak* to keep on at sb; to attack. *üstüne yatmak* not to give back, to appropriate. *üstüne* about, on; onto, on, over. *üstünü çıkarmak* to take off one's clothes. *üstünü değiştirmek* to change. *üstünü giymek* to put on one's clothes, to dress oneself, to get dressed.

üstat master, expert.

üstçavuş *ask.* staff sergeant.

üstçene upper jaw.

üstderi epidermis.

üstdudak upper lip.

üsteğmen first lieutenant.

üstelemek to dwell on, to insist; to recur, to relapse.

üstelik furthermore, moreover, in addition.

üstlenmek to take *sth* on, to undertake, to bear.

üstsubay senior officer.

üstün superior. *üstün gelmek* to surpass, to exceed. *üstün olmak* to be superior to. *üstün tutmak* to prefer.

üstünkörü superficial; superficially.

üstünlük superiority. *üstünlük derecesi dilb.* the comparative (*degree*). *üstünlük duygusu/kompleksi* superiority complex.

üstyapı superstructure.

üşengeç lazy, slothful.
üşengeçlik laziness, sloth.
üşenmek to be too lazy to.
üşümek to be cold.
üşüşmek to flock together, to crowd.
üşütmek to catch cold; to go off one's head.
üşütük nutty, crazy.
ütü iron; crease.
ütülemek to iron, to press.
ütülü ironed.
üvey step. *üvey ana* stepmother. *üvey baba* stepfather. *üvey evlat* stepchild .*üvey kardeş* stepbrother, stepsister. *üvey kız* stepdaughter. *üvey oğul* step-son. *üvey evlat muamelesi yapmak* to ill-treat, to treat unfairly.
üye member.
üyelik membership.
üzere just about to; (*in order*) to; on condition of.
üzeri top; outer surface; clothing, attire; body; (*money*) remainder, change.
üzerinde on, over, above.
üzerine on, onto, over; about.
üzgün unhappy, sad.
üzmek to upset, to distress.
üzücü upsetting, distressing.
üzülmek to be upset, to be sorry.
üzüm grape. *üzüm asması* grapevine. *üzüm salkımı* bunch of grapes.
üzüntü sorrow, sadness.
üzüntülü unhappy, sad.
üzüntüsüz trouble-free, carefree.

V v

vaat promise. **vaat etmek** to promise. **vaatte bulunmak** to make a promise; to promise.

vaaz sermon **vaaz etmek** to preach.

vacip necessary.

vade due date, fixed term. **vadesi geçmek** to be overdue. **vadesi gelmek/dolmak** to fall due. **vadesini uzatmak** to prolong a term.

vadeli having a fixed term. **vadeli hesap/mevduat** time deposit. **vadeli satış** forward sale.

vadesiz having no fixed term. **vadesiz hesap/mevduat** current account, checking account.

vadi valley.

vaftiz baptism. **vaftiz etmek** to baptize.

vagon railway car, railway wagon. **vagon restoran** wagon restaurant, dining car.

vah vah What a pity!

vaha oasis.

vahim grave, serious.

vahim groundless fear.

vahşet atrocity, savage.

vahşi savage, wild; brutal.

vahşice wild, brutal; barbarously, brutally.

vahşileşmek to become wild.

vahşilik savageness; brutality.

vaiz preacher.

vaka event.

vakar dignity, gravity.

vakfetmek to devote, to dedicate.

vakıf (*pious*) foundation.

vaki happening, taking place. **vaki olmak** to happen, to take place.

vakit time. **vakit geçirmek** to pass the time. **vakit kaybetmek** to lose time. **vakit kazanmak** to play for time. **Vakit nakittir** *ats.* Time is money. **vakit öldürmek** to kill time. **vaktini almak** to take sb's time.

vakitli timely. **vakitli vakitsiz** at all sorts of times.

vakitsiz unseasonable, premature, untimely.

vaktinde on time.

vakur dignified, grave

vale (*cards*) knave, jack

vali governor.

valide mother.

valilik governorship.

valiz suitcase.

vals waltz. **vals yapmak** to waltz.

vampir vampire.

vana valve.

vanilya vanilla.

vantilatör fan.

vapur steamer, steamship; ship.

var existent, available; there is, there are. *var etmek* to create. *varı yoğu* all that he has. *var ol!* May you live long! *var olmak* to exist, to be.

vardiya shift, relay; watch. *vardiyalı çalışmak* to work in relays.

vargel shaper.

varış arrival.

varil barrel, cask.

varlık existence, presence; riches, wealth. *varlık göstermek* to make one's presence felt. *varlık içinde yaşamak* to live in easy circumstances.

varlıklı wealthy.

varlıksız needy.

varmak to arrive (*at*), to get to, to reach.

varolmak to exist, to be.

varoluş existence, being.

varoluşçuluk existentialism.

varoş suburb.

varsayım hypothesis.

varsayımlı hypothetical.

varsaymak to suppose.

varyasyon variation.

varyete variety show.

vasat average.

vasıf quality.

vasıflandırmak to qualify.

vasıflı qualified, skilled.

vasıfsız unqualified, unskilled.

vasıta means; vehicle.

vasıtasıyla by means of.

vasi guardian; executor.

vasiyet will, testament. *vasiyet etmek* to bequeath.

vasiyetname written will.

vat watt.

vatan motherland, fatherland, native country.

vatandaş fellow countryman, citizen, compatriot.

vatandaşlık citizenship.

vatansever patriot; patriotic.

vatanseverlik patriotism.

vatansız stateless.

vay Oh! Woe! *vay canına* by heaven! *vay vay* ey, Well, well!

vazetmek to preach.

vazgeçirmek to dissuade, to deter.

vazgeçmek to give up, to quit, to abandon.

vazife duty, task.

vazifeli in charge; on duty.

vazifeşinas dutiful.

vaziyet position, situation.

vazo vase.

ve and. *ve benzeri* et cetera.

vebal sin.

vecibe obligation.

veciz terse, laconic.

vecize saying, maxim.

veda farewell. *veda etmek* to say farewell (*to*).

vedalaşmak to say good-bye to each other.

vefa loyalty, faithfulness.

vefakâr faithful, loyal.

vefalı loyal, faithful, constant, true-hearted, true.

vefasız disloyal, faithless.

vefat death, decease. *vefat etmek* to die, to decease.

vejetaryen vegetarian.

vekâlet attorneyship, procuration. *vekâlet etmek* to represent, to deputize, to substitute. *vekâlet vermek* to give the procuration.

vekâleten by proxy.

vekâletname power of attorney, proxy.

vekil representative, agent.

vekillik agency, attorneyship.

velet child, brat. *veledi zina* bastard.

velhasıl in short.
veli guardian, protector; saint.
veliaht heir to the throne.
velinimet benefactor.
Venüs Venus.
veranda veranda, verandah, porch.
veraset inheritance.
veresiye on credit, on the cuff.
vergi tax, duty; gift, talent. *vergi beyannamesi* tax return. *vergi mükellefi* tax-payer. *vergi tahsildarı* tax collector. *vergiye tabi* taxable.
vergilendirmek to tax.
vergili taxed; *mec.* generous.
vergisiz untaxed, tax-free.
veri datum.
verici transmitter.
verim output, yield, production.
verimli productive.
verimlilik productivity.
verimsiz fruitless.
verimsizlik fruitlessness.
veriştirmek to swear at, to vituperate.
verkaç *sp.* pass and run, one-two.
vermek to give, to hand.
vernik varnish.
verniklemek to varnish.
vesaire etcetera.
vesika document.
vesile means, cause; opportunity, occasion.
vestiyer cloakroom.
vesvese anxiety, misgiving.
vesveseli scrupulous, apprehensive.
veteriner veterinarian.
veto vet.o *veto etmek* to veto.
veya or.
veyahut or.
vezin metre, meter.
vezir vizier, vizir; (*chess*) queen.
vezne cashier's desk, treasury.

veznedar treasurer, cashier.
vınlamak to buzz.
vırvır tiresome talk. *vırvır etmek* to nag.
vızıldamak to buzz, to hum.
vızıltı whiz, buzz.
vızır vızır continuously.
vızlamak to buzz, to hum.
vicdan conscience. *vicdan azabı* the pangs of conscience, remorse.
vicdanlı conscientious.
vicdansız remorseless, unscrupulous.
vida screw.
vidalamak to screw.
video video; video player; video recorder. *video kamera* video camera. *video kaset* videotape, video cassette, video.
videobant video tape.
videoteyp videotape.
Vietnam Vietnam.
Vietnamlı Vietnamese.
vilayet province, vilayet.
villa villa.
vinç crane, winch.
viraj curve, bend.
viran devastated, ruined.
virane ruin.
virgül comma.
virtüöz virtuoso.
virüs virus.
viski whisky.
vişne morello cherry.
vitamin vitamin.
vites gear. *vites değiştirmek* to shift gears. *vites kolu* gear lever, gear shift. *vites kutusu* gearbox. *viteste* in gear.
vitray stained-glass.
vitrin shop window; display cabinet.
viyola *müz.* viola.

viyolin violin.

viyolonist violinist.

viyolonsel *müz.* violoncello, cello.

vize visa.

vizite doctor's fee; medical visit.

vokal vocal.

vole volley. *vole vurmak* to volley.

voli vurmak to make a killing, to rake it in.

volkan volcano.

volkanik volcanic.

volt volt.

voltaj voltage.

vuku occurrence, event. *vuku bulmak* to happen, to occur.

vukuat events, incidents; police case, crime.

vurdumduymaz thick-skinned.

vurgu stress, accent.

vurgulamak to stress, to emphasize.

vurgulu stressed, accented.

vurgun struck on, smitten, sweet on; booty, scoop, killing. *vurgun vurmak* to make a killing, to pull a deal.

vurguncu profiteer, speculator.

vurgunculuk profiteering.

vurgusuz unstressed.

vurmak to hit, to strike, to knock; to shoot; (*shoe*) to pinch.

vurucu striking, hitting; hitter. *vurucu güç* striking power.

vuruntu knock, detonation.

vuruş blow, hit, stroke.

vuruşkan combative.

vuruşmak to strike one another, to have a fight.

vücut body. *vücut bulmak* to come into existence. *vücuda getirmek* to bring into being, to create.

Y y

ya ... ya ... either... or...

ya yes, of course; but what if.

yaban wilderness; stranger. *yabana atmak* to sniff at, to sneeze at.

yabanarısı wasp.

yabancı foreigner; stranger; foreign. *yabancı dil* foreign language. *yabancı düşmanlığı* xenophobia. *yabancı gelmemek* to ring a bell. *yabancısı olmak* to be a stranger to.

yabancıl exotic.

yabancılaşma estrangement, alienation.

yabancılaşmak to estrange oneself.

yabandomuzu wild boar.

yabangülü shrub rose, dog rose.

yabanıl primitive; wild.

yabani wild, untamed.

yabanördeği wild duck, mallard.

yabansı strange, weird.

yâd remembrance. *yâd etmek* to remember.

yad strange. *yad elde* in a foreign land, away from home.

yadırgamak to find strange.

yadigâr souvenir.

yadsımak to deny, to gainsay.

Yafa Jaffa. *yafa portakalı* navel orange.

yafta label.

yağ oil, fat, butter; grease. *yağ bağlamak* to put on fat.*yağ çekmek* to butter sb up, to flatter, to toady. *yağ sürmek* to butter (*bread*). *yağ tulumu* fatty. *yağdan kıl çeker gibi* as easy as falling off a log.

yağcı seller of oil]butter; toady, softsoaper, apple-polisher.

yağcılık flattery.

yağdanlık oil-can.

yağış rain.

yağışlı rainy.

yağışsız dry, arid.

yağız swarthy, dark.

yağlamak to oil, to grease, to lubricate.

yağlı oily, fatty, greasy; lucrative, profitable.

yağlıboya oil paint.

yağma booty, loot. *yağma etmek* to plunder; to loot, to pillage. *yağma yok* Sold again! Nothing doing!

yağmacı plunderer, pillager.

yağmak to rain.

yağmalamak to pillage, to plunder.

yağmur rain. *yağmurdan kaçarken doluya tutulmak* to jump out of the frying pan into the fire. *yağmur yağmak* to rain.

yağmurlu rainy, wet.
yağmurluk raincoat, mackintosh.
yağmursuz without rain, dry.
yağsız oilless; butterless; grease-
less.
yağyakıt fuel oil.
yahni ragout, fricassee.
yahu See here! Look here!; on
earth.
Yahudi Jew; Jewish.
Yahudilik Jewishness; Judaism.
yahut or.
yaka collar; shore, side. *yaka
paça* by the head and ears, by
force. *yaka silkmek* to be fed
up (*with*). *yakası açılmadık* un-
heard-of. *yakasına yapışmak*
to collar, to badger. *yakayı ele
vermek* to be caught. *yakayı
kurtarmak* to escape, to evade.
yakacak fuel.
yakalamak to catch, to seize.
yakalanmak to be caught; to be
arrested; to contract, to catch.
yakamoz phosphorescence.
yakarış entreaty.
yakarmak to entreat.
yakasız collarless.
yakıcı burning; caustic.
yakın near. *yakın akraba* close
relative, near relation.
yakında near; soon, recently.
yakından closely.
Yakındoğu Near East.
yakınında near, by, about.
yakınlarda near; soon, recently.
yakınlaşmak to draw near, to come.
yakınlık closeness. *yakınlık
göstermek* to behave warmly, to
be friendly.
yakınmak to complain.
yakınsak *mat.* convergent.
yakışık suitability. *yakışık almak*
to be suitable.

yakışıklı handsome, comely.
yakışıksız unsuitable, unbecom-
ing.
yakışmak to suit, to become.
yakıştırmak to regard sth as suit-
able; to ascribe, to impute.
yakıt fuel.
yaklaşık approximate. *yaklaşık
olarak* approximately.
yaklaşım approach.
yaklaşmak to come near, to ap-
proach.
yaklaştırmak to approximate.
yakmak to burn, to light; (*light*) to
turn on.
yalabık sparkling.
yalak trough.
yalama worn. *yalama olmak* to
be worn.
yalamak to lick.
yalan lie; false, untrue. *yalan
söylemek* to lie, to tell lies. *ya-
lanını çıkarmak* to show up sb's
lies.
yalancı liar; false, counterfeit.
yalancı çıkarmak to belie, to
contradict.
yalancıktan in pretence.
yalandan in pretence. *yalandan
yapmak* to pretend.
yalanlamak to deny, to contradict.
yalanmak to lick oneself; to be
licked.
yalapşap superficially, perfuncto-
rily.
yalaz flame.
yalçın steep, precipitous.
yaldız gilding.
yaldızlamak to gild.
yaldızlı gilt.
yalı waterside residence.
yalım flame; blade.
yalın simple. *yalın durum dilb.*
nominative case.

yalınayak barefooted.

yalınkat flimsy, weak; superficial.

yalınkılıç drawn sword.

yalıtım insulating.

yalıtmak to isolate, to insulate.

yalnız alone, lonely; only, solely.

yalnızca alone, on one's own; merely, only.

yalnızlık loneliness.

yalpa rollingg, lurching. *yalpa vurmak to* roll, to lurch.

yalpalamak to roll, to lurch.

yaltakçı fawning, cringing.

yaltakçılık flattery, fawning.

yaltaklanmak to fawn (*on*), to toady (*to*).

yalvarmak to beg, to implore.

yama patch. *yama vurmak to* put a patch (on).

yamaç slope, side.

yamak assistant, apprentice.

yamalamak to *patch.*

yamalı patched.

yamamak to patch; to pin on, to palm off (*on*).

yaman excellent, smart, crack.

yamanmak to be patched on; to foist oneself on.

yampiri crabwise.

yamuk bent, crooked; *mat.* trapezium.

yamulmak to become crooked.

yamyam cannibal.

yamyamlık cannibalism.

yamyassı very flat.

yan side. *yan bakmak to* look askance. *yan çizmek to* shirk, to evade. *yan etki side* effect. *yan gözle bakmak to* look askance; to look at hostilely. *yan hakemi* linesman. *yan ödeme* fringe benefits. *yan ürün* by-product. *yan yana side* by side. *yanı başında by* the side of, just beside,

close by. *yanı sıra as* well. as *yanına almak to* take into one's service. *yanına bırakmamak* not to leave unpunished, to get even.

yanak cheek.

yanardağ volcano.

yanardöner shot, chatoyant.

yanaşık adjacent.

yanaşma approaching; hireling.

yanaşmak to draw near, to approach; to draw up alongside; (*ship*) to dock; to be willing (*to*), to incline.

yanaştırmak to bring sth near to; to draw up alongside.

yandaş partisan, supporter.

yandaşlık partisanship, support.

yangı inflammation.

yangın fire. *yangın bombası* incendiary bomb. *yangın çıkarmak to* start a fire. *yangına körükle gitmek to* add fuel to the flames. *yangını söndürmek to* put out the fire.

yanık burnt; burn. *yanık kokmak* to smell of burning.

yanılgı mistake, error.

yanılmak to make a mistake, to be mistaken.

yanılmaz infallible

yanıltıcı misleading.

yanıltmaca fallacy.

yanıltmak to lead into error.

yanına beside, along, with, alongside.

yanında near, beside, next to; with, on; in addition (*to*); in the company of.

yanıt answer.

yanıtlamak to answer.

yani that is, namely.

yankesici pickpocket.

yankı echo. *yankı yapmak to* echo.

yankıla(n)mak to echo.

yanlamasına sideways.

yanlış mistake; incorrect, wrong. **yanlış anlamak** to misunderstand, to get *sb* wrong. **yanlış kapı çalmak** to bark up the wrong tree.

yanlışlık mistake.

yanlışlıkla by mistake.

yanmak to burn, to be on fire; (*plant*) to be blighted; to be ruined; (*bulb*) to blow **yanıp tutuşmak** *mec.* to burn, to yearn.

yansımak to be reflected.

yansıtıcı reflector.

yansıtmak to reflect.

yansız impartial, neutral.

yansızlık impartiality, neutrality.

yantümce subordinate clause, dependent clause.

yapağı wool.

yapay artificial.

yapayalnız all alone.

yapı building, construction; structure.

yapıbilim morphology.

yapıcı maker; builder; constructive.

yapılabilirlik feasibility.

yapılış state]way of being made; structure, construction.

yapım making, building, manufacture; production.

yapımcı maker, producer.

yapımevi factory, workshop.

yapısal structural.

yapışıcı sticky.

yapışık stuck on, joined together.

yapışkan sticky, adhesive; pertinacious, importunate.

yapışkanlık stickiness; pertinacity.

yapışmak to stick, to adhere; to stick to, to hang on.

yapıştırıcı adhesive.

yapıştırmak to stick on, to fasten, to attach.

yapıt work (*of art/literature etc*).

yapıtaşı building stone.

yapma doing, making; artificial, false; sham, feigned.

yapmacık artificial, affected, put on; affectation.

yapmacıksız sincere, cordial.

yapmak to do, to make; to build, to construct.

yaprak leaf; sheet (*of paper*). **yaprak dolması** stuffed vine-leaves.

yaptırım sanction.

yapyalnız all alone.

yâr lover.

yara wound, injury. **yarası olan gocunsun** if the cap fits wear it.

yaradılış creation; nature, temperament.

yaralamak to wound, to injure.

yaralanmak to be wounded.

yaralı wounded, injured.

yaramak to be of use; to do good, to benefit.

yaramaz useless; naughty, mischievous.

yaramazlık uselessness; naughtiness; misbehavior. **yaramazlık etmek** to misbehave.

yaranmak to curry favour (*with*), to cozy up (*to*).

yarar advantage, profit, use.

yararlanmak to profit, to benefit, to utilize.

yararlı useful. **yararlı olmak** to help, to benefit.

yararsız useless.

yarasa bat.

yaraşmak to be fit, to suit, to become.

yaratıcı creative; creator.

yaratıcılık creativeness.

yaratmak to create; to cause, to occasion.

yarbay lieutenant-colonel.

yardakçı accomplice.

yardakçılık complicity.

yardım help, assistance, aid. *yardım etmek* to help, to assist, to aid.

yardımcı helper, assistant. *yardımcı fiil* auxiliary verb.

yardımlaşmak to help one another.

yardımsever benevolent, charitable.

yardımseverlik benevolence, charity.

yaren friend.

yarenlik chat. *yarenlik etmek* to have a chat.

yargı judgement.

yargıç judge.

yargılamak to try, to judge.

Yargıtay Supreme Court of Appeal.

yarı half; *sp.* half time. *yarıda bırakmak* to interrupt, to discontinue. *yarıda kalmak* to be left half-finished. *yarı yarıya* fifty-fifty. *yarı yolda* half-way. *yarı yolda bırakmak* to leave in the lurch.

yarıçap radius.

yarıfinal *sp.* semifinal.

yarık split; crack, fissure, split.

yarıküre hemisphere.

yarılamak to be half-way through; to half finish.

yarılmak to split.

yarım half. *yarım ağızla* halfhearted. *yarım pansiyon* half-board. *yarım porsiyon* half portion. *yarım saat* half an hour. *yarım yamalak* perfunctory; incompletely, inadequately.

yarımada peninsula.

yarımay half-moon, crescent.

yarımgün part-time.

yarımküre hemisphere.

yarın tomorrow. *yarın akşam* tomorrow night. *yarın sabah* tomorrow morning.

yarınki of tomorrow.

yarısaydam semitransparent.

yarış race. *yarış etmek* to race.

yarışçı competitor; runner.

yarışma competition, contest.

yarışmacı competitor, contestant.

yarışmak to race, to compete, to contest.

yarıyıl semester.

yas mourning. *yas tutmak* to be in mourning.

yasa law.

yasadışı illegal.

yasak prohibition, ban; prohibited, forbidden. *yasak etmek* to forbid, to prohibit.

yasaklamak to forbid, to prohibit.

yasal legal, lawful.

yasallaştırmak to legalize.

yasallık legality, lawfulness, legitimacy.

yasama legislation.

yasamak to make laws.

yaslamak to prop, to lean.

yaslanmak to lean against.

yaslı in mourning.

yassı flat.

yastık pillow, cushion; pad. *yastık kılıfı* pillowcase, pillowslip. *yastık yüzü* pillowcase, pillow slip.

yaş age. *yaşına başına bakmadan* regardless of his age. *yaşını başını almak* to be old. *yaş günü* birthday. *yaşını göstermek* to look one's age. *kaç yaşındasın?* How old are you?

yaş damp, moist, wet; tear. *yaş dökmek* to shed tears. *yaş tahtaya basmak* to be cheated.

yaşa Hurray!, Hooray!

yaşadık We are in luck!

yaşam life.

yaşamak to live; to experience.

yaşamöyküsü biography.

yaşantı experience.

yaşarmak to moisten, to water.

yaşatmak to cause to live, to revive; to keep alive, to keep up.

yaşdönümü (*women*) menopause; (*men*) andropause.

yaşıt of the same age.

yaşlanmak to age, to grow old.

yaşlı aged, old.

yaşlık wetness.

yaşlılık old age.

yat yacht.

yatak bed; den, lair; bearing. *yatağa düşmek* to take to one's bed. *yatak odası* bedroom. *yatak örtüsü* counterpane, coverlet. *yatak takımı* set of bedding.

yatakhane dormitory.

yataklı having beds. *yataklı vagon* sleeping car.

yatalak bedridden.

yatay horizontal.

yatık leaning to one side.

yatılı boarding; boarder. *yatılı okul* boarding school. *yatılı öğrenci* boarder.

yatırım investment. *yatırım yapmak* to invest in.

yatırımcı investor.

yatırmak to put to bed; to lay down.

yatışmak to calm down, to cool down.

yatıştırıcı calming, soothing.

yatıştırmak to calm, to soothe.

yatkın apt, inclined, predisposed.

yatkınlık aptness, inclination, predisposition.

yatmak to go to bed, to kip down, to flop; to be in bed; to lie (*down*), to lie flat.

yavan (*food*) plain, dry; insipid, tasteless.

yavaş slow; (*voice*) low, soft; slowly. *yavaş yavaş* slowly.

yavaşça slowly, gently.

yavaşlamak to slow down.

yavaşlatmak to slow down, to retard.

yavaşlık slowness; mildness, gentleness.

yaver aide-de-camp.

yavru young.

yavuz good, excellent.

yay bow; spring; arc. *Yay (burcu)* Sagittarius.

yaya pedestrian, walker. *yaya geçidi* zebra crossing. *yaya kaldırımı* pavement, sidewalk.

yayan on foot. *yayan gitmek* to go on foot.

yaygara clamour, uproar, outcry. *yaygarayı basmak* to make a great to do about nothing.

yaygaracı noisy, clamorous, brawling.

yaygı ground cloth.

yaygın widespread, common.

yaygınlaşmak to spread, to become common.

yayılımcı imperialist; imperialistic.

yayılımcılık imperialism.

yayılmak to spread; to be spread abroad; to graze, to browse.

yayım publication.

yayımcı publisher.

yayımlamak to publish; to broadcast.

yayın publication. *yayın yapmak* to broadcast.

yayınevi publishing house.

yayla plateau, tableland.

yaylanmak to spring, to bounce; *arg.* to go away, to take a powder.

yaylı having springs, springy.

yaylım spreading. *yaylım ateşi* volley.

yaymak to spread.

yayvan broad and shallow.

yaz summer. *yaz kış* in summer and winter. *yaz saati* summer time.

yazar writer, author.

yazarlık authorship.

yazgı destiny.

yazı writing; article; destiny. *yazı dili* literary language. *yazı kâğıdı* writing paper. *yazı makinesi* typewriter. *yazı mı tura mı?* Heads or tails? *yazı tura* toss-up. *yazı tura atmak* to toss up. *yazı tahtası* blackboard.

yazıcı scribe, secretary.

yazıhane office.

yazık pity, shame; what a pity! *yazıklar olsun sana!* Shame on you!

yazılı written; destined; written examination.

yazılım software.

yazım spelling, orthography.

yazın in summer.

yazın literature; in summer.

yazışma correspondence.

yazışmak to correspond.

yazıt inscription.

yazlık summer resort.

yazma writing; manuscript; handwritten.

yazmak to write.

yazman secretary, clerk.

yedek spare, extra. *yedek lastik* spare tyre, spare tire. *yedek parça* spare part. *yedek(te) çekmek* to tow. *yedekte* sp. on the bench.

yedeksubay reserve officer.

yedi seven.

yedinci seventh.

yedirmek to cause to eat, to feed.

yedişer seven each.

yegâne unique.

yeğ better, preferable. *yeğ tutmak* to prefer.

yeğen nephew, niece.

yeğlemek to prefer.

yeknesak monotonous.

yekpare in one piece.

yekûn sum, total.

yel wind. *yel değirmeni* windmill. *yel gibi* fast, quickly. *yel yeperek* in a great hurry.

yele mane.

yelek waistcoat, vest.

yelken sail. *yelken açmak* to hoist sails. *yelkenleri indirmek* to lower sails. *yelkenleri suya indirmek* to knuckle under, to sing small.

yelkenli sailboat.

yelkovan minute-hand (*of a clock/ watch*).

yellemek to fan.

yelpaze fan.

yeltenmek to try, to attempt.

yem fodder, feed; bait.

yemek food; meal; dish, course. *yemek borusu* esophagus; bugle-call for food. *yemek listesi* menu. *yemek odası* dining room. *yemek seçmek* to be choosy in eating. *yemek yemek* to eat.

yemek to eat; to spend; to consume. *yiyecekmiş gibi bakmak* to glower at. *yiyip içmek* to eat and drink.

yemekhane dining hall.

yemekli with food.

yemeni hand-printed scarf.

yemin oath. *yemin etmek* to swear, to take an oath. *yeminini bozmak* to break one's oath.

yeminli under oath.

yemiş fruit. *yemiş vermek* to bear fruit.

yemlemek to feed; to bait.

yemlik manger, trough; nose-bag; bribe.

yemyeşil very green.

yenge affinal aunt, uncle's wife; sister-in-law, brother's wife.

yengeç crab. *Yengeç (burcu)* Cancer. *Yengeç dönencesi* Tropic of Cancer.

yeni new; recent; newly, recently, just. *yeni baştan* over again.

yeniay new moon, crescent.

yeniden again.

yenidünya the Japanese medlar, loquat.

Yenidünya the New World, America.

yenik defeated. *yenik düşmek* to be defeated.

yenilemek to renew.

yenileşmek to become new; to be modernized.

yenileştirmek to renovate; to modernize.

yenilgi defeat. *yenilgiye uğramak* to suffer defeat, to get a beating.

yenilik newness, novelty.

yenilikçi reformist.

yenilmek to be eaten; to lose.

yenilmez invincible.

yenişmek to beat one another.

yeniyetme teenager.

yenmek to defeat; to be eaten; to conquer; to beat; to master, to subdue.

yepyeni brand-new, crisp.

yer place, space; ground, floor; earth; seat; situation; position. *yer açmak* to make room for. *yer almak* to take part in. *yer ayırtmak* to book. *yer etmek* to leave a mark; to make an impression. *yer tutmak* to reserve a place; to occupy a place. *yer vermek* to give place to. *yerden göğe kadar* very much. *yere inmek* to land. *yerin dibine*

geçmek to feel like 30 cents. *yerinde* in its place; appropriate, timely. *yerin kulağı var* walls have ears. *yerinde saymak* to mark time; to make no progress. *yerine* instead of, in place of. *yerine geçmek* to substitute, to replace. *yerine getirmek* to carry out, to fulfil, to perform. *yerine koymak* to replace to substitute; to take sb for. *yerini tutmak* to substitute for. *yerle bir etmek* to level.

yeraltı underground. *yeraltı geçidi* underground passage.

yerbilim geology.

yerbilimci geologist.

yerçekimi gravitation, gravity.

yerel local. *yerel seçim* local election.

yerfıstığı peanut.

yergi satire.

yerinmek to feel sad; to be sorry for, to repent.

yerkabuğu crust of the earth.

yerküre earth.

yerleşik established, settled.

yerleşme settlement.

yerleşim settlement. *yerleşim bölgesi* residential district.

yerleşmek to settle in; to settle oneself in.

yerleştirmek to settle; to place.

yerli native; local. *yerli malı* home product. *yerli yerinde* in its proper place. *yerli yersiz* in season and out of season.

yermek to run down, to disparage, to decry; to satirize.

yersarsıntısı earthquake.

yersel terrestrial.

yersiz homeless; out of place, irrelevant, untimely.

yeryuvarlağı terrestrial globe.

yeryüzü the earth's surface, world.
yeşermek to green.
yeşil green. *yeşil biber* green pepper. *yeşil ışık* green light.
Yeşilay the Green Crescent.
yeşilimsi greenish.
yeşillenmek to become green; to get fresh with, to molest.
yeşillik greenness; greens; meadow.
yeşim jade.
yetenek aptitude, ability, gift, capacity.
yetenekli talented, gifted, capable.
yeteneksiz inefficient, incapable.
yeter sufficient, enough.
yeterince sufficiently.
yeterli adequate, sufficient.
yeterlik adequecy, efficiency, proficiency.
yetersiz insufficient, inadequate, inefficient.
yetersizlik insufficiency, inadequacy, inefficiency.
yeti faculty, power.
yetim orphan.
yetimhane orphanage.
yetimlik orphanage.
yetinmek to be contented with.
yetişkin grown-up, adult.
yetişmek to reach; to catch; to be enough; to be brought up; to gro. *Yetişin!* Help!
yetişmiş grown-up, mature.
yetiştirici producer, breeder.
yetiştirmek to grow, to raise; to breed; to bring up.
yetki authority, power. *yetki vermek* to give power, to authorize.
yetkili authorized; competent; authority.
yetkin perfect.
yetkinlik perfection.
yetmek to be enough, to suffice.

yetmiş seventy.
yetmişinci seventieth.
yığılmak to be heaped up, to bank up, to accumulate; to crowd together; to fall in a faint.
yığın heap, pile, mass; lot, set.
yığınak *ask.* concentration.
yığınla in heaps.
yığıntı accumulation, heap.
yığışmak to crowd together.
yığmak to pile (up), to heap (*up*).
yıkamak to wash.
yıkanmak to be washed; to wash oneself, to have a bath, to bathe.
yıkıcı destructive.
yıkık fallen down, broken, ruined.
yıkılış ruin, fall.
yıkılmak to be destroyed; to fall down, to collapse.
yıkım ruin; disaster.
yıkıntı ruins, debris.
yıkmak to destroy, to ruin, to demolish; to overthrow, to subvert.
yıl year.
yılan snake.
yılanbalığı eel.
yılbaşı the New Year.
yıldırım thunderbolt, lightning. *yıldırım çarpmış* struck by lightning. *yıldırım telgrafı* urgent telegram. *yıldırımla vurulmuşa dönmek* to be thunderstruck.
yıldırımlık lightning rod.
yıldırımsavar lightning rod.
yıldırmak to daunt, to cow.
yıldız star; ace. *yıldız falı* astrology, astromancy. *yıldızı parlamak* to be lucky, to boom. *yıldızları barışmak* to get along well with each other.
yıldızlı stary; starred.
yıldızyağmuru meteoric shower.
yıldönümü anniversary.
yılgın daunted, cowed.

yılışık obtrusive, saucy, sticky.

yılışmak to grin unpleasantly, to behave smarmily.

yıllanmak to grow old, to age.

yıllarca for years.

yıllık annual, yearly; ... years old; yearly salary; yearbook, annual.

yılmak to be daunted, to dread.

yılmaz undaunted.

yıpranmak to wear out; to fray, to frazzle.

yıpratıcı exhausting, wearing.

yıpratmak to wear out.

yırtıcı rapacious, ferocious. **yırtıcı hayvan** beast of prey.

yırtık torn, rent; shameless, forward. **yırtık pırtık** in rags.

yırtılmak to be torn, to be rent; to become insolent/shameless.

yırtınmak to shout at the top of one's voice; to strain even nerve, to wear oneself out.

yırtmaç slit.

yırtmak to tear, to rend.

yiğit brave, courageous.

yiğitçe bravely.

yiğitlik bravery, courage. **yiğitliğe leke sürmemek** to save one's face.

yine (once) again; nevertheless, still. **yine de** all the same, after all, however, yet, anyway, anyhow.

yineleme repetition.

yinelemek to repeat.

yirmi twenty. **yirmi yaş dişi** wisdom tooth.

yirminci twentieth.

yirmişer twenty each.

yitik lost.

yitirmek to lose.

yitmek to be lost; to be wasted; to disappear; to vanish.

yiv groove; chamfer.

yivli grooved; chamfered.

yiyecek food.

yiyici corrupt, sharp.

yobaz fanatic, bigot.

yobazlık fanaticism, bigotry.

yoğun thick, dense; intensive. **yoğun bakım** intensive care.

yoğunlaşmak to become dense.

yoğunlaştırmak to condense.

yoğunluk density, thickness.

yoğurmak to knead.

yoğurt yoghurt, yogurt.

yok there is not; non-existent, absent, lacking. **Yok canım!** You don't say! **Yok devenin başı!** Impossible!, Incredible! **yok etmek** to annihilate, to destroy, to exterminate, to remove. **yok olmak** to be annihilated, to disappear, to vanish. **yok pahasına** dirt cheap. **yok yere** without reason.

yoklama quiz; roll-call.

yoklamak to finger, to grope, to search, to grabble; to try, to test; to examine, to inspect.

yokluk absence, non-existence; poverty.

yoksa otherwise, if not, or.

yoksul poor, needy.

yoksullaşmak to grow poor.

yoksulluk poverty, neediness.

yoksun deprived of, devoid of **yoksun bırakmak** to deprive of.

yokuş ascent, slope. **yokuş aşağı** downhill. **yokuş yukarı** uphill. **yokuşa sürmek** to make difficulties.

yol road, way, street; method, manner; means, medium; stripe. **yol açmak** to open a road; to make way for; to bring about, to give rise to, to cause. **yol almak** to advance, to proceed; to get up speed. **yol göstermek** to show the way, to guide. *yol kesmek* to waylay. *yol vermek* to make way for; to discharge, to dismiss. *yola çıkmak* to set out, to start out. *yola gelmek* to come to reason; to come round. *yola getirmek* to chasten, to bring to reason. *yoluna* for the sake of, for. *yoluna girmek* to come right. *yoluna koymak* to put right. *yolunda* all right, well. *yolunda gitmek* to go like clockwork. *yolunu bulmak* to find a way (*out*); to make an illicit profit. *yolunu kaybetmek* to lose one's way. *yolunu şaşırmak* to go astray.

yolcu passenger, traveller; goner.

yolculuk travel, journey, voyage. *yolculuk etmek* to travel, to journey.

yoldaş fellow traveller; companion, friend; comrade.

yollamak to send, to dispatch, to forward.

yollanmak to be sent; to set off, to advance, to head.

yolluk travelling expenses; provisions for a journey.

yolmak to pluck, to pull out; to tear out, to uproot.

yolsuz roadless; unlawful, irregular; flat broke, penniless.

yolsuzluk irregularity, malpractice.

yoluyla by way of, via; by means of, through; properly, duly.

yonga chip.

yontma chipping, cutting; chipped, cut. *yontma taş* dressed stone. *yontma taş çağı* paleolithic age.

yontmak to chip, to cut.

yontulmak to be chipped; to learn manners.

yontulmamış uncut; unrefined, rough.

yordam agility; method, way.

yorgan quilt. *yorgan iğnesi* quilt-ingneedle.

yorgun tired, weary. *yorgun argın* dead tired. *yorgun düşmek* to be tired out.

yorgunluk tiredness, fatigue. *yorgunluktan canı çıkmak* to be worn out with fatigue.

yormak to interpret; to tire, to weary.

yortu Christian feast.

yorucu tiresome, tiring, wearing, backbreaking, laborious.

yorulmak to get tired, to be tired.

yorum comment, commentary; interpretation. *yorum yapmak* to comment *yorum yok* No comment!

yorumcu commentator.

yorumlamak to comment; to interprêt.

yosun moss.

yosunlanmak to get mossy, to moss.

yosunlu mossy.

yozlaşmak to degenerate.

yön direction; aspect, side. *yön vermek* to direct.

yönelmek to tend, to incline; to go towards.

yöneltmek to direct towards; to aim, to point (*at*).

yönerge instructions, directive.

yönetici administrator, manager; executive, managing.

yöneticilik administration.

yönetim direction, administration, management. *yönetim kurulu* board of directors.

yönetmek to direct, to administer; to manage, to run.

yönetmelik regulations, statutes.

yönetmen director.

yönlendirmek to direct, to orient.

yöntem method.
yöntembilim methodology.
yöntemli methodic, methodical.
yöre environs, vicinity, neighbourhood.
yöresel local.
yörük nomad.
yörünge orbit.
yudum sip, gulp, sup.
yudumlamak to sip, to sup.
yufka thin layer of dough. *yufka yürekli* softhearted, tenderhearted.
Yugoslav Yugoslav.
Yugoslavya Yugoslavia.
Yugoslavyalı Yugoslavian.
yuha boo, hoot. *yuha çekmek* to boo, to hoot.
yuhalamak to boo, to hoot.
yukarda above; upstairs.
yukardaki above; above-mentioned.
yukardan from above.
yukarı upper part, top; up, upwards, above. *yukarı çekmek* to hike up, to hitch up.
yukarıda on high; above; upstairs.
yukarıdaki above; foregoing, above mentioned.
yukarıya up, upwards; upstairs.
yulaf oats.
yular halter.
yummak (*eyes*) to close; (fist) to clench.
yumru lump, bump.
yumruk fist; blow.
yumruklamak to hit with the fist.
yumulmak (*eye*) to shut, to close; to attack, to fall on, to wade into.
yumurcak brat, urchin, kid.
yumurta egg. *yumurta akı* the white of an egg. *yumurta sarısı* yolk.
yumurtalık egg-cup; ovary.

yumurtlamak to lay eggs; to invent, to blurt out.
yumuşacık very soft.
yumuşak soft, mild, tender. *yumuşak başlı* docile, tractable.
yumuşaklık softness; mildness; flexibility; gentleness.
yumuşamak to become soft, to soften; to relent, to mellow.
yumuşatmak to soften; to mollify, to disarm.
Yunan Greek.
Yunanca Greek.
Yunanistan Greece.
Yunanlı Greek.
yurt native land, country, home; student dormitory, hostel.
yurtdışına abroad. *yurtdışına gitmek* to go abroad.
yurtdışında abroad.
yurtsever patriotic; patriot.
yurtseverlik patriotism.
yurtsuz homeless.
yurttaş fellow countryman, compatriot citizen.
yurttaşlık citizenship. *yurttaşlık bilgisi* civics.
yusyuvarlak very round.
yutkunmak to swallow, to gulp.
yutmak to swallow.
yutturmak to cause to swallow; to make believe, to sell; to fob off on.
yuva nest; home; den, lair; day nursery, kindergarten; socket. *yuva bozmak* to break up a home. *yuva kurmak* to build a nest; to set up a home. *yuva yapmak* to nest. *yuvasını yapmak* to teach sb a lesson. *yuvasını yıkmak* to break up sb's marriage.
yuvarlak round, spherical; globe, sphere; ball. *yuvarlak hesap*

even account. *yuvarlak sayı* round number.

yuvarlaklık roundness.

yuvarlamak to roll; to roll up; to gulp down.

yuvarlanmak to roll; to roll over, to tumble. *yuvarlanıp gitmek* to rub along.

yüce high, lofty, exalted.

yücelik height, loftiness.

yücelmek to become high.

yüceltmek to exalt.

yük burden, load, cargo. *yük hayvanı* pack animal. *yük olmak* to be a burden (*to*). *yükünü tutmak* to feather one's nest. *yükünü boşaltmak* to unload, to unship.

yüklem predicate.

yüklemek to load, to burden; to impute, to attribute.

yüklenmek to be loaded; to take upon oneself, to assume.

yüklü loaded; pregnant.

yüksek high; superior; (*voice*) loud. *yüksek atlama* high jump. *yüksek basınç* high pressure. *yüksek sesle okumak* to read aloud. *yüksekten atmak* to boast, to bluster. *yüksekten bakmak* to look down upon.

yükseklik height, altitude.

yüksekokul institution of higher education, college.

yükseköğrenim higher education.

yükseköğretim higher instruction.

yükseliş ascent, rise.

yükselmek to go up, to rise, to ascent.

yükseltmek to raise, to boost; to elevate, to uplift; to promote, to advance.

yüküm obligation.

yükümlü bound, liable

yükümlülük liability, obligation.

yün wool; woolen.

yünlü woollen, woolly.

yürek heart; courage, guts. *yürek istemek* to take a lot of nerve. *yüreği ağzına gelmek* to have one's heart in one's mouth. *yüreği kabarmak* to feel nauseated. *yüreğine inmek* to be struck with great fear. *yürekler acısı* heartbreaking.

yüreklendirmek to hearten, to encourage.

yürekli plucky, brave.

yüreksiz faint-hearted, cowardly.

yürekten sincerely, hearty.

yürümek to walk; to succeed, to work *yürüyen merdiven* moving stairs, *Aİ.* escalator.

yürürlük validity. *yürürlüğe girmek* to come into force. *yürürlüğe konulmak* to be put into effect. *yürürlüğe koymak* to bring into force. *yürürlükte olmak* to be in force. *yürürlükten kaldırmak* to abolish, to abrogate, to annul.

yürütme carrying out, execution. *yürütme gücü* executive power. *yürütme kurulu* executive council.

yürütmek to cause to walk; to carry out, to execute; *arg.* to walk off with, to pilfer, to filch.

yürüyüş march, walk.

yüz face; surface; impudence, cheek. *yüz bulmak* to be spoilt by. *yüz bulunca astar ister* if you give him an inch, he will take a mile. *yüz çevirmek* to turn away from. *yüz göz olmak* to be too familiar with. *yüz kızartıcı* shameful, dishonourable. *yüz suyu hürmetine* out of respect to, for the sake of. *yüz tutmak* to tend, to begin. *yüz vermek* to countenance, to spoil. *yüz vermemek* to keep sb at arm's length, to give sb the cold shoulder. *yüz yüze* eyeball to eyeball, face to face. *yüz yüze gelmek* to come face to face with, to meet. *yüze çıkmak* to come to the surface; to show up, to manifest itself. *yüze gülmek* to feign friendship. *yüzü gülmek* to be happy. *yüzü kızarmak* to blush, to flush. *yüzü olmamak* not to dare, not to have the face to. *yüzünden düşen bin parça olmak* to pull a long face. *yüzüne gözüne bulaştırmak* to make a bungle of, to bollix up. *Yüzünü gören cennetlik* You're a sight for sore eyes. *yüzüne gülmek* to feign friendship. *yüzüne karşı* to sb's face. *yüzünü buruşturmak* to make a sour face. *yüzünü güldürmek* to make happy.

yüz hundred.

yüzbaşı captain.

yüzde percentage. *yüzde on* ten per cent. *yüzde yüz* a hundred per cent; definitely.

yüzdelik percentage, commission.

yüzdürmek to sail, to float.

yüzer floating. *yüzer havuz* floating dock.

yüzer hundred each.

yüzergezer amphibious.

yüzey surface.

yüzeysel superficial, shallow.

yüzgeç fin.

yüzkarası disgrace, black sheep.

yüzlemek to rub sb's nose in it, to rub in it.

yüzlerce hundreds of.

yüzleşmek to be confronted with one another.

yüzleştirmek to confront.

yüzme swim, swimming. *yüzme havuzu* swimming pool. *yüzmeye gitmek* to go for swimming.

yüzmek to skin, to flay.

yüzmek to swim; to float.

yüznumara lavatory, toilet.

yüzsüz cheeky, brassy, impudent.

yüzsüzlük impudence.

yüzücü swimmer.

yüzük ring. *yüzüğü geri çevirmek* to break off an engagement.

yüzükoyun prone, face downwards. *yüzükoyun yatmak* to lie face downwards.

yüzükparmağı ring finger.

yüzüncü hundredth.

yüzünden because of, due to.

yüzüstü face downwards. *yüzüstü bırakmak* to leave sth unfinished; to leave sb in the lurch. *yüzüstü kalmak* to be left unfinished.

yüzyıl century.

yüzyıllık one hundred years old, centennial.

Z z

zaaf weakness.

zabıt minutes, record. ***zabıt tutmak*** to take minutes, to write down a report.

zabıta police.

zafer victory. ***zafer kazanmak*** to win a victory.

zafiyet weakness.

zahire stock of grain. ***zahire ambarı*** granary.

zahmet trouble, pains, bother. ***zahmet çekmek*** to suffer trouble. ***zahmet etmek*** to take pains, to bother, to trouble. ***zahmete sokmak*** to put sb to trouble. ***zahmet vermek*** to trouble.

zahmetli troublesome, painful.

zahmetsiz easy.

zahmetsizce easily.

zakkum oleander.

zalim cruel; tyrant.

zalimlik cruelty.

zam addition, rise, raise. ***zam yapmak*** to mark sth up.

zaman time; period, epoch, era; *dilb.* tense. ***zamanında*** at the right time. ***zaman kazanmak*** to gain time, to buy time. ***zaman öldürmek*** to kill time. ***zaman zaman*** from time to time, occasionally. ***zamana uymak*** to keep up with the times.

zamanaşımı *huk.* prescription.

zamanla in the course of time.

zamanlama timing.

zamanlamak to time.

zamanlı timely.

zamansız untimely.

zamir pronoun.

zamk gum, glue.

zamklamak to gum.

zampara woman chaser, womanizer, lecher.

zamparalık running after women. ***zamparalık etmek*** to run after women, to womanize.

zan supposition, surmise; suspicion.

zanaat craft, trade.

zanaatçı craftsman.

zangır *zangır* rattlingly. ***zangır zangır titremek*** to tremble like an aspen leaf.

zangırdamak to rattle, to clatter.

zangırtı rattle.

zangoç verger.

zanlı suspect, accused.

zannetmek to think, to suppose.

zaping zapping. ***zaping yapmak*** to zap.

zapt restraining; seizure; conquest. ***zapt etmek*** to hold back, to restrain; to seize; to conquer.

zar dice. ***zar atmak*** to throw dice.

zar membrane, film.

zarafet elegance, grace.

zarar damage, harm, injury. ***zarar et-mek*** to lose money; to make a loss. ***zarar görmek*** to be damaged. ***zararına satmak*** to sell at loss. ***zararı yok!*** Never mind! ***zarar vermek*** to damage, to harm, to injure.

zararlı harmful ***zararlı çıkmak*** to end up a loser.

zararsız harmless.

zarf envelope; *dilb.* adverb.

zarfında during, within.

zarflamak to put into an envelope.

zargana garfish, garpike.

zarif elegant, graceful.

zariflik elegance.

zar zor hardly, barely.

zart zurt bluster. ***zart zurt etmek*** to bluster.

zaruret necessity; poverty. ***zaruret halinde*** in case of necessity.

zaruri necessary.

zat person individual. ***zatı âlileri*** your exalted person.

zaten as a matter of fact; besides, already.

zavallı poor, miserable.

zayıf weak, feeble; thin.

zayıflamak to grow weak; to become thin.

zayıflatmak to weaken, to pull *sb* down, to debilitate.

zayıflık weakness, thinness.

zayi lost. ***zayi etmek*** to lose. ***zayi olmak*** to be lost.

zayiat losses, casualties. ***zayiat vermek*** to suffer casualties.

zebani demon (*of hell*).

zebella huge man, strapper.

zebra zebra.

Zebur the Psalms of David.

zedelemek to bruise, to contuse.

zehir poison.

zehirlemek to poison.

zehirli poisonous.

zehirsiz non-poisonous.

zekâ intelligence.

zekât alms.

zeki intelligent, clever, shrewd.

zelzele earthquake.

zemberek spring.

zemheri coldest time in winter.

zemin ground; background. ***zemin katı*** ground floor.

zencefil ginger.

zenci negro.

zengin rich, wealthy.

zenginlemek to get rich.

zenginleşmek to become rich.

zenginlik riches, wealth; richness.

zeplin zeppelin.

zerdali wild apricot.

Zerdüşt Zoroaster.

zerk injection. ***zerk etmek*** to inject.

zerre atom, particle, bit. ***zerre kadar*** in the slightest degree.

zerzevat vegetables.

zerzevatçı vegetable seller.

zevk pleasure, delight, fun. ***zevk almak*** to enjoy, to find pleasure in. ***zevk için*** for fun. ***zevk vermek*** to give pleasure. ***zevkini çıkarmak*** to enjoy sth to the full. ***zevkten dört köşe olmak*** to be as happy as lark, to be as happy as Larry.

zevklenmek to take pleasure; to make fun of.

zevkli enjoyable, tasteful.

zevksiz tasteless; unpleasant, boring, dull.

zevzek silly, talkative.

zevzeklik boring chatter, silly behaviour.

zeytin olive.

zeytinlik olive grove.

zeytinyağı olive oil.

zıbarmak to die; to sleep.

zıbın wadded jacket for a baby.

zıkkım poison.

zıkkımlanmak to stuff oneself with, to eat.

zılgıt dressing down, scolding. **zılgıt yemek** to be told off, to be dressed down.

zımba punch.

zımbalamak to punch.

zımbırtı twang; thingamabob, thingy, doohickey.

zımnen indirectly, implicitly.

zımpara emery. **zımpara kâğıdı** emery paper, sandpaper.

zımparalamak to sandpaper, to emery.

zındık atheist.

zıngırdamak to rattle, to clatter.

zıngırtı rattling noise, rattle.

zınk diye suddenly, with a jolt. **zınk diye durmak** to come to an abrupt stop.

zıpçıktı parvenu, upstart.

zıpır cracked, loony, wild.

zıpkın harpoon.

zıpkınlamak to harpoon.

zıplamak to jump, to bounce.

zıpzıp marble.

zırdeli raving mad.

zırh armour.

zırhlı armoured.

zırıldamak to clatter continuously, to grumble; to weep continuously, to blubber.

zırıltı continuous clatter; squabble, wrangle.

zırlamak to bawl, to weep, to blubber.

zırnık yellow arsenic, orpiment; the smallest bit. **zırnık (bile) koklatmamak** not to give (even) a smallest bit.

zırt pırt at any time whatsoever.

zırva foolish talk, nonsense, bunkum, bullshit.

zırvalamak to talk nonsense.

zıt contrary, opposite. **zıttına gitmek** to rile.

zıtlık contrariness.

zıvana tenon. **zıvanadan çıkmak** to fly into a rage. **zıvanadan çıkarmak** to infuriate.

zibidi oddly dressed; crazy, screwy

zifiri pitch-black. **zifiri karanlık** pitch-dark.

zift pitch.

ziftlemek to pitch.

ziftli coated with pitch.

zihin mind, intelligence; memory. **zihni karışmak** to be confused. **zihnini bulandırmak** to make one suspicious. **zihnini karıştırmak** to confuse. **zihnini kurcalamak** to strain one's mind, to worry. **zihnini bir şeyle bozmak** to be obsessed by. **zihinde tutmak** to bear in mind. **zihin yormak** to rack one's brains. **zihin yorgunluğu** mental fatigue.

zihinsel mental.

zihnen mentally.

zihniyet mentality.

zikzak zigzag. **zikzak yapmak** to zigzag.

zikzaklı zigzagging.

zil bell.

zilzurna blind drunk.

zimmet debt. **zimmetine geçirmek** to embezzle, to peculate.

zincir chain. **zincire vurmak** to chain.

zincirleme successive. **zincirleme kaza** pileup.

zincirli chained.

zindan dungeon.

zinde active, alive, energetic.

zira because, for.

ziraat agriculture.

ziraatçı agriculturist.

zirai agricultural.

zirve summit, top, peak.

zirzop crazy, loony, screwy.

ziyade more, much; excessive. *ziyade olsun* Thank you!

ziyadesiyle largely, excessively.

ziyafet feast, banquet. *ziyafet vermek* to give a feast.

ziyan loss, damage, harm. *ziyan etmek* to waste. *ziyan olmak* to go for nothing, to come to naught. *ziyanı yok* Never mind!

ziyaret visit. *ziyaret etmek* to visit.

ziyaretçi visitor.

ziynet ornament.

zom dead drunk, blotto.

zonklamak to throb.

zor difficult, hard; difficulty; obligation, compulsion; force, strength; barely, hardly. *zor gelmek* to be difficult for. *zor kullanmak* to use force. *zora gelememek* to be unable to withstand hardship. *zora koşmak* to raise difficulties. *zorun ne?* What's the matter with you? What do you want? *zorunda kalmak* to have to, to be obliged to. *zorunda olmak* to have (*got*) to. *zoru zoruna* with great difficulty.

zoraki forced.

zoralım confiscation.

zorba violent, despotic; extortioner, bully, bruiser.

zorbalık bullying, bruising. *zorbalık etmek* to bully.

zorbela with great difficulty.

zorla by force. *zorla almak* to usurp. *zorla girmek* to break in.

zorlamak to force; to compel, to coerce, to oblige.

zorlaşmak to grow difficult.

zorlaştırmak to make difficult, to complicate.

zorlayıcı coercive, compelling.

zorlu powerful, forceful; difficult, hard.

zorluk difficulty. *zorluk çıkarmak* to make things difficult.

zorlukla with difficulty.

zorunlu necessary, obligatory.

zorunluk necessity, obligation.

zulmetmek to oppress, to tyrannize.

zulüm persecution, cruelty, tyranny.

zurna *müz.* shrill pipe.

zücaciye glassware.

züğürt penniless, broke. *züğürt tesellisi* cold comfort.

züğürtleşmek to become penniless.

züğürtlük pennilessness.

zümre group, party, class.

zümrüt emerald.

züppe dandy, snob; snobbish, snobby.

züppelik foppishness, snobbery.

zürafa giraffe.

zürriyet progeny, offspring.